AGUSTÍN LAJE

GLO BAL ISMO

INGENIERÍA SOCIAL
Y CONTROL TOTAL
EN EL SIGLO XXI

T0188623

AGUSTÍN LAJE

GLO BAL ISMO

INGENIERÍA SOCIAL
Y CONTROL TOTAL
EN EL SIGLO XXI

HarperEnfoque

Globalismo
Publicado por Harper*Enfoque*
Nashville, Tennessee, Estados Unidos de América
Harper*Enfoque* es una marca registrada de
HarperCollins Christian Publishing, Inc.

© 2024, Agustín Laje Arrigoni

Este título también está disponible en formato electrónico y audio.

Edición: *Juan Carlos Martín Cobano*
Diseno: *Deditorial*

ISBN: 978-1-40033-186-4
eBook: 978-1-40033-191-8
Audio: 978-1-40033-182-6

La información sobre la clasificación de la Biblioteca del Congreso estará disponible previa solicitud.

Impreso en Estados Unidos de América
24 25 26 27 28 LBC 5 4 3 2 1

A los patriotas que,

a pesar de todo,

jamás se rinden

CONTENIDO

Agradecimientos   11
Introducción   13

CAPÍTULO 1:
LA DIALÉCTICA DEL DESPOTISMO   21
    I. La índole de los conceptos políticos   21
    II. La astucia del despotismo   23
    III. La historia como ideología   34
    IV. El Terror como forma política   39
    V. El genocidio según Babeuf   47
    VI. El comunismo de Babeuf   52
    VII. El nuevo despotismo según los conservadores   59

CAPÍTULO 2:
LA DESMESURA DEL TOTALITARISMO   69
    I. La irrupción del nuevo concepto político   69
    II. Totalitarismo y soberanía popular   75
    III. Totalitarismo e ideología   83
    IV. Adoctrinamiento de masas   94
    V. La índole del terror totalitario   109
    VI. Distopías: retrato del totalitarismo y anticipación del globalismo   126

CAPÍTULO 3:
EL ADVENIMIENTO DEL GLOBALISMO   151
    I. Soberanía y Estado moderno   151
    II. Soberanía y liberalismo   159
    III. La soberanía popular   163
    IV. Soberanía y nación   168
    V. Soberanía y orden mundial   172
    VI. Kant: entre la globalización y el globalismo   174
    VII. Naciones Unidas: la raíz del globalismo   178
    VIII. Hacia una caracterización del globalismo   189
    IX. Los marcos ideológicos del globalismo: progresismo y *wokismo*   202

CAPÍTULO 4:
LOS ACTORES DEL GLOBALISMO   239
    I. Estados *proxy* y partidos políticos globalistas   239
    II. Organizaciones internacionales públicas   246
    III. Organizaciones No Gubernamentales (ONG)   271
    IV. Poder económico global   278
    V. Poder financiero global   311
    VI. Medios de comunicación globalistas   328
    VII. Educación globalista   335

CAPÍTULO 5:
FORO DE DAVOS O EL PRIVILEGIO DE SER UN
«CIUDADANO GLOBAL»   345
    I. De Milton Friedman a Klaus Schwab   346
    II. El objetivo del Foro: la gobernanza global   350
    III. Los «ciudadanos globales» del Foro   360
    IV. Los «riesgos globales» que anuncia el Foro   366
    V. La «cuarta revolución industrial» del señor Schwab   383
    VI. COVID-19, el gran reinicio: esperanzas y amenazas   395
    VII. Excurso: Filosofía política de la pandemia   405

CAPÍTULO 6:
LA AGENDA 2030, DESENMASCARADA   413
    I. Antecedentes: cómo las élites globales diseñaron
    la Agenda 2030   413

II. Resolución 70/1: nace la Agenda 2030   428
III. La guerra contra la natalidad   443
IV. La ideología de género como clave hermenéutica
de la Agenda 2030   484
V. Implementación y actualidad de la Agenda 2030   500

CAPÍTULO 7:
LA HORA DE LOS PATRIOTAS

LA HORA DE LOS PATRIOTAS   523
I. Apuntes para la resistencia   523
II. La familia como escuela de resistencia   544
III. El despertar de las iglesias   554
IV. La Nueva Derecha ante el globalismo   565

Bibliografía   577
Acerca del autor   589

AGRADECIMIENTOS

Agradezco a Juan Pablo Ialorenzi y Myriam Mitrece por asistirme en la investigación de los dos primeros capítulos; a Talis Romero, sin cuya asistencia en tiempo récord para la investigación de los capítulos 4, 5 y 6, este libro hubiera quedado rengueando; a Sebastián Schuff y Neydy Casillas del Global Center for Human Rights, por haber leído borradores de algunas partes de los capítulos 3, 4 y 6, y haber enriquecido el texto con sus inestimables recomendaciones y conocimiento jurídico internacional; a Pablo Pozzoni, que leyó algunos capítulos del libro y compartió conmigo sus impresiones y recomendaciones, sobre todo para el capítulo 2; a los editores del libro, Terry McDowell y Juan Carlos Martín Cobano, que hicieron un impecable trabajo corrigiendo errores de estilo y revisando las fuentes; a Matthew McGhee, que en un inicio me sugirió la idea de pensar en torno a George Orwell y su libro *1984*... por esa vía, decidí ampliar mis lecturas de distopías y terminé llegando al tema del globalismo.

Por último, no quiero olvidar a los que tan generosamente vienen apoyando mi trabajo: los que difunden mis libros entre sus parientes, amigos y compañeros; los que me leen en familia; los que suben a sus redes sociales fotos de las tapas, de las contratapas e incluso extractos de sus contenidos; los que se animan a organizar las presentaciones de mis libros; los que vienen a las conferencias e invitan a familiares y amigos, promoviendo así que el mensaje llegue cada vez a más gente; los que comparten mis videos en las redes sociales y apoyan desde el otro lado de la pantalla. Muy especialmente, quiero agradecer a quienes forman parte de mi comunidad de Patreon, porque sin el sostén que ellos han decidido darme de esa forma, mi trabajo no sería el que es.

INTRODUCCIÓN

De manera muy reciente, una nueva palabra ha irrumpido en nuestro vocabulario político: *globalismo*. A diferencia de la voz *globalización*, que apuntaba sobre todo a un fenómeno de tipo económico, la índole del *globalismo* es incontrastablemente *política*. Con esta palabra se quiere indicar la novedad de un régimen político que convierte la totalidad del globo en su teatro de operaciones, y que se consolida mediante la sustracción de la soberanía nacional en favor de entidades supraestatales.

El globalismo se institucionaliza en organizaciones que, por definición, no tienen ni *patria*, ni *territorio* ni *pueblo*. Esas organizaciones a veces son completamente públicas, otras veces completamente privadas, pero en la mayoría de los casos son hibridaciones público-privadas. Esas organizaciones a veces se llaman «Organizaciones Internacionales Públicas», a veces se llaman «ONG» y a veces toman el nombre de «Foros globales». Con independencia de la forma jurídica y la naturaleza específica con que se hayan constituido, todas ellas comparten una misma convicción: la de que, en el actual momento de la globalización, el mundo debería ser gobernado por instituciones de carácter *global*.

A esta inédita forma del poder político la han denominado «gobernanza global». Al tomar el término «gobernanza» del lenguaje de la administración de empresas, revelaron la *privatización* de lo político que está teniendo lugar en el seno del poder. Con arreglo al vocablo «global», revelaron, a su vez, el alcance literalmente *total* de las pretensiones del régimen en construcción. Al llamarse a sí mismos «ciudadanos globales», los actores globalistas reivindicaron para sí un *estatus exclusivo* y totalmente desconocido en el pasado, una nueva manera de relacionarse con el poder y de ejercerlo, que nada tiene que ver con el viejo ciudadano nacional, cuya identidad estaba anclada a un territorio y a una patria. Por medio de una invocación permanente a «la Humanidad» como objeto de la «gobernanza global» de los «ciudadanos globales», expusieron, por fin, la índole antidemocrática del flamante régimen: el *demos*, el pueblo, siempre particular, cede ante un abstracto y universal sujeto en el que *todos*, por fin, somos «incluidos».

El globalismo es el más ambicioso proyecto de poder político jamás visto. Desborda toda frontera, real o imaginaria; traspasa tanto la geografía como la cultura, hasta convertirlas en algo irrelevante; subordina al Estado nación, la organización más característica de toda nuestra modernidad política; subvierte todos nuestros dispositivos de limitación del poder, tales como la división de poderes, la representación democrática y la publicidad de los actos gubernamentales; postula nuevas formas de legitimación del poder basadas en la tecnocracia y en la «filantropía», es decir, en el gobierno de los «expertos» y los multimillonarios que «aman» a «la Humanidad»; por todo esto, deja a las naciones fuera del juego político, estableciendo de arriba abajo agendas uniformizantes e imponiendo ideologías disolventes.

El globalismo es el punto de llegada de una visión ingenieril de la política, según la cual la labor del poder político consiste en aplicar la razón abstracta sobre la sociedad para imprimir en ella una forma que existe en la cabeza de quienes poseen el poder. El ingeniero social toma al hombre real como su materia prima, lo concibe como un ente abstracto y lo moldea a la fuerza, lo formatea, se apodera de su corazón y conquista su mente, lo atraviesa por completo y lo tuerce en la dirección que corresponde a la *Idea*.

El ingeniero social es un *creador*, tanto de hombres como de sociedades: rediseña costumbres y hábitos; redefine valores y principios; censura unas creencias e impone otras que él ha seleccionado cuidadosamente para los demás; irrumpe en el dominio del lenguaje, postulando todo un nuevo vocabulario y desterrando el anterior; disuelve las relaciones y los vínculos establecidos entre las personas, para reemplazarlos a continuación por otras formas de relación social. Si el pasado le estorba, lo hace añicos, y si el presente le condena, somete la realidad al peso de la ficción mediante un relato impuesto a fuerza de propaganda. Lo espontáneo le agobia y lo imprevisible le aterra; cada nuevo saber y cada nueva técnica que aumentan y facilitan su capacidad de control exacerban su arrogancia. Su sueño es someter todo a su planificación, y su promesa es *crear hombres y sociedades mejores*. Desorbitado por su insaciable sed de poder, a veces llega hasta la dimensión de los instintos, procurando ser, incluso, el amo del inconsciente humano, donde se guardan los más preciados secretos de la dominación sobre los hombres.

El ingeniero social es una creación de nuestra modernidad política; es el producto de un saber-poder muy concreto. Fue parido a finales del siglo XVIII por el acontecimiento político más importante de la Modernidad: la Revolución francesa. A lo largo del siglo XIX, fue dando forma a sus doctrinas más características (socialismo, marxismo, eugenismo, racismo, sociologismos), y contempló el impresionante desarrollo del Estado nación por doquier. En el siglo XX, el ingeniero social fue el gran protagonista de la desmesura totalitaria. Habiendo descubierto, según él, la «clave» de la historia, ya fuera en la clase social o en la raza —lo mismo da—, reclamó la *totalidad* del poder para bajar el paraíso a la tierra. Todo lo que logró, por cierto, fue traer el infierno al reino de los vivos. Pero en nuestro siglo XXI, el ingeniero social vuelve a la carga, aunque armado con un lenguaje novedoso, con nuevas y variopintas ideologías, con tecnologías que parecen de ciencia ficción, apoyándose en nuevas formas de legitimidad, en nuevas instituciones y, sobre todo, articulando la pretensión más desquiciada que le hemos conocido hasta la fecha: gobernar sobre el *globo* entero, gobernar los asuntos de «la Humanidad».

Este libro es una investigación sobre este tipo particular de ingeniero social que impulsa un tipo particular de régimen político que, en los últimos años, se ha empezado a llamar «globalismo». Quiero entender quién es, de dónde surge, qué piensa, qué quiere, qué propone, de qué medios dispone, cómo se articula; quiero comprender cuáles son las instituciones en las que actúa, cuál es su naturaleza, sobre qué reglas funcionan, qué tipo de poder ejercen; quiero saber qué tipo de legitimidad reivindican, en qué basan sus títulos de poder, qué significa el nuevo lenguaje político que utilizan («gobernanza global», «ciudadanía global», «riesgos globales», «desafíos globales», «foros globales», «agendas globales», «consensos globales», «cultura global», «diversidad», «inclusión», etcétera).

Debo reconocer que esta investigación me ha llevado más lejos de lo que imaginaba. El libro que el lector tiene entre las manos duplica el tamaño previsto, lo que pone de manifiesto que el tema ha sido más complicado de lo que creía inicialmente. Al articular mis esfuerzos teóricos con mis investigaciones empíricas, que es lo que hago en todos mis libros, me daba cuenta de que ambas dimensiones se iban ensanchando recíprocamente en un círculo expansivo que no paraba de crecer. Reparando en los hechos más característicos del nuevo régimen de poder, trabajaba a continuación sobre el plano de la teoría política globalista; pero este trabajo suscitaba reflexiones que me devolvían al plano de los hechos, iluminando otras áreas antes vedadas, que me reenviaban nuevamente, a su vez, al plano de la teoría, y así sucesivamente. El resultado fue esta investigación, que revela mucho de nuestro pasado y presente político, de las perspectivas de futuro y de la resistencia venidera.

En términos metodológicos, esta investigación ha distinguido sus momentos teóricos de sus momentos empíricos. En el plano teórico, reparé especialmente en la índole de los conceptos políticos, inspirado en la importancia que a este objeto de estudio le conceden distintas escuelas de la investigación politológica; en particular, la historia de los conceptos (*Begriffsgeschicht*) de Reinhart Koselleck. Así, busqué en conceptos como Estado, soberanía, despotismo, totalitarismo, etcétera, momentos de definición y redefinición, elementos de permanencia y de transformación, que desde siglos anteriores, desde otros «estratos del tiempo» llegan a nosotros. En el plano empírico, a su vez, me concentré en revisar documentación pública y oficial de organismos internacionales, ONG, fundaciones, empresas multinacionales, foros globales, etcétera. De manera secundaria, me apoyé en las publicaciones de los medios hegemónicos de prensa. En un tema en el que hay demasiada charlatanería, que tan fácilmente suscita acusaciones de ser «teorías de la conspiración», me he cuidado de citar absolutamente todo a pie de página, para que el lector pueda revisarlo si lo desea.

En lo que respecta a su arquitectura, he dividido este libro en siete capítulos. Si comento muy brevemente en esta introducción de qué trata cada uno, se facilitará la lectura y se contribuirá a tener, de entrada, una visión de unidad.

El primer capítulo asiste al surgimiento del ingeniero social. Para ello, tengo que llevar al lector a la filosofía política de la segunda mitad del siglo XVIII y, particularmente, al acontecimiento llamado Revolución francesa, el gran parteaguas político del mundo moderno. El nacimiento del ingeniero social se produjo en lo que denomino la «dialéctica» del despotismo: la «liberación» respecto del viejo despotismo tuvo por contrapartida nuevas formas despóticas que darían vida a nuestro arrogante personaje, presto a ejecutar el primer genocidio moderno.

En el segundo capítulo doy un salto que lleva directo al siglo xx, y desemboco en el *totalitarismo*. El ingeniero social despliega entonces toda su voluntad de poder y funda regímenes que van mucho más allá del mero despotismo y del mero autoritarismo: ya no quiere la obediencia, sino la más ferviente adhesión; muy lejos de la despolitización, procura la movilización permanente y el encuadramiento político de las masas; en las antípodas de las exigencias conservadoras, demanda el avance de una revolución que traerá un nuevo hombre y un nuevo mundo; en las antípodas de las exigencias de la libertad, no quiere dejar nada fuera de su ámbito de dominio, y termina borrando la separación de lo público y lo privado. En este contexto, el ingeniero social sueña con ejercer el *control total* sobre el hombre, y diseña técnicas e instituciones a esos efectos.

Una vez hemos conocido al ingeniero social, tanto en su irrupción como en su desarrollo más desmesurado, en el tercer capítulo llegamos a nuestro tema principal: el *globalismo*. Pero dado que su rasgo más definitorio consiste en la absorción de la soberanía por parte de entidades no estatales de naturaleza internacional o global, resulta imprescindible conocer, en primer lugar, qué significa la voz *soberanía*. Por esto, los primeros subcapítulos son un estudio sobre este concepto, abrevando en filósofos políticos de los más importantes para esta materia, como Bodino, Hobbes, Locke, Rousseau, Kant, etcétera. Una vez entendido qué es la soberanía y cómo ha evolucionado desde el siglo xvi en adelante, podemos caracterizar al globalismo como un régimen político que traslada el poder soberano a entidades sin territorio, sin patria y sin pueblo. Además, podemos abordar una caracterización ideológica del globalismo, y de otras dos ideologías anexas y serviles a su causa: el progresismo y el *wokismo*.

En el capítulo cuarto, tocará hablar sobre los principales actores del poder globalista. Así, repararemos en instituciones y organismos de distinta naturaleza que, no obstante, comparten la antedicha convicción: la de que el estado actual del mundo reclama la conformación de un nuevo régimen de «gobernanza global» en el que nuevas entidades sean capaces de absorber la soberanía de las naciones. Estados *proxy*, organizaciones internacionales públicas, organizaciones no gubernamentales (ONG), firmas y corporaciones características del poder económico y financiero, medios de comunicación y hasta universidades: veremos de qué manera cada uno de estos actores cumple una serie de funciones bien específicas y qué tipo de poder demanda. Aquí, el lector se topará con nombres que seguramente conoce, tanto de personas (George Soros, Bill Gates, los Rockefeller, etcétera) como de organizaciones (Naciones

Unidas, Banco Mundial, OEA, CIDH, BlackRock, Vanguard, Open Society Foundations, Ford Foundation, etcétera).

En el capítulo quinto, veremos que esa convicción compartida ha llevado a estos actores a articularse, a coordinarse y a planificar sus agendas, a establecer un lenguaje común, diagnósticos comunes y ejecuciones concertadas. Esto ha tenido lugar, con especial notoriedad, en el Foro Económico Mundial, también conocido como «Foro de Davos», la institución de «gobernanza global» de carácter privado más importante. Por eso, nos dedicaremos a investigar esta institución, de dónde nació, quiénes la componen, cómo piensan y cómo funcionan sus integrantes; veremos qué les entusiasma y qué les asusta; conoceremos qué proponen y cómo pretenden implementarlo.

En el capítulo sexto, nos concentraremos en la institución de «gobernanza global» de carácter público (o semipúblico, para ser preciso) más importante de todas: Naciones Unidas. En concreto, estudiaremos su «Agenda de los Objetivos de Desarrollo Sostenible», también conocida como «Agenda 2030». Compuesta por 17 objetivos y 169 metas, esta agenda se ha impuesto en un abrir y cerrar de ojos a todas las naciones del globo con la expectativa de que sea cumplida, a más tardar, para el año 2030. Veremos cómo se gestaron sus objetivos, cuáles son sus antecedentes, cuántas personas diseñaron lo que se presentó como la agenda de «la Humanidad», cómo se implementa, cómo se controla que las naciones avancen en el camino que ella ha trazado y cómo será próximamente reemplazada por una nueva agenda que ya se está planeando.

En el último capítulo de este libro, hablaremos de la resistencia de los patriotas. El globalismo puede ser derrotado, pero para lograrlo hay que actuar inteligentemente. Habiendo conocido las principales fortalezas del régimen de poder globalista, pienso de qué manera se las puede convertir en grandes debilidades. Además, interpelo a las familias y las iglesias, y reparo en la urgencia de una articulación global de los partidos políticos patriotas del mundo, a los que caracterizo también como «Nueva Derecha». Esto plantea una paradoja aparente: el globalismo obliga a los patriotas a globalizarse. Pero, dado que globalismo y globalización no son exactamente lo mismo, la paradoja es solo aparente. Una red global de patriotas para enfrentarse al régimen globalista significa tender lazos de solidaridad política internacional para devolver la soberanía a las naciones; es decir, significa subirse al carro de la globalización para usar todas sus potencias contra el régimen que llamamos *globalismo*.

Vale aclarar que, por el momento, este régimen es *embrionario*. Es decir, todavía se está gestando y aún no ha sido parido. La ideología globalista está mucho más desarrollada que sus correspondientes instituciones, que todavía compiten con el modelo de la soberanía estatal. Así, el nuestro es un momento de transición sobre el que podemos actuar; pero el reloj avanza a toda velocidad y, como siempre ha ocurrido, la historia dependerá de lo que los hombres *hagan*. Los patriotas tienen enormes desafíos por delante, y una responsabilidad histórica sin precedentes. Una combinación inteligente de la lógica de la *batalla cultural* con la lógica de la *batalla electoral* configura una estrategia a seguir que ya no es mera elucubración, sino que en los últimos años ha empezado a dar sus frutos.

Por último, quiero decir que soy plenamente consciente de que tengo dos clases de lectores: unos, acostumbrados a lecturas politológicas, históricas, sociológicas y filosóficas; otros, que se están iniciando en este tipo de libros porque han comprendido, quizás más recientemente, que, para resistir el asedio político en curso, la formación en estas materias resulta indispensable. Al primer tipo de lector, le recomiendo la lectura completa y lineal de este libro. Al segundo, si se siente abrumado con los dos primeros capítulos, puede saltar directamente al tercero, y partir desde ahí. La misma recomendación vale para el lector que dispone de menos tiempo, y que puede encontrar dificultoso abordar un texto de este volumen.

Al igual que ocurre con todos mis libros, espero que este también funcione como una *herramienta* para la lucha política que emprendemos junto a mis *amigos*: los libertarios, los conservadores y los soberanistas, que libran sin temor sus batallas culturales y electorales articulados en una «Nueva Derecha»; las familias conscientes del asedio del que son blanco y las iglesias que ya no están dispuestas a seguir manteniendo la boca cerrada; los jóvenes que despiertan del somnoliento adoctrinamiento recibido y claman por conocimientos alternativos para sumarse a la resistencia, y los no tan jóvenes que rompen con la farsa de que la educación se reduce a una etapa anterior de la vida; los hombres y mujeres comunes, que renuncian a la pasividad inducida y que se disponen a enfrentarse a poderes establecidos que suponían inconmovibles. Este libro es para todos ellos: para que continúen resistiendo; para que lo hagan cada vez mejor; para que jamás bajen los brazos; y para que, además, seamos capaces de hacerlo *juntos*.

CAPÍTULO 1:

LA DIALÉCTICA DEL DESPOTISMO

I. La índole de los conceptos políticos

Los conceptos son criaturas que, como cualquier otra, nacen, crecen y mueren. Nacen no solo para dar cuenta de las cosas, sino también para que se realicen determinadas acciones con ellos.[1] Crecen cuando logran cumplir con su cometido y mueren cuando dejan de hacerlo. Nuestro lenguaje está vivo. La vida es la fuente experiencial de los conceptos, y los conceptos hacen de la vida una experiencia inteligible y comunicable.

Nacer, crecer y morir son operaciones enmarcadas en el *tiempo*. Toda criatura nace, crece y muere, porque toda criatura está sujeta al tiempo. Sin embargo, no toda criatura está sujeta a la *consciencia* del tiempo. El tiempo se vuelve *historia* solamente cuando se inscribe en los *procesos humanos*. Los conceptos políticos y sociales, muy especialmente, contienen historia en la medida en que dan cuenta e incluso inciden en esos procesos. Nacen, se desarrollan, cambian y mueren en torno a ellos. La importancia histórica de los conceptos políticos y sociales se advierte con toda claridad al constatar que ninguna historia política o social es posible sin referirse sistemáticamente a aquellos. ¿Cómo hacer

---

1. Véase John Langshaw Austin, *Cómo hacer cosas con palabras* (Barcelona: Paidós, 1988), «Conferencia I», pp. 41-52.

una historia política, por ejemplo, sin conceptos como poder, gobierno, Estado, régimen, pueblo, democracia, república, monarquía, aristocracia, etcétera? ¿Pero cómo hacer una historia conceptual sin que haya, de hecho, una realidad extralingüística a la que referir esos conceptos?

Los conceptos políticos se articulan con realidades extralingüísticas vividas por los actores políticos. Estos últimos comparten esa realidad, pero pueden hablar sobre ella de distintas maneras y forjar diversas interpretaciones. De ello resulta que los conceptos políticos sean *polémicos* por definición. En efecto, admiten una pluralidad de voces que colisionan en el establecimiento de un significado unívoco que nunca logra estabilizarse por completo. La contingencia intrínseca a lo político es la contingencia de su lenguaje. «¿Qué es el pueblo? ¿Qué es la soberanía? ¿Qué es la libertad?», y así sucesivamente. Los actores políticos no solo se ven obligados a luchar políticamente por medio de conceptos políticos, sino que los mismos conceptos son a menudo un fin manifiesto de la lucha política. Establecer los contenidos de los conceptos por medio de los cuales se interpreta y se comunica la política constituye uno de los más importantes objetivos en toda lucha por el poder.

En su *Política*, Aristóteles reconoce en el lenguaje un fundamento de la naturaleza política del hombre. El hombre es un *zoon politikon*, o sea, un «animal político»; está determinado por su naturaleza para realizar plenamente su vida en el marco de una comunidad política. Lo que diferencia radicalmente a este animal político —el hombre— de otros animales, que no son políticos, es que el hombre cuenta con la *palabra*, mientras que los otros, como mucho, apenas tienen *voz*:

> La voz es una indicación del dolor y del placer [...]. En cambio, la palabra existe para manifestar lo conveniente y lo dañino, así como lo justo y lo injusto. Y esto es lo propio de los humanos frente a los demás animales: poseer, de modo exclusivo, el sentido de lo bueno y lo malo, lo justo y lo injusto, y las demás aspiraciones.[2]

En rigor, los conceptos no son meras palabras. En todo caso, las palabras son meros vehículos para los conceptos. La palabra puede ser la misma a lo largo de la historia, pero servir a conceptos distintos. Por ejemplo, la palabra «democracia» se mantiene en nuestro lenguaje político desde la antigua Grecia. No obstante, el concepto de democracia que irrumpe sobre todo en la segunda mitad del siglo XVIII, y que en gran

---

2. Aristóteles, *Política*, 1253a.

medida nos acompaña hasta hoy, muy poco tiene que ver con el régimen corrupto de gobierno que estudiaba Aristóteles. Lo mismo puede decirse de tantos otros conceptos, como, por ejemplo, «constitución», que solo hacia fines del mismo siglo pasa a referirse de manera excluyente a un contrato político fundacional que determina por escrito derechos y deberes, además de establecer la arquitectura jurídica y funcional del poder estatal.

El lenguaje de nuestra modernidad política adquirió sus contornos propios precisamente en el marco de las transformaciones del siglo xviii.[3] La Revolución francesa, en particular, modelo por antonomasia de lo que constituye una revolución política, impactó profundamente sobre conceptos tan determinantes como los de soberanía, pueblo, Estado, representación, constitución, libertad, democracia o nación. Los conceptos no fueron usados por entonces solo para hablar sobre la realidad política, sino también para tratar de moldearla. La imaginación política también es capaz de volar a través de conceptos. Así, la más radical redefinición de las estructuras políticas y sociales no podría haberse logrado sin el concurso de cambios radicales al nivel de los conceptos políticos y sociales. El concepto «pueblo», por ejemplo, se vuelve revolucionario solo allí donde deja de apuntar a una fracción de una sociedad dividida en estamentos, y pasa a representar al cuerpo nacional como tal. Y esto ocurre antes de que el cambio de la estructura social se haya consumado.

En este trabajo me interesan, sobre todo, aquellos conceptos que sirven para nombrar las formas de gobierno que nos resultan *inadmisibles*. Nuestro lenguaje nombra lo que quiere, pero también lo que no se quiere. De esta manera, quisiera partir planteando una hipótesis muy general, según la cual *a cada época le corresponde una forma aplastante del poder político que puede ser aprehendida por conceptos bien específicos*. Dado el impacto que ha tenido la Revolución francesa en nuestras formas políticas y en el lenguaje político moderno, he de empezar por ella.

II. La astucia del despotismo

En 1789, al calor de la Revolución francesa, el marqués de Condorcet, uno de los más ilustres filósofos revolucionarios, escribe algunos

---

3. Tomo esta tesis de Koselleck y su escuela de historia conceptual. Véase Reinhart Koselleck, *Historias de conceptos. Estudios sobre semántica y pragmática del lenguaje político y social* (Madrid: Trotta, 2012).

fragmentos que titula *Ideas sobre el despotismo*. El destino del texto se explicita justo después del título: «Para uso de quienes pronuncian esta palabra sin entenderla». Esto resulta suficientemente elocuente: el concepto «despotismo» había desbordado el estrecho círculo de los filósofos ilustrados y las gentes de letras en general, para convertirse en parte del lenguaje con el que la sociedad estaba hablando de, e impactando sobre, la realidad política inmediata. Pero se hacía necesario instruir a esas mismas personas sobre un pretendido uso correcto del concepto, para que este pudiera desplegar toda su eficacia política.

«Existe despotismo siempre que los hombres tienen un señor, un amo, es decir, cuando están sometidos a la voluntad arbitraria de otros hombres»,[4] empieza definiendo Condorcet. Damos aquí con una caracterización, en principio, clásica: déspota es aquel que hace reinar su voluntad arbitraria, esto es, aquel que gobierna *al margen de las leyes*. El pensamiento político clásico identifica el despotismo con la arbitrariedad en el ejercicio del poder, cuyo resultado es el ocaso de la libertad. El despotismo aplasta la libertad en la medida en que las leyes callan, y todos deben someterse a la autoridad arbitraria del poderoso de turno.

Hasta aquí, no advertimos nada nuevo en Condorcet. La novedad viene a continuación, al reparar en la manera en que el sistema político produce sus leyes. Para el pensamiento político tradicional, la ley es una norma suficientemente fija y se ubica por encima de la mera voluntad de los hombres.[5] La ley se anuda al orden divino, al orden natural o al orden que surge del lento paso del tiempo y que cristaliza en lo que se denomina «costumbre». Si la ley aparece como la contracara de la voluntad arbitraria del déspota, eso es porque surge de una fuente radicalmente diferente de la voluntad humana. Dios, Naturaleza, Costumbre: ningún hombre puede colocarse por encima de estas fuentes del ordenamiento legal. Por eso, el pensamiento político tradicional puede oponer al despotismo no

---

4. Condorcet, *Ideas sobre el despotismo*, en la compilación *Influencia de la revolución de América sobre Europa* (Buenos Aires: Editorial Elevación, 1945), p. 265.
5. Como botón de muestra, considérese a Cicerón: «La ley es una recta razón, congruente con la naturaleza, general para todos, constante, perdurable, que impulsa con sus preceptos a cumplir el deber, y aparta del mal con sus prohibiciones; pero que, aunque no inútilmente ordena o prohíbe algo a los buenos, no conmueve a los malos con sus preceptos o prohibiciones. Tal ley, no es lícito suprimirla, ni derogarla parcialmente, ni abrogarla por entero, ni podemos quedar exentos de ella por voluntad del senado o del pueblo, ni debe buscarse un Sexto Elio que la explique como intérprete, ni puede ser distinta en Roma y en Atenas, hoy y mañana, sino que habrá siempre una misma ley para todos los pueblos y momentos, perdurable e inmutable; y habrá un único dios como maestro y jefe común de todos, autor de tal ley, juez y legislador, al que, si alguien desobedece huirá de sí mismo y sufrirá las máximas penas por el hecho mismo de haber despreciado la naturaleza humana, por más que consiga escapar de los que se consideran castigos» (*Sobre la República*, Libro III, 22,33 [Madrid: Gredos, 2016], p. 105).

solo la forma de gobierno democrática, sino también la aristocrática y la monárquica, siempre que sean regidas por el poder de las leyes (que no surgen del capricho arbitrario de los hombres). La novedad de Condorcet, su modernidad, estriba en considerar la ley como el mero producto de la voluntad humana y, con ello, definir el despotismo como cualquier forma de gobierno distinta de una democracia representativa:

> El despotismo que llamaré directo tiene lugar en todos los países en que los representantes de los ciudadanos no ejercen un derecho de veto lo suficientemente extenso, careciendo por otra parte de medios para hacer reformar las leyes que encuentren contrarias a la razón y a la justicia. El despotismo indirecto existe desde que, pese a la voluntad de la ley, la representación no es igual ni real, o desde que está sujeto a una autoridad no establecida por ley.[6]

El despotismo se piensa así como toda forma de gobierno que no constituya una democracia representativa. Hete aquí la novedad de un concepto radicalmente modificado, que surge de una nueva concepción de la ley, según la cual esta no es más que el arreglo circunstancial de las voluntades de los hombres. Ya sea porque la representación directamente no existe, o porque la representación está viciada por el dominio que sobre ella ejercen sectores privilegiados, en la opinión de los revolucionarios franceses el despotismo se corona como la más inadmisible forma de gobierno: aquella en la que el pueblo no gobierna en ningún sentido. La incuestionable hegemonía del sistema democrático moderno que, desde entonces y hasta nuestros días, opera en Occidente encuentra en esta definición del despotismo un fundamento crucial: o gobierna el pueblo o gobierna el despotismo.

El despotismo, tal como los revolucionarios franceses argumentan en general, procede de una injusta distribución del poder político. El binomio de contrarios amo/esclavo constituye el modelo para el de déspota/pueblo. Rousseau, luminaria filosófica de la revolución, ya había establecido paralelismos entre la esclavitud y el despotismo, para argumentar que la esclavitud no surge de ningún derecho (pues estos no pueden generarse mediante la fuerza).[7] El déspota, exactamente

---

6. Condorcet, *Ideas sobre el despotismo*, p. 266. Estas ideas poseen un vínculo con la noción de despotismo que, décadas atrás, había ofrecido Jean-Jacques Rousseau, quien sostiene que el despotismo sobreviene cuando «el magistrado» quiere «dar leyes». Véase *Contrato social* (Madrid: Espasa Calpe, 1972), p. 72.
7. Véase Rousseau, *Contrato social*, capítulo IV.

por lo mismo, no puede reclamar para sí ningún derecho legítimo de gobierno, puesto que solo opera relaciones de fuerza. Según Rousseau, el pueblo debería haber establecido, al inicio de su historia, un *contrato social* que evitara la *desigualdad entre los hombres* y, apoderándose de la soberanía, lo mantuviera libre de déspotas. Para resultar legítimo, ese contrato debía redistribuir el poder político, destruyendo los intereses y las voluntades particulares, tanto de individuos como de grupos sociales parciales. El beneficiario de esta redistribución es una persona colectiva abstracta (el *pueblo*) que detenta una «voluntad general»[8] en torno a la cual todos seríamos miembros iguales: «La voluntad particular tiende por su naturaleza al privilegio y la voluntad general a la igualdad».[9] Los déspotas surgen del privilegio que apuntala el interés particular cuando se apalanca con poder político y social.

En vísperas de la Revolución francesa, el abate Emmanuel Sieyès, otro de los grandes filósofos revolucionarios, lanzó un opúsculo titulado *Ensayo sobre los privilegios*, en el que arremetió contra la estructura política y social francesa en términos evidentemente rousseaunianos:

> En el instante mismo en que los ministros confieren a un ciudadano el carácter de privilegiado, abre el alma de ese ciudadano a un interés particular, cerrándola, mucho o poco, a las aspiraciones del interés común. […] Nace en su corazón el deseo de sobresalir, un ansia insaciable de dominación.[10]

Esa ansia de dominación que surge de los privilegios es el principio mental del despotismo. Frente al privilegiado, dice Sieyès, queda «el pueblo que, muy pronto, en su lengua y su corazón, se convertirá en un grupo de *donnadies*, una clase de hombres creada expresamente para servir mientras que él ha sido creado para gobernar y para gozar».[11] Este es, precisamente, el concepto de despotismo que busca al mismo tiempo instalar Condorcet: los pocos imponiendo su voluntad particular sobre los muchos, a través de un sistema basado en la desigualdad de derechos.

Los privilegios, en efecto, se definen como desigualdad ante la ley. Dice Sieyès: "Todos los privilegios, sin distinción, tienen ciertamente por

---

8. La voluntad general es una suerte de interés común que existe objetivamente en tanto que interés de esa persona colectiva que llamamos «pueblo». Los individuos, que no son más que partes conformando un todo, deben subordinar sus voluntades particulares a esta «voluntad general», que siempre es recta y buena, según Rousseau.

9. Rousseau, *Contrato social*, pp. 37-38.

10. Emmanuel Sieyès, *Ensayo sobre los privilegios* (Madrid: Alianza Editorial, 2019), p. 83.

11. Ibíd., p. 84.

objeto o bien *dispensar* de la ley, o bien *otorgar* un derecho exclusivo a algo que no está prohibido por la ley".[12] La Francia prerrevolucionaria es una *sociedad de estamentos*, erigida sobre la base del orden tripartito del feudalismo medieval,[13] que se continúa en las monarquías estamentales y, aunque ya desnaturalizado, se perpetúa en la monarquía absoluta.[14] Los tres estamentos que componen el tejido social francés son la nobleza, el clero y el pueblo llano, compuesto este último por una clase media ascendente (burguesía) y por una clase baja (trabajadores y campesinos). En términos cuantitativos, el pueblo llano, el llamado «Tercer Estado», supera significativamente a los otros dos. Además, el sistema jurídico estamental prevé distintos derechos y obligaciones para cada estamento, y esto es precisamente lo que denuncian los revolucionarios como Sieyès en nombre de la «lucha contra los privilegios».

La filosofía política que orienta a los revolucionarios bebe, pues, de la noción de que la igualdad de derechos terminará con el sistema de privilegios, que es la base jurídica del sistema político despótico. Esta igualdad constituirá el inicio de la soberanía del pueblo, que garantizará a la postre la libertad. La ley, en efecto, ya no dependerá de voluntades arbitrarias, sino de la inefable «voluntad general», motor de este nuevo concepto de libertad. Dice Sieyès: "los derechos políticos son la única garantía de los derechos civiles y de la libertad individual".[15] Y agrega: "Solo podemos ser libres con el pueblo y por él".[16]

Destruir el sistema estamental supone reivindicar un concepto de *nación* bajo el que todos los individuos son jurídicamente iguales. La alternativa al privilegio es una nación homogénea, monolítica, sin fisuras ni relieves. De esta forma, la nación se constituye no en torno a una tierra, una sangre, una lengua y una historia comunes, sino más bien a partir de un contrato que fija una *ley común*. Este concepto enteramente moderno de nación es el que promoverá Sieyès. El pueblo llano o «Tercer Estado» es, en efecto, la nación, pues a él corresponde la ley común. Los «privilegiados», al no participar del presunto contrato que por vía de la igualdad jurídica conforma un orden común, quedan excluidos de la nación: son extranjeros dentro de la misma patria, enemigos a los que

---

12. Ibíd., pp. 73-74.
13. Este orden tripartito estaba compuesto por los que rezaban (*Oratores*), los que luchaban (*Bellatores*) y los que trabajaban (*Laboratores*). Una bella lectura al respecto, para todo tipo de público, se puede encontrar en Jaume Aurell, *Elogio de la Edad Media* (Madrid: Rialp, 2021), especialmente el «Acto II».
14. Véase Josep M. Vallès, *Ciencia política. Una introducción* (Barcelona: Ariel, 2007), pp. 77, 81-83.
15. Emmanuel Sieyès, *¿Qué es el Tercer Estado?* (Madrid: Alianza Editorial, 2019), p. 206.
16. Ibíd., p. 153.

se debe aniquilar.[17] Así, el pueblo y la nación coinciden: son una y la misma cosa.[18] Constituyen un todo homogéneo, poseedor de un interés o *voluntad general* en virtud de la cual se debe regir. Despótico será, por lo tanto, todo orden que imponga algo distinto de la voluntad general.[19]

Ahora bien, Rousseau ya había establecido que el pueblo, siempre bueno y recto, habitualmente *no sabe lo que quiere*. «El pueblo, de por sí, quiere siempre el bien; pero no siempre lo ve».[20] En la jerga del filósofo ginebrino, el pueblo con frecuencia no conoce cabalmente la «voluntad general». Esta es la consecuencia de haber sido sometido por el despotismo embrutecedor durante tanto tiempo. Para saber verdaderamente lo que quiere, el pueblo debe ser ilustrado: «Es preciso hacerle ver los objetos tal como son, y algunas veces tal como deben parecerle…».[21] Hay que crear un pueblo que siempre quiera lo que quiere la voluntad general. Pero, hasta entonces, el pueblo deberá confiar en aquellos que ya detentan las luces suficientes como para determinar el legítimo contenido de esa voluntad, que *a posteriori* el pueblo tendrá, en el mejor de los casos, que ratificar.

Esta ideología es reproducida a pie juntillas por Sieyès, que se ve a sí mismo como el gran intérprete de la voluntad general: «Semejante al arquitecto que prepara y realiza en el plano de su imaginación antes de ejecutarlo, el teórico político concibe y realiza en su espíritu el conjunto y los detalles del orden social que conviene al pueblo».[22] Para Sieyès, interpretar la voluntad general no es otra cosa que atender a los dictados de la razón. Así, lo que se debe hacer no hay que buscarlo en la historia ni en la tradición de un pueblo, sino en la razón abstracta del hombre aislado, principio sobre el cual es factible construir el orden

---

17. «Realmente, los privilegiados son tan enemigos del orden común como los ingleses de los franceses en tiempo de guerra» (Sieyès, *¿Qué es el Tercer Estado?*, p. 133). En otro lugar, llama a «odiar abiertamente a los enemigos internos de la Nación», o sea, a aquellos franceses que él declara que están fuera de la «Nación» (Emmanuel Sieyès, «Ideas sobre los medios de actuación de que podrán disponer los representantes de Francia en 1789», en *Escritos de la revolución de 1789* [Madrid: Akal, 2020], p. 122).
18. Dice Sieyès: «En mi mente Tercer Estado y nación se confunden en una misma idea» (*¿Qué es el Tercer Estado?*, p. 122). También para Condorcet aquellos que son del «pueblo» son «quienes verdaderamente componen las naciones» (*Bosquejo de un cuadro histórico de los progresos del espíritu humano* [Madrid: Editora Nacional, 1980], p. 154).
19. Escribe Sieyès: «Si aquel que hace la ley pudiera […] desarrollar un interés distinto del interés común del gran cuerpo de los ciudadanos, el orden se vería igualmente perturbado, y pronto no habría más que déspotas y esclavos» («Ideas sobre los medios de actuación de que podrán disponer los representantes de Francia en 1789», p. 128).
20. Rousseau, *Contrato social*, p. 52.
21. Ibíd.
22. Sieyès, «Ideas sobre los medios de actuación de que podrán disponer los representantes de Francia en 1789», p. 100.

social y político justo. Cosa muy similar dirá por su parte Condorcet, para quien «la razón» y «la naturaleza» son las «únicas autoridades que los pueblos independientes pueden reconocer».[23] La voluntad general queda, así, determinada por la razón abstracta del filósofo especulador que deviene «arquitecto» o, mejor, *ingeniero social*:

> El deplorable curso de los acontecimientos nos ha disuadido a la larga de toda eficacia que se fundamente en el solo poder de la razón, pues esta es meramente considerada como un ente ideal, sin fuerza, y su luz como ajena a los asuntos del pueblo. Se ha establecido que nada se decide sino [*sic*] es a través de los hechos, pues el despotismo ha comenzado en todas partes por una situación de hecho, y en todo le es necesario ofrecer este falso modelo del que dispone frente a la razón, que le resulta del todo ajena y lo condena.[24]

Tenemos dos formas de ciencia política enfrentadas: por una parte, una despótica, de carácter empírico (es decir, basada en los hechos), y, por otra, una ciencia política liberadora y revolucionaria, basada en los recursos de la razón abstracta para reorganizar desde cero la sociedad.[25] Lo que está en juego es el argumento político tradicional, basado en la experiencia acumulada de la historia, al que los revolucionarios enfrentan la razón ahistórica y pretendidamente universal. La revolución solo puede consumarse si la historia deja de funcionar como fundamento del orden político y social, y, en cambio, los hombres se entregan por entero a reconstruir la sociedad a partir de la razón individual. En consecuencia, las ideas se constituyen en el agente histórico fundamental. La hegemonía del *racionalismo político* acaba de comenzar.[26]

Este cambio de paradigma es especialmente notable en los comentarios de filósofos como Rousseau y Condorcet sobre Montesquieu. La ciencia política de este último había contemplado especialmente una serie de variables que, más allá de la psicología humana, influyen en lo

---

23. Condorcet, *Bosquejo de un cuadro histórico de los progresos del espíritu humano*, p. 176.
24. Sieyès, «Ideas sobre los medios de actuación de que podrán disponer los representantes de Francia en 1789», p. 98.
25. «La verdadera ciencia del estado social es reciente. Los hombres han construido chozas durante mucho tiempo, antes de poder construir palacios. Era normal que la arquitectura social progresara aún más lentamente, puesto que dicho arte, a pesar de ser el más importante de todos, no recibía ningún apoyo de déspotas y aristócratas» (Sieyès, *¿Qué es el Tercer Estado?*, pp. 173-174). Vemos aquí, además, la noción de la política como ingeniería social.
26. Sieyès, «Ideas sobre los medios de actuación de que podrán disponer los representantes de Francia en 1789», p. 100.

político. La historia, los usos, las costumbres, la lengua, el comercio, la industria, el clima, la geografía: la política debía reparar en el hombre real, y el hombre real es el que existe en una sociedad ya constituida sobre la base de numerosos elementos contingentes, tanto naturales como históricos. Sin embargo, Condorcet censura este método porque busca «las razones de lo que existe en vez de buscar aquellas de lo que debe ser».[27] Apenas algunas décadas antes, Rousseau ya había dicho lo mismo sobre Montesquieu, quien «tuvo mucho cuidado en no tratar de los principios del derecho político, limitándose a tratar del derecho positivo de los gobiernos establecidos».[28]

Bajo la hegemonía del racionalismo político, la política deviene *ingeniería social*. Pocos como Sieyès ponen de manifiesto este estado de la conciencia política moderna. La ciencia política se vuelve una ciencia natural más: aquella que se ocupa de organizar el rebaño de los hombres. «Los hombres han sido llamados en este siglo a la razón por la senda de las ciencias naturales». A la luz de este modelo, «jamás ha sido tan perentoria la necesidad de otorgar a la razón toda su fuerza y arrebatarle, de una vez para siempre, a los hechos, el lugar que han venido ocupando para la mayor desgracia de la especie humana».[29] La política debe partir entonces de un «hombre natural», concebido tal como se lo encontraría si aquellos hechos sociales funestos no hubieran hecho de él lo que en el actual estado de la sociedad es. Nos hallamos en las antípodas del *zoon politikon* (animal político) —la caracterización del hombre que brinda Aristóteles—, al que jamás encontraríamos abstraído de sus condiciones sociales de vida.[30]

Así pues, la razón abstracta desarrolla un orden social y político sobre la base de un hombre abstracto. Es decir, sobre la base de un hombre sin vínculos, sin prejuicios, sin costumbres, sin lealtades e intereses particulares y sin historia.[31] Es decir, sobre la base de un hombre que

---

27. Idéntico reproche hace a los griegos: «En los propios escritos de los filósofos, parece más bien una ciencia de los hechos y, por así decirlo, empírica, que una verdadera teoría fundada en principios generales alumbrados en la naturaleza y reconocidos por la razón» (*Bosquejo de un cuadro histórico de los progresos del espíritu humano*, p. 123).
28. Rousseau, *Emilio* (Barcelona: Gredos, 2015), p. 520.
29. Sieyès, «Ideas sobre los medios de actuación de que podrán disponer los representantes de Francia en 1789», p. 100.
30. «Y el que no puede vivir en sociedad, o no necesita nada por su propia suficiencia, no es miembro de la ciudad, sino como una bestia o un dios» (Aristóteles, *Política*, 1253a).
31. Sieyès dice que la sociedad puede ser entendida si la vemos «como una máquina ordinaria, considerando separadamente cada pieza, juntándolas después, inteligentemente, una tras otra». Con este método, postula distintas fases en la formación de la sociedad política: «En la primera, se concibe un número más o menos considerable de individuos aislados que quieren reunirse». El problema del método es evidente: esos hombres aislados jamás han existido (véase *¿Qué es el*

no existe. A esto, los filósofos revolucionarios del siglo XVIII lo llaman «Naturaleza»: un estado imaginario en el que solo subsiste en el hombre una razón universalmente válida y una voluntad que, curiosamente, son las mismas que reclaman para sí los ideólogos que le dan vida a este esperpento. Pero cuando se constata que este hombre en realidad no existe, la mente del ingeniero social pretende crearlo. Si la sociedad despótica, antinatural por su irracionalidad, ha hecho del hombre un salvaje, la sociedad racionalmente ordenada lo devolverá a su bondad natural y, con ello, a su más plena felicidad. Así como, según se ha convencido a sí mismo el ingeniero social, él es capaz de crear la sociedad a partir de los dictados de su razón, ¿por qué no podría crear también al hombre que va a vivir en la sociedad que ha diseñado especialmente para él? Ya Rousseau había dejado escrito:

> Aquel que ose emprender la obra de instituir un pueblo, debe sentirse en estado de cambiar, por decirlo así, la naturaleza humana, de transformar a cada individuo, que por sí mismo es un todo perfecto y solitario, en parte de un todo más grande, del cual recibe, en cierto modo, este individuo su vida y su ser; de alterar la constitución del hombre para reforzarla; de sustituir una existencia parcial y moral por la existencia física e independiente que hemos recibido de la Naturaleza.[32]

De esta manera, los pueblos *se instituyen* de acuerdo a una razón que, partiendo de un hombre que no existe, queda legitimada para cambiar la «naturaleza humana» de los hombres que sí existen y que pasan a concebirse como meras partes de un todo moralmente superior. La parte real debe reajustarse al todo ideado. El legislador es, en primer lugar, un hacedor de sociedades y, a continuación, un *hacedor de hombres* capaces de ajustarse a su creación; el legislador es un dios terrenal. La política es el arte de formar ese todo compacto a partir de piezas humanas. Ese todo, por ser precisamente homogéneo, supera el orden de los privilegiados en el que había superiores e inferiores. El poder, no obstante, ahora operará del todo a la parte: «De igual modo que la Naturaleza da a cada hombre un poder absoluto sobre sus miembros, así el pacto social da al

---

Tercer Estado?, p. 176). Y el método es tan malo que en otra parte escribe que en ese individuo aislado no hay que considerar ni siquiera la existencia de una familia, «pues en un tema como este es preciso simplificar lo máximo posible» («Ideas sobre los medios de actuación de que podrán disponer los representantes de Francia en 1789», p. 90).

32. Rousseau, *Contrato social*, p. 53.

cuerpo político un poder absoluto sobre todo lo suyo».[33] La igualdad ha derrotado presuntamente al esquema arriba/abajo, pero solo para someter a los miembros del cuerpo político al esquema todo/parte.

Esta pretensión, esta insuperable arrogancia de índole ingenieril, es la que lleva a cambiar radicalmente el significado de la política. Sieyès definirá la política como un «arte social» que no se funda en «el conocimiento de *lo que es*» sino de «*lo que debe ser*».[34] En esto se diferencia la política, como el arte de *crear* sociedades, de la ciencia natural: esta es descriptiva, aquella es prescriptiva y, más todavía, *demiúrgica*. Bajo esta nueva forma, la política pasa al dominio de los *ideólogos*, que imaginarán por nosotros sistemas sociales y políticos de acuerdo con lo que el uso de la razón abstracta les dicta que «debe ser», y reclamarán a continuación el uso de los medios políticos necesarios para recrear en la realidad el contenido de sus teorías.[35]

La libertad ha cambiado su signo. Ya no significa la espontaneidad de la acción, sino el ajuste a la planificación social; ya no significa la existencia de determinados derechos, sino la enajenación de todos en favor del todo;[36] ya no significa necesariamente ausencia de coerción, sino también toda la coerción que sea necesaria para ejecutar la voluntad general del pueblo y garantizar los principios del orden racional.[37] La libertad pasará a ser la resultante del perfecto ajuste de la acción individual a las exigencias de un todo que subsume las voluntades y los intereses de sus partes. Y a quien no lo desee de esta manera, pues «se lo obligará a ser libre»,[38] como ya había escrito Rousseau, lo cual significa que se lo obligará a sacrificarse en favor del todo. Si lo que la voluntad general quiere es lo que yo realmente debería querer según el pacto social con el que se ha salido del despotismo, entonces mi libertad solo

33. Ibíd., p. 42.
34. Sieyès, «Ideas sobre los medios de actuación de que podrán disponer los representantes de Francia en 1789», p. 99.
35. Según Condorcet, en los filósofos hay que hallar nada menos que el motor mismo de la Revolución francesa: «La filosofía dirigió sus principios, y la fuerza popular destruyó los obstáculos que podían detener sus movimientos». El primer motor de esta filosofía, a su vez, lo halla Condorcet en el racionalismo cartesiano: «Desde el momento en que el genio de Descartes imprimió aquel impulso general, primer principio de una revolución en los destinos de la especie humana…» (*Bosquejo de un cuadro histórico de los progresos del espíritu humano*, pp. 202 y 204).
36. Rousseau reconoce que las cláusulas del contrato social se reducen a una: «La enajenación total de cada asociado con todos sus derechos a toda la comunidad». Además, «cuando la enajenación se hace sin reservas, la unión llega a ser lo más perfecta posible». De otra manera, subsistirían intereses particulares y la «tiranía», dice Rousseau, podría regresar (véase *Contrato social*, p. 27).
37. Reconoce Rousseau que «mientras menos se relacionan las voluntades particulares con la voluntad general, es decir, las costumbres con las leyes, más debe aumentar la fuerza represora» (Ibíd., p. 73).
38. Ibíd., p. 31.

puede existir en el cumplimiento de la voluntad general.[39] Acierta Jacob Talmon cuando, criticando esta ideología, anota: «Cuando un régimen es tenido por definición como el que realiza y lleva a cabo los derechos y las libertades, los ciudadanos quedan *ipso facto* privados del derecho a quejarse de que están siendo privados de sus derechos y libertades».[40]

Se ha producido aquí un giro sorprendente, un movimiento dialéctico notable. El concepto de despotismo como dominio arbitrario de los pocos sobre los muchos encuentra su motor en el concepto de privilegios; los privilegios surgen, a su vez, de la ausencia de igualdad ante la ley que es intrínseca a un sistema estamental; la justificación de un ordenamiento social de estas características se ha apoyado en la tradición y la historia. Frente a esta ecuación, se propone una que, empezando por la inversión del último término, modifique consecuentemente todos los demás: deshagámonos de la historia, olvidemos cualquier tradición, postulemos un hombre abstracto y, sobre esa base presuntamente «natural», y a partir de la razón que subsiste como principio de unificación universal, construyamos un nuevo orden basado en la igualdad formal. Lo que se tendrá como resultado es una relación de identidad entre el pueblo y la nación: el pueblo es la nación, porque la nación no es más que la asociación de individuos jurídicamente iguales. Esta definición jurídica determina la existencia de un todo homogéneo al que las voluntades particulares deben someterse.[41] Los grupos intermedios necesariamente aparecen como facciones peligrosas en la medida en que representan voluntades distintas de las del todo. La organización de ese todo y su destino quedarán bajo los dictados de la razón de aquellos individuos que reclaman para sí las luces. Por el momento, esos individuos curiosamente no son muchos. Más bien son una minoría. De ahí que Condorcet tuviera que reconocer con amargura que «las luces no ocupan en el globo más que un espacio reducido», pues «el número de los que realmente las poseen desaparece ante la masa de los hombres entregados a los prejuicios y la ignorancia».[42] Las minorías continuarán gobernando a las mayorías. Pero ya no lo harán por nacimiento, sino por detentar las «ideas correctas».

39. «Si mi opinión particular hubiese vencido, habría hecho otra cosa de lo que había querido, y entonces es cuando no hubiese sido libre» (ibíd., p. 126).

40. Jacob Talmon, *Los orígenes de la democracia totalitaria* (Buenos Aires: Ediciones Olejnik, 2023), p. 62.

41. Dice Condorcet que «el fin del arte social» es «el de identificar el interés común de cada hombre con el interés común de todos». El «arte social» debe «destruir esta oposición aparente» (Condorcet, *Bosquejo de un cuadro histórico de los progresos del espíritu humano*, p. 241).

42. Condorcet, *Bosquejo de un cuadro histórico de los progresos del espíritu humano*, p. 220.

El despotismo ha sido desafiado por los revolucionarios franceses, pero solo para regresar con un disfraz distinto; ha sido aparentemente destronado, pero solo para adquirir una nueva forma posible. Los hombres seguirán teniendo amos, solo que ahora esos amos les darán sus órdenes en nombre del pueblo y, sin mediaciones ni límites tradicionales, en nombre de la «diosa Razón».

III. La historia como ideología

La revolución, en términos modernos, es un corte radical en el tiempo histórico. El pensamiento revolucionario es un imperativo político que *desconecta* el presente del pasado. Por eso los filósofos revolucionarios deben deshacerse del peso de la historia para montar su nuevo orden social y político. La expresión ciceroniana *historia magistra vitae* (la historia es maestra de vida) deja de servir en un contexto que pretende encarnar lo *absolutamente nuevo*. En efecto, solo es posible aprender de la historia cuando las condiciones de vida de ayer y de hoy se asemejan. Pero el hiato que la revolución produce entre el pasado y el presente es de tal alevosía que rompe el concepto tradicional de historia, según el cual era factible aprender algo de ella. No en vano Sieyès arremetía contra esos «escritores que se consumen preguntando al pasado lo que debemos ser en el futuro».[43]

El ritmo del tiempo histórico, antes del siglo XVIII, solía ser el de la naturaleza (el del curso de los astros, los ciclos y las temporadas, y el sucederse de las generaciones) así como el de la escatología cristiana. La crisis de estas referencias temporales para la historia comienza a producirse desde el siglo XVI. Pero en el XVIII, por fin, los filósofos revolucionarios postularán que la acción humana reemplace esos puntos de anclaje: el ritmo del tiempo histórico es el ritmo en que el hombre le da forma a la historia. De este modo, la historia ya no es un conjunto de acontecimientos pasados, sino algo que está por *hacerse*.[44] Más que

---

43. Poco más adelante, agrega: «Dejemos nuestros pretendidos orígenes en las tinieblas impenetrables donde yacen dichosamente sepultados para siempre». Y también: «Guardémonos de tomar por guías a gentes que no saben sino mirar hacia el pasado» (Sieyès, «Ideas sobre los medios de actuación de que podrán disponer los representantes de Francia en 1789», pp. 101-103).

44. Según las investigaciones de Reinhart Koselleck, a partir de finales del siglo XVIII, en el idioma alemán se produce la convergencia lingüística entre la historia como acontecimiento (*Geschichte*) y la historia como representación o investigación (*Historie*), en la que ambas significaciones quedarán contenidas en el mismo concepto singular colectivo «Historia» (*Geschichte*). Para Koselleck, esto evidencia el surgimiento de la «historia en sí», que es, a la vez, sujeto y objeto de sí misma, que se constituye a la vez como campo de acción humana y como sustancia del

apuntar al pasado, la historia se despliega hacia el futuro: la historia se vuelve *factible*, la historia no es algo que sencillamente se hizo, sino algo que *se hace*.

Este nuevo concepto de historia se constituye, más que en la mera narración de acontecimientos pasados, en un horizonte abierto a la planificación social y política del futuro. Más que en un campo de conocimiento en el que el pasado otorga el material para la vida del presente, la historia se constituye en un campo de acción en el que el hombre se inventa y reinventa a sí mismo. Así pues, cuando ya no se aprende del pasado, cuando las condiciones de vida se separan cada vez más de todo pasado, más aún, cuando la exigencia estriba en superar constantemente lo pasado, entonces la historia redirige su vista hacia el futuro, y busca una lógica inmanente a su propio movimiento en el sentido del *progreso*. El progreso será el modo moderno por excelencia de experimentar el ritmo inmanente al nuevo tiempo histórico de la modernidad.

La modernidad es un tiempo de *aceleración*. Los hombres experimentan la aceleración de sus vidas y sus sociedades. El hiato que las nuevas ideologías producen en las expectativas que ponen en relación pasado y futuro, por un lado, y los cambios producidos al nivel de las experiencias concretas en plazos de tiempo cada vez más acotados, hacen del presente un tiempo efímero en extremo. Las experiencias efectivas y las expectativas de futuro se separan cada vez más: el ritmo del tiempo no está dado por lo sucedido, sino por lo que sucederá. La pregunta que surge entonces es hacia dónde se dirige la aceleración: ¿a dónde se dirige la historia, a dónde se encaminan todos estos sucesos?, ¿cómo representar su recorrido?

Cuando se supone que el sentido de esa aceleración apunta de modo indefectible hacia una mejora de la condición humana, se tiene a disposición el concepto de *progreso*. El fin de los tiempos de la escatología cristiana y el movimiento cíclico de la naturaleza se reemplazan, por lo tanto, por una marcha indefinida de progreso histórico. El valor de las historias pasadas se intercambia, a su vez, por pronósticos, planificación social y política, y filosofía de la historia. La historia se convierte, por todo ello, en un punto de convergencia fundamental de las ideologías políticas de la modernidad. El discurso ideológico buscará descubrir la

---

tiempo histórico, sin la cual no hay modernidad. Véase Reinhart Koselleck, *Sentido y repetición en la historia* (Buenos Aires: Hydra, 2013), p. 54; también Reinhart Koselleck, *historia/Historia* (Madrid: Trotta, 2010).

lógica misma del progreso histórico, el mecanismo por el cual se progresa, las vías por las que avanzan los acontecimientos, con el fin de acelerar la locomotora de la historia por medio de la acción política.

No es una casualidad que podamos encontrar en Condorcet, precisamente, uno de los más claros ejemplos al respecto. Este se concibe a sí mismo como un continuador de Turgot, Price y Priestley en esta materia al escribir, en 1794, su *Bosquejo de un cuadro histórico de los progresos del espíritu humano*. La revolución se come a sus hijos, y Condorcet no será una excepción: este texto fue escrito mientras el filósofo se escondía de los jacobinos, con quienes se había enfrentado por criticar su proyecto de Constitución. Muy poco después sería encontrado y encarcelado, y terminaría muriendo preso en circunstancias todavía discutidas.

Condorcet delinea una historia de la humanidad que progresa por etapas sucesivas a medida que la razón va ganando terreno. La clave del progreso de la humanidad es el despliegue progresivo de la razón, el incesante incremento de las luces. La historia se convierte en el campo de batalla entre aquellos que detentan las luces y aquellos que procuran apagarlas. Si se registran en la historia algunos retrocesos, eso se debe a las ventajas pasajeras que logran estos últimos; si la historia registra avances, se debe a las ventajas acumulativas que logran los primeros. La historia tiene su motor en la razón, y ese motor se puede acelerar o desacelerar a través de la acción humana, pero la dirección de su marcha ha sido preestablecida por la «naturaleza» misma.

La razón avanza porque el conocimiento es acumulativo: los nuevos conocimientos abren caminos para la obtención de nuevos conocimientos, y así sucesivamente. Surgen nuevos y mejores métodos, nuevos y mejores instrumentos, nuevos campos y objetos de estudio y nuevas aplicaciones prácticas. Si a esto se le suma el paralelo perfeccionamiento de los métodos de instrucción y su universalización por el aparato estatal, entonces el proceso hacia la tecnocracia y la ingeniería social queda elevado a la enésima potencia. Este perfeccionamiento ilimitado de la razón es el perfeccionamiento ilimitado que Condorcet atribuye al hombre. En materia social, dado que la ciencia política también progresa, hay que esperar que cada vez resulte más factible «identificar el interés particular de cada hombre con el interés común de todos». Los progresos del arte de gobernar a los hombres permitirán crear un hombre nuevo, de moral intachable, sobre la base de una «cadena indisoluble» con la que la naturaleza enlaza «la verdad, la felicidad y la virtud».[45] El paraíso

---

45. Condorcet, *Bosquejo de un cuadro histórico de los progresos del espíritu humano*, p. 241.

en la tierra es posible, y su consecución está en las manos de la ciencia política, cuyo triunfo está garantizado de antemano por el irreprimible avance de «las luces».[46]

Incluso la guerra será parte del pasado. El triunfo de la soberanía del pueblo, producto del avance de la razón en el mundo, anticipa el final de la guerra en general. Después de todo, «los pueblos se veían arrastrados por los usurpadores de la soberanía de las naciones», y por eso no tenían más alternativa que luchar las guerras de otros. Condorcet supone que, cuando el pueblo llega a ser soberano, los incentivos para hacer la guerra dejan de existir. Las luces, además, mostrarán el camino de la «paz perpetua» que, antes que Kant, Condorcet ya hacía descansar en los brazos del progreso histórico:

> Unas instituciones mejor combinadas que estos proyectos de paz perpetua, que han ocupado el ocio y consolado el espíritu de algunos filósofos, acelerarán los progresos de esta fraternidad de las naciones, y las guerras entre los pueblos, como los asesinatos, figurarán entre esas atrocidades excepcionales que humillan y repugnan a la naturaleza, y que marcan con un prolongado oprobio al país y al siglo cuya historia ha sido mancillada.[47]

¿Estaba Condorcet anticipando lo que hoy llamamos globalismo? No nos adelantemos. Condorcet anticipa, en rigor, muchas cosas. Por ejemplo, se da cuenta de que el progreso incesante de la razón significa, también, el progreso de las condiciones materiales de vida del hombre. Bajo esta lógica, hay que estar listos para un hombre nuevo, *orgánicamente* nuevo incluso, cuya esperanza de vida se incremente ilimitadamente. «Cuáles serían, entonces, la certidumbre, la extensión de sus esperanzas, si se pudiese creer que esas mismas facultades naturales, esa organización, son también susceptibles de mejorarse».[48] Para regocijo de nuestros transhumanistas del siglo XXI, Condorcet encontraba que «la perfectibilidad o la degeneración orgánica» son leyes de la naturaleza que también se aplican al hombre, pero, a diferencia del resto de las criaturas, el ser humano cuenta con su razón para controlar

---

46. La misma *certeza* se halla en Sieyès: «Sin la menor duda, el movimiento hacia la libertad devendrá asimismo movimiento hacia la razón y escucharemos, al fin, a esta vieja bienhechora de la humanidad, de la cual han emanado todos los conocimientos y todas las instituciones útiles que han servido para mejorar, progresivamente, la suerte del género humano» («Ideas sobre los medios de actuación de que podrán disponer los representantes de Francia en 1789», p. 84).
47. Condorcet, *Bosquejo de un cuadro histórico de los progresos del espíritu humano*, p. 243.
48. Ibíd., p. 247.

el proceso evolutivo. Así, Condorcet va más allá de Darwin, alrededor de seis décadas antes.

Este hombre nuevo —moral y orgánicamente nuevo— vivirá indefinidamente. Las enfermedades serán erradicadas. El control sobre la vida será tal que la muerte poco a poco irá desapareciendo. Dice Condorcet que «debe llegar un tiempo en que la muerte ya no sea más que el efecto, o bien de accidentes extraordinarios, o bien de la destrucción cada vez más lenta de las fuerzas vitales».[49] Pero un mundo sin enfermedad, en el que la muerte se presenta como un horizonte cada vez más alejado, puede transformarse rápidamente en un mundo *superpoblado*. También en esta materia Condorcet anticipa la voluntad de controlar la cantidad de personas en el planeta. Podría llegarse, en efecto, a un punto «en el que el aumento del número de hombres exceda del aumento de sus medios», lo que provocaría «una marcha verdaderamente regresiva». Pero el hombre se debe a su felicidad, y esta va contra «la pueril idea de cargar la Tierra de seres inútiles y desgraciados».[50] La razón se las ingeniará para impedir que esos seres indeseables puedan vivir entre nosotros.

En Condorcet vemos emerger el modelo moderno teleológico de la *ideología política* con toda claridad. La historia del hombre se despliega sobre una línea ascendente, cuyo progreso se explica a través de un motor primero, una suerte de *clave fundamental intramundana*. Esa clave, que en Condorcet es la razón, podrá poco después ser la clase social, las fuerzas productivas, el espíritu nacional o las leyes de la evolución biológica que encumbran a una raza superior por sobre todas las demás. El esquema se adapta a las más variadas imaginaciones políticas, pues no es más que un modelo sobre el que operar un discurso. Se trata, en concreto, de un discurso de legitimación, no por vía del pasado, como ocurre en las sociedades tradicionales, sino por la vía del futuro: el quehacer de los ingenieros sociales queda bendecido por el hecho de cumplir la voluntad del imparable progreso histórico. (Los totalitarismos del siglo XX y el globalismo del XXI, como se verá, no podrían haber existido sin esta modalidad del pensamiento ideológico).

A continuación, la historia se relee como una lucha del bien contra el mal, al buen estilo del maniqueísmo, pero esta vez en clave secular. Aquellos que aceleran el motor de la historia estarán del lado de las fuerzas del bien, mientras que quienes procuren detenerlos serán los aliados de las fuerzas del mal. Dado que la aceleración del motor

---

49. Ibíd., p. 247.
50. Ibíd., pp. 237-238.

supone la aproximación del mundo a un estado paradisíaco y salvífico, presupuesto por la misma lógica del progreso, los medios para bajar el cielo a la tierra no tendrían por qué suscitar demasiados escrúpulos. De hecho, la victoria realmente está garantizada de antemano, puesto que las «leyes de la historia» han revelado el camino por el que la especie entera es arrastrada. Pero cuanto antes se logre avanzar por él, cuanto más rápido se consuma la profecía política, tanto más se habrá hecho en favor de esa abstracción llamada «Humanidad».

Condorcet da cierre a su escrito de una manera que deja ver este *ethos político* en todo su esplendor. Vale citarlo *in extenso*:

> Y este cuadro de la especie humana, liberada de todas esas cadenas, sustraída al imperio del azar, así como al de los enemigos de sus progresos, y avanzando con paso firme y seguro por la ruta de la verdad, de la virtud y de la felicidad, presenta al filósofo un espectáculo que le consuela de los errores de los crímenes, de las injusticias que aún ensucian la tierra, y de los que el hombre es muchas veces víctima. Es con la contemplación de ese cuadro como recibe el premio de sus esfuerzos por los progresos de la razón, por la defensa de la libertad. Entonces, se atreve a unirlos a la cadena eterna de los destinos humanos, y es ahí donde encuentra la verdadera recompensa de la virtud, el placer de haber hecho un bien duradero, que la fatalidad ya no destruirá con una neutralización funesta restableciendo los prejuicios y la esclavitud.[51]

Al poco tiempo de terminar estas líneas, la misma revolución que Condorcet ayudó a forjar terminó con su vida. Algunos que reclamaron tener la verdad política de su lado, poseer la razón necesaria para extender la felicidad y la virtud al pueblo, consideraron que Condorcet estaba refrenando el curso del progreso. Condorcet fue perseguido y arrestado por los jacobinos y su vida se extinguió antes de tiempo. Vaya tragedia.

IV. El Terror como forma política

A partir de la segunda mitad de 1792, las premisas de la Revolución francesa de 1789 aceleraron sus consecuencias. La dialéctica del despotismo ilustrado, devenido en revolucionario, mostraría por entonces todo su

---

51. Condorcet, *Bosquejo de un cuadro histórico de los progresos del espíritu humano*, p. 249.

esplendor. El cuerpo nacional debía arrancarse los tumores malignos, o sea, debía deshacerse de todo aquello que resultara disonante respecto de lo que él mismo debía ser. El asalto al palacio de las Tullerías el 10 de agosto significó en la práctica el final de la monarquía constitucional que había nacido solo un año atrás; un mes después tendrían lugar las «masacres de septiembre», con las que vio la luz el Terror como forma de gobierno revolucionario; el día 22 de ese mes nació la Primera República francesa. En diciembre, la Convención Nacional juzgó al rey, y en enero del año siguiente lo ejecutó. En los meses siguientes se instaló toda la infraestructura institucional del Terror, compuesta de un Tribunal Revolucionario, un Comité de Salvación Pública y un Comité de Seguridad General, además de una Ley de Sospechosos[52] y una posterior Ley de Gobierno Revolucionario con la que se instalaba la dictadura revolucionaria. Los jacobinos habían llegado al poder, acabando con todo vestigio de oposición, para acelerar lo que se había comenzado en 1789.[53] Ellos y no otros eran ahora los nuevos intérpretes de la voluntad general.

En virtud de la dialéctica del despotismo, este novedoso régimen despótico había despertado a la vida en nombre de la «libertad». El texto de la ejecución de Luis XVI decía:

> Ciudadanos: ya no hay tirano. [...] Ahora, por encima de todo, necesitamos paz en el interior de la República y la más activa vigilancia de los enemigos interiores de la libertad. Nunca las circunstancias requirieron con tanta urgencia de todos los ciudadanos el sacrificio de sus pasiones y de sus opiniones personales en relación con el acto de justicia nacional que se acaba de llevar a cabo. La única pasión que puede hoy albergar el pueblo francés es la pasión por la libertad.[54]

El despotismo, bajo su nueva forma, podía vestirse con los ropajes del pueblo y proceder en nombre de la razón, la igualdad, la libertad

---

52. Ley del 17 de septiembre de 1793, que dictamina el arresto inmediato de toda persona «sospechosa». En su artículo 2, la ley define como «sospechosos» a quienes «por su conducta o sus relaciones, ya sea por sus palabras o sus escritos, hayan sido partidarios de la tiranía o del federalismo y enemigos de la libertad». O sea, en la práctica, todo disidente del nuevo régimen debía ser arrestado.

53. El 5 de septiembre de 1793, la Convención declaraba: «Legisladores, es hora de poner fin a la lucha sin piedad que se viene librando desde 1789 entre, por un lado, los hijos y las hijas de la nación y, por otro lado, aquellos que la han abandonado. Vuestro destino, y el nuestro, están ligados al sólido establecimiento de la República. Debemos destruir a sus enemigos, o ellos nos destruirán a nosotros» (citado en Peter Davies, *La Revolución francesa. Una breve introducción* [Madrid: Alianza Editorial, 2019], p. 108).

54. Citado en ibíd., p. 97.

y la virtud. El hombre del momento es Robespierre, secundado por el joven filósofo de la dictadura jacobina, Saint-Just. «Luis debe morir, porque es preciso que la patria viva»,[55] exclama el primero en el debate que se impulsa en la Convención en torno al proceso del rey. Robespierre argumenta que no hay proceso alguno que incoar: el rey debe ser muerto cuanto antes, bajo la lógica del derecho de guerra, porque la ley común solo protege al pueblo, y el rey no pertenece a él. «Los pueblos no juzgan como las cortes judiciales. No pronuncian sentencias, sino que lanzan el rayo», y esta justicia es absolutamente válida, porque los principios de justicia descansan necesariamente en el pueblo. «¡Pero el pueblo! ¿Qué otra ley puede seguir sino la justicia y la razón apoyadas en su omnipotencia?», pregunta retóricamente Robespierre.[56] Saint-Just sentencia: «El rey debe ser juzgado como un enemigo, tenemos que combatirlo más que juzgarlo».[57]

La revolución ha acelerado su marcha, pero la pregunta sigue vigente: ¿quién es la «nación»? Si en la primera fase de la revolución, representada sobre todo por filósofos como Sieyès y Condorcet, la nación pasaba a ser el «Tercer Estado» (la «burguesía»), ahora la nación debía ser el «populacho», las «masas», los *sans-culottes* o «la canalla», como se llamaba despectivamente a las capas más bajas de la sociedad. Las masas movilizadas por los jacobinos, y los jacobinos mismos, serían la más viva encarnación del «pueblo», y el pueblo sería la «nación».[58] Tal es el camino que emprende el ideal de la igualdad: primero, la igualdad política que reclama la burguesía frente a los órdenes superiores; después, la igualdad política y económica que reclaman las capas más bajas respecto de la burguesía.

Desmontado el sistema estamental, el nuevo sistema de clases redefine el problema de la igualdad. En una sociedad dividida en tres estamentos, el Tercer Estado podía llamarse a sí mismo «pueblo», como quería Sieyès; pero en una sociedad dividida en clases sociales definidas por su ingreso económico, el pueblo pasa a estar compuesto por los pobres. El esquema arriba/abajo reaparece, pero ahora definido por la economía. Robespierre entiende que la revolución ha terminado con la «aristocracia

---

55. Discurso del 3 de diciembre de 1792, reproducido en Maximilien Robespierre, *Por la felicidad y por la libertad. Discursos* (Barcelona: El viejo topo, s.f.), p. 174.
56. Ibíd., p. 168.
57. Discurso del 13 de noviembre de 1792, reproducido en Louis Antoine de Saint-Just, *La libertad pasó como una tormenta. Textos del período de la Revolución Democrática Popular* (Barcelona: El viejo topo, 2006), p. 53.
58. Dice Robespierre: «La experiencia ha probado, a pesar de Luis XVI y de sus aliados, que la opinión de los Jacobinos y de las sociedades populares era la de la nación francesa. Ningún ciudadano la ha creado y lo único que hago yo es compartirla» (Discurso del 5 de noviembre de 1792 en la Convención, reproducido en Robespierre, *Por la felicidad y por la libertad*, p. 136).

feudal», pero que ahora le llegó el turno a la «aristocracia de los ricos».[59]
La revolución avanza su marcha. Los ricos son los nuevos déspotas. Así
lo define Robespierre:

> El pueblo no pide más que lo necesario, quiere justicia y tranquilidad,
> los ricos lo quieren todo, quieren invadirlo y dominarlo todo. Los
> abusos son la obra y el dominio de los ricos. Ellos son la desgracia
> del pueblo: el interés del pueblo es el interés general, el de los ricos
> es el interés particular.[60]

El eco de Rousseau siempre se escucha de fondo.[61] En la misma clave
que el ginebrino, Robespierre nos dice que el pueblo «es bueno, paciente,
generoso».[62] La virtud está necesariamente del lado del pobre, pues «¿creéis
de buena fe que una vida dura y laboriosa produce más vicios que la apatía, el lujo y la ambición?».[63] Además, «el pueblo siente más vivamente y
ve mejor todo lo que se refiere a los primeros principios de la justicia».[64]
Saint-Just agrega: «Nuestra corrupción durante la monarquía estuvo en el
corazón de todos sus reyes: la corrupción no es natural en los pueblos».[65]
Naturaleza, razón, voluntad general, virtud: pueblo. Privilegios, corrupción, voluntad particular, vicios: ricos. Así se encadenan e identifican los
términos y las oposiciones en danza. Robespierre anticipa que los días de
los nuevos déspotas están contados: «Ricos egoístas […] que el ejemplo de
los nobles y de los reyes os instruya. Aprended a disfrutar de los encantos
de la igualdad y de las delicias de la virtud».[66] Habiendo acabado con la
monarquía, el clero y la nobleza, el enemigo de la revolución democrática
se redefine; caso contrario, debería detenerse, y la marcha de la historia
jamás debe desacelerar. El progreso de la historia así lo reclama.

Los pobres son el pueblo, y el pueblo es la nación. Todo lo que no
se incluye en la monolítica nación es enemigo de ella. Todo lo que no es

---

59. Discurso de abril de 1791, reproducido en Robespierre, *Por la felicidad y por la libertad*, p. 75.
60. Ibíd., p. 74.
61. Robespierre atribuye a Rousseau haber sido «el hombre que ha contribuido más a preparar la
    revolución». Discurso del 22 de agosto de 1791, reproducido en Robespierre, *Por la felicidad y
    por la libertad*, p. 95.
62. Discurso del 18 de diciembre de 1790 en la Sociedad de los Amigos de la Constitución, repro-
    ducido en Robespierre, *Por la felicidad y por la libertad*, p. 52.
63. Discurso de abril de 1791, reproducido en Robespierre, *Por la felicidad y por la libertad*, p. 73.
64. Discurso de 2 de enero de 1792 en la Sociedad de los Amigos de la Constitución, reproducido
    en Robespierre, *Por la felicidad y por la libertad*, p. 128.
65. Discurso del 24 de abril de 1793 en la Convención, reproducido en Saint-Just, *La libertad pasó
    como una tormenta*, p. 76.
66. Discurso del 2 de diciembre de 1792 en la Convención, reproducido en Robespierre, *Por la*
    felicidad y por la libertad, p. 163.

pueblo ha de ser aniquilado. Solo así puede reinar la voluntad general, que es la voluntad del pueblo; solo así puede triunfar la virtud, que es «connatural al pueblo».[67] La democracia así lo exige: «El terror no es otra cosa que la justicia pronta, severa, inflexible; es pues una emanación de la virtud; es mucho menos un principio particular que una consecuencia general de la democracia, aplicado a las más acuciantes necesidades de la patria», exclama Robespierre.[68] «¿Qué quieren aquellos que no quieren ni la virtud ni el terror?», se pregunta Saint-Just.[69]

Una república solo subsiste por medio de la virtud, había enseñado Montesquieu algunas décadas atrás. El problema ahora consistía en entender a qué le llamaban «virtud» los jacobinos. Habitualmente se referían a la adhesión ferviente al régimen. Esta moralización de lo político trae como consecuencia una politización de todas las esferas de la vida. Moral y política se identifican por completo: «En el sistema de la Revolución francesa, lo que es inmoral resulta contrario a la política, lo que es corruptor resulta contrarrevolucionario. La debilidad, los vicios, los prejuicios son el camino hacia la monarquía», advierte Robespierre.[70] Dado que la virtud está del lado del pueblo, aquel que no reviste comportamientos definidos como virtuosos pasa a engrosar, por definición, las filas monárquicas de los «enemigos del pueblo». Saint-Just ya ha mostrado con claridad las alternativas disponibles: o la virtud o el terror. La república también puede subsistir por medio del terror, y el pueblo virtuoso ha de desear el terror para sus enemigos: «Si la energía del gobierno popular en la paz es la virtud, la energía del gobierno popular en revolución es a la vez la virtud y el terror»,[71] complementa Robespierre.

Robespierre teoriza por primera vez la dictadura revolucionaria. El esquema que presenta es muy claro: hay un «tiempo revolucionario» y un «tiempo constitucional». Este último representa el triunfo de la revolución. Pero el primero supone «el terror como ejercicio de fundación». Así, la revolución opera bajo la lógica de la guerra, y por eso funciona por fuera de toda ley positiva. «El gobierno revolucionario es un régimen donde los enemigos son inmediatamente extranjeros a la

---

67. Discurso del 5 de febrero de 1794 en la Convención, reproducido en Robespierre, *Por la felicidad y por la libertad*, p. 250.
68. Ibíd., p. 252.
69. Saint-Just, *Instituciones republicanas*, fragmentos reproducidos en *La libertad pasó como una tormenta*, p. 180.
70. Discurso del 5 de febrero de 1794 en la Convención, reproducido en Robespierre, *Por la felicidad y por la libertad*, pp. 248-249.
71. Ibíd., p. 252.

revolución, extranjeros a la nación que pretende fundarse. En este cuadro, la única pena que existe es la muerte».[72] El gobierno revolucionario puede funcionar al margen de toda legalidad establecida y dar muerte a sus enemigos porque «está apoyado sobre la más santa de todas las leyes: la salvación del pueblo».[73] Cuando hasta el último de los enemigos del pueblo sea aniquilado, llegará por fin el «tiempo constitucional, o sea, el gobierno que funcionará a través de leyes escritas y consumará la paz social. «La revolución alcanzará su fin de un modo muy sencillo, sin que pueda ser entorpecida por las facciones, cuando todo el mundo llegue a ser igualmente devoto de su patria y de sus leyes», dice Robespierre.[74] La libertad y la razón triunfarán allí donde ya nadie se oponga; allí donde la uniformización sea total, donde nadie disienta, donde nadie, en suma, pueda ser jamás considerado un *enemigo del pueblo*.

El Terror surge como sistema político cuando la misma lógica que se aplicó al rey se extiende a continuación a todos los franceses. El Terror surge cuando nadie está a salvo de ser acusado de «enemigo del pueblo». Y, en la medida en que este aparece como un enemigo de guerra y no como un conciudadano, se le retiran inmediatamente todas las garantías procesales. De repente se ha multiplicado el número de reyes. «Cada gran golpe que descargáis retumba en el trono y en el corazón de todos los reyes», arenga Saint-Just.[75] Cualquier opinión, cualquier actitud, cualquier descuido y hasta cualquier omisión puede convertirlo a uno en «enemigo del pueblo», o sea, en un componente más de la cada vez más numerosa raza de los reyes de este mundo. Incluso la mera falta de entusiasmo revolucionario lo vuelve a uno sospechoso. Robespierre pide medidas categóricas contra «aquellos que se han señalado por su moderantismo». Hay que avanzar no solo contra «los nobles» o «los clericales», sino contra «todos los ciudadanos dudosos», contra «todos los intrigantes» y «todos los que han dado pruebas de falta de civismo». El solo hecho de disentir con Robespierre y sus jacobinos implica, por cierto, una falta de civismo: «No hay nadie que pueda oponerse a estas medidas sin declararse mal ciudadano».[76]

Saint-Just quizás lo explique todavía mejor:

72. Discurso del 25 de diciembre de 1793 en la Convención, reproducido en Robespierre, *Por la felicidad y por la libertad*, p. 231.
73. Ibíd., p. 234.
74. Citado en Talmon, *Los orígenes de la democracia totalitaria*, p. 174.
75. Discurso del 3 de marzo de 1794, reproducido en Saint-Just, *La libertad pasó como una tormenta*, p. 127.
76. Discurso del 3 de abril de 1793 en la Sociedad de los Amigos de la Libertad y la Igualdad, reproducido en Robespierre, *Por la felicidad y por la libertad*, p. 186.

No se puede esperar prosperidad mientras respire el último enemigo de la libertad. Tenéis que castigar no solamente a los traidores, sino hasta a los indiferentes: tenéis que castigar a cualquiera que permanezca pasivo en la República y no haga nada por ella: porque, desde que el pueblo francés ha manifestado su voluntad, todo lo que se le oponga está fuera del soberano; todo lo que está fuera del soberano es enemigo.[77]

Así avanza la dialéctica del despotismo, que comenzó por la vía de la lucha contra el despotismo de viejo cuño, pero desarrolló en el camino una serie de principios políticos ideológicos que le dieron al despotismo nueva vida. Semejante proceso es suficientemente notable, tanto para las víctimas como para los victimarios. Robespierre sabe bien a estas alturas que su sistema no es sino otra forma de despotismo. Pero el suyo, a diferencia del que acaba de sucumbir, es obra de la voluntad general del pueblo francés, y el pueblo jamás se equivoca, siempre quiere lo bueno. Allí donde el despotismo de los reyes era malo, el despotismo del pueblo es incuestionablemente bueno. Así lo define el mismo Robespierre: «El gobierno de la revolución es el despotismo de la libertad contra la tiranía».[78]

El Terror, por otra parte, se articuló bien con un régimen basado en la divinización de la razón. Su despotismo no solo era bueno por hacerse en nombre del pueblo, sino también *necesario* por ligar su vagón a la locomotora de la razón: «La primera máxima de vuestra política debe ser el principio rector de que el pueblo tiene que ser conducido por medio de la razón, pero los enemigos del pueblo por medio del terror», instruye Robespierre.[79] Ciertamente, el destino de aquellos que no aceptan los dictados de la razón es terrorífico. Pero así lo exige el despliegue mismo de la razón, susceptible de ser acelerado por medio del Terror. El vagón se pone, pues, en el lugar de la locomotora. El Terror puede acelerar la historia, puede acelerar el progreso de la libertad del pueblo. La historia *se hace*; hacer la revolución *es hacer la historia*, es devenir sujeto, es acelerar el curso de los acontecimientos por la senda preestablecida de la razón: «Los progresos de la razón humana han preparado esta gran

---

77. Discurso del 10 de octubre de 1793 en la Convención, reproducido en Saint-Just, *La libertad pasó como una tormenta*, pp. 114-115.
78. Discurso del 5 de febrero de 1794 en la Convención, reproducido en Robespierre, *Por la felicidad y por la libertad*, p. 252.
79. Citado en Talmon, *Los orígenes de la democracia totalitaria*, p. 156.

revolución, y es a vosotros a quien se os ha impuesto especialmente el deber de acelerarla».[80]

Ahora bien, el Terror genera efectos desmovilizadores no buscados. La violencia desenfrenada produce un estado apasionado de movilización política que muy pronto se troca en temor generalizado. Cuando la revolución empieza a comerse a sus hijos, lo mejor para uno es desvincularse cuanto antes del espacio público y desentenderse de la disputa política. Robespierre se enfrenta entonces a su peor enemigo: la apatía del pueblo. «Lo que temo no es una contrarrevolución, [...] es la pérdida del espíritu público».[81] Lo que distingue al viejo despotismo del nuevo, entre otras cosas, es que este último no se conforma con la obediencia que produce el autoritarismo, sino que quiere la adhesión fanática que exige la ideología (o sea, lo que siglo y medio más tarde recibiría el nombre de *totalitarismo*). Ya Rousseau había previsto el inconveniente de una política que no suscite fervor popular. Y, para grabar a fuego en el corazón del hombre el proyecto político estatal, no se le ocurrió mejor idea que hacer que la política asumiera formas religiosas: una «profesión de fe puramente civil», una dogmática política que haga del ciudadano un «súbdito fiel»,[82] constituyen el dispositivo con el que Rousseau pretende asegurar la obediencia.

Los jacobinos adoptan esta idea a pie juntillas. Por medio de un decreto del 7 de mayo de 1794, la Convención reconoce «la existencia del Ser supremo» y establece que «el culto digno del Ser supremo es la práctica de los deberes del hombre». Además, se instituyen fiestas de carácter político-religioso, que tienen por objeto «recordar al hombre el pensamiento de la Divinidad», pero que «adoptarán sus nombres de los acontecimientos gloriosos de nuestra Revolución». Este decreto establece cerca de cuarenta fiestas nacionales. Y, quizás lo más interesante, entre los deberes que constituyen la práctica del culto al «Ser supremo», los primeros que el decreto menciona son «detestar la mala fe y la tiranía, castigar a los tiranos y a los traidores».[83] De tal suerte, la nueva deidad queda identificada con la revolución; la revolución es del pueblo; el partido dictatorial es el pueblo; el pueblo es la nación. El Terror jacobino ha sido, pues, santificado. Se inscribe en el dominio de

---

80. Discurso del 25 de diciembre de 1793 en la Convención, reproducido en Robespierre, *Por la felicidad y por la libertad*, p. 204.
81. Discurso del 2 de enero de 1792 en la Sociedad de los Amigos de la Constitución, reproducido en Robespierre, *Por la felicidad y por la libertad*, p. 124.
82. Rousseau, *Contrato social*, p. 160.
83. Decreto del 18 de floreal del año II (7 de mayo de 1794), Convención Nacional. Reproducido en Robespierre, *Por la felicidad y por la libertad*, pp. 273-275.

lo sagrado; el cumplimiento de los deberes políticos deviene exigencia de la divinidad. No hay mejor culto, pues, que el Terror.

El Terror fue el sistema de exterminio sistemático y generalizado que impuso la Revolución francesa durante su período de mayor radicalidad. Trajo consigo el primer genocidio de la historia contemporánea. Un cálculo conservador contabiliza 40.000 víctimas mortales, como producto de las políticas del Terror, entre 1792 y 1794.[84] Otro historiador remarca que se produjeron «17.000 ejecuciones "legales"», pero que a esto hay que sumar «30.000 o 40.000 asesinatos no autorizados».[85] Piotr Kropotkin resume la masacre cotidiana a la que asistía el pueblo de París: «Ya no había cementerios para enterrar las víctimas».[86] Los presos, por su parte, se estiman en medio millón.[87] Las cárceles tampoco daban abasto, y ello imponía la necesidad de acelerar la masacre para liberar celdas. La producción de la muerte en masa se convirtió en un desafío que hubo que abordar de manera racional y técnica.

Las determinantes del Terror fueron políticas, ideológicas, económicas y religiosas. El Terror fue una técnica de exterminio diseñada para liquidar toda disidencia, real o imaginaria, actual o potencial; una forma extrema, sin duda, de la ingeniería social naciente. Que el primer genocidio tenga por responsables a quienes se arrogaban la voluntad general del pueblo no constituye una ironía de la historia, sino el despliegue más atroz de la dialéctica del despotismo.

V. El genocidio según Babeuf

En una carta de 1793 dirigida al Comité de Salud Pública, el general François Joseph Westermann comunica:

> La Vendée ya no existe, ciudadanos republicanos, ha muerto bajo nuestra espada libre, con sus mujeres y niños. Acabo de enterrarla en las ciénagas y bosques de Savenay. Ejecutando las órdenes que me habéis dado, he aplastado a los niños bajo los cascos de los caballos, masacrado a las mujeres que así no parirán más bandoleros. No

84. Véase Peter Davies, *La Revolución francesa*, p. 107.
85. Roger Price, *A Concise History of France* (Cambridge: Cambridge University Press, 2014), p. 140.
86. Piotr Kropotkin, *La Gran Revolución: 1789-1793* (Buenos Aires: Libros de Anarres, 2015), p. 400.
87. Véase José Luis Comellas, *Historia Universal*. Vol. X (Pamplona: Ediciones Universidad de Navarra, 1984), p. 149. El mismo cálculo se realiza en Ignacio Vitale (dir.), *Historia Universal Ilustrada*. Tomo IV (Buenos Aires: Ediciones Bach, 1980), p. 99.

tengo un solo prisionero que reprocharme. Los he exterminado a todos.[88]

La guerra de exterminio contra la Vendée, un pueblo francés campesino y fervientemente católico, comenzó a principios de 1793 y terminaría, a pesar de las expectativas de Westermann, a principios de 1796. Se trató de uno de los episodios más sanguinarios de la Revolución francesa. Se decidió que el exterminio de la población, indiscriminado y sistemático, fuese allí total. La Declaración de los Derechos del Hombre y del Ciudadano de 1789 ya había consagrado el derecho de «resistencia a la opresión» en su artículo 2. Lo mismo había establecido la declaración homónima redactada por Robespierre en 1793, en su artículo 27. Pero ningún derecho le fue reconocido al pueblo vendeano, que se había decidido a resistir a los opresores que hablaban en nombre de la «libertad», la «igualdad» y la «fraternidad». Presentar resistencia a aquellos que encarnaban «el pueblo» constituía el peor de los crímenes.

Para llevar adelante el exterminio de la Vendée, los revolucionarios planificaron la matanza con métodos de los más variados. Los asesinatos en masa funcionaron durante algún tiempo por obra de la guillotina y de los fusilamientos, pero estos mecanismos muy pronto se mostraron lentos y costosos, respectivamente. Fue entonces cuanto se idearon otras prácticas, como la de llenar barcos con vendeanos para luego dejarlos ahogarse en medio de las aguas. Cuando entre los capturados había sacerdotes y monjas se los ataba desnudos, en posiciones obscenas, en lo que los revolucionarios denominaron «bodas republicanas», para luego arrojarlos al agua o simplemente matarlos a sablazos.[89] Otro método que se pensó implementar fue el de envenenar los ríos con arsénico, pero esta maniobra resultó desaconsejada porque pondría en riesgo otras zonas de Francia. En su lugar, surgió la idea de fabricar gas venenoso, pero también se detectaron muy pronto algunos inconvenientes operativos. Finalmente, se optó por encerrar a los habitantes en determinados edificios o construcciones, generalmente iglesias, y derribarlos a cañonazos.[90] Mientras tanto, la guillotina y los fusilamientos seguían funcionando

---

88. *Archives Historiques de l'Armée* B 16, citado en María Teresa González Cortés, «Estudio preliminar», en Gracchus Babeuf, *El sistema de despoblación. Genocidio y revolución francesa* (Madrid: Ediciones de la Torre, 2008), p. 64.

89. El exterminio de la Vendée estuvo motivado, entre otras cosas, por el odio religioso. Los revolucionaros se ensañaron especialmente con aquellos que profesaban la fe católica. Los sacerdotes que se negaron a jurar fidelidad a la revolución, y todos aquellos que les dieron apoyo, fueron asesinados de las maneras más brutales.

90. Véase Alfredo Sáenz, *La Revolución Francesa. Cuarta parte: La epopeya de la Vendée* (Buenos Aires: Gladius, 2009), pp. 214-215.

a toda marcha. Los cadáveres se arrojaban en fosas comunes o incluso se los reducía a cenizas en hornos construidos a esos efectos. Existen informes oficiales que dan cuenta de que se aprovechaba la grasa y la piel humana para diversos usos.[91] En el Museo de Historia Natural de Nantes se expone todavía al público la piel de un rebelde debidamente curtida.

Los exterminadores no hacían diferencia entre hombres y mujeres, niños y adultos. Las mujeres debían morir para no reproducir al pueblo vendeano, y los niños debían desaparecer para cortar de raíz toda posibilidad de resistencia futura.[92] «Veo chicos de diez, cinco o dos años, chicos menores masacrados o ahogados», describía un testigo.[93] La orden de la Convención consistió en exterminar a todos los habitantes y reducir a cenizas toda la Vendée.[94] Nada capaz de vivir debía volver a nacer sobre ese suelo durante mucho tiempo.

Todavía hoy se discute la cantidad de muertos en la Vendée. Las cifras que dan los historiadores oscilan habitualmente entre 200.000 y 600.000. El historiador vendeano Secher propone un número menor: 120.000 masacrados, de una población de 815.000 personas.[95] Jean-François Revel tomó este número, el más bajo de todos, para mostrarnos su enormidad. Comparando el censo de 1793 con el de la Francia de nuestros días, llegó a la conclusión que el número de Secher hoy «equivaldría a siete millones y medio de víctimas».[96]

El revolucionario Gracchus Babeuf, al que se le daban bien los neologismos, no tuvo más remedio que caracterizar lo que había ocurrido en la Vendée como un «genocidio».[97] Este concepto ve la luz por primera vez en este contexto. Babeuf tiene plena consciencia de ser espectador de algo totalmente novedoso en la historia de las matanzas colectivas, y por ello se halla en la necesidad de utilizar un lenguaje totalmente nuevo: «Genocidio», «plebicidio», «populicidio», «nacionicidio»; el periodista revolucionario va tanteando, va jugando con el lenguaje, intercambiando

---

91. En un informe a la Convención, un testigo declara: «Se curte, en Meudon, la piel humana. La piel que proviene de los hombres es de una consistencia y de una bondad superior a la de la gamuza. La de las mujeres es más suave pero menos sólida» (citado en ibíd., p. 215).
92. «Es necesario masacrar a las mujeres para que no reproduzcan y a los niños porque serían los futuros rebeldes» (Orden firmada por el ministro de Guerra, Lázaro Carnot. Citado en ibíd., p. 214).
93. Citado en Sáenz, *La Revolución Francesa. Cuarta parte: La epopeya de la Vendée*, p. 236.
94. Ibíd., pp. 219-220.
95. Véase Reynald Secher, *Le génocide franco-français: La Vendée-Vengé* (París: Presses Universitaires de France, 1986).
96. Jean-François Revel, *El conocimiento inútil* (Madrid: Austral, 2006), p. 277.
97. «¡Es preciso escribirlo!..., ¡¡¡esta vida atroz, devoradora, genocida, cuyo monstruoso héroe ha despertado sobre su cabeza las maldiciones, la condena de toda Francia!!!» (Babeuf, *El sistema de despoblación*, p. 87). Así empieza su libro sobre la materia.

estos neologismos con el propósito de expresar básicamente la misma realidad: el exterminio sistemático y generalizado de un pueblo.

Los cálculos de Babeuf apuntaban por entonces a «un millón de habitantes, arrojados a la tumba».[98] Tras las orgías de sangre que va describiendo, apoyándose en lo que recoge de la documentación pública, devela la existencia de una «máquina», un verdadero mecanismo de exterminio, que funciona a partir de complejos «engranajes» y «palancas».[99] El hombre es, respecto de esta máquina de matar, una simple pieza intercambiable. Frente al funcionamiento de esta máquina, la responsabilidad del hombre se diluye; el hombre se mimetiza con ella, y al matar se convierte, entonces, él mismo, en una «máquina de matar», sin voluntad ni responsabilidad propia. La descripción es muy apropiada para la experiencia de los genocidios del siglo XX; recuerda incluso a la caracterización que sobre ellos hiciera la propia Hannah Arendt en sus escritos más difundidos.[100]

En una carta del general Turreau de inicios de 1794 al Comité de Salud Pública, puede leerse lo siguiente:

> Mi intención es incendiarlo todo. [...] Yo no soy más que un agente pasivo [...]. Debéis igualmente pronunciaros por anticipado sobre la suerte de las mujeres y de los niños. Si es preciso pasar a todos por el filo de la espada, yo no puedo ejecutar una medida semejante sin una orden que ponga mi responsabilidad a cubierto.[101]

El exterminio se convierte en una operación burocrática. El problema de Turreau no es de índole moral; él está dispuesto, sin el asomo de la más mínima duda, a destruir a hombres, mujeres y niños por igual. Pero necesita una orden para hacerlo. La orden lo exime de responsabilidad; la orden lo diluye en la máquina. Aquellos que hablan en nombre del pueblo simplemente deben firmar una orden; deben ser ellos los responsables

---

98. Ibíd., p. 95. El número es exagerado, pero deja ver la magnitud de la matanza tal como se le presenta a Babeuf y sus contemporáneos.

99. Ibíd., pp. 89-90.

100. «Así vemos que Eichmann tuvo abundantes oportunidades de sentirse como un nuevo Poncio Pilatos y, a medida que pasaban los meses y pasaban los años, Eichmann superó la necesidad de sentir, en general. Las cosas eran tal como eran, así era la nueva ley común, basada en las órdenes del Führer; cualquier cosa que Eichmann hiciera la hacía, al menos así lo creía, en su condición de ciudadano fiel cumplidor de la ley» (Hannah Arendt, *Eichmann en Jerusalén. Un estudio sobre la banalidad del mal* [Barcelona: Lumen, 1999], p. 205). «Lo más grave, en el caso de Eichmann, era precisamente que hubo muchos hombres como él, y que estos hombres no fueron pervertidos ni sádicos, sino que fueron, y siguen siendo, terrible y terroríficamente normales» (ibíd., p. 417).

101. Citado en González Cortés, «Estudio preliminar», *El sistema de despoblación*, p. 70.

burocráticos de la masacre. Así funciona la máquina genocida, desde entonces y hasta nuestros días.

Lo que quita el sueño a Babeuf es el *propósito* de la máquina. ¿Para qué se pone en marcha? ¿Cuál es el objeto del exterminio? ¿Para qué ordenar un *genocidio*? Babeuf escribe un libro entero para contestar estas interrogantes, y responde de forma categórica: para *despoblar*. Lo que en realidad se quiso en la Vendée fue despoblarla. La ingeniería social mostró ser, consecuentemente, *ingeniería demográfica*. La razón calculadora dictaba que en Francia vivían más personas de las convenientes. Enviarlas al reino de los muertos se convirtió entonces en un imperativo político. Así, al menos, lo intentó explicar Babeuf:

> Un despoblamiento era imprescindible porque, hechas las cuentas, la población francesa excedía los recursos de la tierra y las necesidades de la industria útil: es decir, que había demasiados hombres en nuestra tierra para que cada uno pudiese vivir en ella a sus anchas; que los brazos eran excesivos para la ejecución de los trabajos de utilidad esencial; que aquella verdad era demostrada por la única medida cierta: la relación del producto total del cultivo y de la economía rural, medida fuera de la cual no hay por qué hacer otros cálculos, puesto que todas las otras artes posibles son incapaces de producir, entre todas, una libra de pan suplementaria.[102]

Ya por entonces, de la misma manera que hoy, la «razón» requiere una disminución poblacional para aumentar el bienestar de los (que queden) vivos. Y, también de la misma forma que hoy, para esto es necesario que se lleve a cabo una profunda deshumanización de las víctimas. De repente, una enorme porción del pueblo francés perdía su rostro humano, y con él perdía también su condición humana. Babeuf denuncia que la maquinaria genocida se propuso hacer creer «que los franceses de la Vendée no eran franceses, que además eran monstruos por no entender lo que era la República».[103] Una carta de Carrier —uno de los máximos responsables del genocidio— a la Convención lo dice

---

102. Babeuf, *El sistema de despoblación*, pp. 96-97. Babeuf se apoya en documentos de la época y en distintos testimonios públicos. Uno de ellos relata que Carrier dijo a sus subalternos: «Que según la recapitulación de la población de Francia había mil habitantes por legua cuadrada; que estaba demostrado que el suelo de Francia no podía alimentar a todos sus habitantes; que era preciso deshacerse del excedente de población, que de no hacerlo no podía existir República; que era preciso empezar por los sacerdotes, los nobles, los mercaderes, los banqueros, los negociantes, etc. Que ninguno de aquellos hombres podía amar a la República» (citado en ibíd., p. 163).

103. Ibíd., p. 116.

sin ambages: «Por *principios de humanidad* ando purgando la tierra de la libertad de estos monstruos».[104] Sin rostro francés, no hay «derechos del ciudadano»; sin rostro humano, no hay «derechos del hombre». El vendeano queda reducido a un ente monstruoso que merece un rápido exterminio por el bien del pueblo, de la libertad y en nombre del triunfo de la razón y el progreso. Una proclamación de la Convención Nacional ante el ejército del Oeste, citada por Babeuf, dice:

> Soldados de la Libertad, es preciso *exterminar a todos los bandoleros de la Vendée antes de que finalice el mes de octubre*. La salvación de la Patria lo exige, la impaciencia del Pueblo francés lo manda, su valor debe cumplirlo; el reconocimiento nacional os espera para esas fechas.[105]

El discurso político había convertido a los vendeanos en bandoleros (*brigands*). «Exterminar a todos los bandoleros de la Vendée» significaba, en rigor, exterminar a todos los vendeanos. «¿Y con qué criterios hubiese podido distinguir a un no-bandolero»", se preguntaba Babeuf.[106] La identificación «vendeano = bandolero = monstruo» se había obrado con tal nivel de eficacia que el criterio para identificar a un bandolero era identificar a un vendeano, y proceder a aniquilarlo en su calidad de monstruo.

VI. El comunismo de Babeuf

Ahora bien, la crítica que presenta Babeuf al genocidio revolucionario no lo ubica a él mismo del lado contrarrevolucionario. Babeuf es, después de todo, un simpatizante de los principios del jacobinismo, cuyas opiniones sobre Robespierre sufren una fluctuación interminable. El genocidio no ha sido el producto de estos principios, sino de un desvío que se produjo en el interior de la revolución. Babeuf sostiene que el exterminio de la Vendée no hubiera sido necesario «si se les hubiera llevado y presentado debidamente la religión del republicanismo»[107] a ese pueblo de hondas tradiciones. Así, los «apóstoles de la libertad» hubieran convertido a la «fe verdadera» a esos campesinos católicos, en lugar de acribillarlos.

---

104. Citado en ibíd., p. 149.
105. Citado en ibíd., p. 135.
106. Ibíd., p. 136. El mismo Carrier había sostenido: «Yo os puedo afirmar que no ha quedado ni un solo patriota en la Vendée. Todos los habitantes de esta región han tomado parte más o menos activa en esta guerra» (citado en Sáenz, *La Revolución Francesa. Cuarta parte: La epopeya de la Vendée*, pp. 171-172).
107. Babeuf, *El sistema de despoblación*, p. 102.

Pero el verdadero objetivo no era la conversión, sino la despoblación, o sea, el exterminio.

A pesar de su denuncia, Babeuf está a la izquierda de Robespierre. Tras la caída de este último, Babeuf se convertirá en el punto de llegada de la exacerbación igualitaria desplegada por la lógica revolucionaria. ¿Quién es el pueblo, según el babeuvismo? Los no propietarios, o sea, los desposeídos, los «plebeyos» o, mejor, los «proletarios». La desigualdad entre estos y los propietarios hace que la «soberanía del pueblo» sea imposible, puesto que los derechos políticos, si no se asegura a la vez la igualdad económica, son una quimera, un engaño que sirve al peor de los despotismos: «El despotismo de los mercaderes».[108] La soberanía del pueblo, para triunfar, debe abatir a los nuevos déspotas y, para eso, el ideal de la igualdad de derechos ya no será suficiente: ahora tendrá que levantar las banderas de la *igualdad de hecho* a través de la abolición de la propiedad privada. Este periodista, libelista y agitador llamado Babeuf se convertirá así en el primer revolucionario comunista.[109]

Babeuf imagina un contrato social primitivo en el que se garantizaba la distribución económica igualitaria para cubrir las necesidades de todos («la igualdad perfecta es de derecho primitivo»).[110] Ese contrato resultó traicionado por aquellos que a continuación se enriquecieron a expensas del empobrecimiento de las mayorías. Desde entonces, la lucha de clases está en el corazón de nuestras contradicciones sociales y políticas, y ponerle fin implica acabar con su fundamento jurídico: la propiedad.

En la filosofía política de Babeuf, el fin natural de toda sociedad es la «felicidad común». Esta solo resulta factible cuando las necesidades de todos son satisfechas. El «contrato social primitivo» reconocía esta verdad. Pero el sistema basado en la propiedad privada que se instaló a continuación solo frustra la satisfacción de las necesidades de las mayorías. De ahí que los comunistas puedan reclamar para sí nada menos que la ley natural. Esta articulaba, pues, el contrato social originario que habían anulado los ambiciosos. «Por lo tanto —dice Babeuf—, hay que reivindicar esta garantía del primer contrato. Hay que rebelarse contra

---

108. Gracchus Babeuf, «El manifiesto de los plebeyos», en *El manifiesto de los plebeyos y otros escritos* (Buenos Aires: Ediciones Godot, 2014), p. 50.
109. La «paradoja» del caso de Babeuf y su comunismo igualitarista se extendería, primero, con Marx, el cual se referiría a su movimiento como un fenómeno transitorio de la historia, que recibiría el nombre despectivo de «comunismo grosero»; y después, con Lenin, porque ese ideario terminaría asemejándose a la teoría y práctica de la «primera fase del comunismo» de Marx en la interpretación bolchevique, que sería hasta el presente el ideario más generalizado en las dictaduras de partido único del movimiento comunista oficial.
110. Babeuf, «El manifiesto de los plebeyos», p. 31.

dos cosas: contra las leyes que han consagrado la violación del pacto original y contra los efectos de la violación misma».[111]

La Revolución francesa no pudo o no quiso ver hasta ahora esta verdad, piensa Babeuf. La verdadera revolución no «la pueden realizar más que haciendo en las cosas la misma revolución que han hecho en los espíritus».[112] Los franceses llevaron su revolución al dominio del espíritu humano, de la moral y la política; se olvidaron, sin embargo, de la economía. La revolución será al nivel material de la existencia social o no será. El triunfo definitivo del ideal igualitario solo se producirá cuando se conquiste la igualdad de hecho.

La clave está, pues, en la institución de la propiedad privada. A diferencia del jacobinismo, que no avanzó en su abolición,[113] Babeuf basará su doctrina precisamente en esa demanda. También a diferencia del jacobinismo, que hablaba en nombre de la «República», el babeuvismo lo hará en nombre de la «Democracia».[114] La verdad de la democracia, que es la más perfecta igualdad, consistiría en la socialización de la propiedad. La revolución democrática debe «establecer la administración común» de los bienes, y para ello ha de «vincular a cada hombre al talento, a la industria que conoce, obligarle a depositar el fruto en especies en el almacén común», de modo que la sociedad misma opere una permanente redistribución económica con el propósito de garantizar la más exhaustiva igualdad.[115] Si los doce ejércitos, compuestos de un total de un millón doscientos mil hombres, manejan su economía de esta manera, argumenta Babeuf, ¿por qué no podríamos hacer de la sociedad un enorme cuartel de guerra?

La diosa Razón proveerá lo necesario para racionalizar el ordenamiento social. La mente ingenieril no toma en consideración las infinitas complejidades de lo social, puesto que «en el fondo la cosa se resuelve con un simple cálculo, es susceptible del más exacto orden y de la más regular operación». El nivel de arrogancia o, según como se lo mire, de

---

111. Gracchus Babeuf, «Nuevos preparativos para el combate del Tribuno del Pueblo», en *El tribuno del pueblo* (Barcelona: Ediciones Júcar, 1982), p. 57.

112. Babeuf, «El manifiesto de los plebeyos», p. 46.

113. El derecho de propiedad fue duramente atacado por los jacobinos, condicionándolo a la lealtad política (por ejemplo, las Leyes de Ventoso). Sin embargo, nunca se propusieron realmente su total abolición.

114. Dice Babeuf a un interlocutor: «No pareces reunir alrededor de ti más que republicanos, título común y muy equívoco: así, no predicas más que una República cualquiera. Nosotros reunimos todos los demócratas y los plebeyos, denominación que, sin duda, adquiere un sentido más positivo: nuestros dogmas son la democracia pura, la igualdad sin mancha y sin reserva» (Babeuf, «El manifiesto de los plebeyos», p. 16).

115. Ibíd., p. 57.

ingenuidad, resulta llamativo. Bajo el orden igualitario que promete Babeuf, «la ciencia del gobierno, que al presente es tan intrincada por la colisión de tantos intereses privados opuestos, quedará reducida, en un sistema comunitario, a un cálculo tan simple que apenas está más allá de la más mediana capacidad».[116] Una vez abolida la propiedad privada, quedan abolidos a la postre los intereses particulares. El orden social, ahora transparente en torno a un único interés objetivo, sería fruto de un cálculo racional.

La propiedad privada, en efecto, no surge del derecho natural, sino que constituye un accidente histórico que debe revertirse. Este es el único camino por el que la revolución puede verdaderamente consumarse, es decir, por el que resulta factible la «felicidad común». El final de la propiedad privada, junto al advenimiento del colectivismo económico, serán el inicio no solo de una nueva sociedad, sino del tan anhelado *hombre nuevo*:

> Este gobierno hará desaparecer los límites, barreras, muros, cerraduras de las puertas, las disputas, los procesos, los robos, los asesinatos, todos los crímenes; los tribunales, las cárceles, las horcas, las penas, la desesperación que causan todas estas calamidades; la envidia, los celos, la insaciabilidad, el orgullo, el engaño, la hipocresía, en fin todos los vicios; más aún (y este punto es quizás el esencial), el gusano roedor de la inquietud general, particular, perpetua de cada uno, sobre nuestra suerte del mañana, del mes, del año siguiente, de nuestra vejez, de nuestros hijos y de los hijos de estos.[117]

El paraíso ha sido bajado a la tierra. Ese pecado original que llamamos propiedad privada[118] puede ser borrado para siempre, y como consecuencia podemos regresar al estado original de nuestra existencia, en el que no existía ni la maldad ni la necesidad, o sea, en el que la libertad era ilimitada. Ahora bien, la dialéctica del despotismo vuelve a hacer de las suyas de inmediato, puesto que, para mantener este estado pretendidamente idílico, será necesario el uso permanente de la fuerza de unos contra otros:

---

116. Citado en Talmon, *Los orígenes de la democracia totalitaria*, pp. 284-285.
117. Babeuf, «El manifiesto de los plebeyos», pp. 57-58.
118. La tesis de que la propiedad privada funciona como pecado original, surge a las claras de la misma pluma del autor en cuestión: «Es de ahí de donde derivan todos nuestros vicios, nuestras pasiones, nuestros crímenes, nuestros males» (Babeuf, «La posibilidad del comunismo», en ibíd., p. 85).

Aquel que probara que, por el solo efecto de sus fuerzas naturales, es capaz de hacer igual que cuatro, y que, en consecuencia, exigiese la retribución de cuatro, sería también un conspirador contra la sociedad, porque haría vacilar el equilibrio tan solo por este medio, y destruiría la preciosa igualdad. [...] La cordura ordena imperiosamente a todos los co-asociados reprimir a tal hombre, perseguirlo como una calamidad social, reducirlo, al menos, a que no pueda hacer más que la tarea de un solo hombre, para que no pueda exigir más que una recompensa.[119]

El reino de la igualdad debe vigilar constantemente que nadie logre lo que otros no son capaces de lograr; que nadie desarrolle sus potencias individuales más allá de la media, so pena de convertirse en una «calamidad social»; que nadie desarrolle siquiera su inteligencia más allá de lo permitido; que nadie destaque del resto del rebaño. La sociedad igualitaria es, en realidad, una sociedad de hombres anulados, mediocres y conformistas, con sus individualidades guillotinadas por los «administradores de lo común». La persona ha quedado totalmente disuelta en el colectivo, y Babeuf no ha podido oponer al «despotismo de los mercaderes» nada más que un nuevo tipo de despotismo: el *despotismo de los igualadores*.

Pero la realidad política que enfrenta Babeuf tiene un color particular, que hace que su relación con el pueblo resulte novedosa. Robespierre y su Convención han caído; la Reacción Termidoriana[120] que desalojó a los jacobinos del poder refleja un estado de la conciencia popular que poco tiene que ver con la efervescencia revolucionaria de poco tiempo atrás. El pueblo, según parece, no va a pelear por el retorno de los jacobinos ni va a oponerse decididamente a aquellos que cortaron la cabeza de Robespierre. Lejos ya del fervor popular revolucionario, Babeuf se encuentra frente a una «masa pasiva»,[121] un pueblo «ya fatigado e indiferente».[122]

El pueblo ha pecado de defección, pero Babeuf se desespera porque «la revolución no está hecha aún para el pueblo». La verdadera revolución es la que trae la «felicidad común», y desde luego no es lo

---

119. Babeuf, «El manifiesto de los plebeyos», pp. 55-56.
120. La Reacción Termidoriana fue un término utilizado para describir un período en la Revolución francesa que siguió a la caída de Maximilien Robespierre y sus seguidores, quienes fueron ejecutados durante el llamado «golpe de Estado» del 9 de Termidor del año II (27 de julio de 1794). Se produjo entonces un giro hacia políticas más moderadas.
121. Babeuf, «Nuevos preparativos para el combate del Tribuno del Pueblo», en *El tribuno del pueblo*, p. 52.
122. Babeuf, «El manifiesto de los plebeyos», p. 22.

que se ha conseguido hasta el momento. Todo lo que se ha hecho es la «revolución de los ricos».[123] Pero el pueblo está agotado, y sus energías revolucionarias se encuentran prácticamente extintas. Babeuf precisa volver a despertarlas, y se convierte, por lo tanto, en uno de los primeros teóricos de la *vanguardia revolucionaria*. La idea de que existe un pequeño número de personas que, con arreglo al estado de su conciencia, conoce los verdaderos intereses de las masas y el camino por el que estas deben ser guiadas, encuentra en Babeuf plena realización. La insurrección «ya no tendría necesidad de la mayoría del pueblo, basta una *fracción del pueblo*. Ahora bien, yo soy una fracción del pueblo»,[124] escribe Babeuf.

El derecho a la insurrección revolucionaria se desentiende así de la lógica cuantitativa que sirve para establecer la legitimidad del pueblo. La diferencia cuantitativa entre la mayoría y la minoría no dice nada acerca de lo *legítimamente popular*. Ya desde el elitismo ideológico rousseauniano hasta la representación automática jacobina, se considera que la mayoría suele *desconocer* lo que «verdaderamente» quiere. La «voluntad general» o «voluntad popular» es menos la voluntad concreta de una mayoría circunstancial que una voluntad pretendidamente objetiva que puede estar en manos de una minoría de iluminados. Esa minoría, esa fracción que puede estar incluso formada por un solo individuo como Babeuf, pasa a ser «el pueblo», en la medida en que constituye su guía. Ya no es el pueblo, sino la «vanguardia del pueblo» la que se convierte en el verdadero *sujeto de la historia*. En ese pequeño número se deposita la *razón histórica*; en esa fracción se revela de antemano el verdadero curso de los acontecimientos por venir. Es sugerente que Babeuf haya escrito su propio «¿Qué hacer?» más de un siglo antes que el *¿Qué hacer?* de Lenin.

El pueblo aparece entonces como una masa insulsa, amorfa como toda masa, cuya voluntad es una mera potencia, mas no una realidad actual. La voluntad del pueblo no es una realidad en el pueblo, sino en las personas de vanguardia que han de dársela a conocer al pueblo y movilizarlo en consecuencia. Esta minoría revolucionaria adopta respecto del pueblo el modelo de los apóstoles, el proceder de las minorías religiosas cuya obligación consiste en diseminar la verdad en un mundo de descreídos: «La religión de la igualdad pura, que nosotros osamos predicar a todos nuestros hermanos despojados y hambrientos, quizá les parezca a ellos mismos nueva, aunque sea tan natural»,[125] reflexiona Babeuf, devenido

---

123. Babeuf, «¿Qué hacer?», en *El manifiesto de los plebeyos y otros escritos*, p. 68.
124. Babeuf, «El derecho a la insurrección», en *El tribuno del pueblo*, p. 39.
125. Babeuf, «El manifiesto de los plebeyos», p. 42.

en profeta político. La vanguardia trae al mundo la «buena nueva», un «grandioso plan de salvación»,[126] cuya promesa no reside en la salvación eterna, sino en la «felicidad común» del paraíso terrenal que podemos edificar, aquí y ahora, por medio de la verdadera revolución.

«El pueblo, dicen, no tiene guías. Que aparezcan, y el pueblo, al instante, rompe sus cadenas y conquista el pan para él y para todas sus generaciones».[127] Según esto, el pueblo entonces necesita imperiosamente de guías. Por sí solo, el pueblo no es nada. El pueblo es una especie de monstruo dormido que no puede despertar por sí mismo. Se creyó que el pueblo era el sujeto de la historia, pero el verdadero sujeto es el que despierta al pueblo. Babeuf introduce entonces el concepto de «partido revolucionario»,[128] con el que se inaugura una visión totalmente novedosa sobre la política. La vanguardia es el «partido revolucionario», es decir, una *parte* muy minoritaria de la sociedad que, no obstante, reclama para sí la misión histórica de hacer una revolución en nombre del *todo*.

Las tareas fundamentales del partido revolucionario consisten, por un lado, en poner en marcha un inmenso aparato de propaganda que rehaga por entero la conciencia humana, supuestamente corrompida por los «enemigos del pueblo». Dice Babeuf: «La obra maestra de la política consiste en modificar de tal modo el corazón humano por medio de la educación»,[129] de manera que nadie quiera ni haga sino aquello que debe querer y hacer.[130] Por otro lado, la oposición política debe ser paulatinamente eliminada. La unidad de voluntad del aparato político así lo requiere. El modelo de dictadura revolucionaria inaugurado por Robespierre sirve de base a la radicalizada visión babeuvista. La prensa debe ser totalmente sumisa al poder; el desarrollo del conocimiento y del saber debe ser limitado para que la igualdad no se tambalee; las artes deben ser vigiladas para que no corrompan al pueblo; la educación debe ser monopolizada por el Estado en detrimento del «régimen exclusivo y egoísta de la familia»;[131] la permanente extensión de lo político no ha de permitir que ningún ámbito de la sociedad quede libre de sus intromisiones; la libertad religiosa debe ser reemplazada por una religión

---

126. Babeuf, «El árbol de la igualdad crece a simple vista», en *El tribuno del pueblo*, p. 171.
127. Babeuf, «El manifiesto de los plebeyos», p. 60.
128. Babeuf, «¿Qué hacer?», en *El manifiesto de los plebeyos y otros escritos*, p. 61.
129. Citado en Talmon, *Los orígenes de la democracia totalitaria*, p. 285.
130. Rousseau, en su obra sobre pedagogía, ya había enseñado algo muy similar respecto de cómo educar a un niño: «Sin duda, él no debe hacer lo que quiere, sino que debe querer lo que vosotros queréis que haga» (*Emilio* [Madrid: Edaf, 2008] p. 134). Es sugerente que, entre las metáforas usualmente empleadas para referirse al pueblo, la idea de «niño» haya aparecido una y otra vez.
131. Citado en Talmon, *Los orígenes de la democracia totalitaria*, p. 290.

civil obligatoria; toda opinión contraria a la que sostiene la ideología igualitaria debe ser perseguida, y al opositor le esperan verdaderos *campos de concentración* que, aunque no fueron más allá de la imaginación babeuvista, preanunciaron las tecnologías totalitarias del siglo xx.[132]

Las conspiraciones revolucionarias de Babeuf y su partido de vanguardia durarán muy poco, y su éxito práctico será nulo. Sus ideas y su modelo, sin embargo, serán preciosas herencias que recibirá la izquierda del siglo siguiente.

VII. El nuevo despotismo según los conservadores

La dialéctica del despotismo es advertida y denunciada, como nadie, por los pensadores conservadores y tradicionalistas de fines del siglo xvIII. Al reparar en los fundamentos filosóficos y políticos de la Revolución francesa, anticipan el advenimiento de una nueva *forma aplastante del poder*. Se trata del poder que, apelando al pueblo, se hipertrofia y lo aplasta todo en nombre de la libertad y la igualdad.

«¿Es que estos caballeros no han conocido nunca en toda la esfera de la teoría y de la práctica algo que esté situado entre el despotismo de un monarca y el despotismo de la multitud?».[133] Edmund Burke plantea esta inquietud crucial en los inicios mismos de la revolución. El despotismo también puede ser ejercido por las multitudes; en particular, por aquellos que las manejan. Es la arbitrariedad y la desmesura lo que vuelve despótico al poder, más allá de los criterios cuantitativos usualmente empleados en su definición. En torno a estas nociones, el liberal y a la vez conservador Burke será uno de los primeros en reaccionar al espíritu de la Revolución francesa, escribiendo desde Inglaterra su famosa serie de reflexiones sobre esta.

También Joseph De Maistre advertirá la indefectible deriva despótica de los revolucionarios. Huyendo de sus perseguidores, este conde francés produjo notables escritos tradicionalistas contra el gran acontecimiento de su época. «Esos hombres, más que mediocres, ejercieron sobre una nación culpable el más horroroso despotismo que recuerde la historia, y seguramente eran los hombres del reino más asombrados de su propio poder».[134] El despotismo se presenta como la dinámica de un

---

132. Véase ibíd., p. 275.
133. Edmund Burke, *Reflexiones sobre la Revolución Francesa* (Madrid: Rialp, 2020), p. 202.
134. Joseph De Maistre, *Consideraciones sobre Francia* (Buenos Aires: Dictio, 1980), p. 12.

poder desenfrenado que controla a los mediocres que creen ejercerlo. La hipertrofia del poder aplasta todo a su paso, incluidos sus cultores. El despotismo es lo que queda cuando la revolución ha reducido a cenizas todo aquello que civilizaba al poder.

Antoine De Rivarol, uno de los más brillantes defensores de la monarquía constitucional, también reconocía el surgimiento de un nuevo despotismo: «Los satélites del despotismo real, siempre listos para servir al más fuerte, se han transformado bruscamente en satélites del despotismo popular».[135] La revolución cambió de manos el aparato despótico, que pasó de un rey a un *pueblo-rey*. Dicho aparato, además, se dilató. Esto no significa ninguna ganancia en términos de libertad, sino todo lo contrario. El pueblo-rey es, en rigor, una masa amorfa dirigida por quienes hablan en su nombre: «El pueblo, deslumbrado, se cree ilustrado; atroz y furioso, se cree libre, y no es en definitiva más que un esclavo en rebeldía».[136] Por esta combinación de fuerza e ignorancia, de poder cuantitativo y maleabilidad, resulta ser «el más temible de los déspotas».[137]

La índole del problema que diagnostican pensadores como Burke, De Maistre y Rivarol atañe a la naturaleza de la ciencia política. Esta tiene que vérselas con el ordenamiento de la sociedad. Pero dicho ordenamiento, lejos de ser el producto de una razón abstracta que lleva adelante un plan ingenieril, deriva de la acumulación de experiencia a lo largo del tiempo. En contraposición al oficio de dirigente ideológico, se encuentra el trabajo del verdadero líder político.[138] Este último, lejos de ser como el jardinero que necesita imprimir sobre la vegetación la forma que su propia mente le dicta, es como el guardabosques a quien le conviene velar por la espontaneidad y la armonía de la vida que se encuentra a su cargo.[139]

Esta ciencia política de carácter conservador se basa en el reconocimiento de las limitaciones intrínsecas a la razón individual. La materia prima de la política no son las abstracciones de los ideólogos, sino la realidad de las costumbres compartidas y las instituciones formadas por el concurso de una pluralidad de experiencias irreductibles a la vida de

---

135. Antoine de Rivarol, *Escritos políticos (1789-1800)* (Buenos Aires: Dictio, 1980), p. 107.
136. Ibíd., p. 169.
137. Ibíd., p. 310.
138. Véase Kenneth Minogue, *Politics. A Very Short Introduction* (Oxford University Press, 2000), pp. 94-102.
139. Burke utiliza la metáfora del jardinero. Véase *Reflexiones sobre la Revolución Francesa*, p. 262. También Joseph de Maistre la emplea. Véase *Consideraciones sobre Francia* (Buenos Aires: Dictio, 1980), p. 41.

un único individuo. La sabiduría práctica está compuesta de mucho más que razón teórica, y la ciencia política es precisamente una ciencia práctica. Dice Burke:

> Siendo tan práctica en sí misma, y estando destinada a propósitos tan prácticos, la ciencia de gobernar es materia que requiere experiencia, e incluso más experiencia de la que nadie pueda acumular durante toda su vida, por muy sagaz y observador que sea; es, por tanto, con una precaución infinita cómo los hombres deben aventurarse a derrumbar un edificio que, durante años, ha servido de un modo aceptable a los propósitos de la sociedad, o levantar otro sin tener ante los ojos modelos y ejemplos de probada utilidad.[140]

La porción de inteligencia individual es demasiado limitada como para confiar a una persona o a un grupo la construcción de una sociedad política.[141] Partir para ello de un «hombre en estado de naturaleza» con el fin de derivar de él consecuencias sociales y políticas resulta inaceptable para una visión que reconoce en el hombre su *naturaleza social y política*.[142] No se puede partir de una ficción para construir una realidad consistente. Los revolucionarios son «metafísicos» que pretenden crear una nueva sociedad que sea reflejo de sus teorías, de dudosa calidad filosófica. El problema es que, para hacerlo, deben derrumbar el edificio social preexistente. Y como el hombre real es un producto de la vieja sociedad, que poco tiene que ver con el imaginario «estado de naturaleza», habrá que derrumbarlo junto con ella para que el hombre ideal pueda ver la luz.

Pero la política no es una ciencia que pueda partir desde fuera de la experiencia concreta y la evidencia histórica. La política recibe una historia en curso, unas costumbres, unos caracteres sociales y naturales, y trabaja en comunión con ellos. El hombre sobre el que actúa la política no es el hombre de la naturaleza, sino el de la sociedad. La política no

---

140. Burke, *Reflexiones sobre la Revolución Francesa*, p. 124.
141. «Nos espanta el hecho de que los hombres vivan y se relacionen guiándose por su porción individual de inteligencia; porque sospechamos que esta porción de cada hombre es muy reducida, y que es preferible que los individuos puedan recurrir al banco y al capital común acumulado por las naciones y los siglos» (Burke, *Reflexiones sobre la Revolución Francesa*, pp. 157-158).
142. «Hablando con propiedad, nunca hubo para el hombre un tiempo anterior a la sociedad, porque, antes de la formación de las sociedades-políticas, el hombre no es del todo hombre, y es absurdo buscar los caracteres de un ser cualquiera en el germen de ese ser» (Joseph De Maistre, *Estudio sobre la soberanía* [Buenos Aires: Ediciones Olejnik, 2023], p. 16). Rivarol escribe: «Todo hombre que habla del estado de naturaleza en una sociedad es un necio o un hipócrita» (*Escritos políticos [1789-1800]*, p. 175).

crea naciones, no *crea* pueblos ni constituciones, sino que los *reconoce*, los encauza, los conserva y, eventualmente, promueve reformas. La mentalidad del ideólogo y del ingeniero social se encuentra en las antípodas de esta concepción de la política. Basta recordar el paradigma de Sieyès, alérgico a los hechos y a la historia. De Maistre parece contestarle cuando escribe:

> El autor de un sistema de física sin duda se felicitaría si tuviera a su favor todos los hechos de la naturaleza, igual que yo puedo citar en apoyo de mis reflexiones todos los hechos de la historia. Examino de buena fe todos los documentos que esta nos presenta, y no veo nada que favorezca ese sistema quimérico de deliberación y de construcción política mediante razonamientos previos.[143]

Pero esta es precisamente la nueva mentalidad que ha irrumpido en el mundo moderno. La mentalidad del ingeniero social supone un modelo de ciencia política que se basa en la negación radical de los fundamentos de la sociedad; es decir, en la negación de lo que la experiencia histórica ha acumulado. El «arte político» de Sieyès es la consumación del nuevo paradigma; es el principio mismo de la ingeniería social. La revolución es, ante todo, el trastocamiento radical de la mentalidad política. La política debe despreciar los hechos, renegar de la historia, deshacerse de las costumbres y las tradiciones que el tiempo ha acumulado como *razón práctica nacional*. Los nuevos fundamentos no están en la realidad dada, sino en la *mente* de los que teorizan sobre la política. Esta se convierte, así, en *ideología*. Existe como *idea* que reclama las cuotas de poder que sean necesarias para hacerse realidad. Burke arremete contra los ideólogos:

> Poseídos, como están, de estas nociones, es inútil hablarles del sistema de sus antepasados, de las leyes fundamentales de su país, de una forma estable de Constitución, cuyos méritos se basan en la sólida prueba de la larga experiencia y en el incremento del poder público y la prosperidad nacional. Desprecian la experiencia como si fuera la sabiduría de los ignorantes; y, en cuanto a lo demás, han puesto bajo el suelo una mina que volará con una tremenda explosión todos los ejemplos de la antigüedad, todos los precedentes, todas las cartas y las actas del Parlamento.[144]

---

143. De Maistre, *Consideraciones sobre Francia*, p. 85.
144. Burke, *Reflexiones sobre la Revolución Francesa*, p. 120.

La razón abstracta se ha apoderado de la política para servir a las pulsiones prometeicas de la voluntad. La política del recibir, conservar y reformar es desplazada por la política del *destruir para crear*. Nada puede controlar debidamente el tipo de poder que a la postre ha sido liberado. La política como arte de construir desde cero una sociedad se encuentra, por definición, más allá de cualquier tipo de límite. Todo resulta justificable por la envergadura de su obra. Todo se puede intentar cuando los límites de lo real se deshacen frente a las exigencias de las ideas. Además, cualquier tipo de limitación que hubiera funcionado antes del nuevo proyecto ingenieril es tan poco legítimo para el ideólogo de turno como poco útiles son para el arquitecto las anticuadas estructuras de un edificio que hay que volar en pedazos para construir algo radicalmente nuevo en su lugar. La diferencia entre uno y otro es, sin embargo, la diferencia que existe entre tratar con seres humanos y tratar con escombros. Robespierre tuvo el coraje de reconocer esta verdad en su teoría de la dictadura revolucionaria, a saber, que los costos humanos nunca son suficientes cuando se trata de bajar el paraíso a la tierra. La consecuencia, por cierto, fue el Terror.

La política moderna requiere inmensas cuotas de poder, siempre crecientes.[145] No hay *destrucción/creación* sin poder. El nuevo despotismo ignora los verdaderos fundamentos de la sociedad, que descansan en aquello que el tiempo y la experiencia acumulada van formando y reformando a su propio ritmo: la *forma de vida* de un pueblo. El Estado y sus leyes se basan en esta, y no al revés.[146] Los constructores de naciones violentan esta realidad. Ellos quieren crear la nación a través de la ley, cuando, en rigor, esta es un producto de los caracteres preexistentes de aquella. Sus creaciones se hacen en nombre de la «libertad». Por el contrario, para el pensamiento conservador que se forma como respuesta a la revolución, la verdadera libertad peligra cuando las leyes, en lugar de partir de las circunstancias reales de un pueblo, se emplean para *hacer* al pueblo según los mapas mentales de los ideólogos. Los únicos que resultan ser libres en estos casos son estos últimos, pues el resto queda sometido a su voluntad. La verdadera libertad es la *espontaneidad*, y a ella se debe la política.

---

145. «Todas las vidas, todas las riquezas, todos los poderes se hallaban en manos del poder revolucionario…» (De Maistre, *Consideraciones sobre Francia*, p. 26).
146. Para De Maistre, la Constitución es la solución a un problema enunciado de la siguiente manera: «Dadas la población, las costumbres, la religión, la situación geográfica, las relaciones políticas, las riquezas, las buenas y malas cualidades de determinada nación, hallar las leyes que le convienen" (*Consideraciones sobre Francia*, p. 75).

También la igualdad de los revolucionarios resulta ser una quimera. Los ideólogos inventaron un «estado de naturaleza» en el que todos los hombres son iguales. La sociedad y el sistema político introducen la desigualdad y provocan la injusticia: Rousseau abusó de este esquema. La política revolucionaria se basa en devolver la igualdad natural a los hombres por medio del poder. Los pensadores antirrevolucionarios se mofan de estas teorías. La verdad es justo lo contrario: la desigualdad es natural, y la política introduce la igualdad dentro de *límites factibles*. Las leyes pueden *tratar igualmente* a los hombres, pero no pueden *hacer* a los hombres iguales.[147] Rivarol arremete contra los ideólogos de la igualdad:

> En lugar de establecer que la ley sería igual para todos los hombres, decretaron ellos que los hombres eran naturalmente iguales sin restricción. Pero hay algo cuya igualdad no se podrá decretar jamás; son las condiciones sociales, los talentos, los rasgos y las fortunas.[148]

El igualitarismo es, de este modo, una ideología que exacerba la lógica del poder. En primer lugar, porque supone, implícitamente, la presencia de igualadores. Estos necesitan el poder para igualar a quienes se encuentran bajo su dominio. Así, el igualitarismo ni siquiera es consecuente consigo mismo, ya que es inconcebible sin el concurso de desigualdades políticas cada vez más pronunciadas. En segundo lugar, porque siempre podrán encontrarse nuevos ámbitos que «reclamen» igualar, sin que por ello exista en ellos alguna forma de explotación. La desigualdad se manifiesta en torno a *todos* los atributos de los hombres, y no deja nada fuera. La lucha contra la desigualdad es, tomada como principio rector, una lucha sin final posible, porque la igualdad absoluta es un imposible. Rivarol anticipa lúcidamente el despertar de la lucha de clases, que se volverá contra el igualitarismo de la filosofía burguesa. ¿Por qué el pueblo debería contentarse con la igualdad formal, cuando podría, según los propios principios en boga, reclamar la igualdad material? Y esto es precisamente lo que Babeuf descubrió. Rivarol pronostica:

> Dos causas, hasta ahora de acuerdo, han producido vuestros triunfos; la envidia de unos y la miseria de otros; porque esta es la *revolución*

---

147. «La *igualdad absoluta* entre los hombres es el *misterio* de los filósofos. La Iglesia al menos edificaba sin descanso; pero las máximas actuales no tienden más que a destruir. Han arruinado ya a los ricos sin enriquecer a los pobres; y en lugar de la igualdad de bienes, no tenemos hasta ahora más que la igualdad de miserias y de males» (Rivarol, *Escritos políticos [1789-1800]*, p. 114).
148. Ibíd., p. 516.

de los pobres y de los envidiosos: los pobres, irritados contra los ricos, y los burgueses contra los nobles, aliaron sus furias; pero el momento del divorcio se acerca; el día de los grandes sacrificios no está lejos.[149]

Burke, por su parte, se anticipa al Terror. Demuestra que este modelo de ciencia política necesariamente debe desplegar toda la brutalidad de la fuerza sobre los hombres para rehacer el mundo a imagen y semejanza del contenido mental de los ideólogos. El fanatismo por las abstracciones torna abstractos los costos humanos; nada resulta costoso, pues, cuando se está llamado a *hacer la historia* y redimir al mundo mismo.

Conspiraciones, matanzas, asesinatos parecen cosas triviales a ciertas gentes con tal de llevar a cabo una revolución. Una reforma poco costosa, sin sangre, y una libertad sin culpa parecen cosas monótonas e insípidas para su gusto. Tiene que haber grandes cambios de escena, magníficos efectos dramáticos y grandes espectáculos que aviven la imaginación, adormecida con el complaciente disfrute de sesenta años de seguridad y la siempre apagada tranquilidad de una prosperidad pública.[150]

El nuevo despotismo se hace en nombre del pueblo, pero la realidad es que el pueblo no es, a fin de cuentas, el sujeto de la revolución. «El pueblo no cuenta para nada en las revoluciones, o a lo sumo interviene en ellas como mero instrumento pasivo»,[151] escribe De Maistre. Son los ideólogos y los ingenieros sociales los que realmente cuentan. Después de todo, son sus ideas y proyectos los que se imponen por la fuerza. «El tigre que despedaza hace su oficio: el verdadero culpable es quien lo deja en libertad y lo arroja sobre la sociedad».[152] Los ideólogos tal vez no usen sus propias manos para asesinar, pero sus ideas tienen el poder de movilizar a los asesinos. El orgullo y la envidia son pasiones que las ideologías pueden exacerbar hasta extremos insospechados. Los ideólogos se arman aprovechándose de las pasiones del pueblo. El sujeto de la revolución no es el pueblo, sino el ideólogo que les provee a determinadas facciones una visión revolucionaria del mundo y trabaja a la par sobre sus pasiones más despreciables.

---

149. Rivarol, *Escritos políticos (1789-1800)*, p. 276.
150. Burke, *Reflexiones sobre la Revolución Francesa*, p. 129.
151. De Maistre, *Consideraciones sobre Francia*, p. 109.
152. De Maistre, *Estudio sobre la soberanía*, p. 66.

Así como la religión despertó el fanatismo, y a través suyo se movilizaron las guerras de motivación religiosa, al mundo moderno le aguarda el fanatismo de las ideologías y la guerra civil. El advenimiento del *totalitarismo* se encuentra a la vuelta de la esquina. Matar y morir en nombre del paraíso terrenal: al Dios creador le sucede el Hombre ingeniero de sociedades, y a la Palabra divina le suceden las nuevas doctrinas ideológicas. Rivarol advierte sobre la nueva forma del fanatismo:

> Cuando los hombres se asesinan en nombre de determinados principios filosóficos o políticos; cuando hacen, para imponer la dominación de sus dogmas, cuanto el fanatismo religioso osó hacer por los suyos, entonces, aunque limiten su imperio a la vida presente, no es menos cierto que su filosofía tiene su propio fanatismo; y esta es una verdad que los sabios del siglo no han barruntado.[153]

Esta secta de fanáticos políticos constituye la base misma de esta nueva forma de despotismo. Sus ideólogos, que definían el despotismo como el gobierno arbitrario de los pocos sobre los muchos, tienen la astucia de disimular ahora su propio despotismo en nombre de los muchos. Y cuando los muchos rechazan abiertamente el paraíso que se les tiene preparado, eso es porque todavía no entienden bien lo que realmente quieren:

> Le dijeron [al pueblo]: «Vosotros creéis que no queréis esta ley, pero estad seguros de que la queréis. Si os atrevéis a rechazarla, os dispararemos con metralla para castigaros por no querer lo que queréis». – Y lo hicieron.[154]

Adicionalmente, los nuevos déspotas esconden su voluntad particular en la voluntad popular porque la responsabilidad se diluye en función del número.[155] Los colectivos, especialmente los numerosos, no responden por sus acciones, pero, aun si lo hicieran, cuando ese colectivo no es otro que el pueblo, sería imposible que de esa responsabilidad se derivara una sanción. En efecto, los castigos están concebidos para la conservación del pueblo, no para su destrucción. Si el pueblo en masa

---

153. Rivarol, *Escritos políticos (1789-1800)*, p. 508.
154. De Maistre, *Consideraciones sobre Francia*, p. 104.
155. «Una perfecta democracia, por tanto, es la mayor imprudencia del mundo. Como es el sistema que tiene menos vergüenza, también es el que tiene menos temor» (Burke, *Reflexiones sobre la Revolución Francesa*, p. 166).

ha cometido un crimen, y se gobierna en nombre del pueblo, ¿de qué manera podría castigársele? Más aún, ¿quién podría hacerlo? El pueblo es incapaz de sancionarse a sí mismo, puesto que la soberanía, según estos principios políticos, le pertenece a él. De ahí que no exista mayor astucia que montar un despotismo en su nombre.

Finalmente, tarde o temprano el pueblo querrá lo que los ideólogos quieren para él. Por esto, también estos se creen legitimados para hablar en nombre de aquel. Las leyes del progreso histórico así lo han predeterminado, y el ingeniero social simplemente acelera el despliegue de la razón llevando a la práctica los dictados de la suya, postulada como modelo de una presunta razón universal. Nada más contrario, empero, a la filosofía de la historia de los pensadores antirrevolucionarios. Todo lo expuesto no es más que una engañifa diseñada para legitimar cualquier paso que se produzca en la dirección que sea. Si la historia avanza indefectiblemente al ritmo del progreso, entonces cada acontecimiento será un avance histórico en el camino que lleva a él. Pero en realidad la historia está movida por fuerzas inescrutables, y su desarrollo está más allá de las posibilidades de los hombres. «Todos los hombres que han escrito o meditado la historia han admirado esa fuerza secreta que se burla de las resoluciones humanas»,[156] reflexiona De Maistre. La historia, a despecho de lo que quería el pobre de Condorcet, que terminó muriendo en manos del «progreso», se encuentra más allá del cálculo humano.

Conservadores y tradicionalistas reaccionan, ya en tiempos modernos, a la filosofía política del ingeniero social en estos términos. Poco podrán hacer frente a la insuperable hegemonía de dicho ingeniero, salvo legarnos una forma de pensamiento político y social alternativo. Sus reflexiones, sin embargo, cargadas de nostalgia y marcadas por la tristeza de un mundo que se derrumba frente a sus ojos, apuntan hacia adelante allí donde ellos creen mirar hacia atrás. Sus críticas anticipan, pues, un futuro próximo, caracterizado por la desmesura política y el despertar de fuerzas aplastantes. Sus críticas son premonitorias, aunque no hayan tenido cómo saberlo, de muchos de los rasgos que tomará un fenómeno político que, en el siglo XX, será conceptualizado como «totalitarismo».

---

156. De Maistre, *Consideraciones sobre Francia*, p. 113.

CAPÍTULO 2:

LA DESMESURA DEL TOTALITARISMO

I. La irrupción del nuevo concepto político

«Totalitarismo» es un concepto político formado al calor de la desmesura del poder del siglo xx. Conceptos como despotismo, tiranía o autoritarismo resultan insuficientes para dar cuenta de una hipertrofia del poder que se conjuga con condiciones sociales, ideológicas y tecnológicas novedosas, que requieren de la irrupción del nuevo concepto político en cuestión. Hay algo diferente desde el punto de vista cualitativo, algo horrorosamente nuevo en la índole del poder del siglo xx, que conduce a los observadores a una innovación conceptual.

La primera utilización del adjetivo «totalitario» se atribuye a Giovanni Amendola, un adversario de Benito Mussolini que denuncia en artículos publicados en *Il Mondo* del 12 de mayo, 28 de junio y 2 de noviembre de 1923 la existencia en Italia de un «sistema totalitario». Por entonces, el partido de Mussolini había presentado en elecciones tanto la lista mayoritaria como la minoritaria, impidiendo así toda oposición política. Amendola caracteriza entonces lo totalitario como una «promesa de dominio absoluto y del mangoneo completo e incontrolado en el campo de la vida política y administrativa».[1] En su escrito de noviembre,

---

1. Giovanni Amendola, «Meggioranza e minoranza», en *Il Mondo*, 12 de mayo de 1923.

Amendola añade más elementos a su definición y caracteriza el «espíritu totalitario» como aquel que «no permite al futuro amaneceres que no sean saludados con el gesto romano, como no permite al presente alimentar almas que no se dobleguen a la confesión "creo"». Lo totalitario depende, pues, de una suerte de religión política, de una ideología que se presenta como credo político incuestionable: «Esta singular "guerra de religión" que desde hace más de un año azota Italia no os ofrece una fe [...], pero como compensación os niega el derecho a tener una conciencia».[2]

Lo totalitario queda caracterizado, de esta manera, como aquello que reclama un *dominio total*, que no solo opera sobre las instituciones políticas, sino que se desliza a través de la conciencia misma. Para ser efectivamente *total*, el poder no puede dejar nada fuera de él; el poder debe dominar los cuerpos y las conciencias por igual. En el sistema totalitario, la coerción y la ideología, la fuerza bruta y la exaltación del credo político, las balas y las palabras se articulan de tal modo que el poder ve abrirse a su dominio nuevas dimensiones de la vida social y privada.

Con el paso del tiempo, estas intuiciones iniciales de Amendola irían definiendo con mayor precisión. Ya en junio de 1925, el mismo autor denunciará «el vuelco acrobático de las relaciones normales entre Estado y Sociedad, en virtud del cual la Sociedad existe para el Estado, y el Estado para el Gobierno, y el Gobierno para el partido».[3] La inversión es completa. El dominio absoluto del que Amendola hablaba dos años atrás queda ahora especificado como una apropiación del Estado por el partido. El partido, que no es más que una fracción de la sociedad, llega al gobierno y procura confundirse con el mismo Estado, que no era más que la maquinaria de poder político de la sociedad. Bajo el totalitarismo, el partido *absorbe* y desnaturaliza al Estado, y el Estado *absorbe* y desnaturaliza a la sociedad civil, sin dejar nada fuera de sí mismo.[4]

La experiencia fundamental que da origen al concepto del totalitarismo es la experiencia de la hipertrofia del poder del Estado monopolizado por un partido. Ya decía Mussolini en un célebre discurso: «Esta es nuestra fórmula: todo en el Estado, nada fuera del Estado, nada contra el Estado».[5] El totalitarismo supone la voluntad de no dejar ningún ámbito social fuera del Estado, y ningún ámbito del Estado fuera del control de

---

2. Giovanni Amendola, «Un anno dopo», en *Il Mondo*, 2 de noviembre de 1923.

3. Giovanni Amendola, *La nuova democrazia* (Nápoles: Ricciardi, 1951), p. 240. Citado en Simona Forti, *El totalitarismo: trayectoria de una idea límite* (Barcelona: Herder, 2008), pp. 37-38.

4. Véase Leonard Schapiro, *El totalitarismo* (México D.F.: FCE, 1981), pp. 111-119.

5. Benito Mussolini, *Scritti e discorsi di Benito Mussolini*, VI (Milán: Ulrico Hoepli, 1934), pp. 5 y 162. Citado en David Roberts, *El totalitarismo* (Madrid: Alianza Editorial, 2022), p. 107.

un partido único que, por eso mismo, se vuelve *total*. La exaltación ideológica tendrá la función de bendecir este novedoso esquema de poder, en nombre de las nuevas deidades seculares. Por lo tanto, los tres elementos que surgen de la caracterización de Amendola son: Estado elefantiásico, partido único y una ideología oficial e incuestionable.

Tradicionalmente, la filosofía política había concebido los distintos tipos de regímenes políticos en función de la cantidad de gobernantes (uno, pocos, muchos). Así fue desde Platón y Aristóteles hasta Montesquieu, pero el fenómeno totalitario es tan moderno que no puede entenderse cabalmente con esa clasificación. De ahí que resulte distinto del mero «despotismo» como gobierno ilegal de uno solo. En lugar de preguntarse simplemente cuántos detentan el poder, y si lo hacen legal o ilegalmente, pensar el totalitarismo implica preguntarse *cuál es el alcance del poder que detentan*.[6] Bajo este tipo de regímenes, todo ámbito de la vida, tanto social como individual, queda subordinado al ámbito político y, por lo tanto, sometido al poder estatal. Cultura, literatura, lingüística, arte, historia, arquitectura, estilos pictóricos, biología, religión, moral, familia, industria, trabajo, personalidad: todo se convierte en un subproducto político; todo se coloca bajo la autoridad estatal. Las inéditas fuerzas coercitivas que se desatan en el siglo XX son la consecuencia de esta lógica nacida tiempo antes.

Esta primera caracterización del fenómeno totalitario, todavía incompleta, permite advertir que esta novedosa forma aplastante del poder no se puede limitar a la mera experiencia italiana. Amendola lo nota enseguida, y denuncia que hay «dos clases de pensamiento, dos inspiraciones políticas opuestas que, sin embargo, niegan ambas el Estado liberal-democrático». Se refiere explícitamente, pues, al «comunismo y fascismo, reacción totalitaria al liberalismo y a la democracia».[7]

Sin que Stalin hubiera todavía llegado al poder en la URSS, Amendola advierte en el marxismo-leninismo un fenómeno totalitario. No se equivoca: los tres elementos que configuran sus nociones sobre el totalitarismo ya se hallan presentes en el socialismo real. Si bien Marx y Engels habían pronosticado la extinción del Estado tras el triunfo de la revolución proletaria, también habían anticipado la necesidad de una

---

6. Explica Jeane Kirkpatrick: «La taxonomía que incluye al totalitarismo como categoría no se concentra en el número de dirigentes ni en cómo llegaron al poder sino en las metas operativas del régimen. Un régimen totalitario se distingue por la determinación de sus dirigentes a transformar la sociedad, la cultura y la personalidad mediante el uso del poder coercitivo del estado» (*Dictadura y contradicción*, Buenos Aires, Sudamericana, 1983, p. 118).

7. Amendola, *La nuova democrazia*, p. 240.

«dictadura del proletariado» que tuviera la fuerza necesaria para destruir el sistema de clases del cual dependía, según ellos, la existencia misma del Estado. Lenin ampliará la teoría en cuestión y la llevará a la práctica, apuntalando una curiosa paradoja: la de extender el poder del Estado obrero a la economía[8] y, por ende, extender la «dictadura del proletariado» al trabajador mismo. Así pues, el mismo «proletariado» en cuyo nombre se hizo la revolución terminaba sujeto a la férrea coerción de la dictadura que también se hacía en su nombre.[9]

En efecto, muy poco después de la revolución de 1917, los bolcheviques impulsaron el llamado «comunismo de guerra». Se quiso llegar al comunismo tratando al trabajador como si de un soldado se tratara, y a la industria como si fuera un enorme cuartel militar, siguiendo fielmente el modelo original esbozado por Lenin y Trotsky. De esta manera, el trabajo era obligatorio y desde el Estado se asignaba a cada quien labores al margen de su voluntad; los obreros fueron «movilizados» al trabajo en términos militares y quedaron sujetos al consejo de guerra y a una disciplina férrea de corte militar; quienes abandonaban sus puestos eran considerados «desertores» y se preveía para ellos una brutal represión; quienes no producían los niveles esperados o, peor todavía, se ausentaban, eran acusados de «saboteadores» y les esperaban terribles castigos, como penas en campos de concentración;[10] se aumentó el tiempo de la jornada

---

8. Repetidamente Lenin hace énfasis en la naturaleza dictatorial del colectivismo estatal. Por ejemplo, en «Las tareas inmediatas del poder soviético» publicado en *Pravda*: «Toda gran industria mecanizada —es decir, precisamente el origen y la base material, de producción, del socialismo— requiere una unidad de voluntad absoluta y rigurosísima que dirija el trabajo común de centenares, miles y decenas de miles de personas. Esta necesidad es evidente desde tres puntos de vista —técnico, económico e histórico—, y cuantos pensaban en el socialismo la han tenido siempre por una condición para llegar a él. Pero ¿cómo puede asegurarse la más rigurosa unidad de voluntad? Supeditando la voluntad de miles de personas a la de una sola. Si quienes participan en el trabajo común poseen una conciencia y una disciplina ideales, esta supeditación puede recordar más bien la suavidad con que conduce un director de orquesta. Si no existen esa disciplina y esa conciencia ideales, la supeditación puede adquirir las formas tajantes de la dictadura. Pero, de un modo u otro modo, la supeditación incondicional a una voluntad única es absolutamente necesaria para el buen éxito de los procesos del trabajo, organizado al estilo de la gran industria mecanizada» (Vladimir Illich Lenin, «Las tareas inmediatas del poder soviético», en *Obras completas* [Moscú: Editorial Progreso, 1986], tomo 36, pp. 205-206).

9. Debe recordarse que el bolchevismo dejaba claro —cuando era necesario— que por «dictadura» no había que entender únicamente el extraño eufemismo marxista del control democrático del Estado por una única clase social (y la exclusión de todas las demás, incluidas las mayorías campesinas), sino también el sentido contemporáneo del término, a saber: una *forma de gobierno* en la que se evade —o ataca— el orden legal que hace posible la libre expresión de oposición política. En 1918, Lenin reconocía sin ambages que la dictadura es «un poder que se apoya directamente en la violencia y no está coartado por ley alguna» y que, por ende, «la dictadura revolucionaria del proletariado es un poder conquistado y mantenido mediante la violencia ejercida por el proletariado sobre la burguesía, un poder no coartado por ley alguna» (Vladimir Illich Lenin, *La revolución proletaria y el renegado Kautsky* [Madrid: Fundación Federico Engels, 2007] p. 16).

10. La edición del 12 de febrero de 1920 de *Pravda* decía: «El mejor lugar para un huelguista, ese mosquito amarillo y dañino, es el campo de concentración» (citado en Stéphane Courtois,

laboral y se obligó a muchos obreros a trabajar incluso los domingos; se chantajeó a los obreros con la «cartilla de racionamiento», por medio de la cual se podía dejar al trabajador sin provisiones de un momento a otro; los sindicatos fueron absorbidos por el Estado y la huelga contra la empresa pública fue prohibida *de facto*. Como dijera Trotski, el obrero ruso debía «someterse al Estado soviético, acatar todas las órdenes que reciba, porque esa es *su* condición».[11] Respecto de los sindicatos, también Trotski expresaría que «son necesarios no para luchar por conseguir mejores condiciones laborales [...], sino para organizar a la clase obrera para producir» y para «incorporar a los trabajadores en el marco de un plan económico único»[12] establecido por el gobierno. Los resultados del comunismo de guerra fueron desastrosos: «El proletariado ruso se redujo a la mitad, el suministro industrial a tres cuartas partes y la productividad industrial en un setenta por ciento».[13] Aunque en aspectos distintos, peores tiempos aguardaban todavía al trabajador soviético: pronto llegaría Stalin.

Si esto es lo que hacía con el proletariado en cuyo nombre supuestamente se llevaba adelante la «dictadura del proletariado», uno puede imaginarse con horror cómo serían las cosas para aquellos que no pertenecían a la clase obrera. En *El Estado y la revolución*, Lenin reinterpreta la teoría revolucionaria de Marx y Engels. El Estado, fruto de la división de la sociedad en clases sociales, se define como una máquina de represión que utiliza una clase contra otra. Según todas las variantes del marxismo, habitualmente el Estado ha sido utilizado por las «clases explotadoras» contra las «explotadas» (los amos contra los esclavos, los señores feudales contra los siervos, los burgueses contra los obreros). Pero la revolución, según la lectura de Lenin, supone la conquista del aparato del Estado para, *a través suyo*, lograr el aniquilamiento de la «clase burguesa» y establecer su reemplazo político en un «Estado obrero».[14] En este proceso, la concentración del «poder no compartido con nadie»[15] en manos del partido único que se arroga la representación del proletariado ha de ser, por ello mismo, *total*.[16] Según la ideología propuesta,

Nicolas Werth, Jean-Louis Panné *et al.*, *El libro negro del comunismo* (Barcelona: Ediciones B, 2010), p. 126.

11. Citado en Richard Pipes, *La revolución rusa* (Barcelona: Debate, 2016), p. 768.
12. Ibíd., p. 771.
13. Ibíd., p. 755.
14. Véase Hans Kelsen, *Teoría comunista del derecho y del Estado* (Buenos Aires: Emecé, 1957), pp. 52-53.
15. Lenin, *El Estado y la revolución* (Buenos Aires: Editorial Sol 90, 2012), p. 41.
16. «Educando al Partido obrero, el marxismo educa a la vanguardia del proletariado, vanguardia capaz de tomar el poder y de conducir a todo el pueblo al socialismo, de dirigir y organizar el

el partido «transforma el Estado en el "proletariado organizado como clase dominante"».[17]

Esto es precisamente lo que Marx había denominado «dictadura del proletariado», pero encarnada ahora en una organización política real: el partido. Su índole, respecto de las clases enemigas, es decididamente antidemocrática. Lenin así lo reconoce: «Debemos reprimir a éstos, para liberar a la humanidad de la esclavitud asalariada, hay que vencer por la fuerza su resistencia, y es evidente que allí donde hay represión, donde hay violencia no hay libertad ni democracia».[18] El Estado queda absorbido por el partido que dice representar los intereses objetivos de la clase obrera, y utiliza todos sus recursos represivos, todos sus instrumentos de violencia con el objeto de aniquilar a su clase enemiga. Pero esta circunstancia, según promete la ideología en cuestión, tendría fecha de vencimiento cuando el aniquilamiento definitivo se hubiera consumado. Explica Lenin:

> Sólo en la sociedad comunista, cuando se haya roto ya definitivamente la resistencia de los capitalistas, cuando hayan desaparecido los capitalistas, cuando no haya clases (es decir, cuando no haya diferencias entre los miembros de la sociedad por su relación hacia los medios sociales de producción), *sólo* entonces «desaparecerá el Estado y *podrá hablarse de libertad*».[19]

Así pues, se necesita de todo el poder del Estado concentrado en una dictadura de clase para extinguir la necesidad de tener un Estado. La libertad es el fruto de la dictadura. Esto es así en la medida en que aceptemos el punto de partida, a saber, que el Estado no es nada más que un instrumento de represión de la lucha de clases. Si el partido del proletariado lograra aniquilar a su clase enemiga y socializar los medios de producción por medio de la violencia estatal, ya no existiría división de clases.[20] En consecuencia, ya no habría necesidad de seguir reprimiendo a nadie con el Estado, porque ya no quedaría en

---

nuevo régimen, de ser el maestro, el dirigente, el jefe de todos los trabajadores y explotados en la obra de construir su propia vida social sin burguesía y contra la burguesía» (ibíd.).

17. Ibíd., pp. 44-45.
18. Ibíd., p. 126.
19. Ibíd., pp. 126-127.
20. Ya había escrito Engels: «El proletariado toma en sus manos el poder del Estado y convierte, en primer lugar, los medios de producción en propiedad del Estado. Pero con este mismo acto se destruye a sí mismo como proletariado y destruye toda diferencia y todo antagonismo de clases, y, con ello, el Estado como tal» (*Anti Dühring* [La Habana: Editorial Pueblo y Educación, 1973], p. 341).

pie nadie que no sea el proletariado triunfante. Por todo esto, ya no habría necesidad de Estado. Pero, mientras tanto, y hasta que no se logre la más completa igualdad humana en términos de clases (o sea, la desaparición de las clases), el Estado debe continuar su marcha de aniquilación. Como resulta previsible, esta misión pretendidamente temporal se convertirá en una misión *permanente*, en una tarea que nunca llegará a su fin, puesto que siempre podrán avizorarse nuevos enemigos de clase, nuevos desvíos, nuevas desigualdades, nuevos obstáculos para la revolución cuya remoción dependerá de la hipertrofia estatal.[21] Hete aquí la naturaleza totalitaria del marxismo-leninismo, que tomará contornos institucionales arquetípicos especialmente en tiempos de Stalin.[22]

La extendida noción de que los extremos se tocan, que fascismo y comunismo tienen, después de todo, algo en común, encuentra en Amendola un origen cuya importancia es imposible negar. En efecto, la mayor parte de la teoría posterior sobre el totalitarismo coincidirá en señalar al nazismo y al estalinismo como las formas más claras de las experiencias totalitarias del siglo xx. Lo que no tantos han notado, sin embargo, es que en los mismos orígenes de la ideología democrática moderna podían encontrarse, también, las semillas del totalitarismo.[23] Vale recordar este punto, aunque sobre eso ya hayamos hablado lo suficiente en nuestro capítulo anterior.

II. Totalitarismo y soberanía popular

Nuestra modernidad política implica el derrumbe de la *legitimidad tradicional*, según la cual la validez del poder proviene de Dios o del pasado. La Revolución francesa, tal como ya hemos visto, constituye el hito más característico de nuestra modernidad política, en la medida en que instituye de manera definitiva y sin ambages la soberanía del pueblo. De ahí en adelante, la legitimidad, es decir, la creencia en la validez de los gobiernos se vinculará a la capacidad que estos tengan para *representar* la soberanía del pueblo.

---

21. Véase Giovanni Sartori, *La democracia después del comunismo* (Madrid: Alianza, 1993), pp. 45-51.
22. Cabe recordar que el estalinismo explicó que el hecho de que el Estado todavía no hubiera desaparecido, a pesar del aplastamiento de las clases enemigas y de la socialización de los medios de producción, se debía a que el mundo entero debía abrazar el comunismo antes de que el Estado pudiera efectivamente extinguirse.
23. Jacob Talmon y Bertrand de Jouvenel constituyen excepciones dignas de ser notadas.

Las sociedades modernas son demasiado numerosas como para que la soberanía del pueblo resulte en un ejercicio real del poder por su parte. A diferencia de lo que ocurría en sociedades antiguas, en las que la democracia significaba *de manera efectiva el gobierno del pueblo*, las nuestras resultan excesivamente complejas y numerosas como para que lo que llamamos «pueblo» tenga oportunidades reales de gobernar. Para subsanar este problema que afecta al corazón mismo de la legitimidad de nuestros sistemas políticos modernos, y que nos deja al borde de un cortocircuito fatal respecto de nuestras creencias políticas más hondas, se echa mano al principio de la *representación*.[24]

Representar significa, literalmente, hacer presente aquello que está ausente. La representación es siempre un artilugio, un conjuro por medio del cual se trae a escena aquello que, en realidad, no se encuentra allí. El pueblo, *que no puede estar allí gobernando*, es, sin embargo, encarnado por una fracción diminuta que dice contar con los títulos necesarios para representarlo, o sea, para lograr que, de alguna manera, *él mismo se encuentre también allí, pero en ellos, sus representantes*.

La política significa, en este contexto, *lucha de representación*. El principio de soberanía popular ha triunfado, pero al pueblo hay que representarlo, puesto que no puede *hacerse presente* por sí mismo. Las disputas en torno a la tradición y las antiquísimas costumbres, los conflictos en torno a la interpretación de las escrituras sagradas y a los designios divinos que enmarcan la política en sociedades tradicionales dejan su lugar a las disputas en torno a cómo representar al pueblo en las sociedades modernas. Surge, en consecuencia, el fenómeno del *partido político*: una fracción del pueblo que lucha por representar la mayor cantidad posible de componentes del pueblo y, en su extremo ideal, la *totalidad*.

Pero partido significa *parte*. El partido es apenas una parte del pueblo. Su máxima aspiración, encarnar el *todo* —esto es, coincidir plenamente con el dominio de la soberanía popular—, resulta ser una contradicción en los términos: «Partido total» es un absurdo lingüístico. Así, el sueño de cualquier partido es precisamente eso: un sueño, un absurdo, un imposible.

La sociedad moderna, compleja y numerosa como es, resulta por lo mismo *plural*. Intereses, organizaciones, creencias, ideas y sistemas morales resultan plurales al interior de una misma sociedad. No existe un todo monolítico, compacto ni homogéneo con el cual confundirse

---

24. Véase Pierre Manent, *An Intellectual History of Liberalism* (Princeton University Press, 1995), pp. 96-102.

ni al cual reflejar. Ninguna propuesta política sustantiva, por lo tanto, es capaz de gozar de unanimidad. Este fue el problema de Rousseau, que, además de querer limitar las posibilidades del gobierno democrático a sociedades muy pequeñas, quiso solucionar el problema de la soberanía popular suprimiendo los partidos políticos y proponiendo el concepto fantasmagórico de «voluntad general».

La verdad, sin embargo, es que el partido, representante de *una parte* de los intereses y las voluntades, nunca dejará de ser un grupo de hombres que tiene la pretensión de gobernar a un conjunto mucho más numeroso y fragmentado que él. La soberanía del pueblo se conjuga de manera incómoda con esa insuperable realidad. Asimismo, no puede existir ninguna «voluntad general» allí donde la sociedad es cada vez más plural. La homogeneidad ideal de la voluntad general se contradice con la heterogeneidad de los intereses reales que derivan del pluralismo social. La política, mientras se repite que el pueblo es el soberano, pasa realmente por la lucha *entre* partidos, y por la lucha *en el interior* de los partidos. La realidad de la política en nuestra modernidad no es el pueblo ni la «voluntad general», sino el partido, sus dirigentes y su voluntad necesariamente particular, unidad fundamental de la práctica política real.

Las democracias liberales evidencian en la práctica la quimera de su mismísimo principio de legitimidad: la mentada soberanía popular. La suya es una práctica hipócrita, porque niegan en los hechos lo que pronuncian con la boca. Las democracias liberales son regímenes de partidos múltiples, en los que las distintas facciones del pueblo, organizadas y formalizadas, disputan el control alternado del poder del Estado por vía electoral en una competencia regida constitucionalmente. La pluralidad intrínseca a lo social busca verse reflejada en la pluralidad de los partidos políticos. Pero estos no dejan de ser grupos minúsculos si se los compara con el todo (la mayoría del pueblo ni siquiera pertenece a partido alguno), que además detentan sus propios intereses y objetivos. Dentro de estos grupos minúsculos que llamamos partidos se forman a su vez grupos más diminutos todavía, compuestos por quienes logran el control efectivo de la organización: las élites partidarias.

La ficción del pueblo gobernante queda así cada vez más lejos. Nuestras democracias modernas podrían caracterizarse mucho mejor como oligarquías competitivas y relativamente abiertas que se legitiman con arreglo al principio de soberanía popular. Así, los regímenes demoliberales están tensionados por su realidad insuperablemente oligárquica y su compromiso inevitablemente demagógico. El pueblo no gobierna, sino que gobiernan las facciones que han contado con la mayoría de los sufragios del pueblo, que no es lo mismo.[25] Para ser más precisos todavía, gobiernan los grupos que dominan esas facciones, o sea, las élites que se forman en el interior de todo partido político.[26] Sin embargo, en la medida en que esas facciones y sus élites internas no procuren confundirse con el todo, nos hallamos *lejos del totalitarismo*.

De la misma manera, cuanto más cerca nos encontramos del desenmascaramiento de las ficciones de las que depende nuestro sistema político, más nos alejamos del totalitarismo. En efecto, con más claridad reconocemos la necesidad de *limitar* el poder político, cuyos filosos colmillos quedan disimulados por esas mismas ficciones. Si el pueblo realmente no gobierna, necesita defenderse de aquellos que gobiernan en su nombre. Si aquellos que gobiernan en su nombre no representan realmente nada parecido a una «voluntad general», sino apenas una mayoría (absoluta o relativa) *circunstancial*, el pueblo debe estar en guardia permanente contra los intereses particulares de los mandones de turno. Si los mandones de turno son por definición un grupo organizado pero minúsculo del pueblo, los demás grupos de similares características que disputan el mismo poder deben ser permitidos y respetados en la competencia política. De igual modo, otros grupos no políticos, pero que son fuente de poder social y encarnan intereses, valores e ideales propios —como las familias, las iglesias, las empresas, la prensa y las organizaciones en general de la vida civil— deben ser igualmente respetados. Asimismo, dado que la parte jamás será el todo, aquellos que hoy gozan de la mayoría de los sufragios mañana podrían llevarse la menor parte de ellos, y aquellos que hoy llevaron la menor parte mañana podrían lograr la mayoría. Esta es la lógica, en suma, del *sistema de pluralidad de partidos* en la competencia por la representación —constitucional y liberal— de la ficción que llamamos «soberanía popular».

El modelo exactamente opuesto es el del totalitarismo, en el que el principio de soberanía popular enmarca en cierta forma la lógica del sistema,[27] pero provoca la confusión de la parte con el todo. El sistema

---

25. Esto lo sabía muy bien Joseph Schumpeter, quien iba al grano: «La democracia es el gobierno del político» (*Capitalismo, socialismo y democracia* [Barcelona: Folio, 1996], p. 362).

26. Esto lo sabía muy bien Robert Michels, quien describió esta realidad como «ley de hierro de las oligarquías». Véase *Los partidos políticos* (Buenos Aires: Amorrortu, 2017), pp. 396-412.

27. Esto lo sabía muy bien Raymond Aron: «Cuando llegamos a las sociedades modernas, la soberanía no es más que una ficción jurídica. ¿Es soberano el pueblo? La fórmula puede ser aceptada indistintamente por los regímenes occidentales, por los fascistas o por los comunistas. No existe, por así decirlo, régimen contemporáneo alguno que no pretenda, en cierto modo, estar fundado en la soberanía popular. Lo que varía son los procedimientos, jurídicos o políticos,

totalitario procura encarnar los intereses del pueblo, pero considera que la pluralización política es contraria a esos mismos intereses. Allí donde los sistemas de competencia de partidos reconocen en su propia estructura la realidad fragmentaria de la sociedad moderna, el totalitarismo constituye un sistema de partido único que procura reunir todos los fragmentos en un *Uno*. El pueblo puede definirse como *Volk*, como clase, como raza; pero siempre es un Uno que, por lo tanto, ha de ser encarnado por un partido único, revestido de una misión histórica con la que justifica su monopolio político. El fenómeno totalitario supone, a la postre, la apropiación del Estado por el partido, de este a su vez por la camarilla de sus líderes y, eventualmente, de dicha camarilla por un único líder.[28]

Hitler argumentaba, por ejemplo, que el «"parlamentarismo" debe ser considerado como uno de los más graves síntomas de decadencia de la Humanidad».[29] Semejante decadencia resulta de la fragmentación de la que vive un sistema en el que las distintas facciones disputan intereses propios en un parlamento. A *un* pueblo (*Volk*) le corresponde el gobierno de *un* partido que esté conducido por *un* líder.[30] Hitler procuraba ser claro cuando escribía que «el Estado Nacionalsocialista jamás será creado por la voluntad condicionada de una "cooperativa nacionalista", sino sólo gracias a la férrea voluntad de un Movimiento único que sepa imponerse por encima de todos los demás».[31] Ahora bien, dado que un pueblo se compone de «elementos» buenos, mediocres e indeseables, corresponde a los primeros hacerse cargo por completo de los destinos del todo: «Los períodos de florecimiento de un pueblo existen únicamente gracias a la hegemonía absoluta del extremo positivo representado por los buenos elementos».[32]

Estas citas proceden de *Mi lucha*, libro que Hitler escribió algunos años antes de llegar al poder. Lo curioso del caso es que su ascenso como Canciller de la República de Weimar se daría no por medio de una

---

mediante los que tal autoridad legítima se transmite del pueblo a unos seres reales» (Raymond Aron, *Democracia y totalitarismo* [Barcelona: Página Indómita, 2017], p. 58).

28. Véase Schapiro, *El totalitarismo*, pp. 100-105.

29. Adolf Hitler, *Mi lucha* (Barcelona: Ediciones Wotan, 2008), p. 260.

30. Esto no impide a Hitler caracterizar su régimen como democrático: «Es muy grave error creer que Alemania se halla alejada de los principios democráticos de la concepción del Estado, que son particularmente sagrados en los países anglosajones. También Alemania tiene una Constitución democrática. La Nación Alemana ha elegido como su representante a un único mandatario, con 38 millones de votos. Yo actúo con su plena confianza y por su mandato» (Discurso ante el Reichstag, 21 de mayo de 1935. Citado en Friedrich Tete Harens Tetens, *Cristianismo, hitlerismo, bolchevismo* [Buenos Aires, Editorial La Campana], 1937, pp. 78-79).

31. Hitler, *Mi lucha*, p. 376.

32. Ibíd., p. 378.

revolución violenta o un golpe de Estado, sino a través de la lógica parlamentaria. En efecto, su partido gozaba de un tercio de la representación en el parlamento cuando, precisamente en virtud de esa fortaleza política, Hitler logró ser nombrado Canciller. El sistema sería entonces destruido desde dentro. Ya en el poder, el 6 de julio de 1933, Hitler pronunciaría un discurso en el que anunciaba el advenimiento del Estado totalitario:

> Los partidos políticos han quedado ya definitivamente eliminados. He aquí un acontecimiento histórico de cuya importancia y alcance no se dan muchos perfecta cuenta. [...] El partido es ahora el Estado. Todo el poder yace en manos del ejecutivo. Hay que impedir que el centro de gravedad de la vida alemana vuelva a emplazarse en sectores aislados o tal vez en organizaciones. Ya no hay más autoridad de una región o territorio parcial del *Reich*, sino únicamente del concepto de pueblo alemán.[33]

Los marxistas-leninistas, por su parte, aunque con una ideología distinta, también postularon la necesidad de un partido único y totalitario. Ellos concebían las instituciones representativas demoliberales como un mecanismo de la clase explotadora para controlar el poder político y proseguir con su explotación. En esas instituciones no estarían realmente representados los intereses del pueblo, sino tan solo los de la burguesía, camuflados con el ropaje de la voluntad popular. Según Lenin, el sufragio universal no es más que un engaño, una «falsedad».[34] La clase explotada, a través del partido revolucionario, debe entonces utilizar la violencia[35] para tomar el poder y emprender el aniquilamiento de la clase enemiga utilizando los recursos represivos de los que se ha apoderado, de modo que advenga una sociedad sin clases y que el desarrollo último de la democracia como despersonalización total se haga por fin realidad. Por obra de la dialéctica, la dictadura más cruenta es la antesala de la más plena de las democracias, que supone a su vez la extinción del *kratos* (poder) y, por lo tanto, la extinción de la democracia misma.[36] En este

---

33. Adolf Hitler, *Discursos. 1933-1938*. (Buenos Aires: Editorial Kamerad, Sf), pp. 62-63.
34. Lenin arremete contra «la falsa idea de que el sufragio universal es, "en el Estado *actual*", un medio capaz de expresar realmente la voluntad de la mayoría de los trabajadores y de garantizar su efectividad práctica» (*El Estado y la revolución*, p. 25).
35. «La sustitución del Estado burgués por el Estado proletario es imposible sin una revolución violenta. La supresión del Estado proletario, es decir, la supresión de todo Estado, sólo es posible por medio de un proceso de "extinción"» (ibíd., p. 35). Aquí, en este fin de la historia, en esta plena reconciliación de la sociedad consigo misma, se daría la verdadera democracia.
36. La explicación para esto es que «democracia es *el Estado* que reconoce la subordinación de la minoría a la mayoría, es decir, una organización llamada a ejercer la *violencia* sistemática de una

colectivismo termina la dialéctica marxista-leninista, este es su *fin de la historia* como fin de los antagonismos sociales.[37]

Bajo esta visión, la sociedad también se compone de elementos indeseables a los que es preciso extinguir. Estos no se definen por la raza, sino por la clase. El proletariado está llamado a hacer la más importante de las revoluciones, aquella que redimirá a la humanidad entera. (Aquí me detengo en una digresión paradójica: entre obreros y artesanos autónomos constituían apenas el 10 % de quienes tenían en Rusia una ocupación remunerada; el 80 % eran campesinos, contra los que el leninismo desataría posteriormente una guerra abierta).[38] La burguesía, enemiga de clase del proletariado, debe perecer para que este consume su papel salvífico en la historia. Junto con los burgueses, también deben ser aplastadas las organizaciones políticas y los partidos distintos del comunista. Todo deviene Uno, incluidos esos «obreros profundamente corrompidos por el capitalismo»,[39] contra los que apunta Lenin con especial encono y contra los que se desatan cruentas represiones. La clase obrera es y debe ser una entidad homogénea, monolítica, definida por un presunto «interés objetivo», cuya pretendida uniformidad es garantizada por medio del partido único, homogéneo y monolítico, que la representa como totalidad.[40] El Estado, una vez conquistado por la revolución del proletariado, debe reducir a la sociedad a un *todo* bajo su más férrea disciplina.[41]

---

clase contra otra, de una parte de la población contra otra». Pero el totalitarismo no quiere una sociedad que tenga *partes*, sino que pueda ser unificada como un *todo*. La promesa del marxismo-leninismo es, precisamente, lograr una *sociedad total*, sin escisiones, sin antagonismos. La democracia no tiene sentido en esta instancia final. Escribe Lenin: «Se olvida constantemente que la destrucción del Estado es también la destrucción de la democracia, que la extinción del Estado implica la extinción de la democracia» (*El Estado y la revolución*, p. 116).

37. La revolución permanente del Estado-Pueblo –el ideal de Rousseau– utilizaría un ropaje marxista para negar el conflicto entre la colectividad total y sus individuos, y así lograr ocultar mejor su naturaleza política. Se trataba, pues, de otro Comité de Salvación Pública, encarnado y perfeccionado como Partido Comunista. Véase Alain de Benoist, *Comunismo y nazismo* (Barcelona: Áltera, 2005), pp. 43-45; y François Furet, *Marx y la Revolución Francesa* (México D.F.: Fondo de Cultura Económica, 1992), pp. 95-96.

38. Véase Pipes, *La revolución rusa*, p. 774. El campesinado fue apenas un aliado táctico y circunstancial; tras el triunfo de la revolución, se convirtió en un peligro para el poder bolchevique.

39. Lenin, *El Estado y la revolución*, p. 143.

40. Así hablaba Stalin: «No se pueden tolerar los grupos y facciones, el Partido debe estar unido, ser monolítico, no debe ponerse en oposición al aparato, no debe hablarse ociosamente de que nuestros cuadros están en peligro de degeneración, porque son cuadros revolucionarios» («XIII Conferencia del Partido Comunista [bolchevique] de Rusia», 16-18 de enero de 1924, en Borja García Vázquez [ed.], *Citas de Stalin* [Madrid: Akal, 2023], p. 29). En otro lado, Stalin escribía: «El Partido es la encarnación de la unidad de la voluntad, unidad incompatible con la existencia de facciones» («Los fundamentos del leninismo», abril de 1924, en *Citas de Stalin*, p. 30).

41. Lenin subraya constantemente la importancia del *todo*: «Aquí [tras el triunfo de la revolución], *todos* los ciudadanos se convierten en empleados a sueldo del Estado, que no es otra cosa que los obreros armados. *Todos* los ciudadanos pasan a ser empleados y obreros de *un solo* "consorcio" de todo el pueblo, del Estado. [...] este control será realmente un control universal, general,

Después del triunfo de la revolución rusa de 1917, el partido bolchevique emprendió un complejo proceso de monopolización del poder. Las organizaciones de la sociedad civil, entre las que se encontraban los sindicatos, las iglesias e incluso los comités de beneficencia y solidaridad en tiempos de hambruna,[42] fueron paulatinamente diezmadas. Todos los partidos, incluidos otros partidos socialistas e izquierdistas, fueron a su vez aplastados. En 1921 se dictaminó su prohibición formal.[43] Stalin escribiría al respecto algunos años después:

La historia del Partido es la historia de la lucha contra los partidos pequeñoburgueses y de su aplastamiento: contra los social-revolucionarios, mencheviques, anarquistas y nacionalistas. Sin vencer a estos partidos y expulsarlos de las filas del proletariado, no hubiera sido posible conseguir la unidad de la clase obrera, y sin la unidad de la clase obrera, el triunfo de la revolución proletaria habría sido irrealizable.[44]

La «unidad» es, en rigor, la reducción de la pluralidad a la homogeneidad coercitiva del Uno. Stalin apoya sus palabras en escritos de Lenin, y no pierde ocasión de citarlo: «En la época de la revolución social, la unidad del proletariado sólo puede realizarla el Partido revolucionario extremo del marxismo y sólo puede realizarse por medio de una lucha implacable contra todos los demás partidos».[45] Ahora bien,

---

.del pueblo entero, y nadie podrá rehuirlo, pues "no habrá escapatoria posible"» (*El Estado y la revolución*, pp. 142-143).

42. Durante las hambrunas de los primeros años de la década de 1920, un grupo de intelectuales y hombres públicos fundó un comité para asistir a los hambrientos y solicitar ayuda internacional. Muy pronto, y a pesar de los importantes logros conseguidos, Lenin ordenó disolver dicha organización, detener a uno de sus fundadores (Prokopovich), expulsar de Moscú al resto de los miembros y «dar a los periódicos la directiva de comenzar desde mañana a cubrir de injurias a la gente del comité [...] ridiculizarlos por todos los medios y hablar mal de ellos al menos una vez por semana durante dos meses». Un amigo de los deportados suplicó por estos últimos a Unschlicht, un hombre importante de la Cheka, a lo que este respondió: «Dice usted que el comité no ha cometido ningún acto desleal. Es cierto, pero ha aparecido como un polo de atracción para la sociedad». Bajo el totalitarismo, la sociedad no puede tener ningún «polo de atracción» que no sea el partido. En el lugar del comité apareció un pesado aparato burocrático del Estado, en el que pululó la corrupción y la ineficiencia (al menos cinco millones de personas murieron de hambre en 1921-1922). Véase Courtois *et al.*, *El libro negro del comunismo*, pp. 167-168.

43. Un interesante estudio al respecto puede verse en Pipes, *La revolución rusa*, capítulo 12.

44. Stalin, *Obras*, tomo XIV (Moscú: Edición lenguas extranjeras, 1953), p. 189.

45. Lenin, tomo XXVI, ed. rusa, p. 50. Citado en Stalin, *Obras*, tomo XIV, p. 189. Para lograr este cometido, Lenin solicita que la organización revolucionaria se componga de los «mejores elementos», formados como «revolucionarios profesionales». Una aristocracia revolucionaria tendrá entonces la función de dirigir a las masas en la revolución. Lenin argumenta que «sin "una docena" de jefes de talento (los talentos no surgen por centenares), de jefes probados, preparados profesionalmente, instruidos por una larga práctica y bien compenetrados, ninguna

incluso dentro del partido revolucionario es preciso destruir a aquellos elementos «desviados», es decir, a aquellos que por distintos motivos no representarían realmente la revolución proletaria.[46] La «gran purga» de la década de 1930, sobre la que algo más diremos más abajo, fue la consecuencia lógica de esta permanente reducción al Uno. Que este proceso debía introducirse también dentro del partido único es algo que el mismo Stalin también supo explicar:

> La historia del desarrollo de la vida interna del Partido bolchevique es la historia de la lucha contra los grupos oportunistas dentro del Partido y de su aplastamiento: contra los «economistas», mencheviques, trotskistas, bujarinistas y partidarios de las desviaciones nacionalistas.[47]

Como vemos, el Uno domina el fenómeno totalitario. Una raza, un partido, un líder; una clase, un partido, un líder. El Estado deja de ser la maquinaria de poder político de una sociedad plural y se confunde a la postre con el partido único. Todo se dispone para la consolidación y preservación del Uno; todo se dispone para la uniformización (uniformización política, uniformización ideológica, uniformización social, uniformización clasista, uniformización racial); todo se dispone para la totalización del Uno.

III. Totalitarismo e ideología

La ideología como religión política

Es habitual comprender nuestro mundo moderno como el resultado de un proceso de secularización en el que la religión se va apagando a toda velocidad. El hombre, quedándose solo consigo mismo, quita a Dios

---

clase de la sociedad contemporánea puede luchar con firmeza» (*¿Qué hacer? Problemas candentes de nuestro movimiento* [Buenos Aires: Daniel Ochoa Editor, 2014], p. 130).

46. Stalin aprendió de Hitler a destruir la oposición en el interior del partido. Después del «golpe de Röhm», en el que Hitler ordena una purga política dentro de las SA, Stalin quedó «profundamente impresionado por la forma en que Hitler eliminó a su oposición, y estudió hasta en los detalles más insignificantes cada uno de los informes relacionados con los sucesos de aquella noche que nuestros agentes enviaron desde Alemania». Estas palabras son de Walter Krivitsky, posteriormente director del Servicio Secreto Militar de la Unión Soviética (citado en Ernst Nolte, *La guerra civil europea, 1917-1945. Nacionalsocialismo y bolchevismo* [Ciudad de México: FCE, 2017] p. 239).

47. Stalin, *Obras*, tomo XIV (Moscú: Edición lenguas extranjeras, 1953), p. 189.

del centro y levanta sobre sus propios hombros un mundo enteramente humano. Con sus ojos puestos en el fenómeno totalitario, el filósofo Eric Voegelin cuestionó este lugar común: en realidad, lo que se ha venido produciendo desde el final de la Edad Media no es una desaparición de la dimensión religiosa, sino un *desplazamiento* que fue desde lo extra-mundano a lo intramundano. Así pues, todo lo que ha ocurrido es que las religiones sobrenaturales fueron paulatinamente reemplazadas por *religiones políticas*.[48]

Esta clave nos permite comprender mejor el totalitarismo en su especificidad.[49] De otra manera podríamos confundirlo con otras con-figuraciones políticas que también pretendieron una concentración absoluta del poder, como es el caso del absolutismo estatal que hallamos en los primeros siglos de nuestra modernidad política. Pero un Hitler o un Stalin son sustancialmente diferentes de un Luis XIV o un Carlos II, no solo porque en términos organizacionales aquellos se valgan del partido único apalancado en un movimiento de masas, sino también porque en términos discursivos operan con *ideologías*.

La ideología puede concebirse como una modalidad sistematizada de religión política. En efecto, este tipo de discurso irrumpe justo allí donde la religión sobrenatural se esconde. Sus símbolos, no obstante, permanecen: irradiación, comunión, redención, sacerdocio, apocalipsis, paraíso, providencia, etcétera, adoptan contenidos mundanos, apuntan hacia fines terrenales, pero sus formas religiosas se mantienen inalteradas. La política y el poder, que han perdido su referencia a un Dios sobre-natural, no por ello se desacralizan. La función de la ideología consiste en ofrecer nuevas referencias divinas, de carácter terrenal, a las sagradas necesidades del poder.

La misma formación del Estado moderno puede leerse, según Voe-gelin, como el avance de la religión política. No es una casualidad que el más célebre símbolo del que se valió el Estado moderno para autocom-prenderse haya sido el Leviatán. La imagen del Leviatán, un monstruo bíblico del que podemos leer en Job, la tomó Thomas Hobbes, el filósofo político más importante del siglo XVII, para caracterizar y justificar al Estado absoluto de su tiempo.

---

48. Véase Eric Voegelin, *Las religiones políticas* (Madrid: Editorial Trotta, 2022).

49. «Da grima oír una y otra vez que el nacionalsocialismo es un regreso a la barbarie, a los tiempos oscuros de la Edad Media, a la edad anterior al nuevo progreso humanístico, sin que los que así hablan adviertan que la secularización de la vida que ha traído consigo esa idea de humanidad es precisamente el caldo de cultivo en que han podido medrar movimientos religiosos anticris-tianos como el nacionalsocialismo» (Voegelin, *Las religiones políticas*, p. 24).

Según la filosofía de Hobbes, el cuerpo político se funda a sí mismo, se origina en sí, a través de un pacto entre individuos que da lugar a una persona colectiva. La multiplicidad, caótica y peligrosa, deviene ahora unidad, y un soberano detentará el poder absoluto sobre todos esos individuos que, de otra manera, se matarían entre ellos en *guerras de todos contra todos*. Si bien esta unidad todavía encuentra a Dios por encima suyo, el Estado ya no está separado de la Iglesia como institución, sino que él mismo se convierte en Iglesia. Así lo ilustra la célebre tapa del libro de Hobbes: el Leviatán sostiene la espada en una mano, y el cetro en la otra. La interpretación religiosa depende también del soberano, que por algo es absoluto. Explica al respecto Voegelin: «El contrato de gobierno del que habla Hobbes crea el Estado como persona histórica, como *Mortal God*, como Dios en la tierra, al que los hombres deben, junto al *Immortal God* o Dios eterno, paz y seguridad».[50]

El Estado moderno, absoluto en su primera fase histórica, se forma de esta manera al calor de los símbolos religiosos. El Estado es presentado en su mismo origen como un dios terrenal. Será cuestión de tiempo que se deshaga definitivamente de un Dios supramundano y se apropie por entero de la dimensión religiosa, provocando, en consecuencia, un *cierre intramundano*. Esto mismo se produce con toda claridad en Rousseau, o sea, en la transición hacia el Estado democrático un siglo más tarde. Hacia el final de su *Contrato social*, el ginebrino reconoce la dimensión religiosa como inherente a la naturaleza humana, pero la funde en la dimensión política. Para Rousseau, la separación de la política y la religión, tal como el cristianismo la ha propugnado desde sus orígenes,[51] resulta nefasta para el Estado: divide las lealtades, fractura las jurisdicciones, promueve las rupturas y los conflictos sociales. La política debe, por tanto, producir su propia religión: una *religión civil*, por medio de la cual se termina adorando, fundamentalmente, el ordenamiento jurídico estatal.[52]

La comunidad política, que en algún momento fue concebida como emanación de una fuente divina, se vuelve ahora *ella misma divina*. El poder no le viene de ninguna otra parte más que de sí misma; suyo es el origen, suyo es el poder, suya es la ley, suya es la vida y la muerte.[53] Lo que se hacía en nombre de Dios ahora necesita de otros nombres

---

50. Ibíd., p. 54.
51. «Y [Jesús] les dijo: Dad, pues, a César lo que es de César, y a Dios lo que es de Dios» (Mt 22:21).
52. Véase Rousseau, *Contrato social*, libro IV, capítulo VIII.
53. La secularización del derecho puede interpretarse como una divinización del poder político. En un discurso del 3 de febrero de 1933, por ejemplo, Hitler decía: «El derecho no está fuera de nosotros, sino en nosotros mismos; sólo podremos encontrarlo en nuestra propia fuerza» (Adolf Hitler, *Discursos*, tomo 1 [Buenos Aires: Ediciones Sieghels, 2014], p. 102).

para hacerse de manera legítima: el pueblo, la raza, la clase, la historia. Las expectativas de un *más allá* van dejando su lugar a utopías políticas que demandan un paraíso en el *más acá*. Las ideologías se articularán entonces como discursos de reemplazo que dependen, sin embargo, del mismo entramado simbólico religioso. Dice Voegelin:

> Los seres humanos pueden dejar que los contenidos mundanos se desarrollen hasta borrar del horizonte los conceptos de mundo y Dios, pero lo que no pueden hacer es eliminar la problematicidad de su propia existencia. Esta continúa viva en el alma de cada individuo, y cuando Dios queda eclipsado por el mundo, son los contenidos del mundo los que devienen dioses.[54]

El totalitarismo resulta inexplicable sin el surgimiento de esos nuevos dioses, disfrazados con una verborragia cientificista («socialismo científico», «racismo científico», etc.)[55] mezclada con una suerte de milenarismo revolucionario que promete traer el paraíso a través de la acción política.[56] La lógica *colectivista*, por la cual la persona pierde *grados de realidad* frente al ente colectivo, y que resulta tan propia del fenómeno totalitario, triunfa allí donde una religión política diviniza una entidad colectiva. La raza, la clase, el pueblo, la humanidad, el Estado se deifican; esto es, se vuelven *ens realissimum*, devienen origen y fin de lo real. En este marco, la persona es apenas una mera pieza subordinada a un engranaje al que sirve; su valor es una función de los requerimientos del engranaje, y nada más que eso. Por lo tanto, ya no es persona, pues ya no conoce su individualidad, su unicidad ni su dignidad entendida como valor último. Lo concreto, lo real, lo único y lo absolutamente valioso es el colectivo, de ahí que matar y morir lleguen a ser solo abstracciones, pues la persona misma se ha vuelto una abstracción.[57]

---

54. Voegelin, *Las religiones políticas*, p. 58.
55. Lenin se esfuerza por convencer sobre la índole científica del marxismo, que no se diferenciaría de lo que ha logrado, por ejemplo, la biología respecto del mundo natural: «Marx plantea la cuestión del comunismo como el naturalista plantearía, por ejemplo, la cuestión del desarrollo de una nueva especie biológica, sabiendo que ha surgido de tal y tal modo y se modifica en tal y tal dirección determinada» (*El Estado y la revolución*, p. 121).
56. Véase Tzvetan Todorov, *Memoria del mal, tentación del bien. Indagación sobre el siglo XX* (Barcelona: Península, 2002).
57. Ya en 1929, Hitler describía la «grandeza» del movimiento en el hecho de que varios miles de hombres «han constituido exteriormente casi una unidad, que realmente estos hombres son uniformes no sólo en ideas, sino que incluso su expresión facial es casi la misma. Mirad esos ojos alegres, ese entusiasmo fanático, y descubriréis… cómo cien mil hombres de un movimiento se convierten en un solo tipo» (citado en Hannah Arendt, *Los orígenes del totalitarismo* [Madrid: Alianza Editorial, 2022], p. 565).

Por supuesto, la despersonalización opera en distintos niveles y con distintas magnitudes. En realidad, algunos continuarán gozando de una existencia personal: a ellos los divisamos en la cúspide del poder, en la cima del partido único, en los balcones y los atriles, y todo lo que encontramos por debajo de ellos son masas anónimas sometidas a una formidable burocracia igualmente anónima.[58] Así como Hobbes reservaba al soberano la interpretación religiosa, las religiones políticas reservan a determinados individuos dones similares respecto de sus propios dogmas. El espíritu del pueblo habita con mayor intensidad en ciertos individuos, y a ellos corresponde por lo tanto liderar la entidad colectiva. Podremos llamarlos *Führer*. Por su parte, el conocimiento del materialismo histórico y la correcta interpretación de los textos sagrados de Marx y Engels tampoco corresponde a todos por igual,[59] así que habrá que confiar la dirección de la revolución proletaria a una vanguardia intelectual y, en última instancia, a un *Caudillo*.

El *Führer*, el Caudillo (*Woshd*),[60] el Líder, al encarnar la voluntad popular objetiva, al constituirse en el ejemplar más perfecto en que el pueblo, la clase o la historia se vuelven sujeto, queda así divinizado. La voluntad popular es una emanación del espíritu del pueblo y no una suma de voluntades particulares que debamos calcular.[61] El Líder es irradiado por dicho espíritu, es elegido por él como intermediador; su comunión con él resulta total.[62] No es posible justificar el monopolio político con menos que esto.[63] El partido único solo puede aspirar a

---

58. Véase Gina Zabludovsky Kuper, *Intelectuales y burocracia* (Barcelona: Anthropos/UNAM, 2009), pp. 48-50.

59. El axioma fundamental de Lenin es que Marx y Engels han oficiado de profetas políticos, revelado una verdad incuestionable, que él ha de interpretar: «Cuando revisemos el programa de nuestro Partido, deberemos tomar en consideración, sin falta, el consejo de Engels y Marx, para acercarnos más a la verdad, para restaurar el marxismo, purificándolo de tergiversaciones, para orientar más certeramente la lucha de la clase obrera por su liberación. Entre los bolcheviques no habrá, probablemente, quien se oponga a los consejos de Marx y Engels» (*El Estado y la revolución*, p. 94). Ahora bien, si dice que «probablemente» nadie se opondrá a los «consejos» de Marx y Engels, es porque más que consejos constituyen verdades incuestionables.

60. Así se empezó a llamar a Lenin a partir de 1918, en la prensa y en los discursos del partido. Véase Nolte, *La guerra civil europea, 1917-1945*, p. 334.

61. «El nuevo Movimiento es antiparlamentario por su carácter y por la índole de su organización; es decir que, en general, así como dentro de su propia estructura, rechaza el principio de decisión por mayoría, principio que degrada al *Führer* a la condición de simple ejecutor de la voluntad y de la opinión de los demás» (Hitler, *Mi lucha*, p. 259).

62. Así escribía por entonces un teórico alemán: «El caudillo está enteramente poseído por la idea, que actúa a través de él. Pero él es también quien es capaz de dar a esta idea su forma viva. En él se realiza el espíritu del pueblo y se conforma la voluntad del pueblo; en él, el pueblo extendido a lo largo de las generaciones y, por ello, nunca concretamente dado en su totalidad, alcanza su manifestación visible. Él es el representante del pueblo» (citado en Voegelin, *Las religiones políticas*, p. 63).

63. El paralelismo que hace el propio Hitler entre la ideología y la religión es constante: «La magnitud de toda organización poderosa, que encarna una idea, estriba en el religioso fanatismo y en

ejercer un dominio total, solo puede reclamar los títulos necesarios para ejercer ese dominio total, bajo el auspicio de una religión política que deifique su función en la historia.

El culto al líder, como producto de la ideología, caracteriza al totalitarismo en sus diversas manifestaciones. Mussolini y Lenin, y especialmente Hitler y Stalin, gozaron de un halo divino. Se les atribuyeron características divinas, como la omnisciencia y la omnipotencia. Ellos todo lo sabían y nunca se equivocaban; ellos todo lo podían y por eso no había quien legítimamente pudiera disputarles nada.[64] El pueblo debía esforzarse por llegar a ser como ellos.[65] El aparato estatal se usó para promover sus figuras a través de la propaganda. Los retratos de Hitler, junto a Federico el Grande, Bismarck y Hindenburg, encontraban su correspondencia en los retratos de Lenin y Stalin junto a Marx y Engels. Ciudades centrales cambiaron sus nombres para adoptar el del Líder (Leningrado, Stalingrado). Los dichos y los escritos de los líderes se convirtieron en Palabra revelada. El cuerpo de Lenin fue embalsamado y expuesto para que su forma viviera por siempre.

La ideología omnicomprensiva es, a todas luces, un elemento fundamental del fenómeno totalitario.[66] La ideología es el credo del partido único que, por ese motivo, es al mismo tiempo el credo oficial del Estado en cuanto tal.[67] El partido totalitario es un partido-Estado y

---

la intolerancia con que esa organización, convencida íntimamente de la verdad de su causa, se impone sobre otras corrientes de opinión». «Lo que para la fe religiosa representan los dogmas, son los principios políticos para un partido» (*Mi lucha*, pp. 263 y 282).

64. En 1918, Kámenev le decía a Sujánov: «Cada vez me convenzo más de que Lenin nunca se equivoca. Al final, siempre está en lo correcto» (citado en Pipes, *La revolución rusa*, p. 552). La edición del 1 de septiembre de 1918 de *Pravda* le atribuía una «habilidad predictiva casi profética». Tras un atentado contra Lenin que casi le cuesta la vida ese mismo año, Bonch-Bruevich, secretario del líder, decía que su figura convaleciente le «recordó de pronto a una famosa pintura de Cristo descendiendo de la cruz, crucificado por los curas, los pontífices y los ricos» (citado en Pipes, *La revolución rusa*, p. 878). La revolucionaria Clara Zetkin dijo ver en el rostro de Lenin un parecido al Cristo de Grünewald. (Sobre el culto a Lenin, véase Nina Tumarkin, *Lenin Lives!* [Cambridge, Harvard University Press: 1983]).

65. Stalin ordenaba: «Recuerda, ama y estudia a Ilich [Lenin], nuestro maestro, nuestro líder. Lucha y derrota a nuestros enemigos, nacionales y extranjeros, de la forma que nos enseñó Ilich. Construye la nueva sociedad, la nueva forma de vida, la nueva cultura, de la forma que nos enseñó Ilich. Nunca te niegues a hacer las cosas pequeñas, porque de las cosas pequeñas se construyen las cosas grandes, ese es uno de los mandatos importantes de Ilich» (*Rabochaya Gazeta* [Periódico de los Trabajadores], 21 de enero de 1925, en *Citas de Stalin*, p. 69).

66. En la década de 1950, Raymond Aron escribía: «Sin la idea de una revolución que marque el fin de la prehistoria, la realidad soviética no sería más de lo que es, un método brutal de modernización, bajo el comando de un partido único, designado no por el Destino, sino por las peripecias imprevisibles de las luchas entre los hombres» (*El opio de los intelectuales* [Buenos Aires: Ediciones Siglo Veinte], 1967, p. 279).

67. Explica Hannah Arendt que «una ideología difiere de una simple opinión en que afirma poseer, o bien la clave de la historia, o bien la solución de todos los "enigmas del universo" o el íntimo conocimiento de las leyes universales ocultas que, se supone, gobiernan a la naturaleza y al

un partido-Iglesia, al unísono. En la cúspide, el *Führer* o el *Caudillo* sobresalen de entre los demás mortales. Así, los ciudadanos del Estado totalitario se enfrentan a la incómoda disyuntiva de o bien convertirse en *creyentes* de la nueva religión política o bien convertirse en enemigos políticos del régimen: pensar distinto, dudar siquiera de la doctrina oficial o del líder que la encarna equivale, en este contexto, a devenir enemigo. El amigo del régimen, en cambio, ha de expresar constantemente su apoyo y su fervor.

El papel que juega la ideología en el totalitarismo es precisamente lo que hace posible distinguirlo de los autoritarismos modernos. Es la variable ideológica la que determina la diferencia fundamental, puesto que ella suscita una *hiperpolitización* y una *movilización permanente* que nada tienen que ver ni con el estilo ni con la índole del gobierno autoritario. Así, por ejemplo, Salazar en Portugal, o los gobiernos *de facto* de tinte conservador en América Latina: nada procuran más que la despolitización de la sociedad; nada desean menos que tener que lidiar con masas agitadas.[68] Allí donde estos buscan obediencia y se contentan con que la sociedad no discuta los asuntos del gobierno, el totalitarismo exige *adhesión* fanática,[69] puesto que el principio psicológico con arreglo al cual el gobierno ejerce su dominio no es solo el miedo, sino también la *fe* con la que se enciende, una y otra vez, el fervor de las masas.

Los elementos constitutivos de las ideologías

Hannah Arendt, en su clásico estudio sobre el totalitarismo, reconoce también la dimensión religiosa de las ideologías totalitarias. En una línea similar a la de Voegelin, sugiere que el ocaso de las religiones supramundanas generó un vacío que fue llenado por la política totalitaria:

---

hombre». De todas las ideologías, «sólo dos han llegado a la cima y han derrotado esencialmente a las demás: la ideología que interpreta a la historia como una lucha económica de clases y la que interpreta a la historia como una lucha natural de razas. El atractivo de ambas para las grandes masas resultó tan fuerte que fueron capaces de obtener el apoyo del estado y establecerse por sí mismas como doctrinas oficiales nacionales» (*Los orígenes del totalitarismo*, p. 255).

68. Véase Juan José Linz, *Sistemas totalitarios y regímenes autoritarios* (Madrid: Centro de Estudios Políticos y Constitucionales, 2009), pp. 31-40.

69. Todas las dimensiones de la vida social e individual se politizan, y exigen, por lo tanto, muestras de lealtad ideológica. Por ejemplo, el arte. El marxista Béla Balázs argumentaba que la dimensión estética, en una sociedad de clases, no funciona más que para encubrir los intereses económicos de la clase dominante. El arte responde entonces a las necesidades políticas de los explotadores. Sin embargo, «en las condiciones de una sociedad socialista evolucionada, el grado de talento del artista es igual a su grado de *idéinost*, a la claridad de su concepción del mundo y su sentido cívico» (citado en Michel Heller, *El hombre nuevo soviético* [Barcelona: Sudamericana-Planeta, 1985], p. 205). O sea, el talento del artista se debe medir por su lealtad a la ideología socialista y al partido totalitario.

Nada distingue quizá tan radicalmente a las modernas masas de las de siglos anteriores como la pérdida de la fe en un Juicio Final: los peores han perdido su temor y los mejores han perdido su esperanza. Incapaces de vivir sin temor y sin esperanza, estas masas se sienten atraídas por cualquier esfuerzo que parezca prometer la fabricación humana del Paraíso que ansiaban y del Infierno que temían. De la misma manera que las características popularizadas de la sociedad sin clases de Marx tienen una ridícula semejanza con la edad mesiánica, así la realidad de los campos de concentración a nada se parece tanto como a las imágenes medievales del Infierno.[70]

La ideología, en estos términos, es una forma del discurso político que consta, fundamentalmente, de tres elementos: una *clave* que rige el desarrollo de la historia, un *grupo elegido* y una *promesa de paraíso*. Estos elementos bien podrían conformar nuestras religiones monoteístas. Pero lo específico de las ideologías es que emancipan esos contenidos de cualquier realidad supramundana. Clave, grupo y salvación ya no se remiten al más allá, sino que bajan al más acá. La clave puede ser la selección natural, la raza y la lucha por purificarla, o bien la economía y su lucha de clases; el grupo elegido pueden ser los arios, o los proletarios; el paraíso prometido puede ser la unidad final del pueblo alemán y el progreso racial de la Humanidad,[71] o el final de la sociedad de clases y el advenimiento del reino de la igualdad universal.

Desde luego, al nivel de los contenidos específicos, existen amplios márgenes para la variación: marxismo-leninismo y nazismo son profundamente diferentes en estos términos. Allí donde uno se postula como continuidad histórica de 1789, el otro declara su corte radical con la senda abierta por la Revolución; allí donde uno se apalanca en una filosofía racionalista, el otro lo hace bebiendo del irracionalismo; allí donde uno apuesta filosóficamente por el universalismo, el otro prefiere el particularismo. Todas estas diferencias van de suyo, pero aquí lo relevante, más allá del contenido, se da al nivel de la forma. Y es que el modelo resulta ser, en rigor, muy parecido: una clave, que funciona como lo que antes se denominaba «Providencia», determina el curso de la historia; un grupo de la sociedad resulta bendecido por la lógica del

---

70. Arendt, *Los orígenes del totalitarismo*, p. 600.
71. «De esta forma corresponde la concepción racista del mundo al íntimo deseo de la Naturaleza, pues restituye el libre juego de las fuerzas que encaminarán a una más alta cultura humana, hasta que, al final, conquistada la Tierra, una mejor Humanidad pueda libremente llegar a realizaciones en dominios que actualmente se encuentran fuera o encima de ella» (Hitler, *Mi lucha*, p. 282).

curso en cuestión; si el curso prosigue de acuerdo con la predeterminación de la clave descubierta (¡y vaya si debe hacerlo!), el paraíso será bajado por fin a la tierra.

El ritmo de este proceso, no obstante, puede ser demasiado lento para el tiempo de los hombres, y su libertad entra aquí en acción; el grupo elegido, habiendo sido determinado por la clave, al revelársele su Verdad gracias a quienes la descubrieron y comunicaron (la «vanguardia»), se vuelve portador de la causa sagrada consistente en acelerar el curso preestablecido por ella misma; el grupo, con arreglo a la acción política, hace hasta lo imposible por cumplir su propia profecía, transfigurándose en un *Mesías político*.[72]

La clave que la ideología dice poseer resulta ser la ley fundamental que explica el pasado, que opera en el presente más inmediato y que determina el porvenir. Suele tratarse de un factor único, una variable totalizadora que todo lo explica y todo lo resuelve. El grupo elegido es escogido por el contenido mismo de esa ley fundamental.[73] La ley de la selección racial, por ejemplo, no solo explica absolutamente todo, sino que, por su mismo contenido, preselecciona a un grupo racial como superior frente a los demás y pone sobre sus hombros, una vez reconocida la ley, la responsabilidad histórica de hacerla funcionar a un ritmo consciente, de modo que ese grupo se convierte en su *ejecutor*. Esto es: acelera la «selección», aniquilando a las razas concebidas como inferiores.[74] O, en lugar de la ley de la selección racial, la ley del materialismo histórico, con la que los marxistas explicaron el pasado, el presente y

---

72. Puede verse con toda claridad cómo funciona este modelo político, en el que la acción sirve para acelerar el cumplimiento de la profecía política, en este extracto de Stalin: «El movimiento obrero espontáneo sin socialismo equivale a un vagar en las tinieblas, que, si conduce algún día al objetivo, nadie sabe cuándo será ni a costa de qué sufrimientos. [...] ¿Qué es el socialismo científico sin movimiento obrero? Una brújula que al no ser utilizada puede únicamente cubrirse de herrumbe, y entonces habrá que arrojarla por la borda. ¿Qué es el socialismo obrero sin socialismo? Un barco sin brújula, que aun así llegará a la otra costa, pero que de tener brújula la alcanzaría mucho antes y tropezaría con menos peligros. Unid lo uno a lo otro y tendréis un excelente barco, que a toda marcha se dirigirá derecho a la otra costa y llegará incólume al puerto. Unid el movimiento obrero con el socialismo y tendréis un movimiento socialdemócrata, que se dirigirá veloz por el camino recto a la "tierra de promisión"» (Iósif Stalin, «Brevemente sobre las discrepancias en el Partido», mayo de 1905, en *Citas de Stalin*, p. 56).

73. Hitler: «La ley natural de toda evolución no permite la unión de dos Movimientos diferentes, pero asegura siempre la victoria del más fuerte, la que sólo se puede lograr por medio de la lucha incondicional» (*Mi lucha*, p. 263). Lenin: «Sólo el proletariado —en virtud de su papel económico en la gran producción— es capaz de ser el jefe de *todas* las masas trabajadoras y explotadas [...]. El derrocamiento de la burguesía sólo puede realizarse mediante la transformación del proletariado en *clase dominante*» (*El Estado y la revolución*, p. 41).

74. Hitler anota que la ideología del nacionalsocialismo «obliga a fomentar la preponderancia del más fuerte y a exigir la supeditación del inferior y del débil, de acuerdo con la voluntad inexorable que domina el Universo» (*Mi lucha*, p. 281).

profetizaron el futuro. Según su contenido, la lucha de clases universal que en el pasado enfrentó al amo con el esclavo, y luego al siervo con el señor, desemboca hoy en un enfrentamiento final y definitivo entre la burguesía y el proletariado. Dado que este último posee el interés objetivo de suprimir el sistema de propiedad privada sobre el que descansa siempre todo sistema de clases, su interés es en realidad el de la humanidad entera. El proletariado, reconociendo su misión histórica emancipadora en virtud de esta ley máxima, debe acelerar su ejecución: debe aplastar cuanto antes a la burguesía y a las «clases moribundas» en general, como llamaba Stalin a los *kulaks*.[75]

La ideología señala, pues, el camino por el que el paraíso debe ser bajado a la tierra. El camino se parece más bien al infierno, pero al final del viaje nos espera algo así como un cielo terrenal. Se trata de descender a los infiernos para resucitar de entre los muertos. Tanto una sociedad racialmente purificada como una sociedad sin clases son formas de reconciliación definitiva de la sociedad consigo misma; la plenitud social, estado perfecto y final de la convivencia humana, es la plenitud del hombre como tal. Solo a través de los intereses colectivos gozan de algún sentido los individuales. El *ens realissimum* es el colectivo; la persona no es más que un ejemplar de segundo orden.

Así pues, en su infinito desprecio por la realidad, la ideología desprecia también al hombre actual, al hombre tal como es. En su lugar, se postula el advenimiento de un «hombre nuevo», que surgirá de las entrañas de la nueva sociedad que el partido, siguiendo sus lineamientos ideológicos, hará realidad a través de la política. El ideólogo totalitario se convierte así en un verdadero *ingeniero de almas*.[76] Todas las imperfecciones humanas pasadas, todos los rasgos negativos propios de la condición humana, todos los tormentos y las afecciones con los que los hombres han tenido que lidiar habrán desaparecido ya por obra del cumplimiento definitivo de la clave con la que la ideología reduce la existencia humana a un único factor.[77] Si la clave es la lucha y la selección

---

75. Ya filosofaba así Stalin (en clave hegeliana) en un texto de 1906: «Todo lo que realmente existe, es decir, todo lo que crece de día en día, es racional, y todo lo que día a día se descompone es irracional y, por tanto, no ha de evitar la derrota» («¿Anarquismo o socialismo?», en *Citas de Stalin*, p. 79). Una vez que destruyó a los *kulaks*, las nuevas «clases moribundas» pasaron a ser los «jefes de almacén, directores de cultivos, contadores, secretarios, etcétera» de los *koljoses* (citado en Nolte, *La guerra civil europea, 1917-1945*, p. 232).

76. Zhdánov recuerda una reunión de Stalin con escritores en 1932, en la que este último los llamó a ser «ingenieros del alma humana» (citado en Tzvetan Todorov, *La experiencia totalitaria* [Barcelona, Galaxia Gutenberg, 2010], p. 238).

77. «El Estado tendrá que ser el garante de un futuro milenario, frente al cual nada significan el deseo y el egoísmo individuales» (Hitler, *Mi lucha*, p. 297). El «hombre nuevo» que avizora el

de razas, el «hombre nuevo» verá la luz cuando la «raza superior» termine de aplastar a la «inferior»;[78] si la clave es la lucha de clases, el «hombre nuevo» verá la luz cuando la «clase explotada» aplaste definitivamente a la «clase explotadora» y nos regale a la postre una nueva sociedad sin clases sociales.[79]

En rigor, todos estos no son más que contenidos ideales, imágenes sin correlatos empíricos reales que, no obstante, colonizan lo real. Son su irrealidad y las expectativas sociales que despiertan en las masas las que provocan la movilización totalitaria. Pero lo que hoy no es real, mañana sí podría serlo. El único requisito es el poder.[80] La maquinaria pesada con la que el ingeniero de almas realiza su obra funciona con el combustible del poder político. Dado que lo real es interpretado finalmente como un producto del poder, para hacer realidad la ideología se necesita el más totalizador de los poderes. Cuando el poder es realmente total, los hechos y la realidad dependen también de la voluntad del poder, y la ideología deviene, por lo tanto, profecía autocumplida. El aniquilamiento de las «razas inferiores» pretende demostrar que, efectivamente, eran inferiores y que la selección natural operó en favor del pueblo ario; el aniquilamiento de las «clases moribundas» pretende demostrar que, en efecto, no había lugar para ellas en el paraíso que el revolucionario comunista lucha por regalar a la Humanidad.

---

marxismo-leninismo es, en un sentido muy similar, un hombre que ya no se ve afectado por el egoísmo ni por deseos que van más allá de lo que razonablemente se necesita: «La distribución de los productos [tras el triunfo comunista] no obligará a la sociedad a regular la cantidad de los artículos que cada cual reciba; todo hombre podrá tomar libremente lo que cumpla a "sus necesidades"». «La llegada de la fase superior del desarrollo del comunismo, y el *pronóstico* de los grandes socialistas de que esta fase ha de advenir, presupone una productividad del trabajo que no es la actual y hombres que *no sean los actuales* filisteos» (*El Estado y la revolución*, p. 137).

78. Hitler dice a Rauschning: «Quien no ve en el nacionalsocialismo más que una religión nada sabe de él. Es más que una religión. Es la voluntad de crear un hombre nuevo» (citado en Todorov, *La experiencia totalitaria*, p. 235).

79. Este «hombre nuevo» que el marxismo avizora, y que el marxismo-leninismo quiere acelerar por medio de la acción política, es ilustrado en un célebre pasaje de Marx y Engels: «... en la sociedad comunista, donde cada cual no tiene acotado un círculo exclusivo de actividad, sino que puede perfeccionarse en cualquier ramo, la sociedad regula la producción general y precisamente de ese modo me hace posible hacer hoy esto, mañana aquello, cazar por la mañana, pescar por la tarde, dedicarme a la cría de ganado por la noche, criticar después de comer, tal como tenga ganas, sin jamás convertirme en cazador, pescador, pastor o crítico» (Karl Marx, *La ideología alemana (I) y otros escritos filosóficos* [Buenos Aires: Losada, 2010], p. 66). El «hombre nuevo» goza, pues, de una ilimitada libertad que lo abre a una ilimitada autorrealización, fruto de un tipo nuevo de sociedad que garantiza su supervivencia material.

80. En un discurso del 3 de febrero de 1933, Hitler exclamaba: «No hay idea alguna que posea por sí sola la seguridad de su realización; para realizarla es preciso separarla del terreno de la imaginación, de la perspectiva y del pensamiento, y conducirla al campo de la pelea y de la lucha. Debe entonces crearse su representación del pueblo mismo, y debe como representante vivo iniciar la batalla con total amplitud para la conquista de los hombres» (*Discursos*, tomo 1, p. 102).

El culto totalitario es, esencialmente, un culto al poder humano, la forma más completa y horrorosa de la *desmesura*. La modernidad del totalitarismo estriba en esto mismo: en el despliegue de toda la potencia humana, apoyada por las modernas técnicas industriales y organizacionales, para el cumplimiento de la promesa de una ideología. En esto también el totalitarismo se diferencia sustancialmente del despotismo y de las tiranías de viejo cuño. Ellas no solamente no estaban apoyadas por las modernas tecnologías, sino que no contaban con el impulso de una ideología que imbuyera de religiosidad laica las formas políticas mundanas. Ellas no tenían por delante una clave ni un destino que acelerar, ni tampoco un cielo que bajar. Despotismo y tiranía todavía podían ser definidos sencillamente como *gobiernos ilegales*, como gobiernos que no se rigen por ley alguna. El totalitarismo, muy al contrario, se ejerce con todo el poder del que es capaz precisamente porque dice portar la *ley de leyes*, descubierta ahora gracias a la ciencia de la evolución o a la del materialismo histórico. Así pues, el totalitarismo solo puede emerger allí donde el colectivo se ha vuelto verdaderamente un dios, y donde un grupo de hombres reclama el poder total para cumplir la clave fundamental intramundana, la ley absoluta que determina la existencia humana como tal.

IV. Adoctrinamiento de masas

Masificación y atomización

El humus social en el que germina el totalitarismo es la *masa*, pero en un estadio de desarrollo tecnológico por el cual se la puede adoctrinar y «encuadrar» políticamente. Uniformemente amorfa, atomizada y apelmazada al mismo tiempo, horizontal, pero, a la vez, dirigida al unísono, la *sociedad de masas*, la de los grandes medios de comunicación y las grandes fábricas de la industria pesada, constituye la base sobre la que se despliega el fenómeno totalitario del siglo xx.

La masificación es, en primer lugar, una realidad *cuantitativa*. Lo masivo es lo enorme, lo desbordante, lo desmesurado. Masivo es lo que multiplica sin cesar sus propios componentes; lo que se reproduce exponencialmente, no solo abarcando áreas cada vez más extensas, sino, sobre todo, aumentando la densidad de las áreas ya cubiertas. Así, la sociedad de masas fue el fruto del impresionante crecimiento demográfico que se experimentó a partir del siglo xix y que continuó a lo largo del xx.

Este fue, precisamente, el primer dato que llamó la atención de José Ortega y Gasset cuando a fines de la década de 1920 publicó *La rebelión de las masas*. Siguiendo los estudios de Werner Sombart, el español encontró que, desde el siglo VI hasta el año 1800, «Europa no consigue llegar a otra cifra de población que la de 180 millones de habitantes». Ahora bien, «de 1800 a 1914 —por tanto, en poco más de un siglo— la población europea asciende de 180 a ¡460 millones!».[81]

La sociedad de masas es una sociedad de *muchos individuos*, cuya multiplicación ha tomado, en perspectiva histórica, muy *poco tiempo*. Técnica y ciencia, industria y organización política, explican la explosión demográfica del siglo XIX, pero también su concentración. Los individuos viven más tiempo, acceden a más y mejores alimentos, curan sus enfermedades con novedosas medicinas, gestionan sus vidas burocráticamente, dividen cada vez más el trabajo y descubren nuevas fuerzas y técnicas productivas que permiten, a la postre, una multiplicación humana sin precedentes en la historia. Dado que «los movimientos totalitarios dependen de la pura fuerza del número»,[82] esta multiplicación resulta ser una condición sociológica del fenómeno totalitario.

Pero lo cuantitativo se articula con lo cualitativo. La sociedad de masas no es sencillamente un fenómeno contable; no es reducible a meras operaciones aditivas. La forma de la masa —mejor dicho, lo amorfo de la masa— no es un rasgo tanto cuantitativo como cualitativo. La sociedad de masas no es solo masiva, enorme, desmesurada, sino también impersonal, desarraigada, alienada. Los mismos factores que están en la base de la multiplicación demográfica explican también las características no contables de la masa.

La sociedad de masas se forma en el entrecruce del «democratismo» y el industrialismo que irrumpen definitivamente en el siglo XIX. Por vía del primero, la sociedad se «horizontaliza», abandona su estructura jerárquica de antaño, sus adscripciones tradicionales, sus rangos y sus órdenes diferenciados. Los individuos se convierten en eso mismo: individuos, jurídicamente iguales, cuyas demandas de mayor igualdad se van expandiendo en diversas direcciones. Por vía del industrialismo, se producen movimientos migratorios del campo a la ciudad, se agudizan

---

81. José Ortega y Gasset, *La rebelión de las masas* (Barcelona: Ediciones Orbis, 1983), p. 68. Lo mismo le sorprende a Elías Canetti, que, también en la década de 1920, se propone realizar un estudio sobre la masa que será publicado algunos años más tarde: «El enorme incremento de la población en todas partes y el acelerado crecimiento de las ciudades» le han proporcionado a la masa «ocasiones cada vez más frecuentes para constituirse» (*Masa y poder* [Barcelona: Debolsillo, 2022], p. 77).

82. Arendt, *Los orígenes del totalitarismo*, p. 435.

los procesos de urbanización, se forman nuevas relaciones económicas. El viejo hogar desaparece, la familia extensa se reduce a familia nuclear, el trabajo se socializa en el anonimato de las gigantescas máquinas modernas. El centro de gravedad de la sociedad de masas es, en suma, el Estado y la industria.

La masa surge allí donde los individuos pierden, en un mismo movimiento, su individualidad y su sociabilidad. En la masa, el individuo se diluye, se confunde entre un sinnúmero de otros cuerpos, tan intercambiables como el de ella. En la masa, el individuo es un átomo sin diferencias específicas respecto de los demás átomos apelmazados en el todo amorfo. Sin embargo, esto no significa que saque a relucir su sociabilidad. Cometeríamos un error si creyéramos que la aniquilación de su individualidad es la contracara de la exacerbación de su costado más social. Al contrario: es la pérdida de los *lazos sociales reales* lo que lleva al individuo a volverse masa.

Los lazos sociales son reales allí donde el *yo* es un *alguien particular*.[83] En la familia, en la iglesia, en la comunidad se es un alguien específico, tenido en cuenta y reconocido en su unicidad. Pero esto es lo que la sociedad de masas viene a reemplazar, y lo que el totalitarismo decididamente aprovecha.[84] Ser masa implica dejar de ser un *alguien particular* para devenir un algo abstracto e intercambiable. La intercambiabilidad del individuo implica el fin de su individualidad personal, porque supone la indiferencia absoluta respecto de su unicidad e «identidad», el soslayo de la particularidad irreemplazable de su ubicación en un mundo de relaciones, la indistinción respecto de aquello que lo caracteriza como individuo particular y no como mera unidad a cuantificar. El colectivismo como ideología genérica de todo totalitarismo se desarrolla bajo estas condiciones.

La masa es la forma social más acabada del mundo moderno y de su característica idolatría por la igualdad. Tan solo en la masa constituida de manera plena, reunida en multitud, el individuo es absolutamente igual

---

83. «Pero quienes no aman a quienes viven en el mismo pueblo o son vecinos en una misma ciudad, a quienes "han visto", difícilmente llegarán a amar al "hombre" a quien no han visto» (C. S. Lewis, *Los cuatro amores*, en *Clásicos selectos de C. S. Lewis* [Nashville: Grupo Nelson, 2021], p. 796).

84. Hannah Arendt explica que, mientras que el nazismo se encontró con una sociedad ya atomizada por sus propias circunstancias históricas, Stalin tuvo que provocar la atomización desde el Estado: «La atomización masiva en la sociedad soviética fue lograda mediante el empleo hábil de purgas repetidas que invariablemente preceden a la liquidación de grupos. Para destruir todos los lazos sociales y familiares, las purgas son realizadas de tal manera que amenazan con el mismo destino al acusado y a todas sus relaciones corrientes, desde los simples conocidos hasta sus más íntimos amigos y parientes» (*Los orígenes del totalitarismo*, p. 452).

a todos los demás. En efecto, la *masa total* constituye el más alto grado de igualdad hecha realidad. Los rangos, las propiedades, las posiciones sociales, los méritos de cada quien, incluso los sexos: todo esto desaparece en la masa. La masa es el «Uno» (a)social del totalitarismo. Lo único que hay en ella son cuerpos amontonados, debidamente encuadrados, moviéndose de aquí hacia allá, marchando y reaccionando psicológicamente a los estímulos del medio. Ninguna particularidad le afecta, el todo actúa de forma homogénea, monolítica. La réplica, la equivalencia y la repetición constituyen su lógica más acusada. El más alto grado de igualdad, por fin, no se distingue de la igualdad que se puede encontrar en un rebaño de ovejas.[85]

En la masa, el hombre deviene, hasta cierto grado, *animal*; suspende sus rasgos propios, se vuelve «como todos», disolviendo aquello que distingue al ser humano de la bestia: el hecho de contar con una *personalidad*. Según Ortega y Gasset, nos encontramos, en rigor, frente a un *salvaje*, un *bárbaro* que vive en una civilización avanzada, pero que no puede comprender qué la hace posible y, por lo mismo, no entiende cómo debe vivir correctamente en ella.[86] Así pues, el «diagrama psicológico» del hombre-masa está dado por dos rasgos fundamentales: «La libre expansión de sus deseos vitales, por tanto, de su persona, y la radical ingratitud hacia cuanto ha hecho posible la facilidad de su existencia».[87] Encandilado por el poder de los medios tecnológicos modernos, el hombre masa cree poderlo y merecerlo todo; se embriaga con las infinitas posibilidades del mundo actual, se empacha de «derechos» y jamás deja de expandir el radio de sus demandas,[88] pero su alma desconoce por completo los fundamentos y las exigencias morales que la continuidad *no patológica* de ese mundo reclama. Podría decirse, pues, que su evolución material es inversamente proporcional al estado de su alma.

---

85. Stalin lo sabía bien, y por eso decía frente a Georgi Dimitrov (tal como quedó consignado en su diario, 7 de abril de 1934): «Las masas innumerables tienen una psicología de rebaño. Sólo actúan a través de sus elegidos, sus jefes» (citado en Todorov, *La experiencia totalitaria*, p. 193).

86. Hannah Arendt es de la misma opinión: «El peligro estriba en que una civilización global e interrelacionada universalmente pueda producir bárbaros en su propio medio, obligando a millones de personas a llegar a condiciones que, a pesar de todas las apariencias, son las condiciones de los salvajes» (*Los orígenes del totalitarismo*, p. 427).

87. Ortega y Gasset, *La rebelión de las masas*, p. 74.

88. Escribía Ortega y Gasset: «Esta es la cuestión: Europa se ha quedado sin moral. [...] Si dejamos a un lado —como se ha venido haciendo en este ensayo— todos los grupos que significan supervivencias del pasado —los cristianos, los "idealistas", los viejos liberales, etc.—, no se hallará entre todos los que representan la época actual uno solo cuya actitud ante la vida no se reduzca a creer que tiene todos los derechos y ninguna obligación» (*La rebelión de las masas*, p. 172). La moral, en efecto, se compone de *obligaciones morales*.

En efecto, el hombre-masa es *ahistórico* y *amoral,* en el sentido de faltarle una conciencia histórica y una conciencia moral bien definida.[89] La disolución de sus lazos sociales reales trae consigo la expulsión de un mundo moral común y de la inscripción en un mundo histórico del cual uno se sabe *heredero.* Toda herencia es un tesoro que reclama cuidado por el simple hecho de ser el fruto del esfuerzo de los hombres. Pero el hombre masa no hereda nada porque está desconectado del pasado: lo suyo es el presente «incausado»; el presente que *está aquí* como por arte de magia, como obra de la «naturaleza». De repente, uno no le debe nada al mundo, sino que el mundo le debe a uno cada vez más cosas.[90]

Respecto de la moral, concebida como un sistema que pone orden en la conducta y cuya principal vigilancia parte de la misma conciencia del hombre, ella tampoco juega rol alguno en la determinación de la acción del hombre-masa. Su conciencia ha sido reducida, se encuentra *masificada*; la ideología se le presenta como el centro de una cohesión posible.[91] En rigor, lo único que desvía al hombre-masa de su trayectoria es la fuerza física o la amenaza de su empleo, o las sugestiones a las que está habitualmente entregado. Su conciencia no lo regula, no lo obliga ni lo inhibe; desconoce por completo cualquier tipo de imperativo categórico. Lo único que lo mueve son sus instintos, sus reflejos y una racionalidad calculadora donde el bien se reduce a mera utilidad. El hombre-masa es un animal-calculadora que rehúsa reparar en las grandes cuestiones: la verdad, el bien, la persona, la justicia. Lo caracteriza el *nihilismo*, y no puede más que *existir en la superficie.*

La masa es, en esencia, revolucionaria. Su conformación no procede de la tradición, sus aspiraciones no tienen relación con la conservación, ella no reclama *statu quo,* sino que su mera existencia depende del *movimiento continuo e ininterrumpido.* La masa vive mientras se mueve; siempre está en movimiento. Reposar equivale a morir. La masa constituye un movimiento: un *movimiento de masas.* Por eso se articula tan bien con el totalitarismo, que también es en esencia un fenómeno revolucionario en tanto y en cuanto su objetivo es el de *rehacer la totalidad, adaptar el*

---

89. Stalin reconoce esta amoralidad fundamental frente a Dimitrov, quien lo consigna en su diario: «Para nosotros no hay imperativos categóricos» (citado en Todorov, *La experiencia totalitaria,* p. 207).
90. Encontramos aquí uno de los fundamentos psicológicos del «progresismo jurídico», caracterizado en el capítulo 3 de este libro.
91. Hitler dice haberse dado cuenta de la necesidad de «un credo político que, a su vez, pueda hacer de la cohesión de las grandes masas, rígidamente organizadas, la condición previa para la victoria de esta ideología» (*Mi lucha,* p. 283).

todo a la Idea.[92] El advenimiento del nuevo mundo y del nuevo hombre reclama todo menos la calma o la desaceleración. En el mismo momento en que el totalitarismo reposa, se convierte en otra cosa: simple autoritarismo. De ahí que los líderes totalitarios necesiten de la masa, y viceversa: ambos se mantienen en movimiento recíprocamente.

Partido, vanguardia y propaganda

Pero nada de esto implica una relación horizontal. El partido totalitario se postula como la *vanguardia* de la masa: «La fuerza del movimiento contemporáneo reside en el despertar de las masas», escribía Lenin.[93] La relación es radicalmente jerárquica; en este juego los despiertos operan sobre los dormidos. Ya hemos visto las raíces de esta curiosa idea en la Francia revolucionaria. El conocimiento de los *verdaderos intereses* de la masa lo detenta una minoría de iluminados: aquellos que poseen la *clave* por medio de la cual todas las cosas discurren. Quienes desconozcan esta suerte de privilegio epistemológico son acusados de «falsa conciencia». A la raza superior o a la clase emancipadora: a ellas les corresponden determinados estados de conciencia, sin los cuales sus miembros particulares devienen componentes defectuosos. La masa, constituida por hombres inferiores por definición, debe resignarse a seguir lo que dictamina la vanguardia y volverse contra los defectuosos. De esta manera, bajo el totalitarismo, las masas son movilizadas permanentemente por vanguardias en nombre de los postulados de la ideología oficial. El partido supone una realidad institucional diferenciada de la masa; esta última es el objeto del partido en cuanto fuente de *energía política*. La magnitud de esta energía no tiene precedentes. *Poder* significa disponer,

---

92. Escribe Stalin: «Recuerdo que, en una conversación, Lenin replicó sarcásticamente a un camarada, que había dicho que "después de la revolución debía establecerse un orden normal": "Malo es que quienes desean ser revolucionarios olviden el orden más normal de la historia en el orden de la revolución". […] La fe en las fuerzas creadoras de las masas: tal era el rasgo peculiar de la actividad de Lenin que le permitía comprender el sentido del movimiento espontáneo de las masas y orientarlo por el cauce de la revolución proletaria» (*Obras escogidas* [Tirana: Editorial Nentori, 1979], p. 288).

93. *¿Qué hacer?*, p. 37. La teoría leninista de la revolución supone que la masa, de manera espontánea, no puede actuar políticamente: está «dormida», y en el mejor de los casos solo puede esbozar reclamos económicos sectoriales. En consecuencia, la masa debe ser *despertada* políticamente por medio de un partido de vanguardia compuesto de *revolucionarios profesionales*. Escribe Lenin que «para "servir" al movimiento de masas hacen falta hombres dedicados de manera especial y por entero […] estos hombres deben forjarse con paciencia y tenacidad como revolucionarios profesionales» (ibíd., p. 134). Los revolucionarios profesionales son la vanguardia del proletariado; el proletariado como clase es la vanguardia del resto de las clases; el proletariado ruso es la vanguardia del proletariado internacional; por tanto, los revolucionarios profesionales son una *vanguardia universal*.

activar y orientar esa energía. Stalin anotaba: «Por muy buena que sea la vanguardia del Partido y por muy bien organizada que esté, no puede existir y desarrollarse sin conexiones con las masas que no son del Partido y sin multiplicar y fortalecer estas conexiones».[94] Hitler, por su parte, escribía que una organización de la envergadura que él deseaba solo podía «subsistir cuando una jefatura inteligente tenga a su disposición un vasto sector de la masa».[95]

Masa animal, masa calculadora, masa desarraigada, masa inquieta, masa energética: hay que pensar, también, la masa como *materia prima*. Más precisamente, como la materia prima de un *artista*, como la maleable arcilla del alfarero o la amorfa roca con la que el escultor ha de vérselas. La «obra de arte total» es el resultado de la obra política que da forma a la sociedad según la *Idea* del político-artista. Joseph Goebbels, el ministro de Propaganda del nacionalsocialismo, ya escribía en 1929: «Para nosotros la masa no es más que un material informe. Sólo mediante la mano del artista surge de la masa un pueblo, y del pueblo una nación».[96] En 1937, le pondrá nombre al artista en cuestión: «Todo el trabajo de Hitler es la prueba de un talante artístico».[97] En lo que respecta al comunismo, más afecto al cientificismo que al romanticismo, en ocasiones se preferirá la metáfora del ingeniero a la del artista, aunque se dirá básicamente lo mismo. Nikolái Bujarin, por ejemplo, exclamó: «Vamos a manufacturar a los intelectuales como productos fabricados en cadena en las fábricas».[98] El político como un artista o como un ingeniero que crea *ex nihilo* parte precisamente de la existencia de individuos reducidos a la pura abstracción de su funcionalidad, como los isotipos deshumanizados del marxista positivista Otto Neurath que aportaron una estética realmente acorde al hombre tecnoindustrial del siglo xx.[99]

Sobre esta base social y psicológica, en suma, germina y funciona el totalitarismo. Lo amorfo y lo indeterminado invita a ser formado y determinado como un todo desde fuera, o sea, desde el poder. Al fin y al cabo, la secularización acabó en nihilismo —como bien advirtió

---

94. Stalin, «La historia del PCUS», en *Citas de Stalin*, p. 39.
95. *Mi lucha*, p. 336.
96. Véase su novela *Michael*. Citado en Todorov, *La experiencia totalitaria*, p. 233.
97. Citado en Todorov, *La experiencia totalitaria*, p. 234.
98. Ibíd., p. 240.
99. No es coincidencia que Neurath también haya sido el economista más representativo del intento de hacer funcionar la planificación directa del primer modelo bolchevique de «comunismo integral», mal llamado «comunismo de guerra». En rigor, la única verdadera relación de este con la milicia fue extrapolar desquiciadamente la asignación de recursos de guerra a la producción por entero de la sociedad. Véase Paul Craig Roberts, *Alienation and the Soviet Economy* (Nueva York: Holmes & Meier, 1990), capítulo 2.

Nietzsche— y no dejó en pie más que el poder y la ideología. Al mismo tiempo, la falta de lazos sociales reales, espontáneos y duraderos invita a la politización de todas las relaciones y de todos los ámbitos de la existencia. Así, la política inhibe el peligro del reposo y la calma. Lo abstracto de la masa se confunde con lo abstracto del Estado; la masa llega a creer que ella misma «es» el Estado o, al menos, que ella es la verdadera palanca de este («Todo en el Estado, nada fuera del Estado, nada contra el Estado»). La politización de la masa, en la medida en que supone el incremento de sus demandas políticas, funciona como un acelerador del crecimiento del Estado. La masa es homogeneidad disponible, es material humano abstraído de sus diferencias específicas, listo para ser usado en esta o aquella causa salvífica.

Pero esta *disponibilidad* hay que encauzarla con eficacia. Hay que dirigir ese amontonamiento humano al unísono; es imprescindible comunicarse con él, hablarle, entusiasmarlo, atemorizarlo, sugestionarlo, adoctrinarlo, organizarlo, conducirlo al frente de batalla. Para estas necesidades, el poder cuenta con la ciencia y la técnica; fundamentalmente, con la *psicología* y las modernas *tecnologías de la comunicación social*.

El desarrollo de la *propaganda* es inseparable de la disposición de ambas disciplinas. El totalitarismo —a diferencia del simple autoritarismo— precisa *propagar* su ideología, y para eso resulta imprescindible contar con los conocimientos y los medios adecuados. No hay totalitarismo sin un potente sistema de propaganda que tenga por objetivo uniformizar la conciencia y adaptarla al nuevo credo político. La superficialidad de la masa garantiza la eficacia de las nuevas técnicas propagandísticas, con las que se manipula a enormes cantidades de hombres en un mismo instante.[100] El líder político es un *psicólogo de masas*[101] que se sirve de los modernos *medios de comunicación masiva*. Sin estos últimos no existe sociedad de masas, y viceversa. Así lo vemos en el cine desde fines del siglo XIX, en la radio desde principios del XX, en la televisión desde

---

100. De aquí que Hitler notara la enorme ventaja de la voz y la imagen frente al texto extenso. Las masas son superficiales y sus capacidades intelectuales son muy bajas. Además, el libro se relaciona con el individuo y no con la multitud. Pierde, así, la posibilidad de jugar con la psicología de las masas, impactada por un sinfín de variables ambientales, sonoras, cronológicas, etc. En consecuencia, Hitler determina la «imposibilidad de alcanzar el corazón de las masas sólo por la palabra escrita» (*Mi lucha*, p. 347).

101. Escribe Hitler: «Un agitador capaz de difundir una idea en el seno de las masas será siempre un psicólogo» (*Mi lucha*, p. 420). Él mismo reparó siempre en la psicología como llave maestra para la efectividad política. Por ejemplo: «Por la mañana, e incluso durante el día, la fuerza de voluntad de las personas parece resistir mejor, con más energía, contra la tentativa de imponerles una voluntad extraña. Por la noche, se dejan vencer más fácilmente por la fuerza dominadora de una voluntad fuerte» (*Mi lucha*, p. 349).

mediados de ese siglo: la sofisticación tecnológica de la comunicación ha significado nuevas posibilidades para el poder de manipulación de masas.[102] El desarrollo de la psicología, por su parte, descubre el subconsciente, descubre novedosas técnicas sugestivas, hipnóticas e incluso hipnopédicas, estudia la psicología de masas y pone todo esto al servicio del poder. La imprenta, con la que los franceses hicieron su revolución, y su concepción del hombre como un ser enteramente racional al que convencer con argumentos racionales, resultó ampliamente superada.

Albert Speer, ministro de Armamentos de Hitler, dio cuenta —hipérboles aparte— de la centralidad de la propaganda y las nuevas tecnologías en la definición del totalitarismo nacionalsocialista cuando tuvo que comparecer en el juicio de Núremberg:

> La dictadura de Hitler difirió en un punto fundamental de todas sus predecesoras en la historia. Fue la primera dictadura del presente período de desarrollo técnico moderno, una dictadura que hizo un uso completo de todos los medios técnicos para la dominación de su propio país. Mediante elementos técnicos como la radio y el alto-parlante, ochenta millones de personas fueron privadas del pensamiento independiente. Es así como se pudo someterlas a la voluntad de un hombre […]. Los dictadores anteriores habían necesitado colaboradores muy calificados hasta en el más bajo de los niveles, hombres que pudieran pensar y actuar con independencia. En el período del desarrollo técnico moderno, el sistema totalitario puede prescindir de tales hombres; gracias a los modernos métodos de comunicación, es posible mecanizar las jefaturas de los grados inferiores. Como consecuencia de esto, ha surgido el nuevo tipo de recibidor de órdenes sin espíritu crítico.[103]

---

102. El gran teórico de los medios del siglo xx, Marshall McLuhan, escribió: «Que Hitler llegara a existir políticamente se debe directamente a la radio y a los sistemas de megafonía» (*Comprender los medios de comunicación. Las extensiones del ser humano* [Barcelona: Paidós, 1996], p. 307). El propio Hitler caracterizó la radio como un «arma terrible». Lenin, por su parte, reflexionaba en 1907 sobre el poder del cine: «Cuando las masas tomen posesión del cinematógrafo y éste llegue a estar en manos de los verdaderos veladores de la cultura socialista, se convertirá en uno de los medios más poderosos para educar a las masas» (citado en José Luis León, *Persuasión de masas* [Buenos Aires: Deusto/Espasa Calpe, 1993], p. 141). Vaya si el cineasta Serguéi Eisenstein, al servicio del régimen soviético, ha sacado provecho político de su arte en películas como *La Huelga* (1924) o *El acorazado Potemkin* (1925). Esta última impactó especialmente a Hitler y Goebbels, quienes supieron recoger el guante de la sofisticación del cine de propaganda con filmes como *El triunfo de la voluntad* (1935) u *Olympia* (1938), de la cineasta nazi Leni Riefenstahl. Valga destacar que el protagonista de estos filmes no es otro que las masas y sus líderes.

103. Citado en Aldous Huxley, *Retorno a un mundo feliz* (Ciudad de México: Porrúa, 2022), p. 178.

Los totalitarismos resultan inescindibles de las posibilidades políticas abiertas por la propaganda moderna y sus medios de comunicación. La fantasía de la *ideología total* —el credo político aceptado y repetido finalmente *por todos*—[104] se regocija en la base técnica que los medios le proveen. El sueño del totalitarismo es el *control directo sobre la consciencia y los procesos del pensamiento*, no solo de individuos particulares, sobre los que se ejercen técnicas directas, sino también en un nivel masivo, lidiando a distancia con las masas impersonales. Las técnicas de *reforma del pensamiento* y de *lavado de cerebro*, tan utilizadas por los totalitarismos, sobre todo de signo comunista, se complementan con las posibilidades abiertas por los medios de comunicación masivos; de ahí que los incipientes estudios de teoría de medios de masas pusieran por entonces el foco en los riesgos de la profunda dominación psíquica que estos representaban.[105] En efecto, no hay «hombre nuevo» sin cerebro nuevo, diseñado por la ideología y apuntalado previamente por la propaganda y las tecnologías de comunicación masiva.[106]

El totalitarismo opera sobre esta masa amoral e irreflexiva aprovechando las modernas técnicas que permiten los medios de comunicación masiva y su previo acondicionamiento mediante las instituciones de la educación pública (sea estatal o privada, aquí es indistinto). La unión entre los hombres, otrora operada por vía de la tradición, los usos y las costumbres, por aquello que el *contacto real* provocaba, ahora se gestará por vía de la técnica. Lo común del mundo, aquella porción de la realidad que apropiamos como *algo que nos sucede en común* y que hace posible que concibamos nuestras vidas como algo que se da sobre un mismo marco vital, dependerá ahora en gran medida de la técnica. Lo común sale de los altavoces y se proyecta en las pantallas; la masa, absorta por

---

104. Anota Hitler: «El éxito decisivo de una revolución ideológica consiste en lograr siempre que la nueva ideología sea inculcada a todos e impuesta después, por la fuerza si es necesario; en tanto que la organización de la Idea, esto es, el Movimiento mismo, deberá abarcar solamente el número de hombres indispensables para el manejo de los organismos centrales, en el mecanismo del futuro Estado» (*Mi lucha*, pp. 421-422). En un discurso del 23 de marzo de 1933, subraya la necesidad de los medios culturales: «Todo el aparato educativo, teatro, film, literatura, prensa, radiodifusión, servirá de medio para este fin y será considerado como conveniente» (*Discursos*, tomo 1, p. 123).

105. Las primeras teorías tomaron la lógica simple de «estímulo-respuesta»: los medios generan estímulos y provocan respuestas calculadas de antemano. Estas teorías tomaron el nombre de «bala mágica» o «aguja hipodérmica».

106. En el Congreso del Sindicato de los Periodistas Soviéticos del 13 de noviembre de 1918 se concluyó: «La prensa soviética es enteramente sumisa a la tarea esencial del momento, que consiste en poner en vigor la dictadura del proletariado» (George Mond, «Las comunicaciones de masas en la U.R.S.S. 1917-1953», en *Revista española de la opinión pública*, núm. 11, 1968, p. 122).

las nuevas tecnologías, se reúne a recibir sus mensajes y sus estímulos: se le comunica la *buena nueva*.[107] La *religación* se opera en los medios. Estos constituyen la plataforma *común*, la ventana de los hombres a una realidad común, pero con la mediación de la técnica y la interpretación de la ideología. La masa escucha y mira lo mismo, y obtiene al unísono el refuerzo de agitadores profesionales y adoctrinadores.[108] He aquí una nueva dimensión de lo real que se inmiscuye en su vida cotidiana, y que forma su conciencia, moldea sus opiniones, induce sus actitudes, juega con sus emociones y predispone sus reacciones.[109]

Sobre la base de estas condiciones socioculturales que se despliegan por completo en el siglo xx,[110] el totalitarismo afecta a la masa de una manera diferente de lo que ocurre con ella cuando es abandonada a la inercia de su propia dinámica, como ocurrió en los países no totalitarios y fue, en general, el mayor objeto de los análisis culturales modernos. El totalitarismo opera sobre la masa a través del adoctrinamiento compulsivo, procurando la creación de una comunidad ficticia. Mientras que los autoritarismos y las dictaduras modernas clásicas tienden a «privatizar» una vida pública que no logran controlar, los totalitarismos hacen lo opuesto, forzando a todos a actuar en la vida pública, precisamente

---

107. «La radiodifusión alemana era, desde 1932, competencia del Estado y se convertiría después de 1933 en un importante medio propagandístico. Sólo dos meses después de la creación del Ministerio de Propaganda comienza la producción masiva de un aparato radiofónico económico, el *Volksempfanger*. Seis años más tarde, el 70 por ciento de las casas germanas disponían de uno de estos receptores, lo cual representaba el mayor porcentaje del mundo. Para mayor seguridad Goebbels había sustituido a todos los profesionales de la radio por miembros del partido. [...] Hitler grababa previamente todos los discursos que iban a ser transmitidos por la radio. Goebbels estudiaba su voz, el timbre, los altos y bajos manipulando las cintas hasta obtener los efectos deseados. En locales públicos y empresas era obligatoria la audición de las transmisiones de los discursos de Hitler. De esta manera, las palabras del Führer provocaban la parada completa de la vida productiva del país» (Adrián Huici (coord.), *Los heraldos de acero. La propaganda de guerra y sus medios* [Sevilla: Comunicación Social Ediciones y Publicaciones, 2009], p. 158).
108. El despliegue de enormes cantidades de agitadores y adoctrinadores resulta esencial en los regímenes totalitarios para garantizar la adhesión expresa y continuada de los individuos masificados.
109. Hitler caracteriza la experiencia psicológica del hombre masificado imaginando lo que le ocurre «cuando es arrastrado por la fuerza sugestiva del entusiasmo de tres o cuatro mil personas, cuando el éxito visible de la causa y de la unanimidad de opiniones le proporcionan la convicción y la certeza del nuevo Movimiento, despertándole la duda sobre la verdad de sus antiguas ideas». Bajo esas circunstancias, este hombre «entonces estará bajo la influencia de lo que podríamos designar con estas palabras: sugestión de las masas. La voluntad, el ansia y también la energía de miles, se acumulan en cada uno» (*Mi lucha*, p. 352).
110. Sobre el caso excepcional del totalitarismo en la Antigüedad, como fenómeno cultural no deliberado por una élite consciente, sino endógeno de una comunidad étnica enteramente castrense, véase Vicente Gonzalo Massot, *Esparta. Un ensayo sobre el totalitarismo antiguo* (Buenos Aires: Grupo Editor Latinoamericano, 1990). También sobre fenómenos conexos al totalitarismo que ocurrieron en la Antigüedad, como es el caso de la esclavitud general al Estado y la planificación socialista, véase, respectivamente, Karl A. Wittfogel, *Despotismo oriental. Estudio comparativo del poder totalitario* (Madrid: Ediciones Guadarrama, 1966); y Louis Baudin, *El imperio socialista de los Incas* (Santiago de Chile: Zig-Zag, 1943).

porque la controlan. Pueden surgir solidaridades entre individuos que llegan a la ayuda mutua y la colaboración comunitaria, pero esta camaradería es disciplinaria: es una *falsa* «comunidad» (*Gemeinschaft*) cuyos vínculos personales siempre son mediados de manera impersonal por la militancia y la doctrina oficial. La vida privada termina siendo perseguida precisamente porque en ella pasa a residir el espacio comunitario donde se establecen en secreto verdaderos lazos interpersonales, y donde la opinión libre no preestablecida aparece —en contraposición a una supuesta unanimidad voluntaria de las masas— como una «disidencia», como algo ilegal que todos tienen la obligación de denunciar, pues se presume egoísta o criminal. Los totalitarismos encuadran a las masas en la adherencia a un movimiento político convertido en régimen, insertando al mismo tiempo a una gran parte de la población dentro de la estructura del Partido-Estado. En tanto que regímenes ideológicos, deben crear una militancia activa —pero intelectualmente pasiva— con respecto a su ideología, lo que implica la inserción de toda la población de una nación bajo una doctrina única, en forma irreflexiva y acrítica. El *prójimo* se convierte en un *camarada*.

Decíamos que el totalitarismo suponía el monopolio político del partido único. Ahora hay que decir que, además, supone también el *monopolio comunicacional* del partido único. La ideología de este es totalitaria, y su práctica también lo es, precisamente porque demanda una adhesión *total* por parte de la sociedad de masas. No puede haber nada en los márgenes; nada puede situarse fuera de ella; nada puede autoexcluirse de la masificación.[111] Quien osara pronunciarse contra la ideología oficial, o sencillamente dudara de sus dogmas, se convertiría de inmediato en un enemigo del partido y, por tanto, del Estado.[112] Pero estos peligros se resuelven de raíz: el partido procura monopolizar la comunicación, impidiendo así que surjan opositores ideológicos con capacidades técnicas para difundir ideas alternativas. Si surgen, sencillamente se los destruye. El Estado, que es *del* partido, ha de aplastar sistemáticamente a estos opositores, reales e imaginarios, tanto en su

---

111. Esta imposibilidad de quedarse al margen ha sido abordada en Vesko Branev, *El hombre vigilado* (Barcelona: Galaxia Gutenberg, 2009).

112. Surge así un cinismo generalizado. Tzvetan Todorov, quien conoció en carne propia el fenómeno totalitario, anota: «En la sociedad de los países de la Europa del Este, la adhesión a la ideología comunista desempeña cada vez más el papel de un simple ritual. Todos la reivindican, pero nadie —o casi nadie— cree en ella. [...] El comunista medio no es un fanático, sino un arribista cínico que hace lo que hay que hacer para acceder a una posición privilegiada y asegurarse una vida de mejor calidad. El motor de la vida social no es la fe en un ideal, sino la voluntad de poder» (*La experiencia totalitaria*, p. 27).

calidad de emisores como de receptores de contenidos no permitidos por el régimen.[113]

La torsión de la realidad

La desmesura totalitaria es tal que pretende ponerse por encima de lo real, deformando la realidad a fuerza de propaganda. El partido y, sobre todo, el líder de las masas se convierten en los poseedores indiscutidos de la *verdad*. La masa llega a creer, o al menos finge hacerlo, que *nunca se equivocan*; después de todo, ya hemos visto que son ellos quienes poseen la *clave* de las cosas, y esta se convierte precisamente en el criterio mismo de *lo verdadero*. Manifestar incredulidad resulta peligroso; tener un trabajo, disponer de una vivienda, acceder a alimentos, todo esto y más depende en un régimen totalitario de la adhesión incondicional y permanente. Convalidar la mentira se vuelve así una exigencia de carácter vital. El adoctrinamiento suele ser tan potente y penetra tan hondo que diversos estudios de la época dieron cuenta de que incluso los disidentes soviéticos no podían deshacerse fácilmente de las categorías ideológicas que el régimen había impuesto en la sociedad, y continuaban pensando en esos términos en sus exilios.[114]

En rigor, los líderes totalitarios utilizan todo el poder del que disponen para torcer la realidad en su favor: reescriben los hechos, hacen desaparecer las evidencias,[115] alteran el pasado,[116] redefinen y reinterpretan sus propias expresiones,[117] diseñan simulacros para el consumo

---

113. Por ejemplo, el artículo 58 del Código Penal de la URSS que entró en vigor en 1927 fue diseñado para reprimir toda actividad considerada «contrarrevolucionaria». Su sección 10 preveía prisión para los culpables de «propaganda contrarrevolucionaria», que básicamente significaba cualquier pronunciamiento crítico respecto del régimen o sus gobernadores. Por medio de la sección 12, a su vez, se disponía también la cárcel para todo aquel que no informara sobre «actividades contrarrevolucionarias» planificadas o perpetradas por otros. O sea, la cárcel esperaba no solo al disidente, sino a aquel que supiera sobre la existencia de disidentes cuya actividad pudiera ser calificada como «propaganda contrarrevolucionaria», por ejemplo, un lector o un radioescucha.
114. Véase Carl J. Friedrich y Zbigniew K. Brzezinski, *Dictadura totalitaria y autocracia* (Buenos Aires: Libera, 1975), pp. 194-195.
115. Edgar Morin daba cuenta del punto: «Nunca ha habido oficialmente un motín o una huelga en la URSS; los accidentes de ferrocarril o de aviación son proscritos de la realidad soviética; por contra, la alegría, el entusiasmo nos hablan del progreso incesante y de la expansión del comunismo» (*Qué es el totalitarismo* [Madrid: Anthropos, 1995], p. 63).
116. Durante la época de Stalin, por ejemplo, se reescribió la historia de la Revolución rusa con el objeto de borrar de ella el protagonismo de Trotski, Bujarin, Zinóviev, Kámenev y otros más que cayeron en desgracia política y fueron perseguidos y purgados por el régimen.
117. Por ejemplo, después del pacto entre Hitler y Stalin de 1939, tanto el aparato de propaganda nacionalsocialista como el comunista se dedicaron a reinterpretar la esencia de ambos regímenes, destacando los puntos de contacto en contraste con las «plutodemocracias» de Occidente. Véase Friedrich y Brzezinski, *Dictadura totalitaria y autocracia*, pp. 181-182. Por su parte, los cines y teatros de Moscú retiraron películas y obras antialemanas y antifascistas. El mismo

de los extranjeros,[118] proclaman profecías que ellos mismos se dedican a cumplir con arreglo al poder total. Los servicios secretos disponen incluso de «departamentos de desinformación».[119] Asimismo, condenados como estamos a dar cuenta de las cosas a través de las palabras, el totalitarismo se aprovecha de ellas para invertir los significados: llama «emancipación» a la sujeción absoluta a la autoridad estatal; califica de «democrática» a una élite enquistada en el poder; dice que «pacifica» allí donde arrasa a comunidades enteras;[120] caracteriza como «ciencia» su ideología; denomina «vanguardia» a prestidigitadores y profesionales de la manipulación; perpetra sus masacres y genocidios en nombre del «progreso» y la «Humanidad». Así pues, a diferencia del mero autoritarismo, que se limita a prohibir y censurar, el totalitarismo quiere convertirse en la referencia misma de lo real; su objeto de dominio es tan amplio que quiere incluir la realidad como tal bajo su poder. Hannah Arendt prestó especial atención a esta característica del totalitarismo, y propuso un ejemplo ilustrativo: «La afirmación [de Stalin] de que el Metro de Moscú es el único en el mundo es una mentira sólo mientras los bolcheviques no tengan el poder para destruir a todos los demás».[121]

La mentira se transforma, pues, en una característica circunstancial del discurso que puede convertirse en su opuesta de inmediato, con la única condición de que el partido totalitario ejerza el poder total. La propaganda es una mentira que promete convertirse en verdad por obra de la fuerza del liderazgo totalitario y de los recursos del Estado. Todo puede ser dicho, todo puede ser anunciado si se dispone de los medios

---

término «fascismo» desapareció de la prensa y de la radio soviéticas. Véase Guy Durandin, *La información, la desinformación y la realidad* (Barcelona: Paidós, 1995), p. 47.

118. La URSS invitaba a extranjeros ilustres para seducirlos con escenarios diseñados especialmente para venderles una realidad inexistente. Se les presentaba un paraíso socialista que funcionaba como propaganda hacia el exterior. A Jerzy Gliksman, por ejemplo, un abogado polaco, se lo invitó a un *tour* en una cárcel soviética, cuyas cómodas instalaciones y la humanidad con la que se trataba a los reclusos lo llevaron a escribir un libro apologético titulado *Tell the West* («Díselo a Occidente»). No sabía por entonces que solo cinco años más tarde él mismo terminaría preso en un campo de trabajo forzado que nada tenía que ver con aquella realidad de la que tan bien había hablado en su libro.

119. La KGB, por ejemplo, contó con su departamento de desinformación, denominado «departamento D». Véase Durandin, *La información, la desinformación y la realidad*, p. 45.

120. A principios de la década de 1920, los bolcheviques llamaban «pacificación» a las políticas de exterminio de regiones completas. Por ejemplo, la provincia de Tambov. La orden del día número 171, con fecha del 11 de junio de 1921, establece los métodos de la mentada «pacificación». Entre otros, se dispone a fusilar sin ningún tipo de juicio previo, ejecutar al primogénito de toda casa en la que se halle algún arma, enviar familias enteras a campos de concentración, tomar «rehenes», etcétera. Véase Courtois *et al.*, *El libro negro del comunismo*, pp. 159-160. Este tipo de «pacificaciones» se llevaron adelante en muchas otras regiones: Ucrania, Siberia occidental, Cáucaso, provincias del Volga.

121. Arendt, *Los orígenes del totalitarismo*, p. 485.

necesarios para ajustar la realidad a lo que se dice, en lugar de ajustar lo que se dice a la realidad. La *Idea* se convierte en *ens realissimum*; aquellos aspectos de la realidad —incluidos determinados grupos de la sociedad— que no coinciden con la Idea tienen fecha de vencimiento. Así, el totalitarismo hace volar por los aires el concepto de verdad como *correspondencia*:[122] la verdad del totalitarismo es una mentira que, por medio de la fuerza, *podría terminar siendo realidad*. Más aún: el grado de realidad del totalitarismo es una función del grado de sumisión de las masas a sus mentiras. El totalitarismo será más real cuanto más vivan las masas —por credulidad o por cinismo, poco importa— en sus mentiras.[123]

En este contexto, las masas están sociológicamente predispuestas a perder la brújula del sentido común, a desconfiar de la realidad que tienen frente a sus narices, y por eso resulta especialmente fácil engañarlas o, al menos, tornarlas apáticas y cínicas. Hannah Arendt lo explica con toda claridad. Vale la pena citarla *in extenso*:

La evasión de la realidad por parte de las masas es un veredicto contra el mundo en el que se ven forzadas a vivir y en el que no pueden existir, dado que la coincidencia se ha convertido en el dueño supremo y los seres humanos necesitan la transformación constante de las condiciones caóticas y accidentales en un molde fabricado por el hombre y de relativa consistencia. La rebelión de las masas contra el «realismo», el sentido común y todas las «plausibilidades del mundo» (Burke) fue el resultado de su atomización, de su pérdida de estatus social, junto con el que perdieron todo el sector de relaciones comunales en cuyo marco tiene sentido el sentido común. En su situación de desarraigo espiritual y social, ya no puede funcionar una medida percepción de la interdependencia entre lo arbitrario y lo planeado, lo accidental y lo necesario. La propaganda totalitaria

---

122. «… dice la verdad el que juzga que lo separado está separado y que lo unido está unido. Y dice falsedad aquel cuyo juicio está articulado al contrario de las cosas, ¿cuándo se da o no se da lo que llamamos verdad o falsedad? En efecto, ha de analizarse en qué decimos que consiste esto. Desde luego, tú no eres blanco porque sea verdadero nuestro juicio de que tú eres blanco, sino al contrario, porque tú eres blanco, nosotros decimos algo verdadero al afirmarlo» (Aristóteles, *Metafísica*, libro noveno, cap. X, 1051b [Madrid: Gredos, 2014], p. 318).

123. Friedrich y Brzezinski han destacado el efecto «vacío» que genera a la larga el monopolio de la información y los excesos de la propaganda totalitaria. Habitualmente ocurre, en efecto, que la población se vuelve incrédula, pero, como no cuenta con otras fuentes informativas, cae en la más profunda apatía. Los líderes totalitarios terminan siendo presos de sus propias mentiras y toman decisiones políticas irracionales. Véase *Dictadura totalitaria y autocracia*.

puede atentar vergonzosamente contra el sentido común sólo donde el sentido común ha perdido su validez.[124]

A través de la propaganda, la masa percibe la magnitud del poder totalitario y cree en él (o al menos se ve inducida a fingir que lo cree). La propaganda le enseña, en concreto, que para sus líderes todo resulta posible; después de todo, por medio de la propaganda la realidad se acomoda al líder, y no el líder a la realidad. Esto genera *entusiasmo* y *temor*, al mismo tiempo. Se juega de esta manera con las dos emociones más caras a la psicología política de los hombres, que son a la vez los principios psicológicos sobre los que descansa el totalitarismo. El arte de movilizar a las masas, después de todo, es el arte de saber cómo y cuándo inducirles entusiasmo y cuándo y cómo provocarles terror.

V. La índole del terror totalitario[125]

Lo específico del terror totalitario

Toca, pues, hablar del terror. Su índole, bajo el totalitarismo, difiere de las características y las funciones que asume bajo el despotismo de viejo cuño y el mero autoritarismo en general. Mantener atemorizados a los súbditos resultaba fundamental para el déspota en la medida en que así minimizaba las posibilidades de rebelión contra su régimen. En efecto, su gobierno no es el de las leyes ni el de la tradición y la costumbre, sino el de la arbitrariedad de un individuo y su camarilla, comandada por la capacidad de aplastar cualquier elemento perturbador. Por eso Montesquieu dirá en el siglo XVIII —décadas antes de la revolución— que el *temor* es el principio que rige y hace funcionar al despotismo: porque el déspota se hace obedecer en la medida en que se hace temer.[126]

---

124. Arendt, *Los orígenes del totalitarismo*, p. 488.

125. Concentraré la mayor parte de los ejemplos ofrecidos en este subcapítulo en la experiencia soviética. Tomo esta decisión motivado por el hecho de que, a diferencia de los bien conocidos y difundidos horrores del nacionalsocialismo, el comunismo goza hasta el día de hoy de buena salud propagandística. Ni en los medios de comunicación, ni en el sistema educativo ni en las instituciones culturales en general suele hablarse del terror comunista. Una extendida y bien calculada ignorancia protege hasta el día de hoy a los «idealistas» que sencillamente «luchan por un mundo mejor».

126. Bajo el despotismo, dice Montesquieu, «el hombre es una criatura que obedece a una criatura que exige» (*Del espíritu de las leyes* [Buenos Aires: Losada, 2007], p. 56). El principio de esta obediencia se funda en el temor.

El totalitarismo, en cambio, no se contenta con *hacerse obedecer*. El temor despótico, que funciona tan solo con el objeto de inhibir resistencias, se distingue del terror totalitario[127] en tanto y en cuanto este funciona principalmente como medio para *rehacer la realidad*. Dicho de otra forma, el terror en el totalitarismo es un medio no tanto para permanecer en el poder como para llevar adelante un ambicioso proyecto de *ingeniería social*. Lejos del temor que refrena y detiene el movimiento, y que se conforma por lo tanto con una sumisión petrificada,[128] el terror totalitario se concibe como un *acelerador* del movimiento inherente a las claves ideológicas preestablecidas que dan forma y contenido a sus delirios ingenieriles.[129] De esta manera, también a través del terror, el totalitarismo deja ver su radical modernidad.

De la dialéctica del despotismo, que produjo aquel embrión de totalitarismo tras la Revolución francesa, surgió por primera vez el terror como medio político para la ingeniería social. Tal como se vio en el anterior capítulo, la práctica del terror consolidada a partir de 1793 tuvo por objetivo no simplemente inhibir resistencias, sino redefinir la sociedad francesa como tal. Los revolucionarios bolcheviques tenían muy bien estudiada aquella experiencia, conocían sus ventajas y peligros, y atribuían a los jacobinos un descubrimiento que, a su turno, los bolcheviques también tendrían que aprender a usar.[130]

La índole del terror totalitario está dada por el componente ideológico revolucionario que le caracteriza. La ideología omnicomprensiva, como ya se dijo, supone la develación de una clave fundamental que funciona como premisa de todo acontecer: el pasado se explica mediante el funcionamiento retrospectivo de esta clave, el presente se interpreta con arreglo a su influjo actual y el futuro se vuelve enteramente previsible por el despliegue que cabe esperar de su lógica. Ahora bien, el elemento revolucionario, por su parte, se expresa allí donde semejante develación

---

127. Entiendo que el terror, a diferencia del mero temor, surge de la falta total de previsibilidad. El fenómeno del terrorismo, por ejemplo, se basa en la incertidumbre de no saber si uno puede ser o no la próxima víctima. No hay cálculo posible, no hay cursos de acción que eleven los niveles de seguridad, no hay decisiones a la vista que logren ponerlo a uno a salvo: el terror es el fruto de la más desesperante imprevisibilidad.

128. «Así como el principio del gobierno despótico es el temor, su objetivo es la tranquilidad» (Montesquieu, *Del espíritu de las leyes*, p. 94).

129. Nikita Kruschev, en su discurso revisionista de 1956, en el que se enfrenta directamente a la figura del ya fallecido Stalin, expresará sobre el régimen de terror construido por este último que «no podemos decir que fuesen las acciones de un déspota loco, él consideró que esto debía hacerse en el interés del partido, de las masas trabajadoras, en nombre de la defensa de los logros de la revolución. En esto está toda la tragedia» (Linz, *Sistemas totalitarios y regímenes autoritarios*, p. 515).

130. Véase Furet, *Marx y la Revolución Francesa*.

demanda la *reconstrucción* del mundo a la medida de esa clave fundamental que se acaba de descubrir (a la clave cognitiva del progreso imparable
de la Razón le corresponde a la postre un mundo sin hombres «tradicionalistas» y «prejuiciosos»; a la clave económica de clases le corresponde
como punto de llegada un mundo «sin clases explotadoras»; a la clave
biológica de razas le corresponde al final del camino un mundo «sin razas
inferiores»). Pero reconstruir el mundo conforme al contenido de la *Idea*
es violentarlo en lo que tiene de existencia real y efectiva (esto es, en la
realidad de la *pluralidad* de hombres, costumbres y tradiciones, niveles
socioeconómicos y características hereditarias fenotípicas). Aquí juega su
papel más cabal el terror totalitario: aniquilar lo plural para garantizar
la victoria del *Uno*; adecuar la realidad a las exigencias de la *Idea*.

Solo en un primer momento se disponen los recursos represivos
con relativa exclusividad para la persecución y el aplastamiento de las
voces políticas disidentes. Los enemigos del régimen son aquellos que
lo desafían y, en este sentido, subsiste cierta racionalidad en la política
represiva que se dirige contra ellos. Para ser aniquilado, uno todavía
tiene al menos que *decir* o *hacer* algo en concreto; la violencia contra
uno todavía es la consecuencia de un curso de acción calculable y, por
tanto, evitable. En este sentido podía interpretarse aquello que Grigori
Zinóviev, uno de los más importantes dirigentes bolcheviques, exclamaba
en septiembre de 1918:

> Para deshacernos de nuestros enemigos, debemos tener nuestro propio
> terror socialista. Debemos atraer a nuestro lado digamos a noventa
> de los cien millones de habitantes de la Rusia soviética. En cuanto
> a los otros, no tenemos nada que decirles. Deben ser aniquilados.[131]

Ese mismo mes, el gobierno soviético legalizó esta forma de
terror a través de un decreto titulado «Sobre el terror rojo». La letra
del texto justificaba la actividad terrorista de la Cheka[132] en virtud
de la necesidad de «proteger la República soviética contra sus enemigos de clase aislando a éstos en campos de concentración, fusilar en
el mismo lugar a todo individuo relacionado con organizaciones de
guardias blancos, conjuras, insurrecciones o tumultos…».[133] Desde
entonces, la Cheka, que en 1922 se institucionalizó permanentemente

---

131. Citado en Courtois *et al.*, *El libro negro del comunismo*, p. 107.
132. Policía política cuya función supuestamente temporal consistía en perseguir y aniquilar toda
oposición al régimen.
133. Citado en Courtois *et al.*, *El libro negro del comunismo*, p. 107.

como GPU (más tarde optaría por el nombre de NKVD), fue utilizada de manera sistemática para aniquilar todo estorbo: desde revueltas campesinas[134] hasta huelgas obreras;[135] desde partidos y fuerzas políticas no subordinadas hasta amotinamientos en el seno del Ejército Rojo; desde intelectuales inconformes hasta protestas eclesiásticas.[136]

La persecución de presuntos enemigos políticos, que se suponía una medida extraordinaria de los primeros tiempos de la revolución, en realidad se fue consolidando e institucionalizando cada vez más con el paso del tiempo y la consolidación del régimen. El artículo 58 del Código Penal de la URSS, que entró en vigor en 1927 con el fin de perseguir las actividades «contrarrevolucionarias», es un ejemplo de esto último. Según su letra, cualquier acción que incluso «debilite» el poder de los comunistas queda encuadrada como «contrarrevolucionaria», de la misma forma que cualquier omisión —como dejar de denunciar a un traidor— que tenga el mismo propósito o efecto. El hecho de «no informar una acción contrarrevolucionaria», por ejemplo, constituye un delito «contrarrevolucionario» al que corresponden 6 meses de prisión (párrafo 12). Entablar comunicaciones con extranjeros constituye, bajo determinadas condiciones, también un acto contrarrevolucionario que lo convierte a uno en «enemigo del pueblo», por lo que le corresponde la pena de ejecución (párrafo 3). El mismo destino se prevé para quien «ayude a la burguesía internacional» (párrafo 4), para quien promueva «propaganda y agitación

---

134. Las revueltas campesinas empezaron en 1918 y no terminaron hasta 1921. Los motivos principales tenían que ver con las requisas confiscatorias y el reclutamiento militar forzoso. Lenin llamó a emprender una «guerra inmisericorde y terrorista contra la burguesía campesina» (citado en Pipes, *La revolución rusa*, p. 794). La Cheka arrasó con aldeas completas, deportó en masa y masacró a las familias campesinas sin piedad. Las tierras cosacas del Don y del Kubán eran corrientemente calificadas como la «Vendée soviética». «Según las estimaciones más fiables, [en dichas regiones] entre 300.000 y 500.000 personas fueron muertas o deportadas en 1919-1920, sobre una población total que no superaba los 3.000.000 de personas» (Courtois *et al.*, *El libro negro del comunismo*, p. 141).

135. El 16 de marzo de 1919, por ejemplo, la Cheka irrumpió en la fábrica Putilov, cuyos obreros se encontraban en huelga. «Alrededor de novecientos obreros fueron detenidos. En el curso de los días siguientes, cerca de doscientos huelguistas fueron ejecutados sin juicio en la fortaleza de Schüsselburg» (Courtois *et al.*, *El libro negro del comunismo*, p. 121). Otro ejemplo ilustrativo se dio casi al unísono en las huelgas obreras de la ciudad de Astracán, cuando del 12 al 14 de marzo «se fusiló y ahogó entre dos mil y cuatro mil obreros huelguistas y amotinados» (ibíd., p. 123).

136. La primera persecución bolchevique contra el clero tiene lugar en el período 1918-1922. «Según fuentes eclesiásticas, 2.691 sacerdotes, 1.962 monjes y 3.447 monjas fueron asesinados en 1922» (Courtois *et al.*, *El libro negro del comunismo*, p. 172). En el período 1929-1930, se desarrolla una segunda ofensiva: se expropian y cierran templos (para el 1 de marzo de 1930, 6.715 iglesias habían sido cerradas), se persigue a quienes prestan servicio en el culto asimilándolos a los *kulaks* (se calcula que en 1930 cerca de 30.000 ministros fueron «deskulakizados»), se les retira las cartillas de racionamiento, se los deporta y, en muchos casos, también se los ejecuta (véase Courtois *et al.*, *El libro negro del comunismo*, pp. 230-233). La tercera ofensiva contra el clero, la más cruenta de todas, tendría lugar en 1937.

contrarrevolucionaria» (párrafo 10), para «cualquier utilización de los prejuicios religiosos de las masas [...] que pretenda debilitar el Estado» (párrafo 10), y así sucesivamente. Es fácil apreciar que las categorías son tan amplias e indefinidas —y con ese fin han sido precisamente diseñadas—[137] que en la práctica cualquier acción puede ser eventualmente interpretada como «contrarrevolucionaria». Se prevé la pena capital, por ejemplo, para quien procure debilitar los «principales logros» (párrafo 1) de la revolución, así como también para el «cumplimiento intencionalmente insatisfactorio de ciertas obligaciones» (párrafo 14). Como si esto fuera poco, el régimen soviético aplicó el llamado «principio de analogía», según el cual un determinado acto que no esté explícitamente codificado como delito puede, sin embargo, considerarse tal cosa «por analogía», es decir, por su semejanza a otro tipo de acto debidamente codificado.[138]

El momento totalitario del terror, no obstante, se despliega especialmente cuando el criterio colectivista orienta la política represiva del régimen. Esto ocurre cuando determinados grupos sociales son señalados como *intrínsecamente* culpables según la lógica de la clave ideológica encumbrada (clase o raza; evolución económica o evolución biológica). *Decir* o *hacer*, en tanto que acción que brota de una decisión individual consciente, ya no determina la reacción violenta del aparato totalitario; la más completa sumisión ya no lo salva a uno necesariamente. Ahora basta con *pertenecer* al grupo señalado como culpable de refrenar el despliegue de la clave fundamental; o sea, ahora basta con *ser*. Las clases poseedoras refrenan la evolución económica hacia un mundo sin clases; las razas inferiores refrenan el mejoramiento biológico de la humanidad. Su exterminio es sencillamente una anticipación de algo que *de todas maneras debe ocurrir* y que, mientras no termine de ocurrir, nos condena a estar lejos de la plenitud prometida. Así pues, la violencia no se desata contra mí en tanto que responsable de una acción determinada, sino en tanto que portador de una identidad definida. La violencia es contra mí *en tanto que esto soy yo*; y resulta que esto que soy ralentiza el advenimiento de una sociedad mejor.[139] Este es el momento propio

---

137. El 17 de mayo de 1922, cuando se estaba trabajando precisamente en un nuevo Código Penal, Lenin escribió a Kursky, comisario del pueblo para la Justicia, sobre el articulado referido a los delitos políticos: «La formulación debe ser lo más abierta posible, porque sólo la conciencia legal revolucionaria y la conciencia revolucionaria crean las condiciones de aplicación fácticas» (citado en Courtois *et al.*, *El libro negro del comunismo*, p. 174).

138. Véase Aron, *Democracia y totalitarismo*, p. 280.

139. Joseph Goebbels fue portada de la revista *Time* el 10 de julio de 1933 bajo la declaración: «Los judíos tienen la culpa». Esta misma frase se convirtió en título de un artículo suyo de noviembre de 1941 publicado en el semanario *Das Reich*. La culpa que menciona no es en absoluto individual, sino colectiva: el mero hecho de ser judío lo convierte a uno en culpable.

de la ingeniería social totalitaria: se trata de construir una sociedad en la que el reino de los vivos revista una serie de características humanas previamente calculadas.[140] Mientras tanto, el reino de los muertos reclama con impaciencia lo suyo. Bajar el cielo a la tierra implica, en la dialéctica totalitaria, hacer de ella previamente un infierno para los no salvos.[141]

Martin Latsis, un alto funcionario de seguridad de la Cheka, no podía ser más claro al respecto:

> Estamos exterminando a la burguesía como clase. No es necesario probar que fulano o zutano contravino los intereses del poder soviético en palabra u obra. Lo primero que deben preguntar a un detenido es lo siguiente: ¿a qué clase pertenece, de dónde es, qué educación recibió y cuál es su profesión? Estas preguntas decidirán el destino del acusado. Ésta es la quintaesencia del Terror Rojo.[142]

Igualmente claro fue el jurista nacionalsocialista H. Hoehn cuando elogió a Reinhard Heydrich, uno de los más íntimos colaboradores de Himmler, alegando que consideraba a sus adversarios «no como individuos, sino como portadores de tendencias que ponían en peligro al estado y que por eso se hallaban más allá del umbral de la comunidad nacional».[143]

Así pues, un rasgo común de los dos totalitarismos en los que aquí me he concentrado es que han procurado la completa destrucción de determinadas categorías sociales. Estas categorías no obedecen por necesidad a consideraciones de culpabilidad individual, ni siquiera a cálculos políticos tales como la amenaza que ellas podrían eventualmente

---

140. Hay una conversación que el dirigente menchevique Rafael Abramovich recuerda haber tenido en 1917 con Feliks Dzerzhinsky, futuro jefe de la Cheka, que pone de manifiesto la mentalidad ingenieril totalitaria a la que me refiero. Ambos se encuentran hablando sobre la esencia de una constitución, determinada por la relación de fuerzas sociales en un país y en un momento dado. Surge entonces el problema de cómo transformar esa correlación entre lo social y lo político, ante lo que Dzerzhinsky plantea: «¿Pero no se podría cambiar radicalmente esa correlación?, ¿por ejemplo, mediante la sumisión o el exterminio de algunas clases de la sociedad?» (citado en Courtois *et al.*, *El libro negro del comunismo*, p. 106).

141. La lógica colectivista explica en gran parte por qué la matanza (tanto nacionalsocialista como comunista) incluye también a los niños. Al niño no le corresponde ninguna responsabilidad en tanto que individuo, pero carga sobre sus hombros su procedencia, su identidad. En ese sentido, se vuelve tan culpable como cualquier adulto de su grupo social.

142. Citado en Nolte, *La guerra civil europea, 1917-1945*, p. 350. En efecto, fue una práctica habitual de la Cheka someter a poblaciones enteras a largos formularios en los que debían contestar preguntas sobre su origen social, su pasado, sus ingresos, sus actividades, su educación, etcétera. En el istmo de Perekop, por ejemplo, en función de estas respuestas la población fue dividida en tres grupos: los que debían ser fusilados, los que debían ser enviados a campos de concentración y los que recibían el perdón (véase Courtois *et al.*, *El libro negro del comunismo*, pp. 147-148).

143. Citado en Arendt, *Los orígenes del totalitarismo*, p. 572.

representar para la estabilidad del régimen. Su amenaza es, en todo caso, de índole *existencial*. El nacionalsocialismo identificó como enemigos a los judíos, los gitanos, los discapacitados, los negros, los homosexuales y a determinadas poblaciones que estaban bajo su ocupación. Los comunistas, a su vez, sindicaron como contrarrevolucionarios a los burgueses, los terratenientes, los cosacos,[144] los *kulaks*,[145] los miembros de otras fuerzas políticas, a determinados grupos nacionales o étnicos de zonas que cayeron bajo su dominio, a diversos grupos de campesinos, además del clero en general.

La pérdida de la condición humana

En el camino que lleva a su exterminio, estos grupos pierden su *condición humana*, en primer lugar, por obra del discurso. Las palabras hacen de ellos entidades infrahumanas, insectos molestos, plagas imposibles de soportar. Las plagas se *exterminan*. En un ensayo de 1908 («Lecciones de la comuna»), Lenin ya aplicaba el término «exterminio» para referirse a una necesidad política que un grupo *debe* cumplir en detrimento de otro: el proletariado debe exterminar a la burguesía. La guerra de clases es una *guerra de exterminio*. Cuando Hitler, en *Mi lucha,* llamó «sabandijas venenosas» y «manada de ratas feroces»[146] a los judíos y clamó por su exterminio, ya había aprendido de Lenin, quien tildaba a los *kulaks* de «arañas», «chupasangres» y «sanguijuelas». En 1918, en el marco de su guerra contra los campesinos, llegó a solicitar «la depuración en el terreno ruso de todo insecto dañino, toda pulga desvergonzada, toda chinche [...] los ricos, y así sucesivamente».[147] Maestros de la deshumanización a través del lenguaje, los bolcheviques entendieron muy bien que el exterminio de categorías sociales enteras empezaba precisamente en el terreno de las palabras.

A diferencia del mero autoritarismo, que resulta más violento cuanto menos firme se halla en el poder y menos violento cuanta menos oposición

---

144. Una resolución secreta del Comité Central, del 24 de enero de 1919, reza: «En vista de la experiencia de la guerra civil contra los cosacos, es necesario reconocer como sola medida políticamente correcta una lucha sin compasión, un terror masivo contra los ricos cosacos, que deberán ser exterminados y físicamente liquidados hasta el último». En junio, Reingold, presidente del comité revolucionario del Don, reconoció que la destrucción de los cosacos fue indiscriminada: «Hemos tenido una tendencia a realizar una política de exterminio masivo de los cosacos sin la menor distinción» (citado en Courtois *et al.*, *El libro negro del comunismo*, p. 137).

145. «¡Guerra inmisericorde contra los *kulaks*! ¡Muerte a todos ellos!», exclamaba Lenin ya en 1918 (citado en Pipes, *La revolución rusa*, p. 800).

146. Hitler, *Mi lucha*, pp. 133 y 230.

147. Citado en Pipes, *La revolución rusa*, p. 859.

encuentra, el totalitarismo, por la índole misma de sus objetivos ingenieriles, y por medio de la redefinición sucesiva de las categorías de indeseables plagas a las que corresponde exterminar,[148] resulta más violento cuanto más afianzado se encuentra el régimen.[149] El nacionalsocialismo fue infinitamente más asesino a partir de 1939 que en 1933. El terror bolchevique fue mucho más destructivo durante el estalinismo que durante la guerra civil que siguió a la revolución de 1917. Que el terror es un medio para rehacer la sociedad —su estructura, sus instituciones, sus valores dominantes— e incluso al hombre como tal —a la nueva sociedad le corresponde el «hombre nuevo»— salta a la vista precisamente cuando consideramos que, a mayor dominio, mayores niveles de terror. La teoría en cuestión se expuso sin ambages en el pleno del Comité Central soviético, en febrero de 1937: «Cuanto más se avanza hacia el socialismo, más encarnizada es la lucha de los residuos de las clases moribundas».[150] O sea, cuanto más se afianza el socialismo, más se debe reprimir a aquellos que no encajan en el paraíso igualitario. El terror se vuelve *sistema*; el terror es, de hecho, el núcleo duro del régimen totalitario.[151]

Ninguna ley hecha por los hombres puede poner a salvo a aquellas categorías de personas indeseables. Sobre ellas pesa el veredicto de la clave fundamental —*ley de leyes*— que la ideología ha develado: las

---

148. Arendt explica al respecto que «los nazis, previendo la conclusión del exterminio de los judíos, habían dado ya los pasos preliminares para la liquidación del pueblo polaco, mientras que Hitler proyectaba incluso diezmar ciertas categorías de alemanes; los bolcheviques, habiendo empezado con los descendientes de las antiguas clases dominantes, dirigieron todo su terror contra los *kulaks* (en los primeros años de la década de 1930), que a su vez fueron sucedidos por los rusos de origen polaco (entre 1936 y 1938), por los tártaros y los alemanes del Volga durante la guerra, por los antiguos prisioneros de guerra y las unidades de las fuerzas de ocupación del Ejército Rojo después de la guerra y por la judería rusa tras el establecimiento de un estado judío» (*Los orígenes del totalitarismo*, p. 573).
149. «Todo ocurrió como si, entre 1917 y 1938, el terror revolucionario, en lugar de debilitarse progresivamente, se acrecentase en la misma medida en que avanzaba la estabilización del régimen», nota Aron sobre la URSS (*Democracia y totalitarismo*, p. 284). En el caso del nacionalsocialismo, el terror se agudiza especialmente a partir de 1941, o sea, varios años después del acceso al poder. Esta característica también es notada por Linz, *Sistemas totalitarios y regímenes autoritarios*, p. 519, y por Arendt, *Los orígenes del totalitarismo*, p. 570.
150. Citado en Courtois *et al.*, *El libro negro del comunismo*, p. 269.
151. Esta idea, que pertenece a Hannah Arendt, ya había sido esbozada de alguna manera por Isaac Steinberg, quien se desempeñó como comisario de Justicia de Lenin. Ya en 1920, Steinberg escribía: «El terror no es un gesto individual, ni una manifestación aislada, fortuita —incluso recurrente— de la furia del gobierno. El terror es un *sistema* [...], un plan legalizado del régimen con miras a lograr la intimidación masiva, la coacción masiva, el exterminio masivo. El terror es un registro calculado de castigos, represalias y amenazas mediante los cuales el gobierno intimida, seduce e impone el cumplimiento de su imperiosa voluntad. El terror es un manto pesado y asfixiante que se tiende desde arriba sobre *toda* la población del país, un manto tejido con desconfianza, vigilancia acechante y sed de venganza» (citado en Pipes, *La revolución rusa*, pp. 861-862).

«clases moribundas» de Stalin no son más que eso mismo, muertos que todavía viven, cuya desaparición definitiva ya ha sido decretada por las leyes de la evolución económica. Las «razas subhumanas» y los «defectuosos» identificados por Hitler, por su parte, tampoco son más que eso mismo: componentes desechables de la humanidad cuya extinción ya está predeterminada por las leyes de la evolución biológica. La ley humana jamás puede detener estos veredictos superiores; o los acompaña, o al menos no los estorba. De aquí surgen los niveles de inseguridad jurídica nunca vistos antes del totalitarismo; de aquí que el Estado totalitario se presente como el reverso del Estado de derecho. Es la ideología totalitaria, y no la ley, la que conforma el orden social. El fiscal general de la URSS, Andréi Vishinski, reconocía precisamente esto cuando escribía en 1935 que «la ley formal está subordinada a la ley de la revolución».[152] Solo así se entiende que en importantes procesos judiciales las paredes se adornaran con consignas que rezaban: «Los obreros y campesinos juzgan conforme a los principios de la lucha de clases».[153] Ni siquiera las normas morales se salvaron de su entera subordinación a la ideología cuando Lenin definió que «la moralidad es lo que sirve a la destrucción de la vieja sociedad de explotadores y a la unión de todos los trabajadores».[154] De ahí que Trotski pudiera decir en 1917: «No hay nada inmoral en que el proletariado acabe con la clase moribunda, es su derecho».[155]

Bajo el totalitarismo, o se es víctima o se es victimario. La población entera, la masa en general, resulta movilizada en el sentido del exterminio. Unos exterminan y otros son exterminados, pero nadie debería quedarse al margen de la matanza. El bolchevismo animó de diversas maneras a la población a participar de lo que él mismo llamó «terror de masas». La lucha de clases, en la visión marxista, supone una ventaja cuantitativa para la clase obrera con respecto a la burguesía. Esa ventaja debía notarse en el terreno, debía materializarse en la forma de ejercer el terror. Las masas debían mancharse las manos de sangre: «Que corran ríos de la sangre de la burguesía, más sangre, tanta como sea posible»,[156] incitaba un órgano del Ejército Rojo en 1918. Ese mismo año, Lenin solicita a las autoridades que «*introduzcan de una vez por todas* el terror

---

152. Citado en Linz, *Sistemas totalitarios y regímenes autoritarios*, p. 515.
153. Véase Nolte, *La guerra civil europea, 1917-1945*, p. 402.
154. Citado en ibíd., p. 400.
155. Así continuaba: «Os indignáis [...] ante el terror ínfimo que ejercemos sobre nuestros enemigos de clase, pero sabed que en un mes más, como mucho, el terror habrá de adquirir formas mucho más aterradoras, siguiendo el modelo de los grandes revolucionarios franceses» (citado en Pipes, *La revolución rusa*, p. 860).
156. Citado en ibíd., p. 892.

de masas».[157] Nikolái Krilenko, dirigente bolchevique que llegaría a ser comisario del pueblo de Justicia, resumió perfectamente la índole del terror del totalitarismo: «Debemos ejecutar no solo al culpable. La ejecución del inocente impactará a las masas incluso más».[158]

La revolución (una vez más) se come a sus hijos

Tras una fase de exterminio de los disidentes y otra de exterminio de categorías sociales enteras, un tercer momento del terror totalitario irrumpe cuando, ya fuera de control, este amplía sus márgenes de tal modo que llega incluso a las propias filas de la élite totalitaria. En ese embrión de totalitarismo que hallamos en la Revolución francesa ya se notó aquello de que «la revolución se come a sus hijos». En el siglo xx, el comunismo repitió la historia a una escala todavía mayor.[159] Las inmensas purgas estalinistas resultan icónicas al respecto: «Tres de los cinco mariscales, 14 de los 16 jefes de ejército de clase I y II, 60 de los 67 cuerpos de ejército, 136 de los 199 jefes con mando y cerca de la mitad del cuerpo de oficiales, [en total] unos 35.000 fusilados o presos»,[160] solo en lo que concierne al Ejército Rojo. Pero los purgadores terminarán siendo también purgados muy pronto. Tal fue, por ejemplo, el destino de los altos oficiales que hicieron las veces de jueces frente a los comandantes de dicha institución militar en los procesos de junio de 1937. Ya por entonces, las purgas dejan de concentrarse en los cuadros dirigentes y llegan a los estratos inferiores del partido, desatándose una histeria colectiva de denuncias masivas cruzadas. Los motivos de sospecha se agudizan en torno a las características sociales del acusado: ser hijo de *kulaks*, provenir de una familia de comerciantes, tener algún pariente viviendo en el extranjero, detentar cierto origen nacional o étnico, etcétera. Otra vez, los purgadores que respondían

---

157. Citado en ibíd., p. 888.
158. Citado en ibíd., p. 894.
159. El nacionalsocialismo también tuvo sus purgas. El episodio más rimbombante tuvo lugar en 1934, cuando el capitán Ernst Röhm, jefe de las SA y uno de los hombres más cercanos a Hitler, terminó muerto (junto a varios más, como Schmidt y Heines) por órdenes de su líder. Así lo comunicaba Hitler: «Se ha fusilado a diecinueve jefes superiores de las Secciones de Asalto, a treinta y un jefes de las Secciones y miembros de las mismas. Así mismo perdieron la vida tres jefes de las Secciones Especiales de Protección (SS), que habían participado en el complot y que trataron de resistirse a su detención; otros dos se suicidaron y cinco miembros del partido que no pertenecían a las SA fueron fusilados por su participación en el complot. También se fusiló a tres SS culpables de malos tratos a los prisioneros» (citado en Max Gallo, *La noche de los cuchillos largos* [Barcelona, Bruguera: 1976], p. 441).
160. Linz, *Sistemas totalitarios y regímenes autoritarios*, p. 516. Referencia a Conquest, *Great Terror*, p. 485.

por entonces a la policía secreta dirigida por Nikolái Yezhov resultaron purgados pocos meses más tarde. El propio Yezhov fue, por su parte, condenado y ejecutado en 1940.

En el conjunto de estos procesos, nueve de cada diez militantes del partido fueron perseguidos o eliminados.[161] En lo que se refiere a la dirigencia, Ernst Nolte señala que, para la reunión del 18° Congreso del Partido, en marzo de 1939, «habían muerto o desaparecido no menos de 1.108 delegados de los 1.996 que asistieron al 17° Congreso en 1934. E incluso de los restantes, sólo 59 volvieron a presentarse en el auditorio». Su conclusión es fulminante: «Hasta ese momento ningún partido comunista del mundo había sufrido una matanza semejante, ni siquiera el KPD a manos de Hitler. Ningún gobierno había infligido jamás tantas bajas a su propio pueblo en tiempos de paz».[162]

Entre los estudiosos del totalitarismo siempre ha llamado la atención el extraño fenómeno de las autoacusaciones y las confesiones, por parte de los mismos purgados, de crímenes que después se demostró que no se habían producido. Ya desde el primer gran juicio público del 19 de agosto de 1936, los acusados confesaron haber planificado atentados contra dirigentes de la Unión Soviética. En el banquillo se encontraban, por ejemplo, Grigori Zinóviev y Lev Kámenev, dos de los más estrechos colaboradores de Lenin. Mientras el primero confesaba haberse vuelto «fascista» por medio de su adhesión al trotskismo, el segundo, a pesar de estar siendo purgado, llamaba públicamente a apoyar a Stalin, entendiendo que su condena constituía un acto de justicia. Mrachkovski, un viejo cuadro del partido, solicitaba para sí mismo la pena de fusilamiento como medida ejemplar de cara a la clase obrera. El general Yakir, condenado a la pena capital, murió gritando: «Viva el partido, viva Stalin».[163] ¿Qué movilizaba a los cuadros dirigentes a confesar crímenes que no solo no habían cometido, sino que en muchos casos ni siquiera habían existido? Nunca se encontró una respuesta definitiva para esta cuestión, pero semejante anomalía, política y psicológica al mismo tiempo, siempre ha sido interpretada como algo propio del desquiciamiento totalitario.[164]

---

161. Véase Gonzalo Redondo, *Las libertades y las democracias*, tomo XIII, Colección *Historia Universal* (Pamplona, Eunsa: 1984, p. 241).
162. Nolte, *La guerra civil europea, 1917-1945*, p. 273.
163. Nolte, *La guerra civil europea, 1917-1945*, p. 269.
164. Las explicaciones ofrecidas por los estudiosos van desde la psicología de los acusados, comprometida con los postulados ideológicos del régimen hasta el punto de asumir culpas indebidas, pasando por acuerdos secretos entre los acusados y sus acusadores, hasta el quiebre producido por la tortura física y psíquica que los llevaba al desvarío de admitir algo que no había existido nunca. Esta última es la razón que ha esgrimido el mismo Kruschev, tras condenar al estalinismo: «¿Cuáles eran las pruebas ofrecidas? Las confesiones de los detenidos que los jueces encargados

Resulta sintomático que la purga estalinista haya terminado casi al mismo tiempo en que Stalin publica una nueva historia de la Revolución rusa y del Partido. ¿Acaso es posible cambiar el pasado a fuerza de transformar aquello que, en forma de continuidad, el presente recibe de él? En rigor, el pasado jamás se cambia (solo lo que *está sucediendo* puede torcer su trayectoria), pero sí nuestro conocimiento sobre él y las interpretaciones que en torno suyo aventuramos. Para reescribir los hechos, el ingeniero social totalitario utiliza no solo la propaganda, sino también el terror. Aniquilar la memoria es posible mediante la aniquilación de sus portadores; borrar determinados sucesos es posible borrando físicamente a sus protagonistas; inventar hechos es factible cuando no quede en pie nadie con el valor suficiente para contradecirlos. Stalin diezmó a su propio partido para luego reescribir su historia.[165]

Más allá del partido, la sociedad como tal también fue purgada. Se aprovechó para disponer la «liquidación de antiguos *kulaks* y otros elementos antisoviéticos» (orden operativa 00447, 30 de julio de 1937); menos de un mes más tarde se sumó una operación de «represión de familias de enemigos del pueblo» (orden operativa 00486, 15 de agosto de 1937). Así las cosas, el régimen establecía «cuotas» que determinaban cantidades de personas a fusilar y cantidades de personas a deportar hacia campos de concentración. Las fuerzas represivas locales del partido debían concretar esas cuotas que, además, iban siempre en aumento. Cuando no se detenía a suficientes «saboteadores», por ejemplo, había que arreglárselas para montar un sabotaje que permitiera alcanzar la cuota prevista (esto ocurrió, por ejemplo, en Turkmenia).[166] No era poco habitual que los ejecutores de las órdenes se excedieran de lo que en principio establecían las cuotas (por ejemplo, en Turkmenistán, la cuota de fusilamientos era de 3.225, pero fusilaron a 4.037 personas).[167] Según se desprende de documentos otrora confidenciales, solamente entre 1937 y 1938, alrededor de 1.575.000 personas fueron detenidas por el

---

de la investigación tomaban en serio. ¿Cómo lograr que los acusados confesasen crímenes que no habían cometido? De una sola manera, aplicando métodos físicos de presión, de tortura, que llevaban a un estado de inconsciencia, de derrota intelectual, de privación de la dignidad humana. Es así como se obtenían las confesiones» (citado en Aron, *Democracia y totalitarismo*, pp. 287-288).

165. Incluso el archivo fotográfico fue intervenido. Las tecnologías de la época permitieron editar fotos icónicas de la historia de la revolución donde aparecían líderes purgados por el régimen. Trotsky, Kamenev, Antípov, Kírov, Shvérnik, Kømarov y el mismísimo Yezhov fueron cuidadosamente borrados de fotografías de la época (véase «Borrando al enemigo», *La Tinta*, 13 de septiembre de 2017, https://latinta.com.ar/2017/09/13/borrando-al-enemigo/).

166. Véase Courtois *et al.*, *El libro negro del comunismo*, p. 256.

167. Ibíd., p. 253.

NKVD (Comisariado del Pueblo para Asuntos Internos); 1.345.000 fueron condenadas y, de ellas, 681.692 fueron ejecutadas.[168]

Como se desprende de la citada orden operativa 00486, una característica llamativa del terror totalitario es que la culpabilidad se podía extender a la familia del acusado. Los nacionalsocialistas, a su vez, por inventiva de Himmler, supuestamente inspirado por los teutones, aplicaron el *Sippenhaft*, una norma por medio de la cual perseguían también a los parientes de los acusados de determinadas faltas o crímenes, habitualmente políticos. Así, por ejemplo, se condenó a Alexander von Stauffenberg, a pesar de estar sirviendo en Grecia y de no tener conocimiento alguno de un atentado que planificaba su hermano Claus. Los comunistas, por medio del mencionado artículo 58 del Código Penal de la URSS, también previeron duras penas para los familiares de quien cometiera determinadas faltas como, por ejemplo, huir al extranjero o fugarse tras una condena. En ambos casos, el desquite recaía sobre los parientes, que terminaban en la prisión, en campos de trabajo forzado o directamente ejecutados. La esposa de Bujarin, por ejemplo, fue acusada de ser pariente de un «enemigo del pueblo». Casi todos los parientes del mariscal Mijail Tujachevski terminaron muertos.

Vigilancia, hambrunas y exterminios

En el plano institucional, la vigilancia totalitaria funciona diluyendo la distinción entre el aparato del Estado y la sociedad civil. Al nivel del aparato estatal, la policía y, sobre todo, la policía secreta, se convierten en las instituciones clave del régimen. Al nivel de la sociedad civil, se trata de convertir a cada ciudadano en un informante. Así, la vigilancia totalitaria procura abarcar la sociedad completa, apoyándose en ella como principal fuente de información y denuncias. La sociedad resulta ser, al mismo tiempo, víctima y victimaria, objeto y sujeto del aparato represivo. La atomización se profundiza. En ninguna parte se está completamente a salvo. En todos lados uno puede ser escuchado; ninguna relación social resulta segura. Los amigos y los vecinos pueden vigilarte y delatarte. En la sociedad soviética, se animaba al espionaje incluso dentro de la familia, y «muchas veces se obligaba a los hijos a aprobar públicamente la ejecución de sus padres».[169] Así se apuntalaba el principio de la *lealtad total*, requisito psicológico del fenómeno totalitario.

Denuncias masivas, deportaciones masivas, hambrunas masivas, exterminios masivos: la masividad del terror totalitario requiere de

---

168. Véase Courtois *et al.*, *El libro negro del comunismo*, p. 255.
169. Nolte, *La guerra civil europea, 1917-1945*, p. 272.

instituciones y tecnologías apropiadas. El terror que surgió de la Revolución francesa —que es ciertamente el embrión del terror totalitario del siglo XX— se topó con límites objetivos para su voluntad de destrucción. En sus aspectos tecnológico e institucional, ese terror no estaba desarrollado lo suficiente como para exterminar a la velocidad deseada a las cantidades estipuladas. El método del ahogamiento —utilizado, por cierto, también por la Cheka—[170] era poco eficiente si se lo compara, por ejemplo, con la utilización de gases tóxicos, algo que ya habían imaginado los franceses, aunque nunca lograron implementarlo. Por cierto, este método no lo emplearon solo los nacionalsocialistas, como el gran público suele creer, sino que, varios años antes, los soviéticos ya lo estaban utilizando para masacrar a campesinos en masa.[171]

También se indujeron y aprovecharon las hambrunas como medios de exterminio masivo. La más cruenta, provocada por Stalin, tuvo lugar en 1933. Fue consecuencia de la colectivización forzosa del campo que el Estado soviético impuso al principio de esa década. El nivel desproporcionado de las requisas depredadoras de las cosechas muy pronto estropeó el ciclo productivo. Además, se eliminaron por completo los incentivos económicos. Los campesinos fueron despojados de sus ganados y de su propiedad en general, por más escasa que fuera. Pero el régimen interpretó como «sabotaje» —y no como una consecuencia previsible de sus políticas— los alarmantes descensos de la productividad. A estas circunstancias se sumaron factores climáticos y sobrevino entonces el «gran hambre». El gobierno aprovechó la ocasión para implementar un «pasaporte interno» con el que impidió que los hambrientos huyeran de las zonas de penuria en busca de prosperidad.[172] En otras palabras,

---

170. «El campo de Jolmogory, situado a orillas del gran río Dvina, era tristemente célebre por la manera expeditiva en que se desembarazaban en él de un gran número de detenidos. Se los embarcaba en gabarras y se precipitaba a los desdichados, con una piedra al cuello y los brazos atados, a las aguas del río. Míjail Kedrov, uno de los principales dirigentes de la Cheka, había inaugurado estos asesinatos por ahogamiento masivos en junio de 1920» (Courtois *et al.*, *El libro negro del comunismo*, pp. 156-157).

171. Este método se usó ya en 1921 para exterminar campesinos en la provincia de Tambov (véase Courtois *et al.*, *El libro negro del comunismo*, pp. 159-160). También resulta llamativo que, ya a principios de la década de 1920, por órdenes de Lenin, se instalara una fábrica de venenos cuyo nombre fue cambiando con el tiempo: «Sala especial» primero, luego «Laboratorio N° 1», «Laboratorio X», «Laboratorio N° 12» y, finalmente, bajo Stalin, «la Kamera». Más que asesinatos en masa, las producciones de venenos en estos laboratorios secretos se pensaban para terminar con la vida de individuos concretos. El veneno se probaba sobre todo en prisioneros de campos de concentración. Véase «La ultrasecreta Kamera, la fábrica de veneno de la KGB para silenciar a los enemigos de la URSS», *BBC*, 12 de junio de 2022, https://www.bbc.com/mundo/noticias -61586361

172. Una circular del 22 de enero de 1933, firmada por Stalin y Molotov, ordenaba a la GPU prohibir «por todos los medios las marchas masivas de campesinos de Ucrania y el Cáucaso del Norte hacia las ciudades. Después del arresto de los elementos contrarrevolucionarios, los

los obligó a morir de hambre.[173] Mientras la hambruna afectaba a casi 40 millones de personas, que recurrían incluso al canibalismo para intentar sobrevivir,[174] el régimen exportaba 18 millones de quintales de trigo al extranjero para conseguir recursos para la «industrialización» del país.[175] Los números totales de muertos por el hambre se contabilizan en alrededor de seis millones: cuatro en Ucrania, uno en Kazajstán y otro millón en el Cáucaso del Norte y en la región de las tierras negras.[176]

El campo de concentración

Entre las instituciones más características de los regímenes totalitarios encontramos los campos de concentración. En la interpretación de Arendt, estos «sirven de laboratorios en los que se pone a prueba la creencia fundamental del totalitarismo de que todo es posible».[177] La mentalidad ingenieril, cuya voluntad esencial consiste en *fabricar* una sociedad conforme al contenido de una *Idea*, colisiona contra la realidad de *la pluralidad y la espontaneidad humana*. Los hombres —*en plural*— no constituyen el *Uno* con el que el totalitarismo fantasea, ni son reductibles a una serie de comportamientos predeterminados y calculables. En otras palabras, la libertad y la no igualdad de los hombres choca con la

---

demás fugitivos serán reconducidos a su lugar de residencia». La circular imaginaba que «este éxodo masivo de los campesinos está organizado por los enemigos del poder soviético, los contrarrevolucionarios y los agentes polacos con una finalidad de propaganda contra el sistema koljoziano en particular y el poder soviético en general» (citado en Courtois *et al.*, *El libro negro del comunismo*, pp. 219-220).

173. En un informe escrito por el cónsul italiano en Járkov, se da cuenta, por ejemplo, de que incluso los niños hambreados que lograban llegar a la ciudad eran devueltos al campo a morir de hambre: «Las personas hinchadas son transportadas en tren de mercancías hasta el campo y abandonadas a cincuenta o sesenta kilómetros de la ciudad de manera que mueren sin que se les vea» (citado en Courtois *et al.*, *El libro negro del comunismo*, pp. 220-221).

174. Dice un informe de la GPU: «Se traen a Járkov cada noche cerca de 250 cadáveres de personas muertas de hambre o de tifus. Se nota que un número muy elevado de entre ellos no tiene ya hígado: éste parece haber sido retirado a través de un corte ancho. La policía acaba por atrapar a algunos de los misteriosos "amputadores", que confiesan que con esta carne confeccionaban un sucedáneo de *pirozhki* (empanadillas) que vendían inmediatamente en el mercado» (citado en Courtois *et al.*, *El libro negro del comunismo*, p. 221).

175. Véase Manuel Moncada Lorén, «El "milagro económico" de la industrialización estalinista», *National Geographic*, 19 de junio de 2018, https://www.nationalgeographic.es/historia/2018 /06/el-milagro-economico-de-la-industrializacion-estalinista

176. Véase Courtois *et al.*, *El libro negro del comunismo*, pp. 221-222.

177. Arendt, *Los orígenes del totalitarismo*, p. 589. En rigor, bajo el totalitarismo *todo es posible, y todo está permitido* para aquel que disponga del poder. El editorial del primer número de *Krasnyi Mech*, periódico de la Cheka de Kiev, decía: «Para nosotros todo está permitido porque somos los primeros en el mundo en levantar la espada no para oprimir y reducir a la esclavitud, sino para liberar a la humanidad de sus cadenas [...]. ¿Sangre? ¡Que la sangre corra a ríos! Puesto que sólo la sangre puede colorear para siempre la bandera negra de la burguesía pirata convirtiéndola en un estandarte rojo, bandera de la Revolución» (citado en Courtois *et al.*, *El libro negro del comunismo*, p. 142).

entera previsibilidad que el totalitarismo reclama para funcionar como *dominio total*. El campo de concentración, en este sentido, configura un espacio donde por fin la libertad queda completamente aplastada y donde por fin se conquista la más perfecta igualdad: la igualdad animal, la igualdad del rebaño, la igualdad propia de lo superfluo.[178]

El campo de concentración es un laboratorio de *deshumanización*. Arendt entiende que estas instituciones están diseñadas para matar en la persona tres atributos fundamentales: primero, su calidad de sujeto poseedor de derechos (la persona queda totalmente despojada de cualquier derecho que alguna vez le hubiera correspondido);[179] después, su dimensión moral (la persona queda reducida a instintos de supervivencia y se fuerzan las circunstancias para convertirla, de una forma u otra, en cómplice de las atrocidades que allí se ordenan); finalmente, su identidad única (la persona se transforma en un número, en un elemento orgánico anónimo, vejado hasta el extremo e indiferenciado del resto).[180] El sueño de la *dominación total* solo es enteramente posible produciendo, de esta manera, hombres privados de derechos, moral e identidad. O sea, produciendo hombres a los que se les han arrebatado los signos y las manifestaciones propias de su humanidad.[181]

Como dice uno de los mayores expertos en historiografía rusa y soviética, «el campo de concentración, con el Estado de partido único y la policía política omnipotente, fueron la principal contribución del bolchevismo a las prácticas políticas del siglo xx».[182] Varios años antes

---

178. «Y el destino los hizo a todos iguales / al ponerlos fuera de la ley / fuese hijo de kulak o de comandante rojo / fuese hijo de pope o de comisario / Aquí todas las clases se igualaban, / todos los hombres eran hermanos, / todos, compañeros del campo, / cada uno marcado por traidor...» (Aleksandr Tvardovski, «Por el derecho del recuerdo»).

179. Recuerdan los prisioneros del campo de Solovki, uno de los más importantes del régimen soviético, que el jefe del lugar los recibía de la siguiente manera: «Os doy la bienvenida. Como sabéis, aquí no hay autoridad soviética, solo la autoridad de Solovki. Podéis olvidar los derechos que teníais antes» (citado en Anne Applebaum, *Gulag. Historia de los campos de concentración soviéticos* [Barcelona: Debate, 2022], p. 71).

180. Al llegar al campo de concentración, al reo se lo desnuda, se le rasura, se le quitan sus ropas y se lo viste con un uniforme. Anna Andreieva, superviviente de un campo soviético, decía: «Nos han privado de todo, de nuestros nombres, de todo lo que conforma la personalidad de un ser humano, y nos han vestido con un traje sin forma que ni siquiera puedo describir» (citado en Applebaum, *Gulag. Historia de los campos de concentración soviéticos*, p. 202). Sobre su terrible experiencia en los campos nacionalsocialistas, el psiquiatra Viktor Frankl ha escrito: «Mientras esperábamos ducharnos, nuestra desnudez se nos hizo patente: nada teníamos ya salvo nuestros cuerpos mondos y lirondos (incluso sin pelo); literalmente hablando, lo único que poseíamos era nuestra *existencia desnuda*. ¿Qué otra cosa nos quedaba que pudiera ser un nexo material con nuestra existencia anterior?» (Viktor Frankl, *El hombre en busca de sentido* [Barcelona: Herder, 1980], p. 25).

181. «No nos veían como personas. Éramos carga viva», dijo una prisionera de un campo soviético (citado en Applebaum, *Gulag. Historia de los campos de concentración soviéticos*, p. 199).

182. Pipes, *La revolución rusa*, p. 905.

que los nacionalsocialistas, fueron los bolcheviques los que desarrollaron el campo de concentración como institución medular del terror totalitario. Los primeros surgieron hacia 1918, en el marco del Terror Rojo. En 1919, mientras se procuraba consolidar una verdadera red de campos de concentración, el Comité Ejecutivo Central dispuso que el internamiento en ellos correspondía a «individuos o categorías de individuos respecto de quienes esa decisión ha sido tomada por los organismos de la administración, las chekas, los tribunales revolucionarios, las cortes del pueblo y otros organismos soviéticos».[183] Con aquello de «categorías de individuos» querían decir, en efecto, grupos enteros de personas cuya culpa no responde al criterio de la responsabilidad individual, sino a la posesión de determinadas características que lo incluyen a uno en la categoría bajo la que ese grupo ha sido configurado como tal. Al campo de concentración —a diferencia de una cárcel común o incluso un campo de prisioneros de guerra— se va a parar sobre todo por poseer una serie de características que hacen que uno forme parte de una «categoría» colectiva.

A fines de 1920, el régimen bolchevique contaba con 84 campos de concentración en los que tenía internados a cerca de 50.000 reclusos.[184] El fin de la guerra civil y la estabilización del gobierno bolchevique no clausuró la red de campos, sino que la agigantó. Solo tres años más tarde, en 1923, la Rusia soviética ya contaba con 315 campos de concentración y 70.000 internados.[185] Este sorprendente crecimiento se debió, entre otras cosas, a que se había descubierto que era factible sacar provecho económico de esta institución a través del trabajo forzado. Los internamientos masivos se transformaron entonces en una medida no solo inducida por criterios políticos, sino también requerida por razones económicas. Nadie estaba a salvo de convertirse, en cualquier momento, en un verdadero esclavo del Estado. Desde 1922, el régimen prefirió redefinir los campos de concentración como «campos de trabajos forzados». A partir de 1929, Stalin decidió hacer uso de ellos y sus prisioneros con el fin de acelerar la industrialización y explotar los recursos de las zonas inhóspitas del extremo norte de la Unión Soviética. En 1930, la mano de obra penal explotada ya contabilizaba 140.000 individuos; en 1932, el número ascendió a

---

183. Citado en ibíd., p. 908.
184. En un informe de ese año de Martin Latsis, jefe de la Cheka en Ucrania, puede leerse: «Reunidos en un campo de concentración cerca de Maikop, los rehenes —mujeres, niños y ancianos— sobreviven en condiciones terribles, en medio del barro y el frío de octubre. [...] Mueren como moscas. [...] Las mujeres están dispuestas a todo con tal de escapar de la muerte. Los soldados que vigilan el campo se aprovechan de ello para mantener relaciones con estas mujeres» (citado en Courtois *et al.*, *El libro negro del comunismo*, p. 139).
185. Véase Pipes, *La revolución rusa*, p. 910.

300.000; en 1935, creció a 965.000 y llegó a 1.930.000 en 1941.[186] Solo desde 1929 a 1953, año de la muerte de Stalin, se calcula que cerca de 18.000.000 de personas pasaron por campos de trabajo forzado.[187]

Los campos soviéticos explotaron la mano de obra esclava para un sinfín de sectores productivos: minería, agricultura, pesca, construcción, manufactura, armamentos, aeronáutica, deforestación. Nada de esto hubiera sido posible sin el desarrollo de una burocracia capaz de digitar hasta el último detalle de un mecanismo que debía lidiar con el transporte, la distribución de los prisioneros, los insumos y provisiones, la organización de los tiempos y los espacios. La vida como tal, incluso en sus manifestaciones más pequeñas, quedaba regida por un sistema de normas y disposiciones: cuánto, cuándo, dónde y cómo comer; cuánto, cuándo, dónde y cómo dormir; cuánto, cuándo, dónde y cómo trabajar. Todo tenía su cuota, todo estaba «racionalmente» determinado por los cálculos de verdaderos ingenieros sociales. Si el campo de concentración refleja como nada la índole del totalitarismo, eso es porque allí realiza mejor que en cualquier otro lugar el *dominio total* sobre la vida, la máxima inhibición de la espontaneidad humana.

En un régimen totalitario, vivir dentro o fuera del campo de concentración no supone realmente una diferencia esencial, sino más bien de grado. El campo agudiza condiciones que existen, de hecho, en la sociedad que lo rodea. El campo no es una anomalía de esa sociedad, sino la más plena realización de su lógica. En su ideal más extremo, el totalitarismo quisiera hacer de la sociedad entera un enorme campo de concentración. En la jerga de los campos soviéticos, «el mundo fuera de la alambrada no era llamado "libertad", sino *bolshaya zona*, la "zona de la gran prisión", más grande y menos mortífera que la "pequeña zona" del campo, pero no más humana ni verdaderamente más benévola».[188]

VI. Distopías: retrato del totalitarismo y anticipación del globalismo

Solo la desmesura pudo captar concretamente lo desmesurado; nada como el género distópico pudo traslucir, en ese sentido, el horror totalitario en su dimensión más cruda. La ficción tuvo que hacerse cargo, pues, de una realidad que parecía guionizada; la ficción ofreció entonces su propio

---

186. Véase Courtois *et al.*, *El libro negro del comunismo*, pp. 203, 271, 272 y 274.
187. Véase Applebaum, *Gulag. Historia de los campos de concentración soviéticos*, p. 21.
188. Ibíd., p. 35.

guion, pero para dar cuenta de lo real. Y así como siglos atrás las utopías se concibieron para imaginar tierras prometidas, destinos paradisíacos para la definitiva realización humana, futuros de bienestar, abundancia y paz, no es una casualidad que el siglo XX haya concebido un género literario cuyo contenido se basa en imaginar exactamente lo contrario.

En rigor, no quedó mucho para la imaginación, más allá de personajes, partidos y países ficticios, además de una trama más o menos atractiva. A diferencia de la utopía, cuyo fondo sociopolítico también es producto de la imaginación, la distopía hace discurrir su historia sobre un mundo que *se parece* al nuestro. Al lector de utopías le conmueve la distancia existente entre el mundo ficticio de la novela y el suyo. La fascinación utópica depende de esa *distancia*. Al lector de distopías le horroriza la proximidad entre el mundo que la novela le describe y el suyo. El horror distópico depende de esa *cercanía*.

Utopía y distopía revelan, a su manera, los dos extremos de nuestra modernidad. En los albores de los tiempos modernos, la utopía reflejó las expectativas fundamentales de un hombre que confía en sus propias fuerzas para edificar un futuro de plenitud. Nuestra modernidad tardía, al contrario, a través de la distopía, se horroriza de esas mismas fuerzas con las que el hombre ha logrado dominar cada vez mejor al hombre, y clausura cualquier tipo de futuro para él y los suyos.

Orwell y *1984*

George Orwell ha sido, probablemente, el autor de distopías más conocido por el gran público. Su obra más aclamada, *1984* (publicada en 1949), imagina cómo sería el mundo en ese año, de ahí su título. Si logra captar los rasgos esenciales del totalitarismo en general, y del estalinismo en particular, es porque ese mundo, más allá de algún avance tecnológico menor, parece ser simplemente una exacerbación de elementos ya presentes en la década de 1940. Que la novela de Orwell continúe generando horror distópico en el lector de hoy día es un síntoma de que nuestro siglo XXI contiene elementos de continuidad que trascienden el fenómeno totalitario. Caso contrario, el texto hubiera dejado de leerse como distopía y funcionaría más bien como ciencia ficción en general.

1984 cuenta la historia de Winston Smith, un miembro subalterno del partido totalitario que detenta el poder sobre uno de los tres «superestados» similares que se disputan la nueva geografía mundial. Smith empieza a dudar de la doctrina oficial del partido. La duda en sí misma constituye una anomalía. Tanto es así que la trama se despliega a partir de ese puntapié inicial. En efecto, todos los dispositivos del régimen están orientados a inhibir cualquier manifestación de pensamiento independiente. Un «Ministerio de la Verdad» se ocupa de construir noticias, alterar el pasado, diseñar el entretenimiento, imponer el adoctrinamiento a través del aparato educativo e impulsar una forma bien determinada de «arte»; todos los días se dedican a los militantes «Dos Minutos de Odio» para presentar en pantallas a los «enemigos del pueblo»; la simbología del partido y el rostro mismo del líder, el «Gran Hermano», recubren todos los espacios, públicos y privados (tal distinción, la de «privado», en realidad está abolida);[189] la doctrina del «Ingsoc» (socialismo inglés) es transmitida con devoción religiosa; el pensamiento lógico es reemplazado por el «doblepensar», cuyas contradicciones intrínsecas funcionan para decir y desdecir cualquier cosa, por más absurda que sea;[190] el lenguaje está sujeto a las disposiciones del partido, que incluso ha diseñado una «neolengua» por medio de la cual controla los procesos del pensamiento.[191] Así y todo, aunque resulte una anomalía, aún existe la mínima posibilidad de pensar distinto, y por eso se había tipificado el delito «crimental», el peor de todos, cuyo despiadado castigo estaba asegurado gracias a la «Policía del Pensamiento».

El control del pensamiento requiere, en suma, de una permanente distorsión de la realidad. La voluntad de dominarlo todo —propia del régimen totalitario— es magistralmente captada por Orwell en el lugar preponderante que en su novela le concede al problema de la *verdad*. En efecto, en *1984*, la verdad ha dejado de ser una *adecuación* del discurso a los hechos; ahora son los hechos los que deben adecuarse a las necesidades

---

189. «En las monedas, en los sellos de correo, en pancartas, en las envolturas de los paquetes de los cigarrillos, en las portadas de los libros, en todas partes. Siempre los ojos que os contemplaban y la voz que os envolvía. Despiertos o dormidos, trabajando o comiendo, en casa o en la calle, en el barrio o en la cama, no había escape. Nada era del individuo a no ser unos cuantos centímetros cúbicos dentro de su cráneo» (George Orwell, *1984* [Barcelona: Ediciones Destino, 1997], p. 33).

190. «Saber y no saber, hallarse consciente de lo que es realmente verdad mientras se dicen mentiras cuidadosamente elaboradas, sostener simultáneamente dos opiniones sabiendo que son contradictorias y creer sin embargo en ambas; emplear la lógica contra la lógica, repudiar la moralidad mientras se recurre a ella, creer que la democracia es imposible y que el Partido es el guardián de la democracia; olvidar cuanto fuera necesario olvidar y, no obstante, recurrir a ello, volverlo a traer a la memoria en cuanto se necesitara y luego olvidarlo de nuevo; y, sobre todo, aplicar el mismo proceso al procedimiento mismo» (Orwell, *1984*, p. 42).

191. «¿No ves que la finalidad de la neolengua es limitar el alcance del pensamiento, estrechar el radio de acción de la mente? Al final, acabamos haciendo imposible todo crimen del pensamiento. En efecto, ¿cómo puede haber *crimental* si cada concepto se expresa claramente con *una* sola palabra, una palabra cuyo significado está decidido rigurosamente y con todos sus significados secundarios eliminados y olvidados para siempre?» (ibíd., pp. 59-60).

del discurso, y por eso el régimen opera permanentemente sobre ellos: los deforma, los borra o los inventa según las conveniencias del caso. El sentido de la realidad queda dislocado; *real* es lo que el poder necesite que lo sea, y *verdad* no es otra cosa que el discurso que el poder establece con el objeto de satisfacer sus propias necesidades políticas.

> Solamente el espíritu disciplinado puede ver la realidad. Crees que la realidad es algo objetivo, externo, que existe por derecho propio. Crees también que la naturaleza de la realidad se demuestra por sí misma. Cuando te engañas a ti mismo pensando que ves algo, das por cierto que todos los demás están viendo lo mismo que tú. Pero te aseguro, Winston, que la realidad no es externa. La realidad existe en la mente humana y en ningún otro sitio. No en la mente individual, que puede cometer errores y que, en todo caso, perece pronto. Sólo la mente del Partido, que es colectiva e inmortal, puede captar la realidad. Lo que el Partido sostiene que es verdad es efectivamente verdad. Es imposible ver la realidad sino a través de los ojos del Partido.[192]

Esta suerte de —en términos filosóficos— adulterada imitación de un «idealismo absoluto», o mejor, esta aporía de un «solipsismo colectivo», destructor paradójico de todo sentido *común*,[193] termina produciendo apatía colectiva: «Estaba dispuesta a aceptar la mitología oficial, porque no le parecía importante la diferencia entre verdad y falsedad».[194] Las fronteras que separan lo real de lo irreal son tan móviles, y la diferencia entre la verdad y la mentira queda tan diluida, que se vive como dentro de un gran sueño. Esta somnolencia es un efecto que el poder genera para dominar mejor. Cuando la realidad y la verdad no significan más que voluntad de poder, el pensamiento queda paralizado y es incapaz de llevar adelante resistencia alguna. Pareciera así que el poder es lo único que existe, sostenido sobre sí mismo, flotando en el aire como una pompa de jabón. *1984* imagina un mundo sometido a un régimen discursivo al que nuestro siglo XXI le ha encontrado por fin un nombre: *posverdad*.

Pero lo que tanto desespera del mundo de Orwell no son simplemente todos los intentos por controlar el pensamiento, sino también los

---

192. Ibíd., p. 243.
193. La misma noción de «sentido común» emerge y depende de una realidad externa compartida por un grupo humano. «Su filosofía negaba no sólo la validez de la experiencia, sino que existiera la realidad externa. La mayor de las herejías era el sentido común» (Orwell, *1984*, p. 86).
194. Ibíd., p. 155.

avances tecnológicos que intensifican las posibilidades de la *vigilancia total*.[195] El funcionamiento del totalitarismo orwelliano y su uniformización ideológica dependen de la capacidad de *ver y escuchar* al súbdito al mismo tiempo que se lo adoctrina. Todos deben ser vistos y escuchados en todo momento y en todo lugar, a la vez que todos deben ver y escuchar a un mismo emisor: de ello depende el *dominio total*. Así pues, las «telepantallas» ven y escuchan a todos en todas partes mientras emiten propaganda estatal. Se trata de un dispositivo que cumple una doble función al unísono: vigilar y adoctrinar. Su poder no se basa simplemente en disociar la capacidad de ver y ser visto, sino en articular la capacidad de ver y manufacturar lo que debe ser visto.

> Comparadas con la que hoy existe, todas las tiranías del pasado fueron débiles e ineficaces. Los grupos gobernantes se hallaban contagiados siempre en cierta medida por las ideas liberales y no les importaba dejar cabos sueltos por todas partes. Sólo se preocupaban por los actos realizados y no se interesaban por lo que los súbditos pudieran pensar. [...] Con el desarrollo de la televisión, y el adelanto técnico que hizo posible recibir y transmitir simultáneamente en el mismo aparato, terminó la vida privada. Todos los ciudadanos [...] podían ser tenidos durante las veinticuatro horas del día bajo la constante observación de la policía y rodeados sin cesar por la propaganda oficial, mientras que se les cortaba toda comunicación con el mundo exterior. Por primera vez en la Historia existía la posibilidad de forzar a los gobernados, no sólo a una completa obediencia a la voluntad del Estado, sino a la completa uniformidad de opinión.[196]

En este tipo de tecnología, propia de nuestro siglo XXI, pero aún inexistente en la década de 1940, se cifra el *dominio total* del régimen distópico que presenta Orwell. El totalitarismo se perfecciona en la medida en que logra articular la vigilancia y el adoctrinamiento en un

---

195. «Todo miembro del Partido vive, desde su nacimiento hasta su muerte, vigilado por la Policía del Pensamiento. Incluso cuando está solo no puede tener la seguridad de hallarse efectivamente solo. Dondequiera que está, dormido o despierto, trabajando o descansando, en el baño o en la cama, puede ser inspeccionado sin previo aviso y sin que él sepa que lo inspeccionan. Nada de lo que hace es indiferente para la Policía del Pensamiento. Sus amistades, sus distracciones, su conducta con su mujer y sus hijos, la expresión de su rostro cuando se encuentra solo, las palabras que murmura durmiendo, incluso los movimientos característicos de su cuerpo son analizados escrupulosamente» (ibíd., p. 205).

196. Ibíd., p. 201.

mismo dispositivo, similar al televisor, pero que permite también receptar información. En este aditamento técnico reside la genialidad del asunto.

Bentham diseñó en el siglo xix el *panóptico*, una cárcel que Michel Foucault postuló en el siglo xx como estructura fundamental del poder moderno.[197] Debía su nombre a que su arquitectura (celdas dispuestas en anillo y con una torre de vigilancia en el centro) permitía al carcelero *verlo todo* sin ser visto. Pero la imaginación distópica de Orwell la supera con creces. No solo hay que verlo todo, sino que hay que procurar que todos reciban determinados mensajes diseñados por el poder. El poder no solo debe ver y escuchar, sino también *comunicar*. Así, la telepantalla es infinitamente más eficiente que el panóptico, en el que el carcelero se mantenía con la boca cerrada.

Las dudas que surgen en Smith se transforman pronto en acción. Antes de darse cuenta, nuestro personaje termina uniéndose a un grupo de resistencia (la «Hermandad») acompañado de Julia, una mujer que conoce en este contexto y de la que rápidamente se enamora. O'Brien, uno de los dirigentes del grupo, infiltrado en las altas jerarquías del «partido interior», es quien aparece como encargado de presentarlos a la resistencia y encomendarles misiones terroristas, curiosamente similares al modo de acción de las revoluciones totalitarias. Para el final de la novela, la supuesta resistencia se revela como un simulacro sistemático, y el rol de reclutamiento de O'Brien resulta una ficción montada con el fin de preparar a los disidentes para su detención, exposición y eliminación. La educación de estos «criminales mentales» y su reprogramación es, en realidad, su principal función en el régimen. Smith y Julia terminan detenidos en salas de torturas, en el marco de las cuales emerge la naturaleza esquizofrénica y, por decirlo así, metatotalitaria del régimen: «Al Partido no le interesan los actos realizados; nos importa sólo el pensamiento. No sólo destruimos a nuestros enemigos, sino que los cambiamos»,[198] le confiesa O'Brien a Smith. El poder de quitarle la vida al enemigo es poca cosa al lado del poder de dirigirlo como si de un títere se tratara.

De esta manera, la gran cuestión de *1984* pasa por las posibilidades que el poder tiene de meterse «en nuestra alma».[199] El poder puede disciplinar el cuerpo, los dichos y los gestos, ¿pero realmente puede dirigirle a uno su cabeza? ¿Puede penetrar en uno con tal profundidad? Antes de haber sido apresados, Winston y Julia ya habían dialogado al respecto:

---

197. Véase Michel Foucault, *Vigilar y castigar* (Ciudad de México: Siglo XXI, 2016).
198. Orwell, *1984*, p. 247.
199. Ibíd., p. 168.

—Si quieren que confesemos —replicó Julia— lo haremos. Todos confiesan siempre. Es imposible evitarlo. Te torturan.

—No me refiero a la confesión. Confesar no es traicionar. No importa lo que digas o hagas, sino los sentimientos. Si pueden obligarme a dejarte de amar... esa sería la verdadera traición.

Julia reflexionó sobre ello.

—A eso no pueden obligarte —dijo al cabo de un rato—. Es lo único que no pueden hacer. Pueden forzarte a decir cualquier cosa, pero no hay manera de que te lo hagan creer. Dentro de ti no pueden entrar nunca.

—Eso es verdad —dijo Winston con un poco más de esperanza—. No pueden penetrar en nuestra alma. Si podemos sentir que merece la pena seguir siendo humanos, aunque esto no tenga ningún resultado positivo, los habremos derrotado.[200]

Las tecnologías de poder del régimen, sin embargo, terminarán mostrando cuán equivocados estaban Smith y Julia. Las sesiones irían más allá de la tortura regular, de sus medios y fines usuales: los quebrarían no para hacerlos confesar, como ya preveían, sino para algo más importante. Ambos detenidos ya presuponen que todos sus «crímenes» y actos son conocidos por los interrogadores, precisamente *porque* son detenidos. Lo que no pueden entender ni, por ende, prever es la finalidad de este «ritual» del partido: formatear por completo su pensamiento y sus sentimientos. «Lo aceptaba todo. El pasado podía ser alterado. El pasado nunca había sido alterado». «Dos y dos son cinco». «Todo podía ser verdad. Las llamadas leyes de la Naturaleza eran tonterías».[201] La neolengua, el doblepensar, la doctrina oficial: todo volvió a imponerse en ambos. La realidad es el producto de una mente colectiva; la verdad es simplemente aquello que el poder dice que es verdad. Finalmente, también los sentimientos resultarían quebrantados. De ahí en adelante, Smith volvería a emocionarse profundamente con cada mensaje propagandístico que las telepantallas emitieran; volvería a rendir pleitesía al líder del Partido:

> Contempló el enorme rostro. Le había costado cuarenta años saber qué clase de sonrisa era aquella oculta bajo el bigote negro. ¡Qué cruel e inútil incomprensión! ¡Qué tozudez la suya exilándose a sí mismo de aquel corazón amante! Dos lágrimas, perfumadas de ginebra,

---

200. Ibíd., pp. 167-168.
201. Ibíd., pp. 270-271.

le resbalaron por las mejillas. Pero ya todo estaba arreglado, todo
alcanzaba la perfección, la lucha había terminado. Se había vencido
a sí mismo definitivamente. Amaba al Gran Hermano.[202]

Huxley y *Un mundo feliz*

Aldous Huxley, por su parte, logró escribir una distopía en la que el
poder funciona de una manera mucho más sutil —y por tanto más sofis-
ticada— que en *1984*. En *Un mundo feliz*, publicada por primera vez en
1932, el régimen que imagina Huxley se apoya en avances tecnológicos
mucho más sustanciosos que los que encontramos en Orwell, y puede así
prescindir del uso de la coerción física para conseguir el dominio total.

Un mundo feliz es el producto de la ingeniería social y biológica
posibilitada por tecnologías de manipulación genética, avanzados conocimientos en psicología y ciencias del comportamiento, aplicación de
técnicas sugestivas e hipnopédicas, control de la natalidad, eugenesia y
cultivos humanos, y por el desarrollo de un nuevo narcótico —llamado
«soma»— capaz de inducir estados de felicidad artificial sin los efectos
adversos de las drogas hasta hoy conocidas. En el plano político, se trata
de un mundo regido por un único gobierno, un «Estado mundial». En
el social, las personas son ordenadas en castas; desde su nacimiento se
las condiciona para conformarse con su lugar en la jerarquía social, y
se ha abolido todo tipo de organización intermedia, empezando por las
familias. En el plano de la cultura, la revolución sexual se ha consumado
por fin, disociando por completo el acto sexual de la reproducción y
extirpando de él cualquier sentimiento profundo; el estudio del pasado
ha sido clausurado, la literatura clásica está prohibida y toda religión,
con excepción del industrialismo («fordismo»), ha dejado de existir.

En este contexto, ubicado en el año 2540, Huxley cuenta una historia en la que Bernard Marx, un miembro de la casta más alta, pero de
rasgos atípicos, obtiene un permiso para ir a visitar una Reserva Salvaje
en Nuevo México, donde viven todavía algunos exponentes de la vieja
humanidad. Lenina Crowne, una ciudadana feliz y absolutamente normal, acompaña a Bernard en su expedición, donde conocerán a John, un
«salvaje» al que convencen para acompañarlos de vuelta a los dominios
del mundo «civilizado».

Ya en el «mundo feliz», a John le horroriza lo que ve. A través de
los ojos del salvaje, Huxley compara los dos mundos y revela el precio

---

202. Ibíd., p. 290.

de aquella felicidad fabricada por los dispositivos de poder. Ese precio se llama *libertad*:

> Actualmente el mundo es estable. La gente es feliz; tiene lo que desea y nunca desea lo que no puede obtener. Está a gusto, a salvo; nunca está enferma; no teme la muerte; ignora la pasión y la vejez; no hay padres ni madres que estorben; no hay esposas ni hijos ni amores excesivamente fuertes. Nuestros hombres están condicionados de modo que apenas pueden obrar de otro modo que como deben obrar. Y si algo marcha mal, siempre queda el soma. El soma que usted arroja por la ventana en nombre de la libertad, Mr. Salvaje. ¡La libertad![203]

John se rebela en nombre de la libertad, que no es otra cosa que la *imprevisibilidad*. La civilización ha previsto todas las cosas, de modo que los ingenieros sociales puedan encauzarlas en un sentido predeterminado. Toda dimensión de la vida humana capaz de producir imprevisibilidad es intervenida y enajenada: los misterios de Dios son reemplazados por las certezas de la tecnología; las discusiones y los conflictos políticos son reemplazados por soluciones técnicas que corren a cargo de la élite que dirige el Estado Mundial; la pasión del amor es reemplazada por relaciones sexuales poligámicas y mecánicas;[204] la belleza y las virtudes de la alta cultura son reemplazadas por divertimentos incapaces de provocar nada más allá de *sensaciones pasajeras*;[205] el reposo, la contemplación y la reflexión son reemplazadas por el desenfreno del consumo;[206] el pasado como dominio de lo inmodificable y el futuro como dominio de la expectativa son reemplazados por la inmediatez de lo actual;[207] lo desbordante de la

---

203. Aldous Huxley, *Un mundo feliz* (Buenos Aires: Penguin Random House, 2016), p. 183.

204. «—Hubiera preferido que no nos acostáramos —especificó Bernard. [...] Quiero sentir lo que es la pasión —oyó Lenina de sus labios—. Quiero sentir algo con fuerza» (ibíd., p. 184).

205. «—Nosotros hemos sacrificado el arte puro y en su lugar hemos puesto el sensorama y el órgano de perfumes.
—Pero no tienen ningún mensaje.
—Sí, el mensaje consiste en emitir una gran cantidad de sensaciones agradables para el público» (ibíd., p. 184).

206. El salvaje pregunta al interventor por qué razón Shakespeare estaba prohibido. Esta es la respuesta que se le ofrece: «—Porque es antiguo; ésta es la razón principal. Aquí las cosas antiguas no son útiles.
—¿Aunque sean bellas?
—Especialmente cuando son bellas. La belleza ejerce una atracción, y nosotros no queremos que la gente se sienta atraída por cosas antiguas. Queremos que le gusten las nuevas» (Huxley, *Un mundo feliz*, p. 182).

207. «Lenina intentó convencerle: "El fue y el será tanto me dan —citó—. Un gramo tomarás y sólo el es verás". Al fin lo convenció para que se tomara cuatro tabletas de soma. Al cabo de cinco

realidad, que siempre reserva nuevos aspectos y dimensiones aún no desveladas, es reemplazado por la reducción del mundo a las sensaciones artificialmente inducidas por el soma;[208] la novedad radical de la reproducción humana —lo absolutamente nuevo, irrepetible e imprevisible de una nueva vida que se gesta y llega al mundo— es reemplazada por reproducción artificial en laboratorio, por medio de la cual es posible controlar cada uno de los aspectos del nuevo miembro de la sociedad.[209] La libertad es, en efecto, lo antitético de todo este mundo feliz, estable y perfectamente ordenado; la libertad es *salvaje*, puesto que significa apertura a dominios no controlados por nadie.

«¿No deseáis ser libres y ser hombres? ¿Acaso no entendéis siquiera lo que son la humanidad y la libertad?»,[210] exclama el salvaje. De esta manera, identifica humanidad con libertad: no hay una sin la otra. El hombre es libre *por naturaleza*; necesita la libertad para hacer realidad sus capacidades potenciales. En esta distopía, el precio de la felicidad es la libertad, pero con ella se paga, además, el precio de la *humanidad*. Aquellos hombres de felicidad perfecta, cuyo inexorable conformismo ha sido debidamente producido por el régimen de poder, han olvidado su humanidad y por ello el salvaje los ve como «monstruos infrahumanos».[211] Aquí se produce una inversión característica: el salvaje, al conocer y querer su libertad, es mucho más humano que aquellos civilizados que reemplazaron su naturaleza por el orden de un dominio tecnocrático deshumanizador.

La genialidad de la distopía de Huxley consiste en poner precisamente eso de manifiesto: que la libertad puede ser aplastada de maneras mucho más sutiles y permanentes que las que hemos conocido con los totalitarismos del siglo xx; que esas maneras se multiplican con el avance de nuestra tecnología, con la que unos hombres dominan a otros hombres; que, en una palabra, el poder es más eficiente cuanto menos uso de la fuerza requiere. El poder que quiebra a su víctima por medio de la

---

minutos las raíces y los frutos habían desaparecido; sólo la flor del presente se abría lozana» (ibíd., p. 94).

208. «Ingerida media hora antes del cierre, aquella segunda dosis de soma había levantado un muro impenetrable entre el mundo real y sus mentes» (ibíd., p. 75).

209. La reproducción natural provoca asco y es un tema tabú. Los ciudadanos están entrenados en la anticoncepción y han sido condicionados para no desear tener hijos. Uno de los personajes oculta un secreto: perdida en el mundo de los salvajes, hace muchos años, tuvo por descuido un hijo. «Todavía no sé cómo pudo ocurrir teniendo en cuenta que hice todos los ejercicios maltusianos, ya sabes, por tiempos: uno, dos, tres, cuatro. Lo juro, pero el caso es que ocurrió; y, naturalmente, aquí no había ni un solo centro abortivo» (ibíd., p. 106).

210. Ibíd., p. 176.

211. Ibíd.

tortura y el lavado de cerebro, como en *1984*,[212] es demasiado primitivo para Huxley.[213] En su «mundo feliz» no hay instrumentos de tortura, ni siquiera podemos leer nada relativo a armas de fuego. Los instrumentos de dominio no generan dolor, sino todo lo contrario: están diseñados para hacer sentir placer. Huxley va más allá de las formas de represión más visibles de su tiempo, y anticipa así las modalidades usualmente *dulcificadas* del poder en el siglo xxi.[214]

La rebelión del salvaje no es reprimida con balas, sino con «soma», la droga que el régimen distribuye a los ciudadanos para mantenerlos siempre felices:

> Tres agentes, que llevaban sendos aparatos pulverizadores en la espalda, empezaron a esparcir vapores de soma por los aires. Otros dos se afanaron en torno del aparato de música sintética portátil. Otros cuatro, armados con pistolas de agua cargada con un poderoso anestésico, se habían abierto paso entre la multitud y derribaban metódicamente, a jeringazos, a los luchadores más encarnizados.[215]

Las distopías no tienen finales felices. La rebelión del salvaje ha sido derrotada en un abrir y cerrar de ojos. Con todo, se le concede su petición: «Reclamo el derecho a ser desgraciado».[216] El salvaje se va a vivir en soledad a un viejo faro ubicado en una zona rural de difícil acceso. Asqueado del estado de la civilización que acaba de conocer, se dedica a purificarse a través de ritos de autoflagelación. Esto llama la atención de los periodistas, y pronto llegan las masas curiosas a

---

212. En *1984*, O'Brien revela a Smith la verdadera naturaleza del poder: «El poder está en infligir dolor y humillación. El poder está en romper las mentes humanas en pedazos y volverlas a recomponer según interese» (Orwell, *1984*, p. 338).

213. «—Al fin —dijo Mustafá Mond—, los interventores comprendieron que el uso de la fuerza era inútil. Los métodos más lentos, pero infinitamente más seguros, de la ectogenesis, el condicionamiento neopavloviano y la hipnopedia…» le permiten ahora al régimen hacer realidad el dominio total (Huxley, *Un mundo feliz*, p. 53).

214. Años más tarde, en 1958, Huxley escribe: «Entretanto, fuerzas impersonales sobre las que apenas tenemos dominio alguno nos están empujando a todos hacia la pesadilla del Mundo Feliz. Es un empuje impersonal que está siendo acelerado conscientemente por representantes de organizaciones comerciales y políticas que han creado cierto número de nuevas técnicas para manipular, en interés de alguna minoría, las ideas y los sentimientos de las masas. [...] ¿Qué son estas fuerzas? ¿Y por qué la pesadilla proyectada por mí en el siglo vii D. F. ha avanzado tan rápidamente en nuestra dirección? La contestación a estas preguntas debe comenzar donde tiene sus comienzos la vida de hasta la más civilizada de las sociedades: en el campo de la biología» (Aldous Huxley, *Nueva visita a un mundo feliz* [Buenos Aires: Debolsillo, 2011], pp. 10-11).

215. Huxley, *Un mundo feliz*, p. 177.

216. Ibíd., p. 198.

presenciar el espectáculo. El salvaje trata de resistir, pero terminará sucumbiendo a los efectos del soma y a una enorme orgía en la que se sumen las multitudes que concurrieron al faro. Al día siguiente, el salvaje decide quitarse la vida.

Bradbury y *Fahrenheit 451*

Ray Bradbury nos ha presentado, por su parte, un mundo distópico en el que los bomberos no apagan incendios, sino que queman libros. Su trabajo, en concreto, es el de *apagar las ideas* quemando los libros de aquellos que, todavía, osan esconderlos y leerlos. *Fahrenheit 451* es el título de la novela, publicada en 1953, en la que el bombero Guy Montag empieza a dudar de su propio trabajo cuando conoce a una jovencita cuyo hogar termina ardiendo por esconder una biblioteca, pero que antes de ser asesinada le deja una gran lección: la clave es el embrutecimiento.

> Nos embrutecen tanto que, al terminar el día, solo somos capaces de acostarnos, o ir a un parque de atracciones para empujar a la gente, o romper cristales en el Rompedor de Ventanas o triturar automóviles en el Aplastacoches, con la gran bola de acero. O ir en automóvil y circular por las calles intentado comprobar cuán cerca de los faroles es posible detenerse o quién es el último que salta del vehículo antes de que este se estrelle. [...] –La gente no habla de nada. [...] Nombran una serie de automóviles, hablan de ropa o de piscinas y dicen que es estupendo. Pero todos comentan lo mismo y nadie tiene una idea original.[217]

Mientras que en Huxley la clave del *dominio total* estaba en la felicidad manufacturada, en la distopía de Bradbury esa clave se basa en el *embrutecimiento* inducido por el régimen, entendido como proceso de *vaciamiento cultural*. Las que todavía hoy llamamos «artes liberales» han sido aniquiladas; las «humanidades», más fieles a la médula no utilitaria del pensamiento filosófico y científico, han sido olvidadas; los medios de comunicación capturan el lugar que ha quedado vacante con productos de pacotilla y siempre hay algún megaevento deportivo al que dedicarle todo el tiempo y toda la atención. Incluso cuando la gente cree que habla de política, en realidad está hablando de vestuarios, maquillajes, peinados

---

217. Ray Bradbury, *Fahrenheit 451* (Buenos Aires: Penguin Random House, 2016), pp. 42-43.

y accesorios.[218] La banalidad se ha apoderado de todo; la superficialidad ha destruido todo resquicio de cultura. El equilibrio de esta sociedad depende, en definitiva, de que nadie piense en nada realmente importante, de ahí que los libros simbolicen el peligro más acuciante para el orden social y político.

La sociedad que concibe Bradbury está compuesta por hombres que se parecen mucho al «hombre masa» de Ortega y Gasset. Se trata de hombres mediocres, carentes de toda profundidad, arrogantemente conformes con su imbecilidad, sumidos en una espiral de degradación y superfluidad:

> Los años de universidad se acortan, la disciplina se relaja, la filosofía, la historia y el lenguaje se descuidan; la gente se expresa cada vez peor a tal punto que apenas se recurre ya al uso de las palabras para comunicarse. La vida es inmediata, solo el empleo cuenta, el placer lo domina todo después del trabajo. ¿Por qué aprender algo, excepto apretar botones, accionar conmutadores, encajar tornillos y tuercas?[219]

En lugar de libros, las casas se llenan de pantallas. Están por todas partes, son de todos los tamaños, y siempre se desean más y más. Mildred, la esposa de Montag, sueña con cubrir las cuatro paredes de la sala con pantallas gigantescas; no puede dejar de mirarlas. Se proyectan banalidades, pero también la gente conversa entre sí a través de ellas: la imaginación de Bradbury anticipa lo que hoy llamamos «videollamadas». El contacto humano parece estar siempre mediado. Nunca fue tan fácil hablar con otros, pero nunca hubo tan poco de que hablar.[220] Todas las relaciones se encuentran empobrecidas. «Nadie escucha ya. No puedo hablar con las paredes, porque están chillándome

218. «—¡Hablemos de política, así Guy está contento!
    —Me parece estupendo —dijo la señora Bowles—. Voté en las últimas elecciones, como todo el mundo, y lo hice por el presidente Noble. Creo que es uno de los hombres más atractivos que han llegado a la presidencia.
    —¡Oh! Pero ¿qué me decís del hombre que presentaron como su contrincante político?
    —No era gran cosa, ¿verdad? Pequeñajo y tímido. No iba muy bien afeitado y apenas sabía peinarse. [...]
    —También estaba gordo, y no intentó disimularlo con su modo de vestir» (ibíd., p. 112).
219. Ibíd., pp. 68-69.
220. «¿No había un viejo chiste acerca de la mujer que hablaba tanto por teléfono que su esposo, desesperado, tuvo que correr a la tienda más próxima para telefonearle y preguntarle qué había para cenar? Bueno, entonces, ¿por qué no se compraba él una pequeña emisora para hablar con su esposa ya avanzada la noche, murmurar, susurrar, gritar, vociferar? Pero ¿qué le susurraría, qué le chillaría? ¿Qué podría haberle dicho?» (ibíd., p. 55).

a mí. No puedo hablar con mi esposa, porque ella escucha a las paredes».[221]

La misma inercia cultural de la sociedad moderna de masas y sus desarrollos tecnológicos fueron haciendo del libro un bien caduco: «Recuerde, los bomberos casi nunca actúan. La gente ha dejado de leer por iniciativa propia».[222] A diferencia de lo que ocurre con el libro, con el televisor uno queda eximido de pensar (como desarrollará Giovanni Sartori varios años después).[223] «Debemos ser todos iguales»:[224] la ideología igualitaria que acompaña a este tipo de sociedad veía en el libro una amenaza, un arma capaz de provocar diferenciaciones y jerarquías culturales. Un mundo igualitario es un mundo previsible y más fácil de dominar: «¿Quién sabe cuál podría ser el objetivo de un hombre culto?».[225] Los imbéciles, en cambio, son enteramente previsibles. Además, y en esto Bradbury se anticipa con maestría a nuestro siglo XXI, el contenido de los libros es potencialmente ofensivo para alguna de las minorías que se encuentran en constante multiplicación y fragmentación, y en cuyo nombre siempre hay que actuar para impedir que se molesten:

> Cuanto mayor es la población, más minorías hay. No debemos meternos con los aficionados a los perros, a los gatos, con los médicos, abogados, comerciantes, directivos, mormones, baptistas, unitarios, chinos de segunda generación, suecos, italianos, alemanes, texanos, habitantes de Brooklyn, irlandeses, nativos de Oregón o de México. [...] Todas las minorías, por muy pequeñas que sean, con sus ombligos siempre limpios. Los autores están llenos de pensamientos malignos; hay que bloquear las máquinas de escribir.[226]

La *aculturación* que se produce en *Fahrenheit 451* puede interpretarse como la base sobre la que germina con éxito el progresismo cultural y lo que en el próximo capítulo caracterizaremos como *wokismo*. Ensimismamiento, credulidad, atomización, idiotez: la adopción de todas y cada una de las consignas y las demandas de estas ideologías se exigen como obligación moral, como *corrección política*, precisamente bajo el imperio de este clima de vaciamiento cultural. Las minorías salvíficas, la espiral

---

221. Ibíd., p. 96.
222. Ibíd., p. 101.
223. Véase Giovanni Sartori, *Homo videns* (Ciudad de México: Penguin Random House, 2017).
224. Bradbury, *Fahrenheit 451*, p. 71.
225. Ibíd., p. 71.
226. Ibíd., p. 70.

de victimización, el desprecio por el pasado, el culto de lo mediado... también en estos sentidos Bradbury se muestra como un adelantado a su tiempo y describe para nosotros la base sobre la que estas lacras se desarrollarán a la postre. Más allá de las ideologías sistemáticas, más allá de los «grandes relatos» y de las rimbombantes consignas, el dominio se consigue privando de cultura a los súbditos. Entonces abrazarán toda novedad; acatarán debidamente todo mandato. Las mayorías no piensan, las minorías no se ofenden. La prohibición de los libros, como prohibición de una *cultura en serio*, simboliza el más férreo de los dominios.

Lo fascinante de esta distopía es que no encontramos más represión que esta; no leemos sobre más prohibiciones ni sobre ningún otro cuerpo de seguridad que se encargue de perseguir a nadie más que no sean aquellos que tienen libros. Sin embargo, tenemos en todo momento la sensación de que se trata de un mundo absolutamente oprimido, en el que nada que pueda llamarse libertad ha quedado en pie. Pero lo único que le falta a esta gente es... cultura: ¡y ellos mismos han renunciado alegremente a ella! Los súbditos de esta distopía votan y eligen a sus gobernantes, pero carecen de los conocimientos necesarios para elegir;[227] van y vienen como verdaderos nómadas, por las enormes autopistas, recorriendo centros comerciales, megaestadios deportivos e instalaciones lúdicas, pero no tienen ningún rumbo real;[228] van a fiestas, tienen sexo y consumen drogas, pero sus vidas carecen de todo sentido y ni siquiera lo saben;[229] reciben datos a borbotones a través de los medios de comunicación de masas, están perfectamente informados, pero sobre un cúmulo de nimiedades, y son completamente incapaces de establecer hilos conductores que les permitan sacar conclusiones valiosas sobre lo que realmente importa.[230]

---

227. «Si no quieres que un hombre se sienta políticamente desgraciado, no le enseñes dos aspectos de una misma cuestión, pues le preocuparás; enséñale solo uno. O, mejor aún, no le muestres ninguno» (ibíd., p. 74).

228. «Autopistas llenas de multitudes que van a algún sitio, a algún sitio, a algún sitio, a ningún sitio. El éxodo espoleado por el combustible. Las ciudades se convierten en moteles, la gente siente impulsos nómadas y va de un sitio para otro, siguiendo las mareas, viviendo una noche en la habitación donde tú has dormido durante el día y yo la noche anterior» (ibíd., p. 70).

229. «Así pues, adelante con los clubes y las fiestas, los acróbatas y los prestidigitadores, los coches de reacción y las motocicletas, helicópteros, el sexo y las drogas, y más de todo aquello que esté relacionado con los reflejos automáticos. Si el drama es malo, si la película no dice nada, si la comedia carece de sentido, dame una inyección de teramina. Me parecerá que reacciono ante la obra, cuando únicamente se trata de una reacción táctil a las vibraciones. Pero no me importa; solo quiero distraerme» (ibíd., p. 74).

230. «Atibórrala de datos no combustibles, lánzales encima tantos "hechos" que se sientan abrumados, pero totalmente al día en cuanto a información. Entonces, tendrán la sensación de que piensan, de que se mueven sin moverse, y serán felices, porque los hechos de esta naturaleza no cambian» (ibíd., p. 74).

Con excepción de leer libros, pueden hacer lo que quieran, pero no hacen nada que tenga impacto sobre el mundo.[231]

En este mundo profundamente embrutecido, la curiosidad hará de las suyas con nuestro protagonista. En efecto, las dudas que atacan a Montag lo llevan a guardarse en secreto un libro destinado a las llamas de los bomberos. Ese libro es la Biblia, que lo introduce a una nueva y fascinante experiencia. Montag quiere más y termina poniéndose en contacto con Faber, un antiguo profesor universitario que lo ayudará en su búsqueda, proveyéndole más y más títulos. Pero la aventura acabará muy pronto: Montag es denunciado por su propia esposa ante el escuadrón de bomberos al que él pertenece. Beatty, su jefe, le ordena entonces quemar con el lanzallamas su propio hogar y, después de cumplir la encomienda, Montag se vuelve contra su superior y lo convierte en una bola de fuego. Perseguido por las fuerzas de seguridad, nuestro personaje huye despavorido, siguiendo una ruta trazada por Faber, y termina encontrando un grupo de intelectuales que vagan en los márgenes de las ciudades, y que resisten al régimen empleando un curioso método: memorizar libros.

Mucho antes de Cristo, hubo un pajarraco estúpido llamado Fénix. Cada pocos siglos encendía una hoguera y se quemaba en ella. Debió de ser el primer primo hermano del hombre. Pero, cada vez que se quemaba, resurgía de las cenizas, renacía a la vida. Y parece que nosotros hacemos lo mismo, una y otra vez; sin embargo, tenemos una maldita ventaja sobre él. Sabemos la maldita estupidez que acabamos de cometer. Conocemos todas las barbaridades que hemos llevado a cabo durante miles de años, y mientras recordemos eso y lo conservemos

---

231. Al morir Mildred, Granger, uno de los rebeldes a quienes se une Montag, le cuenta sobre la muerte de su abuelo: «Cuando yo era niño, mi abuelo murió. Era escultor. También era un hombre muy bueno, tenía mucho amor que dar al mundo, y ayudó a eliminar la miseria en nuestra ciudad. Construía juguetes para nosotros, y se dedicó a mil actividades durante su vida; siempre tenía las manos ocupadas. Cuando murió, de pronto me di cuenta de que no lloraba por él, sino por las cosas que hacía. Lloraba porque nunca más volvería a hacerlas, nunca más volvería a tallar otro pedazo de madera y no nos ayudaría a criar palomas y pichones en el patio, ni tocaría el violín como él sabía hacerlo, ni nos contaría chistes como él sabía hacerlo. Formaba parte de nosotros, y cuando murió, todas las actividades se interrumpieron, y nadie era capaz de hacerlas como él. Era un ser único. Era un hombre importante. Nunca me he sobrepuesto a su muerte. A menudo pienso en las tallas maravillosas que jamás han cobrado forma a causa de su fallecimiento. Cuántos chistes faltan al mundo, y cuántos pichones no han acariciado sus manos. Configuró el mundo, hizo cosas en su beneficio». El contraste entre esa generación con la actual se pone de relieve de inmediato, cuando Montag se lamenta a continuación: «Mi esposa, mi esposa. ¡Pobre Millie, pobre, pobre Millie! No puedo recordar nada. Pienso en sus manos, pero no las recuerdo haciendo algo. Permanecen colgando flácidamente a los costados, o están sobre su regazo, o hay un cigarrillo en ellas. Pero eso es todo» (ibíd., pp. 170-171).

donde podamos verlo, algún día dejaremos de levantar esas malditas piras funerarias y de arrojarnos a ellas. En cada generación, habrá más gente que recuerde.[232]

El grupo de intelectuales vagabundos memoriza libros para poder recordarlos, porque no hay cultura sin herencia ni recuerdo. Y sin cultura el hombre no es más que un animal estúpido, sobre el que es muy fácil ejercer un *dominio total*.

Skinner y *Walden Dos*

Walden Dos es una novela que, en la cabeza de su autor, pretendió ser una utopía, pero que en cualquier lector que ame la libertad no puede generar más que un tremebundo espanto. Escrita en 1945 por Burrhus Frederic Skinner, el célebre psicólogo conductista, cuenta la historia de una pequeña comunidad gobernada hasta en los más minúsculos detalles por las ciencias del comportamiento humano. Supuestamente, Skinner no se inspira en la experiencia totalitaria, pero es, quizás sin saberlo, un hijo predilecto de ella: lo que construye no es otra cosa que una ingeniería social de pesadilla, ofrecida en la bandeja de la utopía psicopolítica.

La novela de Skinner discurre en torno a la visita que dos profesores universitarios, Burris y Castle, acompañados de un reducido grupo de jóvenes, realizan en Walden Dos. Esta comunidad artificial ha sido *creada* por el profesor Frazier, que, en calidad de ingeniero social, se ha inspirado en *Walden* de Thoreau y ha usado sus conocimientos científicos para configurar una suerte de paraíso terrenal. Frazier convive con sus invitados durante algunos días con el fin de explicarles la filosofía que subyace a su proyecto y las ventajas que supone vivir allí. Espera que al final del recorrido sus huéspedes decidan incorporarse también a la comunidad.

Walden Dos es el fruto de la planificación sociológica. Allí todo se planifica; existen incontables «Administradores», subordinados a su vez a un puñado de «Planificadores», encargados de las más diversas áreas de la vida en sociedad. Esta estructura política no es elegida por los miembros de la comunidad, puesto que en Walden Dos no existe el voto.[233] La democracia no rige el sistema, y los miembros tienen prohibido discutir las normas con sus pares. La distribución del poder

---

232. Ibíd., p. 178.
233. «—Entonces los miembros no tienen ni voz ni voto —dijo Castle con voz cuidadosamente comedida, como si archivara la observación para su uso futuro.

responde, en cambio, a la lógica *tecnocrática*: el poder corresponde a quienes detentan los conocimientos tecnocientíficos necesarios para *hacer funcionar* a la comunidad,[234] y estos son una élite prácticamente anónima que mueve las palancas del sistema de acuerdo con lo que dice conocer.[235] De ahí que se trate, en rigor, de una comunidad totalmente artificial, lo que constituye un oxímoron: comunidad e ingeniería social son términos antitéticos, que precisamente el totalitarismo del siglo XX pretendía conjugar.

En este sueño positivista, la ciencia del comportamiento rige toda la vida de los miembros. Los experimentos sociales y sus resultados dictaminan de qué manera se ha de vivir. Los ingenieros sociales han empleado el método científico para lograr la máxima eficiencia en todas las actividades de los hombres: qué, cuándo, dónde y cómo deben comer para lograr una alimentación correcta; nimiedades como de qué manera han de disponerse las tazas de té y hasta dónde verter el agua para no derramar el contenido; cosas más serias como la forma en que deben asignarse los trabajos, y a quiénes en particular; de qué manera uno debe calcular con quién contraer matrimonio, tras cuidadosos exámenes a cargo de las autoridades de turno;[236] cómo aumentar las probabilidades de éxito de la unión conyugal, por ejemplo, reconociendo «la conveniencia de cuartos separados para marido y mujer»;[237] cuántos hijos tener y, no menos importante, quiénes realmente pueden tenerlos; cómo han de educarse los niños, separados rápidamente de sus padres a esos efectos; qué debe decirse en cada tipo de interacción social, y qué no debe decirse jamás («gracias» es una palabra categóricamente proscrita);[238] qué emociones estimular y qué emociones eliminar de la experiencia humana frente a cada circunstancia, y una infinidad de disparates más.

Como era de esperarse, en Walden Dos se ha abolido la familia. En tanto que unidad social y psicológica, la familia puede generar

---

—Ni desean tenerlo —dijo llanamente Frazier» (Burrhus Frederic Skinner, *Walden Dos* [Barcelona: Ediciones Orbis], 1986, p. 58).

234. «Una vez adquirida una tecnología de la conducta no podemos dejar el control del comportamiento en manos inexpertas» (ibíd., p. 297).

235. «Nuestros Planificadores actúan perfectamente bien en un anonimato casi total» (ibíd., p. 163).

236. «Cuando dos jóvenes se hacen novios, van al Administrador de Matrimonios. Éste examina sus intereses, sus antecedentes escolares y su salud. Si existe una discrepancia considerable en capacidad intelectual o en temperamento, se les aconseja no casarse. Al menos, se retrasa la boda, y esto significa, habitualmente, que se abandona todo proyecto de matrimonio» (ibíd., p. 148).

237. Ibíd., p. 153.

238. «La manifestación deliberada de agradecimiento se prohíbe en el Código» (ibíd., p. 188).

contradicciones con la autoridad de turno. El individuo es mucho más fácil de dominar cuando no se enmarca en un grupo definido por lazos psicoafectivos tan vigorosos como los de la institución familiar. La familia podría adoptar ciertos valores, creencias, costumbres y objetivos distintos de los de la sociedad en la que existe, y esto supone un problema serio —sobre todo cuando la familia es una institución fuerte— para cualquier voluntad que pretenda dominarlo todo. No es una casualidad que, en todas las distopías que hemos mencionado, la familia o no existe o al menos se encuentra tan debilitada que no puede funcionar en absoluto.

«Walden Dos ha suprimido la familia, no sólo como unidad económica, sino hasta cierto punto también como unidad social y psicológica. Lo que sobreviva de ella es una cuestión experimental», explica Frazier.[239] A falta de una tecnología que termine de hacer innecesaria la reproducción natural, hombres y mujeres continúan teniendo hijos, pero esos hijos son planificados de acuerdo con un programa de control natal de características eugenésicas. Frazier es claro al respecto: «Nuestra gente podrá casarse cuándo y con quien quiera, pero tendrá los hijos de acuerdo con un plan genético».[240] El inepto y el enfermo no deben reproducirse.[241] El reino de los vivos es debidamente cuantificado; las cantidades pertinentes surgen del cálculo de los planificadores sociales: «Necesitamos propagar una cultura que reconozca la necesidad del control de natalidad».[242]

Destruida la familia como institución, los hijos no son de sus padres, sino de la comunidad. En realidad, y aunque Skinner mal pretenda disimularlo, los infantes son meras ratas del laboratorio social que conducen los planificadores.[243] Para que las cosas marchen de acuerdo con lo previsto, y con el fin de condicionar con éxito a los nuevos súbditos por medio de las ciencias del comportamiento, los niños son separados de los padres a toda prisa. «El cuidado comunitario es mejor que el cuidado de los padres», alecciona Frazier.[244] Pero el cuidado comunitario está a cargo, a su vez, de los ingenieros sociales. Por lo tanto, «mejor» significa *mejor para los objetivos de la ingeniería social*, o sea, para la configuración de súbditos que posean las características requeridas por los planificadores:

---

239. Ibíd., p. 152.
240. Ibíd., p. 159.
241. «Al inepto le disuadimos de que tenga hijos», se convence al «enfermizo para que renuncie a la paternidad» (ibíd., pp. 150 y 158).
242. Ibíd., p. 150.
243. «No hay virtud en la casualidad. Controlemos las vidas de nuestros niños y veamos lo que se puede hacer de ellos» (ibíd., p. 325).
244. Ibíd., p. 156.

En la familia, la identificación se limita normalmente al padre o a la madre, pero es posible que ninguno de los dos posea las características adecuadas a la personalidad en desarrollo del niño. En estos casos, se desarrolla una especie de identificación forzada, y estamos muy satisfechos de poder evitarla.[245]

En Walden Dos, la violación de las normas —cosa que, según se nos asegura, casi nunca ocurre— es tratada como síntoma de una enfermedad. Agradecer algo a alguien, por ejemplo, en abierta afrenta al Código, sería un síntoma que «necesita tratamiento, no castigo».[246] Clausurado lo político, la sujeción tecnocrática no puede ver en los desviados sino enfermos sociales. El desvío nunca es un acto de rebeldía, sino un tipo de conducta que ha de ser medicalizada. Si se hace mal un trabajo o no se quiere trabajar, por ejemplo, «la enfermedad sería diagnosticada como muy grave, y la persona en cuestión sería llevada a uno de nuestros psicólogos».[247] De hecho, cada vez que el «código resulta demasiado difícil de cumplir para alguien o cree que va en contra de sus intereses, busca la ayuda de los psicólogos».[248] Skinner se adelanta así a una práctica muy común para las ideologías de nuestro progresista siglo XXI: tratar al disidente como un enfermo mental.

El objetivo de la ingeniería social en Walden Dos consiste en borrar toda contradicción existente entre el individuo y el grupo. El sueño totalitario, el de generar esta suerte de identidad, esta armonía absoluta entre los intereses de lo uno y de lo otro, dando paso al gran *Uno*, se lleva a cabo con éxito en Walden Dos gracias a las bendiciones de la ciencia experimental.

Considerando los siglos de existencia de la sociedad, uno creería que debieran haberse obtenido ya mejores resultados. Pero las campañas han sido deficientemente planteadas y la victoria nunca ha sido definitiva. Se ha moldeado la conducta de los individuos de acuerdo con patrones de «buena conducta» y nunca como resultado de un estudio experimental. Pero ¿por qué no realizar experimentos? Las preguntas son bien sencillas: ¿cuál es la mejor conducta para el individuo en sus relaciones con el grupo? Y, ¿cómo se puede inducir al individuo a comportarse de ese modo? ¿Por qué no explorar esas

245. Ibíd., p. 160.
246. Ibíd., p. 190.
247. Ibíd., p. 191.
248. Ibíd., p. 220.

cuestiones con espíritu científico? Vimos que precisamente eso lo podíamos hacer en Walden Dos.[249]

Así pues, todo se sujeta a la experimentación científica en este gran laboratorio pseudocomunitario: se prueba, se mide, se compara y se sacan las conclusiones del caso. Los resultados obtenidos legitiman el dominio: las cosas han de hacerse en virtud de lo que dichos resultados han mostrado. De esta manera, Frazier ejerce sobre sus súbditos un tipo de control *psicopolítico*, sirviéndose de la psicología para diagramar y ejecutar el control sobre los hombres. Todas las formas anteriores de limar las asperezas entre el individuo y el grupo, tales como los códigos morales producidos al calor de la vida misma, los preceptos religiosos e incluso la ley positiva que produce la actividad política son reemplazadas en Walden Dos por técnicas psicopolíticas. En este sentido, supone una vida *amoral*, *arreligiosa* y *apolítica*, es decir, una vida profundamente *inhumana*.

«¡No *usamos* la fuerza! Lo único que nos hace falta es una adecuada ingeniería de la conducta», revela Frazier.[250] También esta distopía (que su autor concibió como «utopía») nos presenta un cuadro en el que el poder funciona mucho mejor, y sin generar ninguna resistencia, cuando halla vías que no implican la fuerza bruta. Skinner quiere convencernos de que esto no configura ninguna política, que esto ni siquiera puede ser considerado una forma de gobierno, cuando en realidad nos está prediciendo la *modalidad psicopolítica del poder*, tan característica del siglo xxi.[251] Ante los cuestionamientos del profesor Castle, un tomista que reivindica la libertad humana y la ley moral, Frazier revela la índole gubernamental de su proyecto:

> Los problemas que se plantean son bastante claros. ¿Cuál es la «naturaleza original del hombre»? Es decir, ¿cuáles son las características psicológicas básicas de la conducta humana […] las características hereditarias, si es que las hay, y las posibilidades de modificarlas y de crear otras? Ésa es ciertamente una cuestión experimental […] de las que debe ocuparse la ciencia de la conducta. ¿Y cuáles son las técnicas, las prácticas de ingeniería capaces de moldear el comportamiento de los miembros de un grupo a fin de que puedan funcionar sin roces en beneficio de todos? También eso es una cuestión experimental, señor Castle, que debe ser contestada por la ingeniería de la conducta. Esto

---

249. Ibíd., pp. 113-114.
250. Ibíd., p. 178.
251. Véase Byung-Chul Han, *Psicopolítica* (Barcelona: Herder, 2019).

requiere el conocimiento de todas las técnicas de la psicología aplicada, desde los distintos sistemas de pulsar las opiniones y las actitudes hasta las prácticas educativas y persuasivas que influyen en el individuo desde la incubadora hasta la tumba. [...] Experimentación con la vida, ¿hay algo más fascinante?[252]

Experimentar con la vida de los hombres con el fin de extraer conocimientos pertinentes para configurarla a través del empleo de técnicas psicológicas es lo que precisamente podemos llamar *psicopolítica*. Por eso mismo la psicopolítica avanza al mismo ritmo con el que progresan las ciencias del comportamiento y las técnicas de manipulación de la conducta. El precio es la libertad personal. Skinner lo sabe, pero no le importa; poca cosa significa la libertad para él. Incluso se lo hace reconocer a Frazier: «Conforme avance la ciencia de la ingeniería de la conducta, cada vez quedarán menos cosas sujetas al juicio personal».[253] El único juicio válido es el suyo: el juicio del ingeniero social.

Estímulos pavlovianos y respuestas preprogramadas: estadio final de la humanidad, consecución de su definitiva «felicidad». Lo que Walden Dos demostraría es la ilusión de la libertad, y lo poco que ella significa al lado de la «felicidad»: «Nuestra riqueza es nuestra felicidad», dice Frazier.[254] Al mismo tiempo, y no sin cierta pobreza conceptual, nos aclara: «Niego rotundamente que exista la libertad».[255] Libertad es, entre otras cosas, *imprevisibilidad*, lo que significa imposibilidad de calcular de antemano el comportamiento de los demás. No en vano la imprevisibilidad ha sido el enemigo más acusado del totalitarismo del siglo xx. Pero el paulatino avance tecnocientífico permite preverlo todo. Y para *hacer felices* a los hombres hay que predeterminar sus acciones y reacciones; hay que saber qué harían en cada situación potencial para poder inducirlos en la mejor de las trayectorias posibles, especialmente diseñadas para ellos.[256] Así su «felicidad» sería una garantía del poder.

El ingeniero social de Skinner toma al hombre como si fuera un mecanismo, más bien un código abierto en el que es posible reprogramarlo todo: fabrica instintos, modifica actitudes, promueve y censura emociones y condiciona comportamientos valiéndose de técnicas de

---

252. Skinner, *Walden Dos*, p. 193.
253. Ibíd., p. 254.
254. Ibíd., p. 302.
255. Ibíd., p. 286.
256. Sobre esta voluntad de poder liberticida en nombre de la «felicidad», he hecho una crítica en Agustín Laje, *Generación idiota. Una crítica al adolescentrismo* (Ciudad de México: HarperCollins, 2023), capítulo V.

refuerzo de la conducta. Lo que los súbditos no ven es que todo lo que desean, todo lo que sienten, todo lo que hacen, no es más que el producto de esa reprogramación, no es más que el resultado de un plan deliberado puesto en marcha por la ingeniería social:

> Podemos establecer una especie de control bajo el cual el contro-lado, aunque observe un código mucho más escrupulosamente que antes, bajo el antiguo sistema, sin embargo, se *sienta libre*. Los controlados hacen lo que quieren hacer, y no lo que se les obliga a hacer. Ésta es la fuente del inmenso poder del refuerzo positivo. No hay coacción ni rebeldía. Mediante un cuidadoso esquema cultural, lo que controlamos no es la conducta final, sino la *incli-nación* a comportarse de una forma determinada... Los motivos, los deseos, los anhelos. Lo curioso es que, en este caso, *el problema de la libertad nunca surge.*[257]

En efecto, el problema de la libertad *aparece ante nuestros ojos* cuando hay coacción, cuando la persona siente en su cuerpo y en su alma una fuerza extraña que violenta su voluntad. La astucia de la psicopolítica consiste en reducir a un mínimo la coacción, pero consiguiendo los mis-mos efectos sobre la voluntad ajena: al no sentir la coacción, la voluntad se despliega como si fuera *la voluntad de uno mismo*, cuando en realidad es el reflejo de los condicionamientos de la ingeniería conductual que el poder ha aplicado en sus súbditos. De ahí que Frazier (y, con él, Skinner) no crea en la libertad: solo cree en su propio poder para aplastarla. Con menores costos, el poder obtiene mejores resultados: la psicopolítica es el poder en su estado de máxima eficiencia.

Las élites psicopolíticas juegan a ser dioses en la Tierra. Pretenden ver su poder como algo benigno; dicen utilizarlo para la «felicidad» de los demás. Creen haber resuelto las contradicciones entre el individuo y el grupo; creen haber acabado con la política y el poder, cuando en realidad inventaron el *psicopoder* para un dominio más eficiente. Frazier se cree literalmente un dios y parafrasea el Génesis:

> —Debe suponer una enorme satisfacción —dije al fin—. Un mundo salido de tu propia mano.
> —Sí —dijo—. Contemplo mi obra, y veo que es bueno.[258]

---

257. Skinner, *Walden Dos*, p. 292.
258. Ibíd., p. 328.

La historia de Skinner termina de manera muy previsible. Algunos jóvenes que acompañaban en la visita guiada a los profesores deciden, sin dudarlo, quedarse a vivir en Walden Dos. Tras ciertas vacilaciones, idas y venidas, Burris también vivirá en Walden Dos. En cuanto a Castle, el filósofo tomista, el pobre no puede salir de su ingenuidad: es un «retrógrado» que todavía sigue creyendo en algo llamado «libertad», cuando podría estar él también *creando hombres felices* junto a sus colegas.

Algunas décadas más tarde, el propio Skinner relatará sus intenciones y motivaciones para escribir *Walden Dos*, en un prólogo de 1976. En él ya notamos el advenimiento de una nueva agenda, catapultada por nuevas ideologías y apoyada operativamente por nuevas formas de poder:

> El mundo comenzaba a enfrentarse con problemas de una magnitud enteramente nueva; agotamiento de los recursos, contaminación del ambiente, superpoblación y la posibilidad de un holocausto nuclear, para no mencionar más que cuatro de ellos. [...] El mundo podía nutrirse cultivando más cereales alimenticios y consumiendo cereales en vez de carne. Unos métodos anticonceptivos más seguros podían mantener el crecimiento de la población dentro de unos límites. Unas defensas inexpugnables podían hacer imposible la guerra nuclear. Pero todo esto no se conseguiría mas que si se cambiaba la conducta humana y quedaba aún por contestar cómo podía cambiar. ¿Cómo inducir a la gente a servirse de nuevas formas de energía, a comer cereales en lugar de carne y a limitar el número de miembros de su familia?[259]

El globalismo era, ya por entonces, inminente. Y previsto.

ۍ

Gobiernos mundiales, legitimidades tecnocráticas, sociedades completamente transparentes, hipervigilancia apoyada en desarrollos tecnológicos cada vez más sofisticados, control del comportamiento a través de nuevas técnicas ofrecidas por el saber científico, control de la natalidad, exacerbación de la atomización y parcelación de la sociedad en minorías tiránicas, regímenes discursivos *posverdaderos*, manipulaciones lingüísticas, vaciamiento cultural y corrección política... la imaginación distópica, hija de la experiencia totalitaria del siglo xx, tiende un puente

---

259. Ibíd., p. XV.

—probablemente sin saberlo— que nos lleva de prisa a nuestro siglo XXI y nos deja perplejos. Si estos libros no han perdido ninguna vigencia, es porque no han dejado de mostrarnos aspectos de los engranajes del poder en nuestra actualidad.

¿Estamos acaso ante una profecía política? Resulta más plausible sostener que estamos más bien frente a la identificación de una serie de condiciones y tendencias ya existentes que, acompañadas por la libertad del género literario, hicieron posible que estos autores imaginaran distintas formas en las que podría perfeccionarse el poder que reclama para sí un dominio *total*. Muchas de esas formas ya no son mera imaginación, sino que se pueden ver aplicadas en la actualidad. De ello nos encargaremos en los capítulos que siguen, dedicados a la distopía que en gran medida ya rige nuestro mundo.

CAPÍTULO 3:

EL ADVENIMIENTO DEL GLOBALISMO

I. Soberanía y Estado moderno

El nuestro es un tiempo de inflexión; atravesamos un momento político bisagra. Una nueva forma de dominio sobre los hombres emerge silenciosamente ante nosotros. De manera paralela, aquella unidad de poder fundamental que ocupó el centro de nuestra vida y nuestro pensamiento político durante los últimos cinco siglos asiste, casi en un abrir y cerrar de ojos, al progresivo ocaso de su primacía otrora indiscutible.

«Soberanía» fue el nombre que recibió, desde el siglo XVI, dicha supremacía. Por medio de este término se concibió la superioridad jurídica del Estado frente a cualquier otro poder dentro de su territorio, y la independencia jurídica respecto de cualquier poder exterior. Así, el modo de ser del Estado moderno, su atributo definitorio y exclusivo, fue desde entonces y en adelante precisamente su soberanía. Pero, desde hace algún tiempo ya, al viejo Estado le cuesta ser amo y señor de su dominio: las fuerzas económicas globalizadas lo desbordan, los flujos migratorios masivos y descontrolados hacen casi como si sus fronteras no existieran, las tecnologías digitales desterritorializan las comunicaciones y, sobre todo, las normas del derecho internacional y sus organismos lo subordinan jurídicamente. Así, mientras su soberanía se va diluyendo, se va estableciendo una nueva forma de orden político global, en la que el Estado queda progresivamente sometido a poderes de una naturaleza inédita. Ningún «fin» de lo político: el gobierno sobre los hombres sencillamente cambia de titular; el régimen de poder se transforma radicalmente, y la soberanía se redistribuye hacia otras manos.[1] De ahí que comprender el *globalismo* implique comprender la ligazón establecida entre el Estado y la soberanía, de qué manera esa relación atraviesa una crisis fulminante, y en manos de qué estructuras van quedando los poderes soberanos. Empecemos por lo primero.

El concepto de *soberanía* organizó el surgimiento y la constitución del Estado moderno, cuyos primeros pasos podemos ubicarlos entre el siglo XVI y el XVII. Índice y factor al mismo tiempo, el concepto reflejó un proceso histórico en curso —el de la descomposición de la sociedad cristiana y el de la concentración del poder en una única entidad territorial centralizadora— y contribuyó a apuntalarlo a través de una nueva semántica político-constitucional. El concepto de soberanía funciona, pues, como un parteaguas que nos separa decididamente del *pluralismo de poderes* que caracterizó al sistema político del orden feudal medieval.

Entre los siglos VIII y XIV no encontramos en Europa nada parecido a un Estado soberano, o sea, nada similar a una organización política impersonal, firmemente establecida en la continuidad de su dominio, a la que se le reconozca *supremacía* y *exclusividad* jurisdiccional sobre su territorio y, por lo tanto, que se arrogue el derecho a una producción unilateral e ilimitada de normas para regir sobre su población.[2] Lo que vemos, al contrario, es un complejo sistema de poderes superpuestos y

---

1. Una filósofa política contemporánea lo ha dicho con toda claridad: «No es que a medida que declina la soberanía del Estado nación simplemente pierdan poder o importancia el Estado y la soberanía, sino que se alejan el uno de la otra» (Wendy Brown, *Estados amurallados, soberanía en declive* [Barcelona: Herder, 2015], p. 32).

2. «La soberanía medieval no era sino superioridad (del latín popular *superanum*). Es la cualidad que pertenece al poder situado por encima de todos los demás y que no tiene por encima de él un poder superior en la jerarquía temporal. Pero de que sea el más elevado no se deduce que el derecho del soberano sea de naturaleza distinta que los derechos que están por debajo de él: no los quebranta ni es considerado como su fuente y autor» (Bertrand de Jouvenel, *Sobre el poder. Historia natural de su crecimiento* [Madrid: Unión Editorial, 2011], p. 77). Esto coincide con otras investigaciones más recientes, que muestran que lo que la Edad Media entendía por soberanía no era la creación del derecho, sino la superioridad en la administración de justicia, que tampoco era reconocida como un atributo exclusivo del rey (véase Joaquín Abellán, *Estado y soberanía* [Madrid: Alianza, 2019], pp. 17-30). En el mundo antiguo tampoco hay un equivalente para el concepto moderno de soberanía. Sobre los romanos, Georg Jellinek explica: «Las expresiones de *maiestas*, *potestas* e *imperium*, expresan la potencia y fuerza del pueblo romano, el poder civil y militar de mando, pero no indican nada del contenido y limitación del Estado ni de la independencia de Roma respecto de los poderes extranjeros» (*Teoría general del Estado* [Ciudad de México: FCE, 2017], p. 404).

autoridades fragmentadas,[3] basadas en relaciones de carácter personal y local, de las que emanan derechos y obligaciones estatutarias, en el que el orden se deduce fundamentalmente de la religión, las costumbres y los vínculos personales.[4]

El desarrollo del Estado moderno implica la salida de esta situación. En efecto, el Estado se constituye al ritmo del incremento de las capacidades centralizadoras del poder monárquico y sus pretensiones de reconocimiento en tanto que autoridad suprema y exclusiva dentro de sus límites territoriales. Semejante reconocimiento debe provenir tanto de afuera —*independencia* respecto del moribundo imperio romano y del acechado papado— como de adentro —*superioridad* indiscutida respecto de los debilitados poderes locales—. Así pues, la monarquía disciplina y termina absorbiendo la pluralidad de poderes característicos del orden feudal (estamentos, órdenes, parlamentos, ciudades, corporaciones), a la vez que monopoliza las facultades jurisdiccionales y la creación de la ley, e identifica su propia voluntad con la fuente normativa última. Superioridad interna e independencia externa: este es el proceso histórico que se condensa semánticamente bajo el concepto de *soberanía*, en torno al cual se delinea el Estado absoluto, la primera forma moderna de Estado.

Suele convenirse en que fue Jean Bodino quien por primera vez le dio a la soberanía su significado moderno más preciso, cuando procuraba justificar la necesidad de un Estado absoluto en Francia. Sacudido por los efectos de las guerras civiles de carácter religioso, y en el marco de una monarquía que venía esforzándose por centralizar el poder tras el derrumbe del sistema político del feudalismo, pero que con el rey Enrique III parecía trastabillar, Bodino escribe *Los seis libros de la República* en 1576, probablemente la obra política más importante de su tiempo.

«República es un recto gobierno de varias familias, y de lo que les es común, con poder soberano».[5] Así comienza Bodino su escrito, definiendo el Estado («República» en su terminología) no simplemente por medio de su materia social («varias familias») y su ámbito específico («lo que les es común»), sino también por el estatus jurídico del poder

3. Considérese que, bajo el sistema feudal, todos aquellos que no obtenían su feudo directamente del rey estaban obligados no respecto de este último, sino del señor con el que habían celebrado un pacto de vasallaje. Si querían solicitar justicia, lo hacían frente a los tribunales de su señor. Así, se dice que el sistema de poder era pluralista y disperso. La configuración del Estado moderno requiere que el rey establezca un lazo político directo con la totalidad del pueblo.

4. Una buena descripción del sistema político feudal, y su evolución hacia el Estado moderno, puede verse en Gianfranco Poggi, *El desarrollo del Estado moderno. Una introducción sociológica* (Buenos Aires: Universidad Nacional de Quilmes, 1997), capítulos 2 y 3.

5. Jean Bodino, *Los seis libros de la República* (Madrid: Tecnos, 2010), p. 9.

que le corresponde («poder soberano»). Bodino se apresura a remarcar que la soberanía es el «tema principal» al que hay que abocarse para conceptualizar con rigor el Estado, aunque por desgracia «ningún jurisconsulto ni filósofo político la ha definido todavía».[6] El francés tiene plena conciencia de ser original al respecto; quiere revelar aquel atributo sin el cual no hay Estado y que, sin embargo, habría pasado inadvertido a sus pares hasta el momento.

«La soberanía es el poder absoluto y perpetuo de una república»,[7] define nuestro autor. Que la soberanía sea un poder de carácter *absoluto* significa que no existe, dentro del territorio del Estado, ningún poder humano que esté por encima de él ni que pueda siquiera competir con él. La soberanía refiere a la más alta instancia del poder político, a la cual todos los poderes sociales deben obedecer. Quien detenta la soberanía no debe a nadie ninguna clase de obediencia; su poder no es revocable, divisible ni alienable. Por otro lado, la relación de identidad entre el Estado y la soberanía queda trazada por medio de la *perpetuidad*, cuyo *para siempre* viene a significar que el elemento soberano es originario y no puede desaparecer sin que con ello desaparezca al mismo tiempo el Estado. Dicho de otra forma, un *Estado no soberano* es una contradicción en los términos.

La diferencia específica del Estado respecto de cualquier otra organización de la vida social en la que los hombres son gobernados (como la familia, por ejemplo),[8] reside precisamente en que el Estado lo conduce una autoridad a la que le pertenece la soberanía, por medio de la cual se le garantiza un poder supremo sobre cualquier otra organización o grupo social. La supremacía de este poder consiste en sus derechos legislativos absolutos y exclusivos, algo con lo que ningún gobernante territorial del sistema feudal hubiera siquiera soñado en sus mejores tiempos.[9] Así, el atributo fundamental de la soberanía «es el poder de dar leyes a todos en general y a cada uno en particular [...] sin el consentimiento de superior,

---

6. Ibíd., p. 47.
7. Ibíd.
8. Bodino define la familia en términos de mando-obediencia: «La administración doméstica es el recto gobierno de varias personas y de lo que les es propio, bajo la obediencia de un cabeza de familia» (Bodino, *Los seis libros de la República*, pp. 15-16). Lo que le falta, por supuesto, es el elemento soberano, que no corresponde a ella, sino al Estado.
9. «El rey consagrado de la Edad Media representa el poder menos libre, el menos arbitrario que podamos imaginar, ya que se halla sometido simultáneamente a una ley humana, la costumbre, y la ley divina, y ni de un lado ni de otro se confía sólo en su sentido del deber. Así como la corte de los pares le obliga a respetar la costumbre, así también la Iglesia vela por que sea administrador diligente del monarca celestial, cuyas instrucciones debe seguir siempre» (De Jouvenel, *Sobre el poder*, p. 79).

igual o inferior».[10] Todos los demás atributos de la soberanía[11] dependen del supremo derecho que le corresponde de hacer la ley e imponerla. Las leyes quedarán definidas, por lo tanto, como el mandato que emana de la voluntad del soberano,[12] cuyos únicos límites se encuentran, todavía según Bodino, en la ley divina y en la ley natural, pero jamás en la ley de los hombres (pues sería una contradicción querer limitar al soberano en virtud de una ley que procede precisamente de su voluntad).

Sin embargo, la idea de soberanía será, incluso en Bodino, la de un atributo que se concibe encarnado en una persona real o en un grupo de personas bien concreto. Cuando se habla de «la soberanía» se piensa más bien en «el soberano», o sea, en el detentador real del derecho de soberanía, en su titular de carne y hueso, que puede ser o bien un hombre o bien un grupo de hombres reunidos en una asamblea. Para decirlo con una terminología de aquel tiempo, la *majestas personalis* del monarca era algo mucho más concreto que la *majestas realis* de la abstracta comunidad política. Más allá de la veracidad del episodio, hoy discutida, aquello de «El Estado soy yo» de Luis XIV refleja precisamente esta lógica todavía personal de una soberanía arraigada en la existencia real de los hombres.

Pero hará falta muy poco tiempo para que se empiece a razonar de otra manera y la soberanía se convierta en el atributo —más aún: en el «alma»— de una persona ya no real, sino entera y reconocidamente ficticia: Thomas Hobbes publicará en 1651 su *Leviatán*, posiblemente la más importante obra de la filosofía política moderna, en la que la organización estatal se concibe como un mecanismo creado por los hombres que, no obstante, convierte a los seres humanos en piezas y engranajes:

En efecto: gracias al arte se crea ese gran Leviatán que llamamos *república* o *Estado* (en latín *civitas*) que no es sino un hombre artificial, aunque de mayor estatura y robustez que el natural para

---

10. Bodino, *Los seis libros de la República*, p. 74.
11. «... declarar la guerra o hacer la paz, conocer en última instancia de los juicios de todos los magistrados, instituir y destituir los oficiales más importantes, gravar o eximir a los súbditos con cargas y subsidios, otorgar gracias y dispensas contra el rigor de las leyes, elevar o disminuir la ley, valor o tasa de las monedas, hacer jurar a los súbditos y hombres ligios sin excepción fidelidad a quien deben juramento» (Bodino, *Los seis libros de la República*, p. 75).
12. La novedad respecto del mundo medieval la nota Bertrand de Jouvenel: «La Edad Media entendía por ley una cosa muy distinta a normas sucesivamente formuladas. Se trataba de reglas preexistentes y coexistentes al soberano, fijas e intangibles. [...] La fijeza de la *Ley* limitaba, naturalmente, el derecho del soberano, fundado y delimitado él mismo por la ley divina y la costumbre» (*Soberanía* [Granada: Comares, 2000], p. 204). Todo esto funcionaba en la medida en que tenía como garantía la unidad religiosa del sistema. Con la Reforma, el sistema se agrieta por doquier.

cuya protección y defensa fue instituido, en el cual la *soberanía* es un alma artificial que da vida y movimiento al cuerpo entero; los *magistrados* y otros *funcionarios* de la judicatura y del poder ejecutivo, nexos artificiales; la *recompensa* y el *castigo* (mediante los cuales cada nexo y cada miembro vinculado a la sede de la soberanía es inducido a ejecutar su deber) son los *nervios* que hacen lo mismo que el cuerpo natural, la *riqueza* y la *abundancia* de todos los miembros particulares constituyen su potencia; la *salus publi* (la *salvación del pueblo*) son sus negocios; los *consejeros*, que informan sobre cuantas cosas precisa conocer, son la *memoria*; la *equidad* y las *leyes*, una *razón* y una *voluntad* artificiales; la *concordia* es la *salud*; la *sedición*, la *enfermedad*; la *guerra civil*, la *muerte*. Por último, los *convenios* mediante los cuales las partes de este cuerpo político se crean, combinan y unen entre sí aseméjanse a aquel *fiat*, o *hagamos al hombre*, pronunciado por Dios en la creación.[13]

Todo este complejo mecanismo, que se levanta como un gigantesco hombre artificial, tiene su principio anímico —su «alma»— en lo que se ha dado en llamar «soberanía». No es una casualidad que ella sea lo primero en aparecer en esta larga descripción con la que Hobbes juega a los paralelismos; sin ella, pues, nada de lo que sigue podría funcionar. La soberanía es el principio vital, el poder que *anima* al Leviatán, el poder supremo y exclusivo con arreglo al cual todo lo demás se pone en movimiento. Sin soberanía, el Leviatán es una cosa inerte.

Si el Leviatán es una proyección política del hombre, una creación a su imagen y semejanza, toda investigación sobre el Leviatán debería comenzar con una investigación sobre el hombre. Hete aquí la modernidad de Hobbes: su sistema tiene como punto de arranque el «Yo», o sea, las características psicológicas de los hombres individuales, de las cuales puede deducirse a la postre la conveniencia racional de una sumisión, completa e irrestricta, a la autoridad política soberana. El método de Hobbes consiste en pensar, como fundamento de lo político, al hombre que carece de determinaciones civiles y sociales, intentando imaginar cómo sería su existencia en un momento prepolítico, es decir, en un momento en el que no existe ninguna forma de sociabilización a la que sujetar realmente dicha existencia (¡cuán lejos estamos ya de Aristóteles y su *zoon politikon*!). En las espantosas características de esa forma de

---

13. Thomas Hobbes, *Leviatán. O la materia, forma y poder de una república eclesiástica y civil* (Ciudad de México: FCE, 2017), p. 25.

vida prepolítica postulada heurísticamente por Hobbes se encuentran los elementos que justifican y hacen necesario el surgimiento del Estado.

El hombre en *estado natural* de Hobbes (o sea, este hombre imaginario) se caracteriza, dicho en breve, por perseguir desenfrenadamente sus ilimitados apetitos individuales, chocando a cada rato con los apetitos de los demás. El instinto de autoconservación es inherente a la naturaleza humana, lo que implica hacerse constantemente de nuevos y más medios para continuar la existencia individual. Por lo tanto, nadie puede estar satisfecho con un poder moderado, puesto que para asegurar lo ya conseguido siempre se necesita más poder. Al mismo tiempo, dado que los hombres son iguales en naturaleza o, por lo menos, muy semejantes en fuerza e inteligencia, no hay ninguna disparidad de poder que revista una magnitud suficiente como para refrenar las luchas interminables que entre ellos surgen por los objetos de sus deseos. Así, dice Hobbes que «durante el tiempo en que los hombres viven sin un poder común que los atemorice a todos, se hallan en la condición o estado que se denomina guerra; una guerra tal que es la de todos contra todos». En esta situación, no hay lugar para la civilización y sus frutos: «La vida del hombre es solitaria, pobre, tosca, embrutecida y breve».[14]

Pero como el hombre no se reduce a sus deseos, sino que también puede contar con el uso de su razón, es capaz de poner fin a esta anarquía dando vida a una organización política. El objeto de esta organización consistirá en velar con su fuerza por la seguridad de la vida y la propiedad de todos, clausurando así la «guerra de todos contra todos». En su origen se imagina entonces la existencia de un pacto celebrado por todos, por medio del cual los individuos renuncian a su libertad natural (o sea, la de hacer lo que sea para la consecución de sus deseos) y se someten a un soberano.[15] Este enajenará entonces la fuerza de cada quien y se convertirá en representante de esa multitud de individuos a quienes no debe nada más que la conservación de la paz y la seguridad.

> Y en ello consiste la esencia del Estado, que podemos definir así: una persona de cuyos actos se constituye en autora una gran multitud mediante pactos recíprocos de sus miembros con el fin de que esa persona pueda emplear la fuerza y medios de todos como lo juzgue conveniente para asegurar la paz y defensa común. El titular de esta

---

14. Hobbes, *Leviatán*, p. 110.
15. «Autorizo y transfiero a este hombre o asamblea de hombres mi derecho de gobernarme a mí mismo, con la condición de que vosotros transferiréis a él vuestro derecho, y autorizareis todos sus actos de la misma manera» (ibíd., p. 144).

persona se denomina *soberano*, y se dice que tiene poder soberano; cada uno de los que lo rodean es *súbdito suyo*.[16]

Otra vez, la noción moderna de soberanía aparece lógicamente ligada a la noción moderna de Estado, y supone el surgimiento de una autoridad política monopólica. Es la finalidad propia del Estado (garantizar la seguridad) la que hace necesaria la soberanía como poder supremo y exclusivo. Su principal facultad es la de brindar leyes y justicia a hombres que, de otro modo, y según las premisas de la antropología pesimista de Hobbes, no tendrían ninguna base sobre la que cooperar, salvo por el temor a las coerciones del Leviatán. Esto es ciertamente significativo: el derecho y la justicia son una emanación exclusiva de la autoridad política; antes de su constitución no puede haber ni una cosa ni la otra. Si en el estado de naturaleza «las nociones de derecho e ilegalidad, justicia e injusticia están fuera de lugar»,[17] tal como remarca Hobbes, allí donde se forma la soberanía existe un poder supremo capaz de dar leyes e impartir justicia en virtud de tales nociones. ¡Qué extraño sonaría esto a los oídos medievales, cuya ley divina y cuya costumbre como fuentes del derecho existían sin la necesidad de un poder político que las fundara!

Además, Hobbes hace que este poder supremo sea la más alta autoridad en materia de fe: su Leviatán es un Estado-Iglesia que se hace cargo de las creencias de los hombres, con el fin de evitar los roces y los conflictos que se derivan de la pluralidad de credos y de interpretaciones suscitadas especialmente a partir de la Reforma. Así, Hobbes va más allá de Bodino: ni la ley divina ni la ley natural limitan realmente al Leviatán. En su doctrina, el Estado, la soberanía y la jurisdicción se confunden hasta tal punto que Hobbes debe decir que «suprimidos los derechos esenciales de la soberanía [...], el Estado queda destruido, y cada hombre retorna a la calamitosa situación de guerra contra todos los demás hombres».[18]

Así como el Dios supraterrenal no sería Dios si careciera de sus poderes insuperables, el Leviatán no sería Estado si se le privara de los suyos. La soberanía política es una imitación de la soberanía divina. Más aún: es el producto de su *secularización*. Hobbes llama «dios mortal» al Estado. Cuando el Dios inmortal se ausenta y ya no es el fundamento de lo social ni de lo político, debe reinar el dios mortal. La soberanía

---

16. Ibíd.
17. Ibíd., p. 111.
18. Ibíd., p. 261.

política es un concepto *teológico político*:[19] es originario, es absoluto, es supremo, es exclusivo, es creador, es la fuente normativa, protege y castiga, y su presencia se hace sentir sobre todo en la excepción. Hobbes le adjudicó alma propia, y Bodino exige que se le reverencie.[20] Ante la crisis de religión y de la referencia al Dios extramundano que caracteriza los tiempos modernos, el hombre y la política se deifican a sí mismos.

La idea medular del Estado moderno es la de una voluntad unitaria de origen humano a la que le corresponde de manera *exclusiva* e *ilimitada* el poder de hacer leyes y tornarlas efectivas. La primera expresión consciente de esta idea, lógica e históricamente, la vemos emerger en los tiempos del absolutismo monárquico en distintas zonas de Europa. Liberado del peso de la tradición, la costumbre, la religión y los cuerpos sociales intermedios con capacidades jurídicas, a los que la autoridad política anteriormente había estado sujeta, el Estado monopoliza el ordenamiento normativo de las sociedades modernas. El Estado *hace la ley*, instrumento de su autodeterminación y evidencia de su poder. La soberanía se concibe en lo esencial como soberanía legislativa, o sea, como el poder monopólico de hacer las leyes, lo que implica, al mismo tiempo, poder por encima de las leyes. *Legibus solutus*: la soberanía del Estado es necesariamente absoluta.

II. Soberanía y liberalismo

No debe extrañar que el nacimiento del liberalismo clásico se haya producido en este contexto particular. En efecto, suele convenirse en que el padre de la criatura fue John Locke, cuyas ideas políticas fundamentales son inseparables de la nueva forma de concebir esta materia inaugurada por Hobbes.

El pensamiento de Locke se inscribe históricamente en torno a la Revolución de 1688 en Inglaterra, que destronó a Jacobo II en favor de la soberanía parlamentaria. Lo central de la filosofía política de Locke se encuentra en el *Segundo ensayo sobre el gobierno civil*, que empieza

---

19. Véase Carl Schmitt, *Teología política* (Madrid: Trotta, 2009).
20. Respecto del príncipe soberano, dice Bodino, hay que «respetar y reverenciar su majestad con la sumisión debida, y pensar y hablar de ellos dignamente, ya que quien menosprecia a su príncipe soberano, menosprecia a Dios, del cual es su imagen sobre la tierra». Y agrega: «Al igual que el gran Dios soberano no puede crear otro Dios semejante, ya que siendo infinito no puede, por demostración necesaria, hacer que haya dos cosas infinitas, del mismo modo podemos afirmar que el príncipe que hemos puesto como imagen de Dios, no puede hacer de un súbdito su igual sin que su poder desaparezca» (Bodino, *Los seis libros de la República*, pp. 72-73).

definiendo el poder político como «el derecho de dictar leyes».[21] El problema fundamental consistirá en determinar el alcance legítimo de semejante derecho, que no es otro que el de la soberanía.

Locke, como Hobbes, propone pensar el origen del poder político como una solución consensuada a ciertos inconvenientes de vivir bajo un «estado de naturaleza». Pero, a diferencia del de Hobbes, el estado de naturaleza supuesto por Locke es más bien ambivalente: por un lado, sería uno «de paz, buena voluntad, ayuda mutua y preservación»,[22] aunque por el otro también sería «inseguro y difícil».[23] Con todo, en Locke, la anarquía hobbesiana y el espanto de la guerra de todos contra todos no tiene lugar en esa medida, puesto que los hombres, ante la ausencia de gobierno, se rigen al menos bajo el imperio de una ley natural que, aunque con dificultades, se puede reconocer y ejecutar. Por medio de esta, los individuos tienen «el poder no sólo de preservar su propiedad —es decir, su vida, libertad y bienes— contra las injurias y atentados de otros hombres, sino de juzgar y castigar las transgresiones a esa ley cometidas por otros hombres».[24]

Aunque el estado de naturaleza de Locke no sería tan aterrador como el de Hobbes, no por ello habría que concluir que los individuos se encuentran seguros viviendo en él. Locke reconoce que, a pesar de que exista el mencionado derecho natural, la «posibilidad de disfrutarlo es muy incierta».[25] Esto se debe a que el estado de naturaleza carece de tres cosas cruciales para la protección de los derechos: primero, «falta una ley establecida, fija y conocida»; segundo, «falta un juez conocido e imparcial»; tercero, «falta poder para respaldar y apoyar la sentencia cuando es justa y para darle su debida ejecución».[26] Así, lo que falta es, respectivamente, un poder legislativo, uno judicial y otro ejecutivo, por medio de los cuales los hombres puedan proteger mejor sus derechos naturales, convertidos en legislación positiva, conocida, previsible y aplicable.

Los poderes del Estado, para no caer en el absolutismo, dice Locke, han de estar *separados*. Esta idea, tan propia del sistema político inglés, será sistematizada en el siglo XVIII por Montesquieu, y admirada por gran parte de la política francesa. «Todo estaría perdido si el mismo hombre, o el mismo cuerpo de principales, o de nobles, o del pueblo, ejerciera

---

21. John Locke, *Segundo ensayo sobre el gobierno civil* (Buenos Aires: Losada, 2002), p. 8.
22. Ibíd., p. 20.
23. Ibíd., p. 92.
24. Ibíd., p. 62.
25. Ibíd., p. 89.
26. Ibíd., p. 90.

los tres poderes».[27] La libertad política solo puede conseguirse de esta manera, asegurándose de que el poder de legislar, el poder de ejecutar y el poder de juzgar, como atributos del mismo derecho soberano, se encuentren en manos distintas.

Según Locke, la *razón de ser* del gobierno reside en la protección del derecho a la vida (*life*), la libertad (*liberty*) y la hacienda (*estate*), resumidos los tres bajo el término «propiedad» (*property*). Si los hombres salen del estado de naturaleza, es únicamente para *proteger mejor* esos derechos.[28] De esta forma, Locke pretende limitar el alcance del poder político a la finalidad para la que este habría sido formado. Si en Hobbes la finalidad del Leviatán era garantizar la paz y lo único que deslegitimaba su soberanía era fracasar en ese cometido, el gobierno civil de Locke tiene por única finalidad «asegurar la propiedad de cada uno»[29] y se deslegitima cuando atenta contra ella.

También en Locke, vemos que la soberanía no es otra cosa que el poder supremo de dar leyes a los hombres. Sin embargo, este poder está limitado tanto por su origen como por su finalidad. En efecto, se forma a partir de una concesión voluntaria que los individuos hacen de sus poderes naturales (ejecutar las leyes de la naturaleza y ser jueces de sus propias causas) en favor del gobierno. Pero, dado que ningún individuo ha tenido jamás el derecho natural de quitarle a otro su vida, su libertad o sus bienes, el soberano no puede arrogarse estas afrentas como si fueran derechos por él adquiridos. Si en el origen esos derechos jamás existieron, entonces jamás pudieron ser transferidos a la autoridad política. Por otra parte, si los hombres acuerdan salir del estado de naturaleza con el objetivo de proteger mejor su propiedad, resulta absurdo que lo hagan en favor de un poder tan extenso y arbitrario que termine poniendo en peligro aquello por lo que fue constituido.

La teoría de Locke resulta revolucionaria en tanto que abre la posibilidad de disolver el gobierno que no cumpla con la finalidad para la que fue establecido: garantizar los derechos de propiedad de sus súbditos. Aquel que disfruta del poder soberano concedido por la comunidad puede ser despojado de él. La soberanía quedaría siempre, aunque fuera de manera latente, en manos de la comunidad, que en última instancia puede reclamarla para sí. Locke sostiene que «la comunidad

---

27. Montesquieu, *Del espíritu de las leyes* (Buenos Aires: Losada, 2007), p. 206.
28. «Es un poder [el legislativo] que no tiene otro fin que la preservación y, por lo tanto, nunca puede implicar el derecho a destruir, esclavizar o deliberadamente empobrecer a los súbditos; las obligaciones de la ley natural no cesan en la sociedad, sino que en muchos casos se hacen más estrictas y se les agregan, en virtud de las leyes humanas, castigos conocidos para hacer que se las observe más rigurosamente» (Locke, *Segundo ensayo sobre el gobierno civil*, p. 97).
29. Ibíd., p. 92.

perpetuamente retiene el poder supremo de salvarse a sí misma», o sea, de elegir su propia supervivencia frente a la de un gobierno que ataca la vida, la libertad y las posesiones de sus súbditos. En concreto, cuando esto ocurre, «la confianza necesariamente debe retirarse y el poder devolverse a las manos de quienes lo concedieron».[30]

Locke se inscribe en la tradición del Estado moderno, pero en oposición a su primera forma histórica: la del absolutismo. En una clara alusión al gobernante que en el sistema de Hobbes recibe poderes absolutos por y sobre todos sus súbditos, Locke argumenta:

> Como si cuando los hombres, al dejar el estado de naturaleza y entrar en sociedad, acordaran que todos ellos menos uno deberían estar bajo los límites de las leyes, y que ése retiene toda la libertad del estado natural, aumentada con el poder y convertida en licenciosa por la impunidad. Esto es pensar que los hombres son tan tontos que se preocupan por evitar todos los daños que les pueden hacer los gatos monteses y los zorros, pero no les preocupa, aún más, piensan que es seguro, ser devorados por los leones.[31]

La filosofía política liberal nace, de esta manera, como una reacción ante el absolutismo de las nuevas monarquías, que se apoyaron en la doctrina moderna de la soberanía.[32] Sería un error, no obstante, interpretar la filosofía liberal como una impugnación del modelo de la soberanía como tal. Al contrario, Locke la reconoce explícitamente, y es claro cuando sostiene que «puede haber un solo poder supremo, que es el legislativo, al que todos los demás están y deben estar subordinados».[33]

---

30. Ibíd., p. 107.
31. Ibíd., p. 67.
32. Cabe mencionar, sin embargo, que el liberalismo también terminó de desarrollarse en respuesta a la degradación autoritaria —y hasta totalitaria— de los movimientos republicanos, a veces incluso aquellos que pretendían tener un origen liberal. Por dar un ejemplo entre muchos, la Revolución Gloriosa de 1688 —que inspiraría a Locke y, a través de él, a la Revolución americana— fue la conclusión de la Revolución inglesa iniciada en 1642, pero, a la vez, una respuesta a los acontecimientos que ésta desencadenó: sus múltiples guerras civiles, luego la dictadura militar de Cromwell y el Protectorado, así como la Restauración de los Estuardo. Inglaterra tuvo así un proceso revolucionario análogo, aunque más congruente y mejor establecido, que el que llevó a Francia desde 1789, con el jacobinismo y el girondinismo, hasta las idas y vueltas políticas que concluyeran con Napoleón en el poder en 1799. Sería con este con quien terminaría de instituirse el nuevo orden social —catalizado, pero jamás *realmente* proyectado en las aporías de Rousseau— de la Revolución francesa. Es con Bonaparte con quien la Revolución finaliza como régimen, y comienza así la posibilidad de una lenta, errática y también conflictiva transición que llevaría, bastante más tarde, a la concreción del ideario de un republicanismo liberal.
33. Locke, *Segundo ensayo sobre el gobierno civil*, p. 107.

El Estado detenta el monopolio jurídico, él es la única fuente de la ley en sentido estricto, y en eso consiste su soberanía. El liberalismo es moderno precisamente porque comprende al Estado a través de su soberanía, pero se caracteriza por interponer entre él y el individuo una serie de derechos inherentes que resultarían inviolables incluso para semejante poder supremo.

III. La soberanía popular

El final de las monarquías absolutas que se conformaron en torno a la idea de soberanía puede interpretarse como un desplazamiento del origen de este poder supremo, que rápidamente pasó de las manos originarias de Dios a las manos originarias del pueblo. En efecto, la vieja doctrina medieval del origen divino del poder ya había sido relativamente secularizada por los monarcas absolutos, en cuanto que fue utilizada no con el propósito medieval de limitar al poder político a través del poder religioso,[34] sino con el fin exactamente opuesto: el de incrementar el poder divinizando a la autoridad política.

Pero Dios fue desapareciendo paulatinamente de la escena y hubo que encontrar un origen intramundano para la soberanía. Si la ley, conforme la misma doctrina de la soberanía que había nacido, no sería más que el fruto de la voluntad soberana, los hombres hubieron de preguntarse muy pronto por qué esa voluntad debía ser la de uno solo y no la de todos. Ya en Hobbes, irónicamente, la fuente concreta de la soberanía es la multiplicidad de individuos que pactan su sumisión irrestricta a ese poder soberano que, por medio de su concertación voluntaria, ellos consiguen traer a la vida. Hobbes es el primero que, a diferencia de Bodino, no le da un carácter *de hecho* a la soberanía, sino que repara en su *origen*, encontrando allí a los hombres (individuos) y no a Dios. La (aparente) ironía consiste en que la justificación hobbesiana del absolutismo tenga en su origen no al príncipe ni a Dios, sino a la multiplicidad humana que se hace pueblo solo para someterse, en el mismo acto, por completo.

---

34. «Lejos de querer la Iglesia, al llamar a los príncipes representantes o ministros de Dios, conferirles la omnipotencia divina, se propone por el contrario hacerles comprender que no tienen su autoridad sino como un mandato, por los que deben emplearla según la intención y la voluntad del Señor de quien la han recibido. No se trata de permitir al príncipe hacer sin más la ley, sino más bien de doblegar el Poder a una ley divina que le domina y obliga» (De Jouvenel, *Sobre el poder*, pp. 78-79).

La imagen que ilustra la edición original de *Leviatán* es suficientemente elocuente al respecto: ese gigante todopoderoso que es el Estado está compuesto por los individuos que le han dado la vida. Ellos y nadie más son su origen y la fuente de su fuerza. Así, la sociedad queda reducida a solo dos polos que se confunden: el individuo y el Estado; entre ellos, nada. El Leviatán se caracteriza por su soberanía y llamamos «soberano» a su titular (un rey o una asamblea); todos los demás son súbditos. Pero los súbditos también son *autores* de todo lo que el Leviatán haga, puesto que en el pacto que celebraron entre ellos para conformarlo prometieron *autorizarlo* en esos términos. El absurdo al que se llega siguiendo esta ficción intelectual es llamativo: «Cualquier cosa que el soberano haga no puede constituir injuria para ninguno de sus súbditos, ni debe ser acusado de injusticia por ninguno de ellos. En efecto, quien hace una cosa por autorización de otro no comete injuria alguna contra aquel por cuya autorización actúa».[35]

Sin embargo, muy pronto esta fórmula se mostrará poco convincente, sobre todo cuando el titular de la soberanía es un solo individuo de carne y hueso que concentra en sí el poder. Que una figura como la del rey, extraña a mi persona, con arreglo a su mera voluntad vulnere mi existencia, difícilmente puede hacerme a mí mismo autor de mi propia vulneración; en rigor, la autoridad soberana se levanta ante mí como una fuerza externa, de la que no soy parte ni coautor por más «pacto» que me aseguren haber realizado con ella. Me siento, por lo tanto, oprimido y engañado. Pero si se me dijera que en realidad la soberanía no es un atributo de príncipe alguno, sino del pueblo como tal, y que este no puede alienarla en favor del príncipe ni de nadie en absoluto; si se me dijera, además, que yo pertenezco en pie de igualdad con los demás al pueblo soberano, en el que reside el poder supremo del Estado, y que eso significa precisamente mi ciudadanía, entonces la soberanía no cambiaría un ápice lo que es, pero me sería, en principio, y de acuerdo a los humores ilustrados del siglo XVIII, mucho más razonable. De tal manera, la soberanía se apoyará en la nueva ficción de la *voluntad general* del pueblo, origen y verdadero titular *irrenunciable* de semejante derecho.

Esta es fundamentalmente la genialidad de Rousseau, de quien ya hemos hablado en nuestro primer capítulo. Como ocurre con Hobbes, Rousseau halla el origen del poder soberano en el pueblo, pero a diferencia de aquel, este imagina un «contrato social» en el que el pueblo no pierde jamás su condición de soberano. Rousseau quiere hacer «libres» a los

---

35. Hobbes, *Leviatán*, p. 148.

individuos que suscriben el contrato para abandonar el estado natural en favor del estado social, pero únicamente logra liberarlos del absolutismo monárquico para encadenarlos a una suerte de absolutismo popular y, además, totalitario, en tanto que el pueblo pasa a ser entendido en forma colectivista. Así operó la dialéctica del despotismo, de la que tratamos en páginas anteriores, y que lleva en su núcleo la convicción de que el problema de la soberanía consiste simplemente en hallar su verdadero titular y legitimarlo para que despliegue todo su poder.

A diferencia del pacto que había imaginado Hobbes, del cual surge al unísono el cuerpo político (el «Leviatán») y el titular de su soberanía (un hombre o un grupo concreto de hombres), el contrato imaginado por Rousseau constituye una persona pública colectiva que se reserva para sí la titularidad soberana sin delegarla en nadie. A esa persona ficticia se la puede llamar «Pueblo» cuando se refiere al conjunto de los asociados y «Soberano» cuando ejerce el derecho que solo a él pertenece: legislar.[36] Así como el pacto de Hobbes enajenaba a todos los individuos de sus poderes individuales en favor del Leviatán, el contrato de Rousseau los enajenará absolutamente también, pero en favor de la comunidad y su cuasirreligiosa «voluntad general», a la que se someterán sin reservas y, además, desde ahora, en todos los aspectos de su vida civil: «*Cada uno de nosotros pone en común su persona y todo su poder bajo la suprema dirección de la voluntad general; y recibimos en cuerpo a cada miembro como parte indivisible del todo*».[37]

Este significó un paso más en el camino de la ficción del poder: en el Leviatán de Hobbes subsistía todavía la realidad de la persona (o grupo de personas) en favor de la que se había otorgado la soberanía. Si bien estaba sustentado sobre una persona ficticia, el soberano de Hobbes tenía carne y tenía huesos; tenía nombre propio, vivía de verdad, se enfermaba eventualmente, y algún día moría. En Rousseau, en cambio, el poder está *desencarnado* por completo; la «suprema dirección de la voluntad general» no es más que una abstracción, tras la que emerge la idea de *totalidad*. El contrato social es la vía por la cual se le da vida a esta totalidad impersonal, y se le otorgan sin reservas todos los poderes y derechos que las personas reales pudieran llegar a tener.

Rousseau insiste en que todas las cláusulas que uno pudiera imaginar para el contrato social que propone se reducen a una sola: «La enajenación

---

36. Véase Jean-Jacques Rousseau, *El contrato social* (Barcelona: Gredos, 2014), p. 271.
37. Ibíd., p. 270. La cursiva es de Rousseau.

total de cada asociado con todos sus derechos a toda la comunidad».[38]
La garantía de que los individuos seguirán siendo libres e iguales (y este
es el fin expreso de Rousseau) descansa en el hecho de que la soberanía
ha de permanecer en la comunidad que se acaba de crear por medio
del contrato. En efecto, «como el soberano está formado únicamente
por los particulares que lo componen, no tiene ni puede tener intereses
contrarios al de éstos».[39] Ahora bien, esto no significa ni por asomo que
el soberano deba atender a los *intereses particulares* de los individuos,
sino a los *intereses generales* que corresponden a todos ellos al mismo
tiempo en su calidad de miembros del cuerpo político. La soberanía,
define Rousseau, «no siendo más que el ejercicio de la voluntad general,
no puede ser nunca enajenada», y «el soberano, que no es más que un
ser colectivo, no puede estar representado más que por sí mismo».[40]

Ahora bien, este ser colectivo que es el pueblo soberano, del que todos
son parte y que procura por definición la voluntad general, está compuesto
de individuos habitualmente desviados hacia la consecución de sus intereses particulares. Cuando estos no se ajustan al contenido de la voluntad
general, contrarían lo establecido por el contrato social y el individuo debe
ser encarrilado de inmediato: «El que se niegue a obedecer a la voluntad
general será obligado a ello por todo el cuerpo; lo cual no significa otra
cosa sino que se le obligará a ser libre».[41] La libertad, en efecto, no sería más
que el pleno sometimiento por vía del contrato social a los dictados de la
voluntad general del pueblo. Por cierto, dicha voluntad no es la unanimidad, sino una suerte de voluntad objetivamente común, inherente al todo
como algo distinto de la suma de sus partes, cuyo modo de determinar
nunca queda demasiado claro.[42] Ser libre significa someterse a lo que se
establezca, de la manera que fuere, como «voluntad general». Así, hemos
llegado a un poder no menos absoluto que el que tenía en mente Hobbes
cuando convertía al súbdito en autor incluso de su propia opresión.

El desafío filosófico de Rousseau ha sido el de vérselas con un concepto necesariamente absoluto como el de soberanía, que venía siendo

---

38. Ibíd.
39. Ibíd., p. 272.
40. Ibíd., p. 277.
41. Ibíd., p. 273.
42. En un pie de página, Rousseau quiere aclarar algo de todo esto: «Para que una voluntad sea
    general no es siempre necesario que sea unánime, pero es necesario que se cuenten todos los votos;
    toda exclusión formal rompe la generalidad» (ibíd., p. 278). Esto significaría que la voluntad
    general se puede cuantificar democráticamente, con la condición de que todos puedan votar.
    Así pues, la voluntad general se confunde con la voluntad de la mayoría, algo que en otro lugar
    el propio Rousseau parece cuestionar: «Lo que generaliza la voluntad no es tanto el número de
    votos como el interés común que los une» (ibíd., p. 283).

desarrollado desde tiempo atrás y en torno al cual el Estado quedaba firmemente definido, y tratar de conciliarlo con las exigencias de la libertad que se despiertan con gran fuerza en su propio siglo. Si el poder soberano es el poder de hacer leyes a las que todos habrán de someterse, pero se concibe al pueblo·como titular de semejante derecho, se supone que la libertad ha quedado salvada, pues no tendría ningún sentido que el pueblo quisiera oprimirse a sí mismo. Esta es, en resumidas cuentas, la idea de Rousseau. El pueblo se convertirá desde entonces en el *sujeto político por excelencia*. La solución de la soberanía popular acompañará, desde el siglo xviii en adelante, al desarrollo del Estado moderno, al que se le exigirá cada vez más una legitimidad popular. La Revolución francesa es nada menos que la eclosión empírica de este tipo de legitimidad, su irrupción más descollante, paradigmática y contagiosa.

La soberanía popular no cambia un milímetro el contenido del concepto de soberanía. Lo que cambia radicalmente es la titularidad del derecho: el monarca dejará su lugar al pueblo; la persona real lo cederá a la persona colectiva; el poder dependerá ahora de un nuevo tipo de legitimidad: el de considerar activamente a todos los que están bajo su soberanía.

El concepto de soberanía trae aparejado el concepto de *legitimidad*, entendido como reconocimiento de la validez del poder por parte de quienes están sujetos a él. La pregunta acerca de la constitución, el lugar y el alcance del poder supremo en una sociedad es también la pregunta acerca de las condiciones de validez de ese poder: en qué se distingue el poder estatal de la mera coerción; en qué sentido es algo más que un grupo de personas que imponen su voluntad sobre el resto con arreglo a la violencia organizada.

El concepto moderno de soberanía emerge justo allí donde la Iglesia pierde paulatinamente sus atribuciones políticas y donde lo que alguna vez se conoció como civilización cristiana se convierte en una civilización de Estados autónomos acechados por guerras civiles de carácter religioso. En efecto, la soberanía, en tanto que reclama la supremacía y la exclusividad, apunta directamente a la autonomización de la política; es decir, a su desvinculación respecto del poder religioso y de los poderes sociales que todavía sobrevivían del orden anterior.

Es bastante lógico, entonces, que un nuevo principio de legitimación adviniera con toda su fuerza. En un contexto radicalmente diferente del anterior, el poder requería nuevas bases para explicarse a sí mismo. Respecto de su origen, el poder ya no partirá de Dios, sino de cada uno de los individuos que componen un pueblo. Respecto de su constitución, dependerá del *consenso* de esos individuos, celebrado a través de la figura del pacto o contrato social. En lo sucesivo, la soberanía ya no se legitimará como una derivación del supremo poder divino, sino en relación con el supremo poder popular. En este sentido, la idea de voluntad general funcionó como un sustituto intramundano de la idea de voluntad divina, a la que el poder político hubo de sujetarse durante algún tiempo, para terminar apropiándose de ella tras el declive de la Iglesia.

La idea de voluntad general libera al poder de las restricciones teológicas de otrora, pero lo constriñe con relación a la noción de pueblo. Así, el poder gana en márgenes de acción al desentenderse de la voluntad divina, pero no puede, en principio, ser más que el reflejo de una voluntad popular que excluye por definición los intereses particulares o de facciones ensimismadas. Si los gobernantes de ayer no podían desentenderse legítimamente de las disposiciones de Dios, los de ahora no podrán desentenderse del nuevo soberano: el pueblo. El problema, desde luego, consistirá en determinar cuál es y cuál no es la voluntad de este impersonal soberano de naturaleza colectiva. Esto resulta tan difícil como lo era determinar lo que es o no es la voluntad divina, con la salvedad de que la Iglesia católica, con la importancia que da a la tradición, está más limitada en su interpretación de la voluntad divina. Esta nueva voluntad parece tener los límites aún más difusos.

IV. Soberanía y nación

Estas ideas están en el origen mismo de la Revolución francesa, el gran acontecimiento que está en la base, a su vez, de nuestra modernidad política. El Estado soberano definido célebremente por Bodino, con su monarca-soberano en la cúspide, se ve trastocado por una revolución que trae consigo el nuevo tipo de legitimidad: el soberano, de ahora en adelante, será el pueblo.

Pero la idea de «pueblo» resultó ser, en ese contexto, más sociológica que política y constitucional. El «pueblo», *le peuple*, podía fácilmente confundirse con la *plebs*, o sea, con *los de abajo* y con el *populacho*. Esa no era, por cierto, la intención de la burguesía revolucionaria e ilustrada. Además, en el marco de la estructura social tripartita heredada de un mundo ya derrumbado —el del orden feudal—, el término «pueblo» también podía apuntar con exclusividad a uno de los grupos sociales en particular: el «Tercer Estado». En este sentido, la noción de «pueblo» como una *parte* de la sociedad podía hacer cortocircuito con los requerimientos de una «voluntad general» que, por definición, supone un interés inscrito en la totalidad del cuerpo político.

Quien advirtió este problema desde el comienzo fue el abate Sieyès, quien prefirió entonces hablar de la «nación».[43] Según Sieyès, la nación es el cuerpo social como tal, que se sustenta a sí mismo por entero y que vive bajo una ley y una representación comunes.[44] Según Sieyès, el «Tercer Estado», compuesto fundamentalmente por la burguesía, es el único capaz de sustentar con su trabajo y su comercio al cuerpo social. Asimismo, y a diferencia de la nobleza y el clero, aquel se rige por leyes públicas e iguales, y no por leyes privadas («privilegios»). El «Tercer Estado» no es una parte más de Francia, sino que *es la nación misma*; es *todo*, pero hasta ahora no ha sido *nada* y en lo sucesivo quisiera ser *algo*.

En este sentido abstracto, la «nación» jugó un papel modernizador y revolucionario: aplanó el orden social, incorporando a todos los individuos en su seno y requiriendo para ellos una ley común e igual para todos, formada con arreglo a la «voluntad general». La nación moderna libró una de sus primeras batallas como ariete contra lo que quedaba de la sociedad estamental, y unificó a todos los individuos bajo una misma pertenencia nacional en nombre de la «fraternidad». La política ya no podría hacerse en favor de un estamento, una familia, una iglesia o una corporación, sino en nombre de una totalidad abstracta, fraterna y horizontal, llamada *nación*.

Ahora bien, la nación es algo más que una mera abstracción igualadora: es también *particularidad* y *diferencia*. La nación no se compone solo de funciones económicas y una ley común, sino que supone también una realidad cultural, étnica, racial y lingüística bien específica. Dependiendo del caso concreto, cada nación hace hincapié en su definición de sí misma en unos u otros elementos que se consideren apropiados, ya sean reales o imaginarios.[45] La nación evoca, artificialmente y a gran escala, el carácter afectivo del término «nación» en el sentido originario del uso antiguo y medieval (lugar de nacimiento).[46] La nación moderna,

---

43. En un discurso del 15 de junio de 1789, Sieyès solicita que se hable de «representantes nacionales» y no de «representantes del pueblo»: «En tanto entendiéramos por el término *Pueblo*, como por el de *Comunes*, sino el Tercer Estado, será siempre verdadero decir que la parte de un todo deliberante no es nada, ni nada puede sin el concurso del *todo*, y no seríamos, por ende, menos impotentes para hacer algo por el pueblo, por mucho que invocáramos vanamente su nombre» (Emmanuel Sieyès, *Escritos de la revolución de 1789* [Madrid: Akal, 2020], p. 245).

44. «¿Qué es una nación? Un cuerpo de asociados que viven bajo una ley *común* y representados por una misma *legislatura*, etc.» (Emmanuel Sieyès, *¿Qué es el Tercer Estado?* [Madrid: Alianza, 2019], p. 116).

45. Véase Benedict Anderson, *Comunidades imaginadas. Reflexiones sobre el origen y la difusión del nacionalismo* (Ciudad de México: FCE, 2021).

46. Véase José Miguel Gambra, *La sociedad tradicional y sus enemigos* (Salamanca: Escolar y Mayo, 2019), pp. 121-123.

por tanto, no se presenta como una fría suma de voluntades calculadoras, sino como una «gran comunidad» unida por sentimientos, motivos
y elementos de origen y de destino. Un pasado común, compuesto de
historias, mitos y epopeyas que los nacionales sienten como propias; un
presente común, marcado por los intereses que unen a los hombres y
los desafíos que han de afrontar juntos; un futuro común, en el que se
resuelve la voluntad de mantenerse unidos. Símbolos, ritos, imágenes,
representaciones, usos, costumbres, tradiciones, historias, héroes, villa-
nos, creencias, danzas, música, gastronomía, acentos y lenguaje llenan
de vida a la nación, y distinguen la especificidad del «nosotros» nacional
frente al «ellos» extranjero. La nación es homogeneidad hacia adentro y
diferencia respecto de lo de afuera.[47]

Según la manera en que se entiende a sí misma, la nación es, ante
todo, *unidad cultural* que existe en relación con un *ámbito natural* con
el que se identifica. La voluntad de vivir en común y proteger su identidad la activa políticamente. La nación se da a sí misma un Estado, que
funciona como su *unidad política* sobre su territorio. Para ser libre, la
nación debe ser capaz de *autodeterminarse*, es decir, de vivir de acuerdo
con su propia voluntad. Semejante demanda dota al mundo de una
nueva estructura política internacional: las naciones quieren Estados,
y los Estados responden a los imperativos de las naciones. El Estado
nación es el solapamiento de la unidad política y la unidad cultural;
el nacionalismo será, especialmente a partir del siglo XIX, la demanda
activa y organizada de ese solapamiento.[48]

Aunque el concepto de nación de Sieyès ciertamente pone el acento
en las funciones económicas y la homogeneidad jurídica que mantiene
unido al grupo humano en cuestión, resultará imposible no exigirle a la
nación, antes y después, una homogeneidad menos abstracta y racionalista, menos leguleya. Muchos pensadores franceses anteriores a Sieyès
ya habían señalado, con razón, que la ley es, en todo caso, un efecto
más que una causa; que es la expresión jurídica de una *manera de ser y
estar en el mundo* bien particular, habitualmente denominada «carácter
nacional».[49] Esa manera de ser y de estar es la *sustancia* de la nación,

---

47. Véase Kenneth Minogue, *El nacionalismo* (Buenos Aires: Paidós, 1975), p. 15.
48. Véase Marcel Gauchet, Pierre Manent y Pierre Rosanvallon (dir.), *Nación y modernidad* (Buenos
    Aires: Nueva Visión, 1997).
49. Por mencionar algunos ejemplos, François-Ignace d'Espiard publicaba en 1743 un libro titulado
    Ensayos sobre el genio y el carácter de las naciones, en el que distingue a las naciones por su clima,
    su historia y la influencia de la política. Cinco años más tarde, Montesquieu publicará *El espíritu
    de las leyes*, en el que caracteriza al «carácter nacional» en torno al clima, la religión, las leyes, las
    costumbres, los hábitos y la historia compartida. Incluso Rousseau, al proponer constituciones

teorizada casi en paralelo a la propuesta racionalista de Sieyès por el alemán Herder, como una reacción contra el formalismo y la frialdad ilustrada. La nación es lengua y cultura, espíritu y genio particular.[50] La nación abandonaría así el terreno de las abstracciones universalistas para abrazar el dominio del particularismo romántico. Más que un cúmulo de funciones y un frío contrato entre átomos sociales desarraigados, la nación sería, sobre todo, *identidad.*[51]

Si en el mundo moderno el Estado se presenta como la autoridad política suprema y exclusiva, la nación adviene como la unidad cultural más relevante dentro de su territorio. Derrumbadas las antiguas lealtades, socavada la unidad cristiana, secularizada la cultura y aniquilados los antiguos grupos de identificación (en el marco de un proceso cuyos contornos más claros aparecen en el siglo XVI y que culmina en el XIX), los individuos encontrarán en la nación una forma de *identidad sustantiva.* El *ser nacional* se empieza a imponer sobre toda otra forma parcial de ser, lo que suscita las más apasionadas adhesiones. La nación funciona como una *macroidentidad* capaz de englobar a inmensos grupos humanos que se han ligado (o pretenden hacerlo) a su *propia y exclusiva* autoridad política. El Estado moderno conserva, supervisa, apuntala o directamente fabrica esta identidad, según sea el caso. Su dominio, cada vez más extenso y complejo, requiere una cierta homogeneidad de los dominados. Las naciones, por su parte, conciben sus Estados como sus órganos políticos; ellas son las *verdaderas soberanas.* Ambos términos quedan así vigorosamente fijados, el uno respecto del otro. La doctrina de la legitimidad popular requiere imperiosamente esta identificación: la misma idea de una voluntad general de la que se deriva la ley común supone una forma común de ver y estar en el mundo. Sin esto, la voluntad general es una fórmula vacía, una abstracción sin sentido real e incapaz de reflejar la libertad en sus propias disposiciones.

El solapamiento de la nación y el Estado no es un simple requisito material de la sociedad industrial naciente en el siglo XIX, como algunos autores han argumentado.[52] La formación y reivindicación de la homogeneidad nacional es también, y, sobre todo, una exigencia constitutiva del Estado moderno y de su legitimidad democrática. Las

---

para los polacos y los corsos, tiene que reparar en la identidad particular de cada nación para derivar reformas políticas adecuadas al «carácter nacional». Véase el análisis que hace Joaquín Abellán, *Nación* (Madrid: Alianza, 2024), pp. 165-186.

50. Ibíd., pp. 266-271.
51. Véase Minogue, *El nacionalismo*, pp. 71-81.
52. Especialmente Ernest Gellner, *Naciones y nacionalismo* (Buenos Aires: Alianza, 1991).

aspiraciones políticas de la nación son el resultado del triunfo de ese principio de legitimidad. El *demos* moderno es la nación, y cada nación, si desea *autodeterminarse*, necesita un Estado. El siglo XVIII ha sido el primer testigo cabal de ello; los siglos subsiguientes han sido su consecuencia. El concepto de soberanía, que envuelve la noción de poder supremo y exclusivo, unido al requisito de un pueblo en el que resida dicho poder, supone la formación de una voluntad colectiva homogénea que se incrusta en un sistema político monista como es el del Estado moderno. La nación es esa homogeneidad de la que se puede esperar una tal voluntad.

V. Soberanía y orden mundial

La soberanía es una modalidad del poder que se define *hacia adentro*, como monopolio jurisdiccional y coercitivo en el ámbito de su propio territorio, pero también *hacia afuera*, a través del *reconocimiento recíproco* de independencia respecto de otras unidades igualmente soberanas que ejercen la misma modalidad del poder sobre otros territorios. Si la soberanía es el poder supremo y exclusivo de dar leyes y hacerlas cumplir, debe colocarse por encima de todo poder interno, pero también en relación de independencia respecto de poderes externos.

El principio de igualdad soberana —según el cual cada Estado es tan soberano como cualquier otro, y ello con independencia de las eventuales asimetrías de poder— puso en marcha desde el siglo XVII una nueva forma del orden mundial. Los principios pluralistas del orden político medieval y la sociedad cristiana internacional fueron reemplazados definitivamente por un nuevo esquema en el que el mundo se dividió territorialmente en unidades bien delimitadas, gobernadas cada una por un aparato estatal soberano que se impuso sobre sus fronteras reivindicando supremacía hacia adentro e independencia hacia afuera.

El orden mundial moderno se configuró entonces como un sistema interestatal, y encontró un hito constitutivo en los tratados de la paz de Westfalia de 1648, por medio de los cuales se definieron las nuevas reglas de juego de las relaciones entre los Estados. El principio rector del sistema naciente fue el de soberanía, en virtud del cual se reconoció la *integridad territorial* como fundamento de la existencia estatal. Así, el Estado se convierte formalmente (*de jure*) en la autoridad máxima sobre su propio territorio, lo que supone que ningún otro poder estatal o no estatal puede disponer sobre ese territorio.

El mundo, desde entonces, empieza a reconocerse como un mundo dividido en Estados soberanos. Las relaciones personales del extinto orden feudal son ahora, bajo el dominio del Estado, relaciones de base territorial.[53] El territorio es un elemento esencial del Estado, porque constituye el ámbito físico sobre el que este ejerce su soberanía. Para proteger en la práctica este reconocimiento formal, el Estado desarrolla sus aparatos coercitivos, por medio de los cuales hace que su dominio sea efectivo. Las fuerzas militares permanentes y profesionales se desarrollan en este contexto, y se reivindican como las únicas legítimas sobre su territorio. Para desarrollar estos aparatos, a su vez, el Estado precisa aumentar sus recursos, con lo que desarrolla sus fuerzas extractivas: se formalizan y racionalizan los sistemas impositivos. Pero, para lograr esto, el Estado necesita al mismo tiempo constituir una administración permanente, racional y extendida a lo largo y ancho de su dominio territorial, regida por un cuerpo de funcionarios profesionales, con lo que aparece la burocracia moderna.[54] La inmensidad del aparato resultante se desvincula del príncipe de carne y hueso, otrora *propietario* de su dominio, y se incrusta en la *nación*: el ensanchamiento del aparato militar, tributario y burocrático avanzará con arreglo a la legitimidad que le brinda esta entidad colectiva y su «voluntad general».[55]

En este complejo proceso, resumido tan escuetamente (y a sabiendas de que no se corresponde con la realidad del detalle y la particularidad de cada caso, pero que sirve como esquema general), se imbrica el concepto moderno de soberanía. Este concepto funciona como índice y como factor al mismo tiempo; es decir, funciona como registro, como clave interpretativa de lo que acontece, pero también, y en una medida no menor, como uno de los motores de estos acontecimientos. La *idea* de soberanía supone un derecho exclusivo que requiere, en la práctica, un despliegue *real* de poder; este despliegue real, a su vez, se comprende a sí mismo como una exigencia del derecho soberano.

Westfalia fue el principio del fin de los conflictos bélicos basados en divisiones religiosas. Las divisiones de los pueblos fueron secularizadas, delimitadas territorialmente y asignadas a una autoridad suprema llamada Estado. Ahora los conflictos serían más bien entre naciones, definidas

---

53. Ya escribía Locke que, respecto del Estado, «hay un tácito consentimiento de sumisión en el mero hecho de estar dentro de los territorios de ese gobierno» (Locke, *Segundo ensayo sobre el gobierno civil*, p. 86).
54. Véase Hermann Heller, *Teoría del Estado* (Ciudad de México: Fondo de Cultura Económica, 2017), pp. 165-177.
55. Véase de Jouvenel, *Sobre el poder*, pp. 58, 341-347 y 386.

culturalmente con relación a una existencia de tipo territorial, y concebidas políticamente con arreglo a su propio aparato de poder: el Estado. El nuevo orden mundial que surgió a partir de la «Paz de Westfalia» de 1648 acompañó a la humanidad al menos hasta 1945, año en el que, en la práctica, fue concebido el embrión del globalismo.

VI. Kant: entre la globalización y el globalismo

El orden westfaliano constituye el mundo como un sistema interestatal. El actor central de las relaciones internacionales es, *con exclusividad*, el Estado. Dado que el principio de soberanía estatal excluye cualquier entidad colocada en una relación de superioridad respecto del Estado, las relaciones entre estos se establecen en términos de sus propias normas. Dicho de otra forma, la soberanía estatal, en sentido estricto, no admite ninguna autoridad superior que se arrogue el derecho de reglamentar las relaciones entre los Estados. Si así fuera, ya no podría tenerse al Estado como autoridad suprema, puesto que una nueva entidad supraestatal habría tomado ese lugar y el Estado sería súbdito suyo.

Hobbes,[56] y poco después Locke,[57] notaron de inmediato que su soberanía, paradójicamente, ponía al Estado en un «estado de naturaleza» respecto de los demás Estados. De esta forma, el orden nacional se organiza legalmente, se civiliza, pero el orden internacional se reviste de las características del pernicioso «estado de naturaleza». Así, si el Estado se constituye como una salida pactada del estado natural de los hombres que aceptan someterse a las leyes dictadas por una autoridad suprema, el mismo Estado permanece, no obstante, sin ninguna autoridad superior a la suya capaz de darle leyes para relacionarse con otros Estados. Esta situación supone el peligro de una guerra casi permanente entre los Estados.

Immanuel Kant abordó directamente este problema y quiso encontrar una solución en su opúsculo *Sobre la paz perpetua*, escrito en 1795, tras la paz de Basilea, con la que se puso fin a la primera de las guerras que

---

56. «Porque, así como entre los hombres que no reconozcan un señor existe perpetua guerra de cada uno contra su vecino […] así en los Estados y repúblicas que no dependen una de otra, cada una de estas instituciones (y no cada hombre) tiene una absoluta libertad de hacer lo que estime (es decir, lo que el hombre o asamblea que lo representa estime) más conducente a su beneficio. Con ello viven en condición de guerra perpetua, y en los preliminares de la batalla, con las fronteras en armas, y los cañones enfilados contra los vecinos circundantes» (Hobbes, *Leviatán*, p. 175).

57. Tratando precisamente el poder federativo, encargado de las relaciones exteriores, escribe Locke que «toda la comunidad es un solo cuerpo en estado de naturaleza en relación con todos los otros estados o personas que estén fuera de la comunidad» (Locke, *Segundo ensayo sobre el gobierno civil*, p. 105).

siguieron a la Revolución francesa. El título es muy claro: Kant quiere hallar una solución a la guerra, ya no temporal, sino definitiva; ya no civil, sino interestatal.

Si bien se asume que Kant es deudor de Rousseau, en esta parte de su pensamiento político depende más de Hobbes. El liberal Kant es, en gran medida, un hobbesiano cuando trata la política entre los Estados. Según su teoría, el hombre es malo por naturaleza y la guerra es parte de sus inclinaciones naturales,[58] pero dispone del derecho para edificar un sistema que proscriba tan horrible realidad. Kant afirma al respecto: «El estado de paz entre los hombres que viven juntos no es un estado natural», «el estado de paz debe ser *instaurado*», lo que solo «puede suceder en un contexto *legal*».[59] Si se quiere la paz perpetua, muy distinta de un mero tratado de paz, hay que fundar un orden legal entre los Estados, tal como se ha hecho entre los individuos para pacificarlos.

Siguiendo este razonamiento, Kant distinguirá tres tipos de derecho: el *derecho civil*, por el que se rigen «los hombres en un pueblo»; el *derecho de gentes* (o «derecho internacional»), por el que se rigen «los Estados en relación mutua»; y el *derecho cosmopolita*, que se basa en el hecho de que «hombres y estados están en una relación externa que les influye mutuamente, y que deben ser vistos como ciudadanos de un Estado general de hombres».[60] Por medio del derecho de gentes y el cosmopolita es posible salir definitivamente del «estado de naturaleza» en el que viven los Estados.

Ahora bien, el derecho debe ser respaldado por una autoridad soberana capaz de ejercer coacciones. A Kant no se le escapa que el Estado es una entidad soberana. Más aún, en virtud de este atributo lo define como una «comunidad de personas sobre la que ningún otro, más que él mismo, puede mandar y disponer».[61] Kant pretende, en cierta forma, que esto siga siendo así, y que los Estados se abstengan de inmiscuirse por la fuerza en los asuntos de otros Estados. Pero les exige, en nombre de la razón, que tomen la decisión de subordinarse a una forma de poder supraestatal capaz de poner fin a la guerra.

Kant procede como Hobbes: allí donde los individuos celebraron un pacto para salir del estado de naturaleza, los Estados deberían hacer, a su vez, prácticamente lo mismo:

---

58. «Esta facilidad de llevar a cabo una guerra, unida a la inclinación que tienen hacia ella los poseedores del poder, que parece ser inherente a la naturaleza humana, es un gran obstáculo para la paz perpetua» (Immanuel Kant, *Sobre la paz perpetua* [Madrid: Akal, 2012], pp. 46-47).
59. Ibíd., p. 53.
60. Ibíd., p. 54.
61. Ibíd., p. 44.

> Los pueblos, considerados como Estados, pueden ser juzgados como individuos independientes, que se perjudican en su estado de naturaleza (es decir, independientes de las leyes externas) ya sólo por su coexistencia, y donde cada cual por su propia seguridad puede y debe requerir al otro a adherirse a una Constitución parecida a la Constitución civil, donde a cada uno se le pueda asegurar su derecho.[62]

Dicha «Constitución parecida a la Constitución civil» no es otra cosa que un cuerpo normativo para regir ya no a los individuos entre sí, sino a los Estados. Para hacer avanzar la lógica hobbesiana, Kant necesita concebir a los Estados como si fueran «individuos independientes» listos para expresar su voluntad de constituir un cuerpo político internacional. Esto oculta el hecho de que los Estados no son ni se parecen a los individuos, sino que se componen de ellos, y que las voluntades e intereses que hay en su interior son plurales. Así, son las voluntades de determinados individuos, cuyas fuerzas se imponen sobre los demás, las que se hacen pasar por «la voluntad del Estado» como si fuera un «individuo independiente». Peor aún, estas voluntades apuntan a la celebración de un pacto de alcance constituyente, que da vida a un cuerpo político internacional al que necesariamente se sujetará la existencia del conjunto de los individuos que solo habían establecido su contrato (según la misma teoría) para constituir el Estado soberano.

Comoquiera que sea, Kant avanza sobre estas líneas y pide que consideremos a los Estados celebrando su propio pacto para salir del «estado de naturaleza» en el que sufren algo similar a la «guerra de todos contra todos». Lo ideal sería que de esto se derive un Estado mundial, soberano respecto de los Estados que han pactado para constituirlo:

> Para los Estados con relaciones entre ellos no puede haber otra manera, según la razón, de salir de la situación sin ley, en exceso bélica, que, de la misma manera que los seres humanos individuales, entregando su libertad salvaje (sin ley), consintiendo con leyes públicas coactivas, y construyendo (por supuesto siempre en modo creciente) un *estado de pueblos* (*civitas gentium*), que finalmente abarcaría a todos los pueblos de la tierra.[63]

---

62. Ibíd., p. 63.
63. Ibíd., p. 68.

Ahora bien, ese «estado de pueblos», que Kant también denomina «república del mundo»[64] y que podría interpretarse —hasta cierto punto— como una suerte de *Leviatán global*,[65] hiere naturalmente el celo soberano de los Estados existentes. Kant es consciente de que el principio de la soberanía estatal es demasiado vigoroso en el orden mundial de su tiempo como para hacer de su propuesta algo, por el momento, realizable o siquiera del todo apetecible. Por lo tanto, recurrirá a una alternativa menos exigente pero políticamente más factible: la de una «federación de la paz», en la que todos los Estados se van integrando con el correr del tiempo, capaz de vigilar la suerte del derecho interestatal y cosmopolita.

Kant ha dado un paso teórico significativo hacia la centralización política del mundo, aunque no es un paso definitivo. Su sistema parece necesitar de una garantía adicional, que el filósofo encontrará en «la artista *naturaleza*».[66] Ella se sirve de la diferencia de las *lenguas* y las *religiones* para mantener separados a los pueblos, pero los une por medio de la necesidad que impulsa los intercambios económicos. Así, la naturaleza humana está jalonada por dos principios contradictorios que definen su «insociable sociabilidad». Si la cultura y la religión son motivo de disputa, el desarrollo del comercio es la garantía contra la guerra: «Es el espíritu comercial el que no puede convivir con la guerra, y el que más tarde o más temprano se apodera de cualquier pueblo», escribe Kant.[67] El comercio, fruto de las mejores disposiciones humanas, requiere de la paz entre los Estados, constituyéndose en una garantía en el tiempo para el progreso de la paz.

Con un lenguaje actual, podríamos decir que Kant apuesta por lo que desde la década de 1990 en adelante se popularizó con el nombre de «globalización».[68] En efecto, la globalización ha sido entendida,

---

64. Ibíd.
65. Llama la atención que, en otro párrafo, Kant reconozca explícitamente el despotismo que esto significaría: «La idea del derecho de gentes presupone la separación entre muchos Estados vecinos independientes unos de otros; y a pesar de que esta circunstancia significa de por sí una circunstancia de guerra (en el caso de que una unión federativa de los mismos no evite el estallido de las hostilidades), sin embargo, es mejor ésta, según la idea de la razón, que la identificación a la fuerza de todos los Estados por medio de un poder que se erigiera por encima de ellos y que se convirtiera en una monarquía universal…» (ibíd., p. 84).
66. Ibíd., p. 77.
67. Ibíd., p. 85.
68. Este término apareció por primera vez en 1961, en el diccionario de lengua inglesa *Webster's Third New International Dictionary of the English Language Unabridged*. En la década de 1980 empezó a utilizarse con frecuencia en las universidades que ofrecían carreras de administración de empresas y economía en los Estados Unidos. Al gran público le llegaría recién en la década de 1990. El motivo de esta expansión puede encontrarse en la caída de la Unión Soviética en 1991, cuya zona de influencia (COMECOM) estaba relativamente sustraída del mercado capitalista global, y la adopción por parte de China de estrategias de apertura comercial inauguradas por Deng Xiaoping hacia la década de 1980. Es precisamente en este marco en el que Francis Fukuyama declarará el «fin de la historia».

principalmente, como un fenómeno de naturaleza económica más que política:[69] la unificación del mundo en un *mercado global*, posibilitada por las nuevas tecnologías de la comunicación y el transporte. Pero el «globalismo» no es exactamente lo mismo: su naturaleza, tal como aquí la concebiremos, es, en esencia, *política*, puesto que supone la unificación del mundo bajo un *gobierno global*.[70] Así, Kant inició su propuesta de paz perpetua coqueteando con el globalismo, pero, al retroceder frente al peso de la soberanía estatal, decidió descansar el grueso de sus esperanzas en las potencialidades pacifistas de la globalización económica.

En nuestros días, la tesis kantiana ha sido recuperada con el fin de exacerbar sus posibilidades no tanto económicas como políticas. Así, es habitual que se la haga funcionar como la premisa pragmática, utilitarista y hobbesiana que subyace a cualquier justificación de las diferentes formas del globalismo institucional e ideológico.[71]

VII. Naciones Unidas: la raíz del globalismo

Las ideas de Kant tuvieron que esperar hasta 1945 para ser implementadas en la práctica.[72] Fue precisamente el fenómeno de la guerra, en

---

69. El diccionario de Webster, que fue el que recogió por primera vez el término en 1961, hoy en día continúa caracterizándolo como un fenómeno de naturaleza económica. Así, define «globalización» como «el desarrollo de una economía global cada vez más integrada, marcada especialmente por el libre comercio, el libre flujo de capital y la utilización de mercados laborales extranjeros más baratos» (https://www.merriam-webster.com/dictionary/globalization [consultado el 3 de mayo de 2024]).

70. En su discurso de despedida, George Washington recomendaba a los Estados Unidos: «Para nosotros, la gran norma de conducta en lo que se refiere a las relaciones exteriores debe consistir en ampliar nuestras relaciones comerciales, pero de forma que haya el menor número de contactos *políticos* posibles» (citado en Hedley Bull, *La sociedad anárquica. Un estudio sobre el orden en la política mundial* [Madrid: Catarata, 2005], p. 302). Esto ilustra la diferencia sustancial que existe entre lo que hoy llamamos «globalización», entendida como internacionalización de los intercambios comerciales, y lo que podemos llamar «globalismo», entendido como gobernanza política de pretensiones globales.

71. Uno de los casos más conocidos es el del filósofo contemporáneo Jürgen Habermas, uno de los nombres más conocidos de la Escuela de Frankfurt. Basándose en la idea de que vivimos en una «era post-westfaliana», Habermas argumenta que el Estado nación es una forma política e institucional incapaz de lidiar con los nuevos desafíos históricos, incluido el de la misma globalización. En su propuesta, se contempla tanto la posibilidad de reemplazar la soberanía nacional por una agencia gubernamental global, como la de múltiples agencias globales temáticas y sectoriales. Estas preludian el modelo actual de la gobernanza global, y Habermas las justifica ideológicamente apelando a las inestabilidades de los mercados mundiales y los efectos del «neoliberalismo». En rigor, la propuesta habermasiana es una justificación kantiana de la existencia de las Naciones Unidas y, en paralelo, de la transformación de las ONG y los movimientos sociales trasnacionales en grupos de presión sobre los Estados. Véanse el ensayo de Habermas de 1995, titulado «La idea kantiana de la paz perpetua», y el de 2004 titulado «El proyecto kantiano y el Occidente escindido». Además, véase Juan Carlos Velasco, «Una política global sin gobierno mundial: un motivo kantiano en la filosofía política habermasiana», *Ética y Discurso*, ISSN 2525-1090, 2016, pp. 90-101.

72. La creación de Naciones Unidas en 1945 tiene un antecedente en la Sociedad de las Naciones, creada por el Tratado de Versalles (1919) tras la conclusión de la Primera Guerra Mundial. La flamante

este caso dos conflictos mundiales, lo que animó a la constitución de un cuerpo político internacional que se pareció bastante a aquello de la «federación de Estados» por la paz mundial.

En efecto, la creación de la Organización de Naciones Unidas (ONU) puede considerarse un punto de inflexión en el sistema internacional, que cuestionó el orden westfaliano. Los Estados vencedores de la Segunda Guerra Mundial se pusieron al frente del destino de «la Humanidad», tal como lo explicitaron en el Preámbulo de la Carta constitutiva,[73] y dieron vida a una organización de pretensiones globales para la gobernanza mundial.

De esta forma surgía, por primera vez, una organización de naturaleza distinta al Estado nacional, estable en el tiempo, que reclamaba para sí, en más de un sentido, una autoridad superior a la de dicho Estado, y una serie de funciones que iban mucho más allá de asegurar la paz en el mundo. Los propósitos de Naciones Unidas, definidos en el primer artículo de su Carta, no se reducen al «mantenimiento de la paz y la seguridad internacionales» (inc. 1), sino que también consisten en la resolución de «problemas internacionales de carácter económico, social, cultural o humanitario» (inc. 3). De esto se sigue que la ONU, más que un foro para el entendimiento entre los Estados, sea un cuerpo político diseñado institucionalmente para cubrir las más diversas áreas de la vida de las naciones y sus ciudadanos. No en vano, desde entonces, la política introducirá una novedad lingüística para significar la gestión de este nuevo ámbito del poder: «Gobernanza global», con la que habrá que entender toda acción tendiente a ordenar, regular o planificar los asuntos de los hombres en una *escala global*.

Los «órganos principales» de las Naciones Unidas —sobre los que un pequeñísimo número de naciones sumamente poderosas detentan una hegemonía consagrada en la misma Carta (art. 23, inc. 1)— reflejan la pretensión de *gobernanza global* que está en la médula de la organización. Una «Asamblea General», un «Consejo de Seguridad», un «Consejo Económico y Social», un «Consejo de Administración Fiduciaria», una

---

organización tuvo como objetivo reorganizar las relaciones internacionales en la búsqueda de la paz (más de la mitad de los 26 puntos que conforman su convenio están dedicados a la prevención del conflicto), y fue impulsada por el presidente estadounidense Woodrow Wilson. Si bien fue el primer antecedente de lo que luego la ONU pretendería, la Sociedad de las Naciones no tuvo ninguna eficacia a la hora de tratar las crisis internacionales posteriores, que desembocaron en la Segunda Guerra Mundial. A partir del 20 de abril de 1946, la Sociedad de las Naciones dejó de existir, tras haber entregado todos sus activos a las Naciones Unidas y habiendo otorgado a la nueva Secretaría de la ONU el control total de su Biblioteca y sus archivos.

73. ONU, «Carta de las Naciones Unidas» (s.f.), https://www.un.org/es/about-us/un-charter/full-text

«Corte Internacional de Justicia» y una «Secretaría» (art. 7, inc. 1) constituyen la ONU como si fuera un *Leviatán global* en estado embrionario. Además, y dado que sus funciones se encuentran en constante expansión, se podrán establecer «los órganos subsidiarios que se estimen necesarios» (art. 7, inc. 2).

Aunque la Carta (art. 2 inc. 1) reconoce formalmente la soberanía de los Estados, la ONU pretende desde su misma constitución que todos los Estados terminen siendo regidos en la práctica por ella: «La Organización hará que los Estados que no son Miembros de las Naciones Unidas se conduzcan de acuerdo con estos Principios en la medida que sea necesaria para mantener la paz y la seguridad internacionales» (art. 2, inc. 6). Es difícil ver cómo ambas cosas pueden coexistir: por un lado, la soberanía de un Estado que no desea regirse por Naciones Unidas, y por otro, las pretensiones de que incluso los Estados que no son miembros de Naciones Unidas sean obligados a regirse por sus principios en nombre de «la paz».

Es curioso advertir que esto es precisamente lo que ocurriría, según la teoría del contrato social en sus distintas versiones, con aquellos individuos reacios a pactar con los demás para salir del «estado de naturaleza» y constituir al Leviatán: terminarían siendo sometidos por la fuerza, superior por definición, del naciente cuerpo político. Acabarían por ser aplastados, de una u otra manera. Esta es la consecuencia más concreta de lo que llamamos *soberanía*, que ahora se desplaza hacia una institución que reclama todo el globo como su ámbito propio para el ejercicio del poder.

Por su parte, los individuos que decidieron constituir el Estado, según la misma teoría, le ceden sus libertades naturales y se obligan a obedecerlo como autoridad suprema. *Mutatis mutandis*, la Carta de la ONU requiere a los Estados miembro que reconozcan «que el Consejo de Seguridad actúa en nombre de ellos» (art. 24, inc. 1) y los conmina a «aceptar y cumplir las decisiones del Consejo de Seguridad» (art. 25). Así, por ejemplo, ante situaciones de peligro para la paz (qué resulta *peligroso* lo define, por supuesto, la misma ONU), el Consejo «podrá instar a los Miembros de las Naciones Unidas» a tomar medidas «que podrán comprender la interrupción total o parcial de las relaciones económicas y de las comunicaciones ferroviarias, marítimas, aéreas, postales, telegráficas, radioeléctricas, y otros medios de comunicación, así como la ruptura de relaciones diplomáticas» (art. 41). Si el mismo Consejo considera que estas medidas no resultan suficientes, «podrá ejercer, por medio de fuerzas aéreas, navales o terrestres, la acción que sea necesaria para mantener o restablecer la paz y la seguridad internacionales» (art. 42). Todo esto, haciendo uso de los recursos y las fuerzas de los Estados miembro, cuya voluntad queda subordinada a las disposiciones de la ONU (art. 43, inc. 1).[74]

Es interesante que la Carta mantenga para el Estado «el derecho inmanente de la legítima defensa» en caso de ser atacado por otro, pero que esto valga «hasta tanto el Consejo de Seguridad haya tomado las medidas necesarias para mantener la paz y la seguridad internacionales» (art. 51). En otras palabras, el derecho que tiene el Estado a defenderse del ataque de otro encuentra un límite contundente en la voluntad de dicho Consejo, que se coloca así por encima de la soberanía estatal, de la misma manera que el Estado supone, en el orden interno, un límite a la defensa legítima de los individuos que se han subordinado a él.

Ahora bien, la ONU concibe «la paz» como un objetivo general que requiere no solo de una actuación en materia diplomática y militar, sino también de una intervención sistemática en áreas de lo más diversas. Así, en nombre de «la paz», la ONU reivindica para sí funciones tales como las de promover «niveles de vida más elevados, trabajo permanente para todos, y condiciones de progreso y desarrollo económico y social» (art. 55, inc. 1), «la solución de problemas internacionales de carácter económico, social y sanitario», además de impulsar acciones «en el orden cultural y educativo» (art. 55, inc. 2). Por lo tanto, un Consejo de Seguridad no es suficiente; la ONU precisa de otro «órgano principal» denominado «Consejo Económico y Social», cuya área de intervención es tan extensa que la define como todo lo relativo a «asuntos internacionales de carácter económico, social, cultural, educativo y sanitario, y otros asuntos conexos» (art. 62, inc. 1). Agregar la expresión «otros asuntos conexos» a un listado que contiene economía, sociedad, cultura, educación y salud es una forma poco disimulada de arrogarse un dominio prácticamente total en los asuntos de los hombres.

Para asistir al Consejo en cuestión, desbordado por semejante amplitud temática, la ONU incorpora por primera vez como actor con poder internacional formal a las «ONG»: «El Consejo Económico y Social podrá hacer arreglos adecuados para celebrar consultas con organizaciones no gubernamentales que se ocupen en asuntos de la competencia del Consejo» (art. 71). De esta manera, las Naciones

---

74. El Consejo de Seguridad dispone de un Comité de Estado Mayor integrado *exclusivamente* por los «miembros permanentes» de aquel, que son apenas cinco Estados hegemónicos (art. 47, inc. 2). Así, el nivel de poder de un puñado de actores queda asegurado, en nombre de «la democracia», «la paz» y «los derechos humanos».

Unidas abre su sistema a entidades no estatales, que desde entonces se multiplicarán sin cesar, y cuyo poder real e influencia efectiva sobre los órganos de la ONU irá en permanente aumento. Corporaciones, empresas multinacionales, magnates y hasta gobiernos querrán contar con una serie de ONG bajo su dominio, con las que ganar gravitación en el orden internacional.

Por otra parte, la ONU quiere ser desde el principio una autoridad jurisdiccional para el conjunto de los Estados. Así, la Carta establece que la «Corte Internacional de Justicia será el órgano judicial principal de las Naciones Unidas» (art. 92) y que todos los Estados miembro «son *ipso facto* partes en el Estatuto de la Corte Internacional de Justicia» (art. 93, inc. 2). Esto deja a los Estados, en la práctica, sin ninguna posibilidad de negarse a reconocer la legitimidad de este órgano que se atribuye poderes jurídicos sobre ellos. En efecto, ser parte de la ONU obliga al Estado a aceptar la competencia de la Corte; y no ser parte de la ONU implica «ser obligado» a aceptar, como ya hemos visto, «los principios» de la ONU por los que se rige, entre otras cosas, la misma Corte. A este respecto, es sintomático que, hoy por hoy, de los 195 Estados reconocidos que existen en el mundo, 193 sean miembros de la ONU, y los dos restantes (la Santa Sede y Palestina) sean observadores.[75]

La Corte, según su Estatuto,[76] se compone de quince magistrados (art. 3, inc. 1) que son elegidos por la Asamblea General y el Consejo de Seguridad (art. 4, inc. 1). Los magistrados deben dirimir las controversias que les sean sometidas aplicando algo más que «las convenciones internacionales» que los Estados litigantes reconocen. Esto significaría un respeto real a la soberanía de los Estados, que la ONU de ninguna manera pretende convalidar en la práctica. Así pues, la Corte aplicará también «la costumbre internacional», «los principios generales de derecho reconocidos por las naciones civilizadas» y «las decisiones

---

75. Existen, por otro lado, Estados con reconocimiento limitado que en este momento no son miembros de la ONU: Kosovo, Osetia del Sur, República del Norte de Chipre, República Árabe Saharaui, Transnistria, República de Somalilandia, República de Abjasia y República de China (nombre oficial de Taiwán). La mayoría de los Estados reconocieron a Taiwán como el gobierno legítimo de China desde la revolución hasta 1971, año en que tuvo lugar la Resolución 2758 de la Asamblea General de Naciones Unidas, que decidió reconocer a los representantes de la República Popular China como «únicos representantes legítimos de China en las Naciones Unidas». Luego de esta resolución, Taiwán fue perdiendo reconocimiento internacional. Se puede ver cómo la decisión de la ONU influye de forma directa en las relaciones diplomáticas de los Estados entre sí. Actualmente Taiwán solo es reconocido por doce Estados.

76. Naciones Unidas (ONU), «Estatuto de la Corte Internacional de Justicia» (s.f.), https://www.un.org/es/about-us/un-charter/statute-of-the-international-court-of-justice

judiciales y las doctrinas de los publicistas de mayor competencia de las distintas naciones» (art. 38).

Esto genera un quiebre en materia de derecho internacional: allí donde el orden westfaliano entendía que la soberanía del Estado significaba que la fuente del derecho internacional debía ser el consentimiento que el Estado prestaba a convenciones con otros Estados, la ONU conmina a reconocer una gama distinta de *fuentes*, notablemente indeterminadas y gelatinosas, en las que la voluntad del Estado nación desaparece sin más. ¿Cuáles son, por ejemplo, las «naciones civilizadas» cuyos principios han de gobernar al resto, y en virtud de qué cosa en concreto una nación se gana semejante calificación?[77] ¿Cómo se compatibiliza esta exigencia con la soberanía de las «naciones incivilizadas» y con la «igualdad soberana» que la Carta de la ONU había reconocido formalmente? Por otro lado, ¿por qué la «costumbre internacional» que surge de los litigios concretos entre una serie de naciones se convierte en fuente de derecho para otra serie de naciones que no han tenido ninguna parte en tales litigios? Si la costumbre supone, por definición, una experiencia vivida de manera recurrente, ¿puede llamarse «costumbre» a la experiencia pasada de una corte internacional con respecto a naciones distintas de la propia? ¿Puede la «costumbre» de unos pueblos en la resolución de sus conflictos imponerse a otros pueblos que jamás experimentaron tal costumbre, sin herir con ello su soberanía? Asimismo, ¿quién determina la «competencia» de los publicistas cuyas doctrinas son también fuente de derecho, cuando de entrada se inclina la balanza en beneficio de algo llamado «naciones civilizadas»? ¿En razón de qué la opinión de un «publicista» extranjero supone una obligación para un Estado nacional?

Esta última «fuente» del derecho internacional que establece la ONU ha desencadenado que caiga un enorme poder arbitrario en mano de los juristas internacionales. Ya en la década de 1970, un teórico de las relaciones internacionales como Hedley Bull notaba que esa innovación había puesto en marcha una nueva doctrina, cada vez más influyente, según la cual «los jueces, asesores legales y académicos del mundo del derecho no comparten la idea de que su papel consiste simplemente en aplicar de forma objetiva el derecho internacional del pasado sino que consideran que deben ser libres de adaptarlo en relación con los cambios

---

77. ¿Acaso los campos de trabajo esclavo de la URSS, potencia hegemónica beneficiada por la Carta de la ONU, son propios de una «nación civilizada»? Por otra parte, y en lo que toca a la otra potencia consagrada en la Carta, ¿lanzar bombas nucleares es un criterio para ser considerado una «nación civilizada»?

que se producen en los valores sociales, morales y políticos».[78] De esta forma, el jurista internacional introduce en sus interpretaciones jurídicas elementos no jurídicos; juega a ser sociólogo, filósofo y politólogo al mismo tiempo, y termina dotando de valor normativo lo que es simplemente su opinión personal disfrazada de «espíritu objetivo».

Como es de esperar, las innovaciones de la ONU también harán caer la doctrina que entendía que el derecho internacional suponía un cuerpo de normas que regía *exclusivamente* las relaciones de los Estados entre sí. La ONU no quiere limitar su autoridad a las relaciones y los conflictos entre los Estados, sino también sentar derecho al nivel de las relaciones de los Estados con sus propios habitantes. De ahí que la Carta de la ONU haya determinado como propósito suyo definir y vigilar la suerte de «los derechos humanos» (art. 55, inc. 3), que trascienden toda pertenencia nacional.

Estos propósitos no responden al viejo ideal del «derecho natural», cuyo reconocimiento no dependía de la existencia de ninguna organización política en concreto. Nuestra modernidad política comprende que el derecho y la ley dependen de la existencia de un aparato político que los reconozca e imponga monopólicamente, y eso no cambia con la ONU. Lo único que cambia es que dicho aparato ya no será con exclusividad el de naturaleza nacional, sino que dependerá cada vez más de lo que dispongan los aparatos internacionales. Puesto que la expresión «la Humanidad» alude, en principio, a algo así como la totalidad de los seres humanos del planeta, el aparato político que establece «derechos humanos» tiene, por definición, que arrogarse pretensiones de soberanía global.

La persona humana queda individualizada entonces como sujeto del derecho internacional y, por tanto, como objeto de la gobernanza global. Sus derechos ahora estarán determinados, *también*, por el poder de los organismos internacionales. Así, ha pasado de dejar sus derechos en manos de algo llamado «representantes de la nación» a ponerlos en manos de quienes pretenden ser «representantes de la Humanidad». ¡Vaya panacea!

El ejemplo de la Declaración Universal de los Derechos Humanos

Tómese como ejemplo, por ser la primera, la Declaración Universal de los Derechos Humanos de 1948.[79] Desde las primeras líneas de su

---

78. Bull, *La sociedad anárquica*, p. 210.
79. Véase ONU, «Declaración Universal de los Derechos Humanos» (s.f.), https://www.un.org/es/about-us/universal-declaration-of-human-rights (consultado el 20 de marzo de 2024).

Preámbulo, se anuncia la voluntad de forzar «una concepción común de estos derechos y libertades» que se listarán a continuación. De esta manera, nociones difíciles y multívocas como la de «derecho» o la de «libertad», que suscitan los más acalorados debates incluso dentro de las naciones, deben reducirse a «una concepción común» en el nivel… ¡internacional! Si las personas que integran una nación a menudo se adhieren a distintos significados de estos conceptos, y basan sus luchas políticas en ellos, parece absurdo pretender que todas las naciones acepten al unísono la «concepción común» que Naciones Unidas se trae entre manos. Lo que se procura, en realidad, es algo que perfectamente se puede llamar *uniformización ideológica*.

Precisamente porque no existe dicha «concepción común», la Declaración evita de manera deliberada, en todo momento, determinar la fuente filosófica de los derechos universales que establece. ¿Hay un Dios creador o no lo hay? En caso afirmativo, ¿cuál es? ¿Quién es «el hombre»? ¿De dónde provienen sus derechos? ¿De un Dios, de sí mismo, de su naturaleza? ¿Qué significa «naturaleza»? Para comprender la complejidad de lo que estaba en juego, tomemos únicamente esta última cuestión. En las discusiones que dieron forma a la Declaración, se concibieron al menos tres sentidos distintos para la expresión «por naturaleza», que pusieron de manifiesto los desacuerdos en torno a algo que, a primera vista, podría parecer universal.[80] Por un lado, unos la concibieron como un ente metafísico abstracto cognoscible intelectualmente por un individuo también abstracto. Por otro lado, estaban aquellos que referían la expresión a la normalidad del funcionamiento de un ser orientado a realizar sus fines de acuerdo con la estructura de su ser. Finalmente, otro grupo entendía que «por naturaleza» era lo propio de las leyes materiales de un mundo que, en el plano biológico, discurre por una senda evolutiva darwiniana. Si a este problema agregamos el de saber si el fundamento de la naturaleza es un Dios, y cuál y cómo es en concreto esa deidad, se notará la dificultad radical de encontrar el fundamento universal de derechos que queremos que sean, en efecto, universales.

En el interior de la Comisión encargada de redactar la Declaración se dieron al menos dos debates muy importantes, que revelan el desacuerdo radical del que surgen, no obstante, derechos pretendidamente fundamentales y universales. Por un lado, el famoso debate entre el filósofo

---

80. Véase Pedro Pallares Yabur, «Repensar la universalidad y neutralidad de Peng Chun Chang en la redacción de la Declaración Universal de Derechos Humanos puesta a debate por las aportaciones de Charles Malik», *Boletín Mexicano de Derecho Comparado*, 2020, 1(155), pp. 969-995.

chino Peng Chun Chang y el filósofo libanés Charles Habib Malik. El primero remitía sin cesar a Confucio, mientras el segundo lo hacía a Tomás de Aquino. Chang terminó recomendando a la Secretaría de la Comisión que se dedicara algunos meses a estudiar los fundamentos del confucianismo para poder continuar.[81] El otro famoso debate fue entre el filósofo francés Jacques Maritain y el biólogo evolutivo Julian Huxley, primer director general de la UNESCO.[82] El primero, personalista y católico, y el segundo, darwiniano y vicepresidente de la Sociedad Eugenésica Británica hasta 1944, partían de bases enteramente distintas e irreconciliables. Como era imposible llegar a un acuerdo sobre los fundamentos de los derechos humanos, Maritain propuso que la adopción de la Declaración descansara «sobre un pensamiento práctico común, no sobre la afirmación de una misma concepción del mundo, del hombre y del conocimiento».[83] Sin embargo, es fácil de comprender que el contenido de la «práctica» está en íntima relación con la concepción del mundo, del hombre y del conocimiento que se mantenga. Para empezar, la incapacidad de llegar a un acuerdo sobre qué es el hombre se traduce en la incapacidad de determinar derechos para él cuya comprensión y aplicación resulten verdaderamente universales.

Consideremos, por ejemplo, cuando en su Preámbulo la Declaración conmina a «elevar el nivel de vida dentro de un concepto más amplio de la libertad», pero jamás define con claridad cuál es el «concepto de libertad» que toma como punto de partida. ¿Cómo hacerlo, si el documento debe ser aceptado tanto por el Occidente capitalista como por el Oriente comunista, tanto por gobiernos demoliberales como por gobiernos autoritarios y hasta totalitarios, tanto por Estados laicos como por Estados confesionales? ¿Cómo hacerlo si, más allá de lo político y lo económico, el concepto de libertad tiene raíces en lo antropológico y lo teológico? Tampoco queda claro en qué sentido ha de «ampliarse» esta misteriosa libertad, ni si la mentada ampliación podría sobrepasar la inefable «concepción común» hasta hacerla añicos. En ausencia de fundamentos bien establecidos, toda esta indeterminación retórica sirve para interpretar lo que se quiera, dependiendo de las relaciones de fuerzas políticas del momento. En esa época en concreto, por ejemplo, que son los años en que se forma el «Estado de bienestar» y expande sus funciones hacia nuevas áreas de la vida de los

---

81. Véase «Historia de la Declaración», Naciones Unidas, https://www.un.org/es/about-us/udhr/history-of-the-declaration (consultado el 25 de mayo de 2024).
82. Sobre estas disputas y su impacto en la confección de la Declaración, véase Grégor Puppinck, *Mi deseo es la ley. Los derechos del hombre sin naturaleza* (Madrid: Ediciones Encuentro, 2020).
83. Citado en ibíd., p. 75.

hombres, la Declaración reconoce «la satisfacción de los derechos económicos, sociales y culturales» como «derechos humanos» (art. 22). Junto a ellos, se definen también como «derechos humanos» la obtención de «una remuneración equitativa y satisfactoria» (¿equitativa con relación a qué y a quién? ¿satisfactoria según qué criterios?)[84] que, en caso de faltar, debe ser provista por el Estado (art. 23, inc. 3), el «disfrute del tiempo libre» y «vacaciones pagadas» (art. 24), además de «la alimentación, el vestido, la vivienda, la asistencia médica y los servicios sociales necesarios», «seguros en caso de desempleo, enfermedad, viudez, vejez u otros» (art. 25, inc. 1), «educación gratuita» (art. 26, inc. 1), y los «beneficios» que resulten del «progreso científico» (art. 27, inc. 1). Si todas estas prestaciones, que acompañan la vida de la persona *desde la cuna hasta la tumba*, son consideradas «derechos», eso significa que una organización política tiene la obligación de proveerlas. Al tratarse de «derechos humanos», se supone, más todavía, que la totalidad de las organizaciones políticas (los Estados) que rigen las vidas de los seres humanos deberían proporcionarlos si no quieren violentar semejantes derechos. En otras palabras, el «Estado del bienestar», también conocido como «Estado paternalista», una fase históricamente bien determinada del Estado moderno, confunde sus propias prestaciones con los pretendidamente universales «derechos humanos». Cualquier otra modalidad estatal se convierte, con ello, en potencial violadora de los "derechos humanos".

La «ampliación» de la «libertad» que requiere la ONU se muestra, en realidad, como una ampliación de la *intervención estatal* en la vida de las personas. Las dimensiones y alcances legítimos de la actividad estatal quedan supeditados a lo que el derecho internacional establezca como «derechos humanos», que ya no son derechos liberales clásicos de no interferencia (vida, libertad, propiedad), sino otros tipos de «derechos», propios de la socialdemocracia y del socialismo, que requieren de la intervención coercitiva permanente del Estado. En efecto, alguien debe pagar por todos estos «derechos». Este fenómeno ha llevado a algunos autores a hablar de la transición del tradicional «derecho internacional de la libertad» a un «derecho internacional del bienestar».[85]

Curiosamente, los Estados legitiman la expansión de sus funciones al tiempo que ceden grados de soberanía. Una parte fundamental de

---

84. Lo único que se dice al respecto es que debe ser acorde a «una existencia conforme a la dignidad humana». El problema es que no define cuáles son los requisitos de dicha dignidad, ni cuál es su fuente (las naturales del hombre, ciertamente, aunque no quieran ni puedan decirlo), con lo que la expresión se transforma en un mero recurso retórico.
85. Véase B. V. A. Röling, *International Law in an Expanden World* (Amsterdam: Djambatan, 1960).

los derechos de sus ciudadanos queda definida por la voluntad de la ONU, que se constituye como una voluntad distinta y superior a la de las naciones consideradas individualmente. Si bien la Declaración establece que «la voluntad del pueblo es la base de la autoridad del poder público» (art. 21, inc. 3),[86] es difícil ver en qué sentido la voluntad del pueblo puede ser la *base real* de un instrumento tan determinante del poder público como lo es la mismísima Declaración, fruto de la relación de fuerzas políticas del orden internacional. Allí donde la soberanía del Estado ha sido quebrantada, no tiene ningún sentido continuar haciendo depender el poder público de una entidad llamada «pueblo» o «nación», puesto que sus determinantes reales se encuentran por fuera de sus fronteras. Las apelaciones a la «democracia» en el marco de los organismos internacionales son simple retórica.

Lo cierto es que el sistema normativo de la ONU se asume a sí mismo como superior al ordenamiento de los Estados y, por lo tanto, de las naciones. La ONU quiere constituirse en la autoridad jurídica suprema. Ello es especialmente visible, en el marco de la misma Declaración, por ejemplo, en la definición del «derecho humano» a buscar asilo y ser recibido en cualquier país al que un perseguido procure recurrir (art. 14, inc. 1). En efecto, de inmediato se establece como excepción el hecho de que el ser humano en cuestión se encuentre siendo perseguido «por actos opuestos a los propósitos y principios de las Naciones Unidas» (art. 14, inc. 2). Vale decir que uno puede, en virtud de sus «derechos humanos», huir de su respectiva autoridad estatal y ser recibido por cualquier país de su elección, a menos que el motivo de su huida sea cualquier acto que se haya opuesto a la voluntad de la ONU. En tal caso, no encontrará en el mundo lugar donde resguardarse de sus perseguidores.

En el mismo sentido, la Declaración establece hacia el final que todos los derechos que ha listado «no podrán, en ningún caso, ser ejercidos en oposición a los propósitos y principios de las Naciones Unidas» (art. 29, inc. 3). En efecto, derechos tales como la libertad de expresión, la libertad política, la libertad religiosa, la libertad económica, etc., solo valen en la medida en que no se constituyan en una afrenta a la ONU. Los «derechos humanos» se acaban allí donde los «propósitos y principios» de Naciones Unidas se ven afectados.

Finalmente, ante la probable contradicción de muchos de los «derechos humanos» establecidos por ella, y en virtud de la inexistencia

---

86. ONU, «Declaración Universal de los Derechos Humanos», https://www.un.org/es/about-us/universal-declaration-of-human-rights

real de una «concepción común» del derecho y la libertad que suponía en su Preámbulo, la Declaración se cubre contra cualquier interpretación sobre su letra que ponga en peligro la voluntad de poder de las Naciones Unidas. Así pues, el texto cierra estableciendo que «nada en esta Declaración podrá interpretarse en el sentido de que confiere derecho alguno al Estado, a un grupo o a una persona, para emprender y desarrollar actividades o realizar actos tendientes a la supresión de cualquiera de los derechos y libertades proclamados en esta Declaración» (art. 30).

❧

En suma, la ONU ha instalado un nuevo orden mundial, muy distinto del orden westfaliano que basó el derecho internacional en la soberanía de los Estados. A partir de la ONU, el derecho internacional reclama un tipo de poder que nunca había caído dentro de su dominio: el poder de inmiscuirse en materias económicas, sociales, sanitarias, educativas, culturales y un indefinido etcétera. Esto supone el surgimiento de una serie inacabable de organizaciones internacionales, verdaderas burocracias apátridas para la gobernanza global. Asimismo, allí donde el derecho internacional funcionaba para reglamentar la relación entre los Estados, ahora desciende hacia el individuo y lo captura como sujeto de su derecho. El Estado deja de ser la autoridad legal y jurídica suprema para el individuo, pues se forma sobre él una nueva estructura que dispone derechos y obligaciones en nombre de «la Humanidad».

Dicho en breve, frente al reconocimiento de la soberanía del Estado como eje central del orden westfaliano, el orden que inaugura la ONU se basará en la sustracción de la soberanía de las naciones, drenando el poder político, legislativo y judicial, hacia instancias de poder de carácter internacional, y eso es precisamente lo que el globalismo *significa*.

VIII. Hacia una caracterización del globalismo

> *«Había una cosa llamada Dios. [...] Ahora tenemos el Estado mundial. Y las fiestas del día de Ford y los cantos de la comunidad, y los servicios de solidaridad».*[87]
>
> A. HUXLEY

---

87. Aldous Huxley, *Un mundo feliz* (Buenos Aires: Penguin Random House, 2016), p. 56.

El globalismo es un concepto político

El *globalismo* es un concepto específicamente político que, como tal, se define en relación con las formas de la institucionalización de la dominación sobre los hombres, de la misma manera que ocurre con conceptos como despotismo o totalitarismo, democracia o república, gobierno o Estado. En esto reside su diferencia esencial con otro concepto, ciertamente emparentado con él, aunque mucho más popular: el de *globalización*. En efecto, como ya vimos, este último comprendía toda una serie de fenómenos comunicacionales, tecnológicos, económicos y culturales que unificaban progresivamente al mundo, sobre todo en términos comerciales y financieros. Lo político, al hablar de globalización, aparecía más bien a la manera de un epifenómeno.

El concepto de globalismo busca, al contrario, dar cuenta de lo *específicamente político* de un sistema que hace del mundo un *Uno Político*: una *globocracia*. Su centro de gravedad es la política como conjunto de instituciones, medios y modalidades de dominación. Dado que desde el siglo XVI y hasta nuestro siglo XXI el Estado ha constituido la forma más desarrollada y estable de dominación política, sería imposible entender la novedad que representa el globalismo sin pensarlo en términos del contraste que supone respecto del Estado moderno.

El globalismo es una *nueva* modalidad de dominación política sobre los hombres que pretende posicionarse por encima del Estado nacional. En ese sentido, precisa de una *sustracción sostenida y sistemática de la soberanía de los Estados* por parte de instituciones cuyo carácter es *distinto del estatal*. En efecto, si el globalismo fuera sencillamente la sustracción de soberanía de un Estado por parte de otro, no existiría novedad alguna, puesto que el Estado seguiría siendo, de una u otra manera, la forma suprema del dominio político. Este escenario sería tan poco novedoso que no presentaría ninguna diferencia de fondo con lo que a partir del siglo XIX se denominó «imperialismo», ni con los proyectos expansionistas de los totalitarismos del siglo XX, cuyas bases nunca dejaron de ser nacionales.

Sin embargo, el globalismo supone una cosa bien distinta: instituciones *no estatales* que reclaman para sí poderes soberanos, cuyos objetivos no se circunscriben a una nación en particular. Estas instituciones no son estatales porque carecen de elementos esenciales para la definición del Estado moderno: fundamentalmente, un *territorio* demarcado con cuidadosa precisión a través de fronteras, sobre el que una *nación* particularizada es gobernada por una organización monopólica que dice representar su voluntad. El globalismo no puede poseer estos elementos por una razón muy obvia: su proyecto no involucra a *una nación,* sino, en su ideal, a *la Humanidad*; de ahí que su gobernanza no reclame una *porción* particular de territorio, sino la *totalidad.*

La primacía que las instituciones globalistas se arrogan frente al Estado se cifra como la superioridad de una *voluntad global,* pretendidamente universal, frente al particularismo de la voluntad de las naciones, consideradas a nivel individual. El tiempo de las naciones estaría terminado; toda su potencia de antaño se estaría reduciendo a meras cuestiones decorativas, turísticas, consumistas y lúdicas. Allí donde la *voluntad nacional* sirvió para acabar con el particularismo del orden feudal, dividido en estamentos sociales, la *voluntad global* serviría ahora para acabar con el particularismo de las naciones, con arreglo al cual el mundo moderno se dividió en Estados nacionales.

La concentración y centralización del poder que supuso la constitución del Estado moderno, y que cristalizó en el concepto de «soberanía», tuvo desde el principio un límite físico en su propia naturaleza territorial. El límite infranqueable de la soberanía estatal era la soberanía de otro Estado, que empezaba justo allí donde sus fronteras lo indicaban. Hoy asistimos, en cambio, a una novedosa concentración y centralización del poder que, por definición, carece de límites territoriales, puesto que su objetivo ideal es la gobernanza global. Por esta, otra vez, hay que entender toda ordenación, regulación o planificación de los asuntos de los hombres en una escala *idealmente* global. A diferencia del Estado nación, al que le resultaba de la más alta importancia la relación con el territorio sobre el que montaba su gobierno, puesto que en virtud de él definía el ámbito de su poder, las instituciones globalistas pueden instalarse en el lugar que sea (Nueva York, Ginebra, Viena, París, Londres, Beijing, Frankfurt, lo mismo da) porque el alcance de sus decisiones no está limitado por la existencia de fronteras. El *mundo entero* es su teatro de operaciones.

En este sentido, el tipo de relación que establece el poder globalista con sus súbditos no es ni *personal* (como en el orden feudal) ni *territorial* (como en el estatal). Es decir, la sujeción al nuevo régimen no se define ni por los vínculos particulares y reales que montan las personas entre sí ni por su presencia física sobre un territorio específico gobernado por una autoridad soberana. La sujeción se configura más bien en nombre de «la Humanidad»; es la pertenencia a la especie humana lo que a uno le sujeta a una organización política con pretensiones de gobernanza global. Dado que uno no puede escapar de su pertenencia a «la Humanidad», por definición no puede sustraerse a las pretensiones de poder de los aparatos globalistas. Bajo un régimen globalista *consumado*, el exilio es, por definición, *imposible*.

Tecnocracia y filantropía: las formas de la legitimidad globalista

Pero «la Humanidad» es una abstracción *despolitizante*. «La humanidad no es un concepto político, y no le corresponde tampoco unidad o comunidad política ni posee *status* político»,[88] escribe Carl Schmitt. La condición esencial de lo político es la de la presencia de grupos particulares, con diferentes identidades (diferentes «nosotros»), que han de coexistir, no sin conflictos, en un mismo tiempo y espacio: «El mundo político es un pluriverso, no un universo».[89] En contraste, «la Humanidad» es un *concepto totalizante* que tiene el efecto de suspender todas las particularidades y diferencias de los hombres reales, reducidos al único común denominador de «ser hombres». Ya se extrañaba Joseph de Maistre a fines del siglo XVIII, cuando los revolucionarios hablaban en nombre del «Hombre» y «la Humanidad»: «He visto en mi vida a franceses, italianos, rusos, etc.; sé incluso, gracias a Montesquieu "que se puede ser persa"; pero en lo que hace al *hombre*, declaro no habérmelo encontrado nunca en mi vida; si existe, por cierto que es a mis espaldas».[90]

«La Humanidad» es una ficción conveniente: la ficción del «nosotros universal Uno». Dado que el «nosotros» siempre se define como diferencia respecto del «ellos», el «nosotros universal Uno» es imposible, porque no deja ningún lugar para un «ellos»; carece de toda exterioridad. El «nosotros» de «la Humanidad» es el conjunto *total* de los seres humanos, cuya identidad ya no puede ser cultural, sino meramente biológica, puesto que su *diferencia* no se puede establecer más que con respecto a criaturas de otras especies. Esta *homogeneización total* de los hombres reales en torno a un concepto totalizante es una condición esencial para reivindicar la pertinencia de una gobernanza global. Así como el Estado nación tuvo que apoyarse en la homogeneidad nacional como un «nosotros» político-cultural, en cuyo seno surgieron, sin embargo, distintos intereses y posiciones políticas que se articularon representativamente

---

88. Carl Schmitt, *El concepto de lo político* (Madrid: Alianza, 2006), p. 84.
89. Ibíd., pp. 82-83.
90. Joseph de Maistre, *Consideraciones sobre Francia* (Buenos Aires: Ediciones Dictio, 1980), p. 75.

en partidos políticos, los aparatos de dominación global necesitan ahora reducir la heterogeneidad internacional a un «nosotros universal Uno» desprovisto de toda identidad real. De otra manera, en un contexto en el que se verifica la existencia de muchos «nosotros» heterogéneos, en el que se vive en un «pluriverso» cultural y político, no tiene ningún sentido suponer que todos esos «nosotros», tan distintos entre sí, deban ser gobernados por un «aparato político Uno», sin ver en esto un atropello totalitario contra los pueblos. Los globalistas únicamente pueden reclamar poderes legítimos para gobernar si ser francés, italiano, ruso o persa deja de tener un sentido profundo, y si estamos dispuestos a suspender todas las diferencias en favor de un «nosotros universal Uno» *apolítico* definido en términos meramente biológicos.

Así, lo inédito del globalismo también se manifiesta por medio de la irrupción de nuevas modalidades *despolitizantes* de legitimidad política. Hemos pasado de un orden político validado por la religión, la costumbre y la tradición a uno validado por la voluntad de la nación; de la soberanía divina a la soberanía nacional, la sujeción de los hombres a la autoridad política se explicó siguiendo el curso de la secularización moderna. Ahora bien, todo esto va quedando viejo. Dios ha sido quitado del centro desde hace rato, y la voluntad de la nación últimamente se supone impotente para resolver los «grandes problemas de la Humanidad». Más aún, a la manera hobbesiana de Kant, las voluntades de las naciones se perciben como destructivas allí donde no están sometidas a un poder que se coloque por encima de ellas y dirija sus destinos. Por más que los globalistas hablen todavía del «respeto a la voluntad nacional», lo cierto es que la legitimidad que se arrogan se basa en una fuente enteramente distinta.

La legitimidad globalista es, en rigor, de tipo *tecnocrática* y *filantrópica*. La gobernanza global supone la posesión de un saber técnico avanzado, o de los medios materiales para constituirlo, que versa sobre la resolución de los «grandes problemas de la Humanidad». La definición de semejante agenda sería también, por cierto, una operación técnica: en el «nosotros universal Uno» no cabe, como hemos visto, lo político. Dado que la tenencia de estos saberes expertos le corresponde a una minoría ciertamente diminuta, su base real es *elitista* y, en la medida en que nos referimos a lo global, podríamos incluso denominarla *hiperelitista*.[91]

---

91. La élite, minoritaria por definición, es tanto más diminuta cuanto más extenso es el grupo humano sobre el que domina. Le élite globalista es una *hiperélite* porque, comparada con la totalidad de hombres que pisan la tierra, representan un grupo *hiperminoritario*.

La validez que las instituciones globalistas reclaman para sí consiste en estar compuestas por una suerte de «aristocracia global *iluminada*», verdaderos *globócratas* que se definen de cara al público por, presuntamente, *saber cómo salvar al mundo y poseer la voluntad para hacerlo*. Los atributos técnicos se decoran así con imperativos morales con los que los globalistas se disfrazan de filántropos, aunque en realidad solo se trata de dinero y recursos utilizados para la injerencia internacional llamada «gobernanza global». De aquí que la gravedad con la que se definan los «grandes problemas de la Humanidad» será directamente proporcional a la legitimidad que dicha *hiperélite globocrática* reclame para sí: un cataclismo nuclear, una pandemia, una crisis de sobrepoblación, un colapso climático, etc.

Esta nueva forma de legitimidad le ofrece al poder una validez mucho más complicada de cuestionar que las de antaño. Allí donde la legitimidad religiosa perdía validez de cara a *otra* fe, o donde la legitimidad nacional no sujeta en nada a los miembros de *otra* nación, la legitimidad global versa sobre «la Humanidad», a la que todos irremediablemente pertenecemos y que funciona como un dispositivo *despolitizante*. Asimismo, por vía de su dimensión tecnocrática, quienes toman las decisiones en nombre de «la Humanidad» cierran filas contra quienes no poseen el conocimiento técnico suficiente como para cuestionarlas. A la vez, por vía de los títulos filantrópicos dejan afuera a todos aquellos cuya penuria material no les permite desprenderse de absolutamente nada en nombre de «la Humanidad».

Si la *hiperélite* globalista todavía dice respetar e incluso representar la voluntad de las naciones, lo que hay que entender por ello es que se trata de una simple puesta en escena que responde al hecho de que todavía no se ha enterrado del todo la forma de legitimación del Estado nación. Nada hay más lento que este tipo de mutaciones; pocas cosas necesitan más tiempo que el advenimiento definitivo de los nuevos principios de la legitimidad política. ¿Acaso las primeras formas del Estado moderno no continuaron buscando *retóricamente* su legitimidad en la *voluntad divina*? ¿Acaso no acomodaron los discursos de la legitimidad religiosa, heredados de un orden anterior, a sus propios objetivos seculares? Lo mismo ocurrirá con el globalismo: si en su etapa embrionaria, que es la actual, habla de la «soberanía nacional», no es en la práctica para respetarla, sino para sustraerla; y si habla de «democracia» no es para darle poder al *demos*, sino para quitárselo. Es como el monarca absoluto que se ponía bajo el poder de Dios, no porque procurara limitar su poder a la voluntad del Altísimo, sino porque necesitaba hacer creer que, por voluntad divina, la voluntad del monarca debía carecer de todo límite. Esto es justo lo que hace el globalismo cuando osa fingir que sus poderes provienen de la voluntad de las naciones y se presenta como «guardián de la democracia».

La índole antidemocrática del globalismo

El orden globalista no puede representar la voluntad de las naciones porque se pone al frente de «la Humanidad», no de las naciones. Más todavía: las instituciones globalistas sencillamente *no pueden representar*, puesto que el principio de la representación exige que las dos partes de la relación (representante y representado) tengan en común algo más que la mera pertenencia a la misma especie (cosa que va de suyo). La representación significa que una parte hará algo de tal modo que se aproxime lo más posible a lo que haría la otra parte si pudiera hacerlo por sí misma. Para que esto tenga algún sentido, las partes deben conocerse al menos en algún grado, deben compartir una visión de la vida, valores, costumbres, creencias, lenguajes, intereses. De ahí que la representación, cuyo origen es medieval, tenga todavía algún sentido dentro del marco nacional, que supone la unidad cultural de un conjunto de hombres. Pero en el marco global, que es *multicultural* por definición, resulta absurdo creer que quienes toman las decisiones lo hacen en vista de lo que hubiera hecho un conjunto de personas a las que no conocen y con las que no tienen absolutamente nada en común.

Tampoco tiene mayor sentido sostener que la representación resulta efectiva en la medida en que cada nación aporte un representante a las instituciones globalistas, con voz y voto en las decisiones globales. Precisamente porque las decisiones son globales o internacionales, pero no nacionales, la representatividad de la decisión se pierde irremediablemente. En efecto, en dicha decisión han intervenido un conjunto de supuestos «representantes» que no ostentan representatividad (ni real ni potencial) alguna respecto de los nacionales de cada uno de los otros Estados, de modo que quedan todos ellos a merced de un único elemento representativo: el representante nacional propio, escogido (en el mejor de los casos) para esos fines, pero cuya voluntad representa 1/n de la «voluntad global», donde «n» es la cantidad total de representantes internacionales en la institución globalista de que se trate. Dicho de otra manera, los nacionales de un Estado, consolados con la idea de que están enviando a alguien para «representarlos», en la práctica han de advertir que la decisión global la toman un conjunto de personas con las que absolutamente nada los une, a excepción de la única persona que ellos mismos habrían enviado (cabe insistir: en el mejor de los casos). Pretender que una decisión de estas características resulte representativa en algún sentido es una burla grotesca.

Si quisiéramos dar un paso más todavía, también deberíamos reconocer que los «representantes nacionales» que operan en estos contextos institucionales difícilmente sean capaces de representar a sus conciudadanos. En primer lugar, porque no representan a la ciudadanía, sino al gobierno, que es cosa bien distinta. No hay que olvidar que los que llamamos «representantes» en las instituciones globalistas, en realidad no han sido elegidos por ningún pueblo. En segundo lugar, la tendencia natural de los diplomáticos y funcionarios que trabajan en estos organismos es la de representarse a sí mismos y a su propia ideología. Sus vidas pasan a desarrollarse en el seno de otras naciones, sus labores se enmarcan en instituciones no nacionales y sus relaciones sociales más próximas se establecen en torno a un ambiente verdaderamente internacional. Es muy factible que la forma de ver el mundo que termina adoptando este tipo de burócratas internacionales encuentre más puntos de contacto con los demás burócratas internacionales que con sus propios connacionales, con quienes ha perdido todo *contacto real*. En tercer lugar, para que una representación sea efectiva, se debe respetar el principio de publicidad de los actos. Así, el representado debe poder conocer en detalle lo que está haciendo el representante. Pero esto no ocurre en los organismos globalistas. Mientras que las sesiones de cualquier congreso nacional son televisadas y de público acceso, las salas de negociaciones internacionales son cerradas y sus deliberaciones son secretas. Esto genera, entre otras cosas, que los diplomáticos solo rindan cuentas del resultado de la negociación, mas no del proceso.

Así pues, el orden globalista es todo menos una forma de *democracia*. No porque no quiera serlo, sino porque, por definición, *no puede serlo*. En efecto, la democracia requiere la *presencia activa* de un *demos*, cuyas pretensiones consisten en gobernarse a sí mismo. En su versión antigua, la *presencia activa* gozaba de un sentido sustantivo: *el pueblo gobernaba de manera directa sus propios asuntos*. En su versión moderna, la *presencia* del pueblo se *activa* sobre todo en períodos electorales, en los que elige a sus representantes para que actúen en su nombre. Si a este sistema indirecto todavía podemos llamarlo «democracia», tal como de hecho lo hacemos, debe existir algún grado de *identidad sustantiva* entre gobernantes y gobernados que nos permita derivar la calidad de la representación. La garantía de esa identidad fue conferida en los tiempos modernos por la idea de *nación* como unidad cultural: de ahí que al *demos* se lo denominara, sobre todo, *nación*, y que el orden nacional pudiera comprenderse a sí mismo como *democrático*.

Las instituciones globalistas no son democráticas porque en ellas no habita, ni siquiera idealmente, ningún *demos*. El sujeto político del globalismo no es el ciudadano nacional, sino un colectivo indeterminado y *apolítico* llamado «Humanidad», del que la persona individual es apenas una instancia abstracta a la que se le deben atribuir exógenamente derechos y obligaciones. Lo fundamental de la democracia es la existencia de un *demos* poseyendo de alguna manera el *kratos*; pero en las instituciones globalistas lo que habita es una *hiperélite apátrida* (sus miembros incluso suelen autodefinirse como «ciudadanos globales», como veremos más adelante) que se arroga el *kratos* en nombre de «la Humanidad». La «voluntad general» en la que basa su poder el globalismo no es la del pueblo, que de por sí resultaba difícil y conflictiva, sino la de «la Humanidad», que directamente resulta absurda.

Para suponer una «voluntad general» de la nación hubo que quebrar las instituciones feudales por medio de las cuales las identidades, las funciones, los derechos y las obligaciones *pluralistas* de las personas se definían hacia adentro del heterogéneo cuerpo social heredado del medioevo. En efecto, esta heterogeneidad resultaba contraria a la noción misma de una «voluntad general». Con el advenimiento del globalismo, y en la medida en que se quiera suponer una «voluntad general» de «la Humanidad», habrá que quebrar ahora las instituciones nacionales, por medio de las cuales la identidad, los derechos y las obligaciones *comunes* fueron homogeneizados hacia adentro, pero mantuvieron su heterogeneidad respecto de lo externo. Una «voluntad general» de «la Humanidad» necesita imperiosamente acabar con toda diferencia existente entre el adentro y el afuera para tener algún sentido. En estos términos, el globalismo es el proyecto *colectivista y totalista* más atroz que jamás el hombre haya presenciado, que requiere de una *ingeniería social* sin igual.

Es significativo que muchos filósofos políticos adeptos al globalismo estén reconociendo sin vacilar que la idea de *pueblo soberano* y la de pertenencia a una nación resultan hostiles al proyecto globalista. Sin embargo, como todavía no se animan a desafiliarse del club de los «demócratas», terminan haciendo malabares retóricos para convencernos de que, en rigor, la democracia no tendría nada que ver con un *demos* «concebido como una comunidad unida cuya voluntad presunta condiciona la legitimidad del poder».[92] Así, quieren descartar al *demos* como titular del *Kratos,* pero, al mismo tiempo, conservar el derecho de llamarse «demócratas». Esta es, por ejemplo, la tesis de la filósofa Catherine Colliot-Thélène. Para ella, «es notorio que, cada vez más, las reglas a las cuales están sometidas las diferentes esferas de la actividad colectiva son elaboradas por instancias constituidas por individuos que no están sometidos al control de los electores».[93] Pero en lugar de concluir que esas instituciones, precisamente por esas razones, resultan antidemo-cráticas, lo que concluye es exactamente lo contrario: que la democracia no supone el poder del pueblo en el control de la producción de normas, y que «esa idea pertenece en lo esencial al pasado».[94]

Según Colliot-Thélène, la gran invención política de la modernidad fue la figura del «sujeto de derechos», al que le corresponden derechos igualitarios que no surgen de su pertenencia a comunidades específicas (estamentos, clases, castas, órdenes, familias, etcétera). El impulsor de esta innovación fue, sin dudas, el Estado moderno, que monopolizó la producción del derecho, destruyendo las capacidades jurídicas de las comunidades intermedias. Ahora bien, ese Estado se formó a partir de su ligazón con una suerte de «comunidad de comunidades», es decir, con un grupo específico que envolvió a todos los grupos que pasaron a regirse por el poder de ese Estado: la *nación.* En consecuencia, la nación se constituye en un grupo de pertenencia sobre el que se dispo-nen y gestionan derechos, que no solo incluye a todas las comunidades que conforman el amplio grupo nacional, sino que también *excluye* a otros grupos: los *extranjeros.* Colliot-Thélène sostiene que la figura del extranjero «es una distinción estatutaria», más aún, es «la única que haya resistido hasta nuestros días el proceso de igualación de los derechos que se inició a finales del siglo xviii».[95] Para romper esta «exclusión», la «democracia» debería «liberar al sujeto de derechos de su identidad nacional».[96] Dicho de otra forma, debería «renunciar a ligar el concepto moderno de democracia con la identificación de un *demos*»[97] y, por tanto, «abandonar la identificación convencional entre democracia y soberanía del pueblo».[98] Esto no puede significar otra cosa que hacer que

---

92. Catherine Colliot-Thélène, *Democracia sin demos* (Barcelona: Herder, 2020), p. 18.
93. Ibíd., p. 21.
94. Ibíd., p. 34.
95. Ibíd., p. 144.
96. Ibíd., p. 255.
97. Ibíd., p. 288.
98. Ibíd., p. 290.

el «sujeto de derechos» dependa de estructuras de poder no nacionales, puesto que «hay que reconocer que no hay derechos sin poderes».[99] Más aún, «la democracia venidera» tendrá que operar sobre «la nueva topología de los poderes con los cuales es necesario transigir».[100] Así, de un plumazo, se nos dice que la mejor «democracia» para los tiempos que corren es aquella que no se asienta sobre un *demos* y que «transige» con poderes *no nacionales* sobre los que los electores no tienen ningún grado de influencia real.

De manera similar, David Held, otro filósofo político globalista, ha propuesto una lectura de la democracia en la que esta podría compatibilizarse con un nuevo orden político gobernado por instancias supranacionales. Otra vez, la democracia no tendría que ver sustancialmente con ningún *demos*, sino sobre todo con la consecución de la «autonomía» de los individuos a través del reconocimiento de una serie de derechos: «Derechos de la salud, sociales, culturales, cívicos, económicos, pacíficos y políticos».[101] A esta batería de derechos, Held la denomina «derecho público democrático», y, si se determina y respalda por estructuras de poder internacionales, «derecho democrático cosmopolita».[102] Con el avance de este sistema, «el Estado-nación se "marchitaría"; [...] "marchitarse" significa que los Estados dejarán de ser los únicos centros de poder legítimos dentro de sus propias fronteras», puesto que serán «articulados bajo el arco del derecho democrático global».[103] En otras palabras, los Estados se convertirán en meros intermediadores y ejecutores de una voluntad global a la que se hará pasar por «democrática».

Desde luego, este tipo de «democracia cosmopolita» supone la aparición de nuevas instituciones capaces de producir normas de derecho para todo el globo. El problema es que un *demos* que se confunde con el *cosmos* es una contradicción en los términos, o bien un síntoma de totalitarismo. Paradójicamente, lo que Held llama «democracia cosmopolita» es una modalidad del gobierno político que colisiona con la exigencia de que la forma de vida de un pueblo deba escogerla él mismo. Lo que Held subestima en su planteamiento es la realidad cultural del *demos*, porque piensa la democracia en términos de un individuo abstracto, que únicamente existe en su imaginación, al que la organización

---

99. Ibíd., p. 274.
100. Ibíd., p. 228.
101. David Held, *La democracia y el orden global. Del Estado moderno al gobierno cosmopolita* (Barcelona: Paidós, 1997), p. 233.
102. Ibíd., p. 271.
103. Ibíd., p. 278.

política le concede derechos al por mayor; solo así puede compatibilizar la democracia con algo que carece de pueblo, como lo es un gobierno global. Tratando de convencernos de que su propuesta cosmopolita es realmente «democrática», Held imagina «el establecimiento de una asamblea independiente de los pueblos democráticos, directamente elegida y controlada por ellos».[104] Este «parlamento global» tendría soberanía sobre todas las naciones, recaudaría impuestos, pondría «límites estrictos a la propiedad privada», aprobaría un «ingreso básico garantizado para todos los adultos», y se haría con el monopolio de la violencia física a través de una «transferencia permanente de la capacidad coercitiva del Estado-nación a las instituciones regionales y globales».[105] Para que esto funcione, dice Held, «las diversas identidades nacionales, étnicas, culturales y sociales» deben «abandonar la pretensión de tener la única verdad en el terreno de la justicia, la bondad, el universo y el espacio».[106] En otras palabras, si deben abandonar su pretensión de verdad, deben abandonar el núcleo mismo de su modo de vida y su identidad: aquello que las hace ser lo que son. La única «verdad» será, pues, la cosmopolita,[107] y con ello, en tan disparatado proyecto no queda en pie nada que pueda llamarse «democracia».

Alienación política

Contra estas intentonas de los filósofos políticos globalistas por demostrar la posibilidad de una democracia a nivel global, la realidad empírica habla por sí sola. La consecuencia más visible de su índole antidemocrática es la terrible alienación que experimentan las personas reales respecto del poder que ejercen las instituciones globalistas. De repente, sus vidas se ven sujetadas a las disposiciones de una nueva serie de aparatos burocráticos que multiplican sus siglas, que diversifican sus centros de poder, que se encuentran geográficamente muy lejos de ellos, pero cuyos tentáculos se expanden sin cesar a lo largo y ancho de nuevas áreas y territorios, como si el espacio no representara ningún límite para ellas. Ya no se trata del Estado, que hizo lo mismo respecto

---

104. Ibíd., p. 324.
105. Ibíd., pp. 330-331.
106. Ibíd., p. 334.
107. Para empezar, que la «democracia» se define a partir de una serie de derechos socialdemócratas y bien propios del Estado paternalista (algo que no existe en ninguna bibliografía hasta bien avanzado el siglo xx) se convierte en una «verdad universal», según la propuesta de Held. La estructura misma de la propuesta de Held supone que las únicas verdades incuestionables sean aquellas afirmaciones —todas cuestionables, por cierto— que hace el propio Held.

de la nación definiendo su actividad como «gobierno nacional», pero que tuvo un límite estricto fijado por su propio territorio; ahora son instituciones de naturaleza global, que hacen lo mismo respecto de la humanidad definiendo la suya como «gobernanza global», novedoso término apuntalado a base de propaganda y *marketing* como una suerte de «benevolencia organizada», para la que el territorio ya no significa absolutamente nada.

El ciudadano nacional ve crecer por encima suyo esta serie de instituciones en cuya creación y dirección ya no se puede suponer, en ningún sentido, que haya intervenido su voluntad. El Estado moderno, que se constituyó como un aparato *impersonal* de poder al mismo tiempo que requería el *consenso* de las personas como base de la legitimidad política, encontró en las teorías modernas del contrato social una filosofía política que lo justificaba como la resultante racional y necesaria de la voluntad de los individuos. Por eso, todas estas teorías debieron partir, como hemos visto, de la persona considerada como individuo, de la que el cuerpo político extraía sus fuerzas y su legitimidad. Ahora bien, las instituciones globalistas están obligadas a explicarse no como el fruto de la voluntad de los individuos, sino de los Estados ya constituidos, a la manera de Kant. La persona real no puede postularse como autora del poder político global, ni siquiera concibiéndolo como un ejercicio heurístico. Al contrario, solo puede presenciar cómo ese aparato impersonal que llama Estado contribuye a crear un nuevo aparato impersonal, pero mayor que él, cuyo objeto estaría dado por las necesidades y los derechos de «la Humanidad».

Al interior de ese nuevo aparato, prácticamente nada le resulta familiar. Lenguas que no habla; símbolos que no son los propios; banderas a las que nunca ha jurado lealtad; composiciones institucionales que no comprende; siglas que nunca dejan de multiplicarse y que nunca llega a conocer qué quieren decir; historias en las que ni él ni los suyos han tenido parte alguna; personas cuyos nombres ni siquiera sería capaz de pronunciar, y con las que jamás podría intercambiar ni una sola palabra. Esta burocracia fría y desalmada, que a menudo se colorea con un sinfín de banderas y en la que últimamente los banderines multicolor nunca faltan, nada tiene que ver con la persona real a la que, en última instancia, pretende gobernar.

En suma, el globalismo es una nueva forma de dominación política cuyo aparato de gobernanza se compone de instituciones y burocracias apátridas, manejadas por una *hiperélite globocrática*, que posicionan sus pretensiones por encima de la voluntad de las naciones, y que procuran gobernarlas a través de la subordinación de los Estados, que quedan en la condición de meros ejecutores territoriales de la política global dispuesta por las maquinaciones de la «gobernanza global».

IX. Los marcos ideológicos del globalismo: progresismo y *wokismo*

> *«Cuanto mayor es la población, más minorías hay.*
> *[…] Todas las minorías, por muy pequeñas que sean,*
> *con sus ombligos siempre limpios. Los autores están*
> *llenos de pensamientos malignos; hay que bloquear*
> *las máquinas de escribir. Eso hicieron».*[108]
>
> R. Bradbury

> *«Debemos ser todos iguales. No nacemos libres e iguales,*
> *como afirma la Constitución, sino que nos convertimos*
> *en iguales. Todo hombre debe ser la imagen de otro.*
> *Entonces todos son felices porque no pueden establecerse*
> *diferencias ni comparaciones desfavorables».*[109]
>
> R. Bradbury

El globalismo constituye, en sí mismo, una ideología política omnicomprensiva en sentido cabal, cuyos componentes esenciales pueden ser extraídos e identificados: una *clave histórica*, un *grupo elegido* y una *promesa paradisíaca*.

La clave globalista es la ley de la *unificación* del mundo. La historia se desarrolla en la dirección que lleva a la conformación de una organización política global con el poder de unificar las voluntades de las naciones y representarlas mejor que como ellas mismas pueden representarse. Esta unificación supone, en última instancia, la disolución de los marcos nacionales. Las condiciones de vida actuales exigen urgentemente este desarrollo. Existe, por tanto, el deber histórico de acelerar el recorrido: si queremos salvar a «la Humanidad», hay que convertirla en un único cuerpo político. El mundo político que deviene *Uno* recuerda al totalitarismo, aunque en un sentido más *total* todavía: mientras aquel uniformizaba sobre todo hacia adentro de la nación, el globalismo uniformiza a las

---

108. Ray Bradbury, *Fahrenheit 451* (Buenos Aires: Penguin Random House, 2016), p. 70.
109. Ibíd., p. 71.

naciones como tales. Si en el totalitarismo se trataba de lograr la *nación Uno*, que supone la disolución de las voluntades individuales en el colectivo nacional, el globalismo quiere el *mundo Uno*, que supone la disolución de las voluntades nacionales en el colectivo llamado «Humanidad».

La *unificación política* del mundo como teleología, es decir, como proceso inscrito metafísicamente en el despliegue histórico mismo de la humanidad, depende de la ley de las «diferencias equivalentes». Este es el paradójico nombre que podríamos darle a la idea de que todas las diferencias entre las naciones y los pueblos resultan *indiferentes* para la constitución de un cuerpo político capaz de unificarlas. La *diferencia* no sería más que «diversidad»; y la «diversidad» puede y debe imponerse siempre, entendida como un vaciamiento identitario, desligando a los grupos sociales de cualquier jerarquía moral o cultural, exigiéndoles la suspensión del juicio en nombre de la «inclusión». Estos son los significantes salvíficos del globalismo, pues de ellos depende que la *diferencia real* se neutralice precisamente en nombre de la «diversidad», que ludifica y banaliza todo el rango de incompatibilidades culturales y morales anulando las especificidades más profundas. De este modo, cualquier reivindicación de la diferencia en sentido estricto podrá ser tachada de «odio», «fobia» o «intolerancia». Ante la *realidad de la diferencia*, la ley de las «diferencias equivalentes» asegura la destrucción de cualquier criterio o escala valorativa que haga de ella un dato capaz de refrenar la unificación política de las naciones. Este es el objetivo primordial de la ingeniería social en el plano de la cultura: la destrucción de toda diferencia cultural real.

Según estas «leyes» del movimiento histórico, el mundo converge políticamente en una estructura de poder que tarde o temprano sobrepasará la soberanía de los Estados nacionales, y las diferencias culturales pueden ser anuladas en nombre de la «diversidad». El descubrimiento de tales «leyes» cohesiona y promueve las pretensiones de poder del *grupo elegido*. Recuperando la noción de «vanguardia» de Babeuf, poco más tarde desarrollada por Lenin, la minoría elegida anticipa el mundo por venir. Este grupo de elegidos se compone de todos aquellos que, como poseedores de semejante clave histórica, se hacen cargo del sagrado llamado a acelerar sus consecuencias institucionales, políticas y morales. Esa clave coloca sobre sus hombros una responsabilidad mesiánica: el futuro de «la Humanidad» y del planeta mismo les ha sido encomendado. La suya es una misión *salvífica*.

Como ocurre con todas las ideologías, existen al menos tres niveles distintos de pertenencia al grupo elegido: la élite directiva, los ejecutores y los activistas. La *élite directiva* está compuesta, principalmente, por inversionistas e ideólogos. Los primeros ponen los recursos necesarios, mientras que los segundos dan vida a los pensamientos, ideas y estrategias que servirán para promover el despliegue de la ley de la convergencia política del mundo. Estos son, en una palabra, los *grandes mecenas* y los *sumos sacerdotes* del globalismo. Por su parte, los *ejecutores* son aquellos que integran las más variadas agencias globalistas, es decir, que trabajan *profesionalmente* de globalistas, llevando el día a día de la causa común. Su prioridad consiste en poner en funcionamiento las agendas, gestionarlas, lograr su implementación *técnica* y *operativa*. Por último, los *activistas* son aquellos que se encargan de hacer visible y aceptable la causa en las calles, en los medios de prensa, en las redes sociales, en los foros, las universidades y las escuelas. Su misión es la de promover, vivir y hacer vivir la ideología en todos los ámbitos posibles.

Por último, la *tierra prometida* del globalismo es, ya no una sociedad reconciliada consigo misma como ocurría con el totalitarismo, sino *un mundo sin fisuras ni contradicciones*. La reconciliación por vía de la emancipación ya no es la reconciliación de la sociedad nacional, sino la del globo entero. Las naciones, reducidas a simpáticas diferencias de carácter decorativo o lúdico, quedan disueltas en una *fraternidad universal* que se constituye en la garantía de la «paz perpetua» y de una serie nueva de valores que se resume en el catecismo de la «Diversidad, Equidad, Inclusión» (DEI). La garantía de este nuevo paraíso, en concreto, es la consecución de una *emancipación* final del hombre: una vez liberado tanto de la tradición como de Dios en los albores de nuestra modernidad, ahora debe liberarse del resto de los condicionamientos sociales y biológicos que bloquean la uniformización política y social: la nación y la patria, en primer lugar, pero también el sexo y el género, la familia y la clase, la historia y la biología. El paraíso globalista es el de las tablas rasas, el de las hojas en blanco que se autodeterminan a cada paso en nombre de la diversidad, la equidad y la inclusión.

Es por esto mismo por lo que el globalismo encastra perfectamente bien e incluso se confunde con otras dos ideologías que funcionan como sus aliadas más íntimas en esta cruzada sin precedentes: el *progresismo* y el *wokismo*, que no son exactamente lo mismo.

Progresismo

En su *dimensión cultural*, el progresismo es una ideología que reclama la superioridad de todo lo nuevo respecto de lo viejo. Deudora del pensamiento de ilustrados del siglo XVIII como Condorcet, confía en que la historia humana se despliega a partir de una lógica inmanente que le asegura, de antemano, el avance de los ideales de autonomía, bienestar y humanidad.

Todo aquello que viene de lejos en el tiempo viene por lo tanto cargado de amenazas y retrocesos, de prejuicios y opresiones. Lo que está antes es, necesariamente, inferior a lo que viene después. Y así ocurriría con todo lo que pertenece al dominio humano: normas y valores, instituciones y costumbres, creencias y recreaciones, sensibilidades y conocimientos. Va de suyo que esta lógica resulta especialmente hostil a lo que entendemos por cultura, comunidad y civilización, dado que ninguna de estas realidades humanas se obtiene más que por medio de lo que el tiempo conserva, lega y acumula.

El progresismo cultural no encuentra en la cultura, entendida en términos amplios, más que limitaciones arbitrarias y estorbos innecesarios. No ve en ella ninguna riqueza acumulada, ningún legado que pueda constituirse en la condición de posibilidad del mundo que hoy, con sus claros y oscuros, tenemos. El ideal del progresismo cultural es un «individuo autónomo», al que define por medio de su renuncia a cualquier dimensión social, económica, cultural, moral, religiosa y hasta biológica. Actualmente, a esta renuncia la llaman «deconstrucción», cuyo supuesto corolario sería la «autonomía», aunque yo la llamaría *vacío*.[110] En efecto, el «individuo autónomo» del progresismo se hace enteramente a sí mismo y, por ello, no puede estar sujeto a nada que pueda considerarse externo a él (ni una familia, ni un mercado, ni una creencia religiosa, ni una nación, ni un sistema moral, ni una tradición, ni siquiera el sexo que le tocó en suerte). Estamos frente a un «Creador», desesperado por ocultar su condición de criatura.

Por otro lado, en su *dimensión jurídica*, el progresismo contemporáneo también parece ser deudor de la ya vieja Ilustración, entendida como una ideología que se monta sobre un esquema que supone una evolución del derecho que hace *progresar* indefinidamente al hombre. Pero,

---

110. De hecho, se parece mucho al «hombre masa» descrito hace ya casi un siglo por Ortega y Gasset: «El hombre no es nunca un primer hombre; comienza desde luego a existir sobre cierta altitud de pretérito amontonado. Este es el tesoro único del hombre, su privilegio y su señal» (*La rebelión de las masas* [Barcelona: Ediciones Orbis, 1983], p. 32). Desconocer la maravilla de ese tesoro es ser «hombre masa». También se parece al «desarraigado» que, algunos años después, denunciara Simone Weil: «Un ser humano tiene una raíz en virtud de su participación real, activa y natural en la existencia de una colectividad que conserva vivos ciertos tesoros del pasado y ciertos presentimientos de futuro» (*Echar raíces* [Madrid: Trotta, 2014], p. 49). La diferencia es que, mientras el hombre masa y el desarraigado del siglo XX vivían de esa forma sin ser conscientes de ello, el progresista del siglo XXI busca conscientemente tal vacío modo de vida.

a diferencia de los viejos ilustrados, que todavía sujetaban el contenido del derecho a la razón y la naturaleza humana como algo fijo y estable, los nuevos progresistas no creen ni en la razón ni en la naturaleza, sino en la indeterminación antropológica que caracteriza a eso que llamamos «Hombre», cuyas fronteras son esencialmente móviles y arbitrarias. Así, los nuevos progresistas, a diferencia de los del siglo XVIII, son posmodernos y deconstructivistas. Para ellos, los límites del hombre no están dados por ninguna realidad objetiva, sino por un juego esencialmente político en el que las normas morales y las pautas culturales opresivas se enfrentan al avance del derecho, en el que residen las posibilidades de la «liberación».[111] En consecuencia, la emancipación respecto de toda moral y toda cultura por vía de la ilimitada expansión del derecho —apalancada en el Estado— resulta en el progreso humano. La libertad se concibe como un borrado moral y cultural, acorazado por la coerción estatal que crea y ejecuta el derecho.

Para el progresismo, el derecho se convierte en un dispositivo liberador; es el instrumento con el que el sujeto se puede liberar de todo lo que no sea él mismo. Según esta ideología, ampliar derechos significa expandir las áreas en las que el sujeto es capaz de autodeterminarse, barriendo todos los obstáculos que pudieran presentársele. Muy al contrario de estas esperanzas idílicas y prometeicas, la verdad es que ampliar derechos significa sobrecargar el aparato estatal, que es por definición quien garantiza que se cumpla el derecho. Siempre que hay un derecho, por fuerza hay una obligación que recae sobre alguien en el sentido de *hacer o dejar de hacer* algo para que el derecho sea efectivo. El encargado de velar por que estas obligaciones se cumplan no será otro que el Estado, que utilizará para ello el monopolio de la fuerza que legítimamente reclama para sí, así como sus dotes de ingeniería social. Paradójicamente, el «individuo autónomo» del progresismo es independiente de todo, con la única y no menor excepción del Estado.

Ahora bien, la ampliación del derecho no solo es cuantitativa, sino fundamentalmente cualitativa. Es decir, no solo se amplían derechos en

---

111. No hay que confundir «liberación» con «libertad» en un sentido liberal clásico o libertario. Más aún, resultarían conceptos antitéticos. Hayek nota que «aunque se supone que el concepto de "liberación" es nuevo, sus demandas de exoneración de las costumbres morales son arcaicas. Los que defienden esta liberación podrían destruir las bases de la libertad y romperían los diques que impiden que los hombres dañen irreparablemente las condiciones que hacen posible la civilización». Hayek achaca este error a los progresistas, caracterizados como cultores del «liberalismo racionalista», que «sostienen que la libertad es incompatible con cualquier tipo de restricción general a las acciones individuales» (Friedrich Hayek, *La fatal arrogancia. Los errores del socialismo* [Madrid: Unión Editorial, 2013], pp. 116-117).

un mismo sentido, sino que se crean *nuevos sentidos* para eso que denominamos derecho. Hace tiempo ya que el derecho dejó de constituir la garantía de un ámbito de acción en la que los demás tenían la mera obligación de *no interferir arbitrariamente*. El viejo derecho liberal clásico que se basaba en esta exigencia mínima, propio del Estado mínimo, fue dejado atrás por una concepción *progresiva del derecho*, que tuvo en contrapartida otro tipo de obligación para garantizar el cumplimiento de nuevos derechos: la obligación no simplemente de *no hacer*, sino de *hacer positivamente algo*. Allí donde el derecho deja de significar la obligación de no interferir en la libertad de otro y pasa a significar la obligación de *proveer* a otro de algo en concreto (bienes, servicios, símbolos, pleitesía, adhesión), las dimensiones del Estado se ensanchan indefectiblemente, puesto que dicha provisión pasa a depender del concurso de su fuerza y de su planificación.

Los derechos en Marshall y Hayek

Este fenómeno ha sido abordado por los dos polos del espectro político. Por la izquierda, *Ciudadanía y clase social* de Thomas Marshall constituye un clásico en la materia. En este estudio de 1950, se muestra cómo la ciudadanía se ha definido en términos de derechos adquiridos, y de qué manera estos han ido incrementándose acumulativamente entre los siglos XVIII y XX. Marshall divide el período en tres etapas, que corresponden a los tres siglos que caen bajo su investigación: al siglo XVIII le corresponden los «derechos civiles», al XIX los «derechos políticos» y al XX los «derechos sociales». Cada nueva categoría supondría un *progreso* para el hombre.

Por «derechos civiles» hay que entender «aquellos necesarios para la libertad individual de la persona, la libertad de palabra, pensamiento y fe, derecho a poseer propiedad y concluir contratos válidos, y el derecho a la justicia». Los «derechos políticos» son aquellos que «permiten participar en el ejercicio del poder político, como miembro de un organismo dotado de autoridad política o como elector de los miembros de tal organismo». Finalmente, los «derechos sociales» pretenden «significar toda la variedad desde el derecho a una medida de bienestar económico y seguridad [material] hasta compartir plenamente la herencia social y a llevar la vida de un ser civilizado según las pautas prevalecientes en la sociedad».[112] Como es evidente, hay una diferencia de naturaleza entre

---

112. Thomas Marshall, *Ciudadanía y clase social* (Buenos Aires: Losada, 2005), p. 21.

estos tres derechos y, sobre todo, entre los dos primeros y el tercero. En efecto, mientras los civiles se basan en una obligación de no agresión por parte de los demás (no iniciar la violencia contra otro por su fe, sus pensamientos u opiniones, no quitarle su propiedad, no irrespetar sus contratos) y los políticos se basan en una obligación de no impedir la participación electoral de los individuos por criterios arbitrarios (como la clase o el sexo), los derechos sociales obligan a los demás a ser proveedores de aquellos bienes y servicios que configuran el «bienestar» y la «civilización». Los «derechos sociales» implican, de esta manera, un control de los individuos sobre la vida social, lo que en la práctica significa control político de las vidas ajenas.[113] Hay toda la diferencia del mundo entre derechos que requieren de los otros no agresión y derechos que requieren agredir a los otros por medio del Estado para conseguir algo de ellos.

En efecto, Marshall no subraya lo suficiente el hecho de que estos «nuevos derechos» provocan un aumento permanente de las dimensiones del Estado, expandiendo las funciones y las áreas de su competencia e intervención. La diferencia entre una norma de derecho y una norma moral es que aquella está respaldada por la coerción estatal, con lo que a cada «nuevo derecho» le corresponde potencialmente una nueva coerción. Si esto se pusiera de manifiesto, quizás uno podría dudar, a partir de cierto punto, de la ecuación «más derechos = más progreso del hombre». Dado que el Estado se financia a través de la riqueza que producen los ciudadanos, todo agigantamiento estatal significa, en la práctica, incrementos tributarios y avances de la autoridad política sobre la propiedad privada de los ciudadanos. Dado que todo impuesto depende de la amenaza y el uso de la violencia del Estado contra ellos, todo incremento tributario es un incremento de la violencia organizada. Esto ocurre sobre todo cuando los «derechos» que se reconocen no son aquellos que garantizan la libertad individual, sino los que meramente reclaman para cada particular una serie de bienes y servicios que otros deben proveer como una exigencia —y ya no meramente como una garantía mínima subsidiaria de la solidaridad ajena—, con lo cual no serán utilizados libremente por nadie. Tímidamente, Marshall apenas llega a notar lo siguiente:

---

113. Este componente de «socialismo democrático» y de «socialdemocracia» exige una intervención del poder político que viola la independencia de los actores, lo cual se da de patadas ya no solo con el principio liberal de los derechos civiles sobre el que se intenta fundamentar, sino incluso con el sueño «colaborativo» tan apreciado por la originaria promesa marxista de una coordinación colectiva, en el que las voluntades individuales se encuentran en un interés común y no bajo un mando centralizado (cosa esta última mucho más cercana al bolchevismo).

Los derechos se han multiplicado y son precisos. Cada individuo sabe qué tiene derecho a reclamar. El deber cuyo cumplimiento es más obvia e inmediatamente necesario para la satisfacción del derecho es el deber de pagar impuestos y las contribuciones del seguro.[114]

Por la derecha, en cambio, se ha subrayado la contradicción interna de este proceso de expansión cualitativa del derecho y, consecuentemente, del Estado, puesto que es inconciliable con los requerimientos de una sociedad libre, así como con los de un genuino compromiso comunitario.[115] La multiplicación de los tipos de derechos no representaría el progreso del hombre, sino el de las dimensiones de los aparatos coercitivos que le planifican su vida. Sosteniendo esta posición, seis años antes del texto de Marshall, Friedrich Hayek publicaba su libro *Camino de servidumbre*.[116] Algunas de las ideas de esta obra, en la que se indicaba que el totalitarismo había sido la consecuencia de un proceso de creciente intervención estatal en la vida de la sociedad, las trabajó con mayor profundidad en *Derecho, legislación y libertad*, en la década de 1970. Aquí, Hayek lanza una advertencia categórica:

> Vivimos en una época de enorme transformación del derecho en virtud de sus fuerzas internas, y podemos afirmar que, si los principios que actualmente guían ese proceso se llevan a sus lógicas consecuencias, el derecho tal como hoy lo conocemos, es decir como la principal protección de la libertad individual, está destinado a desaparecer.[117]

La concepción que está muriendo frente a los ojos de Hayek es aquella que entiende el derecho como un cuerpo de *normas generales y abstractas* que delimitan un campo de acción en el que cada uno de los individuos es libre para elegir sus fines y planes particulares guiándose con la ayuda de su propio conocimiento. En una sociedad moderna basada en la igualdad ante la ley, el derecho no puede fijar *resultados* de antemano asignables a los individuos o grupos particulares, sino únicamente *condiciones* bajo las cuales los individuos en general pueden perseguir sus objetivos. Esas condiciones trazan la forma de un juego que

---

114. Marshall, *Ciudadanía y clase social*, p. 79.
115. Ambos aspectos han sido analizados, respectivamente, desde el liberalismo de Isaiah Berlin en *Dos conceptos de libertad* (Madrid: Alianza Editorial, 2000), como desde el conservadurismo de Bertrand de Jouvenel en *La ética de la redistribución* (Madrid: Encuentro, 2009).
116. Véase Friedrich Hayek, *Camino de servidumbre* (Madrid: Alianza, 2007), pp. 118-121.
117. Friedrich Hayek, *Derecho, legislación y libertad* (Madrid: Unión Editorial, 2006), p. 80.

es esencialmente el mismo para todos. La complejidad actual de nuestra sociedad, cuyo funcionamiento depende de un sinfín de interacciones que ninguna mente humana podría por sí misma ni prever ni organizar, se basa precisamente en la libertad de los individuos, orientados por normas abstractas de conducta que sirven para eliminar fuentes de incertidumbre, disminuir conflictos y facilitar la cooperación social.

Estas normas son casi todas «negativas», dice Hayek, «en el sentido de que prohíben en lugar de aprobar determinados tipos de acciones, que lo hacen así para proteger ámbitos de derechos dentro de los que cada cual es libre de actuar como decida».[118] Los derechos compatibles con la libertad son, en casi todos los casos,[119] aquellos cuya protección requiere que los otros se abstengan de invadir coercitivamente un determinado ámbito, y no aquellos que suponen para los otros la obligación de actuar en un sentido determinado para cumplir fines que no son los suyos.[120] Así, tener un derecho significa esencialmente estar *protegido* contra la injerencia no deseada y arbitraria de otro. Si requiriera del otro algo más que eso estaría poniendo en riesgo su libertad, puesto que habría que obligarlo por medio de la fuerza estatal a ir activamente, a su vez, en contra de sus propios fines.[121]

La tendencia contraria, introducida por la mentalidad ingenieril racionalista y reivindicada en particular por los socialistas,[122] supone

---

118. Ibíd., pp. 225-226.

119. Hayek contempla muy pocas excepciones legítimas, como el derecho de familia, que supone derechos de los niños que implican obligaciones positivas por parte de los padres.

120. «Lo que las normas de conducta no pueden hacer, si han de asegurar a todos idéntica libertad de decisión, es garantizar qué es lo que harán los demás, salvo que éstos, buscando sus propios fines, hayan voluntariamente pactado actuar de una determinada manera» (ibíd., p. 230).

121. El marxista analítico Gerald Cohen ha esbozado una particular tesis según la cual esta concepción patrimonialista de los derechos se encontraría viciada de origen en tanto que la cantidad de riqueza equivaldría a la «cantidad de libertad» y no a la «cantidad utilizable de dicha libertad». Cohen concluye, por medio de un ejemplo erróneo, que los derechos no pueden estar basados en un criterio de «libertad negativa» a la manera de Isaiah Berlin (o el análogo de «libertad de» en Fromm). Paradójicamente, su tesis no solo contradice la deontología liberal clásica, sino la ontología básica de cualquier sociología moderna: por ejemplo, la distinción entre las interdependencias económicas y las extraeconómicas. Cohen se encuentra así en conflicto incluso con la tesis del propio Marx respecto a la independencia y libertad «burguesas» de los propietarios de medios de producción, hasta la de los asalariados sobre su fuerza de trabajo. Para llegar a esta confusión conceptual, el autor debe negar la noción de «auto-propiedad» de Robert Nozick como definición de libertad, lo cual lleva a contradicciones respecto a cualquier definición de libertad en sociedad. Véase Tristan Rogers, «Self-Ownership, World-ownership, and Initial Acquisition», *Libertarian Press*, vol. 2, art. 36, 2010.

122. «El socialismo es realmente, en gran medida, una rebelión contra la justicia imparcial, que sólo considera la conformidad de las acciones individuales con unas normas independientes de un fin particular, y que prescinde de los efectos de su aplicación a casos particulares. De ahí que un juez socialista sea, en realidad, una contradicción en los términos, puesto que sus convicciones le impedirán que aplique exclusivamente aquellos principios generales que subyacen a un orden espontáneo de la actividad humana, y en cambio le inducirán a tomar en consideración

que el derecho es un cuerpo de *normas particulares* concebidas sobre todo para perseguir y cumplir fines que el Estado ha definido con anterioridad. Esto otorga un enorme poder a los políticos. En efecto, el derecho ya no sirve para delimitar ámbitos de acción en los que el individuo escoge sus fines y despliega sus planes de vida; sirve, más bien, para obligar a los individuos a emprender cursos de acción con los que se consigan los fines que la autoridad política escogió. De esta concepción proviene la moderna demanda de «justicia social», que tanto ha contribuido a la expansión indefinida de los Estados. Según Hayek, esta se trataría «no de un sistema en el que el individuo es libre porque sólo está vinculado por normas generales de recta conducta, sino de un sistema en el que todos están sometidos a específicas órdenes de la autoridad».[123]

Oponerse a lo que hoy llaman «justicia social» no significa, aclara Hayek, que no convenga prever algún tipo de sistema de ayuda a los más necesitados: «No hay motivo para que en una sociedad libre no deba el estado asegurar a todos la protección contra la miseria bajo la forma de una renta mínima garantizada, o de un nivel por debajo del cual nadie caiga».[124] El problema aparece cuando, en nombre de los «derechos sociales» que dan sentido a la demanda de «justicia social», la autoridad política se atribuye a su vez el derecho a planificar el orden social y estropea en consecuencia los esfuerzos que hacen los individuos para perseguir sus propios fines.

En este sentido, Hayek recuerda una obviedad que suele olvidarse: «Nadie tiene derecho a un estado particular de cosas si no existe el deber de algún otro de asegurarlo».[125] Si por «derechos sociales» se quiere decir que la sociedad tiene la obligación de asegurar unos ciertos derechos, nos topamos con un problema de carácter ontológico: la sociedad libre no es una *organización*, sino un *orden espontáneo* (no es el producto de los planes de una autoridad consciente, sino un sinfín de interrelaciones libres basadas en normas generales y abstractas). Dicho de otra manera: la sociedad no piensa ni actúa. Pero si ella debe cumplir dichas obligaciones, lo que realmente ocurre es que determinados individuos que componen la sociedad han de sujetarse a la planificación que proviene de otra instancia de poder. Aquí entra en acción el Estado, que sí es una

---

circunstancias que nada tienen que ver con la justicia en su aplicación a la conducta individual» (Hayek, *Derecho, legislación y libertad*, p. 152).

123. Ibíd., p. 287.
124. Ibíd., p. 289.
125. Ibíd., p. 304.

organización (consciente y planificada), interviniendo en los resultados que surgen de la libre interacción de los individuos que integran la sociedad, con el fin de reasignarlos según sus propios planes en nombre de los «derechos sociales». Esto supone la violación de los ámbitos de acción que habían sido protegidos primariamente en una sociedad libre para que el individuo persiguiera sus propios fines. De ahí que los «derechos sociales» sean incompatibles con los derechos civiles e incluso con los derechos políticos que no pueden existir sin los primeros.

Es significativo para nuestro tema que Hayek, siguiendo estos argumentos, se encuentre de frente con el problema del globalismo en tiempos todavía muy tempranos. El cambio que denuncia en cuanto a la concepción del derecho, que trae consigo estos nuevos derechos, incompatibles con los que el liberalismo clásico había descubierto, «encontró su incorporación definitiva en la *Declaración universal de los derechos del hombre* adoptada por la Asamblea General de las Naciones Unidas en 1948», sentencia Hayek. Su denuncia es categórica: «Este documento es claramente un intento de fundir los derechos de la tradición liberal occidental con la concepción totalmente distinta derivada de la revolución marxista rusa».[126] En efecto, declaran la existencia de unos «derechos económicos y sociales», que serían además «derechos humanos», según los cuales a todos los seres humanos se les deberían una serie de prestaciones económicas que van desde viviendas hasta vacaciones pagadas. El problema es que nunca queda del todo claro quién debe pagarlas, y cómo es posible compatibilizar esto con las exigencias de la libertad individual en un orden extenso. De esta forma, Hayek halla en el corazón mismo de Naciones Unidas una concepción ingenieril de la sociedad que conduciría al totalitarismo:

> Es evidente que todos estos «derechos» se basan en la interpretación de la sociedad como organización constituida deliberadamente, de la que todos reciben un trabajo. No pueden ser universalizados dentro del sistema de normas de recta conducta basadas en la concepción de la responsabilidad individual, por lo que exigen que la sociedad en su conjunto se convierta en una única organización, es decir, se haga totalitaria en el pleno sentido de la palabra.[127]

---

126. Ibíd., p. 307.
127. Ibíd.

Hayek denuncia a Naciones Unidas por una irresponsable extensión del campo del derecho que simplemente logra quebrantarlo. Sus burócratas se ilusionan con meras declaraciones formales, pero ponen en riesgo los fundamentos mismos del orden extenso libre:

> Ver la autoridad más amplia que el hombre haya creado hasta ahora minará el respeto que debería merecer, fomentando el ingenuo prejuicio de que se puede crear cualquier situación que se considera deseable simplemente decretando su existencia, cayendo en el engaño de poder beneficiarse del orden espontáneo de la sociedad y al mismo tiempo modelarlo a placer, es más que simplemente trágico. [...] Establecer derechos legalmente sancionables ligados a los beneficios es muy distinto de producirlos. [...] Hablar de derechos cuando sólo están en juego aspiraciones que sólo un sistema consciente puede satisfacer, no sólo distrae la atención de los determinantes efectivos de esa riqueza que se quiere para todos, sino que también envilece el término «derecho», cuyo verdadero significado es muy importante preservar si se quiere mantener una sociedad libre.[128]

Con todo, Marshall y Hayek escribían en la época en que todavía podía hablarse simplemente de derechos civiles, políticos y sociales. Nuestras últimas tres décadas han sido testigo de la irrupción de nuevas categorías de derechos, que continúan amontonando obligaciones y expandiendo los aparatos estatales, y que rápidamente son incorporados en la sagrada categoría de «derechos humanos». Los más notables, por sus avances políticos y jurídicos, han sido los llamados «derechos sexuales y reproductivos», los «derechos de identidad» y los «derechos climáticos». Todos ellos son, en rigor, un avance sobre los derechos civiles: los primeros, por vía del aborto, atentan contra el derecho a vivir; los segundos, por vía del reconocimiento coercitivo de la «autopercepción de género», atentan contra el derecho a pensar y expresarse con libertad; los terceros, por vía de un sinfín de regulaciones que surgen a su calor en nombre de la lucha contra el «cambio climático», socavan la libertad de trabajar de empresas de todos los tamaños, la libertad de movilizarse de las personas que no poseen determinada tecnología y, en el futuro venidero, hasta la libertad de ingerir ciertos alimentos. Las próximas décadas serán, posiblemente, las de los «derechos de los animales», por

---

128. Ibíd., p. 308.

medio de los cuales se atentará contra la libertad laboral, económica y alimenticia, y los «derechos de los robots», por medio de los que podría reconocerse una dignidad especial a entidades artificiales, creando nuevas obligaciones para con ellas.

Derechos, deseos y «liberación»

Conjugando el progresismo jurídico con el progresismo cultural, estos nuevos «derechos humanos», que no cesan de multiplicarse, pueden ser interpretados como parte del proyecto político de reducir a la persona a sus meros *deseos*, «liberándola» de todo lo que la condiciona: la moral, la responsabilidad, la historia, la familia, la cultura, la patria, la religión, el sexo, el cuerpo, la biología, la materia. Esta «liberación» es, en realidad, un *borramiento*, una reducción de la persona a una *página en blanco* con la que es más sencillo implementar proyectos de ingeniería social. El jurista Grégor Puppinck ha trazado una genealogía de los derechos humanos en la que descubre este giro radical: «En esta nueva perspectiva, los derechos humanos ya no sirven solo para proteger a las personas del Estado [...] sino también para *liberar a los individuos de la naturaleza*, a fin de garantizar su primado-trascendencia».[129] En concreto, los individuos quedan liberados de todo orden natural, social y sobrenatural; quedan sustraídos de todo lo que no sea «ellos mismos» (si es que esta expresión tiene algún sentido sin lo demás) y, desde luego, la autoridad política. Sin naturaleza, sin moral, sin cultura, sin patria ni religión, el individuo únicamente se reviste de una serie ilimitada de *deseos* (ya ni siquiera necesidades, que presuponen una naturaleza fija) que son redefinidos, por medio del poder político, como *derechos*.

De esta manera, el progresismo supone el progreso de una concepción del derecho no como libertad, sino como *liberación* de todo lo que constituye a la persona real, reducida a un *espíritu volitivo*, a una entidad que simplemente *desea*. «Su voluntad parece ser la única realidad significativa subsistente. Esta realidad no es otra que lo que él dice de sí mismo».[130] Así, los nuevos «derechos humanos» están ahí para confirmar esa realidad subjetiva contra una ontología realista, para derribar todo lo que pueda ponerla en peligro, para aniquilar todo lo que se interponga

---

129. Puppinck, *Mi deseo es la ley*, p. 93.
130. Ibíd., p. 109.

entre este «individuo tirano»[131] y sus deseos. Puppinck concluye: «Los derechos humanos eran defensivos y se han vuelto ofensivos».[132] Si alguna vez fueron concebidos para defender a la persona del Estado, casi como un dique de contención contra el intervencionismo político, ahora se conciben para que el Estado (y el poder político en general) expanda sus dimensiones bajo la pretensión de «liberar» a la persona de todo lo que no sea ella misma en un sentido atomizante.

El progresismo al servicio del globalismo

El progresismo sirve al globalismo al menos en dos sentidos fundamentales. En primer lugar, y en virtud de este cambio antropológico en el que sustenta sus nuevos «derechos humanos» y que ayuda a promover, disuelve a la persona en una entidad atomizada que existe como una *tabula rasa*. La deja, por así decirlo, sin marcos comunitarios ni culturales en los que ser capaz de desarrollar una existencia plena de sentido. La persona que se defiende con sus derechos humanos del avance del poder es muy distinta del individuo miniaturizado que requiere sistemáticamente del poder para cumplir sus deseos, bautizados como «derechos humanos». Por lo tanto, el servicio del progresismo consiste en allanar el camino para la ingeniería social, desvinculando a la persona de toda una serie de lealtades (sociales, culturales, morales, familiares, religiosas, nacionales) que podrían estropear el avance del *poder político total*, disfrazado esta vez con nuevos ropajes.

En segundo lugar, el progresismo aumenta hasta tal punto las exigencias del derecho, lleva hasta tal límite el reclamo por «nuevos» y «más» derechos, que el Estado nacional, paradójicamente, se va viendo impotente para hacerlos efectivos. El fundamento de los derechos, que es al mismo tiempo su condición de posibilidad y su límite, se pierde por completo de vista, y los «derechos» simplemente se convierten en una función de la capacidad de reivindicarlos.[133] Con el crecimiento de

---

131. Tomo el concepto de Éric Sadin, *La era del individuo tirano. El fin de un mundo común* (Buenos Aires: Caja Negra, 2022).

132. Puppinck, *Mi deseo es la ley*, p. 121.

133. Una autora globalista escribe: «La única garantía verdadera de los derechos adquiridos es lo que permitió su conquista, el derecho de todos, individualmente, a reivindicar derechos: un derecho prejurídico que no es de naturaleza pero que no tiene realidad sino por la acción de los individuos, los que no se vuelven sujetos sino liberándose de las tutelas» (Colliot-Thélène, *Democracia sin* demos, p. 242). Sin embargo, la «liberación de las tutelas» (sociales, familiares, morales, religiosas, nacionales) debe ser implementada por una máquina política (nacional o supranacional, lo mismo da), a la que el «derecho conquistado» nos sujeta. Esta es la parte que los progresistas y globalistas omiten deliberadamente.

esta bola de nieve, las expectativas de los ciudadanos se van separando cada vez más de lo que los Estados realmente pueden dar sin caer en controles totalitarios o sin generar cortocircuitos y contradicciones entre los derechos reconocidos. Por consiguiente, los Estados se deslegitiman, se muestran como aparatos vetustos, que no están a la altura de los tiempos que corren, medidos en términos de «adquisición de derechos». Lo que es peor, los organismos internacionales aprovechan su oligopolio productivo e interpretativo de «derechos humanos» y empiezan a recubrir con ese estatus a todos los derechos que vengan en gana. El resultado, provocado adrede, es una suerte de *inflación*, similar a la que ocurre en el ámbito monetario cuando se imprime dinero sin un aumento paralelo de la producción, pero en este caso se trata de una *inflación derechohumanista*:[134] se crean sin cesar nuevos derechos, reflejos de los meros deseos, sin que realmente exista capacidad alguna para garantizarlos (piénsese, por ejemplo, en el mencionado «derecho humano» a la vivienda propia o, más aún, en el de una nueva «identidad de género», en el de «tener» un hijo, o en el «derecho al sexo» de personas con discapacidad).[135] Al igual que ocurre con la emisión monetaria descontrolada, que a corto plazo puede servir para los objetivos electorales de una casta política perversa, la emisión descontrolada de derechos también obedece a los imperativos cortoplacistas del juego de la política: pocas cosas habrá más populares que ser un ferviente «defensor y ampliador de derechos», por más que la contrapartida que sobrevenga a medio o largo plazo sea la bancarrota misma del derecho.

Este proceso es ciertamente paradójico. El Estado moderno se formó, tomando palabras de Jellinek, «por un proceso de absorción de

---

134. Esta inflación se desquicia hasta tal punto que no solo se limita a producir sin cesar «derechos» para los seres humanos, sino incluso para los «seres sintientes» en general, y hasta para los «seres no sintientes», como «el planeta», «la naturaleza» y hasta «la Pacha Mama», como establece el artículo 71 de la Constitución de Ecuador. La Corte Constitucional colombiana, en su Sentencia T-622/16 referida al río Atrato, se adhirió a la teoría que «concibe a la naturaleza como un auténtico sujeto de derechos que deben ser reconocidos por los Estados». Estos absurdos no son exclusivos de países de América Latina, sino que se extienden por todo Occidente. Por ejemplo, en el estado de Washington (Estados Unidos) se han proclamado «derechos» de ciertos humedales y acuíferos; lo mismo ocurrió en Nueva Zelanda respecto del parque nacional de Te Urewera, en España con la laguna del mar Menor, y en los Países Bajos actualmente hay una iniciativa para hacer lo mismo con el mar de Wadden (véase Pablo de Lora, *Los derechos en broma. La moralización de la política en las democracias liberales* [Barcelona: Deusto, 2023], p. 115).

135. Existen movimientos y ONG que reclaman el reconocimiento del «derecho al sexo» de personas con todo tipo de discapacidades, tanto físicas como intelectuales. Es el caso, por ejemplo, de la ONG Asistencia Sexual, que ha impulsado un programa titulado «Tus manos, mis manos». Como vemos, todo, hasta la masturbación de una persona discapacitada, debe ser presentado con el lenguaje de los «derechos».

las formaciones jurídicas autónomas».[136] Es decir, fue el resultado de reivindicarse como el único poder legítimo para la determinación y la implementación del derecho. Ahora que los «derechos» lo desbordan al redoblar de los tambores de las exigencias progresistas, y que surgen al unísono nuevas instancias de poder no estatales que se reivindican como creadoras y protectoras de esos «nuevos derechos» (aunque no son las que pagan «la cuenta» al final del día), asistimos al ocaso de la soberanía estatal. La imperiosa necesidad de llamar a cualquier cosa «derecho humano», e incluso de hacerle decir a los tratados de derechos humanos cosas que no dicen con el fin de inventar permanentemente «nuevos derechos», es un reflejo cabal de esto último: el derecho nacional ya no basta, porque el Estado nacional ya no es la autoridad soberana que alguna vez fue. Donde muchos ven la multiplicación de instancias en las que reivindicar y reclamar derechos, yo veo más bien la multiplicación de máquinas políticas que extienden su control sobre los hombres; donde muchos ven un proceso de «autonomización», yo veo más bien uno de vaciamiento, desarraigo y atomización; donde muchos ven la liberación del individuo, yo veo más bien la liberación del poder.

El progresismo es la ideología que alienta estos fenómenos, y sirve con ello al globalismo. En efecto, este último necesita posicionar sus instituciones de gobernanza como las más adecuadas para promover el reemplazo progresivo y legítimo de un viejo orden político condenado a morir por las leyes mismas del movimiento histórico. Una autora globalista concluye con una pregunta retórica: «¿Ante quién debe [el ciudadano] dirigirse para hacer respetar derechos adquiridos o reconocer nuevos derechos cuando su interlocutor tradicional [es decir, el Estado nacional] reconoce y ostenta su impotencia?».[137]

Wokismo

Por otro lado, irrumpe en escena el *wokismo*, que puede entenderse como una hermana ideológica del progresismo. El término como tal es muy nuevo, pero se ha expandido con toda velocidad y hoy designa una militancia, o más bien un conjunto de militancias más o menos específicas. Proveniente del inglés, es una referencia a *woke*, un término inventado por los militantes afroamericanos de Estados Unidos a partir

136. Jellinek, *Teoría general del Estado*, p. 255.
137. Colliot-Thélène, *Democracia sin demos*, p. 272. De igual manera, otro autor globalista dice: «¿Pueden los derechos que componen la ciudadanía seguir siendo avalados dentro del marco que les dio origen?» (Held, *La democracia y el orden global*, p. 267).

de *woken*, participio pasado del verbo *wake*, que significa «despertar». Los militantes *woke* serían, pues, aquellos que han «despertado» a la verdad de una serie de injusticias sistémicas a las que están llamados a exterminar. En este sentido, la presunta innovación se inscribe en un juego de metáforas políticas modernas que no son nada novedosas: el siglo XVIII fue el de los «ilustrados», es decir, aquellos que tenían luces especiales para ver una realidad que el resto de los simples mortales no veían, y en los siglos XIX y XX los distintos marxismos abusaron de la noción de «tomar conciencia» de las contradicciones de clase, que en la segunda mitad del XX el feminismo se apropió como «conciencia» de género.[138] El despertar frente al dormir es apenas una reformulación poco novedosa operada sobre el mismo modelo de metáforas, pero que sirve para constituir una atractiva «vanguardia» de pretensiones salvíficas. Y menos novedosa resulta si se considera en términos de religión: la noción de «despertar» es precisamente la que dio vida a los «Despertares religiosos» (*awakenings*) que tuvieron lugar en los Estados Unidos de los siglos XVIII y XIX y que supusieron acontecimientos de dimensiones revolucionarias.

El filósofo político Kenneth Minogue dedicó un importante estudio a lo que denominó «teoría pura de la ideología». En concreto, procuró *destilar*, por así decirlo, la mentalidad y el núcleo de los sistemas ideológicos con el fin de extraer de ellos su sustancia en estado *puro*, la médula de lo ideológico, el esquema fundamental sobre el que las más variadas ideologías se levantan como instancias particulares suyas. Las conclusiones de Minogue apuntaron a la dialéctica opresor/oprimido: ella es la que se encuentra en el centro de toda ideología; ella es la «máquina para la generación de doctrinas»[139] de carácter ideológico.

No obstante, el conocimiento de la identidad del opresor y la del oprimido no se produce por sí solo; acostumbrados a vivir como vivimos, el sentido común no alcanza para dar con la realidad del sistema de opresión que protagonizan el opresor y el oprimido. Para acceder a su conocimiento se necesita una *clave* especial. Esta clave es precisamente la ideología que, según Minogue, es «cualquier doctrina que presente la verdad escondida y salvadora sobre los males del mundo

---

138. Por ejemplo, considérese esta afirmación del feminismo lésbico de la década de 1980: «Con el ascenso de la conciencia de las mujeres nos quedamos con la visión repugnante de que la sociedad es dominada por los machos y que las mujeres ocupan una posición secundaria» (Elizabeth Ettore, *Lesbians, Women and Society* [Londres: Routledge & Kegan Paul, 1980], p. 3.).

139. Kenneth Minogue, *La teoría pura de la ideología* (Buenos Aires: Grupo Editor Latinoamericano, 1988), p. 11.

bajo la forma del análisis social».[140] Abandonar el sentido común que el sistema de opresión le ha inyectado a uno, y abrazar seguidamente una forma de análisis social que determine quiénes son los opresores y quiénes los oprimidos es lo que permite al pensamiento ideológico creer que puede bajar el paraíso a la tierra. Pero para ello primero tiene que haber acabado con los artífices y responsables de todos los males. Si el *woke* ha *despertado*, eso es ciertamente porque ha dado con la clave que le permite descubrir las más diversas opresiones en el seno social.

El *wokismo* es la expresión política más pura y desquiciada del concepto puro de la ideología. Las ideologías de los siglos XVIII, XIX y XX se montaron, cada una de ellas, sobre un único «gran relato» en el que divisaron dos identidades fijas enfrentadas: en la Ilustración, la nobleza que mantiene sus *privilegios* frente a una burguesía injustamente *marginada*; en el marxismo, la burguesía que *explota* y el proletariado que es *explotado*; en el nacionalsocialismo, la raza aria que es *degradada* y las razas inferiores que *degradan*, etcétera. A diferencia de esto, el *wokismo* supone una explosión de «pequeños relatos»[141] que descubren relaciones de opresión por doquier y que multiplican sin límite las identidades de los oprimidos y las de los opresores. Así, no existiría una relación fundamental entre opresores y oprimidos, sino que habría un sinfín de sistemas de opresión que dependen de la existencia de diferencias de distinta índole, y de los que emergen opresores y oprimidos de diversa naturaleza. Además, allí donde las viejas ideologías descubrían un único sistema opresivo que no estaba *sustancialmente* conectado con otros (al marxismo no le interesaba la raza, sino la clase; al nazismo no le interesaba la clase, sino la raza; al viejo feminismo no le interesaba ni la clase ni la raza, sino el sexo), el desenfreno ideológico del *wokismo* se basa en la intersección de todos los «sistemas opresivos» que pueda llegar a determinar.

El *wokismo* es, por lo tanto, un fenómeno ideológico esencialmente *posmoderno*, empeñado en detectar la opresión en las minucias de la vida. Es hostil a cualquier tipo de jerarquía y está obsesionado con los efectos que producen las más sutiles diferencias inherentes a la realidad social. Con otro lenguaje, podríamos decir que se trata de una ideología abocada

---

140. Ibíd., p. 13.
141. Tomo la expresión de Lyotard, que caracteriza el advenimiento de la «posmodernidad» como el «fin de los grandes relatos». Véase Jean-François Lyotard, *La condición posmoderna* (Madrid: Cátedra, 2019); Jean-François Lyotard, *La posmodernidad (explicada a los niños)* (Barcelona: Gedisa, 1992).

al campo de la *microfísica* del poder (Foucault),[142] o bien a la dimensión *molecular* de la política (Deleuze y Guattari).[143] Su fijación principal estriba en lo cotidiano: cada abuso o maltrato, real o imaginario (*vg.* las llamadas «microagresiones»), que encuentre en la realidad social no lo inclinará a censurar el hecho en sí ni a sus responsables particulares, sino que se esforzará sobre todo por derivar de él una prueba más sobre la existencia de «sistemas opresivos» a combatir, diseminados por doquier.[144] El *wokismo* es el estado puro de la ideología que se ha *desencadenado* y que ha *descendido* en consecuencia a los dominios de una vida cotidiana que quería preservarse de las contradicciones inherentes a lo político.

Por lo mismo, el *wokismo* adviene también como una *ideología totalitaria*, en el sentido de que no deja ningún espacio de la vida, tanto social como individual, del que no se apropie políticamente. El eclipse de los ámbitos privados e íntimos de los individuos y las familias, tan propio de las ideologías totalitarias del siglo xx, se produce de una manera mucho más radical con el *wokismo*, porque la multiplicación y la diseminación de la dialéctica opresor/oprimido no desacelera jamás. Tampoco deja diferencia sin detectar, para convertirla en la base de una nueva opresión. Literalmente *cualquier característica*, tanto cultural como biológica, tanto presente como pasada, tanto real como autopercibida, puede servir para producir una nueva serie de categorías políticas montadas sobre la dialéctica opresor/oprimido. Todo pensamiento y toda acción, sea en el espacio público, sea en el privado, puede estar reflejando un tipo particular de opresión.

Así, sobre el *sexo* se dirá que existe un sistema opresivo llamado «patriarcado» en el que, por definición, la mujer es oprimida y el hombre es su opresor. Sobre la *orientación sexual* se identificará un sistema opresivo llamado «heteronormatividad» en el que los homosexuales, sin excepción, son oprimidos por los heterosexuales. Sobre la *identidad de*

---

142. «[El poder] no debe ser buscado en la existencia primera de un punto central, en un foco único de soberanía del cual irradiarían formas derivadas y descendientes; son los cimientos móviles de las relaciones de fuerzas los que sin cesar inducen, por su desigualdad, estados de poder —pero siempre locales e inestables—.» (Michel Foucault, *Historia de la sexualidad. Tomo 1: La voluntad de saber* [Buenos Aires: Siglo XXI, 2019], p. 89).

143. Véase Félix Guattari, *La revolución molecular* (Madrid: Errata Naturae, 2017).

144. La matriz fundamental del pensamiento ideológico en su estado más puro, dice Minogue, consiste en «una teoría construida en última instancia para obtener cólera. Y la cólera no debe ser dirigida hacia una persona o un acto, sino hacia una estructura total de vida» (*La teoría pura de la ideología*, p. 107). Hay que aclarar, al mismo tiempo, que allí donde los abusos identificados en la realidad social suponen un sentido inverso a la coherencia interna de los relatos establecidos por el *wokismo* sobre la opresión, esos abusos serán desconsiderados de plano. Así, por ejemplo, los cristianos masacrados en otros continentes, e incluso los perseguidos judicialmente en los países occidentales, deben ser ocultados con esmero a la opinión pública.

género se descubrirá la existencia de un sistema de opresión denominado «cisnormatividad», en el que los «transgénero» son oprimidos por los «cisgénero» (según la neolengua en boga, estos son los que se perciben con el sexo que objetivamente tienen), quienes conforman el grupo de los opresores. Sobre el *color*, no importa la época ni el lugar, siempre que se trate de algún país occidental se dirá que persiste un sistema racista, en el que las personas de piel blanca son por definición y por herencia histórica los opresores, y cualquier otra raza (especialmente la afro) son los oprimidos. Sobre el *ingreso económico*, el *wokismo* recoge del socialismo su censura al sistema de opresión capitalista, en el que los ricos son ricos porque los pobres son pobres, de modo que los primeros oprimen a los segundos. Sobre los *logros conseguidos* por una determinada persona, se explicará que consisten en el mero producto de un ilusorio sistema «meritocrático», en el que aquellos que reclaman haber tenido algún mérito al hacer o conseguir algo, en realidad no habrían hecho otra cosa que aprovecharse de sus «privilegios», oprimiendo con ellos a quienes no tuvieron la misma «suerte». Sobre los *antecedentes y conductas criminales* se dirá que vivimos en un sistema «punitivista» que oprime a los delincuentes y beneficia injustamente al hombre que es honesto gracias a sus «privilegios». Sobre la *religión* se sostendrá que recibimos de tiempos medievales un sistema opresivo llamado «cristianismo», en el que los que comparten esta fe oprimen a cualquiera que tenga otra fe o que sencillamente no tenga ninguna. Sobre la *nacionalidad* se argumentará que existe, en toda época y lugar, un sistema «xenófobo» y «etnocéntrico», en el que todo nacional de un país occidental es opresor, y todo inmigrante extranjero (especialmente si no proviene de Occidente, y mejor todavía si no tiene estatus legal) es oprimido. Sobre la *etnia* se esgrimirá que a lo largo de los siglos todavía persiste la opresión «colonizadora», en el marco de la cual los llamados «pueblos originarios» son oprimidos por todo aquel que tenga ascendencia europea, por más lejana en el tiempo que fuere. Sobre la *masa corporal* se dirá que afrontamos la dominación de un sistema «gordofóbico» en el que los delgados son los opresores de los excedidos de peso. Sobre la *apariencia física* se acusará al sistema que privilegia la «belleza hegemónica», del que se aprovechan los bien parecidos para oprimir a los poco agraciados. Sobre la *edad* se arremeterá contra la presencia opresiva de un sistema «adultocéntrico», en el que los adultos oprimen a los niños y a los adolescentes. Sobre las *capacidades físicas* de las personas, se dirá que vivimos en sociedades «capacitistas», diseñadas por aquellos que gozan de todas sus capacidades motrices y sensoriales con el deliberado fin de excluir a la población con «diversidad funcional».[145] Sobre el *estado mental*, asimismo, se identificará el macabro funcionamiento de un sistema opresivo que suelen llamar «capacitismo psiquiátrico», en el que las personas que están en sus cabales oprimen a los mentalmente insanos. Incluso sobre la *especie* se dirá que vivimos en un sistema de opresión llamado «especismo», por medio del cual los seres humanos nos convertimos en opresores de cualquier otra especie viva al considerarla inferior a nosotros.

Esta lista es apenas una muestra necesariamente incompleta de los «pequeños relatos» ideológicos que integran hoy el *wokismo*. Es imposible predecir qué otros sistemas de opresión serán identificados con el correr del tiempo, pero es probable que la lista crezca indefinidamente: el *wokismo* es una ideología *en estado puro* que no deja de expandirse en todos los ámbitos y en todas las direcciones, como el cáncer que hace metástasis.

Equivalencias *woke*, «interseccionalidad» y colectivismo

Ahora bien, si podemos hablar del *wokismo* como *una* ideología, en el marco de la cual identificamos una gran cantidad de pequeños relatos ideológicos que se van integrando en ella, eso es porque de alguna manera logra anudarlos todos en un mismo «nosotros» del que surge una misma unidad de acción política. Dicho técnicamente, logra establecer relaciones «de equivalencia»[146] entre todos los oprimidos de todos los sistemas opresivos: esa es la aspiración que define políticamente al *wokismo*. Todos los oprimidos tendrían, por tanto, algo en común: ser la «parte débil» de una relación interpretada como relación de poder. En cierto sentido, el

---

145. En palabras de dos «académicos» *woke*, el modelo de nuestra sociedad «está relacionado con las ideas de perfección y "normalidad" establecidas por un amplio sector que tiene poder y por el concepto de mayorías meramente cuantitativas» (Agustina Palacios y Javier Romañach, *El modelo de la diversidad* [Madrid: Diversitas, 2006], p. 107). Así, los verdaderos inconvenientes de la «diversidad funcional» no son fruto de una discapacidad, sino de un «sistema de poder» que oprime a los «diversos funcionales». El catedrático Pablo de Lora pasa en limpio, no sin sorna, esta curiosa ideología: «La imposibilidad de ver, oír o andar merma la satisfacción de intereses o necesidades de un individuo, y *no porque padezca una minusvalía o discapacidad*, sino *porque la vida social está diseñada* de modo tal que formas alternativas y no mayoritarias de vivir sensorialmente o de moverse en el espacio no resultan posibles». De esta forma, pide que pensemos en el músico Stevie Wonder, quien padece de ceguera: «No deberíamos afirmar que "no puede conducir *porque está ciego*", sino que no puede conducir *porque la circulación viaria en vehículo de motor no está adaptada* a las personas como él» (De Lora, *Los derechos en broma*, pp. 71-72). Por cierto, son los mismos *wokes* que rompen lanzas en favor de los «diversos funcionales», acusando de «estigmatización» y «odio» cualquier expresión que indique las inconveniencias intrínsecas de sufrir alguna discapacidad, los que, ante la mera posibilidad de que una persona discapacitada sencillamente nazca, solicitan que la mujer tenga el «derecho» a abortarla en cualquier fase del embarazo.

146. Véase Ernesto Laclau y Chantal Mouffe, *Hegemonía y estrategia socialista. Hacia una radicalización de la democracia* (Madrid: Siglo XXI, 2018), pp. 170-177.

wokismo sería una suerte de *nacionalsocialismo invertido.* Allí donde este dividió ideológicamente al mundo entre «fuertes» y «débiles» y se puso del lado de los primeros para exterminar a los segundos, el *wokismo* se pone del lado de los segundos para acabar con las condiciones de posibilidad de los primeros. Así, ambos se montan sobre la oposición fuertes/ débiles con la que traducen la especificidad de la dialéctica opresores/ oprimidos. De la misma forma, allí donde los nazis pretendían el triunfo de los «fuertes» porque les adjudicaban superioridad racial, los *woke* pretenden el triunfo de los «débiles» porque les adjudican *superioridad moral.* Mujer buena, hombre malo; negro bueno, blanco malo; LGBT bueno, heterosexual malo; inmigrante bueno, nacional malo; indígena bueno, descendiente de europeos malo; pobre bueno, rico malo, y así sucesivamente: el *wokismo* es un *moralismo político* que, paradójicamente, reproduce los prejuicios que dice combatir, pero en la dirección contraria. En efecto, es misándrico, racista, LGBTnormativo, «endofóbico», etnocéntrico y clasista respectivamente.

Volviendo al punto, si quiere conjugar todas las distintas formas de opresión en un mismo frente político, el *wokismo* necesita establecer relaciones de equivalencia entre ellas. Para ello, afirma que la opresión sería un *espectro continuo* en el que se participa mediante la acumulación de características propias del bando de los opresores, por un lado, o bien de los oprimidos, por el otro. Esto es lo que pomposamente llaman «interseccionalidad», que no sería otra cosa que la superposición de características que, *a priori,* serían causa o motor de una «opresión» particular, pero que se inscriben en conjunto en una opresión global. Así, en el extremo ideal, y de acuerdo a los sistemas de opresión que he mencionado en la lista de más arriba, el *oprimido absoluto* sería un hombre trans (es decir, una mujer que se autopercibe hombre), afroamericano, de bajos ingresos económicos, fracasado, afecto a actividades delictivas, que profese cualquier fe que no sea la cristiana (o bien ninguna), inmigrante ilegal, que dice tener ascendencia de algún «pueblo originario», gordo, feo, adolescente, disminuido en sus capacidades motrices, mentalmente alienado, que reclama una dieta basada en productos de origen no animal mientras debe soportar a regañadientes observar cómo el prójimo disfruta del sufrimiento animal en cada hamburguesa que ingiere. El *opresor absoluto* de esta absurda caricatura sería un hombre, heterosexual, «cisgénero», blanco, de ingresos económicos altos, exitoso, sin prontuario criminal, cristiano, nacional del país en el que vive, que posee algún apellido de origen europeo, atractivo, delgado, adulto, física y mentalmente sano y que los fines de semana comete el crimen de poner un pedazo de carne en el asador. Dado que el *wokismo* es un moralismo, el *oprimido absoluto* que describimos sería absolutamente bueno, y el *opresor absoluto,* absolutamente malvado. Entre estos dos polos caricaturescos, se despliega el *espectro continuo* en el que los individuos se distribuyen según sus características.

Este sociologismo de baja calidad mezclado con esta moralina maniquea no produce otra cosa que un *colectivismo* atroz por el que la realidad de la persona individual queda reducida al cálculo aditivo de las características ideológicamente pertinentes que el mismo *wokismo* establece como tales. La enorme complejidad y riqueza del ser personal es reducida a reflejos automáticos de esas características y, así, la persona se convierte en un mero epifenómeno. Como ocurre con todo colectivismo, el ocaso de la realidad de la persona individual trae consigo la clausura de su libertad: ninguna acción individual podrá ser interpretada más que como una manifestación epifenoménica predeterminada por la posición de quien la emprenda en los sistemas de opresión, sea en calidad de opresor, sea en calidad de oprimido.[147] Toda consideración moral respecto de la bondad o la maldad de una acción determinada quedará también, por cierto, supeditada a la calificación política que obtenga el sujeto que la lleve a cabo: si es un «oprimido», todo lo que haga será bueno o, al menos, justificable;[148] si es un «opresor», todo lo que haga será malo e injustificable desde todo punto de vista, incluyendo la autodefensa. Más todavía, si en uno concurren las características de los opresores, tendrá

---

147. Barack Obama contó una vez un caso de un joven afroamericano cuyo sueño era formarse como piloto en la Fuerza Aérea de su país, pero que cambió de opinión cuando se dio cuenta de que esa institución «nunca dejaría a un negro pilotar un avión». El economista negro Thomas Sowell escribe al respecto: «Esto ocurrió décadas después de que existiera un escuadrón completo de pilotos de caza negros estadounidenses durante la Segunda Guerra Mundial y años después de que dos pilotos negros se convirtieran en generales de las Fuerzas Aéreas de Estados Unidos». Y concluye: «Quien adoctrinó a este joven le hizo más daño del que podría haberle hecho un racista, pues le impidió convertirse en piloto o intentarlo siquiera» (Thomas Sowell, *Falacias de la justicia social. El idealismo de la agenda social frente a la realidad de los hechos* [Barcelona: Deusto, 2024], pp. 55-56).

148. Un caso, entre tantos, que se puede mencionar, es el de Nahir Galarza, una joven que a los diecinueve años asesinó a su novio de veinte. Durante su juicio, agrupaciones feministas se movilizaron para defender a la asesina, esgrimiendo críticas contra el «heterocapitalismo» y la «violencia heteropatriarcal» (Véase «Un grupo feminista convoca a una marcha por Nahir Galarza», *Infobae*, 7 de julio de 2018, https://www.infobae.com/sociedad/2018/07/07/convocan-a-una-marcha-a-favor-de-la-asesina-de-fernando-pastorizzo [consultado el 12 de junio de 2024]). Además, una abogada feminista se hizo cargo de la defensa. Mientras escribo estas líneas, Amazon Prime Video está estrenando la película sobre la joven asesina, con la que se busca limpiar su imagen. El asesinado es retratado como violento y «misógino», a pesar de que jamás se probó que ejerciera violencia contra Galarza. Su padre se quejó: «Quisieron dar a entender que mi hijo era el golpeador» (véase «El padre de Fernando Pastorizzo criticó la película de Nahir Galarza», *Infobae*, 26 de mayo de 2024, https://www.infobae.com/sociedad/policiales/2024/05/25/el-padre-de-fernando-pastorizzo-critico-la-pelicula-de-nahir-galarza-quisieron-dar-a-entender-que-mi-hijo-era-el-golpeador/ [consultado el 2 de junio de 2024]).

que ir por la vida pidiendo perdón por ser quien es y por cosas que él incluso no ha hecho, además de someterse a disciplinas, cancelaciones, expropiaciones y adoctrinamientos varios. Si las características de uno lo ubican en el bando de los oprimidos, habrá que militar en el *wokismo* para promover la curiosa paradoja de *oprimir a los opresores*.

Así pues, el *wokismo* es una ideología política porque en última instancia se refiere al Estado como el encargado de terminar con estos múltiples sistemas opresivos a través de políticas públicas que procuren coaccionar a los «opresores» y «liberar» con ello a los «oprimidos». Semejante paradoja habitualmente lleva el rótulo de «discriminación positiva», un curioso eufemismo con el que buscan legitimar el trato desigual ante la ley. Ciertamente, la «discriminación positiva» es la política característica del *wokismo*. La suposición de fondo es que las leyes y las normas en general no deberían aplicarse a todos por igual, sino que habrían de ajustarse en cada caso a una ponderación ideológica sobre la pertenencia del sujeto de derecho al bando de los oprimidos o de los opresores, y en virtud de ello aplicar una u otra norma sobre él. El trato igualitario ante la ley sería una injusticia impuesta por quienes manejan los sistemas de opresión para mantener en su lugar a los oprimidos. La igualdad ante la ley es enemiga de la nueva *santísima trinidad*: «Diversidad, Equidad, Inclusión» (DEI). El derecho, lejos de configurar un ámbito de libertad para que los individuos puedan perseguir sus propios fines, se convierte en un arma coercitiva para la planificación social, cultural, sexual, racial y económica en términos de los fines *woke* asumidos por el Estado.

La religión *woke*

El *wokismo* es, también, una *religión política*. El *woke* es un *elegido* al que se le ha *revelado* la Verdad: «Estaba ciego y ahora veo. He sido elegido para despertarme ante la realidad del mal»,[149] dice un militante *woke* en su «relato de conversión». El mal es el *pecado* de la opresión, sobre el que se tiene una responsabilidad ya no personal, sino *política*. La *redención* estriba en la militancia de las minorías, por un lado, y en la autohumillación de las mayorías, por el otro. Para esto, incluso existen *rituales*: arrodillarse en eventos públicos como forma de expiar los pecados de nuestra cultura contra los afroamericanos, arrojarse al suelo y gritar «¡no puedo respirar!» para recrear la «pasión» de George Floyd,

---

149. Citado en Jean-François Braunstein, *La religión woke. Anatomía del movimiento irracional e identitario que está poniendo en jaque a Occidente* (Madrid: La Esfera de los Libros, 2024), p. 41.

lavar los pies de militantes racistas negros tras confesar colectivamente los propios «pecados»,[150] recitar juramentos en favor de las «minorías»,[151] desfilar en marchas del *orgullo gay* aunque uno no sea gay sino heterosexual, confesar el propio «machismo» en talleres de «deconstrucción de la masculinidad», etcétera. Pero, como ha señalado un filósofo crítico de esta auténtica religión política,[152] el gran problema es que, en el *wokismo*, el perdón no existe. El pecado original de ser hombre, de ser blanco o heterosexual, de no pertenecer a ningún «pueblo originario» o incluso de no tener ninguna «diversidad funcional», no tiene perdón por más autoflagelos que uno esté dispuesto a practicar. Dado que en el *wokismo* el pecado no es de índole personal sino político, ninguna acción individual basta para quitarse de encima la mancha con la que se ha nacido o que la sociedad le ha conferido, y ningún Cristo vendrá a soportar el peso del pecado del mundo *woke*. Lo único que queda es, pues, la *violencia*.

Lo máximo que el pecador puede llegar a hacer es «constatar su privilegio» bajo el mandato de *check your privilege*: confiesa, aunque no serás perdonado. *Name and shame*: nombra tus privilegios y avergüénzate. Así lo hicieron, por ejemplo, los profesores de la Universidad de Evergreen, reconociendo sus atributos identitarios «privilegiados» frente a moderadores negros y autohumillándose en público. La escena es sencillamente *orwelliana*:

—Yo tengo un montón de privilegios distintos, los dos más presentes son, por ejemplo, que soy blanca y cisgénero.

—Yo soy cisgénero, negra, mujer y hetero.

—Yo soy una cisgénero, mujer heterosexual. Soy inmigrante y obtener una *greencard* [residencia norteamericana] ha sido algo que me ha dado muchísimo privilegio.

—Yo tengo un color de piel [oscuro] distinto al de las personas de poder, pero soy un hombre, soy heterosexual, soy cisgénero, altamente educado, mi educación particular es en matemáticas y física…

---

150. Ocurrió, por ejemplo, en Cary, Carolina del Norte. Tras confesar públicamente sus «pecados», los blancos *woke* debieron lavar los pies de los militantes negros (véase ibíd., p. 56).

151. En una manifestación de Black Lives Matter, la multitud realizó el siguiente juramento: «Contra el racismo, la discriminación contra los negros o la violencia […] utilizaré mi voz de la manera más constructiva posible […] y haré todo lo que esté en mi mano para educar a mi comunidad. […] Amaré a mis vecinos negros de la misma manera que a mis vecinos blancos» (Emma Colton, «"Everything in my power to educate my community"»: Protesters recite oath to speak out against racismo», *Washington Examiner*, 4 de junio de 2020, https://www.washingtonexaminer.com/news/2604121/everything-in-my-power-to-educate-my-community-protesters-recite-oath-to-speak-out-against-racism (consultado el 26 de mayo de 2024).

152. Véase Braunstein, *La religión woke*, p. 57.

—De la lista de identidades por las cuales podría tener privilegios, yo podría marcarlas todas con excepción de ser una mujer [dice una profesora al borde de las lágrimas, tras haber sido acosada por el estudiantado].

—Cuando entro a algún lugar no sé muy bien si es privilegio masculino, privilegio blanco, privilegio por sobre educado... toda la lista... capacitismo, edad... Yo podría ser celebrado por blanco, cisgénero, hombre heteronormativo, que está tratando de averiguar qué puede hacer con todas estas cartas de privilegios para seguir delante de forma respetuosa y significativa con respeto por la justicia social.

[A continuación, toma la palabra Robin DiAngelo, socióloga blanca especialista en «estudios sobre la blanquitud»].

—Es inevitable que yo tenga perspectivas y comportamientos racistas. Solo el grupo dominante puede ser racista, sexista, clasista; solo la gente blanca puede ser racista, no es posible evitar ser socializado en un punto de vista racista si eres blanco; no es posible, lo recibimos 24/7, y la única forma de resistirlo es viéndolo.[153]

Las universidades de Occidente funcionan cada vez más como aparatos de legitimación del desquicio *woke*. Se crean asignaturas, carreras y departamentos especiales para darle sustento y credibilidad: «Estudios de género», «teoría crítica de la raza», «interseccionalidad», «estudios sobre la blanquitud», «estudios *queer*», «*fat studies*», etcétera. Las principales casas de estudios organizan simposios, conferencias, ponencias y talleres para asegurarles protagonismo. Los magnates globalistas les garantizan un financiamiento prácticamente ilimitado, del que más adelante daremos cuenta. Las revistas académicas, a su vez, acogen el *wokismo* en sus publicaciones hasta el punto de que el requisito para poder publicar en ellas —y desarrollar una carrera académica exitosa— empieza a ser, cada vez más, volverse un creyente *woke*. Los universitarios díscolos terminan cancelados: son los *herejes* del siglo XXI. Algunos incluso se animan a denunciar la persecución y exponer la monumental farsa, aunque sin conseguir, por el momento, nada más allá de desenmascarar la impostura del *wokismo*.

Este ha sido el caso de tres académicos ingleses y estadounidenses, Helen Pluckrose, James Lindsay y Peter Boghossian, que replicaron en el

---

153. Véase «Evergreen et les dérives du progressisme», YouTube, https://www.youtube.com/watch?-v=u54cAvqLRpA (consultado el 26 de mayo de 2024).

siglo xxi lo que en el xx se conoció como el «escándalo Sokal».[154] Entre 2018 y 2020 enviaron veinte «artículos científicos» escritos en broma a prestigiosas «revistas científicas» de perfil *woke*. Apenas seis fueron rechazados. Entre los aprobados y los publicados, uno presentaba la tesis de que «los parques para perros son espacios que toleran la violación y un lugar de cultura desenfrenada de violación canina y opresión sistémica contra "el perro oprimido" a través del cual se pueden medir las actitudes humanas hacia ambos problemas».[155] Otro presentó la tesis de que «son solo las normas culturales opresivas las que hacen que la sociedad considere admirable la construcción de músculos en lugar de la grasa y que el culturismo y el activismo en favor de las grasas podrían beneficiarse al incluir cuerpos gordos exhibidos de manera no competitiva».[156] De manera similar, un tercer artículo publicado, titulado «Entrando por la puerta trasera», propuso esta escatológica tesis: «Resulta sospechoso que los hombres rara vez se autopenetren analmente utilizando juguetes sexuales, y esto probablemente se deba al miedo a ser considerados homosexuales ("homohisteria") y al fanatismo contra las personas trans (transfobia)».[157] La publicación académica de este tipo de disparates escritos como parte de una broma evidenció la verdad sobre el *wokismo*, que se da pátina científica a sí mismo a costa de la bancarrota universitaria occidental.

El *wokismo* como ideología «de lujo»

En rigor, el *wokismo* es la ideología favorita de una clase acomodada, profundamente aburrida y necesitada de atención. De ahí su increíble éxito sobre todo en los campus académicos, y su increíble fracaso en los

154. En 1996, el físico Alan Sokal desenmascaró la ausencia total y completa de rigurosidad científica de los estudios culturales posmodernos, enviando un artículo disparatado a una de las más prestigiosas revistas «académicas» de esa línea: *Social Text*. En él, Sokal expuso la idea de que la física cuántica y la teoría de la relatividad eran construcciones sociales en lugar de teorías científicas fundamentadas en la realidad objetiva, y adornó sus expresiones con la jerga posmoderna en boga. La revista aceptó y publicó semejante absurdo. Véase Alan Sokal, *Imposturas intelectuales* (Barcelona: Paidós, 1999).

155. Helen Wilson, «Statement of Retraction: Human reactions to rape culture and queer performativity at urban dog parks in Portland, Oregon», *Gender, Place & Culture*, 2020, *27*(2), pp.307-326. https://doi.org/10.1080/0966369X.2018.1475346 (consultado el 26 de mayo de 2024).

156. Richard Baldwin, RETRACTED ARTICLE: «Who are they to judge? Overcoming anthropometry through fat bodybuilding», *Fat Studies*, 2018, *7*(3), i-xiii. https://doi.org/10.1080/21604851.2018.1453622 (consultado el 26 de mayo de 2024).

157. M. Smith, RETRACTED ARTICLE: «Going in Through the Back Door: Challenging Straight Male Homohysteria, Transhysteria, and Transphobia Through Receptive Penetrative Sex Toy Use», *Sexuality & Culture* 22, 2018, 1542. https://doi.org/10.1007/s12119-018-9536-0 (consultado el 26 de mayo de 2024).

barrios, los sectores trabajadores y la gente sencilla. El psicólogo social Rob Henderson, cuyo origen social es muy humilde, ha propuesto un concepto que resulta útil para entender el efecto que genera el *wokismo* en las clases acomodadas: «Creencias de lujo». La democratización del consumo hace que los objetos materiales ya no sean suficientes para establecer estrategias de diferenciación social entre las clases. Vestir determinados atuendos o poseer ciertos dispositivos tecnológicos ya no basta, como antes, para definir la pertenencia a un grupo socioeconómico alto. Por lo tanto, esos sectores buscan ahora distinguirse a través de estrategias inmateriales, como la adopción de determinadas «ideas y opiniones que confieren estatus a la clase alta a muy bajo costo, mientras que a menudo infligen costos a las clases bajas».[158]

> El privilegio de los blancos es la creencia de lujo que me llevó más tiempo comprender, porque crecí rodeado de muchos blancos pobres. Los graduados universitarios blancos adinerados parecen ser los más entusiastas con la idea del privilegio blanco, pero son los que tienen menos probabilidades de incurrir en costos por promover esa creencia. Más bien, elevan su posición social al hablar de sus privilegios. Cuando se implementen políticas para combatir el privilegio de los blancos, no serán los graduados de Yale los perjudicados. Los blancos pobres serán los más afectados.[159]

La misma conclusión vale para el resto de las causas *woke*: los costos no recaen sobre sus promotores, consustanciados con su sofisticado neolenguaje y sus exclusivos símbolos, de los que sacan provecho en términos de su posición social, sino sobre las personas más humildes. Por ejemplo, el desfinanciamiento de la policía: no afectará a los niños ricos del campus universitario, que viven en barrios seguros, sino a los habitantes de los barrios más peligrosos de la ciudad. O los ataques a la institución familiar, el matrimonio y la monogamia: no es lo mismo nacer en una familia monoparental rica que en una pobre; es sabido que la descomposición de la familia tradicional ha destrozado a las clases bajas, especialmente las afroamericanas en Estados Unidos.[160] O la

---

158. Rob Henderson, «How the luxury beliefs of an educated elite erode society», 24 de febrero de 2024, https://www.thetimes.co.uk/article/how-the-luxury-beliefs-of-an-educated-elite-erode-society-0mx8fd2nl (consultado el 26 de mayo de 2024).

159. Ibíd.

160. El economista afroamericano Thomas Sowell ha expuesto que «las familias monoparentales, independientemente de que sean blancas o negras, tienen una tasa de pobreza superior a la de las familias compuestas por parejas casadas». El problema es que las políticas públicas de «ayuda

normalización de la obesidad: las clases acomodadas, pudiendo pagar mejores servicios de salud, pueden regocijarse con esta «inclusiva idea», mientras que los pobres, si siguieran tan malas sugerencias, sufrirían nuevos y muy complicados problemas de salud cuyo tratamiento les resultaría especialmente costoso. O la promoción del transgenerismo: los ricos trans son la sensación del campus universitario; los pobres trans son prostitutas.

El movimiento *woke* al servicio del globalismo

Ahora bien, si el *wokismo* sirve tan bien al globalismo y se integra tan naturalmente en sus agendas, es precisamente porque su dinámica ideológica destruye la unidad cultural con la que se ha articulado la igualdad ante la ley, de la cual depende jurídicamente el concepto moderno de nación. En efecto, el Estado nacional es empujado al borde de una crisis cultural fulminante, que trae como corolario una descomposición de su imagen como *cuerpo común* que vive conforme a una misma ley. La «unidad cultural» que define a la nación se pone en cuestión; de repente, la nación se desgarra en un sinfín de grupos que mantienen entre ellos no simples disputas político-electorales (para las cuales habían dado vida a los partidos políticos), sino verdaderas guerras político-culturales (para las que no disponen de ninguna institución capaz de pacificar). Cuando la unidad cultural está quebrada, es más sencillo quebrar la igualdad ante la ley.

En reemplazo de la unidad cultural nacional, el *wokismo* levanta las banderas de las «minorías». A través de ellas cuestionan la historia nacional, modifican los símbolos nacionales, «cancelan» a los héroes nacionales, desprecian las costumbres y tradiciones nacionales. Los lazos que unen a las minorías entre sí son cualquier cosa menos nacionales. Cada uno de sus «pequeños relatos» hablan de un tipo particular de «minoría oprimida» que lucha por su emancipación respecto de las mayorías que supuestamente la oprimen. Así, el principio mayoritario

---

social» han generado perversos incentivos para destrozar las familias, sobre todo afroamericanas. Ahora bien, contra las tesis raciales en boga, Sowell muestra que «las familias monoparentales cuyo cabeza de familia es una mujer blanca han experimentado una tasa de pobreza que ha sido más del doble de la de las familias negras formadas por parejas casadas en cada año desde 1994 hasta 2020». Por eso, se pregunta: «Si los "blancos supremacistas" son tan poderosos, ¿cómo ha podido suceder esto?». Tampoco tiene sentido alguno esgrimir, de acuerdo con la teoría interseccional, que eso es porque se está comparando a una mujer y no a un hombre blanco que encabeza una familia monoparental, puesto que también en estos casos su tasa de pobreza está por encima de las familias afroamericanas basadas en el matrimonio (Sowell, *Falacias de la justicia social*, pp. 48-49).

del que dependía el sistema democrático moderno con arreglo al cual se determinaba la soberanía nacional queda cuestionado en su misma raíz. Las minorías son oprimidas, luego las minorías son buenas; las mayorías son opresoras, luego las mayorías son malvadas. Este es un inestimable servicio ideológico que se presta al globalismo, puesto que se contribuye significativamente a labrar el terreno de la legitimidad en el que aquel funciona: el de minorías que gobiernan a mayorías en nombre de una bondad que sería inherente a dichas minorías y un saber global muy particular que apenas unos pocos poseen. ¿Y no es esta la estructura fundamental del *wokismo*?

En verdad, el de «minorías» es un término con el que simplemente quieren decir «oprimidos», ya que hay muchas minorías cuantitativas (políticas, religiosas, culturales) que son ignoradas e incluso abiertamente atacadas por el *wokismo*. De igual forma, hay mayorías cuantitativas (como las mujeres) que se ganan de todas maneras el mote de «minorías» sencillamente porque encajan como «oprimidas» en uno de los sistemas de opresión identificados (el «patriarcado»). Minogue explica: «Este tipo de argumento asume un criterio de distribución óptima. Super-representación puede ser la evidencia de discriminación, no menos que sub-representación».[161] Así, lo que convertiría a alguien en parte de una «minoría» sería poseer un tipo de característica que el *wokismo* encuentre *apropiada* y que, además, se halle tanto «sub» como «super-representada» en los distintos ámbitos de la sociedad, tanto públicos como privados. Esto es fundamental: esas son las dos condiciones indispensables para devenir «minoría». Si se está sobrerrepresentado en algo tan atroz como la guerra, o bien en instituciones tan poco amables como las cárceles o en trabajos poco higiénicos y peligrosos, pero se es hombre, se produce un cortocircuito que deja al sujeto en cuestión en el bando de las «mayorías opresoras». De idéntica forma, si se está subrepresentado en los espacios políticos, en puestos directivos de las empresas y en la industria cultural de masas, pero se es católico practicante, cristiano evangélico, mormón o testigo de Jehová, también sobreviene un cortocircuito ideológico y el «fanático religioso» seguirá siendo parte de las «mayorías opresivas». La sub y la sobrerrepresentación únicamente se evalúan con respecto a las categorías predefinidas como «débiles» según la ideología *woke*, que recorta la realidad a su medida. Así pues, la sociedad debería ser una *organización* radicalmente igualitaria, en la que cada característica apropiada según las preferencias del *wokismo* encuentre su justa distribución

---

161. Minogue, *La teoría pura de la ideología*, p. 77.

en todos y cada uno de sus espacios y ámbitos. Si esto aún no ocurre, es porque todavía subsisten elementos indeseables que deben ser purificados o destruidos: las mentadas «mayorías opresoras».

El globalismo instrumentaliza el *wokismo* como una especie de pandemia cultural capaz de resentir y subvertir los grupos sociales en todos sus niveles: más aún, lo hace proceder como el cáncer, que programa y multiplica células malignas que van destruyendo el funcionamiento normal de los órganos que componen el cuerpo ahora moribundo. Con todo, el *wokismo* hace metástasis a nivel nacional como desenlace final: antes de ello, se habrá ocupado de conflictuar y desarticular agrupaciones sociales y comunitarias de menor nivel, como las familias, los grupos de amistad, las iglesias, las empresas, las instituciones educativas, las asociaciones civiles, etcétera. Siempre será posible identificar dentro de estos grupos la presencia de opresores y oprimidos; siempre serán divisables nuevas «minorías», ya sea que se encuentren sub o sobrerrepresentadas, en el contexto del grupo que se desea fragmentar. El efecto disolvente de estas ideologías es una garantía para aquellos que necesitan *atomizar* a la sociedad.

El objetivo de la *atomización* es que la persona se vuelva contra todos sus grupos de pertenencia y que no quede nada en pie, salvo el grupo políticamente pertinente, en el que nunca estará ni sub ni sobrerrepresentada justo porque este mismo se define con arreglo a la característica que fundamenta la opresión (así, el afroamericano *en tanto que afro* no está ni sub ni sobrerrepresentado en Black Lives Matter; el homosexual *en tanto que gay* no está ni sub ni sobrerrepresentado en el LGBT; la mujer *en tanto que mujer* no está ni sub ni sobrerrepresentada en el feminismo, etc.). La identidad se deshace de todos aquellos centros y referencias biológicos y sociales que no sean los que la han ubicado en el bando de los «oprimidos» y las «minorías». Así, un homosexual ya no es nada más que un homosexual; un afroamericano no es nada más que alguien de piel oscura; un indígena no es nada más que un miembro de un «pueblo originario»; una mujer ya no es nada más que una persona oprimida por el «patriarcado». Todas sus percepciones, cogniciones, experiencias y comportamientos tienen que ser reeducados para derivarse siempre de ese único atributo identitario, pues él no es otra cosa que lo que define su *ser-oprimido*. Así, debe pensar, militar y votar como homosexual, como negro, como mujer o como indígena.[162]

---

162. «Si tienes problemas para determinar si estás a favor de mí o de Trump, entonces no eres negro», le decía Joe Biden a un comunicador afroamericano en una entrevista. Véase «Biden tells voters

Si, en cambio, se tratara de un «opresor» que se adhiere al *wokismo*, el efecto es similar, aunque se le exige que se deshaga también de las características que lo ubicaron en el bando de los «opresores». Esto, como ya se dijo, nunca se puede conseguir del todo: siempre quedarán restos, en todo momento y lugar los ecos del privilegio pueden volverse a notar. De esta forma, un hombre debería dejar atrás su masculinidad, tachada de «tóxica», y vigilar sin cesar cualquier gesto que pueda considerarse un «micromachismo»; un heterosexual debería «deconstruirse», sea lo que sea que eso signifique; un blanco debería «ser menos blanco»,[163] aunque no afro, porque eso ya sería una «apropiación cultural»; un cristiano no debería compartir su fe en público y mucho menos en política; un nacional debería despreciar su propia patria y renegar de su historia. Si el «oprimido» no debe ser nada más que la causa de su opresión, el «opresor» debería borrarse por completo hasta no ser nada en absoluto. El *wokismo* es una poderosa máquina de exterminio nacional, cultural y psicológico.

Ya hemos visto cómo el totalitarismo se basó en la movilización y el encuadramiento de masas, a las que había que *atomizar* para garantizar que se cohesionaran en torno a una única lealtad: la lealtad incondicional al partido totalitario. Con el *wokismo* pasa algo similar, puesto que procura dejar a los *individuos atomizados* sin ninguna lealtad que no sea la del agrupamiento artificial de «oprimidos» con el que compartiría, según le han dicho, su suerte.[164] De ahí que el *individuo woke*

'you ain't black' if you're still deciding between him and Trump – video», *The Guardian*, 22 de mayo de 2020, https://www.theguardian.com/us-news/video/2020/may/22/joe-biden-char-lamagne-you-aint-black-trump-video (consultado el 28 de abril de 2024). Algo similar podría haberse dicho respecto de las mujeres: «Si no estás a favor del aborto, entonces no eres mujer». O bien de los LGBT: «Si no estás a favor de la hormonización de menores, entonces no eres LGBT». Es más fácil controlar el comportamiento de una persona cuando su identidad queda reducida a una sola característica que, además, se manipula políticamente.

163. Como hizo Coca-Cola, que organizó un seminario para sus empleados en el que se los instó a «ser menos blancos». Esto, según se explicó, significaba: «Ser menos arrogante, estar menos seguro, estar menos a la defensiva, ser más humilde, escuchar, creer, romper con la apatía», además de «romper con la solidaridad blanca». Véase Bradford Betz, «Coca-Cola staff told in online training seminar "try to be less white"», *Fox Business*, 22 de febrero de 2021, https://www.foxbusiness.com/lifestyle/coca-cola-staff-online-training-seminar-be-less-white (consultado el 28 de abril de 2024).

164. El escritor homosexual Douglas Murray, crítico del *wokismo*, narra con asombro la respuesta que recibió otro autor homosexual crítico de la deriva *queer* del movimiento gay: «Eres un pedazo de mierda acomplejado, hipócrita y desinformado. Eres la vergüenza de la nación *queer*». Murray se pregunta: «¿Qué era la *"nación queer"*? ¿Debían sus miembros aspirar a una vida al margen o a una vida como cualquier otra? [...] ¿Eran los homosexuales personas como los demás o conformaban un grupo aparte que, consciente y deliberadamente, pretendía segregarse a la manera de una ciudad-Estado, cuando no de una nación de pleno derecho?» (*La masa enfurecida. Cómo las políticas de identidad llevaron al mundo a la locura* [Barcelona: Península, 2022], p. 57). Esto no es más que un ejemplo entre tantos, de cómo el *wokismo* fragmenta a la nación hasta una

habitualmente desprecie a su familia, deteste al Dios que alguna vez aprendió a adorar, reniegue de su patria y odie su cultura. Curiosamente, este es el mismo *woke* que hablará por doquier en nombre del «amor» y censurará cualquier disidencia en nombre del combate contra el «odio» y las «fobias» sociales. Todo esto supone también un inestimable servicio al globalismo, al que le resulta mucho más fácil lidiar con individuos desarraigados y atomizados que con personas con identidades fuertes, sujetas a un marco de relaciones sociales de las que emergen las más vigorosas y diversas lealtades y autonomías. Muy lejos realmente de la «diversidad», el globalismo es un monstruoso poder de *uniformización atomizante*.

La ley de las «diferencias equivalentes» se regocija con estos procesos dinamizados por el *wokismo*. Y es que las diferencias entre las naciones y los pueblos solo pueden devenir «equivalentes», esto es, indiferentes e insignificantes en la práctica, si las *diversidades atomizantes* las penetran en primer lugar. Ellas provocan, pues, su fragmentación en un sinfín de «minorías» atormentadas, paranoicas y en permanente conflicto. La ley de la «unificación política del mundo», a su vez, funciona precisamente cuando se tiene a disposición «minorías» atomizadas cuyas diferencias terminan presentándose como mera «diversidad», y se detiene frente a las mayorías cohesionadas como nación, leales a sus modos de vida. La «unificación política del mundo» necesita minorías conflictuadas, no mayorías consolidadas y unidas.

Más allá de estos efectos generales que todas las ideologías que componen el *wokismo* producen, muchas de ellas sirven a las agendas globalistas también por el contenido particular de sus demandas y postulados. Así, por ejemplo, el feminismo sirve al globalismo porque acelera la implementación de las agendas abortistas en todas las naciones, de las que depende gran parte de la voluntad de control demográfico de los globalistas, como se verá más adelante. De manera similar, el movimiento LGBT promueve y multiplica las modalidades del relacionarse sexualmente y un sinfín de identidades sexuales que, por más que cacareen «diversidad», todas constituyen una triste uniformización en torno a su inexorable *esterilidad* (su incapacidad de procrear una vida *nueva* es todo menos diversidad: es el «infierno de lo igual»,[165] pues la vida solo nace de lo verdaderamente distinto). El «antipunitivismo», a

---

suerte de *separatismo cultural* en el que cada minoría reivindica un poder especial (legitimado por su condición de «oprimidos») para gobernar sobre las mayorías.

165. Tomo este concepto de Byung-Chul Han. *Cf. La expulsión de lo distinto* (Buenos Aires: Herder, 2020).

su vez, acompañado en muchos países por discursos racistas afro o por reivindicaciones de «justicia social», es la forma más exitosa de destrozar la legitimidad de las fuerzas de seguridad, mientras que los proyectos de «memoria histórica» (en favor de grupos terroristas y guerrilleros, sobre todo en América Latina) han servido para diezmar la imagen de las Fuerzas Armadas. Así, las instituciones que ejecutan y garantizan en la práctica la soberanía estatal se van deslegitimando progresivamente. Las causas «antifronteras», a su vez, funcionan como cruzadas en favor de la inmigración ilegal, y sirven para deslegitimar la soberanía territorial del Estado y la integridad cultural de la nación. A los mismos fines responden realmente los indigenismos, muy bien financiados no por los «pueblos originarios», sino por estructuras de poder cuyas casas centrales se ubican en el corazón de naciones que en otros tiempos hubiéramos denominado «imperialistas».[166] Las reivindicaciones de «soberanía» de estos grupos son, en rigor, una estratagema para minar la soberanía de los Estados nacionales.

La articulación del *wokismo* con el progresismo

El *wokismo* trabaja codo con codo con el progresismo, en el sentido de que el combate que presenta contra cada «sistema de opresión» se basa en la reivindicación de una serie de «nuevos derechos» especiales para cada una de sus «minorías oprimidas». Los derechos del *wokismo* suelen rotularse con el conveniente nombre de «derechos humanos», aunque a continuación se especifica que, en realidad, se trata de «derechos» exclusivos para un *tipo particular* de humanos con determinadas características: «Derechos de la mujer», «derechos LGBT», «derechos de los pueblos originarios», «derechos de los afroamericanos», etcétera. A cada minoría le corresponde una batería especial de derechos exclusivos. Esos derechos no surgen de su pertenencia común a la especie humana, sino de la posesión de las características particulares por medio de las que el *wokismo* determina su pertenencia al bando de los «oprimidos». Así

---

166. Por ejemplo, el Mapuche International Link, ONG inglesa con sede en Lodge Street en Bristol, Inglaterra, pero que opera políticamente en Chile y Argentina. El máximo órgano directivo está compuesto por cuatro personas, de las cuales solo una es mapuche. Las otras tres son Carole Concha Bell, Colette Linehan y Gerald Colfer, nombres por cierto muy poco «originarios». Véase https://www.mapuche-nation.org/esp/nosotros/ (consultado el 28 de abril de 2024). Otro caso similar es el de Mapuche Stichting Folil, ubicada en Holanda. Véase https://mapuche.nl/ (consultado el 28 de abril de 2024). La causa mapuche, además, ha sido ampliamente financiada por la Fundación Ford y la Open Society Foudations, tal como consta en sus bases de datos públicas, citadas en el próximo capítulo de este libro.

pues, no debe llamar la atención que jamás encontremos algo llamado «derechos de los varones», «derechos de los heterosexuales», «derechos de los cisgénero», «derechos de los blancos», «derechos de los cristianos», etc. El bando de los «opresores» se sujeta a la ley común; las leyes especiales, los privilegios y las dádivas en nombre de la «discriminación positiva» son curiosos beneficios de los «oprimidos».

El *wokismo* y el progresismo constituyen las dos caras de la Nueva Izquierda.[167] La hegemonía cultural de la que gozan es de una magnitud tan aplastante que han logrado conquistar también los espacios del centro y de la centroderecha del espectro político. El centro y la centroderecha, sin una agenda cultural propia e intelectualmente desarmados y hasta anoréxicos, asumieron a pie juntillas los mandatos *woke* y progresistas. Ellos también quieren ser considerados como parte del bando de los «buenos», como ocurre con las izquierdas, que nunca han dejado de reclamar para sí una suerte de «superioridad moral» ni de cultivar una imagen «buenista» que sus enemigos más tibios jamás supieron ni quisieron cuestionar.[168] Los globalistas lo saben, y quieren participar también de esa «superioridad moral» y de ese «buenismo» en el que basan, precisamente, sus títulos de legitimidad gubernamental. El dinero les sobra para comprar izquierdistas al por mayor, cosa que hasta a Žižek escandalizó, cuando constató que los militantes «anticapitalistas» opositores a la globalización económica ahora se reunían en el Foro Económico Mundial en Davos, invitados, con todos los lujos del caso, por la élite global.[169]

El globalismo, aprovechándose de este trabajo conjunto que hacen el progresismo y el *wokismo*, y de la sumisión ideológica que el centro y la centroderecha le profesan a la Nueva Izquierda, se postula entonces como una nueva forma de gobernanza deseable, apropiada y hasta *ideológicamente consensuada*, para garantizar la emancipación de las «minorías oprimidas» a través de la progresión y efectivización de sus

---

167. Para una caracterización filosófico-política de la «Nueva Izquierda», véase Agustín Laje, *La batalla cultural* (Ciudad de México: HarperCollins, 2022), capítulo VI.

168. Con gran tino, Mathieu Bock-Côté ha dicho: «Ser de izquierdas consiste en tener razón incluso cuando se está equivocado, porque significa que uno se ha equivocado por razones justas. Ser de derechas consiste en estar equivocado, incluso cuando se tiene razón, pues la habrá tenido por razones ideológicas inadmisibles, intraducibles a la lógica de la emancipación». Pues bien, los globalistas quieren tener razón aun cuando se equivocan, y ser aplaudidos por ello.

169. A fines de la década de 1990 y principios del 2000, la izquierda antiglobalización se reunía no en Davos, sino en Porto Alegre. El filósofo esloveno ironizaba: «No hay necesidad de Porto Alegre: en cambio, Davos puede convertirse en Porto Davos». Slavoj Žižek, «Nobody has to be vile», *London Review of Books*, 2006, https://www.lrb.co.uk/the-paper/v28/n07/slavoj-zizek/nobody-has-to-be-vile (consultado el 28 de abril de 2024).

«derechos». La única excepción a este «gran consenso» de los «buenos» sería la de los «ultras», representados como un puñado despreciable de sujetos marginales y conspiranoicos, cuyas voces deben ser acalladas por el «bien de la Humanidad». De esta manera, el globalismo logra posicionarse como una voz ideológicamente «neutral», como la resultante de un gran acuerdo políticamente transversal que tiene a las «minorías oprimidas» y la «expansión de sus derechos» en el núcleo de sus promesas más reiterativas. En concreto, durante su fase embrionaria se dedicará a presionar a los Estados para que cumplan con todas ellas en nombre de los «derechos humanos», cuyo monopolio ideológico, concedido por los «buenos» de este mundo, detentan los globalistas.

CAPÍTULO 4:

LOS ACTORES DEL GLOBALISMO

La fase actual del globalismo, que es ciertamente embrionaria, se caracteriza por la existencia de una pluralidad de *actores* que han de ser definidos tanto por su composición apátrida como por su capacidad *efectiva* de imponer su voluntad sobre las naciones. Por lo primero hay que entender la índole de actores cuya existencia no se asienta a nivel nacional, y lo mismo da, en consecuencia, si operan desde un territorio nacional propio o desde otro distinto al suyo. La naturaleza del apátrida es su nomadismo, actual o potencial; nada lo une ni a una tierra en particular ni a un grupo de personas cuya identidad ha sido fijada territorialmente. Esta pretensión ha sido bautizada, en los últimos años, como «ciudadanía global», lo que constituye un oxímoron, a menos que exista algo así como un «gobierno global». Por lo segundo hay que entender la magnitud del poder de estos actores a la hora de lograr que su voluntad sea asumida, de una u otra forma, por los Estados nacionales. Allí donde se identifiquen entidades que reúnan ambos requisitos (composición apátrida y cierto poder para imponer sus agendas e intereses sobre las naciones) nos encontraremos frente a *actores globalistas*.

I. Estados *proxy* y partidos políticos globalistas

En la medida en que el Estado continúa formalmente reivindicando su condición de soberano, y la expresa manteniendo su pretensión de ostentar el monopolio de la violencia organizada, nos hallamos, cabe insistir, en una fase *embrionaria* del globalismo. En esta circunstancia, los actores globalistas, a los que *no* les corresponde (todavía) semejante monopolio, han de utilizar a los Estados como meros *intermediadores* de su voluntad. En concreto, su poder está determinado por la capacidad que tienen de manejar o influir significativamente sobre las decisiones de los gobiernos nacionales. La «gobernanza global» consiste, en esta instancia, en la dirección del destino de las naciones *a través* de lo que se suponía que constituía *su organización política suprema y exclusiva*, pero que ahora empieza a seguir directivas que se cocinan fuera de sus fronteras y que proceden de entidades no estatales.

Así pues, el Estado nacional *no es*, por definición, un agente globalista, pero los partidos y los políticos que coyunturalmente lo gobiernan pueden ser aliados, consciente o inconscientemente, de los globalistas. Cuando esto ocurre, la determinación de la voluntad del Estado en una importante cantidad de áreas deja de ser nacional y se somete a un conjunto de agendas que le vienen de afuera. El Estado nacional se convierte entonces en un Estado *proxy* del poder globalista, un mero intermediador de la voluntad de actores no estatales que logran concretar sus intereses a través de dicho Estado.

Los Estados *proxy* degradan permanentemente su soberanía nacional en nombre de los objetivos de «la Humanidad», es decir, de los objetivos de los actores globalistas que se han atribuido la representación de esa entidad colectiva. Si la soberanía había acompañado al Estado moderno como el derecho a constituirse en la autoridad política y jurisdiccional suprema y exclusiva sobre su territorio, el Estado *proxy* es la vía por medio de la cual se efectivizan los propósitos de otra autoridad política y jurisdiccional *sin base territorial*, reconocida por aquel, en la práctica, como superior a la suya. Todo esto, paradójicamente, valiéndose de la misma legitimación estatal que está subvirtiendo, o sea, recurriendo al mismo concepto de soberanía para justificar su entreguismo. Así, si el Estado drena su soberanía, es porque lo ha decidido «soberanamente».

El Estado *proxy* es el fruto del *partido político globalista*. Los partidos políticos fueron la solución moderna al problema de la pluralidad de intereses e ideas en torno a la cual debía formarse la «voluntad nacional». Así, lucharon entre ellos, hacia adentro de sus naciones, para verse representados en las políticas del Estado nación. Un partido político globalista es, en este sentido, algo totalmente inédito, una criatura política *posmoderna*, quizás incluso una contradicción en los términos, puesto que define sus intereses e ideas como algo que emana de una suerte de «consenso global» inexistente. Sus pretensiones políticas reales no consisten en representar determinadas agendas nacionales, sino más bien en hacer de las agendas nacionales una *instancia ejecutiva intermediaria* de las agendas de los globalistas.

El partido político globalista se convierte así en un agente globalista de primaria importancia. Funciona como un grupo compuesto a nivel nacional, como todo partido político, que pone en marcha, sin embargo, la transmutación de la agenda nacional en agenda globalista, y con ello convierte al Estado nacional en Estado *proxy*. En la medida en que el partido en cuestión sigue estando integrado por *nacionales*, semejante alteración puede pasar más o menos desapercibida ante los ojos de una ciudadanía que continúa creyendo en la legitimidad nacional y en la soberanía de su Estado. Después de todo, son los políticos de la nación los que adoptan las decisiones que se promueven fuera de ella.

Los partidos globalistas se reconocen por algunos signos visibles. Habitualmente, sus líderes incorporan jergas importadas que suenan extrañas al grueso de la población; conceptos, palabras y eslóganes fabricados en lejanos lugares, con los que pretenden significar agendas extravagantes. «Interseccionalidad», «cisgénero», «transinclusividad», «cuerpo gestante», «transnacional», «heteropatriarcado», «diversidad corporal», son apenas algunos ejemplos. Además, los políticos globalistas no pueden ocultar su fascinación por las instancias supranacionales de poder: nunca les sobrarán palabras para elogiar lo suficiente las labores de las organizaciones internacionales. Respecto de las ONG ·globalistas, es habitual que las reciban de continuo, que se desvivan por una foto con sus directivos, que firmen con ellos compromisos públicos, incluso financiamientos, y que anuncien acciones con el fin expreso de cumplir la voluntad que ellas han manifestado. Por mencionar un ejemplo, en.el año 2020, el gobierno argentino, en manos por entonces del kirchnerismo, recibía a un director de la Open Society Foundations de George Soros (uno de los magnates globalistas más importantes del mundo) con el fin de coordinar conjuntamente políticas «educativas» sobre sexualidad. Este último resumió así sus impresiones de la reunión:

> Estamos muy entusiasmados con la cooperación del Gobierno argentino que ha puesto en el centro de su agenda pública el tema de

Género y de DD.HH. Estuvimos hablando con distintos ministerios argentinos; en esta oportunidad con el Ministro de Educación y su equipo compartimos propuestas para apoyar la educación en DD.HH, formación docente y temas de género.[1]

En estas reuniones, siempre se sacan a relucir las más elevadas causas, y por eso precisamente el político globalista se entusiasma con la oportunidad de ser salpicado por el agua bendita que «los buenos» de este mundo arrojan a su paso. Considérese, si no, este otro ejemplo. En el año 2022, el mismo Alexander Soros, hijo de George, en nombre también de Open Society Foundations, se reunió con Gustavo Petro, el exguerrillero que preside Colombia, y otros funcionarios de su gestión. Al finalizar el encuentro, Soros lo celebró con el siguiente mensaje:

> Genial reunirme con el presidente colombiano Gustavo Petro, junto con sus embajadores Leonor Zabalata, Luis Gilberto Murillo y Alejando Gaviria junto con Open Society; colegas para discutir la importancia de nuestros compromisos de larga data con el proceso de paz, la reforma de las drogas y la protección del medio ambiente.[2]

Las reuniones continuaron produciéndose, y mientras escribo estas líneas Alexander Soros ha subido una fotografía en sus redes donde exhibe el encuentro que acaba de tener con Luis Gilberto Murillo, ministro de Relaciones Exteriores de Colombia.[3] De esta manera, sujetos no nacionales, cuya carta de presentación consiste en dirigir alguna ONG sita en cualquier otra parte del mundo, terminan definiendo sistemáticamente los marcos ideológicos de las políticas públicas puestas en marcha por los partidos globalistas, que lo anuncian a su vez con descarado entusiasmo en sus plataformas de difusión.

Respecto de la Unión Europea (UE), una investigación del año 2021 cuenta más de 24 reuniones de George Soros con los principales directivos de la Comisión Europea en los últimos seis años, además de 49 reuniones celebradas entre lobistas de Open Society Policy Institute

---

1. «El Ministerio de Educación y la fundación Open Society acordaron proyectos en conjunto», 5 de marzo de 2020, https://www.argentina.gob.ar/noticias/el-ministerio-de-educacion-y-la-fundacion-open-society-acordaron-proyectos-en-conjunto (consultado el 24 de abril de 2024).

2. https://twitter.com/AlexanderSoros/status/1572709626550038528 (consultado el 24 de abril de 2024).

3. Véase https://twitter.com/AlexanderSoros/status/1778760721670533207 (consultado el 24 de abril de 2024).

con los representantes de dicho organismo: «Una vez por semana de media, con comisarios, miembros del gabinete o directores generales».[4] Además, para el período 2014-2019, un informe encargado por las propias entidades de Soros a Kumquat Consult determinó que en el Parlamento Europeo se contaba con 226 europarlamentarios «aliados» de los objetivos de Open Society Foundations.[5] Ellos fueron, precisamente, los que en 2018 solicitaron que la Unión Europea actuara contra el gobierno húngaro del conservador Viktor Orbán, enemigo acérrimo de Soros.

Sobre el Consejo Europeo, otro órgano fundamental de la UE, dos de sus principales donantes privados han sido tanto la Open Society Foundations como la Bill Gates & Melinda Gates Foundation. La primera le donó, hasta donde se ha publicado en sus propias bases de datos, la suma de 27.369.854 dólares entre 2016 y 2022.[6] La segunda, 1.983.990 dólares entre 2019 y 2023.[7] A su vez, también han financiado el Consejo de Europa, que es otro organismo internacional distinto. Aquí han cosechado tanto poder sobre los políticos que se supo que las propias ONG de Soros estuvieron tras el hostigamiento que el presidente de la Asamblea Parlamentaria del Consejo de Europa, Pedro Agramunt Font de Mora, recibió entre 2016 y 2017, hasta precipitar su renuncia. Le declararon la guerra cuando quiso modificar el sistema de las ONG que operaban en la institución, solicitándoles que se registraran públicamente, que sus lobistas se identificaran con una credencial apropiada y que dieran transparencia a sus financiamientos.[8]

Ahora bien, para que los contornos del Estado *proxy* queden definitivamente establecidos, todavía es necesario algo más que políticos globalistas desesperados por cumplir agendas de actores no nacionales. El Estado *proxy* se consuma cuando, por vía de una reforma constitucional, una asamblea constituyente o una simple reinterpretación constitucional, el Estado establece formalmente los instrumentos normativos del derecho internacional al mismo nivel que su norma constitucional e incluso por encima de ella en algunos casos. En consecuencia, la norma suprema deja de ser con exclusividad la que surge del Estado nación

---

4. Juan Antonio de Castro, *No sólo es Soros. La amenaza del globalismo totalitario en tiempos del coronavirus* (Madrid: Homo Legens, 2021), pp. 103-104. Los datos proceden de http://lobbyfacts.eu.
5. Ibíd., p. 98.
6. Véase «Awarded grants», Open Society Foundations, https://www.opensocietyfoundations .org/grants/past (consultado el 17 de abril de 2024).
7. Véase Bill & Melinda Gates Foundation, «Committed grants» (s.f.), https://www.gatesfoundation .org/about/committed-grants (consultado el 17 de abril de 2024).
8. Véase De Castro, *No sólo es Soros*, pp. 106-107.

y pasa a ser aquella que se forma y se interpreta en las organizaciones internacionales. Los nacionales quedan a merced de instancias apátridas, desconocidas, no representativas, opacas e inaccesibles para las mayorías. Así, todo proyecto de ley nacional empieza a formularse, necesariamente, en términos de las normas y las interpretaciones de actores no nacionales. Cualquier legislación nacional que contraríe el sentido de lo que se ha dispuesto a nivel internacional se presta a no pasar un control de constitucionalidad, lo cual supone que sea descartada. Numerosas constituciones de América han subordinado de esta manera al Estado, colocando al derecho internacional por encima de su ley interna, en el mismo rango de la norma constitucional, e incluso por encima de ella. Ejemplos de ello son Argentina (art. 77 inc. 22), México (art. 133), Brasil (Título II, art. 5, párrafos 2 y 3), Costa Rica (art. 7), Colombia (art. 93), Ecuador (art. 424), Bolivia (art. 13 inc. 4), Venezuela (art. 23), entre otros.[9]

Saliendo del continente americano, uno de los ejemplos más claros de partido político globalista lo constituye el actual PSOE español. Su gobierno, liderado por Pedro Sánchez, cuenta con un «Ministerio de Derechos Sociales, Consumo y Agenda 2030», cuyo objetivo declarado consiste en implementar en España todo aquello que la ONU ha dispuesto en su llamada «Agenda 2030», un listado de 17 objetivos y 169 metas que, de un día para el otro, todas las naciones del globo deberían cumplir. El sitio web del gobierno español expresa su más absoluta sumisión a los deseos de la ONU de esta manera: «Es el momento de pasar de las palabras a los hechos y cumplir con los objetivos firmados por nuestro país en la Agenda 2030 y avanzar hacia un mundo más justo, igualitario y sostenible».[10]

Así, lo que ese mismo ministerio denomina como «gobernanza de la Agenda 2030» se compone de tres niveles funcionales de articulación. En primer lugar, se instituye una «Comisión Delegada del Gobierno para la Agenda 2030» que tiene la facultad de convocar y trabajar a la par

---

9. Este último caso es especialmente interesante. El citado artículo 23 de la Constitución venezolana dice así: «Los tratados, pactos y convenciones relativos a derechos humanos, suscritos y ratificados por Venezuela, tienen jerarquía constitucional y prevalecen en el orden interno...». Estamos frente a uno de los países que no solo le dan al derecho internacional una jerarquía superior a sus leyes ordinarias, sino que lo posicionan al mismo nivel que las normas constitucionales. Ahora bien, Venezuela es el país americano (junto con Cuba) donde más se han violado los derechos humanos en la última década. Esto evidencia que todos estos esfuerzos por conceder a los tratados internacionales de derechos humanos un rango constitucional pueden no tener ningún efecto práctico real.

10. Ministerio de Derechos Sociales, Consumo y Agenda 2030, «Conoce el Ministerio» (s.f.), https://www.mdsocialesa2030.gob.es/el-ministerio/index.htm (consultado el 29 de marzo de 2024).

de quince ministerios del gobierno español, diseñando las políticas que servirán en las más variadas áreas y funciones del Estado y supervisando su implementación, para cumplir con las exigencias de la Agenda 2030. Esta capacidad de articulación interministerial, según nos aclara el mismo ministerio, «es consecuente con las recomendaciones trasladadas desde las Naciones Unidas de integración del conjunto de esfuerzos desde un abordaje inter y multisectorial».[11] En segundo lugar, se dispone de la «Conferencia Sectorial para la Agenda 2030», cuya función consiste en coordinar la implementación de la voluntad de Naciones Unidas en las comunidades autónomas de España, las ciudades autónomas de Ceuta y Melilla y las administraciones locales. De esta manera, el ministerio se asegura de que la Agenda 2030 se extienda a los distintos niveles gubernamentales. Finalmente, un «Consejo de Desarrollo Sostenible» sirve para dar representación social a los objetivos de la agenda globalista. Así, este órgano se compone de representantes de diversos sectores de la vida civil española (concretamente: «La academia, el sector empresarial, los sindicatos, las organizaciones ecologistas, sociales, y de defensa de los derechos humanos y la paz, organizaciones del ámbito de la cooperación internacional»)[12] y representantes del ámbito estatal. No hace falta decir que todos los representantes en cuestión comparten algo: su adhesión incondicional a los objetivos de la Agenda 2030.

Esta estructura revela mucho sobre la manera en que el partido político globalista transforma el Estado nación en un Estado *proxy*. Primero, los políticos nacionales firman «compromisos» con las disposiciones de los actores globalistas (sin que se requiera para ello ningún debate abierto ni consulta popular). Segundo, por vía de esos compromisos conceden a la agenda globalista prioridad sobre la agenda nacional, utilizando palabras y frases rimbombantes —en especial en el contexto de un sometimiento, ya pleno en el siglo XXI, a las vacuidades conceptuales de las ideologías en boga— contra las que resulta muy difícil oponerse («un mundo más justo, igualitario y sostenible»). Tercero, esta prioridad requiere implementación práctica: se adoptan nuevas normas y se diseñan nuevas instituciones destinadas a cumplir las disposiciones de la agenda globalista. Paradójicamente, serán estas estructuras del Estado nación soberano las encargadas de drenar la soberanía y cumplir la voluntad de actores no nacionales. El resultado es la degradación del Estado nación soberano en Estado *proxy*.

---

11. Ministerio de Derechos Sociales, Consumo y Agenda 2030, «Gobernanza» (s.f.), https://www .mdsocialesa2030.gob.es/agenda2030/gobernanza.htm (consultado el 29 de marzo de 2024).
12. Ibíd.

246   Agustín Laje • Globalismo

II. Organizaciones internacionales públicas

> «—*Nos gobiernan por nuestro propio*
> *bien —dijo débilmente—*».[13]
> G. Orwell

Hasta hace algún tiempo, por «organización internacional» se entendía
una organización formada y compuesta fundamentalmente por Estados.
Pero los sujetos del derecho internacional se expandieron en tal grado
que hoy conviene distinguir entre «organización internacional pública»
y «organización internacional privada», que no es otra cosa que la ONG.

Empecemos por la primera. Existe un sinfín de organismos internacionales públicos diseñados para actuar sobre las más diversas áreas
(economía, cultura, justicia, educación, tecnología, conflictos armados,
medio ambiente, salud, etcétera). De ellos surgen los «compromisos» con
los que los políticos globalistas encadenan a sus naciones en nombre de
«la Humanidad». Muchos de estos organismos pretenden actuar sobre un
terreno *estrictamente global*, mientras que otros acotan su campo de acción
a *regiones específicas* que comprenden una pluralidad de Estados nación.

La organización internacional pública de alcance global más importante es Naciones Unidas, cuyos organismos especializados, programas y
fondos cubren prácticamente todos los terrenos temáticos y operacionales
de la vida social: Organización Mundial de la Salud (OMS), Organización de las Naciones Unidas para la Alimentación y la Agricultura
(FAO), Organización de las Naciones Unidas para el Desarrollo Indus-
trial (ONUDI), Organización Mundial de Turismo (ONU Turismo),
Organización de Aviación Civil Internacional (OACI), Organización
Internacional del Trabajo (OIT), Organización Mundial de la Propiedad
Intelectual (OMPI), Unión Postal Universal (UPU), Fondo Internacional
de Desarrollo Agrícola (FIDA), Organización Meteorológica Mundial
(OMM), Fondo Monetario Internacional (FMI), Banco Mundial (BM),
Organización Marítima Internacional (OMI), Unión Internacional de
Telecomunicaciones (UIT), Organización de las Naciones Unidas para
la Educación, la Ciencia y la Cultura (UNESCO), Corte Penal Interna-
cional, Oficina del Alto Comisionado de las Naciones Unidas para los
Refugiados, Fondo de las Naciones Unidas para la Infancia (UNICEF),
Fondo de Población de las Naciones Unidas (UNFPA), ONU Mujeres,

---

13. George Orwell, *1984* (Barcelona: Austral, 2022), p. 333.

Programa de las Naciones Unidas para el Desarrollo (PNUD), Programa de las Naciones Unidas para los Asentamientos (ONU-Hábitat), Programa Mundial de Alimentos (PMA), Programa de las Naciones Unidas para el Medio Ambiente (PNUMA), y muchas otras entidades más.

Esta inmensa burocracia se superpone muy a menudo a las burocracias estatales, y no es poco frecuente que estas últimas busquen legitimar sus políticas como un reflejo de la voluntad de aquella. Así, los ministerios de Economía hacen tal y cual cosa en virtud de lo dispuesto por el FMI o por el BM; los ministerios de Educación hacen tal o cual cosa siguiendo las directivas de la UNESCO; los ministerios de Desarrollo Social sueñan con comunicar que han cumplido con las estipulaciones e indicadores de UNICEF; los ministerios de Trabajo declaran regirse por los lineamientos de la OIT; los ministerios de Salud se aferran a las políticas sanitarias establecidas por la OMS, y cuando encima aparece una pandemia, no existe mayor autoridad que la de ella (aunque sus indicaciones varíen de cabo a rabo y se contradigan semana a semana); los ministerios de la Mujer, de Género, de Igualdad, o como prefieran denominarse, adoptan las decisiones e ideologías de ONU Mujeres, y así sucesivamente. Este es el estilo del Estado *proxy*, que encuentra en la sumisión una virtud política a destacar. Las burocracias nacionales, fruto de la legitimidad democrática, no se sienten seguras de sí mismas y se perciben, cada vez más, como estructuras ejecutivas e intermediarias de un orden global, fruto de una legitimidad tecnocrática y filantrópica superior.

Organizaciones internacionales regionales: los casos de la UE y la OEA

Ahora bien, entre el Estado y la organización política global llamada ONU emergen, a su vez, toda una serie de organizaciones internacionales de carácter regional. Estas se componen formalmente de un grupo de Estados que tienen asiento territorial en una misma región geográfica. Se las puede considerar globalistas en el sentido de que propician el efecto más cabal del globalismo: la sustracción de soberanía nacional en favor de una estructura supranacional. Más aún, a menudo, estas organizaciones deben explícitamente sus principios y objetivos a los de Naciones Unidas, y funcionan como correas de transmisión de las agendas globalistas dispuestas en el nivel estrictamente global.

La más desarrollada de todas ellas es la Unión Europea (UE), compuesta actualmente por 27 países. Su evolución es significativa para la tesis de este libro, a saber: que el mundo está pasando de la globalización, entendida como fenómeno económico, al globalismo, entendido como ideología y proyecto político. Así, los orígenes de la UE se encuentran en una serie de esfuerzos por lograr la cooperación económica entre naciones europeas. Concretamente, las raíces están en la Comunidad Europea del Carbón y del Acero (CECA), establecida en 1951, y la Comunidad Económica Europea (CEE), de 1957. En las décadas siguientes, se eliminaron las barreras comerciales entre los Estados miembros y se creó una unión aduanera para facilitar el comercio. Pero pronto se produjo un salto de lo económico a lo político, abriendo la integración a otros tipos de ámbitos, como la política exterior y de seguridad, la justicia y los asuntos internos. Tratados posteriores, como el Tratado de Maastricht en 1992 y el Tratado de Lisboa en 2007, consolidaron aún más la integración política de la UE al establecer instituciones y procedimientos para la toma de decisiones en todas esas áreas, a las que los Estados miembros deben subordinarse necesariamente.

Si el rasgo más característico de la soberanía era, según los filósofos políticos europeos del Estado moderno, el derecho de hacer la ley e imponerla, resulta significativo que la UE tenga su propio sistema legal y administrativo. Para esto, cuenta con un «Parlamento Europeo», compuesto por legisladores de todos los países miembros elegidos por sus ciudadanos. Este órgano comparte el poder de legislar con el «Consejo de la Unión Europea», en el que están representados los Estados miembros a nivel ministerial. La ley que estos organismos crean puede versar sobre asuntos económicos, agropecuarios, industriales, ambientales, judiciales, etcétera. Además, la UE cuenta con la «Comisión Europea», que funciona como su órgano ejecutivo. Sus facultades son más que relevantes: tiene el poder exclusivo de proponer nueva legislación en la UE; de implementar y ejecutar las políticas y leyes adoptadas por el Parlamento Europeo y el Consejo; de supervisar posibles infracciones o incumplimiento de los Estados, y de representar a la UE en el marco internacional. Finalmente, la UE cuenta también con un «Tribunal de Justicia de la Unión Europea», su órgano judicial, encargado de interpretar y aplicar el derecho de la UE y garantizar su cumplimiento en los Estados miembros.

Todo esto supone el direccionamiento internacional de la vida cotidiana de los ciudadanos del conjunto de las naciones europeas, centralizado en un puñado de burócratas cuya distancia respecto del ciudadano nacional es inescrutable. Quizás por esto mismo la UE haya generado tantas expectativas en los globalistas: es su posibilidad de experimentar, a nivel continental, lo que quisieran ver funcionando algún día a nivel global.

Ya lo dijo en el año 2010 el exsecretario general de la OTAN y primer presidente oficioso de la Unión Europea, Javier Solana, en una conferencia dictada en la sede catalana de la Universidad ESEADE: «Europa puede y debe ser una especie de laboratorio de lo que pudiera ser un sistema de gobierno mundial».[14] Cosa muy similar diría cinco años más tarde José Manuel Durão Barroso, expresidente de la Comisión Europea, miembro del Club Bilderberg (foro globalista semisecreto)[15] y actual presidente de Goldman Sachs International, en una conferencia en la Universidad de Lisboa: únicamente una «gobernanza mundial» podrá resolver nuestros problemas, y la Unión Europea es «el precursor del gobierno mundial».[16]

En América, la organización internacional pública de alcance regional más importante es la «Organización de Estados Americanos» (OEA), creada en 1948. Actualmente, la OEA la integran los 35 Estados independientes del continente americano. Además, 75 Estados de otras regiones, incluida la Unión Europea, gozan del estatus de «observadores permanentes». Desde las primeras líneas de su carta constituyente, la OEA se concibe en gran medida como organización regional *proxy* respecto de Naciones Unidas: «Determinados a perseverar en la noble empresa que la Humanidad ha confiado a las Naciones Unidas, cuyos principios y propósitos reafirman solemnemente...».[17] Su primer artículo es categórico: «Dentro de las Naciones Unidas, la Organización de los Estados Americanos constituye un organismo regional». Para ser miembro de la OEA, el Estado antes debe serlo de la ONU (art. 8), y se deja bien claro que «ninguna de las estipulaciones de esta Carta se interpretará en el sentido de menoscabar los derechos y obligaciones de los Estados miembros de acuerdo con la Carta de las Naciones Unidas» (art. 131). Así, con esa infantil redacción, se pretende que creamos que un puñado de políticos, provenientes a su vez de un puñado de naciones tan poderosas que incluso se proveyeron de privilegios jurídicos internacionales constituyen «la Humanidad», a cuyos «principios y propósitos» se deben por completo y en bloque las naciones americanas.

---

14. «Europa como un laboratorio para el Nuevo Orden Mundial. Javier Solana», https://www.youtube.com/watch?v=bLwqhXHMw-k (consultado el 24 de junio de 2024).

15. Véase «El Club Bilderberg se reúne en Lisboa con una agenda marcada por la guerra de Ucrania», *Infobae*, 18 de mayo de 2023, https://www.infobae.com/america/agencias/2023/05/18/el-club-bilderberg-se-reune-en-lisboa-con-una-agenda-marcada-por-la-guerra-de-ucrania/ (consultado el 30 de abril de 2024).

16. Citado en Cristina Martín Jiménez, *La verdad de la pandemia. Quién ha sido y por qué* (Barcelona: MR Ediciones, 2020), pp. 333-334.

17. Organización de los Estados Americanos, «Carta de la Organización de los Estados Americanos» (s.f.), https://www.oas.org/es/sla/ddi/docs/tratados_multilaterales_interamericanos_A-41_carta_OEA.pdf.

Tal como ocurre con la ONU, la OEA se presenta como una organización internacional que reconoce formalmente la soberanía de los Estados y que procura mantener la paz entre ellos. Hasta aquí, no habría indicios significativos de una voluntad de gobernanza supraestatal. El problema empieza cuando, como ocurre también con la ONU, la organización regional se pone al frente de algo llamado «desarrollo integral» que «abarca los campos económico, social, educacional, cultural, científico y tecnológico» (art. 30), de lo que surge necesariamente toda una serie de organismos especializados de lo más variados. La OEA deja entonces de ser un foro para la paz entre las naciones y se convierte en una estructura de gobernanza internacional que superpone un nuevo nivel burocrático sobre los individuos: burocracia local, burocracia nacional, burocracia global y, entre estas dos últimas, hay que agregar una burocracia regional. Políticos, asesores y «expertos» por doquier, en todos los niveles, rigiendo todos los ámbitos de la vida, todos ellos con las más bellas y filantrópicas intenciones, pero con hondos bolsillos que recompensar en la debida proporción a su «entrega» por el «futuro de la Humanidad».

Todos estos tópicos y ámbitos de la vida empezarán a regularse por medio de la ley internacional. Esta se forma tanto en la ONU como en la OEA, tanto en sentido analógico (resoluciones) como real (declaraciones, convenciones, tratados). A través de estas normativas se generan compromisos y obligaciones que los Estados deberán cumplir. En ambas organizaciones internacionales existen distintas y numerosas comisiones y comités, pero hay solo una sala de negociaciones, que es donde realmente se toman las decisiones. Cuando los proyectos llegan a las asambleas generales para convertirse en norma internacional, la verdad es que ya están aprobados de antemano y su suerte ya ha sido predeterminada en la sala de negociaciones. En estas negociaciones, los *lobbies* y las ONG «progresistas» se hacen presentes y gozan de un poder de influencia difícil de exagerar. De esta forma, *privatizan* el sistema internacional. Es interesante que, mientras las izquierdas declaman que toda privatización es contraproducente y hasta injusta, los organismos internacionales, que son lugares públicos por antonomasia, se convierten en apéndices de poderosas ONG, no solo porque los controlan económicamente (mediante la financiación y el soborno), sino porque terminan funcionando como vehículos de la voluntad de estas ONG.

En virtud de la ley internacional que estos organismos internacionales producen de esta manera, los globalistas logran imponer a las naciones las normativas y los «derechos» que jamás hubieran sido aprobadas en los poderes legislativos nacionales (por ejemplo, «aborto», «identidad de género», «matrimonio homosexual», etcétera). Esto revela la índole antidemocrática de estas estructuras de poder: no cumplen con los más mínimos criterios de representatividad; se aprovechan del secretismo que se les garantiza en sus salas de negociación; se articulan con entidades de carácter privado como las ONG, que ganan influencia gracias a su financiamiento; y todo lo que el ciudadano de una nación termina viendo es un producto ya cocinado cuya aprobación en la asamblea internacional se da por descontada. De ahí en adelante, esa norma con la que dicho ciudadano nada ha tenido que ver empezará a determinar aspectos muy importantes de su vida individual y de la vida de su nación.

La Comisión Interamericana de Derechos Humanos (CIDH) y el arte de inventar «derechos humanos»

En tiempos de «inflación de derechos», adquieren especial relevancia los tratados de derechos humanos. En nombre de ellos es posible llevar adelante importantes planes de ingeniería social. Concentrándonos en el caso de la OEA, así como la ONU tiene su Corte Penal Internacional, la organización americana define también su propio sistema de derechos humanos. Es desconcertante que este opere al mismo tiempo que el de la ONU, puesto que la Declaración Universal de los Derechos Humanos presuponía una «concepción común de estos derechos y libertades». De ser esto cierto, y no un mero lirismo propagandístico, no se explica para qué tiene que volver a definirlos, pero sin reemplazarlos, una organización regional como la OEA. Más desconcertante aún es el hecho de que cada organización regional tenga su propia carta de «derechos humanos». Así, la «Carta Africana de Derechos Humanos y de los Pueblos», la «Convención Europea de Derechos Humanos», la «Declaración de Derechos Humanos de la ASEAN», la «Declaración de los Derechos Humanos en el Islam» basada en la ley islámica, en la que se inspiró después la «Carta Árabe de Derechos Humanos», etcétera. Si realmente existiera la mencionada «concepción común» del derecho y la libertad, nada de esto tendría sentido alguno. Muy lejos ya del viejo «derecho natural», los «derechos humanos» no parecen derivar de una naturaleza humana común, sino de la fuerza política de organismos internacionales con poder suficiente como para decirnos, coyuntural y geográficamente, qué significan, cuáles son en concreto y cómo deben interpretarse.

La «Convención Americana sobre Derechos Humanos»[18] es el texto fundamental del sistema judicial de la OEA, conocido como «Sistema Interamericano de los Derechos Humanos» (SIDH). Este se compone de una «Comisión Interamericana de los Derechos Humanos» (CIDH) y una «Corte Interamericana de Derechos Humanos» (Corte IDH), que funcionan como sus principales órganos.

Empecemos por la CIDH. Este órgano está compuesto por siete miembros. Su función principal es la de «promover la observancia y la defensa de los derechos humanos» (art. 41). Para que pueda lograr su cometido, se le reconoce una serie de atribuciones: «Estimular la conciencia de los derechos humanos», «formular recomendaciones» a los Estados, «preparar estudios e informes» y «atender consultas» que los Estados le formulen. Tanto los Estados miembros de la OEA, como cualquier persona o grupo de personas puede llevar a la CIDH peticiones que contengan denuncias o quejas relativas a violaciones de los derechos humanos (art. 44). Si se acepta la petición, las facultades reconocidas a la CIDH le permiten solicitar información al Estado que ha sido acusado, y realizar una investigación en el terreno si fuera necesario (art. 48). La CIDH podrá intentar una «solución amistosa» y, de no llegarse a ella, redactará un informe con «recomendaciones» que será remitido a los Estados interesados (art. 49 y 50). Si durante cierto plazo de tiempo continúa sin resolverse el conflicto, la CIDH podría hacer público su informe (art. 51). Hasta acá llega, según la Convención, su poder.

Como vemos, la CIDH es un organismo que se limita a investigar y recomendar. Además, produce estudios e informes. Nada en el texto de la Convención sugiere que este tipo de funciones puedan generar instrumentos vinculantes (es decir, de adopción obligatoria) para los Estados. Sin embargo, la CIDH ha venido actuando como si sus atribuciones le permitieran dirigir incluso el ordenamiento jurídico interno de los Estados. En efecto, ha venido reclamando para sí un poder cuasilegislativo, presionando de manera sistemática sobre la configuración del derecho interno de los Estados del continente, solicitándoles sanciones, reformas y derogaciones de normas nacionales, utilizando para ello un lenguaje claramente imperativo. De repente, los políticos, los legisladores y los jueces de las naciones se encuentran con un conjunto de documentos de distinta naturaleza, producidos por la CIDH, que fijan «estándares de

18. «Convención Americana sobre Derechos Humanos (Pacto de San José)», https://www.oas.org/dil/esp/1969_Convenci%C3%B3n_Americana_sobre_Derechos_Humanos.pdf (consultado el 29 de mayo de 2024).

derechos humanos» y que les demandan alinearse a sus interpretaciones del derecho. Cuando el Estado nación se ha convertido, mediante su propia Constitución nacional, en un Estado *proxy*, estos documentos terminan constituyendo la materia prima de la interpretación a la que los jueces nacionales podrían —o incluso deberían— acudir para resolver sus casos de todos los días, y a la que recurren sistemáticamente los legisladores cuando procuran justificar cualquier proyecto de ley.

Veamos, por ejemplo, cómo se impone la agenda de la ideología de género a través de un organismo como este. En 2015, la CIDH publicó un informe titulado «Violencia contra personas LGTBI».[19] No hace falta aclarar que toda persona, sea cual sea su sexualidad o su autopercepción, goza de los mismos derechos protegidos por la Convención Americana, y que violentar arbitrariamente a cualquier persona es herirla en sus derechos. Pero la CIDH desnaturaliza este espíritu de igualdad ante la ley y aprovecha para inventar algo llamado «derechos LGTBI», que no están en la Convención, como el derecho a algo llamado «identidad de género autopercibida». La palabra «género» no aparece ni una sola vez en la Convención, pero la CIDH se defiende indicando que «los tratados internacionales de derechos humanos tales como la Convención Americana son "instrumentos vivos" que deben ser interpretados de conformidad con los tiempos actuales y con base en un criterio evolutivo».[20] En ningún momento se dice en qué consisten «los tiempos actuales» y el «criterio evolutivo». Mucho menos se dice cómo se determinan ni por qué. Solo debemos aceptar que una serie de «derechos» que no existen en los tratados de repente aparezcan en interpretaciones antojadizas.

Como este «derecho» que acaban de inventar no aparece en la Convención que debería tutelar, la CIDH recurre arbitrariamente a otras fuentes que ni siquiera generan obligación internacional alguna. Por ejemplo, los «Principios de Yogyakarta», una mera declaración privada redactada por grupos LGBT: «De conformidad con los Principios de Yogyakarta, la identidad de género es "la vivencia interna e individual del género tal como cada persona la siente profundamente", la cual podría corresponder o no con el sexo asignado al momento del nacimiento...».[21] O incluso la mera literatura LGBT: «La Comisión toma nota del desarrollo del componente "sexo" como construcción social en la literatura académica

---

19. Comisión Interamericana de Derechos Humanos (CIDH), «Violencia contra personas LGTBI», 12 de noviembre de 2015, https://www.oas.org/es/cidh/informes/pdfs/violenciapersonaslgbti .pdf (consultado el 30 de marzo de 2024).
20. Ibíd., p. 45.
21. Ibíd., p. 31.

queer e *intersex*»,[22] para terminar reconociendo incluso, en el colmo de los absurdos, un género denominado «Dos Espíritus»: «Las personas *Dos Espíritus* tienen tanto espíritu masculino como espíritu femenino»[23], aleccionan los chamanes del siglo XXI que integran la CIDH. De similar manera, identifican como profundamente problemático algo llamado «heteronormatividad», entendido como un sistema que «se compone de reglas jurídicas, sociales y culturales que obligan a las personas a actuar conforme a patrones heterosexuales dominantes e imperantes»[24], y algo llamado «cisnormatividad», entendido como las «presunciones de que todas las personas son mujeres u hombres y que este elemento define el sexo, el género, la identidad de género y la orientación sexual de cada persona».[25]

Con base en este lenguaje surrealista y estas ideas absurdas tomadas de una literatura ideológica más que cuestionable, según las cuales la realidad sexual de la persona no tiene relación alguna con el cuerpo y su biología, la CIDH procede a inventar un derecho a la «identidad de género» y solicita en consecuencia a los Estados:

> Adoptar leyes de identidad de género que reconozcan el derecho de las personas trans a rectificar su nombre y el componente sexo en sus certificados de nacimiento, documentos de identidad y demás documentos legales, a través de procesos expeditos y sencillos, y sin que sea necesario que presenten evaluaciones o certificados médicos o psicológicos/psiquiátricos.[26]

Hemos pasado así de un informe que prometía abordar los casos de violencia contra homosexuales y trans a un informe que en realidad se concentra fundamentalmente en inventar derechos que no existen en la Convención y en pretender que los Estados se ajusten a algo que esta no dice en absoluto.

En el 2018, la CIDH publicó un nuevo informe, titulado «Reconocimiento de derechos de personas LGTBI».[27] En este, el organismo en cuestión solicita a los Estados que, directamente, se conviertan en promotores de la ideología de género. Así, la CIDH los «insta» a que

---

22. Ibíd., p. 30.
23. Ibíd., p. 28.
24. Ibíd., p. 41.
25. Ibíd.
26. Ibíd., p. 294.
27. CIDH, «Reconocimiento de derechos de personas LGTBI», 7 de diciembre de 2018, https://www.oas.org/es/cidh/informes/pdfs/LGBTI-ReconocimientoDerechos2019.pdf (consultado el 31 de marzo de 2024).

«emprendan esfuerzos dirigidos al desarrollo de un proyecto educativo adecuado en los ambientes formales de educación, al mismo tiempo que deben impulsar un proceso de cambio cultural en todos los sectores de la sociedad en general».[28] Con estas palabras, apenas siete comisionados pretenden convertir a todos los Estados del continente en verdaderas máquinas de ingeniería social, para darle a la cultura de nuestros pueblos la forma que ellos consideran apropiada según su ideología. Entiéndase que esta no es una simple invitación; el tenor del lenguaje de la CIDH es inconfundiblemente imperativo: «Los Estados tienen la obligación de diseñar e implementar proyectos que busquen cambios culturales».[29]

Esta supuesta obligación tampoco existe en la Convención Americana ni en ningún tratado del Sistema Interamericano, pero de un plumazo la CIDH también se la ha inventado. Desde luego, los niños deben estar en el centro de estos esfuerzos de adoctrinamiento en masa: «La sensibilización y la educación de los niños, niñas y adolescentes juega un papel fundamental en la promoción de un cambio cultural que acepte plenamente la diversidad sexual y corporal y promueva la aceptación de las orientaciones sexuales e identidad de género diversas».[30] La CIDH no se anda con rodeos al respecto: esto supone apoderarse del niño «desde una edad temprana»[31] e impartirle «una educación sexual integral», «garantizando que las políticas y programas educativos estén especialmente diseñados para modificar los patrones sociales y culturales».[32] Para lograr esto, «los programas deben ser diseñados con miras a incluir la enseñanza de género».[33] No estamos especulando con teorías conspiranoicas: esto mismo es lo que la CIDH define como «educación sexual integral», y lo que espera que todos los Estados americanos adopten en sus currículos. Es sintomático al respecto que ya se diga en este informe que los derechos a la «identidad de género» «deberían ser extendidos a las/os niñas/os y adolescentes».[34]

Dado que la ideología de género es totalitaria, en el sentido de que procura *totalizar* el espacio público y privado, la CIDH le exige al Estado que la promueva en todos los ámbitos. Por eso remarca, por ejemplo, que «las universidades, centros académicos de investigación y demás cursos de formación profesional también constituyen un espacio

---

28. Ibíd., p. 12.
29. Ibíd., p. 33.
30. Ibíd., p. 41.
31. Ibíd., p. 42.
32. Ibíd., p. 138.
33. Ibíd., p. 81.
34. Ibíd., p. 64.

fundamental para el cambio cultural de la sociedad».[35] Asimismo, «los Estados deben emprender esfuerzos para que las empresas privadas promuevan una cultura de respeto a los derechos humanos de las personas LGBTI en relación con sus funcionarios y sus clientes».[36] Para impulsar la ingeniería social también deben utilizarse los *mass media*: la CIDH solicita «elaborar e implementar campañas informativas de sensibilización y concientización en los medios de comunicación públicos y privados, sobre diversidad corporal, sexual y el enfoque de género».[37] Además, todos los trabajadores del sector público deben ser sometidos al adoctrinamiento: «Realizar actividades de capacitación, periódicas y sostenidas, para funcionarios públicos sobre orientación sexual, identidad de género y expresión de género».[38]

Los totalitarismos no admiten voces opositoras; ya hemos visto que ellos se basan en la *adhesión total*, en la uniformidad del pensamiento único (que la uniformización se ejecute en nombre de la «diversidad» es apenas anecdótico). Pues bien, el informe de la CIDH toma nota, con preocupación, de la existencia de ciertos sectores que empiezan a resistirse a esta ideología: «La CIDH no puede dejar de expresar su preocupación con el avance de sectores anti-derechos LGBTI, en la región inclusive en el seno de los poderes del Estado».[39] Como ejemplo, se mencionan «colectivos como "Con mis hijos no te metas" [que] vienen obstaculizando la implementación»[40] de una educación sexual basada en la ideología de género. En este mismo contexto, la CIDH identifica a «las iglesias evangélicas» como un enemigo de su agenda, e insta al Estado a que combata a quienes nieguen la pertinencia o consistencia del concepto «género» a través de la criminalización de los discursos opositores, denominándolos «discursos de odio».[41] Así, nadie puede ni siquiera descreer del género, puesto que «la estigmatización del concepto "género" afecta a las personas que poseen orientaciones sexuales, identidades de género —reales o percibidas—, y características sexuales diversas de las comprendidas por la sociedad».[42] En esta línea, la CIDH también llama a prohibir las «terapias de conversión»,[43] que es el nombre que le

---

35. Ibíd., p. 82.
36. Ibíd.
37. Ibíd., p. 136.
38. Ibíd., p. 137.
39. Ibíd., p. 14.
40. Ibíd., p. 128.
41. Ibíd., p. 141.
42. Ibíd., pp. 43 y 44.
43. Ibíd., p. 85.

da a cualquier ayuda psicológica o espiritual que pudiera ofrecerse a una persona que no cree que sea sano ni normal sentirse en un cuerpo equivocado, y que libremente pretenda reconciliarse con su propia realidad biológica, *afirmándose* en la realidad de su cuerpo. En suma, todo aquel que no crea en la religión del género y la «autopercepción» como criterio para determinar la identidad de las personas debe llamarse al silencio o exponerse a ser considerado un enemigo de «los derechos humanos» que este organismo acaba de inventar.

La CIDH va incluso contra el derecho humano a la libertad religiosa cuando, en este mismo documento, establece lo siguiente:

> … la libertad de religión o creencia no puede aducirse para justificar la discriminación contra personas de orientaciones sexuales, identidades y expresiones de género diversas o no normativas, o cuyos cuerpos varían del estándar corporal femenino y masculino que no coinciden con las expectativas dictadas por sus dogmas religiosos.[44]

Esto significa que lo que la CIDH ha denominado «derechos LGBTI» —que *no existen* en la Convención Americana, pero que consistirían, entre otras cosas, en el derecho a la «identidad de género autopercibida» y el «matrimonio homosexual»— tienen primacía sobre los derechos de libertad religiosa, que *sí existen* en dicha Convención. En efecto, su articulado es muy claro: «Toda persona tiene derecho a la libertad de conciencia y de religión» (art. 12, inc. 1) y «nadie puede ser objeto de medidas restrictivas que puedan menoscabar la libertad de conservar su religión o sus creencias o de cambiar de religión o de creencias» (art. 12, inc. 2). Además, «los padres, y en su caso los tutores, tienen derecho a que sus hijos o pupilos reciban la educación religiosa y moral que esté de acuerdo con sus propias convicciones» (art. 12, inc. 4).[45] Como vemos, la CIDH violenta lo que sí está establecido por la Convención, inventando «derechos» que no existen en ella. Supongamos que una iglesia cristiana se niega a casar a una pareja homosexual: según la CIDH, su libertad religiosa no tiene valor alguno ante esta pretensión. Supongamos que un hombre que dice autopercibirse mujer desea ingresar en un convento de monjas para vestir los mismos hábitos, pero esta institución se niega a recibirlo: según la CIDH, su libertad religiosa no tiene valor alguno

---

44. Ibíd., p. 44.
45. Los mismos derechos a la libertad religiosa y la prioridad de la familia para elegir la educación de los hijos están reconocidos en la Declaración Universal de Derechos Humanos, en sus artículos 18 y 26 inc. 3.

ante el «derecho a la identidad de género autopercibida». Supongamos que un padre de familia pretende enviar a sus hijos a un colegio que profese su misma fe, en el que no se enseñe ideología de género: según la CIDH, todo currículo escolar debería basarse en esta ideología, sin importar los valores ni las convicciones de los padres de familia.

Es interesante advertir que, en este mismo informe, la CIDH reconoce que «muchos de los avances más significativos hacia el reconocimiento de los derechos de las personas LGBTI en el continente han sido producto de decisiones del Poder Judicial de los Estados de la región».[46] Esto significa que los que ella denomina «avances», que es en realidad el contenido de su agenda ideológica, no han pasado por el Poder Legislativo, sino que los jueces han reinterpretado normas y obviado otras con el fin de ajustar el derecho interno a las disposiciones de los «estándares» que la CIDH produce en informes como los mencionados. Este flagrante ataque a la democracia, esta alevosa afrenta a la soberanía del pueblo, se hace en nombre de los «derechos humanos» tal como apenas siete burócratas globalistas los definen y redefinen a cada rato según las conveniencias de sus ideologías.

Las políticas de género que la CIDH exige a los Estados

Finalmente, en el 2020 la CIDH publicó un nuevo informe sobre este tema, titulado «Informe sobre Personas Trans y de Género Diverso y sus derechos económicos, sociales, culturales y ambientales».[47] Esta vez, la CIDH enmarca las políticas de género que exige a los Estados «a la luz de los compromisos asumidos por los Estados en el marco de la *Agenda 2030 para el Desarrollo Sostenible*».[48] Más adelante dedicaremos un capítulo a esta agenda, pero por ahora basta con saber que se trata de una resolución de Naciones Unidas que ningún pueblo realmente votó, sino que fue redactada en su totalidad por la burocracia globalista y fue impuesta al mundo entero a espaldas de las naciones.

En este nuevo informe, la CIDH insiste en la existencia de un «derecho a la identidad de género» que significa «en términos prácticos, que ante la sola declaración de que una persona se autopercibe en un género determinado, surge el deber de tratar y referirse a esa persona conforme

---

46. CIDH, «Reconocimiento de derechos de personas LGTBI», p. 105.
47. CIDH, «Informe sobre Personas Trans y de Género Diverso y sus derechos económicos, sociales, culturales y ambientales», 7 de agosto de 2020, https://www.oas.org/es/cidh/informes/pdfs/PersonasTransDESCA-es.pdf (consultado el 1 de abril de 2024).
48. Ibíd., p. 16.

a dicha identidad».[49] Si no se reconocen las fantasías autoperceptivas de estas personas, la CIDH afirma que se estaría cometiendo «violencia verbal, simbólica y psicológica». Es decir, ajustar el lenguaje a la realidad más evidente y palpable podría considerarse un acto criminal. Por ejemplo, si se llegaran a emplear «pronombres, sustantivos y adjetivos de un género distinto a aquel con el cual se identifica una persona trans», se estarían violentando terriblemente los «derechos humanos».[50] De esta manera, todos deberían readecuar su lenguaje a algo tan inescrutable, tan difícil de predeterminar, como la autopercepción de las personas. Sobre todo, cuando se nos dice que esa autopercepción puede estar radicalmente desconectada de cualquier realidad material.

En esta ocasión, lo que ya veíamos aparecer en el informe anterior con respecto a los niños ahora se exacerba: «La CIDH ha exhortado a los Estados a que faciliten el reconocimiento legal rápido, transparente y accesible de su identidad de género, sin condiciones abusivas a niñas, niños y adolescentes trans y de género diverso».[51] Es decir, un niño al que se considera demasiado inmaduro como para tomar alcohol, fumar un cigarrillo o incluso votar a sus representantes, la CIDH lo considera suficientemente maduro como para emprender una transición a otra «identidad de género autopercibida», que implicará tratamientos químicos invasivos, tales como bloqueadores hormonales y hormonización cruzada, además de eventuales mutilaciones de órganos sanos por medio de cirugías plásticas, con todos los efectos secundarios y los daños irreversibles que se provocan. Mientras tanto, la CIDH refuerza la idea de que el Estado debe promover la ideología de género tanto en el sector público como en el privado, tanto en las escuelas como en las universidades, tanto en los medios de comunicación como en las empresas y entre sus propios funcionarios.

Una de las políticas más novedosas de este informe es la que se conoce como «discriminación positiva». Esta consiste en tratar desigualmente ante la ley a las personas, beneficiando a unas a costa de las otras, sobre la base de que las primeras serían «oprimidas» y las segundas, «opresoras». La «discriminación positiva», también conocida con el eufemismo de «acción afirmativa», es el *wokismo* hecho política pública. Así, la CIDH dice en su informe que «una de las herramientas más importantes con la que cuentan los Estados, para revertir situaciones de exclusión histórica y sistemática son las medidas de acción afirmativa». La CIDH reconoce

---

49. Ibíd., pp. 29-30.
50. Ibíd., p. 30.
51. Ibíd., p. 48.

como sinónimos de «acción afirmativa» las expresiones «medidas de discriminación positiva» y «discriminación inversa».[52] Esto tiene una especial relevancia: la CIDH ordena que los Estados diseñen políticas para tratar desigualmente ante la ley a las personas, para ejercer una «discriminación inversa», para poder discriminar a los que ellos denominan «opresores» y empoderar así a los «oprimidos», que son explícitamente enumerados por la CIDH: «Mujeres, personas afrodescendientes y personas trans».[53] Recordemos que la Convención Americana había sido muy clara al respecto: «Todas las personas son iguales ante la ley. En consecuencia, tienen derecho, sin discriminación, a igual protección de la ley» (art. 24). *Sin discriminación*. Es insólito que un órgano como la CIDH, que debería tutelar el contenido de esta Convención, se arrogue el poder de contrariar con tanto descaro una expresión tan clara como esta, en nombre de la «evolución de los tiempos» y los «derechos de las minorías».

No se puede dejar de mencionar que la manera en que la labor de la CIDH se financia también resulta escandalosa.[54] Sus recursos provienen de dos fuentes distintas: por un lado, de un «fondo regular» establecido por la OEA que, a su vez, se financia a través de las cuotas de sus Estados miembros; por el otro, de «fondos específicos» que provienen *directamente* no solo de Estados miembros, sino también de Estados que no forman parte de ella, de otras organizaciones internacionales, ONG, corporaciones privadas e incluso personas particulares. Todos los informes anuales publicados por la CIDH dan cuenta del desmesurado peso que estos «fondos específicos» tienen en el presupuesto total de la organización. Tomemos como ejemplo los últimos tres publicados, correspondientes a los años 2020, 2021 y 2022. Los «fondos específicos» representaron el 43 % del financiamiento en el 2020, el 42 % en el 2021 y el 46 % en el 2022.[55] Así pues, cerca de la mitad de los fondos que utiliza la CIDH provienen de fuentes distintas de la OEA. Por ejemplo, de países extracontinentales como España, Noruega, Finlandia, Países Bajos, Suecia,

---

52. Ibíd., p. 178.
53. Ibíd., pp. 178-179.
54. Un recomendable estudio al respecto que puede consultarse es el de Sebastián Schuff y Maria Anne Quiroga, «Balance del financiamiento de la CIDH y la Corte Interamericana 2009-2021. Opacidades e influencias en una financiación condicionada», Global Center for Human Rights, https://www.globalcenterforhumanrights.org/files/GCHR-Balance-of-the-financing-of-the -IACHR-and-the-Inter-American-Court.pdf (consultado el 30 de marzo de 2024).
55. CIDH, «Informe Anual 2020», capítulo VI, https://www.oas.org/es/cidh/docs/anual/2020 /capitulos/IA2020cap.6-es.pdf. CIDH, «Informe Anual 2021», capítulo VI, https://www.oas .org/es/cidh/docs/anual/2021/capitulos/IA2021cap6-es.pdf. CIDH, «Informe Anual 2022», capítulo VI, https://www.oas.org/es/cidh/docs/anual/2022/capitulos/15-IA2022_Cap_6_ES .pdf (consultados el 30 de marzo de 2024).

Suiza, Reino Unido, Italia, entre otros; de otras organizaciones regionales como la Unión Europea; de ONG y corporaciones como Fundación Arcus, Fundación Ford, Freedom House, Open Society Foundations, National Endowment for Democracy, Wellspring, Trust for the Americas, Oxfam, Google, Facebook, además de órganos de las Naciones Unidas.[56]

Las donaciones que se efectúan con el fin de engrosar estos «fondos específicos» no se dan en abstracto, sino que a menudo señalan el destino que desean que la CIDH les dé en particular. Vale decir, los donantes explicitan *para qué* en concreto están otorgando el dinero. Así, la agenda de prioridades se ve condicionada por las pretensiones de quienes la financian. Cuando miramos la letra chica de los tres informes LGBT que acabamos de sintetizar, encontramos que fueron financiados por gobiernos e instituciones comprometidas con la difusión de la ideología de género en el mundo. Así, el informe del 2015 «agradece el apoyo financiero proporcionado por Chile, Dinamarca, Estados Unidos de América, la Fundación Arcus, el Programa Conjunto de las Naciones Unidas sobre el VIH/SIDA (ONUSIDA), el Reino de los Países Bajos y el Reino Unido entre 2011 y 2015». Por cierto, no deja lugar a dudas: «Este apoyo financiero permitió la elaboración y publicación de este informe».[57] El informe del 2018, por su parte, agradece el «apoyo de Wellspring Philanthropic Fund, Trust de las Américas y Fundación Arcus para concretar el informe».[58] Finalmente, el del 2020 «agradece el apoyo financiero proporcionado por el Trust de las Américas, Wellspring, ARCUS Foundation y del Gobierno de Holanda» y admite que esos fondos «fueron claves en la preparación y adopción de este informe».[59]

La Corte Interamericana de Derechos Humanos: cuando los jueces quieren legislar

El otro órgano del SIDH es la Corte Interamericana de Derechos Humanos. Esta se compone de siete jueces y cumple funciones tanto

---

56. En todos los informes anuales financieros de la CIDH publicados hasta la fecha se puede advertir el peso de este tipo de organismos internacionales y ONG en la economía de la CIDH. Véase CIDH, «Recursos Financieros», https://www.oas.org/es/CIDH/jsForm/?File=/es/cidh/mandato/recursos_financieros.asp (consultado el 30 de marzo de 2024).
57. CIDH, «Violencia contra personas LGBTI», p. 3.
58. CIDH, «CIDH publica informe sobre los avances y los desafíos en materia de reconocimiento de los derechos de las personas lesbianas, gays, bisexuales, trans e intersex en América», 22 de mayo de 2019, https://www.oas.org/es/cidh/prensa/Comunicados/2019/126.asp (consultado el 31 de marzo de 2024).
59. CIDH, «Informe sobre Personas Trans y de Género Diverso y sus derechos económicos, sociales, culturales y ambientales», p. 19.

contenciosas como consultivas. A pesar de las pretensiones que hoy tiene de funcionar como una «cuarta instancia», es decir, como una instancia superior a las Cortes Supremas nacionales, en realidad, la Corte Interamericana posee naturaleza «coadyuvante o complementaria de la que ofrece el derecho interno de los Estados americanos» según lo afirma el mismo preámbulo del tratado que le da origen.[60] En ella, a través de un complejo mecanismo cuyo punto de partida se da en la CIDH, las personas que consideren que han sido víctimas de violaciones a sus derechos humanos pueden iniciar un proceso en el que se verifiquen los hechos, y, cuando corresponda, se realicen recomendaciones al Estado responsable sobre los derechos vulnerados. Dado que la Convención establece que los Estados «se comprometen a cumplir la decisión de la Corte en todo caso en que sean partes» (art. 68 inc. 1), es evidente que sus resoluciones son vinculantes únicamente para el Estado que ha sido parte de un caso sometido a aquella.

Respecto de su función interpretativa, la Corte IDH está facultada para emitir lo que se conoce como «opiniones consultivas» (art. 64) acerca de la «compatibilidad» entre el derecho interno de los Estados y las exigencias del derecho internacional, tal como la misma Corte lo interpreta. Las opiniones consultivas serán «a solicitud de un Estado miembro» (art. 64, inc. 2) y no es más que eso: una opinión, una recomendación no vinculante para ningún Estado, ni siquiera para el que la requiere voluntariamente.

Por desgracia, la Corte IDH ha venido funcionando de una manera notoriamente irregular y, al igual que la CIDH, se ha extralimitado en sus poderes al imponer las agendas globalistas en los sistemas nacionales de los americanos. Sus sentencias, por ejemplo, han recurrido a instrumentos ajenos al Sistema Interamericano al que la misma Corte pertenece: «Tratados universales de derechos humanos, tratados del sistema europeo, sentencias del Tribunal Europeo de Derechos Humanos, sentencias y leyes de otros países e incluso con *Soft Law* internacional (Declaraciones, Principios, Recomendaciones, Directivas, Informes, etc.), pese a que este último no es vinculante».[61] Así, cualquier convención, cualquier sentencia e incluso cualquier declaración o informe de cualquier otro organismo internacional son aprovechados por la Corte IDH

---

60. Preámbulo de la Convención Americana sobre Derechos Humanos.
61. Max Silva Abbott, «La doctrina del control de convencionalidad: más problemas que soluciones», en Max Silva Abbott (Coord.) *et al.*, *Una visión crítica del Sistema Interamericano de Derechos Humanos y algunas propuestas para su mejor funcionamiento* (Valencia: Universidad San Sebastián Ediciones, 2019), p. 181.

para obligar a Estados del continente americano.[62] «En consecuencia, un país puede ser condenado en virtud de normas o disposiciones que él no ha aceptado o incluso que carecen de fuerza obligatoria *per se*».[63] Ya hemos visto que la CIDH procede exactamente de la misma manera.

Por otra parte, la Corte IDH ha suscrito —igual que la CIDH— una doctrina jurídica que concibe a los tratados de derechos humanos como «instrumentos vivos» que poseen un «sentido autónomo». Con lo primero quieren decir que su contenido concreto debe ajustarse a la «evolución de los tiempos», y que la forma de hacerlo es a través de las interpretaciones que la misma Corte IDH ofrece. Qué se supone que configura el contenido de esta «evolución», cómo se determina y por qué motivo la letra de los tratados debiera subordinarse a una mera interpretación del sentido de la «evolución de los tiempos» son aspectos que no quedan claros en absoluto. Lo único indudable es que considerar que los tratados son «instrumentos vivos» ha permitido a los jueces decir muchas cosas que dichos tratados no dicen, ni explícita ni implícitamente. Por otra parte, eso del «sentido autónomo» significa que «el modo de entenderlos no depende de lo que estimen los Estados, ni siquiera al momento de suscribirlos, sino que de lo que entiendan los organismos internacionales encargados de tutelarlos en cada momento, lo que en el presente caso recae en esta Corte».[64] De esta manera, la Corte IDH, que se concibió para *tutelar* el cumplimiento de la Convención, se atribuye a sí misma facultades para *modificarla* unilateralmente.

Ahora bien, las resoluciones que la Corte IDH produce, que según la propia Convención que le dio vida serían de obligatorio cumplimiento únicamente para los Estados «en todo caso en que sean partes» (art. 68 inc. 1), se han vuelto vinculantes para todos los Estados latinoamericanos a través de un novedoso mecanismo denominado «control de convencionalidad». Esta herramienta es análoga a la que los Estados denominan «control de constitucionalidad», por medio de la cual ajustan las leyes comunes a las leyes constitucionales. De la misma manera, por medio del «control de convencionalidad» se procuraría ajustar las leyes y normas nacionales, tanto comunes como constitucionales, no solo a los derechos humanos establecidos en la Convención Americana de los

---

62. Si bien son solo veinte Estados los que han reconocido la competencia de la Corte Interamericana, este tribunal ha afirmado que sus resoluciones pueden ser obligatorias para todos los Estados del continente americano, incluso para aquellos que no han reconocido su competencia (véase Opinión Consultiva OC-24/17 de 24 de noviembre de 2017 solicitada por la República de Costa Rica).

63. Ibíd.

64. Ibíd., p. 180.

Derechos Humanos, sino a las interpretaciones que hace de ellos la Corte IDH por vía tanto de sus sentencias como de sus opiniones consultivas. Así, una opinión consultiva que no era vinculante para nadie se vuelve vinculante para todos; una sentencia que era vinculante tan solo para el Estado que era parte de un caso en concreto se vuelve obligatoria para todos los demás.

La herramienta del «control de convencionalidad» no forma parte de la Convención a la que se comprometieron los Estados, sino que se trata de una facultad que la Corte IDH *se ha dado a sí misma* a través de su propia jurisprudencia. Así, existen dos clases de «control de convencionalidad»: una *externa*, que es la que la propia Corte IDH realiza mediante sus sentencias, y otra *interna*, que es la que la Corte IDH ordena que los jueces de los Estados nación realicen por su parte sobre el ordenamiento jurídico doméstico. Así, se les exige realizar funciones que muchas veces no están dentro de sus competencias constitucionales. Si una norma de carácter nacional fuera incompatible con la jurisprudencia de la Corte IDH, o incluso con sus opiniones consultivas, los jueces tendrían que «inaplicar» dicha norma (esto significaría o bien dejar de utilizarla o bien derogarla), o en ciertos casos «reinterpretarla» de manera que sea coincidente con las disposiciones de la Corte IDH.[65]

De esta manera, se busca convertir a todo Estado que forme parte del Sistema Interamericano de Derechos Humanos de la OEA en un Estado *proxy*. Esto significa que, incluso cuando su propia Constitución nacional no lo haya reducido ya a Estado *proxy*, la Corte IDH exigirá a sus jueces nacionales que adopten sus interpretaciones «evolutivas» de los derechos humanos, volcadas en sentencias y en opiniones consultivas, como una norma superior a cualquiera que pertenezca al ordenamiento jurídico interno de los Estados nación. En consecuencia, el principio de la supremacía de la Constitución nacional es desbancado en favor de la supremacía del monopolio interpretativo de un organismo internacional que se extralimita en sus funciones. La Corte IDH se ha dotado así de poderes cuasilegislativos respecto de las naciones, puesto que sus resoluciones, realizadas nada menos que en nombre de «los derechos humanos» (por obra de apenas siete personas), ejercen una presión muy significativa sobre el derecho interno de las naciones (un derecho que rige sobre los más de mil millones de seres humanos que habitan los distintos Estados del continente americano). Las presiones internacionales y mediáticas para aquellos que se nieguen a convalidar este asalto a la soberanía de

---

65. Ibíd., pp. 193-194.

los pueblos y la democracia republicana pueden ser feroces. Nadie quiere ganarse la reputación de ser un «enemigo» de los «derechos humanos», con todo lo que ello supone.

La trampa de las «opiniones consultivas» de la Corte IDH

Para ilustrar cómo la Corte IDH se atribuye facultades que la Convención no le ha dado, pongamos un ejemplo que continúe dentro del mismo campo temático del que ofrecimos respecto de la CIDH: la agenda de la ideología de género. En el año 2017, Costa Rica solicitó a la Corte IDH una opinión consultiva respecto a cuestiones de «Identidad de género, igualdad y no discriminación a parejas del mismo sexo». El gobierno izquierdista en el poder deseaba imponer ideología de género e introducir en su legislación el llamado «matrimonio homosexual» y la «adopción homoparental», pero no contaba con un congreso afín, ni deseaba desgastarse políticamente dando esa batalla. Por ese motivo, procuraron que la Corte IDH, a través de una «opinión consultiva», hiciera el trabajo sucio.

La Corte IDH aceptó el desafío y dio forma a esta «opinión consultiva» recurriendo no solo a la Convención Americana, en la que no hay ninguna referencia a algo llamado «género» ni matrimonios del mismo sexo, sino también a las interpretaciones que ya hemos visto de la CIDH, e incluso a «los estándares establecidos por el Tribunal Europeo y los organismos de Naciones Unidas»,[66] además de documentos privados realizados por personas autoconvocadas, que no generan ninguna obligación para los Estados, como los «Principios de Yogyakarta».[67] El resultado fue una opinión que estableció que «la identidad de género autopercibida constituye un derecho protegido» y que los Estados deben «garantizar que las personas interesadas en la rectificación de la anotación del género o en su caso a las menciones del sexo» puedan hacerlo con un trámite «expedito» que esté «basado únicamente en el consentimiento libre e informado del solicitante sin que se exijan requisitos como certificaciones médicas y/o psicológicas», ni «la acreditación de operaciones quirúrgicas y/o hormonales».[68] Todo esto constituye una «obligación»

---

66. CIDH, «Opinión consultiva OC-24/17 de 24 de noviembre de 2017 solicitada por la República de Costa Rica. Identidad de género, e igualdad y no discriminación a parejas del mismo sexo», https://www.corteidh.or.cr/docs/opiniones/seriea_24_esp.pdf, p. 35 (consultado el 23 de mayo de 2024).
67. Mencionados al menos veinte veces a lo largo de la citada opinión consultiva.
68. Corte Interamericana de Derechos Humanos, «Opinión consultiva OC-24/17...», p. 87.

que los Estados han de cumplir cuanto antes. Por otro lado, la «opinión» solicita que los Estados reconozcan «el derecho al matrimonio» en el caso «de las familias conformadas por parejas del mismo sexo».[69]

Dado que en la Convención Americana directamente no existe la categoría «género» ni «identidad de género», y el matrimonio se define explícitamente como una unión entre un hombre y una mujer (art. 17, inc. 2), la Corte IDH recurre en su opinión consultiva a la doctrina de que «los tratados de derechos humanos son instrumentos vivos, cuya interpretación tiene que acompañar la evolución de los tiempos y las condiciones de vida actuales».[70] En otras palabras, en virtud de lo que siete jueces determinen que constituye la «evolución de los tiempos», no solo se va a hacer decir a la Convención algo que no dice, sino que también se va a contradecir algo que sí dice.

Como ya se ha mostrado, según la Convención Americana, esta opinión consultiva no tendría que ser vinculante para nadie, ni para Costa Rica ni para los demás Estados. De lo contrario, no se llamaría «opinión», y la Convención sería explícita sobre las obligaciones que este tipo de instrumentos generarían. No obstante, la opinión de la Corte IDH que estamos analizando sostiene exactamente lo contrario:

> La Corte estima necesario además recordar que, conforme al derecho internacional, cuando un Estado es parte de un tratado internacional, como la Convención Americana, dicho tratado obliga a todos sus órganos, incluidos los poderes judicial y legislativo, por lo que la violación por parte de alguno de dichos órganos genera responsabilidad internacional para aquél. Es por tal razón que estima necesario que los diversos órganos del Estado realicen el correspondiente control de convencionalidad, también sobre la base de lo que señale en ejercicio de su competencia no contenciosa o consultiva.[71]

De esta forma, y a pesar de que la Convención Americana no menciona ni una sola vez la palabra «género», de que define el matrimonio como una unión entre un hombre y una mujer, de que no incluye nada llamado «control de convencionalidad» y ni mucho menos atribuye a las opiniones consultivas efectos vinculantes, la Corte IDH establece

---

69. Ibíd., p. 88.
70. Ibíd., p. 31.
71. Ibíd., p. 14.

todo lo opuesto en todos los puntos mencionados, para concluir que si los Estados no se adecúan a la ideología de género, incurren en responsabilidad internacional por haber contrariado su... ¡opinión! Es difícil imaginarse un ataque mayor a la democracia de las naciones y a la soberanía de los Estados.

Dicho sea de paso, tal como vimos que ocurría con la CIDH, la Corte IDH también se financia desproporcionadamente con dinero que proviene de actores internacionales distintos de sus Estados miembros, como pueden ser Estados de otros continentes, organizaciones internacionales, empresas multinacionales, fundaciones y ONG. Así, por ejemplo, en el año en que emitió esa opinión consultiva, la Corte IDH se financió con 2.756.200 dólares provenientes del «fondo regular de la OEA», a lo que sumó 1.657.502 dólares como «ingresos extraordinarios».[72] Es decir, cerca del 40 % de su financiamiento fue «extraordinario». La Agencia Española de Cooperación Internacional para el Desarrollo ha venido engrosando dichos fondos de manera sistemática desde hace tiempo. Desde el 2009 y hasta el 2023, ha otorgado a la Corte IDH la suma de 4.976.466 dólares.[73] En 2017 le había concedido 292.500 dólares, indicando el propósito de su donación: «Mantenimiento de las capacidades de la Corte IDH para resolver casos y opiniones consultivas que contribuyan a la protección de grupos vulnerables», con especial énfasis en «no discriminación por orientación sexual y por identidad de género, y para difundir audiencias de casos y opiniones consultivas».[74] Resulta llamativo que, justamente ese año, la Corte IDH haya resuelto a toda velocidad una «opinión consultiva» en la que precisamente se reconoce la «identidad de género» y el «matrimonio homosexual» como «derechos humanos».

El Comité de Derechos Humanos de las Naciones Unidas y el MESECVI: cuando matar a un inocente se transforma en «derecho humano»

Hay, todavía, otro importante mecanismo por medio del cual las organizaciones internacionales sustraen la soberanía de las naciones y las gobiernan de acuerdo con su propia voluntad. En el marco del derecho

---

72. Véase Corte Interamericana de Derechos Humanos, «Informe anual 2017», https://www.corteidh.or.cr/sitios/informes/docs/SPA/spa_2017.pdf, pp. 154-155 (consultado el 24 de mayo de 2024).

73. El número surge de sumar todas las contribuciones de dicha agencia española a la Corte IDH, registradas en sus informes desde el 2009 al 2023. Se pueden consultar en «Informes anteriores», Corte Interamericana de Derechos Humanos, https://www.corteidh.or.cr/informes_anuales.cfm (consultado el 24 de mayo de 2024).

74. Corte Interamericana de Derechos Humanos, «Informe anual 2017», p. 158.

internacional, se le llama «convención» al acuerdo formal celebrado entre Estados u otros sujetos internacionales que establecen normas y obligaciones para las partes que lo han ratificado o se han adherido a él. Los temas que pueden regir las convenciones son de lo más variados. Según su contenido y su propósito, las convenciones a veces se llaman también «tratados», «pactos», «acuerdos», «convenios» o «protocolos». Muchas veces, estos instrumentos se llevan a cabo bajo el auspicio de las organizaciones internacionales. Cuando esto ocurre, la convención no solo se ocupa de asuntos logísticos, técnicos y consultivos, sino que también suele adquirir el poder de supervisar el cumplimiento efectivo de lo convenido. A estos fines, crean comités especializados, que requieren informes a los Estados, los revisan y evalúan, envían equipos de investigación *in situ*, y emiten recomendaciones y disposiciones que terminan constituyendo referencias legítimas de interpretación jurídica.

Considérese el ejemplo del Comité de Derechos Humanos de las Naciones Unidas, compuesto por supuestos «expertos independientes» del ámbito de los derechos humanos que supervisan la implementación del Pacto de Derechos Políticos y Civiles por parte de los Estados. Resulta muy fácil para ellos elaborar una reinterpretación del articulado que distorsione hasta extremos insospechados lo realmente convenido. Este es el caso del artículo 6 de dicho pacto, que establece: «El derecho a la vida es inherente a la persona humana. Este derecho estará protegido por la ley. Nadie podrá ser privado de la vida arbitrariamente».[75] En su inciso 5, además, proscribe la pena de muerte para menores de edad y «mujeres en estado de gravidez» (o sea, mujeres embarazadas), en consideración a la existencia de una vida distinta a la suya que sería absolutamente inocente de cualquier cargo. Pero todo esto resultaba contrario a la agenda abortista del globalismo, y dejaba a los Estados más poderosos de la ONU en una situación de violación flagrante del derecho a vivir, toda vez que incorporaban el aborto en sus legislaciones. No hubo más remedio entonces que publicar una «Observación General» del Comité de Derechos Humanos para decir que, en realidad, este artículo no protege necesariamente la vida del ser humano en estado de gestación. Más aún, se llegó a decir que «todas las restricciones jurídicas que limiten la capacidad de las mujeres para someterse a un aborto no deben, entre otras cosas, poner en peligro sus vidas ni exponerlas a dolores o sufrimientos físicos o psíquicos». Así,

---

75. Oficina del Alto Comisionado, «Pacto Internacional de Derechos Civiles y Políticos» (s.f.), https://www.ohchr.org/es/instruments-mechanisms/instruments/international-covenant-civil -and-political-rights (consultado el 24 de abril de 2024).

de un plumazo se ha pasado del derecho inherente a la vida en todos los casos a una exigencia de proveer abortos allí donde el embarazo cause «dolores o sufrimientos físicos o psíquicos». Como es evidente, cualquier embarazo puede causar dolores físicos o psíquicos, con lo que, en la práctica, el aborto legal queda rotundamente reforzado. Además, el Comité prohíbe a los Estados «aplicar sanciones penales a las mujeres que se someten a un aborto o a los médicos que las asisten para hacerlo»,[76] con lo que, en la práctica, el aborto ha quedado despenalizado en nombre de los «derechos humanos», en una reinterpretación sobre un artículo que lo que realmente protegía, con palabras inconfundibles, era el derecho a vivir. Dicho de otra manera, en ese Pacto, los Estados se comprometieron a respetar el derecho a la vida, pero terminaron viéndose empujados a matar a sus propios ciudadanos dentro del vientre materno para respetar los «derechos humanos» que defiende el Comité de la ONU.[77]

Otro ejemplo similar, pero a nivel regional, lo encontramos en el marco de la OEA. Los Estados miembros han firmado la «Convención Interamericana para Prevenir, Sancionar y Erradicar la Violencia contra la Mujer», mejor conocida como «Convención de Belém do Pará», cuya supervisión ha quedado bajo el poder del «Comité de Expertas del Mecanismo de Seguimiento de la Implementación de la Convención Interamericana para Prevenir, Sancionar y Erradicar la Violencia contra la Mujer» (MESECVI). Tales «expertas» son, en realidad, militantes feministas y abortistas (por ejemplo, nada menos que Susana Chiarotti, quien inventó el símbolo del pañuelo verde para la legalización del aborto).[78] Así, se dedican a inventar e incorporar a su antojo una serie de supuestos «derechos» que la convención no menciona siquiera indirectamente. Es

76. Oficina del Alto Comisionado, «Observación general núm. 36 sobre el artículo 6 del Pacto Internacional de Derechos Civiles y Políticos, relativo al derecho a la vida», punto 9 (s.f.), https://www.ohchr.org/sites/default/files/Documents/HRBodies/CCPR/GCArticle6/GCArticle6_SP.pdf (consultado el 24 de abril de 2024).

77. La contradicción de esta «observación general» es tan alevosa que otros puntos de la misma establecen que «el derecho a la vida no debe interpretarse en sentido restrictivo» (punto 3), o que «el derecho a la vida debe respetarse y garantizarse sin distinción alguna, incluso por motivos de raza, color, sexo, idioma, religión, opinión política o de otro tipo, origen nacional o social, patrimonio, nacimiento o cualquier otra condición, como la casta, la orientación sexual y la identidad de género, la discapacidad, el albinismo y la edad. La protección jurídica del derecho a la vida debe aplicarse por igual a todas las personas y brindar a estas garantías efectivas contra todas las formas de discriminación. La privación de la vida basada en una discriminación de hecho o de derecho tiene *ipso facto* un carácter arbitrario» (punto 64). El aborto es el asesinato arbitrario de un ser humano sobre la base de un criterio de edad y desarrollo.

78. Véase Megan Janetsky, «Activistas latinoamericanas ven la victoria sobre el aborto en México como clave en la lucha en EEUU», *Los Ángeles Times*, 9 de septiembre de 2023, https://www.latimes.com/espanol/internacional/articulo/2023-09-09/activistas-latinoamericanas-ven-la-victoria-sobre-el-aborto-en-mexico-como-clave-en-la-lucha-en-eeuu (consultado el 26 de abril de 2024).

el caso del aborto, que no solo no está contemplado en la Convención de Belém do Pará, sino que incluso está expresamente prohibido por la Convención Americana de Derechos Humanos, que es el instrumento más importante del sistema de derechos humanos de la OEA. En efecto, su artículo 4 inc. 1 establece: «Toda persona tiene derecho a que se respete su vida. Este derecho estará protegido por la ley y, en general, a partir del momento de la concepción». No obstante, MESECVI ha buscado la manera de decir que la lucha contra la «violencia de género» habilita el «derecho» a matar al propio hijo en gestación:

> Se evidencia una forma de violencia de género que nace de la negación de importantes derechos humanos vinculados a los derechos a la vida, salud, educación, seguridad personal, a decidir sobre la vida reproductiva, a decidir el número de hijos e hijas y cuándo tenerlos, a la intimidad y la libertad de conciencia y de pensamiento de las mujeres, entre otros derechos. En legislaciones donde los derechos sexuales y reproductivos no son protegidos ni reconocidos se puede incurrir efectivamente en graves violaciones a estos derechos.[79]

Por si alguna duda quedara sobre el significado del supuesto derecho a «decidir el número de hijos e hijas y cuándo tenerlos», además del indeterminado concepto de «derechos sexuales y reproductivos» que, cabe insistir, no existen en la convención que el MESECVI supervisa, este organismo dejará muy claro que con esas expresiones se refiere a la «interrupción del embarazo», eufemismo que significa *aborto*, expresamente prohibido en la Convención Americana:

> El Comité de Expertas/os insiste sobre la necesidad de que los Estados establezcan servicios especializados gratuitos para las mujeres víctimas de violencia, sus hijas e hijos. Estos deben consistir, como mínimo en la creación de un mayor número de refugios, casas de acogida y centros de atención integral; asistencia jurídica previa al proceso penal; patrocinio jurídico durante el proceso penal; servicios de salud que cubran igualmente la atención de la salud sexual y reproductiva así como la interrupción legal del embarazo.[80]

---

79. Mecanismo de Seguimiento de la Convención de Belém do Pará (MESECVI), «Segundo Informe Hemisférico sobre la Implementación de la Convención de Belém do Pará», 2012, https://www.oas.org/es/mesecvi/docs/MESECVI-SegundoInformeHemisferico-ES.pdf, p. 38 (consultado el 26 de abril de 2023).

80. Ibíd., p. 80.

Así las cosas, a un tratado internacional se le puede hacer decir cualquier cosa. Si el tratado es un noble esfuerzo por acabar con la violencia contra la mujer, y recibe el apoyo de los Estados, es tan solo cuestión de tiempo e imaginación que los «intérpretes» del globalismo terminen diciendo que aquello significa legalizar el aborto. De hecho, el mismo MESECVI procederá a presionar a Jamaica para que, en nombre de la convención, permita abortos en su territorio.[81] También instará a que los Estados que han despenalizado los abortos por causa de violación no soliciten la iniciación de ningún procedimiento judicial como requisito para proceder con la matanza del ser humano en gestación.[82] En la práctica, esto supone una legalización *total* del aborto, puesto que cualquier mujer que desee hacerse uno simplemente debe decir que su embarazo fue fruto de una violación.

೮⁄੭

En suma, las organizaciones internacionales públicas, tanto las estrictamente globales como las regionales, constituyen el agente más importante del orden globalista. Esto es así al menos por tres razones. Primero, porque su base constitutiva tiene al Estado como protagonista, garantizando que la cesión de soberanía sea, paradójicamente, una «decisión soberana», y que la transición hacia el orden globalista presente menos resistencias. Segundo, porque su estructura política pseudorrepresentativa sirve para generar «consensos» y convertirse en el lugar de la adopción de «compromisos» que, en rigor, unos pocos políticos asumen en nombre de miles de millones de seres humanos y que, a continuación, unos poquísimos y desconocidos burócratas globales interpretan a su entero antojo. Tercero, porque su carácter «público» es más propicio a ponerse de parte de los intereses de «la Humanidad» que el carácter «privado» de otros actores que veremos a continuación.

III. Organizaciones No Gubernamentales (ONG)

Con la Carta de Naciones Unidas, las Organizaciones No Gubernamentales (ONG) se convirtieron en actores globalistas de primaria importancia (art. 71). Desde entonces, permean los organismos internacionales

---

81. Ibíd., p. 40.
82. Ibíd., p. 42.

públicos y los Estados *proxy* a través del *lobby* político, de una militancia incansable y de financiamientos multimillonarios.

Las ONG pueden caracterizarse como agrupaciones de carácter privado que, sin ánimos formales de lucro, llevan adelante actividades y causas internacionales de interés general. La combinación de estos tres elementos (carácter privado, naturaleza no económica e interés general) hace que las ONG se perciban como entidades esencialmente *filantrópicas*. El amor a «la Humanidad» sería su único móvil; la consecución de los más altos ideales, su objetivo por definición. Desprendidas de todo apetito egoísta y de toda adscripción política o partidaria, la ONG se labra la imagen de entidad capaz de encarnar los intereses globales en un grado mayor que cualquier otro agente que provenga de la sociedad civil.

En realidad, esta imagen es idílica y, por tanto, habitualmente no se ajusta a la realidad. Muchas ONG sirven a objetivos económicos más o menos ocultos, y muchas otras no son más que un ariete ideológico de intereses políticos y partidistas más o menos disimulados. Ejemplo de lo primero es la International Planned Parenthood Federation (IPPF), que se define a sí misma como «un proveedor mundial de atención médica y un destacado defensor de la salud y los derechos sexuales y reproductivos para todos».[83] Entre otras cosas, esta ONG se dedica a promover la legalización del aborto en los países donde asesinar al hijo en gestación no es legal. Pero como ella misma se dedica a practicar abortos, es evidente que, con cada legalización, sus «servicios» encuentran nuevos mercados.

Ejemplo de lo segundo es Black Lives Matter (BLM), un movimiento internacional que funciona también como ONG. En las elecciones estadounidenses del año 2020 hizo campaña de manera tan explícita en favor de Joe Biden que, al consumarse su victoria, la propia BLM se atribuyó el mérito: «Una vez más, los negros, especialmente las mujeres negras, han salvado a Estados Unidos. Ya sea en Milwaukee, Detroit, Filadelfia o Atlanta, los votantes negros se presentaron en grandes cantidades para cambiar este país y destituir al racista de la Casa Blanca».[84] Otro ejemplo similar puede encontrarse en Greenpeace, cuya posición a favor del PSOE y la izquierda en las elecciones generales de España del 2023 fue explícita: «El bloque de izquierdas avanzará en la lucha contra el cambio climático, y el de derechas, con VOX en el gobierno,

---

83. International Planned Parenthood Federation (IPPF), https://www.ippf.org/about-us (consultado el 9 de abril de 2024).

84. Black Lives Matter (BLM), «Black Lives Matter Global Network Statement About Biden-Harris Victory», 7 de noviembre de 2020, https://blacklivesmatter.com/black-lives-matter-global-network-statement-about-biden-harris-victory/ (consultado el 9 de abril de 2024).

nos conduce al colapso».[85] A pesar de que a todas luces estas ONG funcionan para vehiculizar apetitos políticos y económicos, para el grueso del público sigue predominando su imagen idílica.

La relación entre las organizaciones internacionales públicas y las ONG reporta beneficios para ambas partes. Por un lado, las ONG necesitan de las públicas en la medida en que son estas las que *deciden* y *resuelven* en el plano internacional, arrogándose la legitimidad suficiente como para solicitar a los Estados nación que se ajusten a dichas disposiciones. Así, si las ONG pretenden imponer su voluntad sobre la política, la ley y la justicia de un conjunto de Estados, han de tomar un importante atajo acudiendo a las organizaciones internacionales públicas. Pero, por el otro lado, estas últimas también necesitan a las ONG, porque son las que *suavizan* la aspereza de la distópica fotografía que proyectan organismos repletos de políticos y burócratas tomando decisiones en nombre de «la Humanidad». Las ONG sirven a estos aparatos desalmados dotándolos de su imagen filantrópica y desinteresada; pintan de colores las oscuras pretensiones de dominio global, y permiten invocar a cada rato a la «sociedad civil».[86]

La penetración de las ONG en los organismos internacionales es significativa, y se hace sentir especialmente al nivel de los órganos de derechos humanos tanto de la ONU como de los sistemas regionales. En la lucha por determinar no solo las causas concretas en disputa, sino también las interpretaciones legítimas sobre los derechos humanos, las ONG tienen un lugar destacado. Así, por ejemplo, ocurre con el Tribunal Europeo de Derechos Humanos (TEDH), cuya competencia consiste nada menos que en considerar casos relacionados con presuntas violaciones de los derechos humanos consagrados en el Convenio Europeo. El TEDH respalda abiertamente a una serie de ONG como Human Rights Watch (HRW), a la que Open Society Foundations ha donado 6.459.376 dólares entre 2016 y 2022,[87] y la Fundación Ford (otro relevante

---

85. Greenpeace, «Greenpeace advierte que no todos los programas son iguales y pide votar el 23J por la acción climática frente al negacionismo», 19 de julio de 2023, https://es.greenpeace.org/es/sala-de-prensa/comunicados/greenpeace-advierte-que-no-todos-los-programas-son-iguales-y-pide-votar-el-23j-por-la-accion-climatica-frente-al-negacionismo/ (consultado el 10 de abril de 2024).

86. Siempre que las organizaciones internacionales públicas quieren disimular el hecho de que sus decisiones van de arriba abajo, invocan la presencia y la participación de la «sociedad civil». Ahora bien, cuando uno mira de cerca, en realidad se refieren a un grupo de ONG amigas, cuyos esfuerzos de *lobby* dan muy buenos resultados.

87. De aquí en adelante, todos los datos sobre financiamientos provenientes de George Soros y Open Society Foundations, a menos que se explicite lo contrario a pie de página, proceden de la propia base de datos de esta institución. Véase «Awarded Grants», Open Society Foundations, https://www.opensocietyfoundations.org/grants/past (consultado entre enero y mayo de 2024).

actor del financiamiento globalista) ha entregado la suma de 14.573.080 dólares entre 2006 y 2023;[88] respalda también a Open Society Justice Initiative (OSJI), propiedad del mismo George Soros, cuya billetera no tiene límites; así como a Amnistía Internacional, que recibió 13.662.089 dólares de Open Society Foundations entre 2016 y 2022, y 16.650.000 dólares de parte de la Fundación Ford entre 2007 y 2023. Una investigación del año 2021 identificó «cerca de tres mil decisiones, en base a sus correspondientes demandas ante el TEDH, en las que interviene Open Society de una u otra manera (OSIJ, OSF, etc.). Si se analiza la participación de ONG ligadas a Soros tales como HRW o Amnesty International, es evidente que los casos se dispararán».[89] Recuérdese que cada resolución del TEDH se convierte en jurisprudencia y, por tanto, en fuente de derecho para los países miembros de la UE.

Este *lobby* internacional es inseparable también de un conjunto de esfuerzos y militancia hacia el interior de las naciones. Las ONG globalistas presionan en ambos sentidos. Los mismos beneficios que estas reportan a las organizaciones internacionales se vierten también sobre los gobiernos, partidos y políticos globalistas al interior de las naciones. La filantropía es un capital político que se puede compartir con aquellos que asuman las agendas de las ONG. Un político abortista se convierte así en un «defensor de los derechos reproductivos y las mujeres», al tiempo que alguien como Biden se gana los laureles de la «lucha contra el racismo». En sentido inverso, desoír a las ONG de peso puede transformar a cualquier actor nacional en una suerte de «enemigo de la Humanidad»: un «odiador» o «fóbico» de lo que venga en gana. No hay que subestimar jamás los efectos prácticos de semejante *soft power*, el de devenir «filántropo».

Las líneas que separan el ejercicio del poder político formal —tanto nacional como internacional— del activismo en las ONG son ciertamente difusas. Los actores saltan de un lado a otro sin cesar, casi como si no existieran fronteras entre ambos mundos. Los políticos se convierten en directivos de ONG y los directivos de ONG se convierten en políticos con toda facilidad. Esto ocurre porque, por más que se disimule, se trata de una misma élite que alterna sus vestimentas en función de las circunstancias y las conveniencias. El ciclo más recurrente suele presentarse así: el activista de ONG gana créditos por defender las «buenas causas» y se le

---

88. De aquí en adelante, todos los datos de financiamientos provenientes de la Fundación Ford, a menos que se explicite lo contrario a pie de página, proceden de la propia base de datos de esta institución. Véase «Grants Database», Ford Foundation, https://www.fordfoundation.org/work/our-grants/grants-database/grants-all (consultado entre enero y mayo de 2024).

89. De Castro, *No sólo es Soros*, p. 117.

acaba presentando con esos títulos para ocupar alguna función pública; o bien, a la inversa, el político más o menos consagrado se repliega hacia alguna ONG o crea la suya propia para *continuar gobernando de otra forma*, o bien para recuperar créditos que, de ser necesario, en su momento lo devuelvan a la política.

Los Estados *proxy*, los partidos globalistas y las organizaciones internacionales están colmadas de activistas de ONG que saltan a la función pública a un ritmo cada vez mayor, y viceversa. Tomemos un caso tan significativo como el del gobierno de Estados Unidos. Las administraciones globalistas de Obama y Biden han incorporado sistemáticamente a miembros de ONG globalistas a sus filas. A veces incluso se creaban nuevos cargos, áreas y funciones a los efectos de incorporarlos. Vaya un botón de muestra: Sylvia Mathews Burwell, que fuera presidente del Programa de Desarrollo Global de la Bill & Melinda Gates Foundation, terminó en la Secretaría de Salud y Servicios Humanos de Obama.[90] Raj Shah, que también trabajó en la fundación de Gates y terminaría siendo presidente de la de los Rockefeller, dirigió la Agencia de Estados Unidos para el Desarrollo Internacional (USAID) durante el gobierno de Obama.[91] Patricia Stonesifer, quien fuera CEO de Bill & Melinda Gates Foundation, llegó a ser presidente de un Consejo de la Casa Blanca creado por Obama.[92] Nicole Lurie, a su vez, quien trabajó codo con codo con la Bill & Melinda Gates Foundation, y que actualmente se desempeña como Directora Ejecutiva de CEPI (Coalición para Innovaciones en Preparación para Epidemias)[93] cofundada por Gates en el Foro de Davos, fue secretaria del Departamento de Salud y Servicios Humanos de Estados Unidos durante la era Obama,[94] y terminó siendo asesora de Biden.[95]

En lo que respecta a organismos internacionales, considérese el caso del mencionado Tribunal Europeo de Derechos Humanos. Una investigación del año 2020 dio cuenta de que

90. Bill & Melinda Gates Foundation, «President of the Global Development Program of the Bill & Melinda Gates Foundation to Step Down» (s.f.), https://www.gatesfoundation.org/ideas/media-center/press-releases/2011/08/president-of-global-development-program-to-step-down (consultado el 29 de abril de 2024).

91. Véase https://www.mccaininstitute.org/es/el-foro-de-sedona/altavoces/raj-shah/ (consultado el 29 de abril de 2024).

92. Véase https://honorsandawards.iu.edu/awards/honoree/431.html (consultado el 30 de abril de 2024).

93. Véase https://cepi.net/cepi-leadership (consultado el 29 de abril de 2024).

94. Véase Government of the District of Columbia, «Reopen DC Co-Chair | Nicole Lurie» (s.f.), https://coronavirus.dc.gov/page/reopen-dc-co-chair-nicole-lurie (consultado el 29 de abril de 2024).

95. Véase Lulu Garcia-Navarro, «The Coronavirus Pandemic Will Be One Of Biden's Biggest Obstacles», *NPR*, 8 de noviembre de 2020, https://www.npr.org/2020/11/08/932744219/the-coronavirus-pandemic-will-be-one-of-bidens-biggest-obstacles (consultado el 29 de abril de 2024).

al menos 22 de los 100 jueces permanentes que han servido en el
Tribunal Europeo de Derechos Humanos (TEDH) entre 2009 y 2019
son exfuncionarios o colaboradores de siete ONG que son muy activas
ante el Tribunal. Doce jueces están vinculados a la red de la Open
Society Foundations (OSF), siete a los comités de Helsinki, cinco a
la Comisión Internacional de Juristas, tres a Amnistía Internacional
y uno al Observatorio de Derechos Humanos, Centro Internacional
para la protección jurídica de los Derechos Humanos (Interights)
y al Centro A.I.R.E. La red de la Open Society se distingue por la
cantidad de jueces vinculados a ella y por el hecho de que financia a
las seis organizaciones mencionadas.[96]

Otros ejemplos ilustrativos provienen de la Fundación Rockefeller,
otra agencia de poder globalista de la que nos ocuparemos más ampliamente en las próximas páginas. Gro Harlem Brundtland, por ejemplo,
es una política noruega del Partido Laborista que fue tres veces primer
ministro en su país. Después de esta experiencia, dio un salto a la Fundación Rockefeller, donde dirigió la Comisión Mundial sobre Medio
Ambiente y Desarrollo. Esto la catapultó, seguidamente, a la dirección
general de la Organización Mundial de la Salud (OMS) entre 1998 y
2003. En 2007 fue nombrada «Enviada Especial del Secretario General
de las Naciones Unidas para el Cambio Climático». Caso similar es el
de Margaret Chan, quien ocupó en la década de 1990 altos cargos en el
Departamento de Salud de Hong Kong. En 2003 pasó a ocupar el cargo
de directora de la Iniciativa de Salud Global de la Fundación Rockefeller,
y entre el 2006 y el 2017 fue nada menos que directora general de la
OMS. O bien contémplese el caso de James David Wolfensohn, que fue
director de la Fundación Rockefeller, además de afiliado de la Fundación
Ford, y terminó dirigiendo el Banco Mundial entre 1995 y 2005.

Muchas veces, los mismos funcionarios, tanto nacionales como
internacionales, al terminar sus mandatos fundan su propia ONG, y
continúan a través de ellas gozando de poder. Kofi Annan, por ejemplo,
terminó en 2006 su mandato como secretario general de las Naciones
Unidas y dio vida a la Fundación Kofi Annan, generosamente financiada
por Open Society Foundations (3.750.000 dólares entre 2016 y 2022),
la Fundación Rockefeller (1.009.930 dólares en 2023),[97] la Fundación

---

96. Géorg Puppink y Delphine Loiseau, «Las ONG y los Jueces del Tribunal Europeo de Derechos
    Humanos 2009-2019», European Center for Law and Justice, febrero de 2020.
97. De aquí en adelante, todos los datos sobre financiamientos provenientes de la Fundación
    Rockefeller, a menos que se explicite lo contrario a pie de página, proceden de la propia base

Ford (200.000 dólares en 2008) y Bill & Melinda Gates Foundation (2.350.054 dólares entre 2014 y 2018).[98] Otro caso significativo es el del expresidente norteamericano Bill Clinton y su esposa, la exsecretaria de Estado Hillary Clinton. Al concluir el mandato de su esposo, inauguraron la Fundación Clinton, dedicada a la promoción del *wokismo* en nombre de la «justicia social». Esta ha recibido 1.300.000 dólares de la Fundación Rockefeller entre el 2015 y el 2023; recibió el mismo monto de parte de la Fundación Ford entre 2008 y 2020, y la friolera suma de 697.991.635 dólares por parte de la Bill & Melinda Gates Foundation.

El volumen de dinero que mueve el mundo de las ONG es ciertamente llamativo. Para el año 2010, se calculaban más de 580 mil millones de dólares en activos en manos de fundaciones de este tipo.[99] Esta cantidad es superior al PIB de la mayoría de los países del continente americano. El de Chile, por ejemplo, es de 358 mil millones; el de Colombia, de 334; el de Perú, de 268; el de Ecuador, de 121; el de Costa Rica, de 77; el de Bolivia, de 46; el de Paraguay, de 42; el de El Salvador, de 33. En América Latina, las únicas excepciones son Brasil (2.081), México (1.663) y Argentina (641).[100] Este es un dato que habla a las claras sobre la magnitud del poder globalista del que estamos tratando.

Las ONG se han multiplicado sin cesar al mismo tiempo que el régimen embrionario del globalismo fue adquiriendo sus contornos más definidos. En 1909, en el mundo se registraban un total de 176 ONG. Para 1989, ese número ya estaba en 4.624.[101] En 1999, se contabilizaron más de 6.000.[102] Su poder, desde luego, es variable. A nivel material, puede medirse por la cantidad de capital económico del que disponen; en el aspecto simbólico, por la imagen que han logrado labrarse gracias a la ayuda de los grandes medios de comunicación, las campañas

---

de datos de esta institución. Véase «Our Grants», The Rockefeller Foundation, https://www.rockefellerfoundation.org/grants/ (consultado entre enero y mayo de 2024).

98. De aquí en adelante, todos los datos sobre financiamientos provenientes de la Bill & Melinda Gates Foundation, a menos que se explicite lo contrario a pie de página, proceden de la propia base de datos de esta institución. Véase «Committed grants», Bill & Melinda Gates Foundation, https://www.gatesfoundation.org/about/committed-grants (consultado entre enero y mayo de 2024).

99. Véase Garry Jenkins, «Who's Afraid of Philanthrocapitalism?», *Case Western Reserve Law Review*, vol. 61, num. 3, 2011, p. 759, https://ssrn.com/abstract=1904341 (consultado el 11 de abril de 2024).

100. Véase «Producto interno bruto en América Latina y el Caribe en 2023, por país» (s.f.), *Statista*, https://es.statista.com/estadisticas/1065726/pib-por-paises-america-latina-y-caribe/ (consultado el 11 de abril de 2024).

101. Véase David Held, *La democracia y el orden global. Del Estado moderno al gobierno cosmopolita* (Madrid: Paidós, 1997), p. 139.

102. Véase la entrada «International Organization» en la Enciclopedia Británica, https://www.britannica.com/topic/international-organization (consultado el 9 de abril de 2024).

propagandísticas, las alianzas con los famosos y las figuras del momento, y gracias a la narrativa con la que venden sus causas; en el plano político, por último, por el nivel de contactos y penetración lograda en los ámbitos de las organizaciones internacionales y los gobiernos nacionales.

IV. Poder económico global

> «—*Debe suponer una enorme satisfacción*
> —*dije al fin—. Un mundo salido de tu propia mano.*
> —*Sí —dijo—. Sí. Contemplo mi obra,*
> *y veo que es buena».*[103]
>
> B. F. SKINNER

Una parte importante del poder económico transnacional también funciona como agente de gobernanza global. Reconocidos magnates y enormes corporaciones financieras y tecnológicas utilizan su poder económico para hacer avanzar las agendas globalistas que, al menos formalmente, se definen al nivel de las organizaciones internacionales y las ONG.

El típico modelo por medio del cual el poder económico se transforma en un agente globalista (es decir, por el que apunta a tener parte en el gobierno de las «causas» de «la Humanidad») supone la creación o cooptación de una serie de ONG a través de las cuales desplegar su «filantropía». Así, tanto los grandes magnates a título personal, como las grandes corporaciones a título colectivo, dan vida a organizaciones no gubernamentales que dicen no tener fines de lucro, con las que hacen avanzar con mayor legitimidad sus agendas políticas e ideológicas.

Haciendo uso de sus ONG, el poder económico se disfraza de filantropía y la gobernanza global de los ultrarricos se viste de amor humanitario. El escándalo que produciría (y produce) que determinadas empresas o magnates manejen agendas de Naciones Unidas o de los mismísimos Estados nacionales deja de ser tal cuando lo que aparece es el nombre de una ONG que ha trabajado lo suficientemente bien su imagen mediática como para identificarse con «las buenas causas de la Humanidad». De esta forma, la nueva *plutocracia global* y sus pretensiones de ingeniería social se esconden eficazmente tras el buen nombre de la «filantropía».

---

103. Burrhus Frederic Skinner, *Walden Dos* (Barcelona: Ediciones Orbis, 1986), p. 328.

Son numerosos los magnates que han comprometido sus fortunas en hacer avanzar las agendas globalistas. Los motivos que los impulsan a ello no son unívocos. Si bien en muchos casos están orientados por cálculos económicos (por ejemplo, impulsar reformas medioambientales para subir las barreras de entrada al mercado a potenciales competidores; demonizar a determinados políticos para que ganen los que tienen negocios con ellos; limpiar la imagen pública de una compañía; minimizar aportaciones al fisco, etcétera),[104] también existen otros móviles menos obvios. Entre ellos, no hay que descartar los estrictamente ideológicos.

En efecto, acostumbramos a creer que los hombres de fortuna no pueden funcionar de otra manera que no sea como las calculadoras, cuando la verdad es que sus dineros les permiten, al contrario, emprender cursos de acción al margen de la lógica mercantil con mayor libertad de la que tiene el hombre común. Son los hombres de escasos o moderados recursos quienes no pueden relajar demasiado sus cálculos económicos sin arriesgarse a perder el pan diario. Los hombres de fortuna tienen la posibilidad de dejar de ser, hasta cierto grado, *homo economicus*. Habiendo gozado ampliamente del éxito económico, muchas veces desean, a continuación, ver hechas realidad sus ideas sobre la política y la sociedad, en vez de que sea dicho contexto institucional el que determine las vías y las condiciones necesarias a las que deberán adaptarse para tener éxito.[105] A menudo quisieran pasar a la historia no como simples acumuladores de capital, sino como *hacedores del mundo venidero*, como mesías seculares y filántropos desprendidos; es decir, como *ingenieros sociales* a una escala

---

104. Un ejemplo claro lo constituye los orígenes filantrópicos de John Davison Rockefeller, quien adoptó esta estrategia para contrarrestar el efecto negativo que generó para la imagen de su compañía petrolera la publicación, en 1904, del libro *The History of the Standard Oil Company*, una investigación de la periodista Ida Tarbell que reveló las prácticas oscuras de los Rockefeller.

105. El magnate George Soros ilustra bien el caso: «Sentí que había ganado más que suficiente dinero para mi familia y para mí, y administrar un fondo de cobertura fue extremadamente estresante y agotador. ¿Qué haría que valga la pena continuar? Lo pensé mucho y finalmente decidí crear una fundación dedicada a la promoción de la sociedad abierta. Definí su misión como abrir sociedades cerradas, corregir las deficiencias de sociedades abiertas y promover un modo de pensamiento crítico» (George Soros, *The Soros Lectures. At the Central European University*, [Nueva York: Public Affairs, 2010]). En otro libro, Soros escribe: «Hace unos quince años, cuando el fondo había alcanzado un tamaño de $ 100 millones y mi fortuna personal había crecido hasta ser aproximadamente de 25 millones, después de una cierta reflexión decidí que tenía suficiente dinero. Después de pensarlo mucho, llegué a la conclusión que lo realmente importante para mí era el concepto de una sociedad abierta» (George Soros, *Soros por Soros. Anticipando el futuro* [Buenos Aires: Distal, 1995], p. 140). Por su parte, John Davison Rockefeller ha dicho: «Nunca he tenido la ambición de hacer una fortuna. La mera creación de dinero jamás fue mi objetivo. Mi ambición ha sido siempre el construir…» (citado en Daniel López, *Historia del globalismo. Una filosofía de la historia del nuevo orden mundial* [Madrid: Sekotia, 2022], p. 188). Construir empresas puede volverse rutinario; hay un punto de quiebre cuando los magnates quieren pasar a construir sociedades: es ahí cuando se convierten en ingenieros sociales.

global.[106] Sus talentos, esos mismos que los hicieron increíblemente ricos, deben ser puestos a disposición de la resolución de los grandes problemas y las injusticias del mundo. Eso es lo que ellos mismos advierten, y eso es lo que sus más cercanos asesores les indican.

Slavoj Žižek ha llamado a los ricos de esta especie «comunistas liberales».[107] La ocurrencia parece un oxímoron, pero sirve para dar cuenta de las inclinaciones ideológicas dominantes en esta clase de capitalistas tan característica del siglo XXI. Así pues, llevan en su corazón las demandas progresistas, simpatizan con las medidas estatistas y hasta socialistas, dicen detestar los efectos del «capitalismo» y quedan encantados con cada una de las nuevas causas que caen bajo el término *woke*. Dicho de otra forma, son capitalistas que tienen su corazón comprometido con formas contemporáneas de las izquierdas, tanto políticas como culturales. Otra vez, la opinión corriente de que «los ricos son de derechas y los pobres de izquierdas» no es más que un prejuicio vulgar del que las izquierdas han sabido sacar sobrado provecho.[108]

George Soros y la Open Society Foundations

El caso más conocido de estos «comunistas liberales» posiblemente sea el de George Soros. Judío de origen húngaro, se dedicó durante la Segunda Guerra Mundial a colaborar con el nazismo en la confiscación de propiedades de otros judíos; un recuerdo que, lejos de la culpa, hoy le genera «diversión», según sus propias palabras.[109] En 1992 amasó una

---

106. Bastante revelan, en este sentido, las palabras que también escribe Soros en otro libro de su autoría: «Muchas personas sueñan con hacer del mundo un lugar mejor, pero yo he tenido la suerte de poder cumplir ese sueño más que la mayoría» (*The Age of Fallibility. Consequences of the War on Terror* [New York: Public Affairs, 2006]. La traducción es mía). De eso se trata: de *su* sueño.

107. Slavoj Žižek, «Nobody has to be vile», *London Review of Books*, 6 de abril de 2006, https://www .lrb.co.uk/the-paper/v28/n07/slavoj-zizek/nobody-has-to-be-vile (consultado el 28 de abril de 2024).

108. Esto es así ya no solo porque los propios dirigentes de partido, burócratas y militares de gobiernos y regímenes estatistas sean ricos en forma de «nomenklaturas» (a veces incluso siendo parte de «un capitalismo para pocos» por encima de una sociedad civil excluida del derecho a la propiedad privada); tampoco es así porque sus agentes y financistas externos sean ricos dentro de sociedades capitalistas, sino porque, ya en el caso que tratamos, se encuentran entre los más grandes propietarios empresariales y son a la vez parte de un esquema de poder económico estatista supranacional enquistado dentro de los propios sistemas capitalistas a los cuales perjudican. Paradójicamente, estos sistemas capitalistas les garantizan sus derechos como propietarios frente a facciones de poder rivales con mucha más seguridad que si fueran jerarcas de dictaduras comunistas o de organizaciones internacionales.

109. En una entrevista de 1998, emitida por CBS «60 Minutes», el periodista le pregunta: «¿Usted confiscó propiedades de los judíos?». Soros responde: «Así es». El entrevistador inquiere: «¿Fue difícil hacerlo?». Soros responde: «No, para nada». El periodista insiste: «¿Algún sentimiento de culpa?». Soros ríe: «No, en serio. De hecho, es algo realmente divertido». Vídeo en «Cómo Soros

parte de su fortuna quebrando la libra esterlina, y en el Foro de Davos, posicionándose como un progresista de izquierdas, se definió a sí mismo como un «traidor a su clase».[110] En un libro de su autoría dejó constancia de que, dado que existen «muchas preocupaciones que trascienden las fronteras nacionales» en las que «la comunidad internacional tiene la responsabilidad de intervenir», la solución ha de encontrarse en la «ingeniería social gradual, y estoy listo para comprometerme en ella a título personal y a través de mis fundaciones».[111] Es decir, la «comunidad internacional» no sería otra cosa que él mismo, y la «ingeniería social» no sería más que sus esfuerzos por acomodar el mundo a su voluntad. «Mi objetivo es convertirme en la conciencia del mundo»,[112] ha expresado con total franqueza en otro libro.

Soros constituye el arquetipo del globalista: se define a sí mismo como un apátrida («vivo en un lugar, pero me considero ciudadano del mundo»),[113] detesta la democracia, desprecia las identidades nacionales, pretende universalizar sus proyectos de ingeniería social y sabe que, para lograrlo, debe socavar la soberanía de las naciones. Sobre esto último, ha escrito que «la soberanía es un concepto anacrónico» puesto que «impide la intervención externa en los asuntos internos de los Estados nación».[114] Su proyecto político consiste en subordinar las estructuras políticas nacionales a agendas constituidas por entidades globales como la suya. Ha bautizado este proyecto como «Open Society», es decir, «sociedad abierta», y en un libro de su autoría ha definido el tipo de régimen que quiere construir de esta manera: «Una sociedad abierta trasciende la soberanía nacional».[115]

Para impulsar su proyecto, Soros creó en 1993 la Open Society Foundations. A diferencia de otros de su tipo, este magnate no esconde el carácter globalista de sus esfuerzos ni por un segundo. La «apertura» que le

---

se sinceró sobre su lado más inmoral (vídeo)», *Sputnik*, 27 de enero de 2018, https://latamnews.lat/20180127/entrevista-soros-60-minutos-moral-1075797007.html (consultado el 28 de abril de 2024).

110. Véase «George Soros: Soy un "traidor a mi clase"», *Reuters*, 25 de enero de 2012, https://www.reuters.com/article/idUS967472740/ (consultado el 11 de abril de 2024).

111. Soros, *The Age of Fallibility*.

112. Michael Kaufman, *Soros: The Life and Times of a Messianic Billionare* (Nueva York: Random House, 2002), p. 293.

113. David Broder, «Wealthy Benefactors Stoke Campaigns for Medical Marijuana», *Washington Post*, 20 de octubre de 1998, https://www.washingtonpost.com/wp-srv/politics/campaigns/keyraces98/stories/ballot102098.htm (consultado el 23 de junio de 2024).

114. George Soros, «The People's Sovereignty», *Foreign Policy*, enero-febrero de 2004, núm. 140, https://doi.org/10.2307/4147522 (consultado el 23 de junio de 2024).

115. George Soros, *Soros on Soros. Staying Ahead of the Curve* (Nueva York: John Wiley & Sons, 1995), p. 138.

reclama a las naciones no significa más que *apertura a su propia injerencia* y a los esfuerzos de la *ingeniería social*.[116] Según el plan que el magnate ha establecido, dicha «apertura» debería resultar del trabajo sistemático sobre dos niveles distintos: uno que define como «orden mundial», y que involucra especialmente su influencia sobre los organismos internacionales y otras ONG, y otro que se refiere al «orden nacional», sobre el que procura lograr despliegue territorial e influencia estatal.[117] Para conseguir estos objetivos, el mismo Soros confiesa de qué manera utiliza su ONG:

> La red de fundaciones sin fines de lucro que he establecido me proporciona una base firme de conocimiento local sobre la cual puedo reclamar el derecho a ser escuchado en una variedad de temas. Y las personas que dirigen estas fundaciones tienen derecho a participar en la vida política de su país, un derecho que yo, como forastero, no tengo.[118]

Dicho de otra forma, Soros establece fundaciones en decenas de países —articuladas globalmente por la Open Society— y emplea en ellas «expertos» nacionales en distintos temas para que implementen las agendas del propio Soros que, a través de ellos, reclama su derecho a imponer su voluntad en naciones que no son la suya. Tómese nota de cómo se explicitan los principios de la legitimidad globalista: tecnocracia y filantropía, al unísono; un supuesto conocimiento experto del que la inmensa mayoría carece, por un lado, y, por otro, unas cuentas bancarias sumamente abultadas para hacer «filantropía» (comprando gobiernos y burocracias internacionales), con las que el grueso de la gente solo podría soñar. En cuanto a la legitimidad democrática, Soros no tiene problemas para admitir que sus planes no se fundamentan en ella: «Reconozco que nadie me ha elegido ni designado guardián del interés público; he asumido ese papel por mí mismo», dado que alguien debe ocuparse de «los intereses comunes de la humanidad».[119] Asumir él ese papel constructivista significa destinar su dinero a la ingeniería social; ser «guardián del interés público» no significa, pues, otra cosa que tener cantidades astronómicas de dinero y utilizarlas para gobernar «los intereses comunes de la humanidad».

---

116. De esta manera, por más que Soros reclame su inspiración en el concepto de «sociedad abierta» de Karl Popper, en rigor nada tiene que ver con este.
117. Soros, *The Age of Fallibility*.
118. Ibíd.
119. Ibíd.

Allá por el año 2006, cuando Soros publicó el libro de donde salen estas citas, argumentaba que «el principal obstáculo para un estable y justo orden mundial es Estados Unidos». Eran los tiempos de Bush hijo. «La agenda de Bush es nacionalista, [...] ignora los problemas globales», se quejaba el magnate en su escrito de por entonces. «Cambiar la actitud y las políticas de Estados Unidos sigue siendo mi principal prioridad», pero «no basta con revertir las políticas de la administración de Bush, Estados Unidos debe cambiar su corazón». O sea, es necesaria una suerte de refundación cultural de Estados Unidos, cuya principal variable pasa por acabar con lo que el pretendido «filántropo» define como «extremistas conservadores y religiosos».[120] Estos son los que deben ser arrasados hasta el exterminio cultural.

En efecto, es el mismo Soros el que admite dedicarse a la ingeniería social, usando expresiones que recuerdan a los «ingenieros de almas» de Stalin, aunque ahora sea en nombre de los «intereses globales» que nadie puede interpretar mejor que él. La concepción que Soros tiene de sí mismo supera con creces todo lo que podamos imaginar: el magnate quiere ser una suerte de dios creador de la sociedad venidera y del «hombre nuevo» que él ha diseñado en su cabeza. No son pocas las veces en las que sus delirios ingenieriles y su voluntad de control total lo han llevado a describirse a sí mismo como una deidad: «Me imaginaba como algún tipo de dios», confesó en un libro de su autoría;[121] «es una especie de enfermedad cuando te consideras algún tipo de dios, el creador de todo, pero ahora me siento cómodo con ello desde que empecé a vivirlo», dijo en una entrevista.[122]

Creyéndose un dios creador, Soros ha destinado gran parte de su fortuna a demostrar su omnipotencia, con la que pretende legitimarse en calidad de *globócrata*. Así, la Open Society Foundations lleva tiempo invirtiendo sumas estratosféricas en grupos y causas progresistas y *woke*, en organismos internacionales, en movimientos y partidos políticos, y en universidades y medios de comunicación. Si bien esta fundación se caracteriza por su falta de transparencia,[123] en sus bases de datos y reportes

---

120. Ibíd.
121. George Soros, *The Alchemy of Finance: Reading the Mind of the Market* (New York: John Wiley & Sons, 1994), p. 362.
122. Gail Counsell, «The billionaire who built on chaos: Gail Counsell charts the rise of a speculator who considers himself "some kind of god"», *Independent*, 3 de junio de 1993, https://www.independent.co.uk/news/business/the-billionaire-who-built-on-chaos-gail-counsell-charts-the-rise-of-a-speculator-who-considers-himself-some-kind-of-god-1489380.html (consultado el 23 de junio de 2024).
123. En el año 2016, Transparify ubicó a la OSF en el último lugar de un *ranking* que mide la transparencia de 200 *think tanks* y ONG en 47 países (véase Transparify, «How Transparent Are Think

públicos podemos hallar, de todas maneras, bastante información relevante. Por ejemplo, en el sitio oficial de la Open Society se dice que sus activos actuales superan los 22 mil millones de dólares, y que el propio Soros ha donado para ese tipo de causas, desde 1984, la cantidad de 32 mil millones de dólares.[124]

Pero ¿qué significa, en términos políticos, una cifra como esta? Tómese como referencia el costo de una campaña presidencial en Estados Unidos. En las elecciones del año 2016, Hillary Clinton tuvo un presupuesto de 565 millones de dólares, mientras que Donald Trump llegó a los 322 millones. La lucha electoral del 2020, por su parte, batió récords: Biden gastó 1.000 millones y Trump 600.[125] Si esto cuesta convertirse en presidente del país más poderoso de Occidente, no exagera la Open Society Foundations cuando, tras exhibir sus números, se vanagloria definiéndose como «uno de los fondos filantrópicos privados más importantes del mundo».

Así por ejemplo, en el 2022, último año con datos completos que ofrecen las bases de datos de la Open Society Foundations a la hora de escribir este libro, el total del dinero donado fue de 1.300 millones de dólares. El área geográfica de estas donaciones es el globo entero, y se distribuyen en cuatro áreas temáticas: «Justicia Climática», en la que se busca «influir en futuras Conferencias de la ONU sobre Cambio Climático»;[126] «Equidad», en la que se abordan temas de «género» e «identidad sexual», se aboga por «los derechos de los trabajadores», se lucha contra la «explotación colonial» y se milita en la «despenalización de las drogas» con el fin «apoyar la salud, la seguridad y la inclusión social de las comunidades involucradas en las drogas»[127] (¿?); «Expresión», área en la que se dedica a financiar el periodismo, medios de

Tanks about Who Funds Them 2016?», 29 de junio de 2016, https://static1.squarespace.com /static/52e1f399e4b06a94c0cdaa41/t/5773022de6f2e1ecf70b26d1/1467154992324/Transparify +2016+Think+Tanks+Report.pdf (consultado el 23 de junio de 2024).

124. Open Society Foundations (OSF), «The Open Society Foundations y George Soros» (s.f.), https://www.opensocietyfoundations.org/newsroom/open-society-foundations-and-george -soros/es (consultado el 10 de abril de 2024).

125. Véase Alex Segura Lozano, «¿Cuánto cuesta convertirse en presidente de EE. UU.? De Lincoln a Biden», *Heraldo*, 11 de noviembre de 2020, https://www.heraldo.es/noticias/internacional/2020 /11/11/cuanto-cuesta-convertirse-en-presidente-de-ee-uu-de-lincoln-a-biden-1404800.html (consultado el 30 de abril de 2024).

126. OSF, «Climate Justice» (s.f.), https://www.opensocietyfoundations.org/what-we-do/themes /climate-justice (consultado el 30 de abril de 2024).

127. OSF, «Equity» (s.f.), https://www.opensocietyfoundations.org/what-we-do/themes/equity (consultado el 30 de abril de 2024). Por cierto, uno de los proyectos más ambiciosos de Soros ha sido el de llevar la legalización de las drogas a todo el mundo. Sobre los intereses de Soros en este asunto, véase Rachel Ehrenfeld, *The Soros Agenda* (Estados Unidos: Republic Book Publishers, 2023).

comunicación, agencias dedicadas a luchar contra lo que ellas mismas llaman «desinformación» y a «contrarrestar el discurso de odio»;[128] por último, «Justicia», por medio de la que se financia a los autodenominados «grupos de derechos humanos» y se promueve lo que llaman «justicia de género», «justicia racial» y «justicia social», además de combatir contra lo que definen como «fuerzas conservadoras», impulsando «litigios estratégicos» y «reformas de la justicia» en todo el mundo.[129] Además de estos ejes, la fundación de Soros se concentra también en cuestiones de «Educación», mediante la financiación de universidades e instituciones educativas varias, e «Inmigración», promoviendo el «empoderamiento» de los migrantes ilegales en todo el mundo.

Algunos ejemplos del uso del dinero de la OSF

En el marco de estas categorías temáticas, el dinero fluye desde la Open Society Foundations hacia todas las agendas progresistas y *woke* en boga. Tomemos algunos ejemplos al azar: aportes generales de un millón de dólares para el Fondo Lunaria Mujer y la Fundación Calala, para impulsar la «justicia de género»; aporte general de 1.000.000 de dólares para la Rockefeller Philanthropy Advisors para impulsar «enfoque de género»; donación de 1.228.209 dólares al Lawyers' Committee for Civil Rights Under Law para combatir judicialmente los «discursos de odio»; aportes de 200.000 dólares a la Asociación Probienestar de la Familia Colombiana para promover el aborto en Colombia; apoyo general de 1.350.000 dólares a la International Women's Health Coalition para promover los «derechos sexuales y reproductivos», o sea, abortos; apoyo general de 500.000 dólares a la CREA para promover, de nuevo, «derechos sexuales y reproductivos»; aportes que suman 845.000 dólares para Gynuity Health Projects, una organización que promueve, por ejemplo «abortos autogestionados por Internet»;[130] apoyo puntual de 60.000 dólares al European Forum of LGBT Christian Groups para organizar la infiltración LGBT en las iglesias cristianas; apoyo general

---

128. OSF, «Expression» (s.f.), https://www.opensocietyfoundations.org/what-we-do/themes/expression (consultado el 30 de abril de 2024).

129. OSF, «Justice» (s.f.), https://www.opensocietyfoundations.org/what-we-do/themes/justice (consultado el 30 de abril de 2024).

130. «El aborto autogestionado es un proceso que las personas pueden realizar de manera segura y efectiva con el apoyo de la comunidad y sin supervisión médica. En el contexto de una reacción mundial en contra de los derechos al aborto, el aborto autogestionado es una parte integral de un espectro de opciones para la atención del aborto que deben estar disponibles para todos» (https://gynuity.org/resources/self-managed-abortion-via-the-internet-analysis-of-one-year-of -service-delivery-data-from-women-help-women, consultado el 4 de mayo de 2024).

de 450.000 dólares a Los Angeles LGBT Center; donativo de 200.000 dólares a la Tides Foundation para promover el «matrimonio» LGBT; aporte de 545.000 dólares para Chicas Poderosas Inc., con el fin de impulsar el periodismo «con perspectiva de género» y «feminista»; donación de 200.000 dólares a la Msichana Initiative Organization con el propósito de difundir la agenda feminista entre chicas jóvenes; apoyo de 500.000 dólares al Groundswell Action Fund para «la promoción de políticas sobre cuestiones de justicia social y reproductiva», o sea, estatismo y abortismo; donación de 240.000 dólares al European Center for Constitutional and Human Rights para «cuestionar la práctica» de «devolución de migrantes en las fronteras de la Unión Europea a través de intervenciones legales estratégicas»; aporte de 275.000 dólares a la Platform for International Cooperation on Undocumented Migrants con el fin de promover «los derechos de los inmigrantes indocumentados en Europa»; apoyo de 100.000 dólares a la Foundation Institute of Public Affairs para «contrarrestar la profundización de los sentimientos anticlimáticos, antieuropeos y antidemocráticos» e impulsar la «justicia social»; apoyo puntual de 600.000 dólares a Race Forward para «promover una narrativa racialmente equitativa sobre la inmigración»; donativo de 1.400.000 dólares para Resource Impact, con el fin de impulsar una «mayor justicia racial» denunciando la «falta de representación de la gente Latinx» (absurdo vocablo que los progresistas norteamericanos han inventado para nombrar a los latinos); apoyo general de 500.000 dólares a Blueprint North Carolina para organizar a «las comunidades negras y marginadas de todo Carolina del Norte», aunque no se especifica con qué propósito. La mayoría de estas organizaciones, que constituyen apenas una diminuta muestra, han recibido varias veces a lo largo de los años este tipo de partidas dinerarias por parte de la Open Society Foundations.

En lo que respecta a nuestra región en concreto, los fondos destinados para América Latina y el Caribe fueron creciendo significativamente de 2016 a 2021. De 45 millones se pasó a 111,2 millones de dólares: un aumento superior al 145 % en solo cinco años.[131] Tomemos, nuevamente, algún ejemplo al azar: en el año 2019, por ejemplo, se lanzó el programa «Jóvenes Líderes Feministas Becarias», por medio del cual se otorga 40 mil dólares anuales a militantes feministas de entre veintidós y treinta años de edad. Así presentaron desde la Open Society el programa: «En todo el mundo, los movimientos feministas, juveniles y *queer* están en

---

131. OSF, «Financials» (s.f.), https://www.opensocietyfoundations.org/who-we-are/financials (consultado el 10 de abril de 2024).

primera línea haciendo frente a gobiernos autoritarios y patriarcales. En América Latina, algunas de las ideas de cambio social más audaces se originan en el espíritu y el pensamiento de personas jóvenes».[132] En ese sentido precisamente, ese año una becaria se comprometió a realizar «un pódcast sobre narrativas ecofeministas latinoamericanas»; otra, que también prometió hacer un pódcast, difundirá «enfoques interseccionales, descolonizados y feministas»; otra dice que otorgará «visibilidad a la lucha de jóvenes mujeres lesbianas y no heterosexuales»; otra formará un «espacio seguro para personas *queer* afrocolombianas» y «fomentará el uso del arte como activismo y expresión de identidad en el intercambio de conocimientos sobre derechos sexuales y reproductivos», y así sucesivamente. Este es tan solo un botón de muestra de lo que en la Open Society Foundations llaman «filantropía». Cobrar 40 mil dólares por hacer un pódcast o un «espacio seguro» restringido a minorías de minorías (lunáticos que se hacen llamar *queer* que, además, cumplan con el requisito de ser afroamericanos) no está nada mal.

Feminismo, LGBT, género, ambientalismo, racismo afro, abortismo, «justicia social» como paternalismo estatal: estas son solo algunas de las agendas favoritas de Soros que, en conjunto, se redefinen como «derechos humanos». En su propio sitio web, la ONG en cuestión dice que su trabajo, además de consistir en el financiamiento sistemático de estas causas, incluye «litigios estratégicos de derechos humanos e inversiones de impacto, mientras incubamos nuevas ideas y nos relacionamos directamente con gobiernos y formuladores de políticas a través de la promoción para facilitar cambios positivos».[133] A estos efectos político-jurídicos, Soros ha creado otra organización, la Open Society Justice Initiative. Llama la atención que a la vez que impulsa litigios en el nivel internacional, este magnate también financia organismos internacionales que trabajan en ellos, como por ejemplo la Comisión Interamericana de los Derechos Humanos (CIDH).[134] Es decir, la Open Society lleva adelante «litigios estratégicos» en organismos que, al mismo tiempo, ha penetrado económicamente.

---

132. OSF, «Open Society Foundations anuncia Jóvenes Líderes Feministas Becarias», 28 de octubre de 2019, https://www.opensocietyfoundations.org/newsroom/open-society-foundations-anuncia -jovenes-lideres-feministas-becarias/es (consultado el 10 de abril de 2024).

133. OSF, «How we work?» (s.f.), https://www.opensocietyfoundations.org/how-we-work (consultado el 10 de abril de 2024).

134. Véase Sebastián Schuff y Maria Anne Quiroga, «Balance del financiamiento de la CIDH y la Corte Interamericana 2009-2021. Opacidades e influencias en una financiación condicionada», Global Center for Human Rights, https://www.globalcenterforhumanrights.org/files/GCHR -Balance-of-the-financing-of-the-IACHR-and-the-Inter-American-Court.pdf (consultado el 30 de marzo de 2024).

Son numerosos los órganos internacionales en general que han recibido alegremente los dineros de Soros. El Banco Mundial ha recibido
numerosas partidas de la Open Society Foundations, con instrucciones
precisas. Por ejemplo, una de ellas de 1.000.000 de dólares solicita «acelerar» la educación en niñas basada en la «igualdad de género» (ideología
de género). Las donaciones también han ido para el Banco Internacional
Reconstrucción y Desarrollo (IBRD), una institución del Banco Mundial,
con partidas de 1.500.000 dólares. Exactamente las mismas instrucciones
vienen adjuntas en los donativos realizados por la fundación de Soros al
fondo norteamericano para UNICEF, al que le ha entregado 2.775.505
dólares solo entre 2021 y 2022. A la UNESCO, entre 2019 y 2022, le
ha otorgado 4.357.000 dólares, además de becar a numerosos activistas
para que intervinieran en las cumbres y reuniones de este organismo.
Al Fondo de Población de Naciones Unidas, el órgano de control natal
de la ONU, le obsequió 4.000.000 de dólares en 2022. En la OMS las
donaciones han sido menos cuantiosas, pero también se han concedido:
612.100 dólares. Lo mismo vale para el Alto Comisionado para Refugiados de la ONU, que recibió 490.950 dólares entre 2020 y 2021. En
cambio, ONU Mujeres ha recibido más «atenciones» por parte de la
Open Society Foundations: 7.527.047 dólares entre 2017 y 2022, además del financiamiento puntual de activistas que han concurrido a sus
reuniones de trabajo. Todos estos órganos del poder globalista tienen la
ventaja de ser controlables por el poder económico por una razón muy
simple: no están sujetos (ni por definición pueden estarlo) a un verdadero
control democrático.

A mediados del año 2023 se conoció que George Soros le dejaba el
mando a uno de sus hijos, Alexander. En una entrevista que le hizo por
aquel entonces *The Wall Street Journal*, el joven de treinta y siete años
dijo tener los mismos ideales que su padre, pero ser «más político».[135] Su
intención, tal como lo adelantó, será meterse de una manera mucho más
agresiva en los procesos electorales de las diversas naciones, apoyando
a las izquierdas y socavando a las derechas. Todo ello, desde luego, en
nombre de la «democracia» y la «sociedad abierta». Mientras escribo estas
líneas, la prensa norteamericana informa que «Alex está ayudando a los
demócratas a atraer a los votantes latinos y a mejorar la participación de
los votantes negros».[136] Las mujeres también están en la mira: reciente-

---

135. Gregory Zuckerman, «George Soros Hands Control to His 37-Year-Old Son: "I'm More
      Political"», *The Wall Street Journal*, 11 de junio de 2023, https://www.wsj.com/articles
      /george-soros-heir-son-alexander-soros-e3c4ca13 (consultado el 22 de abril de 2024).
136. Ibíd.

mente destinó 50 millones de dólares con el fin de «apoyar el Fondo de Liderazgo Político de las Mujeres para ayudar a líderes feministas».[137] De cara a las elecciones presidenciales del 2024, lo que Alex procura, como él mismo confiesa, es lograr «la participación continua (y mayor) de las mujeres», puesto que «será esencial para proteger y hacer avanzar nuestra democracia contra las fuerzas del autoritarismo que se concentran en nuestra puerta».[138] Es evidente que una victoria de Trump sobre el partido demócrata sería catastrófica para los globalistas. Latinos, negros, mujeres, homosexuales… para los Soros, todo está a la venta, todo tiene su precio, y él siempre puede pagarlo.

La Bill & Melinda Gates Foundation

Bill Gates es suficientemente conocido. Su inmensa fortuna proviene, sobre todo, de su papel como cofundador de Microsoft y de sus inversiones en una variedad de empresas, entre las que destacan las del sector farmacéutico. Desde 1995 y hasta el 2006, el empresario informático ocupó el primer puesto de «Las personas más ricas del mundo» de la *Revista Forbes*. Hacia 1999, se llegó a conocer que Gates ya era el dueño de más de 100.000 millones de dólares.[139] Esto es más, por ejemplo, que el PBI de Guatemala (92.000 millones), país que representa la mayor economía de América Central, y más de tres veces el PBI de países como El Salvador (32.000 millones).

En el año 2000, Gates dio vida a la Bill & Melinda Gates Foundation con el fin de utilizar semejante poder económico en actividades de «gobernanza global». Esta entidad tiene sus raíces en dos proyectos «filantrópicos» anteriores: la William H. Gates Foundation y la Gates Library Foundation. La primera de ellas data de 1994. Fue fundada por Bill Gates y su esposa, Melinda, y dirigida por el padre de él, William. En sus inicios, esta institución contaba con solo una persona trabajando activamente: Suzanne Cluett. Entre sus temas de mayor interés ya destacaba el campo de la «salud global». La segunda fue fundada en 1997 y tenía como propósito proporcionar computadoras e Internet a bibliotecas públicas de los Estados Unidos. Bill & Melinda Gates

---

137. Publicación en la cuenta de Instagram de Alexander Soros, https://www.instagram.com /p/C4Q0cckN_14/ (consultado el 22 de abril de 2024).

138. Alexander Soros, «Bolstering Women and Youth, Linchpins of Democracy», 5 de diciembre de 2023, https://www.opensocietyfoundations.org/voices/bolstering-women-and-youth-linchpins -of-democracy (consultado el 22 de abril de 2024).

139. Véase Carlos Astiz, *Bill Gates Reset! Vacunas, aborto y control social* (Madrid: Libros Libres, 2021), p. 29.

Foundation es el producto de la fusión entre esas dos instituciones, ocurrida en el año 2000.

En una conferencia del 2010, William Gates contó que su rol en esta historia consistió en ayudar a su hijo y a su nuera a introducirse en el novedoso campo de la «filantropía». Para ello, contactó a una vieja amiga suya, la mencionada Suzanne Cluett, quien trabajaba en una organización internacional llamada PATH, involucrada precisamente en temas de salud global: «Suzanne me presentó al fundador de PATH, un hombre llamado Gordon Perkin, que tenía más de 30 años de experiencia en salud global. No mucho después de esa primera reunión, Gordon y Suzanne se comprometieron a empezar a enseñarme —a mí, a Bill y a Melinda— sobre el campo».[140]

En realidad, Cluett era una activista en favor del aborto, la eugenesia y el control ingenieril de la natalidad. Hasta tal punto que actualmente la red de clínicas abortistas Planned Parenthood cuenta con un «Fondo Suzanne Cluett» financiado desde 2005 por la misma Bill & Melinda Gates Foundation. Este dinero se destina a «Programas globales» en honor a quien fuera, según la misma organización, «una entusiasta defensora de Planned Parenthood».[141] Es muy probable que la actual obsesión abortista y antinatalista de Gates se derive de la influencia de Cluett, de la que diera testimonio William. En la base de datos de la Bill & Melinda Gates Foundation es posible contabilizar, hasta el año 2022, la suma de 94.976.324 dólares en donaciones para las distintas filiales de la marca Planned Parenthood.

La fundación de Gates tiene áreas bien definidas de trabajo y se dedica a financiar a otras entidades que se desempeñan en ellas. El título de las categorías es llamativo: «Igualdad de género», «Programa de desarrollo global», «Programa de oportunidades y crecimiento global», «Programa de salud global», «Política global y promoción». Las dimensiones de sus intereses son evidentes: el mundo entero es su «espacio vital»; la suya pretende ser, más que cualquier otra cosa, una «ciudadanía global». Con todo, encontramos también un «Programa de Estados Unidos» en el que apuestan a luchar contra las «inequidades» pero, además, procuran «garantizar financiación de fuentes en Estados Unidos y Canadá para

140. Bill & Melinda Gates Foundation, «PNW Global Donors Conference», 20 de marzo de 2010, https://www.gatesfoundation.org/ideas/speeches/2010/03/william-h-gates-sr-pnw-global-donors-conference (consultado el 30 de abril de 2024).
141. Planned Parenthood, «Global Programs», https://www.plannedparenthood.org/planned-parenthood-great-northwest-hawaii-alaska-indiana-kentuck/global-programs (consultado el 30 de abril de 2024).

apoyar el trabajo de desarrollo y salud global».[142] Así, el globo parece ser siempre el foco primario de sus esfuerzos, incluso cuando opera en su propio país, como ya vimos que ocurría también con el «Fondo Suzanne Cluett».

Dentro de estas rimbombantes categorías, los que priman en realidad son cuatro intereses concretos: «Vacunas, nutrición, educación y planificación familiar». Esto es, al menos, lo que ha dicho Mark Suzman, CEO principal de la Bill & Melinda Gates Foundation.[143] Por supuesto, esos cuatro campos no son más que eufemismos. Lo que Bill Gates anhela es tener en sus manos, como se verá, el sistema de salud global centralizado por la OMS; lo que busca insistentemente es, asimismo, aumentar su poder en la producción de alimentos; por lo que apuesta es por el adoctrinamiento en los marcos ideológicos del globalismo; y lo que lo obsesiona hasta la desesperación es la reducción de la natalidad global. En vistas del tipo de financiamientos otorgados por su fundación, y de las directivas que acompañan a cada una de las partidas dinerarias, esto es lo que realmente quiere decir con «vacunas, nutrición, educación y planificación familiar».

En una charla TED, el propio Gates exponía sus ideas relativas a la ingeniería demográfica y su vínculo con vacunas y «salud reproductiva», una ecuación de lo más confusa cuando el resultado al que se quiere llegar es a una disminución y no a un aumento de la población mundial:

> Primero, tenemos la población. El mundo tiene actualmente 6.800 millones de personas. Y está en camino para llegar a 9.000 millones. Ahora, si hacemos un gran trabajo en nuevas vacunas, cuidado de salud, y servicios de salud reproductivos podríamos disminuir esa cifra, quizás, un 10 o 15 %...[144]

No obstante, Gates ha sido más cuidadoso que Soros a la hora de diseñar su imagen ante el gran público. En pocos años de *marketing* y propaganda, ha pasado de ser un ultrarrico monopolista que hizo su fortuna pisando la cabeza de sus amigos y aliados a representar la benevolencia

142. Bill & Melinda Gates Foundation, «Our Work in North America» (s.f.), https://usprogram .gatesfoundation.org/who-we-are/our-work-in-north-america (consultado el 30 de abril de 2024).

143. Véase Mark Suzman, «A New Era of Collaboration in Philanthropy», *Linkedin*, 28 de enero de 2019, https://www.linkedin.com/pulse/new-era-collaboration-philanthropy-mark-suzman (consultado el 30 de abril de 2024).

144. Bill Gates, «Innovating to zero!», TED, febrero de 2010, https://www.ted.com/talks/bill_gates _innovating_to_zero (consultado el 5 de mayo de 2024).

del *billionaire* más desprendido del planeta. Frente a Soros, que no ha cuidado muy bien sus palabras ni ha tenido la suficiente prudencia a la hora de expresar ciertas ideas o consignas, Gates se preocupa por no ser identificado con nada que no sean las «buenas causas». Más aún: Gates quiere ser el centro mismo del *filantrocapitalismo*, incentivando a sus pares ultrarricos a que sigan su ejemplo y aprovechen su poder económico para «cambiar el mundo», lo que realmente significa: *hacerlo a su medida.* La gobernanza global se ejerce a base de dinero, y quienes más tienen, incluso en cantidades mayores que los mismos Estados, más gobiernan.

Este fue precisamente el espíritu de «The Giving Pledge» («La Promesa de Dar»), una iniciativa lanzada en 2010 por Bill y Melinda Gates junto con Warren Buffett, a través de la que se instó a los multimillonarios a donar al menos la mitad de su fortuna a las «causas de la Humanidad» durante su vida o en su testamento. Al momento de escribir estas líneas, la iniciativa cuenta con 240 firmantes comprometidos a poner sus dineros en «filantropía»,[145] que ya sabemos lo que significa en estos contextos. Entre los nombres que figuran en el listado encontramos a gente como Stephen A. Schwarzman, fundador y CEO de The Blackstone Group, una de las firmas de inversión más grandes del mundo comprometidas con los criterios ESG, que no son sino coerciones *woke* sobre las empresas privadas, sobre lo que luego se dirá algo más; Michael Bloomberg, fundador de Bloomberg L. P., una empresa de tecnología financiera, además de magnate de medios de comunicación progresistas y político del Partido Demócrata; Warren Buffett, uno de los inversionistas más famosos del mundo, presidente y CEO de Berkshire Hathaway, y uno de los más grandes donantes de la Bill & Melinda Gates Foundation; David Rockefeller, de quien hablaremos más extendidamente más abajo; Mark Zuckerberg, fundador y CEO de Facebook (hoy conocido como Meta), quien admitió en el Senado norteamericano que favorece a las ideologías de izquierdas desde sus plataformas;[146] Jeff Rothschild, bien conocido por su destacado rol en Facebook; Pierre Omidyar, fundador de eBay y de la Omidyar Network, una iniciativa *woke* de ultrarricos que prometen «cambiar el capitalismo»; Paul Sciarra, fundador de Pinterest; Ted Turner, el fundador de CNN y globalista empedernido a través de su Fundación Turner. La lista del grupo de ultrarricos que

---

145. Véase https://givingpledge.org/ (consultado el 3 de mayo de 2024).

146. Véase Henry Fernandez, «Facebook CEO Mark Zuckerberg acknowledges Silicon Valley left-wing bias», *Fox Business*, 10 de abril de 2018, https://www.foxbusiness.com/politics/facebook-ceo-mark-zuckerberg-acknowledges-silicon-valley-left-wing-bias (consultado el 3 de mayo de 2024).

comanda Gates es muy extensa, pero valgan esos nombres para advertir que representa la íntima conjunción del mundo de las BigFinance con el mundo de las BigTech.

Algunos ejemplos del uso del dinero de la Bill & Melinda Gates Foundation

La Bill & Melinda Gates Foundation se ha convertido en una fuente inagotable de dinero para las principales causas de la agenda globalista y la promoción del *wokismo*. En el período que va de 1994 al 2023, reportan haber invertido en «filantropía» la suma de 77.600 millones de dólares;[147] es decir, más que todo el PBI de países como Uruguay, Panamá o Bolivia. Por poner algunos ejemplos, se le ha entregado 8.500.000 dólares a Pathfinder International para «aumentar la planificación familiar» en Pakistán, focalizada en el aborto en mujeres jóvenes «de quince a veinticuatro años»; 750.000 dólares a Togethxr para «utilizar eventos deportivos globales y celebridades deportivas para promover la igualdad de género»; un total de 9.139.131 dólares a Wrthy entre 2017 y 2024 para cosas como «aumentar la relevancia de los problemas relacionados con la igualdad de género en la agenda de las personas que toman las decisiones en Tanzania y Nigeria» e impulsar «la planificación familiar y la dinámica poblacional como problemas críticos de desarrollo en Nigeria y Kenia mediante la creación de un equipo efectivo de influenciadores»; 9.783.412 dólares a The Moth entre 2014 y 2024, con propósitos de batalla cultural tales como crear y difundir «historias personales persuasivas como táctica de defensa dirigida para crear un impacto en la salud y el desarrollo global»; 3.746.977 dólares a Women in Film entre 2022 y 2023 para cosas como promover la ideología de género «a través de los medios de entretenimiento», además de «crear ideas y pruebas sobre el papel de los medios de comunicación de masas en las normas de género y comportamientos»; una donación de 4.500.151 dólares para Mama Cash, con el fin de apoyar «los movimientos de derechos de las mujeres, niñas y personas trans para defender y hacer avanzar con éxito sus derechos humanos mediante la provisión de financiamiento y acompañamiento a nivel global»; un donativo de 518.391 dólares a Institute for Strategic and Equitable Development para «analizar el estado actual de las voces de personas negras, indígenas y de color en el campo de la movilidad

---

147. Véase Bill & Melinda Gates Foundation, «Foundation Fact Sheet» (s.f.), https://www.gatesfoundation.org/about/foundation-fact-sheet (consultado el 30 de abril de 2024).

e identificar las vías de liderazgo»; 29.307.791 dólares al Cincinnati Children's Hospital Medical Center entre 2007 y 2024, institución que curiosamente cuenta con un centro de servicios de salud para «jóvenes transgénero» llamado «Living With Change», que «ofrece un ambiente acogedor y servicios para pacientes de cinco a veinticuatro años».[148]

Además del control que Gates puede ejercer sobre las ONG a través de sus financiamientos, las organizaciones internacionales tienen un lugar todavía más importante en el marco de su estrategia globalista. Si las ONG le sirven para instalar globalmente los temas, los organismos internacionales le sirven para convertirlos en políticas públicas de nivel global. Que la apuesta de Gates consiste en comprar cuotas de gobernanza global se deduce de la índole misma de muchas de sus donaciones, destinadas a ejercer control económico sobre organismos internacionales de primaria importancia. Entre ellos, la OMS parece ser el objetivo predilecto: Gates es su *segundo mayor donante del mundo*, después de Estados Unidos. Según consta en los reportes de su fundación, entre 1998 y 2024 le ha donado 599 veces, por un total de 5.263.200.479 dólares. Lograr semejante control económico sobre este organismo global equivale a tener en sus manos el diseño de las políticas sanitarias del mundo, cosa especialmente conveniente cuando, además, se tienen grandes inversiones en las industrias farmacéuticas. El peso específico de este poder puede pensarse en términos de la magnitud del poder ejercido por la OMS en los recientes tiempos de la pandemia del COVID-19.

Por otra parte, todo lo que se refiera a población y demografía está en el centro del interés de Gates. Este ha sido un tema fundamental para él desde los primeros pasos que dio en el mundo de la «filantropía», influenciado por Suzanne Cluett. Por eso mismo también ha donado enormes cantidades al Fondo de Población de Naciones Unidas (UNFPA): 89.434.707 dólares entre 1998 y 2023. Las distintas partidas han indicado objetivos explícitos. Por ejemplo, 10.498.950 dólares para «la ampliación de intervenciones de planificación familiar»; 7.500.000 para «mitigar el daño causado por recortes recientes de financiamiento»; e incluso montos menores para producir filmografía, como el documental *Vida juntas, mundo aparte* sobre la «equidad de género», o el documental *Day of the Six Billionth Child*, centrado en el nacimiento del sexto millonésimo bebé en la Tierra (el 12 de octubre de 1999), en el que se promueve el alarmismo demográfico y la urgencia de la disminución de

---

148. Cincinnati Children's Hospital Medical Center, «Transgender Health Center», https://www .cincinnatichildrens.org/service/t/transgender (consultado el 5 de mayo de 2024).

la natalidad. En esta materia, además del UNFPA, también la División de Población de Naciones Unidas ha recibido los dineros de Gates; en concreto, 8.936.257 dólares entre 2014 y 2021 con instrucciones muy precisas. Por ejemplo, 2.242.618 de dólares para mejorar «los programas nacionales de indicadores clave de planificación familiar», o 1.925.000 dólares para «ampliar el conocimiento sobre la planificación familiar y su relación con otros objetivos de desarrollo sostenible». Los «Objetivos del Desarrollo Sostenible» no son otra cosa que lo que hoy se conoce como «Agenda 2030» de la ONU, a la que más adelante le dedicaremos un capítulo entero.

En la misma línea, la Bill & Melinda Gates Foundation también ha puesto sumas astronómicas de dinero en la Fundación de las Naciones Unidas, una entidad que trabaja codo con codo con las agendas de la ONU, movilizando recursos financieros, técnicos y humanos para apoyar sus programas y proyectos. Esta entidad recibió de Gates la obscena suma de 410.038.832 dólares entre 1999 y 2023, en distintas partidas con finalidades bien definidas. Por ejemplo, allá por el año 2010, se concedieron 36.597.948 dólares para «aumentar la conciencia y movilizar recursos en apoyo de los Objetivos de Desarrollo del Milenio 4, 5 y 6», que luego se reciclarían de otra manera como Agenda 2030. O bien 10.583.940 dólares entregados en 2016 para «acelerar la producción y el uso de datos de género, así como para orientar políticas, aprovechar mejor las inversiones e informar las agendas de desarrollo globales». Otra del mismo año, en este caso de 26.929.604 dólares, fue enviada para «avanzar en los objetivos relacionados con vacunas, planificación familiar, el Fondo Mundial, la malaria y los Objetivos de Desarrollo Sostenible» (Agenda 2030). Y otra partida de 699.780 dólares fue aprobada también en 2016 para «apoyar al Asesor Especial del Secretario General de la ONU sobre la Agenda 2030 y a su equipo en el cumplimiento de su mandato, avanzando en el progreso de la implementación y rendición de cuentas de los Objetivos de Desarrollo Sostenible». Así es como se compran impunemente, y a la vista de todos, las agendas globales en Naciones Unidas.

Otro organismo clave en el que Gates inyecta su dinero es el Programa de las Naciones Unidas para el Desarrollo (PNUD), que resulta clave para la implementación de la Agenda 2030. La base de datos de la Bill & Melinda Gates Foundation registra que han puesto en el PNUD un total de 123.524.291 dólares entre 2002 y 2024. De nuevo, a cada partida le corresponde una instrucción. Así, por ejemplo, 4.553.824 dólares en 2022 para «apoyar al Defensor Especial del Secretario General de las Naciones Unidas para la Financiación Inclusiva para el Desarrollo para aumentar la conciencia y promover la adopción de políticas que faciliten la inclusión financiera y los sistemas financieros con enfoque de género»; o 5.425.513 dólares en 2012 para «proporcionar apoyo de capacidades al Ministerio de Agricultura y Desarrollo Rural para la implementación de la Agenda de Transformación Agrícola en Nigeria». Este caso es especialmente interesante, porque un informe de dos ONG nigerianas (Environmental Rights Action/Friends of the Earth Nigeria y Center for Environmental Education and Development) ha denunciado que esta agenda consistió en forzar a agricultores nigerianos del estado del noreste de Taraba a abandonar sus tierras para ceder espacio a la compañía estadounidense «Dominion Farms», para que establecieran 30.000 hectáreas de plantación de arroz.[149] Todo esto, desde luego, en nombre de la correcta «nutrición».

En materia de alimentación, Gates tiene un interés particular. Actualmente es el mayor terrateniente de Estados Unidos, con un total de 242.000 acres de tierra de cultivo en 18 estados distintos.[150] Como es de esperar, el magnate es también un contribuyente primordial para la Organización de las Naciones Unidas para la Agricultura y la Alimentación (FAO) con 139.326.596 dólares entre 2007 y 2023. Aquí encontramos partidas muy curiosas, como 22.655.186 dólares para «potenciar la cartera de préstamos y financiamiento climático del FIDA (Fondo Internacional de Desarrollo Agrícola) para la adaptación climática transformadora de género en varios países». El asunto del género atraviesa todas las agendas de los globalistas.

Otros organismos de gran relevancia de Naciones Unidas que han recibido dinero de Gates son el Alto Comisionado para Refugiados de la ONU: 23.171.391 dólares entre 2006 y 2023; la UNESCO: 449.986 dólares entre 2017 y 2023; la Organización Internacional del Trabajo (OIT): 47.126.008 dólares entre 2008 y 2023; el Fondo de Desarrollo de Capital de las Naciones Unidas: 210.020.900 dólares desde 2007 y 2024; UNICEF: 2.051.067.042 dólares entre 1999 y 2024. Este último es, después de la OMS, el órgano de Naciones Unidas al que la Bill & Melinda Gates Foundation más ha financiado.

---

149. Véase «Media release: Farmers in Nigeria's Taraba State refuse to give up lands», *Grain*, 28 de enero de 2015, https://grain.org/en/article/5296-media-release-farmers-in-nigeria-s-taraba-state -refuse-to-give-up-lands (consultado el 3 de mayo de 2024).
150. Véase Cristina Acebal, «Bill Gates se convierte en el mayor propietario de tierras agrícolas de EE.UU.», *Expansión*, 1 de febrero de 2021, https://www.expansion.com/fueradeserie/personajes /2021/02/01/600eb0b0468aeb16548b4685.html (consultado el 3 de mayo de 2024).

Bill Gates es actualmente uno de los más importantes donantes de la ONU en general. El suyo constituye el ejemplo más cabal de la privatización de la gobernanza global en la que se basa la plutocracia globalista.

Las fundaciones de los Rockefeller

Otro ejemplo bien conocido lo hallamos en la Fundación Rockefeller, creada en 1913 por el dueño de la Standard Oil, John Davison Rockefeller, uno de los hombres más ricos del siglo xx. El donativo inicial con el que le dio vida fue de 100 millones de dólares de la época, lo que equivale a más de 3.000 millones en nuestros días.[151] O sea, cerca del 10 % del PIB de países como Honduras y El Salvador, y aproximadamente el 20 % del PIB de Nicaragua. A través de su dinero, los Rockefeller se empeñarían en ejercer influencia sobre organismos internacionales, el mundo de las ONG y los movimientos sociales, además de lograr influencia sobre gobiernos nacionales desde una perspectiva global.

Tras la muerte del magnate petrolero, el trabajo lo asumió su hijo homónimo, John D. Rockefeller II, quien a su vez tuvo seis hijos (Abigail, John Davison III, Nelson, Laurence, Winthrop y David).[152] Estos dieron vida a otra entidad llamada Rockefeller Brothers Foundation, que operó codo con codo con la primera. De los hermanos Rockefeller, John Davison III se puso al frente de la cruzada por disminuir la natalidad en el mundo y promover la eugenesia, cooptando Naciones Unidas y varias administraciones e instituciones de su propio país; Nelson trabajó en las gestiones de numerosos presidentes norteamericanos, fue gobernador de Nueva York durante cuatro períodos y llegó a ser vicepresidente de Estados Unidos en 1974; Winthrop fue gobernador de Arkansas y se dedicó a la «filantropía» a través de la Winthrop Rockefeller Foundation y del Winthrop Rockefeller Charitable Trust; David, quizás el más globalista de todos, fue presidente del Council on Foreign Relations de Estados Unidos, miembro inaugural del Grupo Bilderberg y fundador de la Comisión Trilateral. Además, presidió el banco JP Morgan Chase, formó parte de las gestiones para crear el Banco Mundial y el FMI, donó a Naciones Unidas su actual sede neoyorkina y creó junto a su esposa el David Rockefeller Fund, con el que financia organizaciones

---

151. Véase López, *Historia del globalismo*, p. 187.
152. Los campos de intervención se ampliaron con John D. Rockefeller II. Su hijo David escribiría sobre su padre que sus proyectos «abarcarían prácticamente casi todos los campos de la actividad humana desde la religión a la ciencia, el medio ambiente, la política y la cultura» (David Rockefeller, *Memorias. Historia de una vida excepcional* [Barcelona: Planeta, 2004], p. 36).

izquierdistas al por mayor.[153] En 1998 recibió de manos del presidente
Clinton la «Medalla Presidencial de la Libertad».[154] El sucesor de David
es hoy su hijo homónimo, David Rockefeller II, militante demócrata y
entusiasta financiador del movimiento *woke*.

Algunos ejemplos del uso del dinero de los Rockefeller

En su sitio web oficial, la Fundación Rockefeller define su misión
como la de «promover el bienestar de la humanidad».[155] David Rockefeller la ha caracterizado como «la primera organización filantrópica con
una visión específicamente global».[156] Si tomamos de nuevo ejemplos al
azar, encontramos en su base de datos algunos financiamientos recientes.
Apoyo de 111.452 dólares a la Columbia University para la realización de
una encuesta a la comunidad LGBTQ+ acerca de sus percepciones de la
pandemia y la vacuna; apoyo general de 500.000 dólares a la Brookings
Institution para «identificar racismo sistémico»; apoyo de 1.000.000 de
dólares a Accelerate 500 Inc. para ayudar a «negros y latinos» a que, en
el marco de la pandemia, «superen las barreras estructurales relacionadas
con la raza y el género»; apoyo puntual de 1.500.000 dólares al Center
for Antiracist Research de la Boston University para «explorar formas
de comprender, explicar y resolver problemas aparentemente insolubles
de injusticia racial», además de «desarrollar un Laboratorio de Datos
Raciales y un Rastreador de Datos Raciales COVID-19». Donación de
200.000 dólares a la Fundación Bill, Hillary y Chelsea Clinton para
«la generación de narrativas y capacitación mediática para profesionales
del entretenimiento que establezca el impacto del cambio climático en
la salud y desarrollo de los niños»; apoyo general de 150.000 dólares al
Women's Reproductive Rights Assistance Project para contribuir a que
«todas las mujeres de todas las edades, géneros, etnias y culturas tengan
acceso a abortos legales y seguros»; apoyo general de 150.000 dólares
a Abortion Care Network para impulsar «a los proveedores independientes de servicios de aborto»; nada menos que 25.000.000 de dólares
para Co-Impact, con el fin de contribuir a un «Fondo de Género» para

153. López, *Historia del globalismo*, pp. 193-203.
154. Puede leerse el discurso de Clinton en el reconocimiento de Rockefeller en William J. Clinton,
     «Remarks on Presenting the Presidential Medal of Freedom», https://www.presidency.ucsb.edu
     /documents/remarks-presenting-the-presidential-medal-freedom-2 (consultado el 12 de abril
     de 2024).
155. The Rockefeller Foundation, «Our Work», https://www.rockefellerfoundation.org/our-work/
     (consultado el 11 de abril de 2024).
156. Rockefeller, *Memorias*, p. 23.

transformar los sistemas de salud, educación y económicos en la dirección que esa ideología determina, además de un total de 54.428.314 dólares entre 2015 y 2023 para New Venture Fund, un fondo de financiamiento del *wokismo* con el que también se financia Co-Impact.

Al igual que ocurre con la fundación de Soros, la de los Rockefeller financia a grupos de la izquierda radical. Tomemos el caso de Missouri Jobs with Justice, a la que en 2023 se le otorgó 300.000 dólares para lograr «justicia social, racial y económica». Esta organización se presenta públicamente de la siguiente forma: «Hay un pequeño grupo de personas blancas adineradas que trabajan para mantenernos al resto de nosotros divididos para que ellos puedan tomar todas las decisiones. No quieren ver a los trabajadores juntos y definitivamente no quieren compartir lo que debería ser legítimamente nuestro».[157] Curiosamente, este tipo de radicalismo es característico de algunos miembros de la familia Rockefeller, como Abby, la hija de David. Sobre ella, su padre ha contado que en la universidad fue «arrastrada al marxismo» y que pronto «se convirtió en una ardiente admiradora de Fidel Castro y se unió al Partido Socialista de los Trabajadores». Además, «su compromiso más profundo llegó a ser el feminismo» y terminó convirtiéndose en miembro de la organización feminista radical Cell 16. *New York Magazine* la describió como una «segregacionista sexual» y la citaron diciendo que «el amor entre un hombre y una mujer es debilitante y contrarrevolucionario». Poco después, según advirtió su padre en sus *Memorias*, «los intereses de Abby comenzaron a cambiar hacia los temas medioambientales y ecológicos».[158]

Además de patrocinar todas y cada una de las causas *woke* e izquierdistas, la Fundación Rockefeller también tiene una enorme influencia sobre las organizaciones internacionales. La cantidad de dinero que ha fluido hacia órganos de Naciones Unidas es incalculable. Por poner solo algunos casos ilustrativos, en 2022 donó 300.000 dólares a la Fundación de las Naciones Unidas para «implementar una revisión de todo el sistema de todas las entidades de la ONU para promover igualdad de género» (o sea: ideología de género); además, partidas de 100.000 dólares a la misma entidad, tanto en 2022 como en 2021, para que el sector privado «promueva la igualdad de género». Entre 2016 y 2023, la Fundación de las Naciones Unidas ha recibido un total de 5.605.991 dólares por parte de la Fundación Rockefeller en donaciones de este

---

157. Missouri Jobs with Justice, «About», https://mojwj.org/about/#What-we-do (consultado el 13 de abril de 2024).

158. Rockefeller, *Memorias*, 409.

estilo. Por su parte, la OMS recibió 10.881.141 dólares entre 2006 y 2022. Entre las partidas que fueron para sus arcas encontramos, por ejemplo, 500.000 dólares en 2022 con el propósito expreso de adquirir mayor «conocimiento del comportamiento social con el fin de impulsar la demanda de vacunas en la región africana»; o bien 4.931.546 dólares con el propósito de desarrollar «un marco de gobernanza digital» y «la aceleración de la digitalización de sus directrices»; incluso dos partidas en 2016, de 150.708 y 75.900 dólares, cuyo objetivo consiste en impulsar un «debate sobre la elección del próximo Director General de la Organización Mundial de la Salud» y definir sus «cualidades ideales». Sobra decir que todos los años se destinan abultadas sumas de dinero para distintos órganos de la ONU en general, con el mandato expreso de que se utilicen para impulsar la Agenda 2030.

Por otro lado, la Rockefeller Brothers Foundation constituye otro foco de financiamiento de todas estas causas y proyectos. Por poner solo dos ejemplos que ilustran la fijación con la ideología *woke*, en 2023 la Joyce Theater Foundation recibió 200.000 dólares para «apoyo al desarrollo artístico y el proceso creativo de coreógrafos de color, mujeres y la comunidad LGBTQ+», mientras que el Brooklyn Institute of Arts and Sciences recibía el mismo monto para «exposiciones que destacan el trabajo de artistas negros, indígenas, de color, mujeres y LGBTQ+ de Brooklyn».[159] O sea, hay ayuda para cualquiera que no sea un hombre blanco heterosexual, maligna representación del «privilegio» de los «opresores». Además, la Rockefeller Brothers Foundation contribuye a financiar otros fondos administrados por otras entidades con los que se financian numerosas ONG. Como vimos, es muy común que los magnates financien indirectamente causas a través de fondos que llevan otros nombres. Tenemos, por ejemplo, NEO Philanthropy, que en los últimos cinco años ha entregado 516.000.000 de dólares a ONG y fundaciones en favor de lo que ellos denominan «cambio social».[160] Más en concreto, según su llamado «Plan Estratégico», el dinero ha de fluir hacia organizaciones que luchen por la «justicia social» y, particularmente, por «los negros, los indígenas, las personas de color, las mujeres, las personas LGBTQI, los inmigrantes, y personas con discapacidad».[161] De nuevo nos topamos con la tipología *woke* por excelencia y su *culto interseccional*.

---

159. Base de datos de financiamiento de Rockefeller Brothers Foundation en https://www.rbf.org /grants-search (consultado el 13 de abril de 2024).
160. https://neophilanthropy.org/ (consultado el 13 de abril de 2024).
161. Michele Lord, «Introducing NEO's New Strategic Plan», 31 de enero de 2024, https:// neophilanthropy.org/introducing-neos-new-strategic-plan/ (consultado el 13 de abril de 2024).

Otro ejemplo similar es el del ya mencionado New Venture Fund, con el que se financian grupos y fondos *woke* como Co-Impact, fondo dedicado a su vez al financiamiento de los movimientos feministas del globo.[162] New Venture Fund ha recibido de Rockefeller Brothers Foundation una donación de 600.000 dólares.

En lo que a estos temas respecta, no hay que dejar fuera al David Rockefeller Fund. A través de este, otros varios millones de dólares se destinan también al engrosamiento de las arcas de organizaciones progresistas y *woke* en general. Uno de los tópicos centrales que este fondo quiere financiar es el de la «justicia», aunque con un enfoque explícitamente *prodelincuentes*. Así se plantea en su sitio web la invitación a que las ONG le soliciten apoyo económico: «Estamos especialmente interesados en la organización de base, la construcción de poder y los esfuerzos efectivos de promoción de políticas de descarcelación a escala nacional».[163] O sea, dejar a los delincuentes en libertad en nombre de la lucha contra el «punitivismo». Recientemente, por ejemplo, han donado cerca de 175.000 dólares a Dream.org, una organización que se presenta públicamente así: «Cerramos prisiones y abrimos puertas de oportunidades a la economía verde».[164] En concreto, impulsan tres causas al unísono: abolicionismo del sistema penitenciario, ambientalismo y racismo afro. Otro ejemplo similar es el de la Tides Foundation, que se presenta como una entidad dedicada a la «justicia social».[165] La David Rockefeller Fund le ha venido dando en los últimos años 330.000 dólares para un fondo llamado «Mass Liberation». Además de la pretensión de dejar a los delincuentes fuera de las cárceles, la Tides Foundation apoya la inmigración ilegal;[166] financia organizaciones de «mujeres y niñas», pero que cumplan un requisito: ser «de color» (las blancas, implícitamente, son *opresoras*);[167] subvenciona a

---

162. Véase New Venture Fund, «Global Development and Healt» (s.f.), https://newventurefund .org/sample-projects/global-development-and-health/. Sobre Co-Impact, véase su «Manual» de trabajo en https://co-impact.org/wp-content/uploads/2021/09/Handbook-2021-Spanish .pdf (consultado el 13 de abril de 2024). Aquí se encontrarán cosas muy curiosas, como, por ejemplo, que uno de los grandes males del COVID-19 ha sido «desviar» hacia otras áreas fondos que deberían haber ido a abortos («salud sexual y reproductiva», claro).

163. David Rockefeller Fund, «Justice» (s.f.), http://www.drfund.org/programs/criminal-justice/ (consultado el 13 de abril de 2024). La base de datos de donaciones de este tópico se encuentran en ese mismo enlace. Todos los datos que a continuación se mencionan sobre esta fundación salen de aquí.

164. Véase https://dream.org/ (consultado el 13 de abril de 2024).

165. «Advancing Social Justice» es su eslogan. Véase https://www.tides.org/ (consultado el 13 de abril de 2024).

166. Véase TIDES, «Inmigrants Belong Fund Grantees» (s.f.), https://www.tides.org/funds-initiatives /immigrants-belong-fund-grantees/ (consultado el 13 de abril de 2024).

167. Véase TIDES, «Advancing Girls Fund» (s.f.), https://www.tides.org/funds-initiatives/advancing -girls-fund/ (consultado el 13 de abril de 2024).

organizaciones que promuevan la «libertad reproductiva», es decir, la libertad de asesinar a seres humanos en gestación;[168] promueve la «justicia racial», la «justicia climática» y la «justicia de género», entre otras muchas bondades englobadas en la categoría comodín por excelencia: «Derechos humanos». (Por cierto, semejante muestra de «humanidad» le ha valido a la Tides Foundation la suma de 15.013.960 dólares en donativos enviados por la Open Society Foundations).

En sus memorias, el propio David Rockefeller elabora una curiosa reflexión en la que termina presentándose sin ambages y con orgullo como un globalista:

> Algunos creen incluso que [nosotros, los Rockefeller] formamos parte de una camarilla secreta que trabaja contra los intereses de los Estados Unidos, tachándonos a mi familia y a mí de «internacionalistas» y de conspirar en todo el mundo para construir una estructura económica y política global más integrada —un mundo, si se quiere—. Si ésa es la acusación me declaro culpable y estoy orgulloso de ello.[169]

La suya, por supuesto, es la posición correcta en la historia. David Rockefeller es sencillamente un adelantado, alguien que posee la clave de la historia y dispone de su fortuna filantrópicamente para acelerar la marcha de los tiempos hacia un «mundo mejor». Así, concluye con tono determinista: «En el siglo XXI no hay sitio para los aislacionistas; hemos de ser internacionalistas»[170] (en nuestra terminología: globalistas).

La Fundación Ford

Un último caso que es imposible no mencionar cuando se piensa en magnates o corporaciones que establecen agendas globales por medio de su poder económico es el de la Fundación Ford. Esta fue concebida por Edsel Ford, hijo de Henry, el fundador de la Ford Motor Company, y vio la luz en el año 1936. En la década de 1940, habiendo muerto tanto Henry como Edsel, la fundación pasó a las manos del hijo de este último, Henry Ford II. Este se apoyó en un grupo de «expertos», liderado por Horace Rowan Gaither, quien venía de presidir la RAND Corporation,

---

168. Véase TIDES, «Social Change Leaders» (s.f.), https://www.tides.org/partners/social-change-leaders/ (consultado el 13 de abril de 2024).
169. Rockefeller, *Memorias*, p. 506.
170. Ibíd., p. 507.

el *think tank* del poder militar norteamericano. La recomendación fue categórica: la Fundación Ford debía convertirse en el máximo ejemplo de «una filantropía internacional dedicada a promover el bienestar humano»,[171] tal como hoy cuentan en su propio sitio web. Así, para 1952 la fundación ya inauguraba su primera oficina internacional fuera de Estados Unidos, en India. En 1953 abrió sus oficinas en Indonesia, en 1968 en Nigeria, en 1959 en Egipto, en 1962 en Brasil, Kenia y México, en 1988 en China, en 1993 en Sudáfrica y en 2016 en Colombia.

Hacia la década de 1960, la Fundación Ford empezó a concentrarse en lo que denomina «justicia social». Fundamentalmente, comenzó a apostar por el financiamiento de causas, agrupaciones y movimientos vinculados a temas de raza y género, además de impulsar una retórica basada en «derechos humanos». En la década de 1970 se convertirá en uno de los más grandes contribuyentes de organizaciones como Human Rights First, Global Rights y Human Rights Watch. Aquí están las semillas de lo que algunas décadas más tarde se convertiría en el patrocinio sistemático de causas, grupos y movimientos *woke*.

Actualmente, la Fundación Ford define su trabajo en torno a una serie de áreas «interconectadas» en las que establece su propia estrategia y se involucra directamente, además de subvencionar a otras organizaciones implicadas. Veamos en qué consisten algunas de ellas.

En primer lugar, se encuentra un área llamada «Participación cívica y gobierno». En esta, se nos dice que el foco está puesto en la lucha contra la «desigualdad». Lo que hacen concretamente es promocionar y financiar «organizaciones y líderes de la próxima generación con profundos vínculos en las comunidades en la vanguardia de la desigualdad para anclar un movimiento prodemocracia y reformar la gobernanza desde la base». Por si quedara alguna duda sobre a qué organizaciones y a qué líderes se refiere, la aclaración viene de inmediato: «Las comunidades históricamente excluidas, como las de personas negras, latinas, inmigrantes, LGBTQ+, mujeres, personas con discapacidad, trabajadoras y otras».[172] El presupuesto anual que define la Fundación Ford para semejantes grupos de «oprimidos» es de nada menos que 37.000.000 de dólares, además de 11.000.000 de dólares en otro tipo de partidas presupuestarias denominadas «Build».

---

171. Ford Foundation, «About» (s.f.), https://www.fordfoundation.org/about/about-ford/a-history -of-social-justice/ (consultado el 4 de mayo de 2024).

172. Ford Foundation, «Civic Engagement and Government, U.S. Strategy», https://www .fordfoundation.org/work/challenging-inequality/civic-engagement-and-government/u-s- strategy/ (consultado el 4 de mayo de 2024).

En segundo lugar, nos encontramos con el área de «Creatividad y libre expresión». En este caso, el interés recae en las posibilidades de batalla cultural que brindan el mundo del arte, el espectáculo y los medios de comunicación de masas. Aquello de «libre expresión» es un eufemismo que en verdad significa *orientar la expresión en el sentido en que la Fundación Ford desea*, comprando determinadas voces y amplificando otras a base de dinero. Todo esto, desde luego, se lleva adelante en nombre de los más benévolos ideales y como un generoso aporte a la lucha de los «marginados». Así lo explican los ultrarricos de la Fundación Ford: «Sin igualdad en los sectores creativos y sin inversiones más profundas en historias no contadas y narradores no escuchados, las narrativas culturales dominantes continuarán afirmando jerarquías y estereotipos raciales, de género y otros».[173] De ahí que se dediquen a financiar no lo que el público realmente demanda, sino lo que sus propias ideologías políticas exigen. En este mismo ámbito, la fundación pone inmensas cantidades de dinero en periodismo *woke*. Incluso cofundó el «Fondo de Equidad Racial en el Periodismo» en Borealis Philanthropy, al que le ha dado 6.000.000 de dólares para promocionar la típica narrativa del racismo afro. El presupuesto anual que se lleva esta área de la fundación es de 26.000.000 de dólares, además de 35.000.000 de dólares como partidas «Build».

Andando un poco más aparece un área denominada «El futuro del trabajo y de los trabajadores». En esta se expresa el interés por apoyar a los trabajadores del globo en general, de todos los sectores laborales, a enfrentar los cambios venideros que ciertamente pondrán en crisis el mundo del trabajo tal como lo conocíamos. No obstante, para que no surjan malentendidos y no se cuele ningún «opresor» entre los beneficiados por los ultrarricos de Ford, la aclaración *woke* sobreviene de inmediato: «Pero los cambios no están impactando a las personas de manera igual: las mujeres, las personas de color, los migrantes y las personas con discapacidades soportan desproporcionadamente la carga, exacerbando la desigualdad en general».[174] Entre otras cosas, la nueva tecnología estaría sirviendo a los fines del patriarcado y de los racistas: «La nueva tecnología, a menudo anunciada como un facilitador de la innovación de los trabajadores, ha socavado el poder y la privacidad de los trabajadores, incluidos los algoritmos que refuerzan la discriminación

173. Ford Foundation, «Creativity and Free Expression» (s.f.), https://www.fordfoundation.org/work/challenging-inequality/creativity-and-free-expression/ (consultado el 4 de mayo de 2024).
174. Ford Foundation, «Future of Workers» (s.f.), https://www.fordfoundation.org/work/challenging-inequality/future-of-workers/ (consultado el 4 de mayo de 2024).

racial y de género y regulan de manera inequitativa los horarios, los salarios, los ascensos e incluso la seguridad física». Esto significa que, en la práctica, esta área se dedicará, otra vez, a acabar con la «opresión» que pesa sobre las «minorías». Para que no quede ninguna duda, el texto vuelve una y otra vez a enumerarlas: «Las mujeres, las personas de color, los trabajadores con discapacidades, los trabajadores LGBTQ+ y los inmigrantes indocumentados».[175] El presupuesto anual de la fundación para estos cometidos es de 12.000.000 de dólares, con una partida extra («Build») de 6.000.000 más.

A continuación, aparece un área que toma el nombre de «Justicia de género, racial y étnica». Si ya creíamos que con las tres áreas anteriores las «minorías oprimidas» ya podían haber quedado satisfechas y con los bolsillos llenos, estábamos profundamente equivocados. Para ellas se reserva, también, esta otra área de la Fundación Ford, en la que se llama la atención sobre el hecho de que la «desigualdad estructural basada en el género, la raza, la clase social, la discapacidad y la etnia persiste en todo el mundo y se ve agravada y complicada por los desafíos actuales».[176] La «interseccionalidad» esgrimida por los ultrarricos, preocupados por las distintas formas de «desigualdad» en el mundo y la manera en que se intersecan, es verdaderamente conmovedora. Con el lenguaje ideológico característico del *wokismo*, la Fundación Ford advierte que «el patriarcado» está enraizado «en leyes, políticas y normas culturales destinadas a restringir los derechos»; que la «reversión de los derechos al aborto amenaza la fortaleza de nuestra democracia»;[177] que «las personas de color son sometidas desproporcionadamente a la vigilancia policial y encarcelamiento»; que «los inmigrantes y las personas LGBTQ+ son objeto de ataques simplemente por ser quienes son».[178] De ahí que se disponga para todos estos «oprimidos» la suma anual de 7.500.000 de dólares más partidas «Build» que adicionarán 20.000.000 de dólares en los próximos años únicamente para Estados Unidos, y 22.000.000 de dólares más

175. Ford Foundation, «Future of Work(ers). U.S. and International Strategy» (s.f.), https://www .fordfoundation.org/work/challenging-inequality/future-of-workers/u-s-and-international -strategy/ (consultado el 5 de mayo de 2024).

176. Ford Foundation, «Gender, Racial and Ethnic Justice» (s.f.),https://www.fordfoundation.org /work/challenging-inequality/gender-racial-and-ethnic-justice/ (consultado el 4 de mayo de 2024).

177. Ford Foundation, «Gender, Racial and Ethnic Justice. U.S. Strategy» (s.f.), https://www .fordfoundation.org/work/challenging-inequality/gender-racial-and-ethnic-justice/u-s-strategy/ (consultado el 4 de mayo de 2024).

178. Ford Foundation, «Gender, Racial and Ethnic Justice» (s.f.), https://www.fordfoundation.org /work/challenging-inequality/gender-racial-and-ethnic-justice/ (consultado el 4 de mayo de 2024).

partidas «Build» de 45.000.000 a inyectar para el ámbito global. Nunca fue tan rentable pertenecer al selecto grupo de las «minorías oprimidas».

En este contexto, y para los fines concretos de esta área en particular, la Fundación Ford ha definido una estrategia basada en cuatro tipos de acciones: «Fortalecimiento de los ecosistemas feministas», a través de mucho dinero; «facilitación de la coordinación global e inversiones», con lo que pretenden articular agrupaciones, políticos y empresarios «para desarrollar una agenda compartida que funcione en las intersecciones de género, raza, etnia, edad, orientación sexual y discapacidad»; «transformaciones de narrativas y normas sociales», lo que significa batalla cultural, que se logra poniendo dinero en «una combinación de estrategias de comunicación, medios de comunicación y legales»; «ampliación del conocimiento», con lo que financian y condicionan a académicos y universidades.[179] Si se mira bien, se verá que cada una de estas acciones se reduce a una sola: poner sumas astronómicas de dinero.

Otra importante área de la Fundación Ford es la llamada «Cooperación Internacional». En este caso, se explicita que el «objetivo es ayudar a promover la justicia social y combatir la desigualdad dentro de los sistemas de gobernanza global». Las intenciones son muy nobles: «Lograr un orden global justo e inclusivo». Las palabras *talismán*, que no significan realmente nada pero que anulan cualquier posibilidad de duda y mucho más de crítica, nunca fallan. Es muy interesante cómo la fundación explica su labor en esta materia: «Al fomentar el diálogo y las alianzas estratégicas entre la sociedad civil, las organizaciones no gubernamentales internacionales, los gobiernos y las organizaciones intergubernamentales, nuestro objetivo es promover los valores democráticos, la justicia y la inclusividad como principios fundamentales en la modificación de los sistemas de gobernanza global».[180] Por «sociedad civil» hay que entender: grandes multinacionales y los magnates del *filantrocapitalismo*. Así, todos los que en este capítulo hemos llamado «actores del globalismo» son considerados explícitamente en esta área de trabajo. La Fundación Ford comprende muy bien qué papel juega cada uno de ellos, y por eso se pone en la tarea de «articularlos» de cara a la «gobernanza global». Es curioso que esta sea la única área en la que la fundación «olvidó» decirnos de cuánto es su presupuesto anual.

179. Ford Foundation, «International Strategy» (s.f.), https://www.fordfoundation.org/work /challenging-inequality/gender-racial-and-ethnic-justice/international-strategy/ (consultado el 4 de mayo de 2024).

180. Ford Foundation, «International Cooperation» (s.f.), https://www.fordfoundation.org/work /challenging-inequality/international-cooperation/ (consultado el 4 de mayo de 2024).

Como piedra angular del *filantrocapitalismo*, precisamente, se configura también el área denominada «Inversiones con Misión». Aquí el propósito consiste en «movilizar todo el espectro del capital, desde inversores institucionales como fundaciones, fondos de pensiones y fondos soberanos, hasta bancos, inversores minoristas y otros, para desarrollar una forma más inclusiva de capitalismo». Por desgracia, nadie en la Fundación Ford define con claridad a qué se refieren con «una forma más inclusiva de capitalismo», más allá de magnates donando dinero. Todo lo que atinan a decir es que, además de perseguir beneficios económicos, el «capitalismo inclusivo» debería «beneficiar a múltiples personas». En realidad, no ha habido forma más eficiente de beneficiar a múltiples personas que persiguiendo ganancias económicas, pero decir esto sería pronunciar una herejía para el *wokismo*. De repente, pretenden ponérnoslo todo más claro: de lo que se trata, nos dicen, es de «considerar la diversidad, la equidad y la inclusión».[181] La nueva *Santísima Trinidad*, cuyas promocionadas siglas son «DEI», irrumpe así para señalar el camino de la salvación. En rigor, nada ha quedado claro en absoluto, salvo el hecho de que esta área se lleva 1.000 millones de dólares, además de otros 350.000.000 en partidas denominadas «PRI».[182]

Desde luego, la Fundación Ford, después de que la familia Ford hubiera amasado su fortuna aprovechando los favores del sistema de la industria pesada, se dedica ahora a luchar también por una «economía Verde». A ello se aboca precisamente su área denominada «Recursos Naturales y Cambio Climático». En esta sección es posible toparse con cosas muy divertidas. Por ejemplo, esta: «Los pueblos indígenas y las comunidades locales con derechos seguros sobre sus tierras son los mejores defensores del medio ambiente natural. Actualmente, las comunidades con estos derechos evitan que al menos 300 mil millones de toneladas métricas de carbono sean liberadas a la atmósfera al detener la deforestación de sus tierras».[183] Así, la misión de la Fundación Ford parecería ser apoyar a los «pueblos originarios» a que se hagan con mayores porciones de tierra, para así salvarnos del «cambio climático». Este es el tipo de «argumentos» que llevan adelante los ultrarricos *woke*, cuyo dinero proviene del desarrollo industrial, y que no desean que nadie más pueda

---

181. Ford Foundation, «Mission Investments» (s.f.), https://www.fordfoundation.org/work/challenging-inequality/mission-investments/ (consultado el 4 de mayo de 2024).
182. Ford Foundation, «Mission Investments. U.S. and International Strategy» (s.f.), https://www.fordfoundation.org/work/challenging-inequality/mission-investments/u-s-and-international-strategy/ (consultado el 4 de mayo de 2024).
183. Ford Foundation, «Natural Resources and Climate Change» (s.f.), https://www.fordfoundation.org/work/challenging-inequality/natural-resources-and-climate-change/ (consultado el 4 de mayo de 2024).

conducirse por el camino que ellos mismos tomaron en su momento para llenarse los bolsillos. No se puede negar que se trata de un argumento muy conveniente si lo que se pretende es someter a los demás a vivir en la pobreza y, en caso de tener la suerte de ser considerado parte de las «minorías oprimidas», recibir las dádivas de los magnates del *wokismo*. En efecto, el presupuesto anual de esta área es de 25.000.000 de dólares, además de 95.000.000 en concepto de partidas «Build».

Por último, la Fundación Ford se aboca también a un área denominada «Tecnología y Sociedad». El texto con el que esta área se presenta al público explicita el terror que desde la fundación sienten por la libertad de expresión que la gente de a pie conquistó gracias a Internet: «La tecnología diseñada para conectarnos nos ha dividido, amplificando la desinformación y promoviendo discursos peligrosos». Pasado en limpio, esto quiere decir: «Internet está muy bien, siempre que allí se diga lo que los globalistas quieren escuchar». Los «peligros» de un Internet libre se describen en términos como estos: «Los algoritmos sesgados han llevado a un mayor número de policías en comunidades de color», «los beneficios y riesgos de la tecnología no se distribuyen equitativamente», «han permitido la publicidad discriminatoria para vivienda, empleo y crédito».[184] En síntesis, Internet necesita filántropos que lo regulen por el bien de «la Humanidad», y la Fundación Ford quiere ser quien lo haga. Para esto, disponen de un presupuesto anual de 14.000.000 de dólares con el que financian proyectos en Estados Unidos, 7.000.000 de dólares como presupuesto internacional, además de 38.000.000 de dólares en partidas «Build».

Algunos ejemplos del uso del dinero de la Fundación Ford

Ahora bien, todo lo mencionado anteriormente no contempla el sinfín de donaciones que la Fundación Ford realiza a lo largo y ancho del mundo con el objetivo de hacer avanzar la agenda globalista y las causas del *wokismo*. Solo entre 2020 y la primera mitad del año 2022, esta institución repartió más de 1.910 millones de dólares[185] en este tipo de proyectos y agendas. De nuevo tomando ejemplos al azar, se presenta a continuación apenas un botón de muestra del tipo de donaciones que es posible encontrar en la base de datos de financiamiento de la Fundación Ford.

---

184. Ford Foundation, «Technology and Society. U.S. and International Strategy» (s.f.), https://www.fordfoundation.org/work/challenging-inequality/technology-and-society/u-s-and-international-strategy/ (consultado el 4 de mayo de 2024).
185. Véase Ford Foundation, «2022 Grantmaking at a Glance», https://www.fordfoundation.org/work/our-grants/awarded-grants/ (consultado el 13 de abril de 2024).

Donativo de 3.000.000 de dólares para el Action Center on Race and the Economy Institute, con el fin de realizar un estudio sobre «intersección» racial, de género e inmigración; apoyo general de 1.000.000 de dólares para FRIDA | Young Feminist Fund con el propósito de «amplificar su visión de justicia de género»; apoyo general de 3.500.000 dólares al Groundswell Fund para llevar «justicia reproductiva» (o sea: aborto) a «mujeres de color y personas transgénero»; apoyo general de 550.000 dólares al National Network of Abortion Funds para «remover las barreras financieras y logísticas para el acceso al aborto»; apoyo básico de 800.000 dólares a New Venture Fund para «ampliar y aumentar el acceso al aborto para todas las mujeres»; donación de 200.000 dólares al National Health Law Program para promover el acceso al aborto en «poblaciones de bajos ingresos»; aporte de 400.000 dólares para Faith in Public Life con el objeto de «organizar un grupo de líderes religiosos que apoyen la libertad reproductiva, incluido el acceso al aborto»; apoyo básico de 1.150.00 dólares para el Leadership Institute Simone de Beauvoir a los efectos de «lanzar una serie de conversaciones públicas y reuniones» donde se elabore una «agenda feminista global»; apoyo general de 2.000.000 de dólares a la National LGBTQ Task Force para promover «justicia LGBTQ»; apoyo general de 6.500.000 dólares a Southerners on New Ground para políticas de «interseccionalidad» que crucen personas de bajos ingresos, negros, inmigrantes y LGBT; donativo de 40.000 dólares para que el «Instituto Nacional de Derechos Humanos desarrolle un guion para una película sobre la opresión al pueblo mapuche»; otros 90.000 dólares más para la misma institución con el fin de «difundir la violencia estatal contra las comunidades mapuches en el sur de Chile»; aporte de 280.000 dólares para la Fundación Felipe Herrera, con la finalidad de «desarrollar la capacidad de las comunidades mapuches [en Chile] para hacer valer sus derechos»; apoyo puntual de 1.300.000 dólares para que NEO Philanthropy movilice «participación cívica juvenil de jóvenes de color, mujeres jóvenes, jóvenes inmigrantes y jóvenes LGBTQ»; apoyo general de 5.000.000 de dólares para que Color of Change Education Fund dé mayor impulso a la «justicia racial»; apoyo general de 7.500.000 dólares al Center for Reproductive Rights para instalar el aborto «como un derecho humano fundamental que todos los gobiernos estén legalmente obligados a proteger, respetar y cumplir».

La penetración de la Fundación Ford en las organizaciones internacionales es más que considerable. Como cabe esperar, dominan estos aparatos a través de donaciones «filantrópicas». Naciones Unidas y sus órganos especializados han estado entre sus principales objetivos. Los ejemplos son incontables, pero vaya aquí nuevamente un botón de muestra: entre 2006 y 2023, Ford le ha donado a la UNESCO un total de 3.672.253 dólares. Las partidas han definido propósitos muy claros. Por ejemplo, 350.000 dólares en el año 2019 con el fin de «fortalecer las perspectivas feministas del sur de Asia»; 300.000 dólares en 2023 para apoyar la realización de un foro «contra el racismo y la discriminación», o 250.000 dólares en el mismo año para «la producción del influyente Informe Mundial sobre Racismo y Discriminación para educar, inspirar e informar a las personas que toman las decisiones».

Por su parte, la Fundación de las Naciones Unidas, que trabaja en estrecha colaboración con las agencias de la ONU, ha recibido de la Fundación Ford un total de 1.930.000 dólares entre 2011 y 2021. Las partidas han ido, por ejemplo, para impulsar «el cumplimiento del mandato de la Declaración ONU75», en el marco de la que se le solicita a los Estados «fortalecer la gobernanza global» y «financiar más a las Naciones Unidas».[186] A su vez, la Oficina del Alto Comisionado de las Naciones Unidas para los Derechos Humanos recibió de la fundación la suma de 1.714.000 dólares entre 2010 y 2023. El Instituto de Investigación de las Naciones Unidas para el Desarrollo Social, por su lado, se ha llevado 529.000 dólares entre 2012 y 2023, para emprender proyectos como impulsar una «investigación de los movimientos antigénero de América Latina y sus conexiones en el espacio cívico».

Pero los órganos predilectos de la Fundación Ford han sido otros. ONU Mujeres, en primer término, que se ha llevado entre 2011 y 2023 un total de 9.089.256 dólares, con el mandato de lograr cosas como «hacer realidad las aspiraciones de la Plataforma de Acción de Beijing», además de impulsar «prioridades estratégicas» que no se dicen cuáles son. Como veremos en otro capítulo, la mencionada Plataforma fue el canal por el que la ONU impuso la ideología de género a nivel global. En segundo lugar, el otro favorito ha sido el Programa de las Naciones Unidas para el Desarrollo (PNUD), en el que la Fundación Ford ha puesto la suma de 5.739.454 dólares entre 2007 y 2023, para proyectos como «fortalecer» la «Comisión de la Verdad de Colombia», a través de la cual se ha demonizado a las Fuerzas Armadas de esa nación. Finalmente, destaca también el Fondo de Población de Naciones Unidas (UNFPA), que ha recibido de Ford un total de 4.030.289 dólares

---

186. «ONU75: Declaración de los Pueblos y Plan de Acción Global», https://c4unwn.org/wp-content /uploads/2020/10/ONU75-Declaracio%CC%81n-de-los-Pueblos-y-Plan-de-Accio%CC%81n -Global.pdf

entre 2007 y 2016, a lo largo de una serie de partidas dinerarias con objetivos como «abogar por la integración de las cuestiones de salud sexual y reproductiva en los procesos de planificación del desarrollo nacional». Es decir, promover el descenso de la natalidad como prioridad estratégica de las naciones.

En el nivel regional, la Organización de los Estados Americanos (OEA) no se ha quedado sin recibir los fondos de la Fundación Ford. En el año 2022, por ejemplo, la Comisión Interamericana de los Derechos Humanos (CIDH) recibió 1.000.000 de dólares por parte de la fundación para «abordar la situación de los derechos humanos en la región aplicando enfoques y mecanismos innovadores». Atendiendo al tipo de ideologías que la Fundación Ford financia sistemáticamente, es fácil interpretar lo que quieren decir con «enfoques y mecanismos innovadores». En el año 2019, la CIDH ya había recibido 350.000 dólares para apoyar a «líderes sociales y defensores de los derechos humanos» en distintos países de nuestro continente. Nuevamente, resulta sencillo imaginar a quiénes se refiere con tan pomposos y distinguidos títulos.

Los ejemplos son tan abundantes como abrumadores. Por razones de espacio, no puedo mencionar más que una diminuta parte de todo lo que se puede hallar en estas bases de datos, y de todo lo que se puede desenterrar cuando se diluciden las intrincadas conexiones que se dan entre fondos de distinta procedencia, que se van financiando unos a otros, para terminar por fin en las cuentas bancarias de ONG, movimientos progresistas y *woke*, y hasta de organismos internacionales, cuyas agendas penetran a la postre los Estados nación, definen sus agendas e influyen significativamente sobre sus políticas internas.

V. Poder financiero global

> *«Desde las monedas, los sellos, las cubiertas de los libros, las pancartas, los carteles y los envoltorios de los paquetes de cigarrillos: por todas partes. Sus ojos siempre te observaban y la voz siempre te envolvía. Dormido o despierto, trabajando o comiendo, en casa o en la calle, en el baño o en la cama, no existía escapatoria».*[187]
>
> G. ORWELL

---

187. George Orwell, *1984* (Barcelona: Austral, 2022), p. 40.

Las instituciones financieras también cumplen un rol cada vez más significativo en el establecimiento de las agendas ideológicas del globalismo. En efecto, a muchas de ellas ya no les basta con operar sobre la base de una lógica económica, sino que hacen suyas, de diversas maneras, causas políticas progresistas y *woke*. De repente, las inversiones y los préstamos requieren el alineamiento con temáticas feministas, de género, verdes, LGBT, étnicas y raciales.

El Banco Mundial (BM)

El Banco Mundial (BM), por ejemplo, como órgano de Naciones Unidas, presiona sistemáticamente para el cumplimiento de los objetivos de la Agenda 2030. Una de las causas que más enfatiza es la de la ideología de género, disfrazada, desde luego, con el título de «igualdad de género». En su sitio web podemos leer que «el Banco Mundial se ha comprometido a acelerar la igualdad de género», y nos enteramos de cosas tan llamativas como que el cambio climático se puede combatir con feminismo y «diversidad».[188]

El BM ha diseñado una «Estrategia de Género» para el período 2024-2030. En ella, empieza notando que «el Índice de Normas Sociales de Género del Programa de las Naciones Unidas para el Desarrollo indica que el 91 % de los hombres y el 86 % de las mujeres expresan un claro prejuicio contra la igualdad de género y que dichos prejuicios se han intensificado en muchos países». O sea, prácticamente nadie comparte la ideología que la ONU se empeña en imponer a las naciones. Más aún, «en algunos países, se han derogado las leyes y las políticas que promovían los derechos de las mujeres, incluso la salud y los derechos sexuales y reproductivos»[189] (otra vez: un eufemismo que en realidad significa *aborto*). De ahí que haya que poner «el acento en la transformación de las normas y los sistemas sociales patriarcales».[190] Los ingenieros sociales del BM, verdaderos héroes de la «lucha antipatriarcal», creen que todas las personas de a pie están profundamente equivocadas, y que la reducida

---

188. Véase Banco Mundial, «Género», https://www.bancomundial.org/es/topic/gender/overview (consultado el 14 de abril de 2024). Entre otras cosas, podremos enterarnos de que «la diversidad de género en los directorios de las empresas y en el personal directivo mejora el perfil de sostenibilidad de la empresa y la adopción de políticas más inocuas para el clima», p. 25.

189. World Bank Group, «Estrategia de Género del Banco Mundial para 2024-2030. Acelerar la igualdad de género para lograr un futuro sostenible, resiliente e inclusivo» (s.f.), https://documents1 .worldbank.org/curated/en/099637409012322849/pdf/IDU0ec6ac3a60ea16048c208ef00ae0e af66384e.pdf, p. 5 (consultado el 14 de abril de 2024).

190. Ibíd., p. 19.

élite globalista sabe mucho mejor que todas ellas cómo habría que pensar respecto del «género». Por suerte, el dinero les sobra para obligar a pensar a las mayorías en sus propios términos.

En realidad, lo realmente prejuicioso es el enfoque que adopta el BM para abordar estos asuntos. La ideología de género divide al mundo en opresores y oprimidos, y asigna a los individuos a una categoría u otra en función de su «identidad de género». Así, por ejemplo, el BM dice estar muy preocupado por disminuir la «violencia de género», pero por tal cosa entiende *únicamente* la violencia de un hombre contra una mujer o bien «contra las minorías sexuales y de género».[191] Esto deja deliberadamente fuera a cualquier hombre que pueda estar siendo víctima de violencia por parte de su pareja. Incluso deja fuera la violencia que pueda producirse en una pareja homosexual, pues el violento, en este caso, también sería parte de la «minoría oprimida». La distorsión de la realidad que produce la ideología de género es tan alevosa que lleva al BM a desoír datos que las propias Naciones Unidas conocen hace tiempo, a saber, que, a nivel global, nada menos que un tercio «de las víctimas de homicidio cometido por compañeros íntimos o por familiares» son hombres.[192] Es decir, un tercio de las víctimas quedan al margen de las consideraciones del BM simplemente porque no caben en el mundo maniqueo que dibuja el «enfoque» que utilizan.

El nivel de exageración con respecto a la importancia global de esta ideología es tal que el BM no se sonroja al afirmar que «el único modo de superar los desafíos mundiales es a través de la eliminación de los obstáculos que enfrentan las mujeres, las niñas y las minorías sexuales y de género».[193] Así, el BM se pone al frente de un ambicioso plan de ingeniería social global para imponer nuevas regulaciones y nuevas pautas culturales: «Los resultados mejoran cuando las intervenciones abordan cuestiones estructurales y normativas al mismo tiempo que las formas de pensar».[194] Dicho de otro modo, la estrategia del BM pasa por modificar la cultura al mismo tiempo que se presiona sobre los sistemas políticos nacionales: «Para promover la igualdad de género es necesario entender la arena política e influir en ella».[195]

---

191. Ibíd., p. 19.
192. Oficina de las Naciones Unidas contra la Droga y el Delito, «Estudio mundial sobre el homicidio», 2013, https://www.unodc.org/documents/gsh/pdfs/GLOBAL_HOMICIDE_Report _ExSum_spanish.pdf, p. 4 (consultado el 15 de abril de 2024).
193. «Estrategia de Género del Banco Mundial para 2024-2030. Acelerar la igualdad de género para lograr un futuro sostenible, resiliente e inclusivo», p. 6.
194. Ibíd., p. 8.
195. Ibíd., p. 10.

Así pues, el BM no disimula sus pretensiones ingenieriles. Las naciones se le presentan como agregados humanos abstractos sobre los que implementar sus proyectos, a través de la extracción de saber y la posterior aplicación de las ciencias conductuales en las masas. La sociedad es un gran laboratorio vivo, sobre el que se interviene desde afuera, con el objetivo de darle la forma que la élite globalista considera apropiada. Esta concepción de lo social, ciertamente emparentada con el *ethos* totalitario, surge con claridad en el plan estratégico del BM:

> La capacidad de entender y abordar las barreras conductuales a la igualdad de género, incluidos los factores sociales, psicológicos y económicos que inciden en el modo de pensar y actuar de las personas, permite mejorar los resultados de los proyectos, de manera sostenible y a escala. El BM integra las ciencias del comportamiento en el desarrollo, y aborda los detalles de las burocracias, las tecnologías y la prestación de servicios que a menudo se pasan por alto en el diseño estándar de las políticas, así como las normas sociales y de género.[196]

Poco le importa al BM que una inmensa mayoría global (91 % de hombres y 86 % de mujeres, según sus propios datos) rechace categóricamente estas agendas ideológicas. Hay que decirlo de una buena vez: *los globalistas odian a las mayorías*, y su reivindicación de las «minorías marginadas» no es por amor a estas, sino por el odio que sienten hacia aquellas. El globalismo es todo menos un proyecto democrático; su lógica es de arriba abajo, no de abajo arriba. Los de arriba dicen a los de abajo cómo deben pensar, cómo relacionarse y cómo vivir. Los de abajo son bárbaros a los que hay que domesticar, en nombre de los que están «más que abajo»: las sacrosantas «minorías oprimidas», cuya verdadera función consiste en encubrir la fuente real del poder. Así se monta la gran farsa «inclusiva». El BM no soporta, por ejemplo, que no exista «paridad de género» en las empresas privadas. Tampoco soporta que las mujeres, libremente, tiendan a escoger áreas laborales y especializaciones que, en promedio, resulten peor remuneradas que otras en las que los hombres suelen ingresar relativamente más (como la docencia comparada con la ingeniería, o bien la pediatría comparada con la cirugía), pero en las que encuentran otro tipo de satisfacciones. El BM se postula como soberano de una guillotina igualadora que,

---

196. Ibíd., p. 31.

con criterios ingenieriles de «género», promete resolver los grandes problemas de «la Humanidad».

La soberanía de las naciones no significa absolutamente nada para el BM. Otra vez, las naciones son agregados humanos pasivos, sobre los que operar la cantidad de reformas que sean necesarias para cumplir los objetivos de la ingeniería social. El BM explicita su voluntad de intervenir los pueblos tanto en el nivel político como en el jurídico de una manera alevosa: «En los lugares donde las costumbres y las normas sociales constituyen un impedimento para las reformas, el BM puede respaldar los esfuerzos para implementar nuevas leyes y políticas, incluidos los cambios conductuales necesarios para su implementación».[197] Hace tiempo hemos abandonado el terreno de las especulaciones y los datos ocultos; hoy las intentonas del globalismo no se esconden ni por un segundo.

El BM se concibe a sí mismo como el ingeniero de un nuevo orden, en el que tiene que ir derribando una serie de barreras y sorteando obstáculos. Su campo de acción es el mundo entero; su concepción globalista de la política, y sus pretensiones de penetrar todos los ámbitos sociales al buen estilo totalitario, es manifiesta:

> Están en juego los cambios de comportamiento, las políticas y las leyes que abarcan la vida de las personas, las actividades empresariales, las políticas nacionales y los acuerdos internacionales. Para lograr avances en esa agenda, será necesario trabajar en todos los ámbitos de la sociedad, desde el Gobierno hasta las empresas y las organizaciones cívicas.[198]

Rediseñar la vida de naciones enteras cuyos usos y costumbres nada tienen que ver con la agenda de género supone un enorme esfuerzo de adoctrinamiento desde la más tierna infancia. Por ello mismo, el BM solicita que «los enfoques con perspectiva de género se [apliquen] desde la primera infancia hasta el ingreso a la escuela y su terminación». Esto debe servir para «empoderar» a las mujeres y a las «minorías sexuales», además de «instruir a los varones sobre las relaciones saludables, la masculinidad positiva, y los derechos y la salud sexual y reproductiva».[199] Otra vez, resulta curioso que no se diga ni una sola palabra sobre lo que diversos estudios de la propia ONU han arrojado; a saber, que las condiciones

---

197. Ibíd., p. 33.
198. Ibíd., p. 39.
199. Ibíd., p. 20.

globales educativas de los niños son, en promedio, bastante peores que las de las niñas. Por ejemplo, la UNESCO informó de que en el año 2020, de los 259 millones de niños que no asistían a la escuela, 132 millones eran varones, mientras que 127 millones eran niñas. Ocurre que hay «brechas de género» que carecen de importancia (ideológica). Además, la misma fuente reveló que «los niños corren un mayor riesgo que las niñas de repetir grados, no completar los diferentes niveles educativos y tener peores resultados de aprendizaje». Respecto de la educación terciaria en el mundo, por cada 100 mujeres inscritas en una carrera de este nivel existen 88 hombres matriculados.[200] Pero, otra vez, el reconocimiento explícito de esta realidad haría cortocircuito con el relato del «patriarcado», el sistema de opresión masculina al que el BM está determinado a exterminar para salvarnos de las más atroces catástrofes planetarias, como la del «cambio climático».

La clave de la ingeniería social que impulsa el BM está en el dinero que es capaz de conceder. Su estrategia es explícita al respecto: «La promoción de la igualdad de género requiere *financiamiento*, lo que incluye movilizar y asignar recursos de manera eficaz en los sectores público y privado». El término «eficaz» significa aquí que los destinatarios del dinero se comprometan a modificar comportamientos, valores y pautas culturales. En efecto, «los recursos externos pueden incentivar a los clientes a formular y aplicar políticas y programas más adecuados y a proporcionar evidencia de los impactos».[201] Esta es una forma muy elegante, ciertamente, de presentar una suerte de *soborno* o compra de voluntades. Es que si algo sobra en el BM, son recursos económicos. Por ejemplo, en los últimos años el organismo ha venido financiando lo que denomina «laboratorios regionales de innovación de género» con una cuantía de 10.000 millones de dólares.[202] El objetivo general de estos «laboratorios» consiste en «modificar las normas de género», entendiendo que «la etiqueta de género también puede abarcar los elementos de orientación sexual e identidad de género».[203] De esta manera, la institución financiera globalista articula las demandas feministas con los *lobbies* LGBT y forma con ellos un mismo paquete ideológico.

---

200. Noticias ONU, «Unos 132 millones de niños varones en edad colegial no asisten a la escuela primaria y secundaria», 7 de abril de 2022, https://news.un.org/es/story/2022/04/1506872 (consultado el 15 de abril de 2024).
201. «Estrategia de Género del Banco Mundial para 2024-2030. Acelerar la igualdad de género para lograr un futuro sostenible, resiliente e inclusivo», p. 13.
202. Ibíd., p. 27.
203. Ibíd.

El BM se ha tomado todo esto muy en serio. Su estrategia revela que «la proporción de las operaciones del Banco Mundial que se incluyen en el seguimiento de las cuestiones de género ha aumentado del 50 % en el ejercicio de 2017 a más del 90 % en el ejercicio de 2023, y esta tendencia es homogénea en todos los sectores y regiones».[204] Durante ese mismo período, la Corporación Financiera Internacional (IFC) «cuadruplicó su proporción de inversiones con marca de género y duplicó sus servicios de asesoría con marca de género y avanza según lo previsto para cumplir con sus cuatro compromisos institucionales sobre el aumento del capital relacionados con el género».[205] Así las cosas, para recibir financiamiento de este tipo de instituciones resulta cada vez más importante no simplemente demostrar capacidad de pago y solidez institucional, sino cumplir con las agendas ideológicas del momento.

El Banco Interamericano de Desarrollo (BID)

En el continente americano, por su parte, destaca el Banco Interamericano de Desarrollo (BID). Entre los temas centrales con los que esta institución se presenta en su sitio web, encontramos «acción climática» y «diversidad». Según lo establecido en el último informe sobre «Programas y Presupuesto», el BID «alineará las aprobaciones de proyectos para 2024 con sus prioridades estratégicas». Entre ellas, buscará «cumplir las metas de financiamiento y alineación relacionadas con el clima, apoyar la integración regional y continuar la integración de temas transversales como la igualdad de género, la diversidad, el cambio climático, y la capacidad institucional y el Estado de derecho».[206]

Por poner un puñado de ejemplos, entre los proyectos aprobados y que aún están en proceso de implementación se encuentran los siguientes: 300.000 dólares para el «fortalecimiento de conocimientos y capacidades para apoyar acciones contra el cambio climático»; 150.000 dólares para el «fortalecimiento de la agenda analítica y operativa de la transversalización de género y diversidad en México»; 822.840 dólares para «Jobecam: Promoviendo la diversidad en el trabajo»; 150.000 dólares para «generación de datos y conocimiento sobre temas de género y diversidad en Belice»; 200.000 dólares para el «impulso de capacidades institucionales hacia una mayor equidad de género y diversidad en el sector financiero en

204. Ibíd., pp. 27-28.
205. Ibíd., p. 28.
206. Banco Interamericano de Desarrollo (BID), «Programa y presupuesto» (s.f.), https://www.iadb .org/es/quienes-somos/acerca-del-bid/programa-y-presupuesto (consultado el 14 de abril de 2024).

Colombia»; 500.000 dólares para «GDLab: Iniciativa de Conocimiento sobre Género y Diversidad»; 300.000 dólares para el «fortalecimiento de la agenda analítica y operativa de la transversalización de género y diversidad en Brasil»; 300.000 dólares para la «generación de datos desagregados de género y diversidad»; 250.000 dólares para el «fortalecimiento de políticas dirigidas a promover la equidad de género, diversidad e inclusión en Colombia»; 400.000 dólares para el «fortalecimiento de la agenda analítica interseccional de género, diversidad, desarrollo con identidad e inclusión en los países de CAN»; 150.000 dólares para la «transversalización de género y diversidad en la implementación de la Agenda 2030 para el Desarrollo Sostenible en Argentina»; 200.000 dólares para el «desarrollo sostenible de la Amazonía con enfoque de género y diversidad»; 200.000 dólares para «mainstreaming del tema de genero y diversidad en el area fiscal» (las faltas de ortografía corresponden al BID); 175.532 dólares en un «Laboratorio de Género y Diversidad»; 300.000 dólares para el «fortalecimiento institucional del Ministerio de Mujeres, Géneros y Diversidad de Argentina»; 750.000 dólares para la «adaptación de los Bancos Centrales al cambio climático»; 200.000 dólares para «una agenda de cambio climático ambiciosa para Barbados»… la lista continúa y no tiene sentido seguir detallándola.[207]

Pero tomemos un caso y veámoslo más de cerca, para comprender mejor cómo las erogaciones del BID traen consigo una serie de obligaciones no simplemente económicas, sino también políticas y culturales a las que los Estados quedan comprometidos si quieren recibir el dinero. En el año 2018, a los pocos días de haberse rechazado la legalización del aborto en el Senado de la Nación de la República Argentina, el BID le prestó a este mismo país la suma de 200 millones de dólares para «impulsar políticas de género». Como el propio organismo financiero dijo en su comunicado de prensa, el préstamo «contempla la formulación de proyectos de ley, planes nacionales y guías técnicas, desarrollados por el Gobierno Nacional de Argentina».[208] En concreto, Argentina debía implementar la llamada «Educación Sexual Integral» (ESI), que no es otra cosa que adoctrinamiento en ideología de género disfrazado con un rótulo simpático; aprobar la Ley del ejercicio profesional de la obstetricia y fortalecer el acceso al aborto, de modo que la mujer pueda

---

207. Los datos han sido tomados de la base del BID, disponibles en https://www.iadb.org/es/project -search (consultado el 14 de abril de 2024).
208. BID, «El BID acompaña medidas para impulsar la igualdad de género en Argentina», 12 de octubre de 2018, https://www.iadb.org/es/noticias/el-bid-acompana-medidas-para-impulsar-la-igualdad -de-genero-en-argentina (consultado el 14 de marzo de 2024).

«gozar plenamente de sus derechos reproductivos». Lo insólito del caso es que el aborto acababa de ser rechazado por el Poder Legislativo muy pocos días atrás.

En el acuerdo con el Estado argentino, el BID detalló, paso a paso, lo que aquel debía ir haciendo para recibir las erogaciones prometidas. Así, muy pocos meses después de haberse firmado el compromiso, la Ley de Obstetricia fue aprobada. Su texto decía que lo que se buscaba con ella era «contribuir a garantizar los derechos sexuales y reproductivos de las personas, desde un enfoque de derechos humanos y perspectiva de género». Las diputadas que la impulsaron, como la abortista Silvia Lospennato, la definieron como «una ley con profundo sentido feminista».[209] En el artículo 11, inciso «m», la ley en cuestión establece que se podrá «prescribir y administrar fármacos según vademécum obstétrico en vigencia», facilitando así la prescripción de drogas abortivas como el Misoprostol.[210] Habría que esperar al cierre del año 2020 para que Argentina legalizara el aborto, durante plena pandemia, para el regocijo del BID, que en el acuerdo había hecho hincapié en la necesidad de «despenalizar el aborto para que las niñas tengan acceso a abortos seguros».[211]

BlackRock, Vanguard y los «criterios ESG»

Además de estos bancos mundiales y regionales, también están jugando un papel importante para la agenda globalista ciertas sociedades multinacionales de inversión. Uno de los casos más populares es el de BlackRock, cuyo capital social, en el año 2024 ya había ascendido a 39.350 millones de dólares, y cuyos activos bajo administración llegaban a 10,5 billones (*trillions*, en inglés) de dólares.[212] Estamos hablando de una cantidad que representa más de 2,5 veces el PBI de Alemania,

209. Véase «Se aprobó el proyecto que regula el ejercicio profesional de la obstetricia», *Desarrollo Zonal*, 25 de abril de 2019, https://desarrollozonal.com/2019/04/25/se-aprobo-el-proyecto-que-regula-el-ejercicio-profesional-de-la-obstetricia/ (consultado el 15 de abril de 2024).

210. Véase Mariana Escalada y Agustín Ronconi, «Diputados aprobó la Ley de Obstétricas, condición del préstamo BID de u$s 200 millones para implementación de políticas de género», *El Disenso*, 24 de abril de 2019, https://www.eldisenso.com/informes/diputados-aprobo-la-ley-de-obstetricas-condicion-del-prestamo-bid-de-us-200-millones-para-implementacion-de-politicas-de-genero/ (consultado el 15 de abril de 2024).

211. Mariana Escalada y Agustín Ronconi, «El BID le otorgó a Argentina un préstamo de 200 millones de dólares para garantizar la implementación de políticas de género», *El Disenso*, 14 de octubre de 2018, https://www.eldisenso.com/breves/el-bid-le-otorgo-a-argentina-un-prestamo-de-200-millones-de-dolares-para-garantizar-la-implementacion-de-politicas-de-genero/ (consultado el 15 de abril de 2024).

212. Arasu Kannagi Basil y Davide Barbuscia, «BlackRock assets hit record $10.5 trillion as markets surge», *Reuters*, 12 de abril de 2024, https://www.reuters.com/markets/us/blackrocks-first-quarter-profit-rises-higher-fee-income-2024-04-12/ (consultado el 15 de abril de 2024).

casi 4 veces el de Francia, 7,5 veces el de España, más de 16 veces el de Argentina y casi 30 veces el de Chile. El otro caso bien conocido es el de Vanguard Group, que le sigue a BlackRock en cantidad de activos gestionados, con 7,8 billones (*trillions*, en inglés) de dólares[213] (o sea, casi el doble del PBI de Japón, 3,5 veces el de Rusia, 5,5 veces el de México, 26 veces el de Colombia, casi 30 veces el de Perú y cerca de 65 veces el de Ecuador).

Tanto BlackRock como Vanguard se han montado al carro de las agendas globalistas. Ambas asumen los principios *woke* como propios, y se comprometen explícitamente a difundirlos e imponerlos por medio de su enorme poder económico. Vanguard, por ejemplo, se presenta en su sitio web como una corporación focalizada en expandir «la diversidad, la equidad y la inclusión», lo que resume con las siglas «DEI». No hace falta aclarar que estas no son más que palabras *talismán* con las que se vende el *wokismo*. Vanguard asegura que los objetivos DEI no son solo para su compañía, sino para «el mundo que la rodea»: «No solo estamos enfocados en mejorar la DEI en nuestro lugar de trabajo, sino que también estamos comprometidos a integrarla en las formas en que interactuamos con el mundo que nos rodea».[214] Año tras año, Vanguard publica estadísticas que informan sobre qué porcentaje de mujeres, afroamericanos y LGBT integran la corporación.[215] Cualquier mal pensado podría creer que esta es simplemente una maniobra de distracción y un lavado de imagen en las aguas de la corrección política para que el gran público no repare en las dimensiones de su poder económico, que es enormemente superior al de cualquier país del mundo, con las únicas excepciones de China y Estados Unidos.

La carta de presentación de BlackRock, por su parte, es un calco de la de Vanguard. En ella expresa su «compromiso con la diversidad, la equidad y la inclusión (DEI) en todos los niveles de nuestra empresa y en cada región y país en el que operamos».[216] También asume un enfoque de «interseccionalidad», o sea, el cruce de categorías sociales que, *a priori*, son consideradas como «oprimidas» por la ideología *woke*. A

---

213. Vanguard, «Diversity, Equity, & Inclusion Report», 2023, https://corporate.vanguard.com/content/dam/corp/what-we-care-about/pdf/2023_dei_report_final.pdf (consultado el 15 de abril de 2024).

214. Vanguard, «Diversity, equity, and inclusion» (s.f.), https://corporate.vanguard.com/content/corporatesite/us/en/corp/who-we-are/we-care-about/diversity-equity-inclusion.html (consultado el 15 de abril de 2024).

215. Ibíd.

216. BlackRock, «Diversity, equity, and inclusion» (s.f.), https://careers.blackrock.com/life-at-blackrock-2/diversity-equity-and-inclusion-2/ (consultado el 15 de abril de 2024).

estas alturas ya hemos de conocerlas de memoria, de modo que no vale la pena continuar abundando en ellas.

Por medio de semejante poder económico, BlackRock y Vanguard poseen altos porcentajes de acciones en un sinfín de empresas de todo el mundo, de todos los tamaños y de todos los sectores. Hete aquí algunos ejemplos de algunas compañías en las que ambas firmas controlan la mayoría de las acciones: Microsoft, Amazon, Apple, Coca Cola, PepsiCo, Ferrari, Bank of America, JP Morgan, Pfizer, McDonald's, Uber, entre muchas otras más. En efecto, en el año 2022 Vanguard se convirtió en «el propietario número 1 de 330 acciones en el S&P 500, o dos tercios de la colección de acciones más importante del mundo».[217] El S&P 500 es un índice de las 500 empresas más grandes de Estados Unidos. Para ese año, BlackRock ya era el inversionista número 1 de 38 de esas empresas. Es decir, entre BlackRock y Vanguard, hablamos de un control accionario mayoritario en 368 empresas de las 500 de mayor peso económico de Estados Unidos. Detentar la mayoría de las acciones significa ejercer un considerable poder de decisión en las juntas directivas de las empresas. No es casualidad que las ideologías más prominentes de la agenda globalista caractericen hoy, de manera *uniforme*, a prácticamente todas las grandes compañías del mundo.

Pero el control ideológico que se opera sobre ellas no se logra solo por medio de la tenencia mayoritaria de acciones, sino también por la aplicación explícita de criterios *woke* para el fomento de las inversiones que tanto BlackRock como Vanguard (y otras del mismo sector, como Bloomberg) llevan adelante. Este dominio se ha conseguido a través de algo llamado «criterios ESG», que, por sus siglas en inglés, significa «Medio ambiente, Sociedad y Gobernanza». Se trata de una suerte de «crédito social» del que deben hacerse las empresas privadas, en la medida en que cumplan con determinadas exigencias «verdes», de «justicia social» y de «diversidad, equidad e inclusión» (DEI), que son los parámetros que usan los medidores ESG. Así las cosas, las empresas que demuestren que aplican estos criterios para sí mismas y para su entorno serán especialmente consideradas y promocionadas a la hora de recomendar inversiones.

Por medio de esos parámetros, los criterios ESG pretenden incorporar en el sector privado una serie de agendas que van desde el ambientalismo

---

217. «Ni Bill Gates, ni Warren Buffett: Este es el propietario de dos tercios de las empresas estadounidenses», *Revista Forbes*, 15 de agosto de 2022, https://www.forbesargentina.com/negocios /ni-bill-gates-ni-warren-buffett-propietario-dos-tercios-empresas-estadounidenses-n20481 (consultado el 15 de abril de 2024).

hasta la ideología de género, pasando por el feminismo, el abortismo y el racismo afro. Es decir, todo el paquete de causas *woke*. Laurence Douglas Fink (más conocido como Larry Fink), CEO de BlackRock, ha dejado claro que serán muy duros con todas aquellas compañías que no apliquen políticas coincidentes con este tipo de agendas:

> Consideramos que cuando una compañía no logra de manera efectiva abordar un tema material, sus directores deben hacerse responsables. El año pasado BlackRock votó en contra o se abstuvo de votar respecto a 4.800 directores en 2.700 compañías. Cuando consideremos que las compañías y los consejos no están generando buenos reportes sobre sostenibilidad o no están implementando las acciones correctas para manejar estos temas, apuntaremos a los consejeros como responsables. Dado el trabajo que ya hemos realizado con las empresas sobre cómo reportar, y los crecientes riesgos de inversión relativos a sostenibilidad, cuando las compañías no estén progresando lo suficiente en reportes en materias de sostenibilidad, las prácticas del negocio y los planes que los guían, vamos a estar cada vez más inclinados a votar en contra de la administración y la junta directiva.[218]

«Sostenibilidad» es otra palabra *talismán* con la que se caracterizan los criterios ESG. Solo son empresas «sostenibles» aquellas que cumplen con esos criterios; las que no, son *insostenibles*. En concreto, se trata del juego del palo y la zanahoria. Las empresas que no cumplan con ESG dejarán de presentarse como oportunidades atractivas de inversión, mientras que aquellas que decidan implementar estos criterios serán ampliamente promocionadas, tanto por BlackRock como por Vanguard y otras similares,[219] como compañías en las que resultaría muy conveniente invertir. «Algunos de nuestros fondos están indexados y siguen una estrategia de exclusión que omite a las empresas que no cumplen con ciertos criterios ESG»,[220] anuncia Vanguard en su sitio web. Por su parte, BlackRock, en sus secciones destinadas a asesores financieros, les solicita que «cuando interactúen con sus clientes HNW [High-Net-Worth: clientes de alto

---

218. Laurence D. Fink, «Un cambio estructural de las finanzas», https://www.blackrock.com/mx/intermediarios/larry-fink-ceo-letter (consultado el 15 de abril de 2024).

219. Por ejemplo, The Blackstone Group, que administra nada menos que 1.1 *trillions*. Véase https://www.blackstone.com/ (consultado el 5 de mayo de 2024).

220. Vanguard, «ESG Investing» (s.f.), https://investor.vanguard.com/investment-products/esg (consultado el 15 de abril de 2024).

patrimonio neto] actuales y atraigan otros nuevos, consideren hablar con ellos sobre inversiones sostenibles».[221] A continuación, se les ofrece toda la cartera de empresas que cumplen con los parámetros ESG y se pone a su disposición un manual detallado sobre cómo convencer a los HNW para que inviertan sobre todo en ellas.

Los ESG constituyen un verdadero «crédito social» que funciona como dispositivo de aplicación de disciplina política e ideológica, efectuada en nombre de causas políticamente correctas. Sus verdaderas intenciones a menudo se revelan en casos de lo más llamativos, como el de Tesla, la compañía de Elon Musk, quien ha desatado en los últimos años una batalla abierta contra el *wokismo* y se ha posicionado del lado de la libertad de expresión a través de X (antes llamado Twitter). A pesar de dedicarse a productos considerados «verdes», como la fabricación de automóviles eléctricos, Tesla ha visto desplomarse su puntaje ESG. Según voces autorizadas del mundo ESG, esto se debe a cosas tales como acusaciones de «racismo». Mientras esto ocurría, Exxon Mobil, una de las multinacionales de petróleo y gas más gigantes del mundo, se ubicaba entre los primeros diez puestos de ESG. Al mismo tiempo, la refinería de petróleo Phillips 66 hacía su ingreso triunfal en el *ranking* ESG. Ante la caída de Tesla, Sigma Earth, una consultora en esta materia, dijo que si la compañía de Musk quería sumar puntos ESG, tendría que hacer cosas como «realizar una evaluación de la brecha salarial por origen étnico, raza y género», además de «proporcionar una diversidad exhaustiva en los datos de la fuerza laboral por raza y género (por ejemplo, el Informe EEO-1)».[222] Musk concluyó al respecto: «ESG es crédito social a escala masiva, aplicado a corporaciones e instituciones. Es un crédito social con efecto de goteo. No tendrán que implementar crédito social directo si pueden convencerte de que modifiques tu propio comportamiento con una variedad de palancas sociales y económicas».[223]

El poder de gobernanza global que los administradores de activos financieros como BlackRock y Vanguard ejercen es tal que, al momento de escribir estas líneas, los criterios ESG están empezando a ser *obligatorios* para las empresas. De constituir una suerte de guías o sugerencias

221. BlackRock, «What is sustainable investing?», https://www.blackrock.com/us/financial -professionals/investment-strategies/sustainable (consultado el 14 de abril de 2024).
222. Emily Greenfield, «Tesla ESG: ¿Por qué Elon Musk está en contra de ESG?», 14 de septiembre de 2023, https://sigmaearth.com/es/tesla-esg-why-is-elon-musk-against-esg (consultado el 16 de abril de 2024).
223. Bryan Jung, «Elon Musk Denounces ESG as the "Devil Incarnate"», *The Epoch Times*, 28 de noviembre de 2022, https://www.theepochtimes.com/business/elon-musk-denounces-esg-as -the-devil-incarnate-4890385?welcomeuser=1 (consultado el 16 de abril de 2024).

en el mundo financiero con las que se promocionaban determinadas compañías y no otras, están pasando a ser realmente compulsivos. Por ejemplo, empieza a ser obligatorio presentar reportes en cumplimiento con la «Divulgación de Información Financiera Relacionada con el Clima» (TCFD) de Naciones Unidas, los estándares NIIF S1 y S2, el «Reglamento de Divulgación de Finanzas Sostenibles» (SFDR) de la Unión Europea, y otras nuevas regulaciones que van surgiendo a toda velocidad. Así, las empresas privadas no solo se ven acorraladas por las coerciones financieras, sino también por las coacciones estrictamente políticas.

También los bancos están solicitando el cumplimiento de criterios ESG para otorgar líneas de crédito a empresas. Allí donde antes se requería demostrar capacidad de pago, ahora las empresas reciben, además, un puntaje de cuán bien lo están haciendo en materias ESG. El crédito que se les otorgue estará condicionado por ese puntaje. Así, por ejemplo, cuando el prestatario demuestra compromiso con dicha agenda, «se le recompensa con intereses y comisiones más bajas».[224] Si ocurre lo contrario, los intereses serán mucho mayores e incluso se puede negar el préstamo. Bloomberg celebra que: «Las empresas europeas de alto nivel vinculan cada vez más sus principales líneas de crédito con objetivos ambientales, sociales y de gobernanza a medida que las empresas se ven presionadas para revelar sus credenciales de sostenibilidad».[225]

Las empresas que quieren recibir inversiones y líneas de crédito saben que necesitan arrodillarse ante los criterios ESG y mostrar mejores puntajes. Una forma que cada vez se recomienda más para elevar la imagen de la empresa en estos asuntos consiste en contratar «*influencers* ESG» con el propósito de impartir conferencias o incluso para que se conviertan en la imagen de la compañía. Ya hay *rankings* que califican a este tipo de personajes, y los ofrecen en los siguientes términos: «¿Busca personas influyentes en ESG para su campaña de divulgación o colaboración para promocionar su marca o producto? Nuestra lista de Influencers ESG es lo que necesita».[226] Hay dos cosas que tienen

---

224. Benjamin Stango, Elizabeth Goldberg y Andrew T. Budreika, «ESG in the credit agreement: a closer look at sustainability-linked loan mechanics», *Reuters*, 10 de junio de 2022, https://www.reuters.com/legal/legalindustry/esg-credit-agreement-closer-look-sustainability-linked-loan-mechanics-2022-06-14/ (consultado el 15 de abril de 2024).

225. Jacqueline Poh, «Tying Main Credit Lines to ESG Goals Becomes a Norm for Europe», *Bloomberg*, 11 de diciembre de 2021, https://www.bloomberg.com/news/articles/2021-12-11/tying-main-credit-lines-to-esg-goals-becomes-a-norm-for-europe (consultado el 15 de abril de 2024).

226. «Top 45 ESG Influencers on Twitter in 2024», https://influencers.feedspot.com/esg_twitter_influencers/ (consultado el 15 de abril de 2024).

en común prácticamente todos los «*influencers* ESG» que aparecen en esos *rankings*: son militantes *woke*, por un lado, y por el otro tienen muy pocos seguidores en redes sociales, con lo que cabe dudar sobre sus capacidades reales para influir en alguien.[227] La medida parece ser, sobre todo, de carácter ideológico.

Por ejemplo, el primer puesto de uno de estos *rankings*[228] se lo lleva la «Directora de Sostenibilidad» de Obama, Kate Brandt, con apenas 5.000 seguidores en X (antiguo Twitter). El primer puesto de otro *ranking*[229] es para Alison Taylor, una profesora y escritora con apenas 6.000 seguidores en X. Su compromiso con ESG es intachable: cuando la Corte Suprema desbancó Roe vs. Wade en Estados Unidos, Taylor llamó a las empresas a «brindar a las empleadas anticonceptivos asequibles y apoyo para viajar fuera del Estado para realizarse abortos si es necesario». Justificó semejante cosa como una obligación de las empresas contraída con Naciones Unidas: «Si ha asumido algún compromiso para apoyar la diversidad y la inclusión, cumplir los Objetivos de Desarrollo Sostenible [Agenda 2030] o comprometerse con los Principios Rectores de las Naciones Unidas sobre Empresas y Derechos Humanos, no hay otra alternativa».[230] Financiar los abortos de las empleadas de la empresa sería, según la mejor rankeada «*influencer* ESG», una forma de demostrar «compromiso social» y cumplimentar la agenda de los «buenos» de este mundo.

BudLight y Target: cuando los criterios ESG provocan pérdidas multimillonarias

En rigor, los criterios ESG funcionan como una suerte de *uniformización ideológica* a cambio de retribución financiera. Pero tener contenta a la élite financiera global no significa necesariamente que la clientela de las empresas que aplican dichos criterios dé la bienvenida a estos marcos ideológicos, sobre todo cuando se acelera más de la cuenta. Existen casos muy resonantes de desastres económicos que sufrieron grandes

---

227. Puede parecer banal evaluar la capacidad de influencia de una persona por la cantidad de seguidores que tiene en redes sociales, pero este es justamente el principal criterio con el que se define la categoría *influencer*, que es la utilizada por los promotores ESG.
228. «Top 45 ESG Influencers on Twitter in 2024».
229. Neringa Mikutyte, «Who's Who in ESG? Top 50 Influencers to Follow», *Oanalytica*, 21 de febrero de 2023, https://onalytica.com/blog/posts/whos-who-in-esg-top-50-influencers-to -follow/ (consultado el 15 de abril de 2024).
230. Alison Taylor, «The Roe Leak Ratchets Up the Pressure on Business», *Barron's*, 5 de mayo de 2022, https://www.barrons.com/articles/the-roe-v-wade-leak-ratchets-up-the-pressure-on -business-51651766626 (consultado el 15 de abril de 2024).

compañías por adoptar las agendas *woke* para ganar algún punto en aquello de «S» (sociedad) y «G» (gobernanza), que habitualmente incluyen temas de «diversidad, equidad e inclusión» (DEI).

El ejemplo más conocido probablemente sea el de BudLight, la cerveza más vendida en Estados Unidos durante el año 2022, cuando Alissa Heinerscheid asumió la vicepresidencia del área de *marketing* de la marca. El 23 de marzo de 2023, Heinerscheid dio una entrevista en *Make Yourself at Home*, en la que anticipó lo que se traía entre manos: «Necesitamos evolucionar y elevar esta marca tan icónica. ¿Qué significa evolucionar y elevar? Significa inclusión». A los pocos días de estas declaraciones, BudLight lanzó un nuevo anuncio comercial protagonizado por Dylan Mulvaney, un hombre que dice ser mujer, y que se hizo famoso por subir en redes sociales vídeos diarios donde mostraba la supuesta «transición». La sola idea de «incluir» a un personaje de estas características como rostro del producto sería muy bien considerada por cualquier evaluador de ESG, pero los clientes de la marca no se sintieron representados por este vídeo forzado y de mal gusto; más aún, se sintieron agredidos y tratados como idiotas.

La reacción no se hizo esperar. La gente decidió levantar la voz y las redes se llenaron de comentarios al respecto y vídeos virales. Uno de los más compartidos por el público decía: «El problema no son los homosexuales… el problema es que estás intentando meter a este hombre vestido de mujer en nuestra garganta y postularlo como portavoz de probablemente una de las cervezas más sureñas de Estados Unidos… no vamos a hacer esto».[231] La empresa había acelerado más de la cuenta; la «inclusión» y la «diversidad» se mostraron como arrogancia *woke*, como una verdadera agresión a las formas culturales del pueblo.

La catástrofe económica fue inmediata: Anheuser-Busch, dueña de la marca BudLight, enfrentó una pérdida de 27.000 millones de dólares y sus acciones se desplomaron casi un 20 %.[232] Sus ventas cayeron un 25 %.[233] Pocos días después de emitido el comercial «inclusivo», se conoció que BudLight había dejado de ser la cerveza más vendida de Estados

---

231. https://www.tiktok.com/@sportylife77/video/7354518886387109163 (consultado el 15 de abril de 2024).

232. Suzanne O'Halloran, «Bud Light parent Anheuser-Busch sees $27 billion gone, shares near bear market», *Fox Business*, 31 de mayo de 2023, https://www.foxbusiness.com/markets/bud -light-parent-anheuser-busch-sees-27-billion-gone-shares-near-bear-market (consultado el 15 de abril de 2024).

233. «Cayó el reinado de Bud Light después de 20 años: cuál es la cerveza más vendida en EE.UU.», *Clarín*, 15 de junio de 2023, https://www.clarin.com/internacional/cayo-reinado-bud-light -despues-20-anos-cerveza-vendida-ee-uu-_0_rfpjTTVlUu.html (consultado el 14 de abril de 2024).

Unidos, y que su lugar lo había ocupado una marca mexicana.[234] Sin comprender del todo cómo manejar esta crisis, Anheuser-Busch intentó calmar los ánimos, dio una explicación muy vaga respecto de lo ocurrido con Mulvaney, pero financió los eventos del «Mes del Orgullo» de ese año para no perder créditos ESG.[235] Esto no fue suficiente para el *lobby* LGBT, que acusó a la compañía de no haber apoyado lo suficiente al famoso transgénero, y emprendió su propio boicot. Muchos bares gais de Estados Unidos decidieron retirar las cervezas producidas por Anheuser-Busch,[236] mientras que la Human Rights Campaign Foundation quitaba a la compañía de su lista de empresas con «máxima calificación en igualdad LGBTQ+».[237]

Mientras todo esto ocurría, otra gran compañía norteamericana pasaba por exactamente lo mismo: Target, la cadena de tiendas minoristas, también apostó por la «inclusión» en clave *woke*, y sus clientes decidieron llevar sus dólares a otra parte. En concreto, la empresa incluyó una sección «Pride» en la que ofrecían ropa LGBT para bebés y trajes de baño para «niñas trans», diseñados para disimular el pene de la criatura.[238] Las consecuencias no se dejaron esperar: la capitalización de mercado de Target cayó más de 15.700 millones de dólares y sus acciones se desplomaron casi un 22 %.[239]

Estos casos muestran que no es el mercado el que demanda bienes y servicios *woke* en nombre de «criterios ESG», sino que estos reflejan las agendas políticas arrogantes de una élite que utiliza su poder financiero para uniformizar ideológicamente el mundo de las empresas privadas y, a través de ellas, a las personas en general.

---

234. Jordan Valinsky, «¡Adiós Bud Light! La cerveza más vendida en Estados Unidos ahora es mexicana», *CNN en Español*, 14 de junio de 2023, https://cnnespanol.cnn.com/2023/06/14/bud-light-titulo-cerveza-mas-vendida-estados-unidos-trax/ (consultado el 15 de abril de 2024).

235. Véase «Bud Light, Target continue to back Pride events after attempts to backpedal», *New York Post*, 5 de junio de 2023, https://nypost.com/2023/06/05/bud-light-target-continue-to-back-pride-events-despite-boycott-calls/ (consultado el 15 de abril de 2024).

236. Véase Ariel Zilber, «Chicago gay bars boycott Anheuser-Busch for distancing itself from Dylan Mulvaney», *NBC News*, 10 de mayo de 2023, https://www.nbcnews.com/nbc-out/out-news/chicago-gay-bars-boycott-anheuser-busch-distancing-dylan-mulvaney-rcna83537 (consultado el 15 de abril de 2024).

237. Danielle Wiener-Bronner, «Anheuser-Busch loses top LGBTQ+ rating over its Bud Light response», CNN, 19 de mayo de 2023, https://edition.cnn.com/2023/05/19/business/hrc-rating-bud-light/index.html (consultado el 15 de abril de 2024).

238. Véase «Woke Target, broke Target: When will retailers stop shilling politics?», *New York Post*, 17 de agosto de 2023, https://nypost.com/2023/08/17/woke-target-broke-target-when-will-retailers-stop-shilling-politics/ (consultado el 15 de abril de 2024).

239. «Target market cap losses hit $15.7 billion, shares approach 52-week low amid woke backlash», *Fox Business*, 12 de junio de 2023, https://www.foxbusiness.com/media/target-market-cap-losses-hit-15-7-billion-share-near-52-week-low-amid-woke-backlash (consultado el 15 de abril de 2024).

VI. Medios de comunicación globalistas

«Todo ese proceso de modificación continua se aplicaba
no solo a los periódicos, sino también a los libros,
las revistas, los panfletos, los carteles, los folletos, las
películas, las bandas sonoras, los dibujos animados,
las fotografías… y a cualquier tipo de obra literaria
o documentación que albergara de algún modo
el menor significado político o ideológico».[240]

G. Orwell

«Sesenta y dos mil cuatrocientas repeticiones
crean una verdad. ¡Idiotas!».[241]

A. Huxley

El globalismo es un proyecto político cuyo despliegue supone una lógica de arriba hacia abajo, y de los pocos hacia los muchos. Un proyecto de estas características no puede sostenerse en el tiempo a menos que se consiga dominar ideológicamente a los de abajo y a las mayorías, de modo que acepten y asuman pasivamente las nuevas formas de vida que va imponiendo la ingeniería social. Así pues, cambiar las pautas culturales de las personas requiere conseguir el control de lo que el filósofo francés Louis Althusser denominó «aparatos ideológicos»:[242] principalmente, de los medios de comunicación de masas y de las instituciones educativas, que son los que mayor impacto tienen en la configuración de algo así como una «cosmovisión».

Los medios de comunicación, en particular, acompañan al hombre contemporáneo día y noche, a lo largo de toda su vida. Su misión es explícita: procuran «informarlo», «entretenerlo» y «formarle una opinión». O sea, lo conectan con una realidad que excede su vivencia directa y se esfuerzan por determinar su manera de pensar en torno a ella. En efecto, la mayor parte de lo que llamamos «realidad» es, en verdad, un *registro mediado* de acontecimientos que recibimos a través de medios de comunicación. Son escasos los fenómenos de la realidad, social y políticamente significativos, que aprehendemos de manera directa. La

---

240. George Orwell, *1984* (Barcelona: Austral, 2022), p. 56.

241. Aldous Huxley, *Un mundo feliz* (Buenos Aires: Penguin Random House, 2016), p. 50.

242. Véase Louis Althusser, «Ideología y aparatos ideológicos del Estado», en *La filosofía como arma de la revolución* (Ciudad de México: Siglo XXI, 2011).

mediatización de la realidad equivale a su apropiación. *Lo real* tiene dueños, cuyos títulos de propiedad le permiten intervenirlo, editarlo, suprimirlo, según convenga a sus intereses. Este es el poder de los medios de masas y, fundamentalmente, de aquellos que los manejan.

Los globalistas *dominan* lo real a través de la mediación de su percepción colectiva. Las masas, cuya vida se desarrolla en gran medida en una «realidad de segunda mano» configurada para ellas,[243] siempre han sido maleables hasta extremos insospechados: los totalitarismos del siglo XX lograron manipularlas por entero con mucho menos de lo que hoy ofrecen las tecnologías de mediación de la realidad. Los globalistas necesitan del poder de los medios para lograr tres cosas de fundamental importancia. En primer lugar, la difusión de la ideología globalista y de sus siervos favoritos, el progresismo y el *wokismo*. Que en los grandes medios todos apoyen las mismas causas y todos repitan los mismos mantras deja a las masas sin alternativas a la vista. La masa es un constructo mediático que no quiere desentonar con el contenido que la ha formado: la comunicación de masas. En segundo lugar, los medios hegemónicos sirven al globalismo en la complicada tarea de mantener siempre impoluta su imagen y la de sus instituciones más características. Los organismos internacionales, las fundaciones, las ONG, los partidos políticos que se venden a estos poderes, los nombres de los magnates más celebrados que compran voluntades, los foros y las reuniones de los globalistas: todo esto debe ser religiosamente saludado y alabado, nada debe suscitar la más mínima sospecha ni mucho menos la más mínima crítica. Finalmente, los medios deben demonizar a los que no se creen tanta bondad y filantropía, deben «cancelar» por completo a los herejes que rechazan el progresismo, el *wokismo* y las agendas globales. Estos son los «ultras», los «extremistas» que, en lugar de «amar», «odian» a las «minorías» y levantan banderas «antiderechos». Los medios deben maltratar a los disidentes hasta el punto de que nadie quiera convertirse en uno de ellos. Un mundo sin disidencia es un *mundo feliz*.

Muchos de los magnates que mencionábamos más arriba han destinado partes importantes de sus fortunas para el control de los medios de comunicación. De acuerdo con la investigación llevada adelante por Joseph Vázquez y Dan Schneider para Media Research Center Business, entre el 2000 y el 2014 George Soros entregó al menos 103 millones

---

243. Esto ya lo sabía bien Walter Lippmann, que hace cien años anotaba: «Para la mayoría de nosotros el mundo es una realidad de segunda mano creada por los medios de difusión» (Walter Lippmann, *Opinión Pública* [Buenos Aires, Fabril Editora: 1949], p. 14).

de dólares a grupos de medios de comunicación. La importancia de estos financiamientos creció significativamente entre el 2016 y el 2022, habiendo donado al menos 131 millones de dólares a 253 medios y grupos periodísticos progresistas en ese período.[244] El objetivo de estas donaciones, según los investigadores, consiste en influir sobre el público en temas como el cambio climático, la oposición a la familia tradicional, el antiamericanismo, el desfinanciamiento de la policía, la apertura indiscriminada de fronteras, el aborto, el género y la raza. Ejemplos de esto son los 1.250.000 dólares que Soros entregó a The Marshall Project, que fueron utilizados para apoyar mediáticamente al movimiento racista Black Lives Matter;[245] los más de 1.600.000 dólares que fueron a las arcas de openDemocracy, cuyos periodistas promueven a nivel global causas como el transgenerismo en niños, el aborto y la necesidad de acabar con la familia nuclear;[246] más de 1.532.000 dólares para Project Syndicate (también financiado generosamente por Bill Gates),[247] que publica notas climáticas alarmistas, indicando que, de no someternos a la «transición verde» que exigen los globalistas, habrá que volver al sistema de «confinamientos», como los vividos durante la reciente pandemia: «Los gobiernos limitarían el uso de vehículos privados, prohibirían el consumo de carne roja e impondrían medidas extremas de ahorro de energía».[248] ¿Se tratará de otra profecía autocumplida?

Detengámonos un instante en Project Syndicate, para comprender la magnitud de lo que estamos hablando. Esta entidad periodística se ha convertido en la mayor distribuidora de notas de opinión en el mundo,

---

244. La investigación tiene tres partes: Joseph Vázquez y Dan Schneider, «Propaganda Czar: Soros Bankrolls 253 Groups to Influence Global Media», *America's Media Watchdog*, 6 de diciembre de 2022, https://cdn.mrc.org/static/pdfuploads/PropagandaPowerhouse_Part1_FINAL.pdf -1670340182273.pdf; «Propaganda Avalanche: Soros Spreads $131M to Influence Global Media», 5 de enero de 2023, https://cdn.mrc.org/static/pdfuploads/PropagandaPowerhouse_Part2 _FINAL.pdf-1672864424220.pdf; «Propaganda Acolytes: 54 Soros-Tied Figures Linked to Major Media», 17 de enero de 2023, https://cdn.mrc.org/static/pdfuploads/PropagandaPowerhouse _Part3_FINAL.pdf-1673964801964.pdf (consultado el 16 de abril de 2024).

245. The Marshall Project se presenta públicamente como «periodismo sin fines de lucro sobre justicia penal». En realidad, es militancia abolicionista del sistema penal. Dedican toda una sección a BLM. Véase https://www.themarshallproject.org/records/1908-black-lives-matter (consultado el 16 de abril de 2024).

246. Por ejemplo, la periodista Sophie Lewis, presentada por openDemocracy como una «comunista *queer*», ha escrito para este medio un artículo titulado «The coronavirus crisis shows it's time to abolish the family», 24 de marzo de 2020, https://www.opendemocracy.net/en/oureconomy /coronavirus-crisis-shows-its-time-abolish-family/ (consultado el 16 de abril de 2024).

247. Véase «About», *Project Syndicate*, https://www.project-syndicate.org/about (consultado el 16 de abril de 2024).

248. Mariana Mazzucato, «Avoiding a Climate Lockdown», *Project Syndicate*, 22 de septiembre de 2020, https://www.project-syndicate.org/commentary/radical-green-overhaul-to-avoid-climate -lockdown-by-mariana-mazzucato-2020-09 (consultado el 16 de abril de 2024).

publicando en 500 medios distintos distribuidos en 156 países.[249] Entre sus colaboradores, encontramos a personas como Ban Ki-Moon, exsecretario general de la ONU; Tony Blair, ex primer ministro británico; Jimmy Carter, expresidente de Estados Unidos; Mijaíl Gorbachov, el último jefe de Estado de la URSS; Christine Lagarde, presidente del Banco Central Europeo; Dominique Strauss-Kahn, ex director gerente del FMI; Joseph Stiglitz, famoso economista; Javier Solana, exsecretario general de OTAN, entre muchos otros personajes de similar calibre.[250] Project Syndicate funciona, dicho en breve, como una caja de resonancia de los globalistas que ponen allí sus millones, garantizándose una penetración mediática sistemática, pero más o menos disimulada, en medios de comunicación de prácticamente todo el globo.

La base de datos de Open Society Foundations da cuenta de un sinnúmero de instituciones periodísticas de todo el mundo que reciben los dineros de Soros, a través de donaciones de todos los tamaños. Mencionemos solo algunos casos: Centre for Journalism Innovation and Development, Centro de Periodismo Investigativo Inc., Institute for Nonprofit News, amaBhungane Centre for Investigative Journalism NPC, Courier Newsroom, Journalism Development Network, Lenfest Institute for Journalism LLC, MediaNet International Centre for Journalism, SembraMedia, The Bureau of Investigative Journalism, Stichting Lighthouse Reports, Centre for Investigative Journalism (Nepal), Global Forum for Media Development AISBL, Global Investigative Journalism Network, International Press Institute (IPI), SOWT Podcasting and Training, Arena for Journalism in Europe, Daraj Media, Media Alternativa Public Association, Museba Journalism Project, Stichting European Journalism Centre, Umbrella Journalists' International Network NGO, Coda Media Inc, Media Development Foundation, The Movement for Public Journalism, y un largo etcétera.

Por cierto, una meta de vital importancia para Soros es la influencia sobre el público latinoamericano. En nuestra región, el magnate globalista ha puesto su dinero en numerosos medios de comunicación y asociaciones periodísticas. En las bases de datos de Open Society Foundations encontramos donaciones para Grupo Televisa de México, Red de Periodistas Sociales de México, Ojo Público de Perú, Instituto Prensa y Sociedad (IPYS) de Perú, Plaza Pública de Guatemala, Nómada de

---

249. Véase «About», *Project Syndicate*, https://www.project-syndicate.org/about (consultado el 16 de abril de 2024).
250. Véase Pedro Baños, *La encrucijada mundial* (Barcelona: Ariel, 2023), p. 501.

Guatemala, Memetic.Media de Paraguay, Producciones Red Comunica Investiga Conecta de Honduras, Mutante de Colombia, *La Opinión* de Colombia, *El Espectador* de Colombia, *El Faro* de El Salvador y muchos otros más. El caso de Brasil sobresale por la cantidad de instituciones periodísticas que Soros financia allí: Agencia Pública, Associação Amazonia Real de Jornalismo Independente, Ponte Jornalismo, NMP Comunicação e Jornalismo Ltda, Brazilian Association for Investigative Journalism, Fala Produções e Filmes Eireli, Repórter Brasil – Organização de Comunicação e Projetos Sociais, Associação Azmina, Centro de Jornalismo Investigativo, entre muchos otros. Recientemente, el presidente salvadoreño Nayib Bukele (que no en vano se ha convertido en el más popular de todo el continente) denunció el poder mediático de Soros en la región: «En todos los países de Latinoamérica hay medios y "periodistas" pagados por Soros. Pero en realidad no son periodistas, son activistas políticos con una agenda mundial definida y perversa».[251]

Ejemplos similares podemos encontrar en bases de datos de otras fundaciones. Por tomar apenas un puñado de casos para no abrumar, la Fundación Rockefeller ha donado en los años recientes 750.000 dólares para The Associated Press, con el objetivo de financiar «una cobertura climática»; 200.000 para *Forbes* para impulsar una sección femenina; 3.000.000 de dólares de apoyo general a *The Guardian*. La Fundación Bill y Melinda Gates viene donando casi 7.000.000 de dólares a Project Syndicate (donde publica el propio Mark Suzman), casi 2.000.000 a The Associated Press, y cerca de 6.000.000 a la fundación de Univisión y Televisa. La Fundación Ford ha destinado al menos 1.595.000 dólares en openDemocracy, con objetivos tales como «construir un consorcio internacional de periodistas» con enfoque feminista y LGBTQI, crear nuevos portales periodísticos donde compartir «ideas, experiencias y aprendizajes relacionados con la desigualdad de género y la justicia social», además de fortalecer la cobertura y la presencia en América Latina; al menos 1.850.000 dólares para Univisión, con fines como «campañas

---

251. «Bukele dice que en Latinoamérica hay medios y periodistas "pagados por Soros"», *Infobae*, 2 de mayo de 2023, https://www.infobae.com/america/agencias/2023/05/03/bukele-dice-que -en-latinoamerica-hay-medios-y-periodistas-pagados-por-soros/ (consultado el 17 de abril de 2024). Respecto del público hispano que vive en Estados Unidos, hace poco la compañía Latino Media Network adquirió por 60 millones de dólares 18 estaciones de radio en español en territorio norteamericano, que pertenecían a Televisa Univisión. Muy pronto se supo que quien estaba detrás de Latino Media Network era Soros. Véase «Con la compra de 18 radios de Univisión, Soros ingresa como dueño en el mercado de medios latinos», *La Política Online*, 23 de noviembre de 2022, https://www.lapoliticaonline.com/usa/politics-us/con-la-compra-de-18 -radios-de-univision-soros-ingresa-como-dueno-en-el-mercado-de-medios-latino/ (consultado el 16 de abril de 2024).

televisivas y *online* centradas en salud sexual y reproductiva de mujeres latinas», impulsar «derechos reproductivos en la audiencia latina de Estados Unidos, particularmente mujeres y jóvenes», abordar temas de inmigración latina, etcétera. Oak Foundation, otra entidad globalista de este mismo tipo, ha concedido 1.000.000 de dólares a openDemocracy para, igual que Ford, «construir un consorcio internacional de periodistas» feministas y LGBTQI.[252]

Además del poder económico que los magnates ejercen sobre los medios de comunicación y el periodismo desde sus fundaciones y ONG, las sociedades globalistas de administración de activos como BlackRock, Vanguard, Bloomberg, etc., logran una enorme influencia sobre las principales corporaciones mediáticas a través de la tenencia de acciones e inversiones. En una investigación del año 2020, César Vidal daba cuenta de que apenas doce conglomerados mediáticos controlaban el 80 % de «lo que consumen, en información y entretenimiento, las poblaciones del globo».[253] Concretamente, se refería a Comcast, The Walt Disney Company, AT&T, Paramount, Bertelsmann, Sony Corporation, News Corp, Fox Corporation, Hearst Communications, MGM Holding Inc, Grupo Globo y Lagardère Group. Si analizamos las posiciones únicamente de BlackRock y Vanguard, veremos que encabezan la tenencia de acciones en prácticamente todas. Por ejemplo, Vanguard lleva la delantera en Comcast, con un 9,54 %, seguido por BlackRock con el 7,53 %. En Disney los encontramos, otra vez, ocupando los dos primeros lugares, con el 8,26 % y el 6,7 %, respectivamente. En AT&T, lo mismo, con el 8,7% y el 7,46 %. En Paramount ocupan el segundo y tercer lugar, teniendo en su poder el 10,15 % y el 7,52 %.[254] Así ocurre, con diferencias casi anecdóticas, en el resto de las corporaciones mediáticas mencionadas y en muchas otras más.

El poder de decisión que tienen firmas como BlackRock y Vanguard sobre los medios de comunicación es realmente significativo. Ellas intervienen, por ejemplo, nada menos que en la elección del personal de jerarquía de las compañías. Mientras escribo estas líneas, en Disney se ha desatado una guerra por cambiar a los directores tras varios años de decadencia de la marca y sus productos. Contra la voluntad de otros accionistas, Vanguard ha inclinado la balanza en favor de mantener a

---

252. Véase Oak Foundation, «Grant database» (s.f.), https://oakfnd.org/grant-database/ (consultado el 17 de abril de 2024).

253. César Vidal, *Un mundo que cambia* (Nashville: TLM Editorial, 2020), p. 105.

254. Información tomada del *software* de Bloomberg, cuya última actualización es del 31 de diciembre de 2023 (consultado el 2 de abril de 2024).

los directores que vienen hundiendo la compañía a la vez que apuestan por contenidos *woke* para niños.[255] Disney seguirá adelante con sus productos económicamente desastrosos, pero convenientes para su deseo de adoctrinar con la agenda globalista a las nuevas generaciones.

Otro caso rimbombante ocurrió en abril de 2023, cuando Tucker Carlson, el periodista más visto de Fox, súbitamente fue despedido por la compañía. En enero, Carlson se había mofado de un vídeo del presidente ucraniano Zelenski, en el que daba las gracias a BlackRock, J.P. Morgan y Goldman Sachs por «reconstruir» el país. Carlson también había criticado muy duramente los criterios ESG como un medio para eludir la legislación democrática de las naciones. Asimismo, el periodista venía advirtiendo sobre los planes del Partido Demócrata para sustituir al electorado estadounidense con inmigrantes ilegales. Finalmente, en abril, mes en el que fue despedido, Carlson cometió el pecado de entrevistar a Robert Kennedy Jr., el candidato a la presidencia que venía arremetiendo contra las vacunas del Covid-19 como «mortales y sin valor». BlackRock es uno de los tres mayores accionistas de farmacéuticas como Pfizer, Johnson & Johnson y Merc. En febrero de ese año, BlackRock había aumentado su posición en Fox Corporation, haciéndose nada menos que con el 15,1 % de la empresa.[256] No es una casualidad que en abril Tucker Carlson haya tenido que abandonar Fox, a pesar de ser el periodista que mayor nivel de audiencia generaba.

Las voces realmente disidentes no tienen lugar en el *mainstream media*. Los globalistas son sus verdaderos dueños y, cuando sus intereses económicos, políticos e ideológicos están en juego, no tienen más que ampliar sus posiciones accionariales dentro de aquellos y quitar a los que estorban. Mientras tanto, pueden continuar financiándolos a través de fundaciones y ONG y comprando la lealtad de periodistas del *establishment*, haciendo pasar sus sobornos como «actos de filantropía». En efecto, son los mismos medios y los mismos periodistas sobornados los que se encargan de presentar el soborno como un acto de benevolencia y desprendimiento. No es casualidad que resulte *literalmente imposible* encontrar en los medios de comunicación hegemónicos una sola crítica real contra estos magnates y sus fundaciones.

255. Véase Svea Herbst-Bayliss y Dawn Chmielewski, «Vanguard's vote helps extend Disney's lead in boardroom fight», 2 de abril de 2024, https://www.reuters.com/business/media-telecom/norges-bank-investment-management-backs-disney-board-room-fight-with-hedge-funds-2024-04-02/ (consultado el 17 de abril de 2024).
256. Véase Michael Rectenwald, «Por qué Fox despidió a Tucker: BlackRock, la teoría del reemplazo y la ADL», *Mises Institute*, 25 de abril de 2023, https://mises.org/es/mises-wire/por-que-fox-despidio-tucker-blackrock-la-teoria-del-reemplazo-y-la-adl (consultado el 17 de abril de 2024).

VII. Educación globalista

«Nos embrutecen tanto que, al terminar el día, solo
somos capaces de acostarnos, o ir a un parque de
atracciones para empujar a la gente, o romper cristales
en el Rompedor de Ventanas o triturar automóviles
en el Aplastacoches, con la gran bola de acero».[257]

R. Bradbury

Pero con los medios de comunicación no alcanza. El corazón de la fábrica cultural se encuentra, fundamentalmente, en las universidades. En ellas se generan las ideas con las que tarde o temprano convivimos y, sobre todo, *se legitiman*. Es decir, se revisten de un tipo especial de validez. En las sociedades secularizadas, la voz de la universidad es la voz del saber. Si los medios de comunicación producen información, entretenimiento y opiniones *legítimas*, en la universidad lo que se produce es *ciencia legítima*.

Los globalistas necesitan dominar el ámbito universitario porque en él se legitima el saber, y el saber es, a su vez, la base de la legitimidad tecnocrática que reclama para sí el globalismo. Ellos son *mejores* para gobernar el mundo que la enorme mayoría de los simples mortales porque *saben* cuáles son los verdaderos problemas de «la Humanidad» y cómo resolverlos; y saben todo esto porque así lo afirman las casas de estudios que ellos mismos controlan, tanto económica como ideológicamente.[258]
La otra dimensión de la legitimidad globalista es la filantrópica: sus cultores *merecen* gobernar el mundo porque «aman a la Humanidad» tanto que se desprenden de sus bienes en favor de ella. La universidad, a diferencia de los medios de comunicación, es una institución generalmente amada por la mayoría de las personas. Ese desprendimiento en

---

257. Ray Bradbury, *Fahrenheit 451* (Buenos Aires: Penguin Random House, 2016), p. 42.

258. No se trata tan solo de la evitable hegemonía eventualmente coercitiva de un paradigma epistémico sobre otro respecto a la interpretación como *facts* de tales o cuales fenómenos, sino de la adulteración de la información en nombre de una doctrina ideológica. La afirmación relativista de un inevitable componente ideológico inherente al conocimiento académico se transforma luego en el soslayo respecto a la ideologización del conocimiento únicamente para el grupo autorizado que monopoliza el relativismo «tolerable» frente al conocimiento que se considere «políticamente incorrecto». Véase Jean-François Revel, *El conocimiento inútil* (Buenos Aires: Planeta, 1989), pp. 194-196. Así, lo que parece protección oficial del conocimiento científico encubre la imposición de cualquier disparate ideológico —realmente pseudocientífico— como en el caso de la ideología de género, la ciencia feminista, etc., que son hoy los lyssenkoísmos del siglo XXI.

favor de la universidad es bien recibido por la opinión pública como un verdadero acto de «filantropía».

Prácticamente no hay magnate globalista que no haya desembolsado enormes sumas de dinero en universidades en nombre de la «filantropía», aunque detallando en los acuerdos el tipo de causas ideológicas que las instituciones que reciben el dinero deben adoptar y promover. Las bases de datos de las fundaciones y ONG que hemos mencionado hasta el momento están tan abarrotadas de casos que cuesta, nuevamente, elaborar una lista exhaustiva. Vaya entonces tan solo un botón de muestra que contemple tanto grandes como pequeños desembolsos.

En la base de datos de la Fundación Ford encontramos una donación de 35.000 dólares a la Universidad de Columbia para organizar una conferencia que haga «crecer el movimiento para poner fin al encarcelamiento masivo» de delincuentes; aportes de 100.000 dólares a la Universidad de Chicago para lanzar *Black Life Everywhere,* una revista trimestral «centrada en el espíritu radical de resistencia y esperanza a través de la diáspora negra», que difunde consignas contra los «opresores» (o sea, los blancos: los mismos que los financian) y en favor de «nuestro futuro negro liberado y abolicionista»;[259] donación de 300.000 dólares para la American University of Beirut para el «desarrollo de un análisis político de género»; donativo de 1.500.000 dólares para que la Universidad de Boston, a través de la «Iniciativa de Gobernanza Económica Global», impulse una «prosperidad verde e inclusiva»; aportes de 350.000 dólares para la Universidad de Harvard, con el objeto de «incorporar las mejores prácticas de finanzas verdes y ESG en la banca china»; otra partida de 99.000 dólares para que la misma institución dicte una conferencia sobre «las implicaciones actuales de la Ley Comstock para la autonomía corporal y el derecho al aborto» (esta ley prohíbe enviar por correo postal productos diseñados para inducir abortos); otros 277.000 dólares para la misma casa de estudios, con el fin de «celebrar coloquios entre académicos chinos y estadounidenses sobre cuestiones de gobernanza global»; otro donativo de 1.700.000 dólares para que desde Harvard se impulse «justicia racial en América Latina»; apoyo de 900.000 dólares para la Universidad de Pekín, para difundir los objetivos de la Agenda 2030; aporte de 300.000 dólares para la Universidad de California de Los Ángeles, para «promover los derechos de los inmigrantes»; donación de 32.500 dólares para la Universidad de California de San Francisco, con el propósito de «planificar y organizar una convocatoria para el aborto

---

259. Véase https://blacklifeeverywhere.com/ (consultado el 17 de abril de 2024).

con medicamentos»; partida de 150.000 dólares para la Universidad de Nueva York, para «producir materiales que sirvan para defender ante los filántropos la importancia de centrarse en el género en su financiamiento»; otros 200.000 dólares para la misma institución, con el fin de apoyar un programa denominado «Reimaginando la Gobernanza y la Justicia Global»; donación de 50.000 dólares para la Universidad Estatal de Nueva Jersey, con el objeto de impulsar «la investigación de cuestiones feministas»; aporte de 450.000 dólares a la Universidad de Arizona, para impulsar «los derechos de los pueblos indígenas»; otros 250.000 dólares a la misma institución para desarrollar «narrativas sobre la justicia migratoria»; donativo de 400.000 dólares para que la Universidad Jiao Tong de Shanghái fortalezca «el desarrollo de capacidades y las narrativas sobre la inversión sostenible» (ESG); apoyo de 200.000 dólares para que la Universidad Federal de Río de Janeiro desarrolle «una agenda de investigación descolonial en la pandemia post-Covid-19»; una partida de 250.000 dólares a la Morgan State University para «brindar mayor diversidad a las redacciones y plataformas de medios del país»; donativo de 710.000 dólares para que la Universidad Javeriana promueva el «legado de la Comisión de la Verdad» (hay otras partidas de 250.000, 300.000, 400.000 y 500.000 dólares más para el mismo objetivo); aportes de 150.000 dólares para la Universidad Católica Andrés Bello, con el fin de que adopte una «perspectiva interseccional»; donación de 95.000 dólares para que la revista *Film Quarterly* de la Universidad de California, Santa Cruz, promueva «documentales de justicia social»; donación de 1.000.000 de dólares para la Universidad Diego Portales, a cambio de que promueva una «participación masiva» en el proceso constituyente chileno; otros 80.000 dólares más para que esta institución «promueva los derechos de los pueblos indígenas» en Chile, y otros 120.000 dólares para «encuestas y talleres sobre los derechos de los pueblos indígenas, particularmente los Mapuche»; para no quedarse cortos, se destinan 250.000 dólares extra para que, desde esa universidad, se «litiguen casos de prueba» con base en los «derechos indígenas», y 50.000 más para que se dicte un curso «sobre igualdad de género y diversidad sexual»; partidas de 200.000 y 100.000 dólares para la Universidad Rafael Landívar, de modo que financie a *Plaza Pública*, su «publicación orientada a la justicia social»; donación de 1.750.000 dólares para que la Universidad Howard apoye la «democracia estadounidense» capacitando a «periodistas negros»…, la lista en sencillamente interminable.

La Fundación Rockefeller, por su lado, no se ha quedado atrás. Podrían presentarse innumerables ejemplos: 776.872 dólares para que la Universidad de Boston conceda «becas» a ministros de finanzas de otros países «para ayudarlos a comprender mejor las dimensiones financieras del cambio climático e implementar sus objetivos climáticos y de desarrollo»; otra partida de 1.500.000 dólares más para esta casa de estudios, con el objeto de «desarrollar un laboratorio de datos raciales y un rastreador de datos raciales COVID-19»; 499.485 dólares para la Universidad de Arizona, con el fin de «promover la comprensión y la práctica de la agricultura indígena Hopi resiliente al clima»; 497.000 dólares para la Universidad de California de Davis, para diseñar «comidas sostenibles»; 1.300.000 dólares para que la Universidad de Georgetown trabaje en «la creación de una base de datos global de políticas de salud pública en respuesta al Covid-19 y todas las enfermedades infecciosas emergentes»; otro donativo de 2.000.000 de dólares para la misma institución, con el objeto de apoyar «a las Jefas de Estado y Ministras recién elegidas» en el mundo; 500.410 dólares para que la Universidad Americana promueva «una agenda económica equitativa»; 111.452 dólares para la Universidad de Columbia, «en apoyo de una encuesta de la comunidad LGBTQ+ de la ciudad de Nueva York para comprender la prevalencia del COVID-19 en aquella y los conocimientos, actitudes y prácticas asociados, así como las percepciones comunes y las dudas hacia las vacunas»; 881.413 dólares para que la Brown University diseñe un «modelo de comunicación» que «fomente la aceptación de la vacuna Covid-19 en todo Estados Unidos»; 500.000 dólares para que la Universidad John Hopkins promocione «las vacunas COVID-19 entre las comunidades negras, hispanas/latinas e indígenas de Virginia».

En el caso de George Soros, el magnate decidió en 1991 fundar su propia universidad. Su nombre es Central European University (CEU), y su actual rector ha explicado el propósito de la institución:

> La promesa era que profesores y estudiantes pudieran ser reclutados internacionalmente para construir una institución nueva y única, que entrenaría a futuras generaciones de académicos, profesionales, políticos y líderes de la sociedad civil para contribuir a la construcción de sociedades abiertas y democráticas en toda la región y más allá.[260]

A diferencia de lo prometido por Karl Popper, hoy por «sociedad abierta» hay que entender los objetivos de la ingeniería social generalizada

---

260. «Rector's Welcome to the 20th Anniversary Website» (s.f.), http://20.ceu.hu/ (consultado el 21 de abril de 2024).

de Soros; y por «democracia», una broma de mal gusto. Aquello de «toda la región y más allá», por cierto, significa el globo entero. En efecto, la CEU es una pieza central en la estrategia globalista del magnate húngaro; sus proyectos políticos quedan bendecidos en nombre de la academia, y los dirigentes y la militancia globalista tienen allí una suerte de cuartel general. El feminismo y el movimiento LGBT, por ejemplo, que son dos de los más importantes caballos de batalla de Soros, cuentan con su propio Departamento de Estudios de Género, donde se abordan temas como «intersecciones de identidades, producción de conocimiento feminista, teoría *queer* y sexualidad, política de la memoria»[261], entre otras ocurrencias del mismo tenor. Así es como la militancia política e ideológica se disfraza con los convenientes ropajes académicos, con los que aspiran a gozar de la buena imagen de la neutralidad científica.

La CEU ha recibido innumerables donaciones de Soros. Únicamente entre el 2016 y el 2022, que son los años para los que existen datos publicados, la Open Society Foundations le donó a la CEU la suma de 50.067.944 dólares en distintas partidas con distintos objetivos. Algunas llevan la escueta descripción de «apoyo general», pero muchas otras indican con precisión el destino que debe darse a los fondos. Por poner solamente tres ejemplos: 230.740 dólares fueron para apoyar un programa de «conexiones entre la investigación política académica y organizaciones globales fuera de un contexto académico»; 27.562 dólares para ofrecer, junto a Bard College Berlin, un curso sobre «la historia política de los movimientos feministas»; 216.391 dólares para proporcionar capacitación pedagógica a «profesores comprometidos en iniciativas de enseñanza inclusiva y diversidad en OSUN». El propósito de estas donaciones suele consistir en el desarrollo de las ideologías *woke* y su conexión efectiva con las esferas del poder político internacional.

OSUN es el acrónimo de Open Society University Network, una red de universidades creada en el 2020 y publicitada en el marco del Foro de Davos. El objetivo fue explícitamente político: luchar contra lo que el mismo Soros definió como «gobernantes autoritarios», que serían todos aquellos que no promueven la agenda globalista.[262] Los fundadores de la OSUN son la CEU, sita en Viena, y el Bard College, cuya sede central se

---

261. Central European University (CEU), «Gender Studies», https://www.ceu.edu/research-area /gender-studies (consultado el 21 de abril de 2024).

262. «George Soros donará 1.000 millones de dólares para crear una red mundial de universidades contra el autoritarismo», *Infobae*, 24 de enero de 2020, https://www.infobae.com/america/mundo /2020/01/24/george-soros-donara-1000-millones-de-dolares-para-crear-una-red-mundial-de -universidades-contra-el-autoritarismo/ (consultado el 22 de abril de 2024).

encuentra en Nueva York. En realidad, la red sale del bolsillo de Soros, que le inyectó nada menos que 1.000 millones de dólares a inicios de aquel año para que pudiera ver la luz.[263] Al momento de escribir estas líneas, la red la integran veintiocho universidades de todos los rincones del mundo, además de quince instituciones de investigación ligadas a universidades. En el listado podemos encontrar la Al-Quds University de Palestina, la American University de Afganistán, la Arizona State University de Estados Unidos, la Ashesi University de Gana, la Bocconi University de Italia, el Kyiv School of Economics de Ucrania, la London School of Economics de Reino Unido, la National Sun Yat-sen University de Taiwán, la Universidad de los Andes de Colombia o la University of the Witwatersrand de Sudáfrica, entre muchas otras. Como puede apreciarse en esa pequeña muestra, los intereses políticos e ideológicos de Soros penetran casas de estudios a lo largo y ancho del mundo.

El Bard College, con el que la CEU fundó la OSUN, es una institución que se presenta como promotora de la «Diversidad, Equidad e Inclusión (DEI)», y define su misión en torno a las «ideas de comunidades y culturas históricamente marginadas».[264] En otras palabras, se trata de una institución que ha hecho del *wokismo* su credo oficial. El impacto del dinero de Soros en ella ha sido más que significativo: de 2016 a 2022, el magnate le donó a través de la Open Society Foundations la suma de 130.498.661 dólares. Las partidas han ido para un sinnúmero de proyectos y objetivos. Por ejemplo: «Crear un nuevo plan de estudios en transnacionalismo que preparará a los estudiantes para participar y dar forma al debate público transnacional sobre los problemas globales contemporáneos más urgentes»; «crear un programa para estudiar el feminismo desde un marco de migración y transnacionalismo»; «apoyar diálogos intercampus y un programa de enseñanza para educar a estudiantes de secundaria y universidad sobre justicia climática»; «apoyar cursos en red y un grupo de trabajo en varios campus para actividades de diversidad e inclusión»; apoyar «el aprendizaje basado en habilidades con una variedad de tecnologías, reflexión crítica y componentes de justicia social», etcétera.

El control de George Soros sobre el Bard College es tan evidente que su hijo, Alex, forma parte de la junta directiva de esa casa de estudios.

263. CEU, «George Soros's Open Society University Network: "The power to transform global higher education"», 24 de enero de 2020, https://www.ceu.edu/article/2020-01-24/george-soross-open-society-university-network-power-transform-global-higher (consultado el 21 de abril de 2024).
264. Portada del sitio web de Bard College, https://www.bard.edu/ (consultado el 21 de abril de 2024).

Además, el magnate ha procurado donaciones a esta institución con el objetivo de colocar a determinadas personas en el lugar que él consideraba que debían tener. Por ejemplo, le dio a Bard College la suma de 1.082.111 dólares para «apoyar el nombramiento de un miembro sénior en el Instituto para la Educación Liberal Internacional de Bard». Al parecer, los cargos universitarios y académicos se encuentran a la venta.

Además de la propia, Soros se ha dedicado a financiar un sinfín de otras universidades a través de la Open Society Foundations. Por ejemplo: 1.675.000 dólares para la Universidad Americana de Asia Central, destinados a becas e investigaciones; 800.000 dólares para que la Universidad Americana prepare y lance «cursos de posgrado sobre análisis de género en economía»; 100.000 dólares para la Universidad Estatal de Arizona, con el propósito de impulsar una «educación climática de calidad»; 300.000 dólares para la Universidad Birzeit, para «avanzar en el conocimiento sobre cuestiones de género»; 299.350 dólares para que la Brown University desarrolle estudios sobre «sitios de consumo seguro para personas que usan drogas en los Estados Unidos»; 100.000 dólares para que la Universidad Estatal de Monclair «disipe la información errónea sobre sobredosis de drogas entre la comunidad de Paterson»; 2.000.000 de dólares para la Universidad de Duke, con el fin de apoyar «la implementación de demostraciones de pruebas y tratamientos de COVID-19 en países piloto»; 150.000 dólares para la Ghent University, para «el litigio estratégico contra la discriminación de las mujeres musulmanas en Bélgica»; 800.000 dólares para el «Centro de Derechos Humanos y Justicia Global» de la Universidad de Nueva York; 200.000 dólares más para que esta casa de estudios «contribuya a acelerar la acción climática y la justicia climática en y por el Caribe»; 10.000 dólares para que el Centro Cultural Segundo Ruiz Belvís trabaje junto a la Universidad de Puerto Rico «para conectar a académicas y activistas feministas»; 34.462 dólares para la Universidad George Washington, que impulsará con ellos «el mapeo de las necesidades de los refugiados afganos recién llegados a los EE. UU.»; 1.000.000 de dólares para que la Universidad de California de Berkeley «investigue las causas de la desigualdad y desarrollar y adoptar intervenciones para remediarla»; otra partida de 2.750.000 dólares para la misma institución, para «abordar los desafíos de política interna más críticos que enfrentan los latinos y otras comunidades de color»; 600.000 dólares para GenForward, una encuesta nacional de la Universidad de Chicago, en la que se busca saber «cómo la raza y el origen étnico influyen en la vida de los adultos jóvenes», con el fin de «explorar si este momento político podría usarse para expandir las actitudes y el comportamiento cívico y político de los individuos y cómo hacerlo»;[265] 500.000 dólares para que la Universidad de Boston lance un «Rastreador de Narrativa Racial»; 400.000 dólares para la Universidad de Essex, con el mandato de «combatir la islamofobia y la discriminación antimusulmana»; 179.250 dólares para que la Universidad de las Indias Occidentales se ocupe de «identificar, mapear y reunir a comunidades, asociaciones, ONG y grupos activistas que promuevan la justicia climática en el Caribe».[266] La lista se extiende indefinidamente.

Sumemos, todavía, un caso más: el de la Bill & Melinda Gates Foundation. A través de ella, el creador de Microsoft ha destinado incalculables fortunas a consolidar su influencia sobre una gran cantidad de universidades alrededor de todo el mundo. Estos son algunos ejemplos: 12.491.778 dólares para Universidad de Manitoba para «realizar evaluaciones rápidas y exhaustivas de los obstáculos en el suministro de planificación familiar dentro de los sistemas y servicios de salud en siete regiones prioritarias»; otros 699.851 dólares para que la misma institución fortalezca «el acceso a servicios de planificación familiar de calidad»; 1.500.000 dólares para Tulane University, con el objetivo de «implementar una encuesta de planificación familiar» en la República Democrática del Congo y «avanzar en los objetivos de planificación familiar para el país»; 585.000 dólares para que la Universidad de Ibadan aplique en el área de la salud «una perspectiva de género y aumenten la cantidad de expertos en género en Nigeria»; 497.459 dólares para la Universidad Makerere, con el propósito de «apoyar enfoques innovadores para modelar temas de salud de las mujeres u otros temas de salud más amplios que incorporen una perspectiva de género»; 1.442.458 dólares para que la Universidad Cardiff trabaje en «una solución para la planificación familiar en países de ingresos bajos y medios»; 590.062 dólares para la Universidad de Dschang, con el objetivo de «incrementar el número de modeladoras mujeres con experiencia en género en países africanos»; 60.165 dólares con el fin de que la Universidad de California de Los Ángeles diseñe e implemente una encuesta «para mapear el compromiso de los miembros de la Federación Internacional de Ginecología y Obstetricia (FIGO) con la anticoncepción»; 1.040.000 dólares para la Universidad John Hopkins, con el propósito de «ofrecer respaldo de personal clave para el Instituto Bill y Melinda Gates, permitiendo que

---

265. Véase https://genforwardsurvey.com/ y https://genforwardsurvey.com/byp-research/mobilization-and-change/ (consultado el 18 de abril de 2024).

266. Otra vez, todos los datos han sido tomados de «Awarded Grants» (s.f.), Open Society Foundations, https://www.opensocietyfoundations.org/grants/past (consultado el 16 de abril de 2024).

el Instituto lleve a cabo y amplíe el impacto de la Conferencia Internacional sobre Planificación Familiar»; 4.670.896 dólares para financiar el «equipo de Métricas de Igualdad de Género en el Instituto de Métricas y Evaluación de la Salud en prioridades estratégicas para la División de Igualdad de Género» de la Universidad de Washington; 1.349.100 dólares para la Universidad Bayero, a los efectos de «evaluar la seguridad y viabilidad de la distribución anticipada tanto de azitromicina como de misoprostol para autoadministración a mujeres embarazadas con alta probabilidad de dar a luz en casa en el norte de Nigeria»[267] (es decir, para proveer estas drogas abortivas a mujeres nigerianas).

Hay que insistir en que estos largos listados no constituyen más que una diminuta muestra de todo lo que puede encontrarse en las bases de datos de las fundaciones de estos magnates globalistas. Sus donaciones universitarias cubren todas las regiones del mundo; su obsesión con los puntos de las agendas progresistas y *woke* resulta patente. Las grandes masas tienden a pensar en las universidades como instituciones ideológica y políticamente neutras. En el imaginario colectivo, las exigencias del método científico, al que se supone que se ciñen los académicos, asegurarían esa neutralidad. Pero esta no es más que una opinión inocente e incluso dogmática. Es fácil advertir que todas estas donaciones están *políticamente motivadas y orientadas*. El destino de cada uno de los fondos se explicita; solo es cuestión de *leer*. La mera descripción citada en cada caso ya revela la asunción frontal de una ideología a expandir dentro del mismo ámbito universitario. Así se logra, en los contextos académicos, la uniformización y la hegemonía necesarias para terminar recubriendo de legitimidad científica todas las pretensiones globalistas. La mayoría de las universidades, tristemente, también tienen un precio.

---

267. Todos los datos fueron tomados de «Committed grants» (s.f.), Bill & Melinda Gates Foundation, https://www.gatesfoundation.org/about/committed-grants (consultado el 18 de abril de 2024).

CAPÍTULO 5:

FORO DE DAVOS O EL PRIVILEGIO DE SER UN «CIUDADANO GLOBAL»

Los actores del globalismo no actúan desorganizadamente. Al contrario, están mejor articulados entre ellos de lo que podría parecer a primera vista. Si bien cada tipo de actor reviste una naturaleza y una serie de ámbitos que le son propios y hasta exclusivos, además de funciones bien específicas y vedadas a otros tipos de actores, el desafío al que se enfrentan una y otra vez es el de definir agendas y estrategias comunes. Cometeríamos un error si concibiéramos el globalismo como una suerte de «pluralismo» desordenado, en el que los distintos poderes colisionan entre sí, inhibiendo cualquier forma cohesionada de acción colectiva. Estados *proxy*, partidos políticos globalistas, organizaciones internacionales públicas y sus representantes, organizaciones no gubernamentales, poder económico global, poder financiero global, medios de comunicación hegemónicos y hasta instituciones académicas de alto prestigio han de coordinar hasta cierto grado sus esfuerzos si lo que se pretende es definir una agenda política común y la existencia de una forma de gobernanza capaz de llamarse «globalismo».

La más importante institución global en la que todos estos esfuerzos se llevan a cabo, que reúne periódicamente a los más relevantes actores globalistas, se llama Foro Económico Mundial, también conocido como «Foro de Davos».

I. De Milton Friedman a Klaus Schwab

En 1970, el economista liberal Milton Friedman publicó un famoso artículo titulado «La responsabilidad social de las empresas es incrementar sus ganancias».[1] En este, Friedman argumentó contra una idea que estaba ganando popularidad. Cada vez más, se sostenía que las empresas se deben a algo llamado «responsabilidad social», lo que implicaría un compromiso activo con causas no económicas («sociales»), traducido en erogaciones en favor de ellas. Semejante idea puede resultar muy simpática, pero, según Friedman, hiere los fundamentos sobre los que descansa una sociedad libre: «Los empresarios que hablan de esta manera son títeres involuntarios de las fuerzas intelectuales que han estado socavando las bases de una sociedad libre en las últimas décadas»[2].

Friedman elabora su argumento teniendo en mente grandes compañías en las que existe una separación entre la propiedad y la dirección: los directivos son empleados de los dueños de la compañía (quienes poseen sus acciones), y su función consiste en conseguir el éxito económico. Pero cuando se habla de «responsabilidad social» de una empresa, lo que realmente se quiere decir es que los directivos toman la decisión de dedicar los recursos de los dueños de la empresa a causas no económicas, desviándose del fin que se les confió:

> En la medida en que sus acciones, de acuerdo con su «responsabilidad social», reducen los retornos para los accionistas, está gastando su dinero. En la medida en que sus acciones aumentan el precio para los clientes, está gastando el dinero de los clientes. En la medida en que sus acciones disminuyen los salarios de algunos empleados, está gastando su dinero.[3]

Este dinero es el mismo que los accionistas, los clientes o los empleados podrían haber utilizado en «causas sociales» escogidas por ellos mismos si así lo hubieran querido. De este modo, el efecto es similar al del *impuesto*. La consecuencia que Friedman extrae de esta dinámica tiene enorme importancia para nuestro tema: en nombre de la «responsabilidad

---

1. Milton Friedman, «The Social Responsibility of Business Is to Increase Its Profits», *The New York Times Magazine*, 13 de septiembre de 1970. Reproducido en Walther Zimmerli, Klaus Richter y Markus Holzinger, *Corporate Ethics and Corporate Governance* (Berlín: Springer, 2007) pp. 173-178.

2. Ibíd., p. 173.

3. Ibíd., p. 174.

social», las empresas empiezan a actuar como si fueran *gobiernos*, puesto que confunden su función económica con el ámbito propio de la política. El directivo de empresa que toma este camino «está imponiendo impuestos, por un lado, y decidiendo cómo se gastarán los ingresos fiscales, por el otro».[4] Los recursos económicos que ha trasladado a las «causas sociales» salen de algún lugar, y ese lugar no es ciertamente su propio bolsillo.[5]

De extenderse esta dinámica, la empresa puede convertirse en enemiga de una sociedad libre. En efecto, sus directivos empiezan a actuar como si fueran funcionarios públicos. No están allí simplemente para realizar un servicio económico a la sociedad, sino para asumir otro tipo de tareas en nombre de la «responsabilidad social». Ahora bien, tras este término gelatinoso, casi poético, uno puede terminar refiriéndose a la voluntad de *moldear* a la sociedad de una manera determinada. El virus de la ingeniería social acaba contagiando también, pues, al sector privado. Friedman advierte: «Hemos establecido elaboradas disposiciones constitucionales, parlamentarias y judiciales para controlar estas funciones, para asegurar que los impuestos se impongan en la medida de lo posible de acuerdo con las preferencias y deseos del público».[6] Pero cuando los directivos de empresas olvidan que su función es económica y no política (es decir, que los han puesto ahí para que el negocio marche bien y no para dedicarse a fines distintos), se convierten en legisladores, ejecutores y juristas al mismo tiempo.

> Si van a ser funcionarios civiles, entonces deben ser elegidos a través de un proceso político. Si van a imponer impuestos y hacer gastos para fomentar objetivos «sociales», entonces se debe establecer una maquinaria política para evaluar los impuestos y determinar, a través de un proceso político, los objetivos a servir.[7]

Compártanse o no sus argumentos, es indiscutible que lo que Friedman intuye es un cambio filosófico de magnitud hacia el interior de las grandes corporaciones económicas, que las predispone a actos de gobernanza en nombre de la «responsabilidad social». Las funciones económicas ya no les bastan a las empresas; el éxito económico no les

---

4. Ibíd., p. 175.
5. Por supuesto, la situación no es la misma cuando se trata de un propietario individual que escoge utilizar el dinero de los rendimientos de su empresa para fines sociales. En este caso, está usando *su dinero* y no el de otros.
6. Friedman, «The Social Responsibility of Business Is to Increase Its Profits», p. 175.
7. Ibíd.

satisface. La ganancia ya no se interpreta como el resultado de una contribución al bienestar del prójimo gracias a la provisión de bienes y servicios que este demanda. El mundo de la empresa debería hacer otro tipo de cosas, debería cumplir con otro tipo de metas. Debería, tal vez, parecerse más al Estado, ocupándose no solo de sus propios negocios, sino de la sociedad como tal desde una óptica no económica. ¿Por qué los empresarios no podrían dedicarse también a *moldear* la sociedad según su parecer, aprovechando para ello su poder económico?

Esta fue precisamente la filosofía que Klaus Schwab, un (por entonces) joven economista alemán, empezó a difundir en la década de 1970 como respuesta a Milton Friedman. El mismo año que Friedman publicaba su mencionado artículo, Schwab lanzaba al mercado un libro en el que utilizó el novedoso concepto de «capitalismo de partes interesadas» (*Stakeholder Capitalism*) para enfrentarse al modelo económico en el que la empresa se concentra en lograr utilidades para sus accionistas (*Shareholder Capitalism*, en términos de Schwab). En la concepción de Schwab, las compañías debían «servir a la sociedad además de a sus accionistas».[8] Así, la llamada «responsabilidad social» de la empresa sería el núcleo de una propuesta que tomaría vuelo.

Ante la postura de Friedman de que «el negocio de los negocios es hacer negocios», Schwab contará años más tarde que su contraataque consistió en decir: «No, la empresa no es solo una unidad económica, es un organismo social, tiene que contribuir a la sociedad».[9] En realidad, esta es una *falacia del hombre de paja*, puesto que para Friedman no hay mejor manera de contribuir al bienestar de la sociedad, por parte de una empresa, que logrando éxito económico. Que el negocio de los negocios sea hacer negocios no significa en absoluto que la sociedad vea por ello disminuido su bienestar, o que esto no implique una «contribución social» en sentido estricto. Más bien ocurre lo contrario: el éxito de los negocios en un mercado libre significa que se ha podido satisfacer la demanda de las personas con bienes y servicios de buena calidad y a buenos precios (de otra manera, la empresa quiebra; no hay otra alternativa en materia económica: o sirve a la sociedad, o desaparece). La contribución de la empresa a la sociedad en un mercado libre consiste en participar de una distribución eficiente de recursos escasos y en crear valor para los demás.

---

8. Klaus Schwab, *Stakeholder Capitalism. A Global Economy that Works for Progress, People and Planet* (New Jersey: Wiley, 2021), p. 11.
9. «WEF2020–Opening statement by Klaus Schwab. Davos Manifesto in World Economic Forum 2020», https://www.youtube.com/watch?v=x1Da4YQCTUw (consultado el 8 de mayo de 2024).

Schwab es tan tramposo e intelectualmente deshonesto que, en un artículo de su autoría publicado en *Time Magazine* y *Project Syndicate* (medio financiado por Soros y Gates), insistió en atribuir a Friedman el haber «ignorado» el hecho de que una empresa «no es solo una entidad en busca de beneficios, sino también un organismo social».[10] En realidad, esta absurda acusación ignora que, para Friedman, la empresa privada es el principal actor de la *coordinación social* que posibilita el mercado capitalista: «El intercambio voluntario hace posible que millones de personas cooperen entre sí»,[11] a través de una serie de incentivos e informaciones que se generan en el mercado libre, escribe Friedman. Algo tan simple como el lápiz que usamos, ejemplifica el economista, no podría producirse sin la concurrencia de un sinnúmero de individuos que cooperan entre sí incluso sin llegar a conocerse jamás.[12] Atribuir a Friedman la idea de que la empresa «no es un organismo social» es o ignorar por completo su pensamiento o ser un verdadero canalla.

Comoquiera que sea, fue en el marco de esta disputa como Schwab logró llamar la atención del presidente de la Comisión Europea de ese entonces: «Me dijo: "Ven a Bruselas porque el concepto de 'capitalismo de partes interesadas' encaja muy bien en esta narrativa europea de combinar el éxito económico con la responsabilidad social"».[13] Apenas un año más tarde, en 1971, Schwab ya se encontraba inaugurando en Davos (Suiza) una organización que tomó el nombre de «Foro de Gestión Europea». Esta funcionaría como un espacio de encuentro para empresas, gobiernos, organismos internacionales y otras instituciones de peso. La idea de Schwab de que la empresa debía hacerse cargo de

---

10. Klaus Schwab, «What Kind of Capitalism Do We Want?», *Time Magazine*, 2 de diciembre de 2019, https://time.com/5742066/klaus-schwab-stakeholder-capitalism-davos/ (consultado el 10 de mayo de 2024). En *Project Syndicate* se encuentra en https://www.project-syndicate.org /commentary/stakeholder-capitalism-new-metrics-by-klaus-schwab-2019-11.

11. Milton Friedman y Rose Friedman, *Libertad de elegir* (Madrid: Gota a Gota, 2008), p. 34.

12. En algo tan mundano y cotidiano como un lápiz están implicados los que trabajan para obtener madera de los árboles, los que producen las herramientas para lograr este cometido, los que trasladan la madera en camiones y ferrocarriles, los que trabajan la madera para darle forma al lápiz, los que trabajan en las minas extrayendo el grafito, los que trabajan el grafito para adaptarlo a las funciones de un lápiz, los que extraen el metal que el lápiz suele tener en una de sus puntas, los que extraen el caucho y otros productos con los que, a su vez, otros trabajarán para formar lo que conocemos como «goma de borrar». Tampoco debería dejarse fuera a quienes fabricaron el cartón con el que se empaca el lápiz, los que diseñaron la caja, los que la transportaron al comercio local y los que lo vendieron. Friedman concluye: «Quienes intervinieron en el proceso viven en varios países, hablan distintas lenguas, practican religiones diferentes, pueden, incluso, odiarse entre sí, pero ni siquiera estas diferencias impidieron su cooperación para fabricar un lápiz» (ibíd., p. 35). ¿Puede acusarse seriamente a Friedman de concebir la empresa como un organismo que carece de naturaleza «social»?

13. «WEF2020–Opening statement by Klaus Schwab. Davos Manifesto in World Economic Forum 2020».

«lo social» exigía cada vez más su articulación con otras instancias de poder político y social, y ese fue el objetivo del Foro desde sus inicios.

En este primer encuentro concurrieron cerca de 450 personas provenientes de 31 países. Participaron personajes de renombre como Dean George Pierce Baker del Harvard Business School, Barbara Ward de la Universidad de Columbia, el presidente de IBM, Jacques Maisonrouge, y una gran cantidad de miembros de la Comisión Europea.[14] Empresarios y políticos se reunían para coordinar sus respectivas agendas. Cada año se irían incorporando más personajes; el número de corporaciones, políticos y académicos que concurrían a las reuniones del Foro iba en permanente aumento. Limitados todavía a Europa y América, en la década siguiente el alcance de la organización cambiaría de forma radical.

En 1987, con el comienzo del fin de la Guerra Fría, el Foro adoptó un nuevo nombre: «Foro Económico Mundial». Según explican en su sitio web, el propósito fue «reflejar su membresía global».[15] En palabras de Schwab, del cambio cuantitativo se derivaba un cambio cualitativo: de lo que se trataría a partir de entonces era de diseñar una «agenda global».[16] En concreto, desde el Foro advirtieron que lo de «europeo» ya les quedaba chico, puesto que su influencia se expandía cada vez más a todo el planeta. Además, el advenimiento de la globalización incrementaría el interés de los líderes del mundo por esta organización, que ahora se definía explícitamente como una entidad de naturaleza «económica». Desde entonces, el Foro de Davos se arroga como hitos propios haber tenido un papel preponderante en muchos de los acontecimientos de relevancia mundial y demanda ser reconocido como un actor fundamental de la «gobernanza global».

II. El objetivo del Foro: la gobernanza global

> *«Los dos objetivos del Partido son conquistar toda la superficie de la Tierra y acabar de una vez por todas con la posibilidad del pensamiento independiente».*[17]
>
> G. Orwell

---

14. Véase Schwab, *Stakeholder Capitalism*, p. 11.
15. World Econocmic Forum (WEF), «Una cronología de Davos: Lo más destacado en más de medio siglo de historia», 3 de enero de 2024, https://es.weforum.org/agenda/2024/01/una-cronologia-de-davos-lo-mas-destacado-en-mas-de-medio-siglo-de-historia/ (consultado el 9 de mayo de 2024).
16. Schwab, *Stakeholder Capitalism*, p. 15.
17. George Orwell, *1984* (Barcelona: Austral, 2022), p. 263.

Su nombre no ha de confundirnos. El Foro Económico Mundial no es una simple institución que reúne a empresarios. Más que económica, la verdadera naturaleza del Foro es *política*. Su apetito no consiste tanto en interrelacionar empresas como en definir y dirigir las *agendas políticas del globo* y coordinar a los actores globalistas en orden a su cumplimiento. Su sueño es el de ser una especie de ONU, pero enteramente *privatizada*.

La manera en que el Foro define su misión es lo suficientemente indeterminada como para atraer actores de toda índole, sin tener que limitarse al mundo de la empresa, como su nombre podría dar a entender: «El Foro Económico Mundial es una organización internacional para la cooperación público-privada, que proporciona una plataforma global, imparcial y sin fines de lucro para conectar a los interesados, establecer confianza y construir iniciativas de cooperación y progreso».[18] Definir a los actores como «los interesados» es no definirlos en absoluto.

La realidad es que por «los interesados» hay que entender cualquier actor con suficiente poder como para ser considerado «interesante» para los objetivos del Foro. Empresas, partidos políticos, gobernantes, burócratas, organizaciones internacionales, ONG, sindicatos, medios de comunicación, universidades: cabe en el Foro todo lo que tenga poder y que coincida con la idea general de que hay que impulsar algo llamado «gobernanza global», a partir de estructuras que no suelen ser nacionales ni son en realidad democráticas. En otra sección de su sitio web son un poco más específicos: «El Foro Económico Mundial involucra a líderes políticos, empresariales, académicos, de la sociedad civil y otros líderes de la sociedad para dar forma a las agendas globales, regionales e industriales».[19] La expresión «dar forma» es ciertamente elocuente: la de Schwab es una organización que quiere *formar* la agenda globalista, apoyada en los actores globalistas de primer orden.

El imparable desarrollo institucional y la constante expansión temática del Foro son el fiel reflejo de sus propósitos gubernativos. En la actualidad, el trabajo de la organización se reparte temáticamente en diez «centros» distintos: «Manufactura Avanzada y Cadenas de Suministro», «Ciberseguridad», «Energía y Materiales», «Sistemas Financieros y Monetarios», «Salud y Atención Médica», «Naturaleza y Clima», «Regiones, Comercio y Geopolítica», «Cuarta Revolución Industrial», «Nueva Economía y Sociedad» y «Transformación Urbana». El ámbito

---

18. WEF, «Our Mission», https://es.weforum.org/about/world-economic-forum/ (consultado el 9 de mayo de 2024).

19. WEF, «Our Institutional Framework», https://es.weforum.org/about/institutional-framework/ (consultado el 9 de mayo de 2024).

geográfico que cubren todos estos Centros es el globo entero: «Los Centros construyen comunidades de propósito esenciales para abordar desafíos globales a gran escala»,[20] establece la organización en su misión. Por eso, se sujetan a las definiciones estratégicas de un suborganismo denominado «Consejos para la Agenda Global».[21] La aspiración consiste en ser capaces de definir y planificar el futuro del mundo en todas estas temáticas, gracias a la fuerza que el Foro tiene para hacer converger en su núcleo a los actores del poder global.

La expansión de esta suerte de voluntad de poder de gobernanza global que caracteriza al Foro de Davos también puede apreciarse en la evolución de sus Manifiestos. El primero fue redactado en 1973, y sintetizaba las pretensiones del modelo de «capitalismo de partes interesadas» de Schwab. En concreto, declaraba que, si bien los directivos de las empresas son «síndicos de los accionistas», también deben ocuparse de que la empresa cumpla los objetivos del resto de las «partes interesadas», que van desde los empleados y los clientes hasta «la sociedad» como tal.[22] Ahora bien, si se considera el contenido del Manifiesto publicado en el año 2020, es fácil notar que las pretensiones gubernativas se han dilatado enormemente. Para empezar, el título mismo del nuevo texto reza: «El propósito universal de la empresa en la cuarta revolución industrial».[23] Valga recordar que la «Cuarta Revolución Industrial» es un proyecto que depende precisamente del Foro de Davos, y que ha sido conceptualizado por el propio Schwab, como veremos más adelante. Así, las empresas tendrían el propósito «universal» de hacer determinadas cosas respecto a esta «revolución» guiada por el Foro, según los mismos directivos del Foro.

Ingresando al texto, se identifica que la matriz narrativa del «capitalismo de partes interesadas» sigue funcionando como marco general: «Una empresa es más que una unidad económica generadora de riqueza. Satisface las aspiraciones humanas y sociales como parte de un sistema social más amplio», define el Manifiesto. Ahora bien, se introducen a continuación novedades específicas ausentes en el de 1973: «El desempeño debe medirse no solo por el rendimiento para los accionistas, sino

---

20. Ibíd.
21. Véase Klaus Schwab, *La cuarta revolución industrial* (Ciudad de México: Debate, 2023), p. 29.
22. WEF, «Davos Manifesto 1973: A Code of Ethics for Business Leaders», https://www.weforum .org/agenda/2019/12/davos-manifesto-1973-a-code-of-ethics-for-business-leaders/ (consultado el 9 de mayo de 2024).
23. WEF, «Davos Manifesto 2020: The Universal Purpose of a Company in the Fourth Industrial Revolution», https://www.weforum.org/agenda/2019/12/davos-manifesto-2020-the-universal -purpose-of-a-company-in-the-fourth-industrial-revolution/ (consultado el 9 de mayo de 2024).

también por la forma en que logra sus objetivos ambientales, sociales y de buen gobierno». En otras palabras, las empresas deben medirse por el cumplimiento de los «criterios ESG».[24] Asimismo, mientras que el Manifiesto de 1973 no tenía ni una sola referencia a lo «global», el del 2020 habla directamente en términos de la configuración de una «ciudadanía global»: «La ciudadanía global corporativa requiere que una empresa aproveche sus competencias básicas, su espíritu empresarial, habilidades y recursos relevantes en esfuerzos de colaboración con otras empresas y partes interesadas para mejorar el estado del mundo».[25] De esta manera, en pocas décadas hemos pasado de la «responsabilidad social» de la que tanto desconfiaba Friedman a algo llamado «ciudadanía global» que supone nada menos que ¡«mejorar» el mundo!

Las corporaciones ya no deben limitarse a mejorar las sociedades en las que se inscriben y actúan, generando trabajo para las personas, produciendo riqueza y sirviendo en el mercado a las necesidades de los demás: deben convertirse en verdaderos *activistas*. La «responsabilidad social», por otro lado, ya no es ni local ni nacional, ni siquiera internacional, sino necesariamente «global»: «La característica más importante del modelo de partes interesadas hoy en día es que los intereses de nuestro sistema ahora son más claramente globales»,[26] escribe Schwab. Si se quiere ser un «ciudadano global», hay que tomar por fuerza esta determinación: la de asumir los problemas de «la Humanidad» (que son los que el Foro define como tales, claro). Y esto no significa asumir responsabilidades hacia el interior de un conjunto de naciones, sino adoptar un enfoque que abarque al globo entero. En un texto del 2008, Klaus Schwab lo ha dejado muy claro:

> Algunos líderes empresariales señalarán el compromiso de su empresa en varios proyectos de responsabilidad social corporativa en todo el mundo, argumentando que esto convierte a la empresa en un ciudadano global. Pero la suma de actos de ciudadanía local no hace a

---

24. En un libro de su autoría, Schwab lo deja todavía más claro: «Los criterios ASG [ESG] pueden considerarse como la vara de medir del capitalismo de las partes interesadas» (Klaus Schwab y Thierry Mallert, *COVID-19. El gran reinicio* [Suiza: Foro Económico Mundial, 2020] p. 207). Schwab admite y promueve el chantaje como modo de implementación de los criterios ESG: «Las empresas no aceptarán estas medidas necesariamente porque sean realmente "buenas", sino más bien porque el "precio" de no adoptarlas será demasiado elevado en cuanto a los efectos de la indignación de los activistas, tanto los inversores activistas como los activistas sociales» (ibíd., p. 209).
25. «Davos Manifesto 2020: The Universal Purpose of a Company in the Fourth Industrial Revolution».
26. Schwab, *Stakeholder capitalism*, p. 176.

una empresa un ciudadano globalmente involucrado; los problemas globales deben ser abordados a escala global.[27]

La sola idea de «ciudadanía global» supone la existencia de algo así como un «gobierno mundial» o, al menos, su más imperiosa necesidad. Esto es algo que incluso los filósofos políticos globalistas no tienen más remedio que admitir.[28] En efecto, el concepto «ciudadanía» se define *necesariamente* en términos del reconocimiento de una serie de derechos y obligaciones con respecto a una autoridad política soberana. La ciudadanía no es otra cosa que un *estatus* jurídico que vincula al individuo con el poder político de una manera determinada. Por ese motivo, nadie es «ciudadano» ni de una empresa, ni de una iglesia ni de una asociación civil. Solo se es ciudadano de un Estado, porque es este y no la empresa, ni la iglesia ni la asociación civil el que reclama con éxito el poder legítimo para distribuir derechos y obligaciones. Así, a menos que los órganos de poder global reivindiquen títulos de legitimidad para gobernar a los hombres, el concepto de «ciudadanía global» carece de sentido.

Los globalistas apuestan por esta terminología no porque desconozcan todo esto, sino precisamente porque lo comprenden muy bien. La lealtad de las personas para con los Estados se ha forjado por medio del atributo nacional que define culturalmente al Estado nación, pero también por vía del estatus de ciudadanía que constituye una relación de justicia entre las partes. La ciudadanía democrática, especialmente, se basa en una serie de derechos políticos que procuran la *identificación* del ciudadano con el poder. La identidad basada en la nación y en la ciudadanía resulta tan fuerte que, salvo excepciones muy raras, y a diferencia de otros atributos identitarios, las personas no se deshacen de ella jamás. Los globalistas pretenden subvertir este orden poniendo por encima de la identidad basada en la nación otro tipo de identidad: la que ofrecería una «ciudadanía global», hoy en proceso de construcción, y cuyos cultores están afiliados al Foro de Davos.

Lo curioso del caso es que «ciudadanos globales» son únicamente aquellos que tienen poder político, económico o social suficiente como para ingresar en el radar de las estructuras internacionales de poder, o bien una cuenta bancaria lo suficientemente abultada como para pagar las elevadísimas membresías de tan selecto grupo. Así pues, los «ciudadanos

---

27. Klaus Schwab, «Global Corporate Citizenship–Working with Governments and Civil Society», en *Foreign Affairs* 87, núm. 1 (enero/febrero de 2008), p. 113.

28. Colliot-Thélène escribe que «el ideal de una ciudadanía mundial […] presupone un equivalente mundial del Estado» (*Democracia sin demos*, p. 273).

globales» no son otros que los invitados de honor del Foro de Davos, los burócratas de las Naciones Unidas, los directivos de las empresas multinacionales que pagan su cuota, los magnates que juegan a la «filantropía», las ONG más importantes, los periodistas y los académicos serviles al nuevo régimen de poder. En su propio sitio web, el Foro Económico Mundial recluta socios —es decir, aportantes— bajo el siguiente eslogan: «Nuestros socios dan forma a la agenda global».[29] Por eso ellos, y no cualquiera, son los verdaderos «ciudadanos globales». Al resto —es decir, al 99,99 % de la población mundial que tendrá que ajustarse a una agenda hecha por otros— les correspondería la condición de *súbditos globales*, aunque esta expresión puede resultar demasiado antipática para la sensibilidad contemporánea y no encaja bien en la narrativa buenista de los globalistas.

Todo esto podría parecer una mera especulación conceptual de no ser porque el propio Schwab lo ha dejado perfectamente claro en escritos de su autoría. La premisa fundamental de su teoría política es que el modelo del Estado soberano ya no corresponde a las condiciones actuales de la evolución humana. Ni siquiera las organizaciones internacionales, en la medida en que están compuestas de Estados, resultan suficientes para tomar las riendas y planificar la deriva actual de la sociedad global. Para Schwab, la esperanza reside en que otro tipo de estructuras y actores de poder se hagan cargo de la «gobernanza global». Considérense sus propias palabras:

> Los límites del poder político son cada vez más evidentes. La falta de liderazgo global es evidente, en parte porque las instituciones de gobernanza global existentes están obstaculizadas por convenciones y procedimientos arcaicos diseñados, en algunos casos, al final de la Segunda Guerra Mundial. El poder soberano sigue descansando en los gobiernos nacionales, pero un liderazgo global auténtico y efectivo aún no ha surgido.[30]

Así, Schwab elucubra sobre la necesidad de una gobernanza global centrada en actores no estatales. Esa necesidad es resultado de una contradicción esencial: el poder político es cada día más inútil, pero continúa reivindicando sus derechos soberanos. Esto supone un cortocircuito fatal, pues la soberanía del Estado, como hemos visto nosotros, se desarrolló conceptualmente al mismo ritmo con el que se afianzaba el poder del

---

29. WEF, «Our Partners shape the global agenda», https://www.weforum.org/videos/our-partners-shape-the-global-agenda/ (consultado el 9 de mayo de 2024).
30. Schwab, «Global Corporate Citizenship–Working with Governments and Civil Society», pp. 108-109.

Estado. Ahora que, ante las supuestas demandas de «gobernanza global», el poder del Estado, de índole nacional por definición, se muestra inútil, su soberanía debería resultar *radicalmente* cuestionada y, a la postre, sobrepasada. En efecto, es evidente que una estructura de naturaleza nacional no podrá resolver los problemas de una entidad colectiva, monolítica y *total* llamada «Humanidad». El Estado debería asumir de una vez por todas las limitaciones infranqueables que le caracterizan y subordinarse a otro tipo de poderes, cuya composición sería de naturaleza global, y que prometen gobernar el globo entero. En una palabra: el Estado debería dejar de ser soberano para convertirse en Estado *proxy*.

La gobernanza global recae sobre las corporaciones

¿Pero cuáles son las entidades que detentan semejante tipo de poder capaz de enmarcar una verdadera «gobernanza global»? Schwab las denomina «corporaciones»: «Al mismo tiempo que el poder estatal ha disminuido, la influencia de las corporaciones en las comunidades, en la vida de los ciudadanos y en el medio ambiente ha aumentado considerablemente».[31] Desde luego, puede ser muy positivo para todos que el peso del Estado disminuya y que las organizaciones privadas de la sociedad civil tomen las riendas de sus propios asuntos. El problema surge cuando se cae en la tentación de derivar de esta circunstancia, beneficiosa para todos, una conclusión de tipo político. Esa conclusión es la siguiente: dado que las «corporaciones» generan «influencias» sobre las comunidades al mismo tiempo que el Estado pierde peso, les corresponde a ellas el derecho a ejercer poderes políticos sobre dichas comunidades. Más aún: dada esta creciente «influencia», y en virtud de la posesión de una supuesta «ciudadanía global», las corporaciones deben *gobernar el globo*. ¿Qué significa eso de «dar forma a la agenda global» si no el ejercicio del más ambicioso poder político nunca visto? ¿Qué significa la «gobernanza global» si no gobernar a «la Humanidad», sobrepasando la soberanía de las naciones?

Esas palabras de Schwab se desprenden de un texto publicado en el año 2008. Por entonces todavía trataba, a regañadientes, de matizar la cuestión: «La responsabilidad última de abordar los problemas globales recae en los Estados y organizaciones internacionales».[32] Lo decía como quien describe una realidad lamentable y no como quien prescribe un

---

31. Ibíd., p. 109.
32. Ibíd., p. 118.

estado deseable de cosas. En cambio, en un libro de su autoría publicado ocho años más tarde, hablará en términos claramente prescriptivos: «Los gobiernos también deben adaptarse al hecho de que el poder está desplazándose, del Estado a los agentes no estatales y de instituciones establecidas a redes independientes».[33] Nótese la inflexión del discurso: se ha pasado súbitamente de una constatación descriptiva (la responsabilidad última «recae» sobre el Estado y las organizaciones internacionales, compuestas por Estados) a una fórmula imperativa (los gobiernos «deben» adaptarse, lo que realmente significa que «deben» consentir e incluso acelerar el drenaje de su soberanía en favor de actores no estatales).

Con el avance de los nuevos regímenes de poder, dice Schwab, los gobiernos «se verán obligados a cambiar dado que su papel central de llevar a cabo políticas disminuirá cada vez más».[34] Ahora bien, esta «disminución» no significa la reducción de la esfera política como tal, sino que, en términos del propio Schwab, se trata del *desplazamiento* del poder de gobernar a los hombres hacia otro tipo de actores. Esto debe quedar claro: la crisis de poder que afronta el Estado, según la diagnostica el Foro, no tiene origen en el uso excesivo de sus poderes, con el consecuente peligro de paralizar a la sociedad civil y aplastar al individuo. Esta era la forma de la crítica liberal clásica —como la del propio Milton Friedman—, que deseaba reducir el peso del Estado y de la esfera política para dar oxígeno a la sociedad civil. Pero los globócratas *no son liberales clásicos, sino globalistas.* El problema con el Estado, según su visión, no es que ejerza demasiado poder sobre la sociedad, sino que ejerce demasiado poco en términos de las necesidades «globales». El surgimiento de una supuesta «sociedad global» llamada «Humanidad» hace que el poder soberano del Estado, limitado territorialmente por definición, sea un «arcaísmo» que hay que barrer cuanto antes. La promesa de los globalistas, articulados en el Foro, es que ellos sí tienen las capacidades necesarias para gobernar las verdaderas agendas de «la Humanidad».

El poder que reclamó el Estado soberano sobre la sociedad nacional resultó relativamente tolerable a partir de que se promoviera una *identificación* entre la fuente del poder y sus destinatarios. La ideología democrática moderna cumplió con este cometido, diseñando instituciones cuyo propósito consistía en «representar» la voluntad de la nación. Ahora bien, ¿cómo se llega a tolerar la pretensión de poder, ya no sobre la sociedad nacional, sino sobre el mundo entero, que predica una élite

---

33. Schwab, *La cuarta revolución industrial*, p. 91.
34. Ibíd., p. 93.

globocrática? Ya lo hemos dicho, y es posible observarlo en la misma narrativa del Foro: ellos son los que *verdaderamente conocen* los problemas actuales y venideros de «la Humanidad»; ellos son quienes, además, *saben* cómo resolverlos y, no menos importante, quienes están dotados de un *corazón generoso* que garantiza moralmente la bondad de sus irrefrenables apetitos de poder político.[35] En dos palabras: *tecnocracia* y *filantropía*.

Con todo, el Estado nacional continúa siendo necesario para los globalistas. En sus planes no existe la voluntad de destruirlo, sino de subordinarlo por completo; es decir, de apropiarse de su soberanía. Los principios de legitimidad con los que el Estado se reviste se basan en valores que no están muertos: el moderno apetito del súbdito de identificarse con la fuente del poder sigue siendo una realidad bien palpable. Los globalistas parasitan la legitimidad del Estado, convirtiéndolo en su intermediario con la nación. Es decir, los globalistas definen las políticas, y el Estado las ejecuta en nombre de la nación. De ahí que el globalismo requiera algo que, visto superficialmente, podría parecer una paradoja: un Estado grande, pero no soberano. Dicho de otro modo, un Estado con la fuerza suficiente como para intervenir y planificar el orden social, pero incapacitado para definir por sí mismo la forma y el contenido de esa planificación. Esto último es lo que los globalistas se reservan para ellos.

Así pues, el Foro de Davos no busca constituirse en un *Leviatán global*. En efecto, no pretende, al menos por ahora, monopolizar los instrumentos de violencia física, ni dar vida a algo equiparable a un Poder Ejecutivo, un Poder Legislativo y un Poder Judicial para el mundo entero. Estas son, más bien, las pretensiones de Naciones Unidas, diseñadas precisamente sobre el modelo hobbesiano del Leviatán. Lo que el Foro encarna es algo ligeramente distinto: su propósito es el de funcionar como el centro institucional de la articulación de los actores globalistas; una suerte de «cuartel general» desde el que definir y ordenar el concierto globocrático, dejando la ejecución a los Estados *proxy* y a las organizaciones internacionales públicas. Quienes verdaderamente definen las agendas del globo, según las propias palabras del Foro, deben concurrir a sus reuniones para hacerlo de manera coordinada: «Nuestros socios dan forma a la agenda global». El Foro es un «marco» para definir el contenido e impulsar las prácticas de la «gobernanza global».

---

35. Schwab no esconde la bondad que caracteriza a su generoso corazón: «Necesitamos una sociedad, una economía y una comunidad internacional diseñadas para cuidar a todas las personas y a todo el planeta» (Schwab, *Stakeholder Capitalism*, p. XV). ¿Quién no querría ser gobernado por un ser humano con semejante corazón?

Para cumplir este objetivo, el Foro se reúne en Davos una vez por año. El tráfico aéreo de Davos en esos días se satura: los que concurren a las reuniones del Foro y pontifican, entre otras cosas, sobre el peligro del «cambio climático» se desplazan de aquí para allá en sus *jets* privados, contaminando varias veces más que cualquier «ciudadano no global». En el 2022, por ejemplo, 1.040 aviones de este tipo entraron y salieron de los aeropuertos que sirven a Davos. La consultora holandesa CE Delft calculó que las emisiones de CO_2 de los aviones privados fueron cuatro veces mayores que las de una semana normal. La contaminación es equiparable a la producida por 350.000 automóviles[36] de los pobres súbditos globales, a los que seguidamente se hará responsables de la «destrucción» del medio ambiente y se les solicitarán sacrificios permanentes. ¿Pero por qué los «ciudadanos globales» sí pueden contaminar en sus *jets* personales pero los súbditos globales deberían olvidarse incluso de sus automóviles no eléctricos? En definitiva, se trata de tener o no tener dinero. Bill Gates, miembro estrella del Foro, lo ha dejado bastante claro: él sí tiene derecho a ir y venir de aquí para allá en su avión privado, dado que «gasto miles de millones en innovación climática».[37]

Tras aterrizar en las proximidades de Davos, los «ciudadanos globales» se disponen a participar en una serie de actividades diseñadas para ellos. Las conferencias son semiabiertas, aunque la «equidad» no impera en el sistema de la «ciudadanía global»: el Foro funciona sobre una estratificación, identificada a partir de credenciales, con las que los accesos se van restringiendo de acuerdo con la categoría que revista cada «ciudadano global». En lo que a nosotros respecta, los súbditos globales podemos acceder a una pequeña porción de las conferencias abiertas a través de Internet, en las que escucharemos siempre lo mismo: que los problemas son «globales», y que los participantes del Foro tienen la voluntad férrea y el corazón necesario para revolverlos.

De todas maneras, lo que realmente importa en el Foro no es lo que surge de los previsibles discursos que se hacen públicos. Las verdaderas definiciones de la «gobernanza global» van por debajo de la mesa. Así lo han revelado personas que concurrieron a estos selectos eventos y constataron que las más poderosas figuras que llegaban a Davos en sus *jets*

---

36. Helena Horton, «Private jet emissions quadrupled during Davos 2022», *The Guardian*, 13 de enero de 2023, https://www.theguardian.com/environment/2023/jan/13/private-jet-emissions-quadrupled-davos-2022 (consultado el 11 de mayo de 2024).
37. «Bill Gates asked if he's a "hypocrite" for flying on a private jet. See what he said», CNN (s.f.), https://edition.cnn.com/videos/business/2023/02/08/bill-gates-private-jet-bbc-contd-orig-na-fj.cnn-business (consultado el 15 de mayo de 2024).

privados ni siquiera aparecían en las conferencias abiertas.[38] Lo mismo han notado algunos periodistas díscolos que se animaron a comentar esta «curiosidad».[39] Tras la imagen de «publicidad» que el Foro vende sobre sus actividades, muchas de estas, las más importantes, serían a puerta cerrada. Dado que elucubrar sobre lo que allí sucede me introduciría en el terreno de las especulaciones, no puedo avanzar más en este sendero.

III. Los «ciudadanos globales» del Foro

«Sus gobernantes no comparten lazos de sangre sino la adhesión a una doctrina común».[40]

G. ORWELL

«Las ruedas deben girar continuamente pero no al azar. Debe haber hombres que las vigilen, hombres tan seguros como las mismas ruedas en sus ejes».[41]

A. HUXLEY

«Cuando nos preguntamos qué puede hacer el Hombre con el Hombre, no damos a la palabra "Hombre" el mismo significado en ambos casos. Pretendemos más bien interrogarnos sobre qué pueden hacer unos pocos hombres con la humanidad».[42]

B. F. SKINNER

---

38. Es el caso, por ejemplo, de Marc Vidal, un economista de renombre internacional que se especializa en «industria 4.0». A través de su consultora, Allrework, ha trabajado para grandes compañías como Oracle, ABB, Microsoft, IBM, Allianz, Deloitte, Everis, PWC, Ricoh, Kone o BBVA. Debido a su trayectoria, fue invitado tres veces por el Foro Económico Mundial a sus reuniones anuales. Lo realmente importante del Foro, según sus propias palabras, no es lo que ocurre de cara al público, sino lo que se define a puertas cerradas. Véase Marc Vidal, «¿Qué planean las élites en Davos 2024?», https://www.youtube.com/watch?v=MWEXzkRzqcI (consultado el 10 de mayo de 2024).

39. Una enviada especial de *EuroNews*, por ejemplo, ha contado que «Hay decenas de coloquios esta semana en Davos. Igualmente, hay otro tipo de reuniones, de carácter más secreto. Se rigen por la norma de "lo que pasa en la habitación, se queda en la habitación". En ellas, líderes mundiales debaten, dejando de lado la corrección política, todo tipo de temas sobre lo que nos espera este 2020». Véase Isabelle Kumar, «¿Cómo asistir al Foro Económico Mundial de Davos? Aunque no esté invitado, tiene opciones», *EuroNews*, 20 de enero de 2020, https://es.euronews.com/business/2020/01/20/como-asistir-al-foro-economico-mundial-de-davos-aunque-no-este-invitado-tiene-opciones (consultado el 11 de mayo de 2024).

40. George Orwell, *1984*, p. 263.

41. Aldous Huxley, *Un mundo feliz* (Buenos Aires: Penguin Random House, 2016), p. 47.

42. Burrhus Frederic Skinner, *Walden Dos* (Barcelona: Ediciones Orbis, 1986), p. 330.

La «ciudadanía global» del Foro de Davos es de lo más exclusiva. Los pontificadores de la «diversidad», la «equidad» y la «inclusión» (DEI) no parecen tener demasiada voluntad para aplicarse a sí mismos los mandatos de la nueva *santísima trinidad*. A menos que uno sea ultrarrico o goce de importantes cuotas de poder político (y ambas cosas suelen coincidir), sus posibilidades de adquirir el carné de «ciudadano global» y poder «dar forma a la agenda global» serán prácticamente nulas.[43]

Veamos, por ejemplo, quiénes comandan los destinos del Foro. Además de Schwab, que es fundador y presidente ejecutivo de la organización, su sitio web informa que el Foro «está guiado por una Junta Directiva, personas excepcionales que actúan como guardianes de su misión y valores, y supervisan el trabajo del Foro para promover la verdadera ciudadanía global».[44] ¿Qué significa «la verdadera ciudadanía global»? Muy simple: asociarse con el Foro y cumplir con sus objetivos.

La Junta Directiva está encabezada por el presidente del Foro, que en este caso no es Schwab, sino Børge Brende. Brende ha sido ministro de Relaciones Exteriores, ministro de Medioambiente y ministro de Comercio e Industria de Noruega, además de presidente de la Comisión de Desarrollo Sostenible de Naciones Unidas. Pero Brende no solo ha trabajado en el Estado y en la organización internacional más poderosa del mundo, sino que goza de un paso muy fructífero por el sector privado: fue presidente de Mesta, la empresa noruega más grande en mantenimiento de autopistas y carreteras, y miembro de la Junta Directiva de Statoil, la decimotercera empresa de petróleo y gas más grande del mundo.[45] En el 2018, esta corporación cambió su nombre por el de «Equinor» (equidad, equilibro + Noruega), lo cual fue una mera fachada con la que encubrir su contaminación.[46]

43. En una entrevista de Bloomberg a Schwab, se le pregunta: «¿Cómo te invitan a Davos, quién tiene la oportunidad de asistir?». Respuesta: «Tienes que ser un "tomador de decisiones" ya sea en la política o en los negocios». En la misma entrevista, Schwab afirma que «todos los principales tomadores de decisiones [del mundo] están en Davos» («The David Rubenstein Show: WEF Chairman Klaus Schwab», https://www.youtube.com/watch?v=PQa3jyiMVYY [consultado el 11 de mayo de 2024]).

44. WEF, «Leadership and Governance», https://es.weforum.org/about/leadership-and-governance/ (consultado el 11 de mayo de 2024).

45. Banco Mundial, «Børge Brende», https://blogs.worldbank.org/fr/team/b/borge-brende (consultado el 11 de mayo de 2024).

46. En el 2019, Equinor consiguió permisos de Argentina para explorar la plataforma marina doméstica por un millón de kilómetros cuadrados. A fines del 2020, «la empresa sólo contaba con tan sólo el 0,75 GW de capacidad instalada en Energías Renovables en todas sus operaciones a nivel mundial». Ese mismo año hubo doce derrames graves y ciento veinte accidentales. Véase Meri Castro, «La verdadera cara del noruego Equinor, el rey petrolero del greenwashing», Greenpeace, 12 de diciembre de 2022, https://www.greenpeace.org/argentina/blog/problemas

La hoja de vida de Børge Brende se puede encontrar en los portales de los más destacados organismos internacionales, como el Banco Mundial. Ahora bien, por alguna razón, todas «olvidan» mencionar un dato cuya importancia no parece menor: Brende es identificado por el portal oficial del «Grupo Bilderberg» como miembro de su Comité Directivo.[47] Este grupo, mucho más longevo que el Foro de Davos, se ha caracterizado por cumplir una función muy similar a la de este (congregar a la élite global para definir las agendas del mundo), aunque manteniendo el más estricto secretismo. Esto ha hecho volar la imaginación conspirativa de mucha gente, con buenos motivos para sospechar que allí se definían asuntos de relevancia. En mi caso, mi metodología me impide acudir a fuentes que no sean oficiales y primarias, de modo que prefiero evitar la especulación. Lo que sí puede suponerse, con datos brindados por Bilderberg, es que la relación entre Brende y Schwab se estrechó en torno a este grupo, dado que el economista alemán también fue parte del Comité Directivo de tan opaca organización.[48]

En la Junta Directiva del Foro, presidida por Brende, tienen asiento otros personajes de lo más destacados. Por ejemplo, la reina Rania Al Abdullah del Reino Hachemita de Jordania, que ha influido en varios organismos especializados de Naciones Unidas, ha sido miembro del Consejo de Directores de la Fundación de las Naciones Unidas, y es presentada en Davos como una pieza fundamental para la definición de la Agenda 2030.[49] Está también el caso de Laurence Fink, presidente y director ejecutivo de BlackRock, la firma de administración de activos más grande del mundo, cuyo poder económico es superior al de cualquier nación del mundo, con las únicas excepciones de Estados Unidos y China. En la Junta Directiva del Foro de Davos también podemos encontrar nombres como el de Ajay Banga, presidente del Banco Mundial; Kristalina Georgieva, directora del Fondo Monetario Internacional (FMI); Christine Lagarde, presidente del Banco Central Europeo; Ngozi Okonjo-Iweala, directora general de la Organización Mundial del Comercio (OMC); Zhu Min, vicepresidente del Centro Chino para Intercambios Económicos Internacionales, vicepresidente ejecutivo del Grupo Banco de China y vicegobernador del Banco

/oceanos/la-verdadera-cara-del-noruego-equinor-el-rey-petrolero-del-greenwashing/ (consultado el 11 de mayo de 2024).

47. «Steering Committee», Bilderberg Meetings, https://bilderbergmeetings.org/background/steering -committee/steering-committee (consultado el 11 de mayo de 2024).

48. Bilderberg Meetings, «Former Steering Committee Members», https://bilderbergmeetings .org/background/steering-committee/former-steering-committee-members (consultado el 11 de mayo de 2024).

49. Véase WEF, «Rania Al Abdullah», https://es.weforum.org/people/rania-al-abdullah/ (consultado el 11 de mayo de 2024).

Popular de China; Chrystia Freeland, viceprimera ministra y ministra de Finanzas de Canadá, una de las personas más próximas al primer ministro *proxy* canadiense, Justin Trudeau; Al Gore, vicepresidente de los Estados Unidos durante toda la era de los Clinton, y actual presidente de Generation Investment Management LLP, una poderosa firma de gestión de inversiones; Thomas Buberl, director ejecutivo de AXA, otra empresa multinacional de servicios financieros, pero con sede en Francia; Joe Kaeser, actual presidente del Consejo de Supervisión de Siemens Energy, una de las principales compañías del sector energético; Jim Hagemann Snabe, actual presidente de Siemens; Mark Schneider, director ejecutivo de Nestlé; Feike Sybesma, presidente del Consejo de Supervisión de Royal Philips, entre otros varios más de similar magnitud.

Dado que la élite globocrática necesita mostrarse sensible a la juventud, el Foro ha creado un órgano llamado «Global Shapers Community», integrado por jóvenes menores de treinta años. «Shapers» quiere decir aquellos que le *dan forma* a algo, en este caso, al globo. Sostenidos económicamente por la institución de Schwab, el grupo juvenil abarca 502 núcleos urbanos en 155 países.[50] Sus temas y sus metas, tal como ellos las enuncian, son básicamente las mismas que las del Foro: «Proteger el planeta», impulsar la «Cuarta Revolución Industrial», «empoderar el liderazgo de minorías», «crear comunidades inclusivas», «mejorar la salud» con el ojo especialmente puesto en «pandemias» y «satisfacer necesidades básicas». Estas son, en efecto, las seis áreas de trabajo que definen en su sitio web. Además, los jóvenes de Davos dedican especiales esfuerzos a promover los «Objetivos de Desarrollo Sostenible», es decir, la Agenda 2030. Con un tono claramente imperativo, dicen en su portal que existiría una obligación de que estos «se apliquen universalmente», y hay que llamar «a todos los países a asumir la responsabilidad de implementar soluciones» en orden a su cumplimiento.[51] Con evidente maestría, prueban ser avezados aprendices de Schwab; incluso podrían estar superando al maestro: apenas dos décadas de vida y ya creen que todas las naciones del mundo deben rendirse a sus pies.

Los miembros del Foro

En lo que respecta a las membresías del Foro, lo cierto es que las más poderosas compañías del mundo se esfuerzan por conseguir

---

50. Véase Global Shapers Community, «Story», https://www.globalshapers.org/story/ (consultado el 11 de mayo de 2024).
51. Ibíd.

un lugar a cambio de una cuota que, si bien varía de acuerdo con varios factores, se sabe que llega a los 670.000 dólares anuales.[52] Sin embargo, este desembolso no garantiza la admisión. El Foro considera otros requisitos, muchos de ellos de corte ideológico, para otorgar una membresía. Valga aclarar que sus fuentes de financiamiento no se reducen a estas cuotas. Estas apenas constituyen uno de los aspectos visibles de un organismo que se caracteriza por su opacidad. No por nada, hace algunos años, un *ranking* que midió la transparencia del financiamiento de 200 organizaciones y *think tanks* de relevancia internacional ubicó al Foro Económico Mundial en el antepenúltimo lugar de las entidades europeas.[53]

Más allá del secretismo y la oscuridad inherente al Foro, mencionemos como botón de muestra algunos de sus miembros registrados públicamente, según rubros. Instituciones bancarias: Bank of America, JPMorgan Chase, Goldman Sachs, Citi, Deutsche Bank, Bank of China, China Construction Bank, State Bank of India, BBVA, HSBC, Banco Santander, Itaú, Bank Leumi Le-Israel y varias decenas más. Firmas de servicios financieros: BlackRock, BlackStone Group, Bloomberg, Fidelity International, UBS, Carlyle, BMO Financial Group, Viking Global Investors, Morgan Stanley, State Street, CITIC Capital, GoldenTree Asset Management, Investcorp, Visa, Mastercard y muchos otros más. Gigantes tecnológicos: Google, Meta, Microsoft, Apple, Amazon, IBM, HP, Lenovo, Intel, Dell Technologies, Sony Group, Samsung Electronics, Huawei Technologies, Adobe, Uber Technologies, OpenIA, PayPal, TikTok, Zoom, LinkedIn, Pinterest, Alibaba Group y otros más. Comunicaciones: Verizon Communications, Telefónica, América Móvil, Ericsson, Cisco, entre otras. Automóviles: Volkswagen Group, Volvo Cars, Hyundai Motor, Toyota, Honda Motor, Chevron, Mitsubishi, entre otros. Fundaciones y ONG: Open Society Foundations, Bill & Melinda Gates Foundation, Tony Blair Institute for Global Change, Wellcome Trust, etcétera. Petroleras: ExxonMobil, Repsol, Shell, Petrobras, Petronas, Equinor, China Petrochemical Corporation, Indian Oil, Essar Oil, TotalEnergies, Eni, Varo Energy y varias más. Farmacéuticas: Pfizer, AstraZeneca, Johnson & Johnson,

---

52. Véase Sandra Navidi, *Superhubs. How the financial elite & their networks rule our world* (London: Nicholas Brealey Publishing, 2018), p. 113.
53. Véase Transparify, «How Transparent Are Think Tanks about Who Funds Them 2016?», 29 de junio de 2016, https://static1.squarespace.com/static/52e1f399e4b06a94c0cdaa41/t/5773022d e6f2e1ecf70b26d1/1467154992324/Transparify+2016+Think+Tanks+Report.pdf (consultado el 23 de junio de 2024).

Moderna, Bayer, Roche, Novartis, Abbott Laboratories, Pharco, CVS Health, Hikma Pharmaceuticals, entre otras.[54]

El listado de empresas es muy largo, y si bien las más numerosas son las del sector financiero y las del tecnológico, encontramos un sinfín de ejemplos que pertenecen a los más variados rubros. Coca-Cola, PepsiCo, Nestlé, Walmart, Colgate, L'Oréal, New York Times, NBCUniversal, TIME, Chanel, Ralph Lauren, H&M, Louis Vuitton, Shein, Manchester United, Aribus, UPS. Las marcas con las que convivimos en los más diversos aspectos y actividades de nuestras vidas suelen estar afiliadas al Foro de Davos, y los ejemplos podrían multiplicarse hasta el hartazgo. Si las intenciones del Foro consistieran simplemente en articular la cooperación entre las empresas, en constituirse en una plataforma para el *networking* empresarial, esto sería ciertamente loable. Lo cuestionable son sus *pretensiones políticas*. Y es que «dar forma a la agenda global» y ponerla en marcha, pretendiendo legitimidad a través de un estatus absolutamente político como el de «ciudadanía global», al que se accede a través del poder económico, equivale a *privatizar la política*.

Desde luego, no es absolutamente novedoso ver corporaciones privadas inmiscuyéndose en asuntos políticos. El poder económico y el poder político han mantenido relaciones especialmente complejas a lo largo de los siglos que denominamos «modernos». La voluntad de muchos políticos de gobernar las empresas privadas ha encontrado su contrapartida en la voluntad de muchos empresarios de gobernar los asuntos de los políticos. Lo inédito de la situación actual estriba en el *alcance geográfico y temático* de esta voluntad. Cuando el Foro llama a constituir una «ciudadanía global» y a definir «la agenda global», está impulsando un proyecto sin precedentes. Cuando «la agenda global» que definen no solo discurre sobre temas estrictamente económicos, sino que busca *intervenir* y *planificar* incluso asuntos culturales, religiosos y morales de los pueblos, las personas que valoran la libertad se estremecen ante semejantes niveles de arrogancia.

Por su parte, los políticos no gozan de membresías en el Foro, pero son convocados con todos los honores del caso a cada una de las reuniones anuales. Precisamente porque se trata de una organización con pretensiones políticas, deben participar. Como ya nos han dicho las propias autoridades de la organización, allí las élites «forman la agenda global», y si bien Schwab se frota las manos al ver que el Estado nación pierde

---

54. El listado completo se encuentras en WEF, «Partners», https://es.weforum.org/partners/ (consultado el 11 de mayo de 2024).

todos los días más cuotas de su soberanía, sería un error prescindir de él. El objetivo es, más bien, convertirlo en un Estado *proxy*, a través de los políticos nacionales que se comprometen, por diversos motivos, con las agendas definidas por los globalistas.

No estamos hablando de apenas un puñado de políticos, ni de cargos subalternos. En la última reunión de Davos al momento de escribir estas líneas (año 2024), más de cincuenta jefes de Estado y de Gobierno asistieron a reunirse con Schwab y sus aliados.[55] Con la única excepción del presidente argentino Javier Milei, todos se arrodillaron ante la ideología oficial.

IV. Los «riesgos globales» que anuncia el Foro

«Había que elegir entre dominio mundial o destrucción».[56]
A. Huxley

«Y al mismo tiempo, ser conscientes de que se está en guerra, y, por tanto, en peligro, hace que entregar todo el poder a una pequeña casta parezca la condición natural e inevitable para la supervivencia».[57]
G. Orwell

Hemos visto que la constitución del globalismo en régimen político se despliega sobre una lógica hobbesiana. Sus fundamentos se montan sobre la idea general de que las instituciones políticas modernas, con eje en el Estado soberano, son incapaces de salvarnos del *horror* venidero. Si en algún momento el Estado fue legitimado para refrenar la «guerra de todos contra todos», hoy perdería legitimidad ante una serie de problemáticas globales que, por definición, desbordan por completo el alcance de las unidades políticas nacionales.

Lo hobbesiano del globalismo consiste, ante todo, en pensar la política sobre la base psicológica del miedo. El mismo miedo que lleva a una salida racional a la guerra de todos contra todos por medio de la conformación consensuada del Leviatán es el miedo al que ahora se apela para transferir la soberanía a organismos de naturaleza internacional y

---

55. Véase Spencer Feingold, «Over 50 heads of state and government attended Davos 2024. Here's what they had to say», 17 de enero de 2024, https://www.weforum.org/agenda/2024/01/heads-of-state-davos-2024-wef-politics/ (consultado el 11 de mayo de 2024).
56. Aldous Huxley, *Un mundo feliz*, p. 51.
57. George Orwell, *1984*, p. 243.

global. Para que esta transferencia resulte justificada, el miedo debe ser esgrimido, exacerbado y distribuido sin cesar. Deben surgir a cada rato nuevos motivos para echarse a temblar; perspectivas de destrucción, de colapsos y apocalipsis de todos los tipos han de multiplicarse sin límite alguno. Que la vida penda constantemente de un hilo; que una sensación de inseguridad existencial lo abarque todo. Al fin y al cabo, el miedo siempre clama por salvadores, y cuanto más profundo y desesperante resulta, más clama por ellos y más les concede.

En este sentido, una de las más importantes contribuciones hobbesianas del Foro de Davos al esquema globalista la constituyen sus «Reportes de Riesgos Globales», un documento anual en el que la institución identifica, aborda y difunde las catástrofes venideras. Sobre la base de estos reportes se desarrollan los temas centrales de cada una de las reuniones anuales, y es posible ver cómo se introducen casi automáticamente en las agendas nacionales, mediáticas y académicas. Todos sacan su parte al convertirse en voceros del apocalipsis: los políticos harán sentir su propia necesidad a los demás, los periodistas elevarán su *rating*, los académicos clamarán por más subsidios. Tomando como punto de partida el apocalipsis, las conclusiones, tanto de los reportes como de las reuniones, siempre apuntan a lo mismo: o se apuesta por el globalismo o «la Humanidad» debe prepararse para perecer.

El Reporte de Riesgos Globales se basa, a su vez, en la «Encuesta de Percepción de Riesgos Globales». Uno podría creer que una encuesta sobre «riesgos globales» procuraría recabar y medir percepciones realmente globales, cuidando que sus muestras resulten representativas y satisfagan criterios metodológicos mínimos; por desgracia, este no es el caso. Los destinatarios de la encuesta son, únicamente, «las comunidades multilaterales del Foro Económico Mundial (incluida la Comunidad de Global Shapers), las redes profesionales de su Junta Asesora y los miembros del Instituto de Gestión de Riesgos».[58] En otras palabras, aquello que el Foro denomina «riesgos globales» no es más que lo que *sus propios miembros* opinan en encuestas armadas exclusivamente para ellos. Privilegios de ser un «ciudadano global»… sus meras percepciones reciben la etiqueta de «globales». Todo aquel que no se tome el trabajo de leer la metodología que se utiliza (es decir, la inmensa mayoría) caerá con seguridad en la trampa de pensar que los «riesgos globales» han sido definidos como tales en un consenso global.

---

58. WEF, «The Global Risks Report 2019», 15 de enero de 2019, https://www.weforum.org/publications/the-global-risks-report-2019/, p. 100 (consultado el 11 de mayo de 2024).

La consigna que la encuesta establece, con algunas modificaciones que pueden implementarse de un año a otro, suele ser bastante simple: de un listado de cuarenta problemáticas actuales, se solicita al encuestado que les asigne una importancia determinada según su propia percepción. Esto puede hacerse, por ejemplo, asignando un número del uno al cinco a cada una, donde uno significa que esa problemática habrá de «disminuir significativamente» y cinco que habrá de «aumentar significativamente».[59] En virtud de estas respuestas, el Foro Económico Mundial calcula rápidamente las diez problemáticas percibidas como las que más aumentarán a corto plazo (dos años), las diez que más aumentarán a largo plazo (diez años), y, así de fácil, terminan presentando al mundo un informe en el que aseguran que estos son los «riesgos globales» que amenazan a «la Humanidad». Veamos, en resumidas cuentas, qué han dicho cada año, partiendo del 2019 hasta llegar al 2024.

Riesgos del 2019: terror a Trump

En el 2019, el Foro definió que, a corto plazo, los diez riesgos más significativos eran, en orden descendente, los siguientes:

- Confrontaciones/fricciones económicas entre grandes potencias.
- Erosión de reglas y acuerdos comerciales multilaterales.
- Confrontaciones/fricciones políticas entre grandes potencias.
- Ciberataques: robo de datos/dinero.
- Ciberataques: interrupción de operaciones e infraestructura.
- Pérdida de confianza en alianzas de seguridad colectiva.
- Agendas populistas y nativistas.
- Cámaras de eco mediáticas y «noticias falsas».
- Polarización política doméstica.
- Robo de identidad personal.[60]

Como se aprecia con facilidad, los puntos resultan de lo más variados, e involucran desde problemáticas económicas hasta geopolíticas, pasando por las tecnológicas, sociológicas y, próximamente, también climáticas. Visto desde el ámbito político, llama especialmente la atención el riesgo definido como «agendas populistas y nativistas». Con asiento en Europa y Estados Unidos, los personeros del Foro llaman «populistas» a quienes

---

59. Ibíd., p. 88.
60. Ibíd., p. 12.

también definirán como «extrema derecha»; ambas expresiones, en estos contextos, se utilizan para designar a todo aquel que se oponga a las agendas globalistas. También hay que notar lo de «noticias falsas», porque a partir de la victoria del «populista» de «extrema derecha» Donald Trump en el 2016, se inventó la tesis de que este acontecimiento era el producto de las mentiras que se viralizaban en Internet, y el *lobby* dedicado a limitar la libertad de expresión en las redes se echó a andar con toda furia.

En lo que respecta a lo que ocurre dentro del Estado nacional, el Foro dice reconocer «tensiones clave» que también se convierten en factores de riesgo. Por ejemplo: «Culturalmente, la política de identidad se ha vuelto cada vez más controvertida, con las mayorías nacionales en muchos países buscando una mayor asimilación (o exclusión) de las minorías».[61] Así pues, gran parte de las problemáticas nacionales pasarían por el hecho de que «las minorías» no estarían encontrando el lugar que les corresponde, mientras «las mayorías» pretenden asimilarlas. Difícilmente se pueda estar más alejado de la realidad de los verdaderos problemas de los pueblos; como ya hemos visto, el *wokismo* es una ideología profundamente alienante.

Además, el Foro advierte que aquellos que reivindican la soberanía del Estado nacional constituyen un retroceso serio para el abordaje de las problemáticas definidas como «riesgos globales». Sus expresiones no podrían ser más claras de cara a comprender la mentalidad globalista:

> Los líderes políticos han afirmado cada vez más la primacía del Estado-nación en el sistema internacional y han buscado debilitar las restricciones impuestas a la autonomía nacional por los acuerdos internacionales y las instituciones multilaterales. Los defensores del multilateralismo señalan que esta fragmentación corre el riesgo de crear puntos ciegos, socavar la estabilidad global y limitar la capacidad para responder a desafíos transfronterizos.[62]

Riesgos del 2020: irrumpe en escena el terror climático

Ahora bien, el Reporte de Riesgos Globales del 2020 nos muestra significativas variaciones respecto del publicado en el 2019. Su *ranking* de riesgos a corto plazo se conforma de la siguiente manera:

---

61. Ibíd., p. 22.
62. Ibíd., p. 24.

- Confrontaciones económicas.
- Polarización política interna.
- Olas de calor extremo.
- Destrucción de ecosistemas naturales.
- Ciberataques: infraestructura.
- Proteccionismo en comercio/inversión.
- Agendas populistas y nativistas.
- Ciberataques: robo de dinero/datos.
- Recesión en una economía importante.
- Incendios descontrolados.[63]

El riesgo percibido que mayormente se incrementaría a corto plazo sigue siendo el mismo («confrontaciones económicas»). No obstante, el segundo de mayor gravedad deja de ser uno de tipo económico y pasa a ser uno político: «Polarización política interna». Por entonces, restaban pocos meses para las elecciones presidenciales norteamericanas, y el Foro muy probablemente estaba pensando en eso. Por otro lado, las «agendas populistas y nativistas» se mantienen en el *ranking* exactamente en el mismo lugar que el año anterior. Curiosamente, este riesgo desaparecerá por completo en el 2021, tras la derrota de Trump del 2020. Quizás la novedad más significativa del reporte del 2020 sea la súbita aparición de una serie de riesgos de tipo climático: «Olas de calor extremo», «Destrucción de ecosistemas naturales» e «Incendios descontrolados». Hay que recordar que en el *ranking* de apenas un año antes no había ni siquiera un solo riesgo climático percibido entre los diez de supuesto mayor incremento, y de repente encontramos tres en el 2020. ¿Qué ocurrió entre el 2019 y el 2020 para que esta problemática surgiera con tanta fuerza de repente?[64]

Los riesgos de la cibernética mantienen, más o menos, sus mismos lugares. El informe identifica el impacto geopolítico que tendrá el desarrollo de la Inteligencia Artificial (IA). Así, citan a Putin diciendo: «Quien se convierta en el líder de este ámbito se convertirá en el gobernante del mundo». Agregan que China ha hecho de este campo una prioridad de seguridad nacional y un pilar de su plan quinquenal (2016-2020). Estados Unidos, por su parte, ha triplicado el presupuesto del Centro

---

63. WEF, «The Global Risks Report 2020», enero de 2020, https://www.weforum.org/publications /the-global-risks-report-2020/, p. 11 (consultado el 12 de mayo de 2024).
64. La pandemia aún no había hecho de las suyas, pues el informe fue redactado entre fines del 2019 y principios del 2020.

Conjunto de Inteligencia Artificial del Departamento de Defensa.[65] Va de suyo que estamos presenciando una carrera geopolítica por el dominio de lo que podría ser un arma de proporciones solo imaginadas por la ciencia ficción. Ahora bien, el Foro aprovecha la ocasión para reclamar su cuota de poder y convertirse en el árbitro «ético» de esta disputa. Ni la dimensión nacional ni la internacional: solo el globalismo podrá salvarnos:

> Aún más crítico, las políticas internacionales y nacionales no están al ritmo de los avances tecnológicos. Es urgente contar con una arquitectura de gobernanza global más completa, inclusiva y ágil para abordar los problemas de seguridad dinámicos e interconectados que plantea la cuarta revolución industrial.[66]

A diferencia del reporte del 2019, el de este año incluye un listado de los riesgos que tendrían más probabilidad de ocurrir también a largo plazo (diez años). Así se compone:

- Eventos climáticos extremos.
- Fracaso de la acción climática.
- Desastres naturales.
- Pérdida de biodiversidad.
- Desastres ambientales causados por el ser humano.
- Fraude o robo de datos.
- Ciberataques.
- Crisis del agua.
- Fracaso de la gobernanza global.
- Burbuja de activos.[67]

Es notorio que, a largo plazo, los encuestados se decantan por riesgos de naturaleza climática. Todos los riesgos vinculados a los roces y los conflictos, tanto intraestatales como interestatales, ni siquiera se mencionan como problemas a afrontar en diez años. El único riesgo político que se pronostica es el del «fracaso de la gobernanza global»; o sea, el fracaso de los globalistas. Los riesgos tecnológicos, presentes en el corto plazo de este informe y el anterior, mantienen a largo plazo su relevancia.

---

65. Véase «The Global Risks Report 2020», p. 14.
66. Ibíd., p. 64.
67. Ibíd., p. 12.

Riesgos del 2021: el efecto pandemia

El Reporte de Riesgos Globales del 2021, por su parte, presenta cambios significativos. La experiencia fundamental por la que el mundo ha pasado tiene nombre propio: COVID-19. La pandemia ha impactado sobre la vida del globo entero, incluyendo las «perspectivas de riesgo» de los «ciudadanos globales». Este es el *ranking* a corto plazo de este año:

- Enfermedades infecciosas.
- Crisis de medios de vida.
- Eventos climáticos extremos.
- Fallo de ciberseguridad.
- Desigualdad digital.
- Estancamiento prolongado.
- Ataques terroristas.
- Desilusión juvenil.
- Erosión de la cohesión social.
- Daño ambiental humano.[68]

Los cambios respecto de los años anteriores son ciertamente importantes. El riesgo más acuciante en el 2019 y 2020 («Confrontaciones económicas»), que supuestamente crecería más que cualquier otro en los dos años venideros, sencillamente ha desaparecido del listado de los diez más importantes del 2021. Sacudidos por la pandemia, el primer lugar ahora se lo lleva la sanidad global: «Enfermedades contagiosas». Por su parte, con la derrota de Trump del año 2020, el problema del «populismo» también se ha esfumado: de nuevo, exactamente al revés de lo que dijeron que pasaría. Lo mismo ocurre con el asunto de las «noticias falsas»: todo indica que se trataba de una «percepción» determinada por los favoritismos políticos del momento (había que explicar por qué Trump había ganado en el 2016, y por qué podía ganar también en el 2020). Asimismo, lo que en el 2020 aparecía en el noveno lugar de importancia como «Recesión en una economía importante», ha desaparecido en el 2021, pero en su lugar tenemos «Crisis de medios de vida» ocupando el segundo lugar, además de «Estancamiento prolongado» en el sexto. En lo que concierne a los problemas climáticos, la percepción prácticamente no ha cambiado.

---

68. WEF, «Global Risks Report 2021», https://www3.weforum.org/docs/WEF_The_Global_Risks _Report_2021.pdf, p. 11 (consultado el 12 de mayo de 2024).

Además de la novedad del COVID-19, una nueva expresión ha entrado en escena: «Desigualdad digital». En realidad, ambas cuestiones están interrelacionadas: «La COVID-19 ha acelerado y ampliado la cuarta revolución industrial con la rápida expansión del comercio electrónico, la educación en línea, la salud digital y el trabajo remoto»,[69] explica el reporte del Foro. Pero dado que no todos tienen asegurado el acceso al mundo digital, ni se manejan en él con las mismas destrezas, se producirá una crisis de «desigualdad digital» que provocará, a la postre, la «erosión de la cohesión social». Lo que podría reducir este riesgo es planificar la «cuarta revolución industrial», algo que Schwab viene solicitando, para él y para los suyos, desde el año 2016, como veremos en el próximo subcapítulo.

Si bien las «noticias falsas» relacionadas con elecciones y campañas políticas han desaparecido del nuevo listado de «riesgos globales», el Foro no deja de mencionar la gravedad que reviste la «desinformación» en el marco de la pandemia: «La desinformación podría poner en peligro una recuperación global que depende de la vacunación generalizada». Además, citan a un diplomático europeo: «La vacunación parece ser el próximo campo de batalla. Más ampliamente, las campañas de desinformación e información falsa pueden erosionar la confianza comunitaria en la ciencia, amenazar la gobernabilidad y desgarrar el tejido social».[70] Esto merece una digresión.

Mientras escribo estas líneas, la farmacéutica AstraZeneca, miembro del Foro de Davos, acaba de admitir ante un tribunal británico que su vacuna contra el COVID-19 podría producir «un efecto secundario raro». Esta declaración tuvo lugar en el marco de una demanda colectiva en el Reino Unido, en la que decenas de personas a las que la vacuna les ha provocado lesiones graves acusan a AstraZeneca. Tras negar en principio la posibilidad de arruinarle la vida a muchas personas con su vacuna, la compañía farmacéutica terminó admitiendo ante el Tribunal Superior que podía causar «síndrome de trombosis con trombocitopenia», lo que provoca que las personas tengan coágulos de sangre y un recuento bajo de plaquetas en sangre.[71] Si bien los denunciantes hoy superan la media centena, el primero de ellos fue Jamie Scott, un hombre que sufrió una

---

69. Ibíd., p. 30.
70. Ibíd., p. 33.
71. Véase Robert Mendick. «AstraZeneca admits its Covid vaccine can cause rare side effect in court documents for first time», *The Telegraph*, 28 de abril de 2024, https://www.telegraph.co.uk/news/2024/04/28/astrazeneca-admits-covid-vaccine-causes-rare-side-effect/ (consultado el 12 de mayo de 2024).

lesión cerebral irreversible tras ser vacunado en el 2021. Recordemos también que estos efectos secundarios de la vacuna contra el COVID-19 ya estaban en el radar de los científicos desde hacía tiempo: el 27 de julio del 2021, la revista científica *The Lancet* publicó un estudio titulado «Trombosis muy rara con trombocitopenia después de la segunda dosis de AZD1222: un análisis de la base de datos de seguridad global».[72] En octubre del 2022, otro estudio publicado en la revista científica *BMJ* identificó el vínculo entre la vacuna de AstraZeneca y la trombocitopenia.[73]

Algunos días después de este episodio judicial, nos enteramos de que AstraZeneca le solicitó a la Unión Europea retirar del mercado su vacuna, y que la Comisión Europea acaba de acceder a esta medida. Por su parte, mientras la OMS decía en un comienzo que la vacuna de AstraZeneca «es segura y eficaz», luego tuvo que actualizar su página, en junio del 2022, para agregar que el Comité Consultivo Mundial sobre Seguridad de las Vacunas notificó sobre «un nuevo tipo de evento adverso muy raro, conocido como síndrome de trombosis con trombocitopenia, tras la administración de esta vacuna». No obstante, y a día de hoy, mientras AstraZeneca pide retirar sus vacunas del mercado, la OMS continúa insistiendo sobre la conveniencia de inocularse la vacuna de esta farmacéutica: «Las ventajas de vacunarse superan con creces los riesgos, dada la protección que confiere la vacuna frente a la COVID-19».[74]

Ante este tipo de informaciones, que seguramente irán en aumento con el curso de los meses y los años; ante la evidencia de cantidades crecientes de personas cuyas vidas fueron arruinadas por las dictaduras sanitarias montadas en nombre del «combate global» contra la pandemia y la obligación de utilizar vacunas fabricadas en tiempo récord, cabe preguntarse quiénes son realmente los «desinformadores» que han puesto en peligro al mundo. Allí donde la mera duda se convertía en «desinformación»; allí donde la mera posibilidad de no inocularse lo volvía a uno un «peligro global» y un «enemigo» de los demás; allí donde desconfiar

---

72. Véase Prakash Bhuyan, Jennie Medin, Hugo Gomes da Silva *et al.*, «Very rare thrombosis with thrombocytopenia after second AZD1222 dose: a global safety database analysis», *The Lancet*, 27 de julio de 2021, https://www.thelancet.com/journals/lancet/article/PIIS0140-6736(21)01693-7/ (consultado el 12 de mayo de 2024).

73. Véase Xintong Li, Edward Burn, Talita Duarte-Salles *et al.*, «Comparative risk of thrombosis with thrombocytopenia syndrome or thromboembolic events associated with different covid-19 vaccines: international network cohort study from five European countries and the US», 26 de octubre de 2022, https://www.bmj.com/content/379/bmj-2022-071594 (consultado el 12 de mayo de 2024).

74. Organización Mundial de la Salud (OMS), «Todo lo que se debe saber sobre la vacuna ChAdOx1-S (recombinante) de Oxford/AstraZeneca contra la COVID-19», 13 de junio de 2022, https://www.who.int/es/news-room/feature-stories/detail/the-oxford-astrazeneca-covid-19-vaccine-what-you-need-to-know (consultado el 12 de mayo de 2024).

de la OMS y de las empresas farmacéuticas equivalía a «fanatismo», «extremismo», «negacionismo» y «terraplanismo», hoy empezamos a concluir que el verdadero peligro siempre han sido las élites liberticidas, cuyas mentiras y engaños jamás pagan un precio real.

Retornando a nuestro tema, el informe del año 2021 también incluye un *ranking* de riesgos globales que se calculan a largo plazo (de cinco a diez años) y que ahora reciben el aterrorizador nombre de «amenazas existenciales». La lista, en orden descendente, se compone así:

- Armas de destrucción masiva.
- Colapso del Estado.
- Pérdida de biodiversidad.
- Avances tecnológicos adversos.
- Crisis de recursos naturales.
- Colapso de la seguridad social.
- Colapso del multilateralismo.
- Colapso de la industrial.
- Fracaso de la acción climática.
- Reacción contra la ciencia.[75]

En este caso, la pesadilla nuclear se posiciona en la cima del *ranking*. Además, vemos que mientras hace apenas un año pronosticaban la posibilidad de que la «gobernanza global» fracase, ahora esperan un «colapso del Estado» como algo bastante probable de cara a la tercera década de este siglo, acompañado también de un «colapso del multilateralismo». En otras palabras, el modelo del Estado nacional y el orden internacional basado en su soberanía se vendrían definitivamente abajo. A esto se le sumarían otros colapsos, vinculados al clima y a la economía. Además, ya vemos aparecer algo llamado «reacción contra la ciencia». Muy probablemente tengan en mente, sobre todo, los problemas asociados a las políticas sanitarias implementadas por los globalistas en nombre de la ciencia. A medida que se va saliendo de la pandemia y que la gente va desembarazándose poco a poco del terror en que la habían sumido y por el que entregó su libertad, empieza a confiar menos en las vacunas fabricadas en tiempos récord, en las cuarentenas y en los medios de comunicación del sistema.

Otra novedad del informe del 2021 es una sección muy divertida, titulada «Predicción sobre riesgos fronterizos». En esta, nos explican

---

75. «Global Risks Report 2021», p. 11.

que pretenden «ampliar nuestro análisis» incorporando «posibles *shocks* menos conocidos pero que tendrían enormes impactos si se manifestaran». Entre otras previsiones de similar calibre, encontramos por ejemplo una «disrupción geomagnética»: «Una inversión rápida de los polos geomagnéticos de la Tierra genera consecuencias desestabilizadoras para la biosfera y la actividad humana». O, por otro lado, el riesgo de que «la fusión del permafrost libere microorganismos antiguos»: «Un planeta que se calienta provoca el derretimiento del permafrost en el Ártico. Un virus antiguo, desconocido en la ciencia moderna, se libera en el aire, el suelo y los sistemas de agua». Asimismo, también deberíamos preparamos para la posible creación de superhumanos a través de la edición genética por parte de Estados nacionales: «Los gobiernos inician programas clasificados de ingeniería genética. Se genera una clase de personas con capacidades genéticas mejor adaptadas para la supervivencia en el espacio, el Ártico o las profundidades marinas, desencadenando una carrera armamentística genética entre rivales geopolíticos con consecuencias éticas indeterminadas». También se prevén avances en el «control neuroquímico»: «El uso malicioso de neuroquímicos farmacéuticos tiene como objetivo controlar a los adversarios. Los gobiernos comienzan a utilizar estos medicamentos para la aplicación de la ley no letal».[76] ¿Cómo no clamar por la gobernanza global ante la mera posibilidad de que se desencadenen acontecimientos así? Por mucho menos que esto, muchas personas han sido calificadas de «conspiranoicas». Pero, al parecer, cuando la conspiranoia sirve para apuntalar el hobbesianismo global, deja de ser tal cosa para convertirse en «análisis de riesgos globales».

Riesgos del 2022: olvidando la pandemia

Ahora bien, el Reporte de Riesgos Globales del año 2022 vuelve a presentar cambios importantes. Este es su *ranking* de los diez riesgos que más se intensificarían a corto plazo:

- Clima extremo.
- Crisis de subsistencia.
- Fracaso en la acción climática.
- Erosión de la cohesión social.
- Enfermedades infecciosas.

---

76. Ibíd., p. 85.

- Deterioro de la salud mental.
- Fallo en ciberseguridad.
- Crisis de la deuda.
- Desigualdad digital.
- Estallido de burbujas de activos.[77]

El mundo está saliendo de la pandemia, y se nota: ha caído cuatro lugares el que apenas un año atrás se presentaba como el riesgo global que más iba a crecer en los próximos dos años, es decir, las «enfermedades infecciosas». Ahora su lugar lo ocupa el «clima extremo», que solo un año antes ni siquiera estaba en el *ranking*. Por su parte, la «erosión de la cohesión social» ha subido varios lugares, posicionándose ahora en el cuarto. Las sociedades están fragmentadas, el conflicto se agiganta en su interior, las divisiones se multiplican y van desgastando la unidad nacional. No llama la atención que, en ninguno de sus informes, el Foro siquiera sospeche que este fenómeno pueda ser provocado por las ideologías *woke* que él mismo promueve. En efecto, nuestra hipótesis es, precisamente, que este es el cuadro sociológico (la descomposición nacional) del que bebe el globalismo.

Por otro lado, hace su ingreso al *ranking* de corto plazo un riesgo nunca mencionado antes, que lleva el nombre de «deterioro de la salud mental». La cuarentena obligatoria, dictaminada desde la OMS hacia los Estados *proxy*, ha hecho estragos en la psiquis de muchos ciudadanos, y los miembros del Foro de Davos lo saben bien. La «reacción en contra de la ciencia» que mencionaban un año atrás también podría agudizarse por esta realidad, en la medida en que la gente comience a advertir que ha sido encerrada durante muchos meses, de manera coactiva, precisamente en nombre de «la ciencia».

En lo que respecta a los riesgos climáticos, se mantienen más o menos en los lugares que vienen ocupando desde el 2020, solo que ahora se habla de «fracaso en la acción climática», una expresión que con anterioridad se mencionaba únicamente en la percepción de riesgos de largo plazo. De hecho, en lo que respecta al *ranking* de largo plazo del 2022, este riesgo se lleva el primer lugar. Así se conforma la tabla:

- Fracaso en la acción climática.
- Clima extremo.
- Pérdida de biodiversidad.

---

77. WEF, «Global Risks Report 2022», https://www3.weforum.org/docs/WEF_The_Global_Risks _Report_2022.pdf, p. 25 (consultado el 12 de mayo de 2024).

- Crisis de recursos naturales.
- Daño ambiental humano.
- Erosión de la cohesión social.
- Migración involuntaria.
- Avances tecnológicos adversos.
- Confrontaciones geoecónomicas.
- Contestación geopolítica por recursos.[78]

Como ocurre en los informes anteriores, la cuestión climática se lleva la mayor parte de riesgos en las percepciones a largo plazo. Aquí se consideran también los riesgos de las nuevas tecnologías. La única novedad que se advierte este año es la aparición de la «Migración involuntaria» como algo que aquejará al planeta en el tiempo que va de los próximos cinco a diez años. En realidad, esto ya había sido anunciado en aquel vídeo del 2018 que el propio Foro de Davos subió en sus redes sociales con sus predicciones de cara al año 2030: «Mil millones de personas serán desplazadas por el cambio climático. Tendremos que hacer un mejor trabajo de recepción e integración de los refugiados».[79]

Riesgos del 2023: las urnas y las redes sociales aterrorizan a los globalistas

En lo que respecta al Reporte de Riesgos Globales del año 2023, el panorama continúa modificándose. Esta es la lista de los diez riesgos más probables a corto plazo:

- Crisis del costo de vida.
- Desastres naturales y eventos climáticos extremos.
- Confrontación geoeconómica.
- Fracaso en la mitigación del cambio climático.
- Erosión de la cohesión social y polarización en la sociedad.
- Incidentes de daño ambiental a gran escala.
- Fracaso en la adaptación al cambio climático.
- Cibercrimen y ciberinseguridad generalizada.
- Crisis de recursos naturales.
- Migración involuntaria a gran escala.[80]

---

78. Ibíd.
79. Véase https://twitter.com/wef/status/983378870819794945 (consultado el 11 de mayo de 2024).
80. WEF, «Global Risks Report 2023», enero de 2023, https://www3.weforum.org/docs/WEF _Global_Risks_Report_2023.pdf, p. 6 (consultado el 14 de mayo de 2024).

Apenas a un año de haber salido (parcialmente) de la pandemia, el riesgo de «enfermedades infecciosas», que en la edición anterior aparecía cuarto en orden de probabilidad de corto plazo, ya ha desaparecido por completo. También se ha olvidado aquello del «deterioro de la salud mental». Los riesgos climáticos, por su parte, continúan dominando el *ranking*, e irrumpe por primera vez en las percepciones del corto plazo la «migración involuntaria», aunque ahora calificada «a gran escala». Asimismo, otro riesgo inédito hace aparición: la «crisis de recursos naturales». Estamos agotando el planeta; quizás seamos demasiados aquí para lo que esta tierra puede dar, aunque procuran cuidarse de decirlo. La «erosión de la cohesión social» continúa su marcha, aunque el informe se explaya al respecto culpando a las redes sociales que permiten difundir «información falsa». De esta manera, reingresa un tópico que siempre viene bien redescubrir (incluso cuando no entra en el *ranking*) cuando se avecinan procesos electorales de importancia mundial: por entonces, las campañas políticas por la presidencia de Estados Unidos ya están comenzando. Así lo expresan los redactores del informe:

> La desinformación y la información errónea son, juntas, un posible acelerador de la erosión de la cohesión social, así como una consecuencia. Con el potencial de desestabilizar la confianza en la información y los procesos políticos, se ha convertido en una herramienta prominente para los agentes geopolíticos para propagar creencias extremistas e influir en elecciones a través de cámaras de eco en las redes sociales. [...] Las restricciones regulatorias y los esfuerzos educativos probablemente no lograrán mantenerse al día, y su impacto se expandirá con el uso más generalizado de tecnologías de automatización y aprendizaje automático, desde *bots* que imitan texto escrito por humanos hasta *deepfakes* de políticos.[81]

De inmediato, el reporte aclara que «la polarización social y política también puede reducir aún más el espacio para la resolución colectiva de problemas para abordar los riesgos globales». Esto sería obra de la «extrema derecha», que «ha sido elegida en Italia y ahora es el segundo partido más grande en Suecia». Además, «habrá elecciones nacionales en varios países del G20 en los próximos años», dice el Foro en su reporte, subrayando que «la elección de líderes menos centristas y la adopción de políticas más "extremas" en las superpotencias económicas pueden fracturar alianzas, limitar la colaboración global y llevar a una dinámica

---

81. Ibíd., p. 24.

más volátil».[82] De ahí que resulte fundamental volver a llamar la atención sobre la necesidad de limitar la libertad de expresión en las redes sociales, pues es en ellas donde la «extrema derecha» adquiere fuerza. Es interesante notar lo rápido que Schwab cambió de opinión. En el 2016 había publicado un libro en el que sugería exactamente lo contrario: «La tecnología empoderará cada vez más a los ciudadanos y les proporcionará una nueva forma de expresar sus opiniones, coordinar sus esfuerzos y, posiblemente, eludir la supervisión gubernamental».[83]

En cuanto a los riesgos percibidos a largo plazo, considerado en diez años, este es el *ranking* del 2023:

- Fracaso en la mitigación del cambio climático.
- Fracaso en la adaptación al cambio climático.
- Desastres naturales y eventos climáticos extremos.
- Pérdida de biodiversidad y colapso de ecosistemas.
- Migración involuntaria a gran escala.
- Crisis de recursos naturales.
- Erosión de la cohesión social y polarización en la sociedad.
- Cibercrimen y ciberinseguridad generalizada.
- Confrontación geoeconómica.
- Incidentes de daño ambiental a gran escala.[84]

Salta a la vista que, en este caso, no existe demasiada variación entre las percepciones del aumento de los riesgos de corto y de largo plazo. Los riesgos en ambas tablas son prácticamente los mismos, y solo cambian sus puestos en cada uno de los *rankings*. Esto supone una convergencia en la percepción temporal de corto y largo plazo: el desastre y el colapso ya están aquí, en el corto plazo, cuyos desencadenantes son fundamentalmente los mismos que los del largo plazo.

Riesgos del 2024: ¡detengan a Trump!, ¡intervengan las redes sociales!

Al momento de escribir este libro, el último informe en publicarse es el Reporte de Riesgos Globales del 2024. Su *ranking* de riesgos a corto plazo se conforma de la siguiente manera:

---

82. Ibíd.
83. Schwab, *La cuarta revolución industrial*, p. 92.
84. «Global Risks Report 2023», p. 6.

- Desinformación e información errónea.
- Eventos climáticos extremos.
- Polarización en la sociedad.
- Inseguridad cibernética.
- Conflicto armado interestatal.
- Falta de oportunidades económicas.
- Inflación.
- Migración involuntaria.
- Recesión económica.
- Contaminación.[85]

Los riesgos que suponían en su enunciado la «desinformación» de las masas no ingresaban en el *ranking* del Foro desde el año 2019. Y vaya reincorporación se ha producido: en el *ranking* del 2019, «noticias falsas» se llevaba el penúltimo lugar; ahora, en el 2024, encabeza el listado. Es esperable: Donald Trump perdió las elecciones del 2020, y el problema sencillamente desapareció; ahora, cuando en el 2024 se celebrarán nuevas elecciones presidenciales en Estados Unidos, y encima las encuestas que se han ido publicando a lo largo del año le dan a Trump la delantera frente a Joe Biden, el problema reaparece, y en el puesto más importante.

El miedo del Foro es electoral, de un modo explícito. En efecto, el reporte expresa que «la desinformación y la información errónea pueden perturbar radicalmente los procesos electorales en varias economías durante los próximos dos años». Además, nota «la creciente descon- fianza en la información, así como en los medios de comunicación y los gobiernos como fuentes»: entienden que el mundo era mucho mejor cuando la gente se dedicaba a creer a los periodistas y a los políticos, y la comunicación social se montaba sobre una lógica de arriba abajo. Las redes sociales, con su lógica de abajo arriba, estarían poniendo en riesgo la democracia misma: «Las implicaciones de estas campañas manipula- tivas podrían ser profundas, amenazando los procesos democráticos».[86] Así, insisten en que ni los Estados ni las organizaciones internacionales podrán hacerse cargo de este delicadísimo asunto. Las ambiciones que el Foro persigue con esta puesta en escena consisten, muy probablemente, en imprimir su voluntad de poder en la regulación de las redes sociales y las herramientas de comunicación que brinda la tecnología digital

---

85. WEF, «Global Risks Report 2024», enero de 2024, https://www3.weforum.org/docs/WEF _The_Global_Risks_Report_2024.pdf, p. 8 (consultado el 14 de mayo de 2024).
86. Ibíd., pp. 18-19.

característica de la cuarta revolución industrial. No olvidemos que las más grandes BigTech son miembros del Foro y cuentan con su carné de «ciudadanos globales».

Tan crucial parece ser el riesgo de la «desinformación» que en el *ranking* a largo plazo del 2024 también aparece. Este es el listado completo:

- Eventos climáticos extremos.
- Cambio crítico en los sistemas terrestres.
- Pérdida de biodiversidad y colapso de ecosistemas.
- Escasez de recursos naturales.
- Desinformación e información errónea.
- Resultados adversos de las tecnologías de IA.
- Migración involuntaria.
- Inseguridad cibernética.
- Polarización en la sociedad.
- Contaminación.[87]

Nuevamente, la mayoría de los riesgos considerados a corto plazo se repiten en las percepciones a largo plazo. Con algunos ligeros cambios, muchos de los riesgos percibidos en el largo plazo que se registraron en el informe del 2023, se repiten ahora en el 2024.

∽

Si algo ha quedado especialmente claro a lo largo de este apretado resumen de los últimos cinco años de «riesgos globales» definidos por el Foro, es su más absoluta inconsistencia y su más descarada arbitrariedad. Aquello que en un año determinado se suponía el riesgo más acuciante, y el que más probabilidades tenía de aumentar, ya fuera a corto o a largo plazo, tan solo un año más tarde podía desaparecer por completo de los reportes como por arte de magia. Si se atravesaba una pandemia, entonces las pandemias constituían el apocalipsis venidero; si la pandemia se superaba, se olvidaba el asunto de un plumazo. Si a la vuelta de la esquina nos topamos con procesos electorales relevantes, entonces la «desinformación» se convierte en el riesgo más urgente; si esas elecciones las ganan los «del centro», como llama el Foro a sus políticos aliados, entonces ese riesgo se olvida hasta el próximo evento electoral. Las enormes variaciones entre un año y otro de riesgos que van

---

87. Ibíd., p. 8.

y vienen, que así como surgen se olvidan —incluso cuando se supone que están pronosticando lo que sucederá en los próximos dos o diez años—, constituyen motivos para recordar que esto no es más que una mera *encuesta de opinión*. Una encuesta que recaba el parecer de los miembros del Foro. Y su opinión, por desgracia, se presenta bajo el pomposo título de «Riesgos Globales», con hobbesianas pretensiones.

V. La «cuarta revolución industrial» del señor Schwab

> *«—Todo el mundo es feliz actualmente.*
> *—Sí, ahora todo el mundo es feliz*
> *—repitió Lenina como un eco».*[88]
>
> A. HUXLEY

> *«Todo miembro del Partido vive, desde que nace hasta*
> *que muere, vigilado por la Policía del Pensamiento.*
> *Incluso cuando está a solas no puede tener la certeza*
> *de encontrarse efectivamente a solas. Esté donde esté,*
> *dormido o despierto, trabajando o descansando, en el*
> *baño o en la cama, puede ser investigado sin previo*
> *aviso y sin que él sepa que lo están investigando.*
> *Nada de lo que hace carece de importancia».*[89]
>
> G. ORWELL

A partir del año 2016, apareció en nuestro radar una nueva expresión cuyo propósito consistía en señalar la inminencia de un cambio radical en la historia de la humanidad que la élite globocrática decía querer planificar: la «cuarta revolución industrial». Así se tituló el libro publicado por Klaus Schwab ese mismo año, con el que estableció la centralidad de este tema para las futuras reuniones de su Foro y para el trabajo cotidiano de su organización.

La idea es simple, y dicha hoy hasta parece poco original. Las revoluciones industriales tienen lugar cuando la aparición de nuevas tecnologías trae como consecuencia una reconfiguración no solo del modo de producción económica, sino también del modo de vida y de organización de la sociedad. Así, invenciones como la máquina de vapor, el telar mecánico

---

88. Aldous Huxley, *Un mundo feliz*, p. 73.
89. George Orwell, *1984*, p. 265.

y la máquina de hilar supusieron, entre finales del siglo XVIII y hasta mediados del XIX, cambios económicos y sociológicos radicales. A finales de este siglo y principios del XX, el desarrollo de la producción en masa, la cadena de montaje y la electrificación de las industrias impulsaron un segundo hito revolucionario. Desde mediados del siglo XX, a su vez, la automatización, la informatización y la digitalización produjeron un nuevo vuelco en la forma de producir, comerciar y vivir en sociedad.

Dicho esto, Schwab anuncia una nueva revolución industrial que, en rigor, ya está en marcha: la cuarta. Esta empezó en el siglo XXI, y se basa en la *convergencia* de las nuevas tecnologías digitales, la nanotecnología, la biotecnología y la inteligencia artificial. Dicha convergencia significa un tipo particular de interacción: todas estas tecnologías se *imbrican* en dominios físicos, digitales y biológicos. Así, ya vemos y hasta usamos tecnologías que operan sobre estos marcos basándose en aquellos desarrollos. Por ejemplo, en el dominio físico, los vehículos autónomos, la impresión en 3D o la robótica avanzada. En el dominio digital, el «Internet de todas las cosas» parece imparable, y supone la interconexión a la red de redes de todo nuestro entorno físico. Lo mismo puede decirse sobre la tecnología de *blockchain*, que permitió la irrupción de creaciones, hoy bastante habituales, como las monedas digitales. O sobre la llamada «economía bajo demanda», cuyos ejemplos más conocidos son Uber y Airbnb. Finalmente, en el dominio biológico, las tecnologías de secuenciación de genes y técnicas que ya permiten incluso activarlos o modificarlos según se desee, sumado a las expectativas de una creciente mezcla entre el organismo vivo y la máquina, pintan un cuadro que podría parecer de ciencia ficción de no estar justo frente a nuestros ojos.

Todo esto, en conjunto, es lo que Schwab denomina «cuarta revolución industrial». Sus constataciones son exactas: este no solo es el mundo que viene, sino que, en una medida que crece día a día, es el mundo actual. El desarrollo tecnológico, a diferencia de las anteriores revoluciones, se comporta de manera exponencial, y los umbrales que va derribando y las posibilidades que va descubriendo en su camino suponen acontecimientos que antes solo cabían en el dominio de la imaginación futurista y el ciberpunk.[90]

---

90. Mark Fisher ha trabajado con literatura ciberpunk, como *Blade Runner* y *Neuromante*, para dar forma a una filosofía sobre nuestros tiempos. Así, sería característico del ciberpunk concebir una «desviación con respecto a una visión instrumental de la tecnología y los órganos. Esto es, la tecnología ya no se ve como una simple extensión de la función orgánica» (Mark Fisher, *Constructos* flatline. *Materialismo gótico y teoría-ficción cibernética* [Buenos Aires: Caja Negra, 2022], p. 44). Al contrario, la mera distinción entre lo orgánico y lo inorgánico, entre la vida

Ahora bien, el señor Schwab desea imprimir *su voluntad* en el devenir de esta revolución. Mejor dicho: su voluntad, en primer lugar, y la de sus «ciudadanos globales» en segundo término. A diferencia de las anteriores, el líder del Foro de Davos considera que una mente planificadora debe «dar forma a la cuarta revolución industrial».[91] Eso de «dar forma» parece ser una constante en su narrativa, que revela a cada momento su filosofía social y el rol que él se reserva para sí mismo: la sociedad debería ser el producto de una inteligencia ingenieril que coloca cada pieza en su lugar; y su mente, la del propio Schwab, sería la más apropiada para efectuar esta compleja labor a escala global. Las pretensiones de la mente del fundador del Foro exacerban hasta límites insospechados las características del tipo de mentalidad ingenieril que Friedrich Hayek criticara en *La fatal arrogancia*.[92] Es sugerente que Schwab, además de economista, sea ingeniero; lo suyo es, a todas luces, la *ingeniería social*.

Las innovaciones y los cambios venideros entusiasman a Schwab, y él quiere ponerse al frente de ellos, ser quien les abra el paso y los conduzca por la senda que él desea. Más aún, hay que acelerar el cambio, y Schwab se exaspera con la prudencia de los sectores académicos: «Los incentivos de carrera y las condiciones de financiación en las universidades favorecen actualmente los programas de investigación conservadores y graduales por encima de los programas audaces e innovadores».[93] Hay que modificar cuanto antes esta realidad, a base de dinero, según sugiere el líder del Foro Económico Mundial.

Si miramos de cerca, descubriremos que el denominador común de prácticamente todas las novedades que Schwab integra bajo el nombre de «cuarta revolución industrial» es claro: se trata de tecnologías que, si por un lado pueden servir para solucionar problemas o aumentar el confort del ser humano, por el otro suponen posibilidades para el *control totalitario* nunca antes vistas, ya no sobre una nación, sino sobre el globo como tal. Tomemos algunos ejemplos que el propio Schwab nos proporciona, sin disimular su euforia.

En el campo de la biología, le entusiasma especialmente pensar en las posibilidades que abrirá la biología sintética: «Nos proporcionará la posibilidad de personalizar los organismos mediante la configuración del ADN». Esto implica la capacidad de alterar casi cualquier tipo de

---

y la muerte, quedaría suspendida. Lo que hasta ayer parecía ciencia ficción, hoy se parece cada vez más a nuestra visión del hombre y de su relación con el mundo de la técnica.

91. Schwab, *La cuarta revolución industrial*, p. 16.
92. Véase Friedrich Hayek, *La fatal arrogancia* (Madrid: Unión Editorial, 1990).
93. Schwab, *La cuarta revolución industrial*, p. 41.

células, «lo que permite la creación de plantas o animales genéticamente modificados, así como la modificación de las células de organismos adultos, incluidos los seres humanos».[94] Pero Schwab nota de inmediato que «las limitaciones son ahora menos técnicas que jurídicas, regulatorias y éticas».[95] Este tipo de asuntos parecen poca cosa al lado de la voluntad de *crear* el mundo y sus organismos vivos, incluido el propio ser humano. Así, por ejemplo, «es probable que en el futuro lleguemos a ver el nacimiento de bebés de diseño que poseerán rasgos particulares»,[96] y que empiece a producirse una estratificación social inédita, basada en las distintas *clases antropológicas* que surgirán de estas tecnologías de modificación de la naturaleza humana. Si alguna vez creímos que la «naturaleza humana» era la misma para todos los seres humanos, esa convicción llegaría pronto a su fin. Algún tipo de «mejora humana radical»,[97] como Schwab la denomina, capaz de empujar «los umbrales actuales de la longevidad, la salud, la cognición y las capacidades de un modo que antes estaba reservado a la ciencia ficción»[98], producirá dos clases de hombres radicalmente diferentes. Por un lado, aquellos que podrán gozar de estas tecnologías con las que se modificarían significativamente aspectos de su naturaleza; por el otro, aquellos que se quedarán con un cuerpo y un tipo de naturaleza que podrán considerarse desventajosos.

Las diferencias económicas, sobre las que se conforman las clases sociales, jamás fueron capaces de generar diferencias al nivel de la naturaleza humana misma. Un rico podía vivir un poco más y mejor que un pobre, pero su naturaleza era igual, compartían una misma biología a partir de la cual podían seguir llamándose «hermanos». Pero Schwab advierte que, gracias a la cuarta revolución industrial, algunos hombres podrán convertirse en una suerte de «superhombres», que gozarán de mayor longevidad, mejor salud, cogniciones técnicamente aumentadas y supercapacidades. En este caso, la diferencia última se generaría en el nivel biológico; su ADN, debidamente manipulado, y sus órganos, debidamente apoyados por máquinas y dispositivos integrados en el cuerpo, supondrían una diferencia infranqueable, en términos de la naturaleza misma de ese ser humano, respecto de otros (probablemente, la gran mayoría) que habrán quedado al margen de estos «beneficios» de la cuarta revolución industrial. La sociología de *Un mundo feliz* nunca estuvo tan cerca.

---

94. Ibíd., p. 38.
95. Ibíd., p. 39.
96. Ibíd., p. 40.
97. Ibíd., p. 126.
98. Ibíd., p. 127.

Por supuesto, Schwab nos dice que él y los suyos quisieran «gestionar» y «planificar» estos desarrollos, y nos prometen que evitarán así cualquier tipo de abuso. «Dar forma» a la cuarta revolución consistiría en concederles legitimidad para reorganizar la política, la economía, la sociedad y la cultura de manera que estas dimensiones de la existencia logren integrarse, sin roces y sin demoras, con las innovaciones de la cuarta revolución industrial. Así lo hace saber Schwab: «El curso eventual que tome la cuarta revolución industrial estará, en última instancia, determinado por nuestra capacidad de darle una forma tal que desencadene todo su potencial».[99] Por un motivo jamás explicitado, todos nosotros deberíamos confiar en que el «potencial» que Schwab quisiera desencadenar irá en beneficio de «la Humanidad». Nunca hay que olvidar que si los globalistas desean gobernar a «la Humanidad», es porque la aman y conocen cómo hacer su trabajo. No obstante, y en vistas del elitismo globocrático que caracteriza al Foro, no sería imprudente dudar de las puras intenciones que el señor Schwab alega tener en su corazón.

El fin de la propiedad privada

Otro asunto que excita la imaginación futurista de Schwab es lo que supone que ocurrirá con la *propiedad privada* en los tiempos que vienen. La cuarta revolución industrial traería también una revolución al nivel de cómo organizamos la economía. La institución central del capitalismo, la propiedad privada, tendría que ir desvaneciéndose para la enorme mayoría de los seres humanos. Schwab identifica una tendencia que las tecnologías de la revolución en ciernes provocan: «Se acelera el cambio de la propiedad única a la propiedad compartida».[100] Se refiere a modelos de negocios en los que el individuo renta todo aquello que necesita: desde una casa hasta un electrodoméstico; desde un automóvil hasta una bicicleta; desde una oficina hasta la ropa que viste. Este tipo de experiencias afectarán, según Schwab, a «nuestras ideas acerca de la propiedad»:[101] en concreto, nos iremos convenciendo de que no necesitamos ser dueños de nada en absoluto para «ser felices».

De hecho, este fue el «creativo» eslogan que utilizó el Foro de Davos en el año 2018 en un vídeo promocional que publicó en sus redes sociales, y que todavía, al momento de escribir estas líneas, sigue ahí: «En 2030

---

99. Ibíd., p. 141.
100. Ibíd., p. 74.
101. Ibíd., p. 125.

no tendrás nada y serás feliz».[102] Las letras aparecen sobre la imagen de un joven cuya sonrisa se va ampliando sin límite a la vista, y que invita a amigarse con la idea de que no ser el dueño de nada en absoluto puede ser una llave maestra para acceder a nuestra felicidad. Seguidamente, acompañado de la imagen de un dron, nos dicen: «Cualquier cosa que quieras la rentarás. Y te será enviada a través de un dron». Así pues, no se necesitará tener nada, y nunca se habrá sido tan feliz.

En realidad, la idea fue publicada en el sitio web del Foro dos años antes, en un artículo firmado por Ida Auken, una política de Dinamarca. En él, se describe la vida en una ciudad imaginaria del año 2030. Vale la pena citarlo *in extenso*:

> Bienvenido al año 2030. Bienvenido a mi ciudad, o debería decir, «nuestra ciudad». No soy dueño de nada. No tengo auto. No soy dueño de una casa. No tengo electrodomésticos ni ropa.
>
> Puede que te parezca extraño, pero tiene mucho sentido para nosotros en esta ciudad. Todo lo que considerabas un producto ahora se ha convertido en un servicio. Tenemos acceso a transporte, alojamiento, comida y todo lo que necesitamos en nuestra vida diaria. Una a una, todas estas cosas se volvieron gratuitas, por lo que terminó sin tener sentido para nosotros poseer mucho. [...]
>
> En nuestra ciudad no pagamos alquiler, porque alguien más utiliza nuestro espacio libre cuando no lo necesitamos. Mi sala de estar se utiliza para reuniones de negocios cuando yo no estoy.
>
> De vez en cuando, elegiré cocinar para mí. Es fácil: el equipo de cocina necesario lo entregan en mi puerta en cuestión de minutos. Desde que el transporte se hizo gratuito, dejamos de tener todas esas cosas metidas en nuestra casa. ¿Por qué tener una máquina para hacer pasta y un cocedor de crepes metidos en nuestros armarios? Podemos pedirlos cuando los necesitemos. [...]
>
> ¿Compras? Realmente no puedo recordar qué es eso. Para la mayoría de nosotros, se ha convertido en elegir cosas que usar. A veces esto me parece divertido y otras veces solo quiero que el algoritmo lo haga por mí. Conoce mis gustos mejor que yo ahora.[103]

---

102. Véase https://twitter.com/wef/status/983378870819794945 (consultado el 11 de mayo de 2024).
103. Ida Auken, «Welcome to 2030. I own nothing, have no privacy, and life has never been better», WEF (recuperado por Archive.org), 11 de noviembre de 2016, https://web.archive.org/web /20161125135500/https://www.weforum.org/agenda/2016/11/shopping-i-can-t-really-remember -what-that-is (consultado el 11 de mayo de 2024).

Por cierto, el artículo en cuestión se titula «Bienvenido al 2030. No tengo nada, no tengo privacidad y la vida nunca ha sido mejor». Quien lo redactó, y quienes lo publicaron, evidentemente lo consideraron una «utopía». Se trataba de una ciudad pretendidamente «perfecta», en la que los objetivos para el 2030 se habían cumplido a pie juntillas. Pero lejos de causar esperanza en el lector, lo dejaron completamente aterrorizado. Los «ciudadanos globales» están tan lejos de los súbditos globales que creen que este tipo de basura puede entusiasmarlos tanto como a ellos mismos. Al poco tiempo, el Foro Económico Mundial borró el artículo, aunque todavía se puede ver gracias a Archive.org.

¿Quién será el dueño de esas casas, esos automóviles, y hasta de esos electrodomésticos y esas ropas que los súbditos globales de la «utopía» globalista alquilan? El texto no lo explicita. Pero las opciones, en realidad, no son muchas: o una autoridad política central o un grupo reducido de empresas que han concentrado hasta tal punto la propiedad que se han vuelto ellas mismas una autoridad política central. «No tendrás nada y serás feliz» es un eslogan que vale únicamente para una enorme mayoría de desposeídos a los que, con todo, se les promete el disfrute de bienes y servicios que no serán suyos pero que otros se los proveerán para uso inmediato. La contrapartida de «no tendrás nada y serás feliz» es «tendrás todo y serás más feliz aún», aunque este eslogan se haya reservado a aquellos que sí son dueños de los bienes y servicios que rentan a los demás.

Las implicaciones políticas de esta concepción son inmensas. La *libertad de los modernos* estuvo firmemente anclada a la propiedad privada.[104] Un mundo de muchos propietarios es la mejor salvaguarda contra el avance liberticida del poder político. Esto fue confirmado empíricamente con las experiencias totalitarias del socialismo real. El propietario tiene el poder para definir sus propias reglas, para realizar su *autonomía*, en el marco de aquello que es suyo. En un mundo en el que la propiedad privada es reemplazada por la propiedad estatal, *todas* las normas las definen los que controlan el aparato estatal. Si suponemos que el mundo de los globalistas no es el del aparato estatal, sino el de la concentración de la propiedad en un grupo reducido de corporaciones, el efecto no tiene por qué ser muy distinto, sobre todo cuando esas

---

104. Benjamin Constant ya constataba, en 1819, que «entre los modernos el individuo es independiente en la vida privada, pero no es soberano más que en apariencia, incluso en los Estados más libres» (*La libertad de los modernos* [Madrid: Alianza, 2019], p. 80). El término soberanía lo entiende en sentido estricto, como decisión de carácter público. La libertad de los modernos, pues, se encuentra fundamentalmente en el espacio privado, en el que uno verdaderamente decide sobre su vida.

corporaciones reclaman para sí poderes de gobernanza. Pública o privada, cuando la propiedad se convierte en un privilegio de una élite, las mayorías quedan a merced del capricho de ellas. ¿Qué ocurriría si, por el motivo que fuere, se excluyera a determinados individuos del alquiler de bienes y servicios, como transporte, hogar, electrodomésticos o incluso ropa? ¿No terminarían, para ser reconsiderados entre los súbditos que no tienen nada pero que pueden ser felices, ajustándose a pie juntillas a todo lo que la élite poseedora solicitara a cambio?

El fin de la privacidad

Otro tópico interrelacionado con el de la propiedad y la libertad, que también fascina al señor Schwab, es el de la vigilancia. La cuarta revolución industrial normalizará el uso de tecnologías de vigilancia cada vez más avanzadas: cámaras inteligentes, reconocimiento facial, lectura labial, identificación de variables biométricas (como la temperatura del cuerpo) y psicométricas (como signos de estrés, depresión o ansiedad, además de todo tipo de emociones), algoritmos de extracción de datos cada vez más sofisticados, BigData, etcétera. El panóptico analógico que Foucault postulara como metáfora del poder en la modernidad ha quedado atrás; hoy el panóptico es digital, robótico y transhumano. A la biopolítica como modalidad contemporánea del poder se le ha sumado, recientemente, la psicopolítica, entendida como la capacidad de dominar no solo el *bios,* sino también la *psyche.* Schwab cita a un académico de Georgetown: «El cerebro es el próximo campo de batalla».[105]

También Orwell ha quedado bastante atrás en el tiempo. Aquellas pantallas que emitían y recibían información, por medio de las cuales los burócratas del partido único controlaban a los súbditos las veinticuatro horas del día, ya no necesitan de la presencia activa de ningún ser humano del otro lado y ni siquiera tienen por qué ser exclusivamente pantallas. Las tecnologías de la cuarta revolución industrial, que se imbricarán en todos los bienes que utilizamos a diario, se caracterizan por vigilar, calcular, resolver y actuar por sí solas, de acuerdo con (hasta cierto punto) las instrucciones que previamente hayan sido introducidas por un programador. Así, nuestro entorno tecnológico nos conocerá mejor que nuestro entorno de relaciones humanas, y estará programado para hacer algo con la información que obtiene de nosotros. Un lector atento queda profundamente preocupado cuando lee a Schwab escribir lo siguiente: «Nuestros

---

105. Schwab, *La cuarta revolución industrial,* p. 115.

dispositivos se convertirán en una parte creciente de nuestro ecosistema personal, escuchándonos, previendo nuestras necesidades y ayudándonos cuando sea necesario, aunque no se lo pidamos».[106] En efecto, la autonomía en este caso se desplazaría del hombre a la máquina, programada por otro ser humano, para actuar incluso cuando el sujeto vigilado no lo requiera o ni siquiera advierta sus propias «necesidades». En el terreno político, esto conlleva enormes consecuencias para una materia tan compleja como *el ejercicio del poder sobre otros*: a partir del 2025, dice Schwab en el 2016, empezaremos a ver censos poblacionales basados en BigData.[107]

Con todo, el fundador del Foro de Davos describe aplicaciones que las tecnologías de la vigilancia podrían proporcionar que resultarían muy convenientes para todos. Pone el caso de objetos como maletas, contenedores o paquetes: rastrearlos sería tan fácil como introducir en ellos un diminuto transmisor o una etiqueta de identificación por radiofrecuencia (RFID). Así, nos aseguraríamos de no perderlos jamás, ahorrando dinero y disgustos. No obstante, seguidamente lanza una hipótesis menos agradable sobre este tipo de tecnologías: «En un futuro próximo, también se aplicarán sistemas de monitoreo similares al movimiento y rastreo de las personas».[108] De esta manera, se podrá saber en tiempo real en qué lugar se encuentra cada persona, hacia dónde se dirige e incluso calcular lo que podría estar haciendo en ese preciso instante. La sociedad del Gran Hermano dejaría de inscribirse en el marco de las aterrorizadoras distopías del siglo xx para convertirse en parte de la realidad del siglo xxi.

Ahora bien, las tecnologías de la vigilancia tienen dueños, y, curiosamente, como ya hemos visto, casi todos ellos son miembros del Foro Económico Mundial. Schwab no se equivoca cuando identifica al poder con la información. La nuestra es una sociedad de la información, lo que significa que funciona a través de la extracción siempre creciente de datos que sirven como *inputs* de procesos y acciones. El incremento constante de la capacidad de conocer al detalle a cada individuo *en particular* es el incremento constante de la capacidad de ejercer un control cada vez mayor y más eficiente sobre él. Este control no tiene que limitarse únicamente a venderle cosas, como de manera simplista denunció Shoshana Zuboff con su celebrado concepto de «capitalismo de la vigilancia».[109] Con un manejo apropiado de los datos y las acciones emprendidas con arreglo a ellos, podría inducirse todo tipo de comportamiento, incluso el político. Las corporaciones

---

106. Ibíd., p. 25.
107. Ibíd., p. 43.
108. Ibíd., p. 35.
109. Véase Shoshana Zuboff, *La era del capitalismo de la vigilancia* (Barcelona: Paidós, 2020).

BigTech ya lo saben, y ya lo han hecho público desde hace más de una década a través de estudios experimentales y artículos académicos.[110]

Si volvemos la vista a la «utopía» que el Foro describió para nosotros en aquel escrito que luego fue retirado de su portal, comprenderemos que las perspectivas de la vigilancia *total* entusiasman mucho a los globalistas. Es significativo que, ya desde el título, se plantee la conexión entre no tener nada y no tener privacidad. Uno de los efectos esperables de no tener propiedad sería el de perder un espacio exclusivo que antes garantizaba la intimidad, que lo colocaba a uno fuera del alcance del ojo público. Si bien se reconoce que los datos significan poder para quien los extrae y que esto puede causar algún malestar, de inmediato se aclara que deberíamos conformarnos con esta situación, porque el mundo propuesto por los globócratas resulta «mucho mejor» que el que teníamos:

De vez en cuando me molesta el hecho de no tener verdadera privacidad. No hay donde pueda ir y no estar registrado. Sé que, en algún lugar, todo lo que hago, pienso y sueño queda grabado. Solo espero que nadie lo use en mi contra.

Considerándolo todo, es una buena vida. Mucho mejor que el camino que estábamos siguiendo, donde quedó tan claro que no podíamos seguir con el mismo modelo de crecimiento. Sucedieron todas estas cosas terribles: enfermedades del estilo de vida, cambio climático, crisis de refugiados, degradación ambiental, ciudades completamente congestionadas, contaminación del agua, contaminación del aire, malestar social y desempleo. Perdimos demasiadas

---

110. Ya en el 2012, investigadores de Facebook publicaron en la revista *Nature* un estudio titulado «Un experimento con 61 millones de personas sobre influencia social y movilización política». En pocas palabras, Facebook mostró en este estudio cómo fue capaz de manipular el comportamiento electoral en las elecciones legislativas estadounidenses del año 2010. Todo giró en torno a mensajes cuidadosamente dirigidos a distintos grupos de usuarios, donde se los animaba a votar y se les indicaba dónde debían hacerlo. Además, se utilizó un botón «Ya he votado», que mostraba cuántos usuarios de Facebook ya lo habían hecho y qué amigos del usuario se encontraban en ese listado. Ya en el comienzo mismo del estudio se anticipan así los resultados del experimento psicopolítico: «Los resultados muestran que los mensajes influyeron directamente en la autoexpresión política, la búsqueda de información y el comportamiento de voto en el mundo real de millones de personas. Además, los mensajes no solo influyeron en los usuarios que los recibieron, sino también en los amigos de los usuarios y en los amigos de los amigos» (véase Robert Bond *et al.*, «A 61-Million-Person Experiment in Social Influence and Political Mobilization», *Nature*, 489, 7415, 12 de septiembre de 2012, https://www.nature .com/articles/nature11421, pp. 295-298). Otro estudio, realizado también por Facebook junto a la Universidad de Cornell, con una muestra de 689.003 usuarios, mostró hasta qué punto era posible manipular los estados de ánimo de las personas modificando el tipo de noticias que la BigTech mostraba en su sección de noticias (véase A. Kramer, J. E. Guillory y J. T. Hancock, «Experimental evidence of massive-scale emotional contagion through social networks», *National Academy of Sciences* (2014: 201320040).

personas antes de darnos cuenta de que podíamos hacer las cosas de manera diferente.[111]

Ser constantemente vigilados es un precio muy bajo si la contrapartida supone el fin de tantas desgracias, miserias y peligros. Nótese que muchos de ellos son justamente los que vienen engrosando los listados de «riesgos globales» que todos los años publica el Foro. «Hacer las cosas de manera diferente» significa reestructurar las instituciones del mundo, entregando el poder a los globalistas para la consumación de sus planes de ingeniería social, que incluyen la utilización distópica de las tecnologías de la vigilancia, como al parecer ya lo están anunciando.

El fin del empleo

¿Y qué pasará con el trabajo, según las perspectivas del señor Schwab? Pues una parte muy importante se perderá. Guste o no, la digitalización y la automatización terminarán con muchos empleos que hasta ahora creíamos indispensables para la vida social moderna. Acabarán incluso con actividades que no requieren tanto fuerza y repetición como inteligencia y creatividad, que podrán realizarlas con mayor eficiencia máquinas más inteligentes que nosotros que, por si fuera poco, no se enferman, no salen de vacaciones, no tienen hijos, no hacen paros ni solicitan aumentos. Schwab observa, además, que las empresas digitales tienen costos marginales que tienden a cero, lo que les permite crear una unidad de riqueza con muchos menos trabajadores de los que necesitaba hace algunos años antes. Por este motivo, entre otros, la proporción del trabajo como porcentaje del PBI no deja de caer.[112]

Schwab ilustra la transformación económica en torno al trabajo comparando el Detroit de 1990 con el Silicon Valley de hoy. «En 1990, las tres mayores empresas de Detroit tenían una capitalización de mercado combinada de 36.000 millones de dólares, unos ingresos de 250.000 millones de dólares y 1,2 millones de empleados». Ahora bien, «en el 2014, las tres mayores empresas de Silicon Valley tenían una capitalización de mercado considerablemente más alta (1,09 billones de dólares) y generaban más o menos los mismos ingresos (247.000 millones de dólares), pero tenían diez veces menos empleados (137.000)».[113]

---

111. Auken, «Welcome to 2030. I own nothing, have no privacy, and life has never been better».
112. Véase Schwab, *La cuarta revolución industrial*, pp. 26-27.
113. Ibíd., pp. 23-24.

En rigor, todas las revoluciones industriales acabaron con muchos empleos que terminaron siendo sustituidos por máquinas, pero crearon muchos otros puestos que equilibraron la balanza. Esto permite afirmar a los más optimistas que la actual revolución tecnológica no tendría por qué comportarse de una manera diferente. Sin embargo, el líder del Foro de Davos no está tan seguro de este argumento. En efecto, reconoce que «hasta ahora, la evidencia es esta: la cuarta revolución industrial parece estar creando menos puestos de trabajo en nuevas industrias que en las revoluciones anteriores».[114] Los datos que comparte el propio Schwab parecen categóricos:

> Según una estimación del Programa Oxford Martin sobre Tecnología y Empleo, solo el 0,5 por ciento de la fuerza laboral de Estados Unidos trabaja en industrias que no existían en el cambio de siglo, un porcentaje mucho menor que el aproximadamente 8 por ciento de los nuevos empleos creados en nuevas industrias durante la década de 1980 y que el 4,5 por ciento de nuevos puestos de trabajo creados durante la década de 1990.[115]

Schwab estima que «antes de lo que muchos prevén, el trabajo de profesiones tan diversas como abogados, analistas financieros, médicos, periodistas, contables, aseguradores o bibliotecarios podría ser parcial o totalmente automatizado».[116] Precisamente en este contexto es posible darle sentido al «salario básico universal» que impulsan desde el Foro de Davos. Si los empleos se irán perdiendo, ¿de dónde sacarán las personas los medios para su sustento? Aquí entra en juego el paternalismo político: hay que promover que la autoridad política, dirigida por un Estado —o por una organización de otra naturaleza, lo mismo da— reparta periódicamente a los individuos una cuota de dinero suficiente para adquirir lo necesario para la vida. Esta genialidad, sin duda, produce una subordinación insalvable de quien recibe respecto de quien da; nada menos que el sustento del primero depende de que el segundo le siga dando. Si se espera que sean tantas personas las que reciban (y de ahí que soliciten que la renta básica sea «universal»), es porque se estima que serán pocas las que darán. La concentración de poder en un grupo reducido de personas será, con toda probabilidad, cada vez mayor.

---

114. Ibíd., p. 56.
115. Ibíd.
116. Ibíd., p. 56.

La notable obsesión que los globalistas tienen respecto del tamaño de la población mundial también se puede comprender en torno a la tecnología y el futuro del empleo. Si el diagnóstico que Schwab respalda es correcto, y el trabajo humano se va perdiendo irremediablemente, eso significa que cada vez habrá más seres humanos sin ninguna función productiva. En paralelo, si la tecnología continúa extendiendo la esperanza de vida, y la natalidad no se reduce, la ecuación resultante es exponencial: un sobrante humano cada vez más gigantesco podría terminar provocando, intencionalmente o no, el colapso del sistema. Disminuir la natalidad se presenta entonces como una prioridad para los globalistas, una verdadera obsesión, cuyos caballos de Troya se llaman aborto e ideología de género.

En este contexto, los temores del señor Schwab son bien palpables. La mera posibilidad de que la cuarta revolución industrial termine produciendo una revolución política motivada por el descontento de los vigilados, los controlados, los desposeídos y los desempleados se identifica con toda precisión dentro del radar de riesgos de los globalistas. Para evitar esta posibilidad, medidas como una renta básica universal y presiones para disminuir la natalidad pueden ser muy convenientes, pero no hay que descuidar, al mismo tiempo, el adoctrinamiento masivo:

> El mundo carece de una narrativa consistente, positiva y común que describe las oportunidades y los desafíos de la cuarta revolución industrial, una narrativa que es esencial si queremos empoderar a un conjunto diverso de individuos y comunidades, y evitar una violenta reacción popular contra los cambios fundamentales en curso.[117]

El pueblo les genera pavor. La élite globocrática tiembla ante las perspectivas de una insurgencia. Evitar la rebelión popular es, precisamente, una de las más importantes misiones del Foro de Davos y de su líder, el señor Schwab.

VI. COVID-19, el gran reinicio: esperanzas y amenazas

En junio del 2020, mientras la pandemia de la COVID-19 acechaba al mundo entero, Klaus Schwab entrevió una enorme oportunidad en

---

117. Ibíd., p. 22.

el marco del desastre: la catástrofe global que tanto habían aguardado ya estaba aquí, y podía enseñar al mundo que la globocracia es la única forma del poder capaz de salvarlo. Schwab se dispuso entonces a escribir un libro, al que le concedió un título de lo más sugerente: *COVID-19. El gran reinicio.*

Es lamentable que el texto de Schwab no defina, ni en una sola de sus páginas, qué quiere decir con «reinicio». Lo más que llega a decirnos es que no hay que confundirlo con una «reanudación». Por lo tanto, uno debe sobreentender que por «reinicio» debe querer decir una vuelta a empezar, pero para tomar un camino diferente; desde luego, ese camino sería el que fijen los globalistas. El «reinicio» sería algo así como una refundación del globo sobre nuevas bases, que son las que la élite globocrática viene proponiendo hace tiempo, pero que ahora la catástrofe pandémica dejaría al descubierto para que todos los simples mortales puedan contemplar su innegable conveniencia y su desesperante urgencia:

> No hay tiempo que perder. Si no mejoramos el funcionamiento y la legitimidad de nuestras instituciones globales, el mundo pronto se volverá imposible de manejar y muy peligroso. No podrá haber recuperación duradera sin un marco estratégico global de gobernanza.[118]

El terror que provoca la pandemia sirve al despliegue de la lógica hobbesiana, por medio de la cual se solicita el poder para «manejar» los destinos del globo. En esto, Schwab no podría ser más claro: no solo hay que mejorar el «funcionamiento» de las instituciones globales, sino también la *legitimidad* de la que actualmente carecen. La política debe montarse sobre una nueva forma de legitimidad que otorgue la validez suficiente a los globalistas para lograr sin trabas sus salvíficos objetivos, y la pandemia constituye una oportunidad inestimable.

«Es fácil de entender: deberíamos aprovechar esta oportunidad sin precedentes para volver a imaginar el mundo»,[119] escribe Schwab. Mientras se pone a la gente en cuarentena, se la reprime, persigue, separa, clasifica, vigila e inocula contra su voluntad, Schwab sueña con la posibilidad que todo esto significa de cara a «imaginar» un mundo en el que las instituciones globales dispongan del poder y de la legitimidad que merecen. Y nos advierte que, si sus propósitos no se concretan, mucho peor para

---

118. Schwab, *COVID-19. El gran reinicio*, p. 127.
119. Ibíd., p. 20.

nosotros: «A menos que hagamos algo para reiniciar el mundo de hoy, el mundo del mañana se verá profundamente afectado».[120]

Desde luego, Schwab nos tranquiliza con una buena dosis de palabras *talismán*, esas que están diseñadas para conmover nuestros sentimientos y paralizar nuestras capacidades críticas:

> Reiniciar es una tarea ambiciosa, quizás demasiado ambiciosa, pero no tenemos más remedio que hacer todo lo posible para llevarla a cabo. Se trata de hacer que el mundo sea menos divisivo, menos contaminante, menos destructivo, más inclusivo, más equitativo y más justo de lo que era antes de la pandemia.[121]

Mera expresión de deseos y eufemismos para la tribuna. Lo que realmente requiere Schwab es que el poder nacional se subordine a los engranajes del poder global; que los Estados ejecuten una agenda concebida fuera de sus fronteras. La pandemia es una oportunidad para los globalistas porque pone al descubierto la debilidad de todos los Estados, al unísono, para enfrentar una amenaza microscópica: «Cada vez es más frecuente que los grandes problemas que nos aquejan se desarrollen fuera del control incluso de los Estados nación más poderosos», escribe Schwab. Y agrega: «La COVID-19 nos ha hecho recordar que los problemas más importantes a los que nos enfrentamos son de naturaleza global».[122] Es decir, los problemas «más importantes» son los que los globalistas dicen poder resolver. Si se pudiera convencer a «la Humanidad» de que esta es la prueba más cabal de que la soberanía debe ser redirigida hacia organismos globales, la política podría por fin montarse sobre nuevos principios y una nueva legitimidad.

El «gran reinicio» sería, en lo que a esto respecta, una reconfiguración del poder del Estado y de la forma en que se ordena políticamente el mundo. Estos cambios profundos no significan la desaparición del Estado, sino un avance significativo en la senda de su subordinación a las instituciones globales. Como se dijo más arriba, el Foro de Davos no pretende reemplazar al Estado en la ejecución de sus políticas, sino dirigirlo. De hecho, Schwab nota entusiasmado que la pandemia nos dejará Estados mucho más «presentes» en la vida social y económica de las personas: «Es probable que la COVID-19 anuncie la muerte del

---

120. Ibíd., p. 273.
121. Ibíd., p. 274.
122. Ibíd., p. 128.

neoliberalismo», puesto que «le ha dado el golpe de gracia» al «fetichismo del mercado». Debemos darle la bienvenida a «la creciente intervención del Estado y la redefinición del contrato social».[123]

He aquí un punto crucial. Schwab aguarda, verdaderamente, una revolución política. Espera que la pandemia traiga cambios al nivel constitucional de los Estados, es decir, al nivel de su ley fundamental. Si todo su trabajo en general, y todo su libro en particular, están dedicados a promover la cesión de soberanía nacional hacia las instituciones globales del poder, es posible deducir que esta «redefinición del contrato social» significa para él una enorme oportunidad de cara a establecer *formalmente* el nuevo tipo de legitimidad que reclama. «Es casi inevitable que la pandemia lleve a muchas sociedades de todo el mundo a reconsiderar y redefinir los términos de su contrato social»,[124] anticipa entusiasmado. En efecto, «imaginar el nuevo mundo» es imaginar nuevas constituciones políticas que drenen el poder en beneficio de los globalistas, sobre todo cuando se ha insistido tanto con la idea de que, de no hacerlo, el apocalipsis será inevitable.

El caos necesario

Ahora bien, para que cambios tan radicales como las reformas constitucionales tengan realmente lugar, es necesaria una convulsión social de grandes proporciones. La pandemia podría ser el desencadenante fundamental, pero hay que impulsar la fragmentación, el conflicto permanente y el caos para formar un apropiado caldo de cultivo. Esa es la función del *wokismo*, según se puede interpretar de lo que el propio Schwab escribe. El despertar de nuevos conflictos raciales en Estados Unidos, de la mano del caso de George Floyd, lo llenan de esperanza. No es para menos: «La COVID-19 se ha cebado de forma desproporcionada con la comunidad afroamericana»,[125] se compadece Schwab, y procura echar leña al fuego. Por su parte, el «activismo juvenil» que se adhiere al *wokismo* «va en aumento en todo el mundo». Además, aborda «cuestiones tan diversas como el cambio climático, las reformas económicas, la igualdad de género y los derechos LGTBQ». Por esto, Schwab concluye: «La generación de jóvenes se sitúa con firmeza en la vanguardia del cambio social. Quedan pocas dudas de que será la gran

---

123. Ibíd., p. 87.
124. Ibíd., 106.
125. Ibíd., p. 89.

catalizadora del cambio y el germen de un impulso crítico para el gran reinicio».[126] No se equivoca: si algo tienen en común todas estas causas, es que fragmentan las naciones.

Los conflictos de clase también pueden contribuir. Schwab juega a la revolución de izquierdas: «Podría ocurrir que hubiera suficientes personas lo suficientemente indignadas por la flagrante injusticia del trato preferente del que disfrutan los ricos en exclusiva que se produjese una fuerte reacción social generalizada».[127] Se olvida de decir, por supuesto, que los ricos son los «ciudadanos globales» que él mismo agrupa en el Foro Económico Mundial. Sabe que él y los suyos están seguros, y que todo esto es mera retórica para afianzar la imagen de «justiciero social» que con tanto esmero cultiva.

Además de los grandes cambios políticos al nivel de las constituciones nacionales, el «gran reinicio» se relaciona con el problema climático. Schwab quiere dar forma y promover una narrativa en la que el COVID-19 y la degradación medioambiental están directamente asociadas, tanto en sus orígenes como en sus consecuencias. En efecto, afirma cosas como que «la destrucción de la biodiversidad causada por los humanos está en el origen de la aparición de nuevos virus como el de la COVID-19» y que «la destrucción de la biodiversidad aumentará el número de pandemias».[128] Curiosamente, en ningún momento se le ocurre asociar el virus con los laboratorios de biotecnología que funcionan en Wuhan. Comoquiera que sea, Schwab confía en que «la COVID-19 ya nos ha ofrecido un atisbo o anticipo de las consecuencias que podría tener el desarrollo total de la crisis climática y el colapso de los ecosistemas desde una perspectiva económica».[129] Así, se le podría decir a la gente que, si no quiere volver a vivir una catástrofe similar a la pandémica, debe aceptar toda una serie de políticas verdes, torcer sus usos y costumbres, y someterse a un nuevo modo de vida.

Las costumbres de rebaño que la pandemia forjó deben perpetuarse, hasta cierto punto, después de la pandemia. El disciplinamiento debe normalizarse hasta donde sea factible. El «gran reinicio» depende de una modificación de los hábitos en masa:

> Si en la era pospandemia decidimos seguir con nuestras vidas igual que antes (conduciendo los mismos automóviles, volando a los mismos

---

126. Ibíd., p. 115.
127. Ibíd., p. 92.
128. Ibíd., p. 154.
129. Ibíd., p. 149.

destinos, comiendo las mismas cosas, calentando nuestra casa de la misma manera, etc.), la oportunidad que supuso la crisis de la COVID-19 en lo que respecta a las políticas climáticas se habrá echado a perder.[130]

Schwab agrega que debemos «circular en bicicleta y caminar en lugar de conducir para mantener el aire de nuestras ciudades tan limpio como estaba durante los confinamientos, pasar las vacaciones más cerca de casa...».[131] Por otro lado, convendrá acostumbrarnos a mantenernos más tiempo encerrados y aislados, y dejar de hacer cosas «como subir a un avión para acudir a una reunión (Zoom es más seguro, más barato, más ecológico y mucho más cómodo), ir en coche a una lejana reunión familiar durante el fin de semana (el grupo familiar de WhatsApp no es tan divertido pero, una vez más, es más seguro, más barato y más ecológico) o incluso asistir a un curso académico (no es tan gratificante, pero sí más barato y más cómodo)».[132] Schwab también elogia «la expansión cada vez más impetuosa de los deportes electrónicos»,[133] que nos mantienen dentro del hogar y lejos de los demás. En otro fragmento, nos invita a comprender «que el consumo ostentoso o el consumo excesivo de cualquier clase no es bueno para nosotros ni para el planeta»,[134] y nos llama a «replantearnos nuestra relación con la naturaleza y preguntarnos por qué nos hemos alejado tanto de ella».[135]

Es inevitable no divertirse con los consejos y las reflexiones del líder del Foro Económico Mundial. De no ser porque se esfuerza por ser considerado un «intelectual», uno podría llegar a creer que se trata de un payaso. Que el cultor de la «cuarta revolución industrial», tan entusiasmado por la edición genética y los bebés de diseño, tan encantado con la digitalización de la vida y la robótica inteligente, invite al mundo a replantearse por qué se alejó tanto de la naturaleza es apenas una pequeña muestra del cinismo que le caracteriza. Que solicite a los demás pedalear en bicicleta en lugar de subirse a un automóvil; que les reclame buscar destinos más cercanos para vacacionar; que les instruya sobre la conveniencia de chatear con la familia por WhatsApp en lugar de realizar reuniones presenciales, y que hasta les exija replantearse sus pautas de consumo con tono

---

130. Ibíd., p. 158.
131. Ibíd., p. 159.
132. Ibíd., pp. 172-173.
133. Ibíd., p. 231.
134. Ibíd., p. 269.
135. Ibíd., p. 155.

paternal, mueve al lector imparcial a preguntarse: ¿en qué se desplazarán los «ciudadanos globales» a su trabajo? ¿En bicicleta o patinete? ¿Sus reuniones familiares se llevarán a cabo por grupos de WhastApp? ¿Dónde empezarán a vacacionar? ¿Se olvidarán de sus islas privadas? ¿Sus pautas de «consumo» excluirán por fin los habituales vuelos en sus aviones privados?

No hay que hacerse ilusiones al respecto. Bill Gates ya ha dicho que él sí puede contaminar, porque tiene dinero para «invertir» en el clima. Lo mismo podrían decir sus «conciudadanos globales». Pero no debieran importarnos los hábitos y modos de vida de los «buenos» del mundo que se preocupan por expandir los «criterios ESG», ya que el «gran reinicio» supondría, según Schwab, el definitivo triunfo de este modelo de chantaje empresarial y financiero sobre bases ideológicas. En efecto, la élite financiera se ocupará de destruir a todos los empresarios que no sigan el catecismo *woke*, cortándoles el acceso al capital, mientras el activismo político de las minorías ruidosas hace de las suyas. Schwab lo explica de esta forma:

> Al margen de la opinión que cualquiera pueda tener acerca de los méritos del capitalismo de las partes interesadas y las estrategias ASG [ESG, en inglés] y su papel en la era posterior a la pandemia, el activismo marcará la diferencia reforzando la tendencia. Los activistas sociales y muchos inversores activistas analizarán en profundidad cómo se comportaron las empresas durante la crisis pandémica.[136]

Schwab imagina una situación en la que «un grupo de ecologistas se manifiesta» frente a las instalaciones de una empresa, «mientras un grupo de inversionistas hace lo mismo en la sala de juntas privando a la planta de acceso a capital».[137] El «gran reinicio» se logrará sobre la base de esta persecución, política, ideológica y económica al mismo tiempo, contra aquellos que no se arrodillen ante las agendas de los «filántropos» que impulsan los criterios ESG.

Al mismo tiempo que nos pide que «replanteemos» nuestra relación con la naturaleza, Schwab sostiene que el «gran reinicio» se basará, tecnológicamente, en el avance de la cuarta revolución industrial. La pandemia ha acelerado el desarrollo tecnológico y nos ha acostumbrado a una vida hiperconectada y a la vigilancia permanente: «En la

---

136. Ibíd., p. 210.
137. Ibíd., pp. 165-166.

actualidad hay alrededor de 5.200 millones de teléfonos inteligentes en el mundo, todos ellos con la capacidad de ayudar a identificar quién está infectado, dónde y, a menudo, por quién».[138] Para salir de la pandemia, resulta esencial entregar la libertad. Pero, después de la pandemia, ya nos habremos acostumbrado a que, si queremos seguridad en otras áreas, debemos seguir entregando nuestra libertad. La combinación de inteligencia artificial, Internet de todas las cosas y nuevos tipos de sensores permitirá llevar un registro total de la vida, y un redireccionamiento de las conductas. Escribe Schwab:

> En el mundo post-COVID-19, la disponibilidad de la información precisa sobre nuestra huella de carbono, nuestro impacto en la biodiversidad, sobre la toxicidad de todos los ingredientes que consumimos y los entornos o contextos espaciales en los que evolucionamos generará importantes avances para nuestra conciencia del bienestar colectivo e individual.[139]

El gurú del Foro de Davos es totalmente claro: las expectativas están puestas en el control totalitario facilitado por las nuevas tecnologías, que servirían para lograr algo con lo que el viejo totalitarismo siempre soñó: el borrado total de la línea que separa la vida privada de la vida pública. Los nuevos sistemas permitirán medir la «huella de carbono» de cada uno de los súbditos, calcular su impacto en la «biodiversidad», conocer con precisión su alimentación, sus relaciones, sus planes y sus deseos. La pandemia nos enseñará a entregar toda esta información en nombre del «bienestar» tanto individual como colectivo, según las palabras que el mismo Schwab emplea.

Problemas para el «gran reinicio»

Sin embargo, el «gran reinicio» no está asegurado. Incluso corre peligro. Schwab advierte que, si bien la pandemia ha generado y generaría todos estos efectos (terror apocalíptico, normalización del disciplinamiento, chantaje ESG, avance de las tecnologías de la vigilancia, legitimación tecnocrática y globalista, etcétera), también está produciendo fuerzas que operan en sentido contrario. Hasta cierto punto, el COVID-19 provocó un repliegue del Estado nación sobre sí mismo. Las

---

138. Ibíd., p. 184.
139. Ibíd., p. 231.

fronteras volvieron a ser importantes, el control migratorio se fortaleció y, lo que más aterra a los globalistas, los sentimientos patrióticos afloraron y se revolvieron contra las élites globales. Schwab explica este fenómeno de la siguiente manera:

> Se fortalece el apego a nuestras personas más allegadas, con un reno-vado aprecio por todos aquellos a quienes amamos: familiares y amigos. Pero esto tiene un lado oscuro. También aumentan los sentimientos patrióticos y nacionalistas, y entran en juego inquietantes conside-raciones religiosas y étnicas. Al final, esta mezcla tóxica saca lo peor de nosotros como grupo social.[140]

Para Schwab, tener patria, tener nación y tener Dios supone «lo peor de nosotros». En realidad, es lo peor para ellos, puesto que solo las tablas rasas se contentan con la idea de ser súbditos globales. Quien tiene patria, quien tiene Dios, tiene anclajes identitarios demasiado fuertes como para dejarse gobernar por élites globales. Schwab encuentra que son estas personas las que pueden poner en serio peligro el proyecto globalista:

> Cuanto más se impregne la política global de nacionalismo y aislacio-nismo, mayores serán las probabilidades de que la gobernanza global pierda su relevancia y se vuelva ineficaz. Lamentablemente, ahora nos encontramos en una coyuntura crítica. Dicho sin rodeos, vivimos en un mundo donde no hay nadie al mando.[141]

Schwab no disimula ni por un segundo: el mundo debe tener a alguien «al mando». En su cabeza no puede caber un mundo en el que una multiplicidad de naciones se gobiernan a sí mismas de acuerdo con sus propios modos de vida. El globo, como *sociedad Uno*, necesita un *mando Uno* de un *gobierno Uno*. Pero la pandemia ha reflotado el sentimiento nacionalista, que es el que bloquea la «gobernanza global», puesto que deshace la imagen del mundo como sociedad Uno, requisito sociológico del gobierno Uno.

Para Schwab, resulta lamentable que durante la pandemia «prevaleció la reacción de "mi país primero"».[142] Esta solidaridad nacional está en las antípodas de la reacción que los globalistas, hasta cierto punto, esperaban.

---

140. Ibíd., p. 242.
141. Ibíd., pp. 127-128.
142. Ibíd., p. 131.

Ellos creían que, dada la naturaleza global de una pandemia, la reacción debiera haber sido la de «el globo primero». Si esto no ocurrió, fue porque el proyecto globalista todavía se encontraba en estado embrionario. En esto se basa precisamente el diagnóstico de Schwab, que anota que «la COVID-19 nos habla precisamente de una gobernanza global fallida», y ha revelado «el vacío en la gobernanza global». Schwab se lamenta: «En lugar de ocasionar que se adoptara un conjunto de medidas coordinadas a escala mundial, la COVID-19 causó lo contrario».[143]

El diagnóstico es claro: la pandemia ha generado dos fuerzas antitéticas, una que aumenta la factibilidad de un «gran reinicio» y otra que aumenta el sentimiento nacional en detrimento del proyecto globalista. Sobre esta base, Schwab llamará a considerar una estrategia más agresiva: «La única forma de gestionar este retroceso es establecer una forma de globalización mucho más inclusiva y equitativa que la haga sostenible, tanto en términos sociales como ambientales». Lo que hay que apuntalar es un relato que repita una y otra vez la idea de que la «inclusión», la «equidad», la «diversidad», el «bienestar» y la seguridad frente a los males globales como las pandemias y las crisis ambientales dependen enteramente de la sumisión de los pueblos a la élite globalista: «Esto solo se logrará mejorando la gobernanza global»,[144] insiste Schwab.

El relato no debe ser tanto racional como sentimental; más que apelar a datos y hechos, debe apelar a las emociones de sus receptores. A la gente no se le da muy bien eso de pensar, de manera que su conducta ha de ser moldeada por medio de una suerte de ingeniería de los sentimientos. Schwab lo dice sin ambages: «Nuestras acciones y reacciones humanas no están basadas en datos estadísticos, sino que están determinadas por emociones y sentimientos… el relato impulsa nuestro comportamiento».[145] De ahí la importancia de las palabras *talismán*, de los eslóganes que logren imponerse, de los signos y los símbolos, del apoyo del mundo de los famosos, de la repetición incansable de los más grandes medios de comunicación, de la sumisión más incondicional del mundo académico, de la demonización de todo aquel que pretenda cuestionar y la promoción de todo aquel que se disponga a obedecer. Para que el proyecto globalista sea viable, el pensamiento debe ser uniforme; no debe presentar relieves, no debe suscitar dudas ni alternativas. Es decir, no debe ser pensamiento, sino sentimiento. Este es el único terreno sobre el que los globalistas

---

143. Ibíd., p. 130.
144. Ibíd., p. 126.
145. Ibíd., p. 276.

pueden cosechar el consenso que tanto solicitan: el de la reducción de los súbditos a animales que sienten pero no piensan.

VII. Excurso: Filosofía política de la pandemia

> *«Mis colegas y yo somos responsables de la salud de Walden Dos —prosiguió diciendo mientras avanzábamos lentamente por el pasillo central—, y no podíamos aceptar una responsabilidad tan singular sin disponer de poderes extraordinarios. Nos es permitido poner a la comunidad entera en cuarentena con respecto al mundo exterior, por ejemplo. Y podemos solicitar exámenes médicos personales de los miembros tan a menudo como queramos, y me complace decirles que nadie pone objeciones para someterse a ellos».*[146]
>
> B. F. SKINNER

El principio del contagio hace que la enfermedad sea un objeto *potencialmente político*. La propagación de toda enfermedad deriva de las relaciones que las personas mantienen entre sí; cuando el poder de gobernar esas relaciones establece disposiciones con vistas a gobernar la enfermedad, esta misma se convierte, por ello, en objeto de la acción política.

Michel Foucault ha distinguido dos sistemas de poder a partir de la manera en que gobiernan la enfermedad. Uno, premoderno, que gobernaba la lepra sirviéndose de la exclusión del leproso. El otro, moderno, que gobierna la peste epidémica a través de complejas técnicas de cuarentena y vigilancia. Así, «el exilio del leproso y la detención de la peste no llevan consigo el mismo sueño político»:[147] mientras el primero revela la debilidad constitutiva de un poder que no puede más que expulsar al enfermo del grupo, el segundo evidencia la aparición de nuevas tecnologías de poder capaces de disciplinar al grupo social en su conjunto, individualizando a sus miembros, sometiéndolos a diversas clasificaciones, siguiendo sus comportamientos y estados a través de distintas formas de vigilancia y registro, reconfigurando los hábitos, las rutinas, los movimientos, recortando el espacio y encerrando a cada quien en su lugar.

---

146. Skinner, *Walden Dos*, p. 209.
147. Michel Foucault, *Vigilar y castigar. Nacimiento de la prisión* (Buenos Aires: Siglo XXI, 2004), p. 202.

Foucault basa sus observaciones en un reglamento de fines del siglo XVIII en el que se establecían las medidas a tomar en caso de que se extendiera una peste en una ciudad francesa. Estos son los primeros pasos de la *biopolítica*, entendida como gobierno político tanto sobre los procesos biológicos del cuerpo individual como sobre los efectos biológicos de la masa de cuerpos humanos que constituye una población. La peste en Foucault representa un «sueño político» en la medida en que permite desplegar nuevas formas de poder que, una vez derrotada la enfermedad, pueden normalizarse y pasar a integrar el conjunto de dispositivos con los que convivimos a diario.

La pandemia que hemos sufrido en nuestro siglo XXI debe comprenderse precisamente en esta clave, es decir, como un acontecimiento político que, al mismo tiempo que refleja tecnologías de poder ya existentes, sueña con normalizarlas e integrarlas en su día a día. Que en la tan actual como reciente fase pospandémica la mayor parte de las personas parezcan haber decidido olvidar lo que acaba de ocurrir y lo que los poderes establecidos acaban de hacerles a ellos y a sus familias, casi como si jamás hubiera sucedido, es un espeluznante síntoma de que el sueño de la normalización se ha cumplido.

La normalización del estado de excepción

Lo que normalizamos, principalmente, fue vivir en un permanente estado de excepción. La «nueva normalidad» de la que tanto nos hablaron es paradójica, porque en ella *la norma es lo excepcional*. Así, la norma es mantenerse expectante ante el advenimiento de la próxima catástrofe: puede tratarse de una nueva pandemia, que los globalistas aseguran que pronto llegará, pero también de una guerra nuclear, un ataque terrorista, un desbordamiento migratorio, una guerra civil o, cada vez más, un desastre climático. La paradoja de la excepción convertida en norma supone grandes cuotas de ganancia para el poder. En efecto, las excepciones obligan al poder a salirse de la norma a la que se solía sujetar, dado que la norma siempre *regula lo que normalmente ocurre*, y una excepción configura, por definición, aquello que no ha sido previsto por la norma.

Carl Schmitt tenía esto en cuenta cuando definió el concepto de soberanía: «Soberano es quien decide sobre el estado de excepción».[148] El estado de excepción supone una situación límite que se sale de todo lo que la norma jurídica es capaz de prever. De ahí que el soberano

---

148. Carl Schmitt, *Teología política* (Madrid: Trotta, 2009), p. 13.

deba *decidir*, y de ahí que quien realmente decide en una situación así sea el verdadero soberano. Schmitt caracteriza al estado de excepción, también, como un «estado crítico».[149] Es significativo que, en su origen, *krísis* haya sido un concepto médico. Hipócrates es el primero que lo documenta como el momento en el que el médico decide si el enfermo vivirá o morirá a causa del mal que le aqueja. La *krísis* médica supone el juicio del médico que decide sobre la enfermedad. En política, la crisis, o el estado de excepción, es también un momento en el que el soberano ha de decidir por fuera del marco jurídico establecido y confirmar, con ello, que la soberanía le corresponde.

¿Quién decidió sobre el estado de excepción que configuró la pandemia del COVID-19? ¿Quién ordenó las políticas, quién estableció las cuarentenas, las mascarillas, los «distanciamientos sociales», los pases sanitarios, las declaraciones juradas, los carnés especiales y las vacunas obligatorias que debían reforzarse con más vacunas obligatorias a cada rato? ¿Quién decidió la manera en que la política debía (sobre)reaccionar al virus? Que los globalistas se hayan entusiasmado tanto con este acontecimiento, tal como ya hemos visto que ocurrió, y que hayan reclamado tanto una ciega obediencia para con los organismos globales, son muestras de su desesperación por la soberanía. En el estado de excepción, según Schmitt, hallamos al soberano; en la pandemia, los globalistas quisieron hallarse a sí mismos decidiendo las políticas del globo entero.

En efecto, la pandemia es, por su propia naturaleza, un acontecimiento global. Al revés, la epidemia a la que se refiere Foucault ocurre dentro de una ciudad que forma parte de un Estado nación. La etimología de la voz *epidemia* nos remite al concepto político de «pueblo»: proviene de la expresión griega *epidêmon nosêma*, que significa enfermedad (*nosêma*) sobre (*epi*) el pueblo (*demos*). La pandemia, en cambio, hace énfasis en la totalidad: *pan* significa todo. De ahí que supongamos que la pandemia tiene un alcance mayor que la epidemia. En nuestro contexto, una enfermedad pandémica es aquella que afecta a *todos los pueblos*, es decir, a todo el globo. Por lo tanto, la pandemia es un estado de excepción *global* que, en términos de la ideología globalista, pone de manifiesto la necesidad de un *soberano global* que decida en nombre del todo más amplio que existe. No lo llaman pueblo, sino «Humanidad».

Las nuevas tecnologías de poder funcionaron prácticamente sin oposición durante la pandemia. Con ello, mostraron a las claras su eficiencia. Lograron que permitiéramos, sin ofrecer resistencia, muchas

---

149. Ibíd., p. 14.

cosas. Así, por ejemplo, permitimos que nos encerraran, violentando nuestros derechos individuales; toleramos que restringieran nuestros movimientos y que vigilaran todas nuestras actividades; accedimos a que nos geolocalizaran a través de aplicaciones para teléfonos y computadores; aprendimos a convivir con cámaras inteligentes biométricas y psicométricas; toda la información que se requirió de nosotros, simplemente la ofrendamos; aceptamos dejar de ver a nuestros familiares y amigos, y nos conformamos con hablar con ellos por videollamadas; consentimos en cerrar nuestros negocios, nuestras iglesias, nuestras escuelas y universidades; dejamos morir a otros en la más absoluta soledad; toleramos que impidieran funerales y que prohibieran asistir a nacimientos; toleramos dejar de lado los sacramentos de nuestra fe; admitimos votar a políticos por correo; entregamos nuestro rostro para que lo cubrieran con mascarillas y nuestros brazos para que nos inocularan productos en fases experimentales, bajo la amenaza de aniquilarnos social y económicamente si no lo hacíamos.

El temor, la «vida desnuda» y el poder

La nula resistencia enseñó que el temor sigue siendo, con diferencia, la emoción política más importante para el poder. En este sentido, Hobbes no ha perdido ninguna actualidad. Pero no solo se trata de temor, porque, aunque este puede invadir a la persona, la voluntad de esta puede sobreponerse y emprender la resistencia de todos modos. Al temor se le sumó la primacía de la «vida desnuda», un concepto trabajado por Giorgio Agamben que se refiere a la vida en su estado meramente biológico, desprovista de su dimensión espiritual, social, cultural y política. Así, para la «vida desnuda» solo vale la *supervivencia*, la continuidad de la vida como mero proceso biológico. No debe extrañarnos que, ante el temor del contagio, tantos hayan cedido con tanta facilidad en cuanto a sus derechos, sus relaciones, su fe, su Dios, su trabajo, su familia, su patria: quien vive una «vida desnuda», todo lo entrega a cambio de la «supervivencia».

«La vida desnuda —y el miedo a perderla— no es algo que una a las personas, sino que las ciega y las separa»[150], anota Agamben. Dicho de otra forma, allí donde el único valor en pie es el de la mera supervivencia, no hay sociedad. La reducción de la vida del ser humano a «vida

---

150. Giorgio Agamben, *La epidemia como política* (Buenos Aires: Adriana Hidalgo editora, 2021), pp. 23-24.

desnuda» equivale, en conjunto, a la reducción de la sociedad a guerra civil. Tomando otro camino, volvemos a topar con Hobbes. La pandemia supone una forma de guerra civil, puesto que el virus a combatir es el que lleva en su cuerpo un enfermo, real o imaginario. Por su tamaño, no podemos ver el virus, pero sí a quien lo podría estar portando, que podría por eso llegar a contagiarnos. La guerra contra el virus se transforma en guerra contra potenciales portadores del virus, es decir, contra todos: *guerra de todos contra todos*. La absurda categoría de «contagiados asintomáticos» cumplió precisamente esta función: la de convertir a cada ser humano en un peligro para todos los demás, puesto que siempre se podía estar frente a un contagiado sin que nadie lo supiera.

Sabemos bien que este es el tipo de miedo que fundamenta la constitución de una autoridad política absoluta. Los estados de excepción son terreno fértil para que germinen los absolutismos. Cuando los demás ponen en peligro mi supervivencia, y la mía es una «vida desnuda», clamaré por una autoridad todopoderosa que garantice la continuidad de mi vida, y para ello le daré lo que sea que me solicite a cambio. Hobbes tuvo que imaginar un hombre en estado de naturaleza, desvinculado socialmente, que solo busca realizar sus apetitos y, dado que los demás buscan lo mismo, no se encuentra seguro en ninguna parte. Nosotros no tuvimos que imaginarlo: el hombre de la «vida desnuda», el hombre real que entregó sin dudar su libertad en la pandemia, existe en y entre nosotros, y no es muy distinto del hombre de la guerra de todos contra todos que se subordinó por completo al Leviatán.

Al súbdito pandémico se le explicó entonces que el principio social sobre el que debía constituirse la sociedad de la «nueva normalidad» consistía en no tener relaciones sociales reales en absoluto. Esto recibió el absurdo nombre de «distanciamiento social», una práctica disciplinaria que, como siempre ocurre en estos casos, se presenta con un eufemismo: lo que realmente quería decir era distanciamiento *asocial*, puesto que el objetivo era interrumpir la sociabilidad real. Este mandato se hacía en nombre de la «salud», que, como ha denunciado Agamben, dejó de ser un derecho y se convirtió «en una obligación jurídica que debe cumplirse a cualquier precio».[151] La obligación del súbdito pandémico consiste en no contagiarse; para no contagiarse debe distanciarse de la sociedad; por lo tanto, su obligación es la de distanciarse. Lo mismo ocurre con la vacuna: ya no tiene derecho a ponérsela si quiere, sino que

---

151. Ibíd., p. 38.

está obligado a hacerlo,[152] o bien exponerse a perder sus derechos básicos, como transitar con libertad en su barrio, tomar un autobús, concurrir al trabajo, ir a su iglesia, entrar en un supermercado o visitar a un amigo.

Pero el hombre de la «vida desnuda» no tiene realmente amigos ni familia, no tiene patria ni Dios. Solo así podemos entender que haya aceptado lo que aceptó. El hombre pandémico no cree en nada, con excepción de aquello que le dicen que es «ciencia» y aquello que consume en «medios de comunicación respetables» durante tantas horas al día, fascinado y horrorizado, al mismo tiempo, por el apocalipsis que se avecina a toda marcha. La combinación de ciencia y medios configura su religión: deposita toda su fe en ellos, aunque no entienda ni una palabra de lo que dicen. Lo suyo es, en sentido estricto, un *salto de fe*. La salvación, no de su alma, sino de su salud biológica, depende de que siga todas las instrucciones que los periodistas, los expertos y los científicos le comuniquen, no importa cuán contradictorias sean, no importa cuántas idas y venidas se produzcan. Peor es enfermarse y terminar muriendo. (Mientras escribo estas líneas, el doctor Francis Collins, exdirector de los Institutos Nacionales de Salud de Estados Unidos, jefe del doctor Anthony Fauci durante la pandemia, acaba de admitir que la medida del «distanciamiento social de seis pies» no estaba basada en ninguna evidencia científica, y que la teoría de que el virus se filtró de un laboratorio chino no es una teoría de la conspiración, sino algo perfectamente factible).[153]

En esta fe no hay lugar para los herejes. Los científicos que mantuvieron interpretaciones distintas y produjeron conclusiones alternativas fueron condenados a la hoguera. Uno de tantos casos fue el del doctor Luc Montagnier, el virólogo que obtuvo el Premio Nobel de Medicina por descubrir el VIH, que fue destrozado tras sostener la hipótesis de que el COVID-19 había sido creado en un laboratorio. El mismo destino enfrentaron los periodistas que dudaron demasiado de las bondades de los dispositivos de gobernanza de la pandemia: fueron expulsados de sus trabajos y sus redes fueron bloqueadas. A su vez, los políticos que no

---

152. Emmanuel Macron, presidente de Francia, dijo en su momento que su objetivo consistía en «joder» la vida de quienes no estuvieran vacunados. Véase Silvia Ayuso, «Macron advierte de que tiene ganas de "joder" a los no vacunados: les limitará la actividad social», *El País*, 5 de enero de 2022, https://elpais.com/sociedad/2022-01-04/macron-dice-que-quiere-fastidiar-a-los-no-vacunados .html (consultado el 22 de mayo de 2024).

153. Véase James Lynch, «Exclusive: Former NIH Head Francis Collins Admits Covid Origins Not Settled, No Science to Back Social-Distance Guidance», *National Review*, 16 de mayo de 2024, https://www.nationalreview.com/news/exclusive-former-top-public-health-official-admits-covid -origins-not-settled-no-science-to-back-social-distance-guidance/ (consultado el 23 de mayo de 2024).

adoptaron las medidas que según los globalistas debían tomar fueron sometidos al escarmiento mediático a nivel internacional. La pandemia funcionó como una religión autoritaria apoyada en poderes políticos absolutos y aparatos ideológicos masivos: todos estábamos obligados a creer, repetir y hacer lo mismo.

Pero el virus del COVID-19 no ha hecho todo esto por sí solo. El caldo de cultivo de la pandemia no era virológico, sino sociológico y politológico. A estas alturas, los laboratorios de Wuhan incluso resultan anecdóticos. Ya estábamos apestados antes de haber conocido la existencia del virus que nos llegó de aquellos pagos. Ya estábamos lo suficientemente adoctrinados, lo suficientemente atomizados, lo suficientemente vaciados de todo sentido trascendental como para entregarnos sin vacilar a la gobernanza pandémica, con todo lo que ella implicó. De manera que nos «quedamos en casa» no solamente sin resistir, sino más bien disfrutando de más intoxicación mediática, de más series por televisión, de redes sociales y divertimentos basura. Las distopías de Orwell, Huxley y Bradbury anticiparon, cada una a su manera, lo que vivimos aquellos años: *soma, vigilancia y vaciamiento cultural.*

Agamben escribía en abril del 2020 que estábamos viendo nacer un «nuevo despotismo» que «será peor que los totalitarismos que hemos conocido hasta el presente».[154] Le aterrorizaba constatar que sus compatriotas italianos hubieran aceptado

> ... sólo en nombre de un *riesgo* que no era posible precisar, que se limitara tanto nuestra libertad de movimiento como nunca antes había ocurrido en la historia del país, ni siquiera durante las dos guerras mundiales (ya que durante la guerra el toque de queda se limitaba a ciertas horas).[155]

La afirmación de que se está constituyendo algo «peor» que los totalitarismos del siglo pasado hay que entenderla en términos de las capacidades del poder para controlar a los individuos. Las tecnologías de poder que se han legitimado durante la pandemia son mucho más eficientes que cualquier dispositivo empleado por los peores regímenes del siglo xx. Es así, sobre todo, porque se implementan de manera que no suscitan prácticamente resistencias, y se montan sobre la ilusión de una suerte de *consenso global.* Considérense los niveles de vigilancia,

---

154. Agamben, *La epidemia como política*, p. 55.
155. Ibíd., p. 46.

seguimiento y registro, por ejemplo; o las inoculaciones obligatorias en masa y a velocidades inauditas de productos en fases experimentales, cuyos nocivos efectos secundarios ya empiezan a notarse y a desencadenar juicios contra empresas farmacéuticas; o la creación de una realidad paralela, una realidad digitalizada e *hipervigilada* que nos invita a desarrollar toda nuestra vida dentro de ella como sustituta de la realidad material, aquella en la que el virus y la enfermedad nos acechan. Por cierto, fue bastante frecuente observar cómo los sistemas totalitarios, como el chino, se erigían en ejemplos para las democracias occidentales en lo que al combate del virus concernía, y cómo los sistemas democráticos se esforzaban por seguir los pasos de los totalitarios.

La pandemia del COVID-19 pasó, y los nuestros son ya tiempos pospandémicos. Lo que queda es la normalización de la excepción, que nos acostumbra y prepara para la próxima excepción, y así sucesivamente. Lo que queda, junto con esto, es la experiencia del poder, que ha confirmado su soberanía global, que ha medido la calidad moral y política de sus súbditos, y que ha desplegado sus tecnologías sobre hombres desesperados, sencillamente, por sobrevivir.

ↄ∾

Mientras escribo estas líneas, la OMS está impulsando un «Acuerdo sobre Pandemias» con el objetivo de «prevenir, prepararse para y responder a las pandemias» (art. 2),[156] coordinando a los Estados del globo a través de los esfuerzos de la misma OMS. Los ministros de los 194 Estados miembros de la OMS y los burócratas globales ya están concluyendo las negociaciones en Ginebra. Tedros Adhanom Ghebreyesus, director general de la OMS, acaba de decir en un discurso público que se siente muy «confiado» en que el acuerdo finalmente será firmado. Fuera del auditorio hay un camión con un cartel que dice: «NO al Tratado sobre la Pandemia. DETENGAN el acaparamiento de poder de la ONU».[157]

---

156. OMS, «Revised draft of the negotiating text of the WHO Pandemic Agreement», 13 de marzo de 2024, https://apps.who.int/gb/inb/pdf_files/inb9/A_inb9_3-en.pdf (consultado el 29 de mayo de 2024).

157. Emma Farge y Gabrielle Tétrault-Farber, «WHO chief Tedros "confident" of eventual pandemic treaty deal», Reuters, 27 de mayo de 2024, https://www.reuters.com/world/who-chief-tedros-confident-eventual-pandemic-treaty-deal-2024-05-27/ (consultado el 29 de mayo de 2024).

CAPÍTULO 6

LA AGENDA 2030, DESENMASCARADA

I. Antecedentes: cómo las élites globales diseñaron la Agenda 2030

> *«En el vértice de la pirámide se encuentra el Hermano Mayor, que es infalible y todopoderoso. Se considera que cada éxito, logro, victoria o descubrimiento científico, cualquier conocimiento, sabiduría, felicidad y virtud son atribuibles directamente a su liderazgo e inspiración».*[1]
>
> G. Orwell

El antecedente de los «Objetivos de Desarrollo del Milenio» (ODM)

La «Agenda 2030», también conocida como la agenda de los «Objetivos de Desarrollo Sostenible», se basa en una *resolución* de Naciones Unidas del año 2015 que compromete a todos los Estados del globo con 17 objetivos y 169 metas que deberían ser cumplimentados, a más tardar, para el año 2030. Se trata, en pocas palabras, de *la apuesta más*

---

1. George Orwell, *1984* (Barcelona: Austral, 2022), p. 262.

importante y osada de los globalistas para ganar poder sobre las naciones y los pueblos de cara a planificar y dirigir su futuro.

Los antecedentes de este proyecto hay que buscarlos en los «Objetivos de Desarrollo del Milenio» (ODM), que guiaron el trabajo de Naciones Unidas, con especial referencia a los Estados «en vías de desarrollo», desde el 2000 hasta el 2015. En este caso, los objetivos que se definían para las naciones eran ocho: 1) Erradicar la pobreza extrema y el hambre; 2) Lograr la enseñanza primaria universal; 3) Promover la igualdad de género y el empoderamiento de la mujer; 4) Reducir la mortalidad de niños menores de cinco años; 5) Mejorar la salud materna; 6) Combatir el VIH/SIDA, el paludismo y otras enfermedades; 7) Garantizar la sostenibilidad del medio ambiente; 8) Fomentar una asociación mundial para el desarrollo.[2]

Los objetivos que Naciones Unidas establece para el mundo entero parecen tener un común denominador: en la mayoría de los casos resultarían muy deseables por muchos. *A priori*, prácticamente nadie estaría en contra de un mundo en el que la pobreza se haya erradicado, en el que la mujer logre una situación de mayor bienestar, en el que el medio ambiente sea más limpio o en el que la salud materna muestre mejorías sustanciales. El problema no son los *qué* —muchos de los cuales son, por cierto, bastante indeterminados y abiertos—, sino los *cómo*, que les otorgan consistencia práctica y definen su verdadera índole. Por ejemplo, «acabar con la pobreza» puede significar, en términos del *cómo*, asfixiar a la ciudadanía con los impuestos, adoptar políticas de planificación e intervencionismo económico, perjudicar los derechos de propiedad o incluso coartar las libertades individuales, empobreciendo a la postre a todos. De la misma manera, «promover la igualdad de género» puede significar imponer la *ideología de género*, mientras que «empoderar a la mujer» puede significar adoptar políticas basadas en enfoques del feminismo más rancio, que precisamente es el que caracteriza a ONU Mujeres desde hace décadas. Asimismo, «garantizar la sostenibilidad del medio ambiente» puede significar empobrecer a pueblos enteros, perjudicando sus matrices productivas, sus industrias y el tipo de tecnologías que precisen para desarrollarse. Por último, «mejorar la salud materna» puede ser un simple eufemismo para promover el aborto como forma de control de la natalidad. Más adelante veremos que, en efecto, esto es así.

---

2. Véase CEPAL, «Objetivos de Desarrollo del Milenio», https://www.cepal.org/es/temas/objetivos-de-desarrollo-del-milenio-odm/objetivos-desarrollo-milenio (consultado el 29 de mayo de 2024).

La trampa es evidente. Los objetivos de Naciones Unidas están cuidadosamente redactados de manera que sea casi imposible oponerse a ellos sin exponerse al ostracismo social, mediático y político. Los verdaderos objetivos y las políticas que implican, escondidos tras frases pegadizas, buenismos infantiles y *palabras talismán*, siempre vienen encriptados: dar con su contenido real supone desentrañar resoluciones, conferencias, informes, declaraciones, acuerdos y neolenguajes. Pero el objetivo más importante de todos, el *meta-objetivo* de este tipo de agendas tan pretenciosas como salvíficas, es el de *acostumbrar* a las naciones a que deben ser gobernadas por una serie de disposiciones que no se cocinan en su seno. El *metaobjetivo* es hacer que el régimen de la gobernanza global se perciba como algo *normal*.

Estas agendas, diseñadas incluso para ser *irrealizables*, sirven para fortalecer la autoridad globalista: los buenos de este mundo proponen tan bondadosos objetivos, pero los Estados y las naciones nunca cumplen lo que se espera de ellos y todo se termina estropeando. La conclusión inevitable será que, en el actual contexto histórico, las naciones no pueden gobernarse a sí mismas y que los Estados deben drenar aún más soberanía en favor de las instituciones globalistas. En el ínterin, habremos aprendido a ser gobernados por nuevos soberanos que, a la vez que ganan en reputación por su «filantropía» y consolidan así su legitimidad, no pagan nada por su fracaso en el cumplimiento de tan deseables objetivos, pues ellos no son los encargados de implementarlos y hacerlos realidad sobre el terreno.

En efecto, así ocurrió precisamente con los «Objetivos de Desarrollo del Milenio». Terminaron en un estruendoso fracaso que, sin embargo, no afectó a la imagen de Naciones Unidas, sino a la de los Estados y la ciudadanía nacional que, guiados por su «egoísmo» y su «falta de voluntad» para construir un «mundo mejor», no hicieron lo que debían hacer para lograr tan deseables objetivos. Esto le permitió a Naciones Unidas redoblar la apuesta: hacia el año 2015 diseñó una nueva agenda, a la que llamó agenda de los «Objetivos de Desarrollo Sostenible» (ODS) o «Agenda 2030», indicando con ello que sus disposiciones debían cumplirse a más tardar para el año 2030. Ahora sí, las naciones del mundo tendrían una nueva oportunidad para llevar a cabo todo lo que en el pasado reciente no habían hecho; aunque no solo eso, sino bastante más.

Resulta sintomático que la nueva agenda, lejos de bajar sus pretensiones tras constatar que los objetivos anteriores no habían estado ni siquiera cerca de cumplirse, las incrementó notablemente. Frente a los ocho objetivos de la agenda del milenio, la Agenda 2030 estableció más del doble: 17 objetivos. Además, definió 169 metas distribuidas a través de los objetivos, algo de lo que carecía la agenda anterior. Por otro lado, mientras la anterior agenda no tenía pretensiones de estricta universalidad, la nueva afirma que «no se puede hablar de agenda de desarrollo si no se asume que todos los problemas están interconectados y hay que abordarlos desde todos los países». En otras palabras: urge una gobernanza global. De esta forma, «a diferencia de los ODM, los ODS comprometen por primera vez a todos los países del mundo».[3]

Así pues, la experiencia de los ODM sentó las bases para los ODS. Los órganos de Naciones Unidas tuvieron la oportunidad de aprender y refinar sus técnicas de gobernanza global a partir de aquella primera intentona, y volver a la carga con pretensiones amplificadas. Una de las cosas más importantes que aprendieron los globócratas fue que, mientras exigían objetivos prácticamente irrealizables, debían impostar mejor el grado de consenso e «implicación» de los pueblos. Esto queda claro en la pluma de Joseluis Samaniego, director de la División de Desarrollo Sostenible y Asentamientos Humanos de la CEPAL (la comisión de la ONU en América Latina), cuando escribió en 2016 que el gran problema con los ODM consistió en que «fue una iniciativa percibida "desde arriba"».[4] La flamante Agenda 2030 debía ser presentada, por lo tanto, como una iniciativa construida «desde abajo», aunque no fuera de esa manera en absoluto.

Y así se hizo. La impostura, expresada con claridad en una permanente exageración sobre la «amplitud» de la «participación» y la «inclusión», se puede observar ya desde los documentos preparatorios de la Agenda 2030. Por citar un ejemplo, el «Informe de síntesis del Secretario General sobre la agenda de desarrollo sostenible después de 2015», que lleva también el pomposo título de «El camino hacia la dignidad para 2030: acabar con la pobreza y transformar vidas protegiendo el planeta», describe la epopeya que está teniendo lugar en Naciones Unidas de la siguiente manera:

> En su afán por conformar una agenda mundial de desarrollo sostenible para los años posteriores a 2015, la comunidad internacional ha

---

3. UNICEF, «5 diferencias entre los Objetivos de Desarrollo del Milenio y los Objetivos de Desarrollo Sostenible», https://www.unicef.es/noticia/5-diferencias-entre-los-objetivos-de-desarrollo-del-milenio-y-los-objetivos-de-desarrollo (consultado el 29 de mayo de 2024).
4. Joseluis Samaniego, «De los ODM a los ODS y la Agenda 2030 en la CEPAL», CEPAL, 26 de septiembre de 2016, https://www.cepal.org/sites/default/files/events/files/3._de_los_odm_a_los_ods_y_la_agenda_2030_joseluis_samaniego.pdf (consultado el 29 de mayo de 2024).

puesto en marcha un proceso sin precedentes. Nunca antes se había realizado una consulta tan amplia e inclusiva sobre tantos asuntos de interés mundial.[5]

Resulta llamativo que una «consulta tan amplia e inclusiva» sobre algo tan relevante como los «asuntos de interés mundial» jamás se materializara en consultas populares de ningún tipo: quiénes fueron los «consultados» en este «proceso sin precedentes» sigue siendo un verdadero misterio para los ciudadanos de las naciones, pero poco importa. Lo relevante se confía a lo retórico: ahora sí, y a diferencia de lo que ocurrió con los ODM, Naciones Unidas reclama «representatividad» a través de sus declamaciones de «inclusividad»; ahora sí, se trata de una agenda que va «de abajo arriba», aunque todavía se nos haga imposible encontrar a los de abajo que, supuestamente, le dieron forma.

Así se gestó la Agenda 2030

La verdad, por cierto, es muy distinta de lo que el secretario general ha dicho. La Agenda 2030 empieza a gestarse en el marco de la Conferencia de las Naciones Unidas sobre el Desarrollo Sostenible, también conocida como «Río+20» o «Cumbre de la Tierra», celebrada en el año 2012 en Río de Janeiro. El objetivo principal de esta convocatoria era renovar los compromisos ambientales impulsados por distintas conferencias internacionales de Naciones Unidas, en especial con lo establecido en la «Cumbre de la Tierra» de 1992, y formular nuevas estrategias para cumplir metas climáticas e impulsar la «economía verde». En este contexto, se recuerda que, en 1992, se había establecido el principio de que «los países desarrollados reconocen la responsabilidad que les cabe en la búsqueda internacional del desarrollo sostenible».[6] Además, se invoca el antecedente primigenio de estos esfuerzos, la Conferencia de las Naciones Unidas sobre el Medio Humano, celebrada en Estocolmo en 1972. En esta empezaron a sonar las alarmas medioambientales, conjugadas con el problema del crecimiento poblacional: se proclamó que «el crecimiento

---

5. Asamblea General de las Naciones Unidas, A/69/700, «El camino hacia la dignidad para 2030: acabar con la pobreza y transformar vidas protegiendo el planeta. Informe de síntesis del Secretario General sobre la agenda de desarrollo sostenible después de 2015», 4 de diciembre de 2014, punto 19, https://www.un.org/en/development/desa/publications/files/2015/01/SynthesisReportSPA.pdf (consultado el 29 de mayo de 2024).
6. «Informe de la Conferencia de las Naciones Unidas sobre el Medio Ambiente y el Desarrollo», Resoluciones aprobadas por la Conferencia, https://www.un.org/es/conferences/environment/rio1992 (consultado el 3 de junio de 2024).

natural de la población plantea continuamente problemas relativos a la preservación del medio»,[7] y que este tipo de problemas, al tener «alcance regional o mundial», requerirán no solo de la gobernanza estatal, sino de «la adopción de medidas por las organizaciones internacionales en interés de todos».[8] Por lo tanto, debía tenderse a la «planificación racional» de la economía y la sociedad (es decir, optar por la ingeniería social), y apostar por la reducción de la natalidad y el control biopolítico de las poblaciones:

> En las regiones en que exista el riesgo de que la tasa de crecimiento demográfico o las concentraciones excesivas de población perjudiquen al medio o al desarrollo, [...] deberían aplicarse políticas demográficas que respetasen los derechos humanos fundamentales y contasen con la aprobación de los gobiernos interesados.[9]

Este es el espíritu, en suma, de la conferencia «Río+20» del 2012: el planeta se encuentra al borde de un apocalipsis climático; el hombre lo está provocando, por un lado, por medio de su actividad económica y, por el otro, debido a que se reproduce en demasía;[10] este desafío es global por naturaleza y, por tanto, debe ser abordado desde la «gobernanza global»; conferencias anteriores de Naciones Unidas ya han indicado el camino a seguir, pero las naciones no llevan a la práctica sus compromisos. Esto último es, precisamente, lo que está ocurriendo con los Objetivos del Milenio, que no se están cumpliendo como deberían.[11] En el 2012, a apenas tres años del 2015, no parece que la pobreza vaya a desaparecer del mundo o que la amenaza ambiental vaya a ceder. En este contexto,

---

7. Naciones Unidas, «Informe de la Conferencia de las Naciones Unidas sobre el Medio Humano», 1973, p. 3, https://www.dipublico.org/conferencias/mediohumano/A-CONF.48-14-REV.1.pdf (consultado el 3 de junio de 2024).

8. Ibíd., p. 4.

9. Ibíd., p. 5. La exigencia de «respetar los derechos humanos» significa muy poca cosa cuando, como ya hemos visto, el contenido de lo que llamamos «derechos humanos» cambia a cada rato.

10. La Resolución adoptada tras la conferencia «Río+20» es muy insistente al respecto, enfatizando la necesidad de «proporcionar acceso universal a la salud reproductiva, incluida la planificación de la familia y la salud sexual, y de integrar la salud reproductiva en las estrategias y los programas nacionales»; «lograr un acceso universal a métodos de planificación de la familia modernos»; y reiterando, por si no hubiera quedado claro, la urgencia de proveer «atención de la salud sexual y reproductiva de las mujeres, y a asegurar el acceso universal a métodos modernos, seguros, eficaces, asequibles y aceptables de planificación de la familia» (Asamblea General de las Naciones Unidas, Resolución 66/288, 27 de julio de 2012, pp. 31 y 51, https://www.un.org /es/ga/66/resolutions.shtml [consultado el 3 de junio de 2024]).

11. Véase Naciones Unidas, «El futuro que queremos. El documento final de la Conferencia de las Naciones Unidas sobre el Desarrollo, 2012, p. 33, https://sustainabledevelopment.un.org /content/documents/764Future-We-Want-SPANISH-for-Web.pdf (consultado el 3 de junio de 2024).

la resolución que surge de esta conferencia establece que va siendo hora de definir una nueva agenda, que adopte la terminología del «desarrollo sostenible», cuyos objetivos «deben estar orientados a la acción, ser concisos y fáciles de comunicar, limitados en su número y ambiciosos, tener un carácter global y ser universalmente aplicables a todos los países».[12] Lo que hace falta, en pocas palabras, es una nueva *agenda global*.

Así, la resolución que surge de «Río+20» no define el contenido de la Agenda 2030, sino que compromete a su pronta definición y establece mecanismos para lograrlo. El procedimiento pasará por la conformación y el trabajo conjunto de tres grupos: uno denominado «Grupo de Trabajo Abierto», «que estará compuesto por treinta representantes, designados por los Estados Miembros», y su labor consistirá en definir los objetivos de la nueva agenda; otro, llamado «Comité Intergubernamental de Expertos en Financiación del Desarrollo Sostenible», lo integrarán «treinta expertos» que sentarán «una estrategia efectiva de financiación para el desarrollo sostenible»; por último, un «Foro Político de Alto Nivel» que «realizará el seguimiento de la aplicación de los planes de desarrollo sostenible» y podrá «alentar la participación de alto nivel de los organismos, fondos y programas de todo el sistema de las Naciones Unidas e invitar a participar, según proceda, a otras instituciones multilaterales financieras y de comercio».[13]

Empezamos a ver que la pretendida «inclusión» y «amplitud» de la que se ufanaba el secretario general de la ONU, además de los esfuerzos por presentar la Agenda 2030 como un proceso de abajo hacia arriba, constituyen una verdadera farsa. Su arquitectura es muy clara: dos grupos de treinta personas cada uno, más un foro político que lleva en su nombre la nada horizontal expresión «de alto nivel». Esta conformación no parece constituir nada parecido a una institucionalidad respetuosa de la democracia ni de las exigencias representativas de las naciones, más allá de invocar a las ONG y al poder económico y financiero como actores a tener en consideración. Y la cosa se pone peor todavía cuando se la mira más de cerca.

El Grupo de Trabajo Abierto, por ejemplo, anunció a principios de 2013 que estaría compuesto de «69 países, agrupados en 30 representantes».[14] En otras palabras, una «agenda global» que pretende que el 100 % de los Estados la adopten, tiene en cuenta apenas al 35 %

---

12. Naciones Unidas, Resolución 66/288, p. 53.
13. Ibíd., pp. 18, 53 y 54.
14. «ONU anuncia lista de países para el Grupo de Trabajo sobre los Objetivos de Desarrollo Sostenible», *International Science Council*, 17 de enero de 2023, https://council.science/es/current

de ellos en la configuración del grupo que definirá tan «universales» objetivos. Además, hay más del doble de países que de «representantes» elegidos, lo cual indica que esos representantes, en rigor, no representan a las naciones. Los treinta representantes son elegidos tras rondas de negociación de burócratas de gobiernos nacionales, pero no sobre la base de ningún criterio nacional, porque tal cosa es imposible bajo una arquitectura institucional como esa. Si varias naciones comparten un mismo representante, como ocurre con el Grupo de Trabajo Abierto, es porque ese representante no es un representante nacional, sino otra cosa bien distinta.

Lo que es peor, los mal llamados «representantes» tuvieron que orientarse por las disposiciones de un Equipo de Apoyo Técnico (TST) del Sistema de las Naciones Unidas, «formado por más de 40 entidades de las Naciones Unidas».[15] Es significativo que haya más entidades de Naciones Unidas contribuyendo a la definición de los objetivos globales que «representantes» que no representan a nadie. Como ya hemos visto, esas entidades son apátridas; sus elementos constitutivos conforman una verdadera burocracia global integrada por personas que se llaman a sí mismas «ciudadanos globales». El trabajo de estos organismos, en este caso, consistió en mantener reuniones con los «representantes» y redactar informes para ellos con el fin de imprimir sus propios intereses e ideologías en la definición de la agenda.

Así, por ejemplo, uno de estos informes se titula «Gobernanza global», e indica que se «requieren mejores mecanismos de gobernanza global para abordar los desafíos del desarrollo sostenible».[16] En realidad, lo que solicitan son mayores concesiones de poder en favor de las instituciones globalistas. El diseño que reclaman, por ejemplo, debe contemplar no solo a los Estados, sino también a «los actores no estatales [que] han asumido una importancia creciente, especialmente en relación con el desarrollo sostenible».[17] Esos actores son definidos con la terminología de Schwab, como *stakeholders* («partes interesadas»), en un evidente esfuerzo por *privatizar* los aparatos de gobernanza global. En otras palabras, los objetivos que se definirán e implementarán de acuerdo con la nueva agenda que

/news/un-announces-list-of-countries-for-working-group-on-sustainable-development-goals/ (consultado el 3 de junio de 2024).

15. Naciones Unidas, «Open Working Group on Sustainable Development Goals», https:// sustainabledevelopment.un.org/owg.html (consultado el 3 de junio de 2024).

16. Naciones Unidas, «TST Issue Brief: Global Governance», p. 1, https://sustainabledevelopment .un.org/content/documents/2429TST%20Issues%20Brief_Global%20Governance_FINAL .pdf (consultado el 3 de junio de 2024).

17. Ibíd., p. 4.

ha de configurarse precisarán de una institucionalidad ajustada no a la soberanía de las naciones, sino a la de las burocracias globalistas y sus socios más encumbrados, los «ciudadanos globales».

De la misma forma, otro informe redactado por el Equipo de Apoyo Técnico para el Grupo de Trabajo Abierto se tituló «Igualdad de género y empoderamiento de la mujer», y su propósito fue hacer del *wokismo* la ideología oficial de la agenda que se estaba cocinando. Así, la interseccionalidad se convierte en la metodología del análisis social por antonomasia, en el nuevo dogma incuestionable: se solicita considerar muy especialmente «la intersección de las desigualdades de género con otras desigualdades basadas en clase, raza/etnicidad, discapacidad, edad, ubicación, estado civil, identidad de género y orientación sexual, nivel educativo y estado de salud».[18] Además, se insta a que la nueva agenda procure «lograr el acceso universal a la salud y los derechos sexuales y reproductivos», que es el eufemismo con el que se refieren, sobre todo, al aborto. De ahí que, seguidamente, insistan con la urgencia de implementar en todo el globo los «servicios esenciales de salud sexual y reproductiva acordados en el Programa de Acción de la CIPD», una conferencia de 1994 (en la que luego profundizaremos) en la que Naciones Unidas solicitó a los Estados la legalización de la «interrupción del embarazo» (aborto). Asimismo, el informe remarca también que la agenda que se está confeccionando debe contemplar «que los gobiernos cumplan con sus compromisos de proporcionar educación integral en sexualidad para todos los adolescentes y jóvenes».[19] Este es el eufemismo, a su vez, para no decir adoctrinamiento en ideología de género, y que violenta el derecho humano de los padres de familia a escoger la educación de sus hijos, reconocido en la mismísima Declaración Universal de los Derechos Humanos de la ONU (art. 26, inc. 3).

El estilo imperativo de los informes del Equipo de Apoyo Técnico llama la atención. Más que «orientaciones» o siquiera «recomendaciones», parece que se estuvieran dando órdenes a los exiguos treinta «representantes» del Grupo de Trabajo Abierto. En un informe titulado «Educación y cultura», por ejemplo, se establece que «la agenda de los ODS debe incluir la educación como un tema transversal en todos los objetivos de desarrollo, así como un objetivo educativo explícito». En principio, nadie estaría en contra de impulsar procesos educativos; el problema, desde

---

18. Naciones Unidas, «TST Issues Brief: Gender Equality and Women's Empowerment», p. 4, https://sustainabledevelopment.un.org/content/documents/2396TST%20Issues%20Brief%20GEWE_FINAL.pdf (consultado el 3 de junio de 2024).

19. Ibíd., p. 5.

luego, es a qué se llama «educación» y cuál es el propósito que se tiene entre manos. Aquí es donde las personas habitualmente diferimos. En el caso de los redactores del informe, expresan con toda claridad que la educación resulta fundamental para la nueva agenda en virtud de que abre una oportunidad sin igual para la *ingeniería social*, implementada sobre los individuos desde su más tierna infancia. Dicha educación debe «moldear actitudes y comportamientos que promuevan la inclusión social y la cohesión, y la sostenibilidad ambiental». Estas palabras *talismán*, meramente propagandísticas y vacías de contenido real, se acompañan de «competencias» que los niños han de recibir, como es la de aprender a «vivir juntos en un mundo multicultural»[20] (lo que realmente quiere decir disolver la identidad cultural y nacional propia),[21] la de promover la «igualdad de género» (lo que quiere decir implementar universalmente un paradigma sesgado como lo es el de la ideología de género) y «salud sexual y reproductiva» (otra vez, el eufemismo que utilizan para encubrir sus obsesiones de control demográfico).[22]

Es tal la obsesión que tienen los globalistas con la reproducción y la natalidad de las naciones que, en el informe «Salud y desarrollo sostenible», el Equipo de Apoyo Técnico vuelve por enésima vez a la misma cuestión: «La salud y los derechos sexuales y reproductivos deben ser abordados, y los jóvenes requieren atención especial, incluyendo educación integral en sexualidad».[23] Además, comparada con la de los Objetivos de Desarrollo del Milenio, «la nueva agenda debe ser aún más ambiciosa», y debe incluir metas como las de «proporcionar acceso universal a los servicios de salud sexual y reproductiva, incluyendo la planificación familiar; proteger los derechos reproductivos de las mujeres y los adolescentes».[24] En otro subcapítulo veremos qué quieren decir con esta omnipresente jerga.

Los informes producidos por el Equipo de Apoyo Técnico son numerosos, y no hay espacio para mencionarlos todos. Basten los consignados como muestra. Cuando se den a conocer finalmente los 17 objetivos de

---

20. Naciones Unidas, «TST Issues Brief: EDUCATION and CULTURE», p. 4, https://sustainabledevelopment.un.org/content/documents/18290406tstisuesedcult.pdf (consultado el 3 de junio de 2024).

21. Esto no es una mera especulación. La Agenda 2030, en su objetivo relativo a la educación (objetivo 4), definirá como meta educar a todos los niños en algo llamado «ciudadanía mundial» (meta 7).

22. Ibíd.

23. Naciones Unidas, «TST issues brief: HEALTH AND SUSTAINABLE DEVELOPMENT», p. 6, https://sustainabledevelopment.un.org/content/documents/18300406tstissueshealth.pdf (consultado el 3 de junio de 2024).

24. Ibíd.

la Agenda 2030, y sus 169 metas, será claro para todo aquel que haya investigado dichos informes el nivel de influencia que el Equipo de Apoyo Técnico tuvo sobre el Grupo de Trabajo Abierto. La misma terminología, los mismos intereses, las mismas preocupaciones, incluso la misma forma de redacción: la influencia de los burócratas y «expertos» de Naciones Unidas sobre la Agenda 2030 es difícil de exagerar. Ellos son los verdaderos artífices de la agenda, escondidos tras las figuras del Grupo de Trabajo Abierto.

Por su parte, el otro grupo creado en el 2012 para configurar la Agenda 2030, el Comité Intergubernamental de Expertos en Financiación del Desarrollo Sostenible, produjo un informe en el que estableció la necesidad de financiar los esfuerzos a través tanto de fuentes públicas como privadas, tanto nacionales como internacionales. De esta forma, la Agenda 2030

> requiere una alianza mundial en la que participen de forma significativa y activa los países en desarrollo y los desarrollados, las instituciones multilaterales y bilaterales de desarrollo y financieras, los parlamentos, las autoridades locales, las entidades del sector privado, las fundaciones filantrópicas, las organizaciones de la sociedad civil y otras partes interesadas [*stakeholders*].[25]

Por último, el Foro Político de Alto Nivel se compuso con apenas 27 miembros que se encargarían de la integración, aplicación y examen de la Agenda 2030 después de que fuera aprobada en la Asamblea General de la ONU. El Foro fue constituido en julio del 2012, pero la agenda fue aprobada en el 2015, lo que revela el nivel de certeza que, respecto de su aprobación, tenían desde el inicio los globalistas de Naciones Unidas. Como dijo el secretario general de Naciones Unidas en el 2015, «el Foro Político de Alto Nivel sobre el Desarrollo Sostenible será donde la comunidad internacional tenga una visión de conjunto».[26] Es llamativo que apenas 27 personas constituyan una «visión de conjunto» de una comunidad internacional compuesta por cerca de 8.000 millones de seres humanos. De nuevo, es evidente que todo eso de la «inclusión» y la «amplitud» no es más que retórica.

---

25. Naciones Unidas, «Informe del Comité Intergubernamental de Expertos en Financiación para el Desarrollo Sostenible», 2015, p. 52, https://www.un.org/esa/ffd/wp-content/uploads/2015/03/ICESDF_sp.pdf (consultado el 3 de junio de 2024).
26. Naciones Unidas, documento A/70/283, «Ejecución del Programa 21 y del Plan para su Ulterior Ejecución, y aplicación de los resultados de la Cumbre Mundial sobre el Desarrollo Sostenible y la Conferencia de las Naciones Unidas sobre el Desarrollo Sostenible», 6 de agosto de 2015, p. 7.

A principios del 2015, Naciones Unidas publicó el ya mencionado informe del secretario general titulado «El camino hacia la dignidad para 2030: acabar con la pobreza y transformar vidas protegiendo el planeta», en el que se sintetizaron los esfuerzos emprendidos desde el 2012 para concretar la nueva agenda y se presentaron públicamente los resultados. La introducción no tiene desperdicio:

> Los astros se han alineado para que el mundo tome medidas históricas encaminadas a transformar vidas y proteger el planeta. Insto a los gobiernos y los pueblos de todo el mundo a que cumplan sus responsabilidades políticas y morales. Este es mi llamamiento a la dignidad, y debemos responder con toda nuestra visión y fortaleza.[27]

Invocar a «los astros» es poca cosa al lado de confundir a un total de 87 personas (30 del Grupo de Trabajo Abierto, 30 del Comité Intergubernamental y 27 del Foro) y 40 organismos de Naciones Unidas con «el mundo». Tampoco deja de llamar la atención que un individuo se atribuya el derecho de «instar» a «los gobiernos y los pueblos de todo el mundo» a hacer tal o cual cosa: si quisiéramos caricaturizar al globalismo, no lo podríamos haber hecho mejor que el propio secretario general de la ONU.

A lo largo de este informe, en el que se anuncia por fin el inminente advenimiento de la Agenda 2030, se insiste en que, dada la naturaleza global de los problemas supuestamente más importantes y más urgentes, debemos hacernos a la idea de que el mundo *debe ser* gobernado por élites globales: «En un mundo interconectado de manera irreversible, los problemas que aquejan a cualquier persona se convierten en problemas de todos nosotros»,[28] es decir, de los globócratas mismos. La era de las naciones está clausurada: «Sabemos que en la actualidad nuestro mundo alberga la primera sociedad civil verdaderamente globalizada»[29], de lo que se sigue la necesidad de tener un régimen político global ajustado a esa realidad. De eso trata la Agenda 2030, y por eso sus objetivos son universales: con excepción de un grupo extremadamente minúsculo de burócratas globalistas, nadie los ha diseñado, pero todos, sin excepción alguna, debemos convalidarlos y ponerlos en marcha.

---

27. Asamblea General de las Naciones Unidas, A/69/700, «El camino hacia la dignidad para 2030: acabar con la pobreza y transformar vidas protegiendo el planeta», punto 25.
28. Ibíd., p. 6.
29. Ibíd., p. 9.

Es interesante notar que, en todo momento, el informe en cuestión dice que «todas las voces», «todas las personas», «todos los participantes», «todas las partes», «todo el mundo» han elegido esto o aquello, se han inclinado por tal alternativa o por tal otra. Por ejemplo: «Todas las partes quieren que se adopten medidas para hacer frente al cambio climático»; «todos los participantes piden una transformación verdadera de nuestras economías»;[30] «todas las voces han exigido que no dejemos a nadie atrás» y, por ello habría que adoptar el *wokismo* como ideología oficial;[31] «todas las aportaciones han puesto de relieve la necesidad de integrar las dimensiones económica, social y ambiental» y, para lograrlo, todos han solicitado que «se establezca una nueva asociación mundial para el desarrollo sostenible».[32] Al parecer, no ha existido ni siquiera una sola voz crítica o disonante. Lo que a las naciones, como entidades individuales, les lleva tantas fricciones, tantos intereses contrapuestos, tantas divisiones y debates, a Naciones Unidas le supone un simple procedimiento en el que se alcanza fácilmente la unanimidad. Con un agravante: las naciones definen agendas para sí mismas, mientras que Naciones Unidas define agendas para otros. De esta manera, la realidad es que no se consultó a *nadie* para configurar esta agenda global, pero se nos invoca a *todos* sin cesar, y aparecemos de repente ofreciendo a cada instante no solo nuestro visto bueno, sino nuestra *unanimidad* en favor de la globocracia.

El nivel de prepotencia, por más que se lo adorne con palabras *talismán* y todo se imponga en pos de la «inclusión», es indisimulable. En nombre de los venideros «Objetivos de Desarrollo Sostenible», el secretario general de la ONU se dispone incluso a dirigir las economías de las naciones, como si no hubiera diferencias entre ellas, y como si todas estuvieran subordinadas a su voluntad: «Las políticas fiscales y macroeconómicas deben incluir soluciones basadas en bajas emisiones de carbono»; «la fijación de los precios del carbono [...] debe constituir una consideración clave»; «los subsidios a los combustibles fósiles [...] deben ser eliminados gradualmente»; «se deben eliminar también los subsidios a las exportaciones agrícolas»; «reunir recursos adicionales destinados a financiar el desarrollo sostenible», a través de «distintos mecanismos tributarios (por ejemplo, impuestos sobre transacciones financieras, las emisiones de carbono o los pasajes aéreos) y no tributarios

---

30. Ibíd., p. 14.
31. Ibíd., véase especialmente el punto 51.
32. Ibíd., p. 15.

(por ejemplo, derechos de emisión)»; «exigir a las empresas que se comprometan a presentar obligatoriamente informes sobre las dimensiones económica, ambiental, social y de gobernanza», es decir, los criterios ESG.[33] El lenguaje es claro: no se trata de meras «recomendaciones», sino de mandatos. Así, los ciudadanos de las naciones hemos quedado sujetos a las disposiciones de una persona que habla en nombre de «la Humanidad» y pretende gobernar en virtud de una representación que nadie le ha conferido.

En su informe, el secretario general también postula la nueva agenda como un dispositivo de ingeniería social de dimensiones casi revolucionarias: «Nuestro objetivo es la transformación. Debemos transformar nuestras economías, el medio ambiente y nuestras sociedades. Debemos cambiar nuestra forma de pensar, nuestra conducta y nuestros hábitos».[34] Es probable que muchas personas estén a gusto con su propia forma de pensar, y no les agrade demasiado la idea de cambiarla en virtud de las arrogantes disposiciones de Naciones Unidas. También es posible que muchas personas deseen conservar sus hábitos, sus creencias, sus comportamientos y modos de vida que caracterizan a su cultura, y que no les resulte demasiado agradable saber que un pequeñísimo grupo de personas a las que ni siquiera conocen habla en su nombre cuando les exigen «transformarse». Comoquiera que sea, el secretario general ya ha hablado en nombre de «todos», y «todos» hablamos, por lo tanto, a través suyo.

Ahora bien, que semejante proyecto de ingeniería social triunfe dependerá del grado en que los Estados nacionales acepten subordinarse a la agenda globalista: «Si los Estados Miembros movilizan el mundo en torno de la adopción de medidas para el desarrollo sostenible en los planos nacional e internacional, las Naciones Unidas habrán demostrado su valor como principal entidad universal».[35] Lo que habrá mostrado, en realidad, es la consolidación de un nuevo régimen político en el que los Estados carecen de soberanía, y no son mucho más que aparatos coactivos que intermedian y ejecutan la voluntad de una hiperélite que se llama a sí misma «global». Lo que habrá quedado demostrado, asimismo, es que las naciones y la voluntad de los ciudadanos no significan absolutamente nada frente al poder de un puñado de personas que se hacen llamar «ciudadanos globales» y que hablan, al buen estilo totalitario, en nombre de «todos».

---

33. Ibíd., pp. 28-29.
34. Ibíd., p. 39.
35. Ibíd., p. 40.

El futuro ha sido anunciado, y cada «parte interesada» (*stakeholder*) tendrá que hacer lo que le corresponda. Pero para que la Agenda 2030 termine de constituirse, serán necesarias todavía «tres reuniones internacionales de alto nivel previstas para 2015».[36] La primera de ellas fue la Conferencia Internacional sobre la Financiación para el Desarrollo, que se celebró en julio en Adís Abeba. Aquí se trataron asuntos vinculados al financiamiento de los objetivos de la nueva agenda, cuestiones de infraestructura, cambio climático y hasta (como siempre) promoción de la ideología de género. Una idea que se reforzó fue la de que «para lograr el desarrollo sostenible y alcanzar los objetivos de desarrollo sostenible, será fundamental disponer de muchos más recursos nacionales públicos, complementados por asistencia internacional».[37] Así, los súbditos globales habremos de pagar la agenda de los «ciudadanos globales». La otra reunión clave fue la Conferencia de las Partes de la Convención Marco de las Naciones Unidas sobre el Cambio Climático, celebrada en París en diciembre del 2015. De aquí surge el conocido «Acuerdo de París», que tiene el propósito de «reforzar la respuesta mundial a la amenaza del cambio climático, en el contexto del desarrollo sostenible y de los esfuerzos por erradicar la pobreza».[38] En este contexto, los Estados se comprometieron a tomar medidas para mantener la temperatura media mundial en un determinado rango.

Por último, la tercera y más importante cumbre internacional que pariría la Agenda 2030 tuvo lugar en la Sede de las Naciones Unidas en Nueva York en septiembre de 2015. Llevó el nombre de «Cumbre de las Naciones Unidas sobre el Desarrollo Sostenible», duró tres días y concurrieron 150 «líderes mundiales».[39] En este contexto, y aprovechando el septuagésimo aniversario de Naciones Unidas, se aprobó la Agenda 2030: un plan de acción política, social, sanitaria, climática, económica, educativa y cultural para todos los países del globo, vigente por los próximos quince años.

---

36. Ibíd., p. 7.
37. Asamblea General de las Naciones Unidas, Resolución A/RES/69/313, «"Agenda de Acción de Addis Abeba de la Tercera Conferencia Internacional sobre la Financiación para el Desarrollo (Agenda de Acción de Addis Abeba)», 27 de agosto de 2015, p. 9, https://unctad.org/system/files/official-document/ares69d313_es.pdf (consultado el 4 de junio de 2024).
38. Naciones Unidas, Acuerdo de París, 2015, art. 2, https://unfccc.int/sites/default/files/spanish_paris_agreement.pdf (consultado el 4 de junio de 2024).
39. Véase Naciones Unidas, Cumbre de las Naciones Unidas sobre el Desarrollo Sostenible, 25 a 27 de septiembre de 2015, Nueva York, https://www.un.org/es/conferences/environment/newyork2015 (consultado el 4 de junio de 2024).

II. Resolución 70/1: nace la Agenda 2030

«Aquellos que creen firmemente en la conquista del mundo
son los que saben que es imposible».[40]

G. ORWELL

«—Se trata de una forma limitada de despotismo —prosiguió
Frazier—. Y no creo que nadie deba asustarse por ello. El
déspota debe esgrimir su poder para bien de los demás».[41]

B. F. SKINNER

En septiembre del 2015, Naciones Unidas aprobó e impuso la Agenda 2030 a través de la Resolución 70/1. No existió ninguna votación, sino apenas una serie de «negociaciones» entre actores globalistas y funcionarios internacionales de los gobiernos nacionales. Es imposible conocer absolutamente nada de esas negociaciones, puesto que —tal como'ocurre con todas las rondas de negociaciones en la ONU— fueron realizadas a puerta cerrada: el principio republicano de publicidad de los actos gubernamentales no existe para los globalistas. No obstante, si hemos de confiar en el texto mismo de la resolución, deberíamos creer que se trató de «un proceso inclusivo de negociaciones» en el que «hemos acordado los Objetivos y las metas»[42] de la Agenda 2030. Como ya tendríamos que saber a estas alturas, en la jerga del neolenguaje del siglo XXI, la palabra «inclusión» sirve para bendecir lo que venga en gana.

En realidad, el acuerdo estaba consumado desde hacía tiempo. En septiembre del 2015 simplemente se comunicó de manera pública, aprovechando la celebración de los setenta años de existencia de Naciones Unidas. Eso facilitaba la legitimadora presencia de una importante cantidad de jefes de Estado y de Gobierno. Aunque ningún pueblo fue consultado al respecto, y en ningún lugar se organizó ni un solo refrendo popular abierto, la resolución afirma que la adopción universal de la Agenda 2030 se ha realizado «en nombre de los pueblos a los que servimos».[43] Sin embargo, es muy difícil, por no decir imposible, servir a

---

40. Orwell, *1984*, p. 272.
41. Burrhus Frederic Skinner, *Walden Dos* (Barcelona: Ediciones Orbis, 1986), p. 294.
42. Asamblea General de las Naciones Unidas, Resolución 70/1, 25 de septiembre de 2015, punto 54.
43. Ibíd., punto 2.

un sujeto del que no se reciben instrucciones ni se tiene el más mínimo interés de recibirlas.

Así, la resolución se esfuerza en tratar de convencer sobre la «amplitud» y la «inclusión» de las voces que participaron en la configuración de la agenda. Procuran engañar a los lectores, haciéndoles creer que el proceso ha ido de abajo hacia arriba. Para cualquiera que haya estudiado la manera en que realmente se trabajó la agenda, leer la resolución genera náuseas. Por ejemplo, aseguran que los 17 objetivos y las 169 metas son «el resultado de más de dos años de un intenso proceso de consultas públicas y de interacción con la sociedad civil y otras partes interesadas en todo el mundo».[44] Es significativo que en ningún lugar digan a qué sociedad civil en concreto se refieren, cuáles son las «partes interesadas» y en qué consistieron dichas consultas e interacciones. Y no lo dicen sencillamente porque es imposible diseñar, implementar y procesar instrumentos con metodología válida para obtener información planetaria mínimamente representativa, para una enorme cantidad de temas como los que integra la Agenda 2030, en tan poco tiempo. En otras palabras, están mintiendo.

Esta falta de legitimidad democrática se sublima con pretensiones mesiánicas, miedos apocalípticos y promesas irrealizables. Dicho de otra forma, que ningún pueblo haya sido realmente consultado, que nadie haya votado absolutamente nada, es un detalle de poca o nula importancia al lado de lo que la Agenda 2030 generará en el globo. Un mundo sin pobres, sin guerras, sin violencia, sin pandemias, sin desigualdades, sin analfabetos, sin desastres climáticos: al lado de esta imagen idílica que contrasta con el apocalipsis venidero, ¿qué importancia tiene que los pueblos expresen su voluntad? Y si bien la resolución no es jurídicamente vinculante para los Estados, solo un canalla se atrevería a incumplirla. Esta lógica política recuerda, tristemente, a los proyectos totalitarios del siglo XX, tanto el marxista-leninista como el nacionalsocialista, cuyo desprecio por el «parlamentarismo demoliberal» descansaba en la suposición de que las élites del partido debían gozar de poderes ilimitados e inconsultos para alcanzar la tierra prometida: el siempre invocado «mundo mejor».

En eso se basa el tipo de discurso mesiánico con el que se constituye la Agenda 2030. O el apocalipsis o el paraíso: una manera muy curiosa de presentar alternativas que no son tales, puesto que el apocalipsis no es una opción real para nadie. Así, por ejemplo, dice la resolución:

---

44. Ibíd., punto 6.

Estamos resueltos a poner fin a la pobreza y el hambre en todo el mundo de aquí a 2030, a combatir las desigualdades dentro de los países y entre ellos, a construir sociedades pacíficas, justas e inclusivas, a proteger los derechos humanos y promover la igualdad entre los géneros y el empoderamiento de las mujeres y las niñas, y a garantizar una protección duradera del planeta y sus recursos naturales. Estamos resueltos también a crear las condiciones necesarias para un crecimiento económico sostenible, inclusivo y sostenido, una prosperidad compartida y el trabajo decente para todos, teniendo en cuenta los diferentes niveles nacionales de desarrollo y capacidad.[45]

Las élites, verdaderas vanguardias salvíficas, ya están «resueltas» a lograr tan maravillosas cosas para «los pueblos a los que servimos». Por lo tanto, estos no deben resolver nada, sino simplemente agradecer la bondad de sus gobernantes. De ahí que, además, la resolución subraye en todo momento el carácter fundacional, e incluso revolucionario, de la Agenda 2030: un nuevo régimen se ha puesto en marcha, y solo queda adecuarse a él. Su efecto se describe como una «transformación»[46] radical en áreas tan variadas y disímiles como economía, finanzas, política, tecnología, educación, salud, medio ambiente, cultura, sociedad, urbanismo, inmigración, «género», justicia… todas estas áreas, y muchas otras más, deben ser impactadas por la reconfiguración universal que supone la Agenda 2030. El tono de las expresiones, mezcla de mesianismo y apocalipsis, sirve a esta *retórica de la inevitabilidad*: «Tal vez seamos la primera generación que consiga poner fin a la pobreza, y quizás seamos también la última que todavía tenga posibilidades de salvar el planeta. Si logramos nuestros objetivos, el mundo será un lugar mejor en 2030».[47] De nuevo hay que elegir: el apocalipsis o el paraíso, lo cual equivale a no elegir en absoluto.

Hace setenta años, la Carta de Naciones Unidas dio vida a la organización global. Hoy, la Agenda 2030 funda una nueva era, un nuevo comienzo (un «reinicio», en la jerga de Schwab). Por eso, la resolución indica que debe ser concebida como una «nueva carta», constitutiva de un nuevo régimen global: «La Carta de las Naciones Unidas comienza con la célebre frase "Nosotros los pueblos". Hoy día somos "nosotros los pueblos" quienes emprendemos el camino hacia 2030». De la misma forma que los líderes totalitarios del siglo xx, que despreciaban los órganos

---

45. Ibíd., punto 3.
46. Ibíd., Preámbulo.
47. Ibíd., punto 50.

representativos pero se arrogaban la *representación ideológica* del pueblo, la resolución agrega: «Es una Agenda del pueblo, por el pueblo y para el pueblo, y precisamente por ello creemos que tiene el éxito garantizado».[48]

La resolución reconoce en los Objetivos de Desarrollo del Milenio su antecedente fallido: la Agenda 2030 «aspira a completar lo que estos no lograron». Sin embargo, «el marco que hoy anunciamos tiene un alcance que va mucho más allá de los Objetivos de Desarrollo del Milenio». Ahora «se establece además una amplia gama de objetivos económicos, sociales y ambientales» y «se prometen sociedades más pacíficas e inclusivas y, lo que es más importante, se definen los medios de implementación».[49] Así, el fracaso de los ODM sirve para redoblar la apuesta; en lugar de trabajar sobre la base de objetivos realistas y conseguibles, Naciones Unidas los multiplica, los exagera y compromete a las sociedades a fracasar una vez más.

Los 17 objetivos

Los objetivos, que antes eran 8, ahora son 17 y se han definido 169 metas. La manera en que han sido redactados configura un mundo ideal. Como carta a Santa Claus estarían muy bien, pero como objetivos de políticas públicas resultan ilusorios y hasta irresponsables. Si al menos constituyeran una suerte de horizonte ideal, una utopía explícitamente reconocida como tal, una imagen idílica en la que inspirarse…, pero nada de eso: son objetivos y metas que hay que implementar, que hay que cuantificar, que hay que examinar, que hay que reportar y, sobre todo, que hay que cumplir a pie juntillas en apenas quince años. Así pues, estos son los objetivos de la Agenda 2030:

- Objetivo 1. Poner fin a la pobreza en todas sus formas y en todo el mundo.
- Objetivo 2. Poner fin al hambre, lograr la seguridad alimentaria y la mejora de la nutrición y promover la agricultura sostenible.
- Objetivo 3. Garantizar una vida sana y promover el bienestar de todos a todas las edades.
- Objetivo 4. Garantizar una educación inclusiva y equitativa de calidad y promover oportunidades de aprendizaje permanente para todos.

---

48. Ibíd., punto 52.
49. Ibíd., punto 17.

- Objetivo 5. Lograr la igualdad de género y empoderar a todas las mujeres y las niñas.
- Objetivo 6. Garantizar la disponibilidad y la gestión sostenible del agua y el saneamiento para todos.
- Objetivo 7. Garantizar el acceso a una energía asequible, fiable, sostenible y moderna para todos.
- Objetivo 8. Promover el crecimiento económico sostenido, inclusivo y sostenible, el empleo pleno y productivo y el trabajo decente para todos.
- Objetivo 9. Construir infraestructuras resilientes, promover la industrialización inclusiva y sostenible y fomentar la innovación.
- Objetivo 10. Reducir la desigualdad en los países y entre ellos.
- Objetivo 11. Lograr que las ciudades y los asentamientos humanos sean inclusivos, seguros, resilientes y sostenibles.
- Objetivo 12. Garantizar modalidades de consumo y producción sostenibles.
- Objetivo 13. Adoptar medidas urgentes para combatir el cambio climático y sus efectos.
- Objetivo 14. Conservar y utilizar sosteniblemente los océanos, los mares y los recursos marinos para el desarrollo sostenible.
- Objetivo 15. Proteger, restablecer y promover el uso sostenible de los ecosistemas terrestres, gestionar sosteniblemente los bosques, luchar contra la desertificación, detener e invertir la degradación de las tierras y detener la pérdida de biodiversidad.
- Objetivo 16. Promover sociedades pacíficas e inclusivas para el desarrollo sostenible, facilitar el acceso a la justicia para todos y construir a todos los niveles instituciones eficaces e inclusivas que rindan cuentas.
- Objetivo 17. Fortalecer los medios de implementación y revitalizar la Alianza Mundial para el Desarrollo Sostenible.[50]

En el momento en que escribo estas líneas, faltan apenas cinco años y medio para que el plazo fijado en la resolución se cumpla. No parece que para el año 2030 vaya a acabarse con la pobreza en el mundo; que no vaya a haber nadie pasando hambre; que todos vayan a gozar de una vida sana y de bienestar; que todas las naciones vayan a tener pleno empleo; que las desigualdades vayan a extinguirse; que la inseguridad vaya a desaparecer, etcétera. La Agenda 2030 *está diseñada para fracasar,*

---

50. Ibíd., p. 16.

como los OMD. Y el fracaso será de las naciones, no de la ONU ni de sus burócratas, de quienes ni siquiera conocemos sus rostros. La ONU siempre puede decir que sus objetivos eran nobles, pero que las naciones no hicieron lo necesario para construir el «mundo mejor» que las élites globales habían diseñado para ellas. En consecuencia, el proceso se reinicia nuevamente, pero exigiendo cada vez más cuotas de poder, absorbiendo más ámbitos de la vida social e individual, sustrayendo más soberanía de los Estados en virtud de lógicas que mezclan mesianismo y apocalipsis, paraísos e infiernos. Este es el proceder del juego globalista; así se constituyen los regímenes de poder global. Hay que estar preparados para ver, en muy pocos años, el surgimiento de una nueva agenda en la que se exigirá más burocracia global, más recursos, más atribuciones, más normas, más poder.

Si se mira de cerca, incluso se notará que gran parte de la Agenda 2030 no tiene ni un ápice de novedad, sino que se trata de la reformulación de viejas promesas que jamás se cumplieron, pero que se vuelven a esgrimir cada cierto tiempo. El sociólogo Carlos Gómez Gil ha proporcionado algunos ejemplos:

> Así, podemos encontrar la Meta 17.2 para destinar entre el 0,15-0,20% de la Ayuda Oficial al Desarrollo (AOD) a los Países Menos Adelantados (PMA), acordada en 2001; también en la Meta 17.2 está la vieja promesa de dedicar el 0,7% del PIB para AOD en los países empobrecidos, fijada en 1970; la Meta 16.8 de reforma del FMI, acordada en el seno del G-20 en 2010 para dar más voz a los países emergentes; la Meta 13.a para movilizar 100.000 millones de dólares destinados a frenar el cambio climático acordado en la Cumbre del Clima de Copenhague de 2009; la Meta 4.1 para alcanzar la escolarización universal, fijada por las Naciones Unidas en 1990 para que fuera alcanzada en el año 2000, luego nuevamente recuperada en los ODM para alcanzarse en 2015 y ahora recogida una vez más en los ODS para cumplirse en 2030; o la Meta 6.1 para lograr el acceso universal al agua, establecida en 1977 para cumplirse en 1990, luego aplazada para 2015 y ahora fijada nuevamente para el año 2030, entre otras.[51]

---

51. Carlos Gómez Gil, «ODS: una revisión crítica», *Papeles de Relaciones Ecosociales y Cambio Global*, núm. 140, octubre de 2019, https://www.fuhem.es/2019/10/24/objetivos-de-desarrollo-sostenible-ods-una-revision-critica/ (consultado el 6 de junio de 2024).

Cada iteración supone una ampliación del poder de los globalistas por encima de las soberanías nacionales. Los compromisos internacionales se firman una y otra vez, se remiten unos a otros, generan burócratas, organismos, presupuestos, y todo tipo de instituciones asociadas. Todo esto cuesta, además, mucho dinero. La revista *The Economist* calculó que la Agenda 2030 requeriría, para tener algún éxito, tres billones de dólares anuales durante quince años.[52] Hace poco, el secretario general de la ONU calculó que lo que se necesita son entre cinco y siete billones de dólares para conseguir los objetivos.[53] Los recursos salen de las grandes corporaciones privadas, del sector financiero y de los Estados, es decir, de los ciudadanos que pagan sus impuestos.

En lo que a los Estados respecta, por cierto, la resolución que establece la Agenda 2030 los coloca en una condición de *proxy*; es decir, los concibe como un actor más, subordinado a una planificación y a unas disposiciones que no son realmente las suyas, pero que debe ejecutar:

> En nuestro viaje nos acompañarán los gobiernos, así como los parlamentos, el sistema de las Naciones Unidas y otras instituciones internacionales, las autoridades locales, los pueblos indígenas, la sociedad civil, las empresas y el sector privado, la comunidad científica y académica y toda la población.[54]

Nótese que, en este «viaje», quienes de manera explícita pilotan la nave no son los Estados nacionales ni sus ciudadanos en calidad de titulares de la soberanía, sino los globalistas que han definido una agenda de alcance universal en nombre de «los pueblos». Los gobiernos «acompañarán», junto a toda la maquinaria institucional de Naciones Unidas, pero también junto al sector privado, las empresas, el sector académico y, en suma, «toda la población». Aquí es necesario precisar algunas cuestiones importantes. Que «toda la población» vaya a «acompañar» es una mera *expresión demagógica*, ya que, para empezar, a ninguna población se le consultó si deseaba o no convalidar algo llamado Agenda 2030. Más aún: hoy, habiendo pasado ya dos tercios del plazo fijado para el cumplimiento de los objetivos, las inmensas mayorías nacionales ni siquiera están enteradas de que existe algo llamado Agenda

---

52. «The 169 Commandments», *The Economist*, 26 de marzo de 2015, https://www.economist.com/leaders/2015/03/26/the-169-commandments (consultado el 6 de junio de 2024).

53. Véase Pedro Baños, *La encrucijada mundial* (Barcelona: Ariel, 2023), p. 511.

54. Asamblea General de las Naciones Unidas, Resolución 70/1, 25 de septiembre de 2015, punto 52.

2030. Por otro lado, cuando hablan de «la sociedad civil», a lo que están aludiendo es, en realidad, a las ONG: dentro de la ONU, son términos intercambiables. Como ya hemos visto, la gravitación que tienen las ONG dentro del sistema de Naciones Unidas es la gravitación que a través de ellas ganan sus inversores. Por otra parte, cuando incluyen en el listado a «las empresas» y al «sector privado», hay que entender que se están refiriendo a las multinacionales cuyo poder económico les confiere poder político, de manera directa y hasta formalizada, en las instituciones de la gobernanza global. Así, la referencia vale, por ejemplo, para los «ciudadanos globales» del Foro Económico Mundial, contubernio atrincherado en Naciones Unidas y activo entusiasta de la Agenda 2030, como ya hemos visto. Por último, el «acompañamiento» que se demanda de los gobiernos y los parlamentos es el esperable en un régimen político que todavía necesita del concurso activo de los aparatos de poder estatales y de sus recursos. La gobernanza globalista aún no se consolida; el embrión sigue creciendo, pero su desarrollo todavía está a mitad de camino. Si bien es cierto que los Estados drenan cada vez más su soberanía en favor de los organismos internacionales y globales de poder; si bien es cierto, incluso, que los Estados se someten cada vez más a agendas, normativas, jurisdicciones e ideologías definidas por entidades no estatales, no menos cierto es que esas entidades siguen viviendo como parásitos de esos mismos Estados, y que no gozan, por el momento, de capacidades gubernamentales autónomas.

De esta manera, la resolución establece que los responsables de que los objetivos se cumplan son, en última instancia, los Estados nacionales. Aunque en el discurso están colocados en pie de igualdad con las ONG, el sector privado, las empresas y los pueblos indígenas, lo cierto es que son los Estados los que deben poner en práctica una serie de disposiciones normativas con el propósito de generar las coacciones necesarias para conseguir los objetivos y las metas.[55] La formación de la ley nacional sigue en manos del Estado, aunque ahora ella no sea

---

55. Por ejemplo, dentro del objetivo 16 de la Agenda 2030, se solicita «promover y aplicar leyes y políticas no discriminatorias en favor del desarrollo sostenible». Así como ocurre con este, todos los objetivos implican reformas, derogaciones o innovaciones legislativas que recaen sobre los Estados. Incluso se les solicita que *no legislen* sobre esto o aquello. Por ejemplo, leemos en la resolución: «Se insta encarecidamente a los Estados a que se abstengan de promulgar y aplicar unilateralmente medidas económicas, financieras o comerciales que no sean compatibles con el derecho internacional y la Carta de las Naciones Unidas…» (ibíd., punto 30). Este fragmento del texto es muy interesante, porque nos permite identificar, una vez más, la subordinación total y completa del Estado a lo dispuesto por entidades externas. El derecho internacional y la Carta de la ONU funcionan como *ley fundamental*, estructuralmente superior a cualquier otra voluntad jurídica.

más que una correa de transmisión de la voluntad de poderes externos y apátridas: «Los parlamentos nacionales desempeñarán un papel fundamental en el cumplimiento efectivo de nuestros compromisos promulgando legislación, aprobando presupuestos y garantizando la rendición de cuentas»[56], dice la resolución. (Nótese que los compromisos no son los de las naciones y sus ciudadanos, completamente ausentes en el discurso de la resolución, sino «nuestros compromisos», es decir, los de un puñado de globócratas que negocian, acuerdan y hablan en nombre de «la Humanidad»). La ejecución de esa ley también sigue en manos del Estado: el poder de la policía continúa siendo suyo, y hay que utilizarlo. Asimismo, también se espera del Estado que mida el grado de implementación y cumplimiento de los objetivos y las metas. Según se establece en la resolución, los Estados deben remitir a los organismos de Naciones Unidas creados para vigilar la evolución de la Agenda 2030, de manera periódica, toda la información que sean capaces de recabar, además de prestarse a exámenes varios.[57]

Muchas personas se han dejado encantar superficialmente por la redacción de los objetivos de la Agenda 2030. Al parecer, nadie en su sano juicio o con un mínimo de bondad podría oponerse a ellos. Este viejo truco, muy propio de los despotismos, ha sido notado desde hace mucho tiempo por los politólogos más atentos. Leer hoy, por ejemplo, un texto de Benjamin Constant que tiene más de dos siglos, puede ser muy instructivo:

> «No existe ningún despotismo en el mundo, por inepto que sea en sus planes y opresivo en sus medidas, que no sepa alegar un objetivo abstracto, plausible y deseable. Pero si ese objetivo es imposible de alcanzar, o si sólo se lo puede alcanzar por medios que hacen un daño mayor que el bien al que se aspira, se habrá prodigado en vano mucha elocuencia, y nos habremos sometido gratuitamente a muchas vejaciones».[58]

---

56. Ibíd., punto 45.

57. «Nos comprometemos a participar en un proceso sistemático de seguimiento y examen de la implementación de la presente Agenda durante los próximos 15 años» (ibíd., punto 72). Recordemos que el Foro Político de Alto Nivel es la máxima autoridad en el ámbito de vigilancia y examen de los avances de la agenda. Este llevará adelante «exámenes periódicos» (ibíd., punto 77). Así, cada cuatro años dicho órgano «detectará los progresos conseguidos y los problemas emergentes y movilizará nuevas medidas para acelerar la implementación» (ibíd., punto 87).

58. Benjamin Constant, *Principios de política aplicables a todos los gobiernos* (Madrid: Katz Editores, 2010), p. 79).

Una agenda «universal, integral e indivisible»

El concepto es claro: la Agenda 2030 es un «viaje» en el que debe embarcarse la humanidad entera, sin ser consultada. Los pilotos anuncian que el destino es «un mundo mejor», que ellos saben bien dónde queda y cómo llegar a él, y se legitiman al modo del globalismo: se hacen llamar «filántropos» y «expertos». Lo que queda para el resto es «acompañar», de acuerdo con el rol que a cada uno le toque, según los planes establecidos. No hay otra opción: la resolución insiste, respecto de la agenda, en que «todos los países la aceptan y se aplica a todos ellos»,[59] que «los presentes Objetivos y metas son universales y afectan al mundo entero»,[60] que «todos trabajaremos para implementar la Agenda dentro de nuestros propios países y en los planos regional y mundial»,[61] que, otra vez, sus objetivos y metas son «de alcance mundial y de aplicación universal».[62] Para reafirmar este proyecto *totalista*, en el que absolutamente nadie puede sustraerse ni ponerse al margen de las disposiciones de la agenda, han inventado un *cliché* políticamente correcto: «Que nadie se quede atrás». Ya lo tenían diseñado desde tiempo antes, y lo propuso el secretario general de la ONU en su informe de síntesis de finales del 2014, publicado a principios del 2015: «Todas las voces han exigido que no dejemos a nadie atrás».[63] Este *cliché*, que también habría surgido de «todos» y «para todos», se invoca una y otra vez en la resolución: «Al emprender juntos este gran viaje, prometemos que nadie se quedará atrás».[64] Lo que realmente significa este eslogan es que nadie tiene opción: la agenda ya ha sido decidida, y lo que único que debemos hacer es obedecerla.

Así como los objetivos y las metas son universales y nadie puede desvincularse de su alcance *totalista*, la resolución insiste también en el carácter «integral» e «indivisible» que dichos objetivos y metas revisten. El nivel de insistencia en este concepto es tal que la resolución repite cinco veces lo mismo: la agenda es «integral e indivisible».[65] Esto significa que los Estados nacionales ni siquiera tienen la posibilidad de escoger qué objetivos y qué metas pueden o desean cumplir. También significa

---

59. Ibíd., punto 5.
60. Ibíd.
61. Ibíd., punto 21.
62. Ibíd., punto 55.
63. Asamblea General de las Naciones Unidas, A/69/700, «El camino hacia la dignidad para 2030: acabar con la pobreza y transformar vidas protegiendo el planeta», punto 51.
64. Asamblea General de las Naciones Unidas, Resolución 70/1, punto 4.
65. Ibíd., Preámbulo y puntos 5, 18, 55 y 71.

que los adeptos a esta agenda «no se cuestionan ni la procedencia, ni la necesidad u oportunidad, ni la jerarquía de los objetivos, las eventuales contradicciones internas o sus fundamentos filosóficos ni, por supuesto, sus consecuencias próximas o lejanas».[66] Con los ojos cerrados, el paquete se acepta completo tal como viene; *es todo o todo*, puesto que el apocalipsis no es realmente opción. La agenda hay que tomarla a pie juntillas, sin modificación alguna, sin observaciones, dudas ni abstenciones. Este es, ciertamente, un *metamensaje* muy claro para los Estados: ellos ya no son los que deciden, ni siquiera en lo más mínimo; ellos ya no controlan la «nave» de sus sociedades nacionales, porque ya no existe eso de la sociedad nacional: lo que hay es una sociedad global que se encuentra merced a las disposiciones de la gobernanza global, y los Estados son simples intermediadores de ella.

Incluso la forma en que se han redactado los objetivos contribuye a que nadie pueda oponerse ni dudar. Como vimos, todos ellos constituyen la imagen idílica de un futuro paraíso terrenal. Parte de la trampa consiste en configurar la imagen de un Estado y una sociedad nacional que, de no ser por su sometimiento a una agenda globalista, no podrían asumir retos por sí mismos. Retos como reducir la pobreza y el desempleo, mejorar los sistemas de salud y educación, o apostar por mejoras infraestructurales y tecnológicas les resultan ya inasumibles. En rigor, si poseen la voluntad suficiente y formulan políticas públicas adecuadas, las naciones *pueden hacer estas cosas por sí mismas*, como siempre lo han hecho. La siempre creciente burocracia internacional, la constante transferencia de enormes sumas de dinero y recursos de las naciones a las arcas de los organismos globales, el sometimiento a agentes externos que imponen sus propias ideologías en patrias que no son las suyas representan, en realidad, trabas y bloqueos para los pueblos, además de una afrenta flagrante contra su libertad. Pero el *metamensaje* funciona a la perfección: la Agenda 2030 nos dice, en el fondo, que si las naciones no se subordinan a la gobernanza global, es porque no quieren ni pueden reducir la pobreza y el desempleo, mejorar la salud y la educación, etcétera.

El ser humano «universal» de la Agenda 2030 no tiene familia, patria ni Dios

Por otro lado, los lectores más atentos encontrarán en los objetivos y las metas de la Agenda 2030 problemas significativos no solo por lo que

---

66. Jorge Buxadé, *Globalismo. Las élites contra el pueblo* (Madrid: Homo Legens, 2024), p. 126.

dicen, sino también *por lo que no dicen*. Mencionemos algunos ejemplos que, en su mayoría, ya han señalado otros autores.[67] En primer lugar, la familia: en clara contradicción con la evidencia sociológica, ningún objetivo o meta de la agenda supone que la institución familiar tenga un rol decisivo en la construcción de sociedades fuertes. La antropología que subyace a la Agenda 2030 es una en la que el hombre no tiene familia. La figura del padre no aparece ni una sola vez, ni en los objetivos, ni en las metas ni en la resolución. La figura del hijo o de la hija, tampoco. La palabra «madre» se emplea una sola vez, pero para referirse a la «Madre Tierra». En lo que respecta a la palabra «familia», aparece una sola vez en un contexto de poca importancia, y su derivado «familiar» aparece dos veces como «planificación familiar» (eufemismo con el que se refieren al aborto, como veremos más abajo).

Otro ejemplo es la completa ausencia de la figura del ciudadano nacional, que tampoco aparece ni en los objetivos, ni en las metas ni en la resolución. La Agenda 2030 no parece hablar sobre un mundo en el que las naciones configuran unidades políticas y culturales de primordial importancia, ni contempla nada que se parezca a una identidad nacional. Lo más que llega a mencionarse es el concepto de «diversidad cultural», con el que se neutraliza la voluntad política que es intrínseca al concepto de nación. El mundo tendría «muchas culturas», pero ninguna nación en sentido cabal. Por ello, no debe extrañar que la palabra «democracia» no aparezca ni una sola vez ni en los objetivos ni en las metas. Por el contrario, el concepto de «gobernanza» impregna la Agenda 2030 del derecho y del revés. Y frente a la total inexistencia del «ciudadano nacional» o del «ciudadano» a secas, la resolución insta a difundir «los valores éticos de la ciudadanía mundial»[68] (que, desde luego, no dice cuáles son), mientras que la Meta 7.4 dispone que todos los niños deban ser educados en «ciudadanía mundial». Esto coincide, por cierto, con el Objetivo 17, que busca reforzar la gobernanza global y recuerda que «los Objetivos de Desarrollo Sostenible solo se pueden conseguir con asociaciones mundiales sólidas y cooperación para garantizar que nadie se quede atrás».[69]

---

67. Véase Carlos Beltramo Álvarez, Alejandro Macarrón Larumbe y Carlos Polo Samaniego, «Desenmascarando la Agenda 2030» (Madrid: Fundación Neos, 2024). También Buxadé, *Globalismo*, pp. 130-131.

68. Asamblea General de las Naciones Unidas, Resolución 70/1, punto 36.

69. Naciones Unidas, «Objetivo 17: Revitalizar la Alianza Mundial para el Desarrollo Sostenible», https://www.un.org/sustainabledevelopment/es/globalpartnerships/ (consultado el 6 de junio de 2024).

Un tercer ejemplo que puede mencionarse es el de la religión. Una dimensión antropológica tan universal como la religión, que se expresa en distintas modalidades según tiempo y espacio, no se considera en ningún sentido relevante en una agenda que se supone universal. En el documento, la palabra «religión» aparece solo dos veces, y relacionada con prevenir la discriminación. En realidad, no se tiene en cuenta ninguna tradición, solo la que se refiere al planeta, otra vez, como «Madre Tierra».[70] En suma, el hombre de la Agenda 2030 no tiene familia, no tiene patria ni tiene Dios; así, carece de una *identidad fuerte*, de la que puedan surgir energías políticas y morales, además de una voluntad férrea de autodeterminación. Visto desde otro ángulo, el hombre de la Agenda 2030 es un individuo que se reviste de «diversidades», todas ellas equivalentes e intercambiables, todas ellas inofensivas, recreativas, consumistas y estilísticas.

Un último ejemplo que no podemos dejar de considerar es el de una deficiencia harto evidente y significativa en el concepto de «sostenibilidad» de la Agenda 2030, a saber: no contempla en ningún momento la sostenibilidad del recambio generacional de las poblaciones. El envejecimiento de la población, combinado con tasas de natalidad que se desploman a toda velocidad en todo el mundo, anuncia el advenimiento de sociedades nacionales muy poco «sostenibles». Esta combinación ya ocurre en países en los que viven dos tercios de la población mundial: toda Europa, la mayoría de los países de América, gran parte de Asia, además de Australia y Nueva Zelanda. En todas estas zonas del planeta, las tasas de natalidad están por debajo de lo necesario para el relevo generacional. Sin embargo, no hay una sola referencia a esta realidad ni en los objetivos, ni en las metas ni en la resolución de la Agenda 2030. Más bien, todo lo contrario: los objetivos 3 y 5 cuentan con metas que obligan a impulsar políticas de «planificación familiar» que, como veremos a continuación, incluyen el aborto. En un mundo sin naciones y sin familias, la solución que puede deducirse que la Agenda 2030 da a la despoblación se llama «migracionismo». Si todas las culturas son equivalentes, si no hay patria, ni tradición, ni Dios que realmente valga, si no hay «ciudadanos nacionales» sino «ciudadanía mundial», da exactamente igual la reubicación geográfica de estos átomos con forma de seres humanos. De ahí que la resolución insista en que se debe reconocer «la positiva contribución de los migrantes al

---

70. Asamblea General de las Naciones Unidas, Resolución 70/1, p. 59.

crecimiento inclusivo y al desarrollo sostenible».[71] De ahí que ni una palabra se diga, a la inversa, sobre los problemas que trae consigo la migración masiva y descontrolada, tales como el aumento de la pobreza, la inseguridad, el desarraigo, la separación familiar, el colapso de los servicios públicos, la marginalidad laboral, etcétera. En efecto, nada de esto parece muy «sostenible».

Además del caso de Estado Unidos, muy conocido por todos, cada vez son más los países europeos que padecen las consecuencias nefastas de la inmigración descontrolada. Por poner apenas un ejemplo, en Francia la inseguridad se ha disparado en todas las zonas del país que más inmigrantes (especialmente africanos) han recibido. Fue tan evidente el hecho, que el gobierno de Macron, siempre presto a reivindicar la Agenda 2030, no tuvo más remedio que confesar la correlación entre la multiplicación de la inmigración y el recrudecimiento de la inseguridad.[72] Por mencionar algunos datos, en 2022 la Prefectura de Policía de París informó que «la proporción de ciudadanos extranjeros en la delincuencia cometida en París asciende al 48 %»[73] (a pesar de que los extranjeros constituyen aproximadamente el 12 %). Una parte importante de ellos tenía permiso de residencia; si se sumaran a los extranjeros nacionalizados, el porcentaje sería todavía mayor. En el año 2023, a su vez, se supo que en París el 77 % de los acusados por violación eran extranjeros (principalmente provenientes de África).[74] En otros departamentos franceses en los que también abundan los inmigrantes africanos, las cifras son similares: en el 2023, el 54,10 % de la delincuencia en la vía pública de Niza fue cometida por extranjeros, y, en el caso de Cannes, el 53,04 %.[75] Los

71. Ibíd., p. 29.
72. Declaraciones de Emmanuel Macron durante una entrevista en el programa «L'Evénement», en *France:* «En París, al menos la mitad de los hechos de delincuencia que se observan provienen de personas que son extranjeros, ya sea en situación irregular o en espera de títulos (...) y que a menudo provienen de estos canales». Véase «Immigration : "À Paris, la moitié au moins des faits de délinquance vient de personnes qui sont des étrangers", assure Macron», *La Dépêche,* 22 de octubre de 2022, https://www.ladepeche.fr/2022/10/26/immigration-a-paris-la-moitie -au-moins-des-faits-de-delinquance-vient-de-personnes-qui-sont-des-etrangers-assure-macron -10764861.php (consultado el 16 de julio de 2024).
73. «A Paris, "la moitié au moins des faits de délinquance viennent d'étrangers": d'où vient ce chiffre cité par Emmanuel Macron?», *Le Monde,* 31 de octubre de 2022, https://www.lemonde .fr/les-decodeurs/article/2022/10/31/a-paris-la-moitie-au-moins-des-faits-de-delinquance -viennent-d-etrangers-d-ou-vient-ce-chiffre-cite-par-emmanuel-macron_6148032_4355770 .html (consultado el 16 de julio de 2024).
74. Véase «Les étrangers à l'origine de 77 % des viols élucidés dans les rues de Paris en 2023», *Europe* 1, 16 de abril de 2024, https://www.europe1.fr/Police-Justice/info-europe-1-les-etrangers -a-lorigine-de-77-des-viols-commis-dans-les-rues-de-paris-en-2023-4242136 (consultado el 16 de julio de 2024).
75. Véase «À Nice et à Cannes, plus de la moitié des actes de délinquance sont commis par des étrangers, selon le préfet», *Le Figaro,* 4 de marzo de 2024, https://www.lefigaro.fr/nice/a-nice

datos del Ministerio de Justicia muestran que, entre el 2002 y el 2022, la cantidad de extranjeros detenidos por delitos aumentó un 79 %.[76] De entre ellos, sobresalen los argelinos, que crecieron un 88 % (en las cárceles francesas hay más argelinos que los nacionales de todo el resto de la Unión Europea juntos). Los datos del Ministerio del Interior, por su parte, han mostrado que los extranjeros de nacionalidad africana están sobrerrepresentados en la comisión de numerosos delitos: catorce veces en «robos violentos», ocho veces en «violencia sexual», ocho veces en «violencia contra funcionarios públicos», etcétera.[77] Mientras tanto, en lo que refiere a los servicios sociales, el 57 % de los inmigrantes del África saheliana (Malí, Nigeria, Senegal, etcétera) habitan en viviendas sociales; sus descendientes, lejos de prosperar, parecen hundirse aun más: el 63 % de ellos viven en ese tipo de instalaciones provistas por el gobierno (una tasa seis veces mayor que la de los franceses sin ascendencia migratoria). Números muy similares se registran en inmigrantes argelinos, marroquíes y tunecinos.[78] Para coronar el panorama, desde el año 2000, el nacimiento de niños cuyos padres nacieron en Francia cayó un 22 %, mientras que los niños con un padre nacido fuera de la Unión Europea aumentaron 40 %, y los niños con ambos padres nacidos fuera de la UE aumentaron 72 %.[79] ¿Qué tiene todo esto de «sostenible» para la nación francesa? ¿Qué tiene de «sostenible», a su vez, para los inmigrantes?

Así como mencionamos el caso de Francia, podríamos haber hecho hincapié en Alemania, donde las estadísticas del Ministerio del Interior muestran que en el último año se disparó en un 18 % la cantidad de delincuentes extranjeros, quienes ya cometen el 41 % de los delitos a pesar de ser el 15 % de la población.[80] O podríamos

---

-et-a-cannes-plus-de-la-moitie-des-actes-de-delinquance-sont-commis-par-des-etrangers-selon
-le-prefet-20240305 (consultado el 16 de julio de 2024).

76. Véase Ministère de la Justice, «Séries statistiques des personnes placées sous main de justice», 9 de enero de 2023, https://www.justice.gouv.fr/documentation/etudes-et-statistiques/series -statistiques-personnes-placees-main-justice-1 (consultado el 19 de julio de 2024).

77. El Observatoire de l'immigration et de la démographie ha trabajado sobre los datos de los informes del ministère de l'Intérieur y ofreció un cuadro muy ilustrativo que se puede consultar aquí: https://x.com/ObservatoireID/status/1772300751798214987 (consultado el 19 de julio de 2024).

78. Véase Institut National de la Statistique et des Études Économiques, «Immigrés et descendants d'immigrés», 2023, https://www.insee.fr/fr/statistiques/6793286?sommaire=6793391 (consultado el 19 de julio de 2024).

79. Véase INSEE, «Statistiques de l'état civil», Fichier T37QUATER. Con estos datos, el Observatoire de l'immigration et de la démographie ha publicado un gráfico ilustrativo aquí: https://x.com /ObservatoireID/status/1713571710203515136 (consultado el 19 de julio de 2024).

80. Véase Carlos Esteban, «El infierno multicultural alemán: la cifra de crímenes cometidos por inmigrantes supera todos los récords», 11 de abril de 2024, *La Gaceta de la Iberósfera*, https://gaceta .es/europa/el-infierno-multicultural-aleman-la-cifra-de-crimenes-cometidos-por-inmigrantes -supera-todos-los-records-20240411-0700/ (consultado el 16 de julio de 2024).

haber mencionado a España, donde el 48 % de las agresiones sexuales y el 50 % de las violaciones son perpetradas por extranjeros[81] (a pesar de ser el 17 % de la población), y cerca del 30 % de los robos con violencia son cometidos particularmente por africanos (si contamos los nacionalizados, el número sube todavía más).[82] O también se podría haber reparado en Suecia, donde el Consejo Nacional Sueco para la Prevención del Delito publicó un estudio en el que se vio que los nacidos en el extranjero y sus hijos tenían entre 2,5 y 3 veces más probabilidades de estar involucrados en un delito que los nacidos en Suecia de padres suecos.[83] Nada de esto parece muy «sostenible», a pesar de que Naciones Unidas presione en favor de la tesis multicultural y promueva la inmigración como forma de descomponer a las naciones desde dentro.

Como vemos, la Agenda 2030 en general, y sus objetivos y metas en particular, no deberían constituir ningún dogma divino ni verdad absoluta. Al contrario, es posible hallar en ellos un sinfín de deficiencias, manipulaciones, omisiones conscientes, expresiones vacías de contenido, conceptos deliberadamente no definidos y, sobre todo, referencias encriptadas que dificultan una comprensión precisa. Así, una lectura superficial de la Agenda 2030 confunde a cualquiera, porque está diseñada para confundir. A continuación, ejemplificaremos el tipo de trampas que esconden los objetivos y las metas con un caso concreto: la legalización del aborto en todo el mundo, debidamente camuflada entre sus objetivos y metas más «bondadosas».

III. La guerra contra la natalidad

«—¿Cómo están sus hijos, señora Phelps? —preguntó él.
—¡Sabe que no tengo ninguno! ¡Nadie en su sano juicio los
tendría, bien lo sabe Dios! —exclamó la aludida, que no
sabía muy bien por qué estaba furiosa con aquel hombre».[84]

R. Bradbury

---

81. Instituto Nacional de Estadística, «Delitos sexuales según nacionalidad», https://www.ine.es/jaxiT3/Datos.htm?t=28752 (consultado el 16 de julio de 2024).

82. Instituto Nacional de Estadística, «Delitos según nacionalidad», https://www.ine.es/jaxiT3/Datos.htm?t=26014, (consultado el 16 de julio de 2024).

83. Véase Norberto Paredes, «Por qué Suecia se convirtió en el epicentro de las muertes por armas de fuego en Europa», *BBC*, 6 de septiembre de 2021, https://www.bbc.com/mundo/noticias-internacional-58394371 (consultado el 17 de julio de 2024).

84. Ray Bradbury, *Fahrenheit 451* (Buenos Aires: Penguin Random House, 2016), p. 111.

> «—*No es buena solución para el problema malthusiano*
> *reducir el índice de natalidad de las personas*
> *que comprenden su importancia. Al contrario,*
> *necesitamos propagar una cultura que reconozca*
> *la necesidad del control de natalidad».*[85]
>
> B. F. SKINNER

> «*El hecho de ser madre era algo peor que*
> *un chiste: una obscenidad».*[86]
>
> A. HUXLEY

Un lenguaje deliberadamente confuso

Las expresiones de la Agenda 2030 suelen ser vagas, confusas y hasta deudoras de un neolenguaje que, al no definirse con claridad, saca provecho de la indeterminación. El vacío de significado que producen puede ser llenado a la postre con las interpretaciones y las desencriptaciones que los mismos organismos internacionales ofrecen. Quien controla el discurso controla su significado. En esto consiste el juego político del lenguaje globalista.

Así ocurre, por ejemplo, con los términos «salud sexual y reproductiva», «derechos sexuales y reproductivos» y «planificación familiar». Si se repara en ellos tan solo un momento, es manifiesto que están completamente indeterminados. Su contenido no es evidente, y determinar para ellos un contenido concreto supondría, muy probablemente, una disputa política. Pero no ha habido ninguna disputa política en el diseño de la Agenda 2030, que ha establecido, para todo el planeta, la obligación de implementar una serie de metas en favor de la «salud sexual y reproductiva», los «derechos sexuales y reproductivos» y la «planificación familiar».

Antes de haber estado lista la agenda, en el informe de síntesis del secretario general de la ONU ya podíamos leer que su diseño debía «asegurar el disfrute de los derechos sexuales y reproductivos y la salud sexual y reproductiva de la mujer».[87] Incluso antes de esto, vimos que la resolución adoptada en la conferencia «Río+20», origen de la Agenda 2030, cuyo propósito era climático, había insistido especialmente en la necesidad de

85. Burrhus Frederic Skinner, *Walden Dos*, p. 150.
86. Aldous Huxley, *Un mundo feliz* (Buenos Aires: Penguin Random House, 2016), p. 131.
87. Asamblea General de las Naciones Unidas, A/69/700, «El camino hacia la dignidad para 2030: acabar con la pobreza y transformar vidas protegiendo el planeta», punto 70.

«proporcionar acceso universal a la salud reproductiva, incluida la planificación de la familia y la salud sexual, y de integrar la salud reproductiva
en las estrategias y los programas nacionales»; «lograr un acceso universal
a métodos de planificación de la familia modernos»; y, por si no hubieran
sido lo suficientemente claros, reiteraron que debía garantizarse la «atención de la salud sexual y reproductiva de las mujeres, y asegurar el acceso
universal a métodos modernos, seguros, eficaces, asequibles y aceptables de
planificación de la familia».[88] Menos cuidadosos con el lenguaje fueron en
los informes sobre género y mujer que el Equipo de Apoyo Técnico envió al
Grupo de Trabajo Abierto: ordenaron que los objetivos de la nueva agenda
combatieran «la falta de control de las mujeres y niñas sobre sus cuerpos
y las violaciones de sus derechos sexuales y reproductivos».[89] Para ello, se
debía «lograr el acceso universal a la salud y los derechos sexuales y reproductivos», proveyendo «servicios esenciales de salud sexual y reproductiva
acordados en el Programa de Acción de la CIPD»[90] (un poco más abajo
comentaremos en qué consiste ese Programa de Acción).

Con estos antecedentes, es de esperar que la famosa Resolución
70/1, por la cual se adopta la Agenda 2030, establezca que: «Nos comprometemos también a garantizar el acceso universal a los servicios
de salud sexual y reproductiva, incluidos los de planificación familiar,
información y educación».[91] Este compromiso se materializa en la Meta
3.7, que establece lo siguiente: «De aquí a 2030, garantizar el acceso
universal a los servicios de salud sexual y reproductiva, incluidos los
de planificación familiar, información y educación, y la integración de
la salud reproductiva en las estrategias y los programas nacionales». La
exigencia también se refuerza en la Meta 5.6:

> Asegurar el acceso universal a la salud sexual y reproductiva y los
> derechos reproductivos según lo acordado de conformidad con el
> Programa de Acción de la Conferencia Internacional sobre la Población
> y el Desarrollo, la Plataforma de Acción de Beijing y los documentos
> finales de sus conferencias de examen.

Es significativo que ninguno de los documentos que hemos citado
defina qué quieren decir, en concreto, con «planificación de la familia»,

---

88. Naciones Unidas, Resolución 66/288, 27 de julio de 2012, pp. 31 y 51.
89. Naciones Unidas, «TST issues brief: HEALTH AND SUSTAINABLE DEVELOPMENT»,
    p. 1.
90. Ibíd., p. 5.
91. Ibíd., punto 26.

«derechos sexuales y reproductivos» y «salud sexual y reproductiva». Incluso es sospechoso, porque ninguno de esos términos resulta evidente por sí mismo, y hay que recordar que la Resolución de «Río+20» había solicitado diseñar objetivos «concisos y fáciles de comunicar».[92] Pues bien, ninguno de esos conceptos parece conciso ni fácil y, sin embargo, se repiten sin cesar e impregnan todos los documentos vinculados con la Agenda 2030. No hace falta señalar que la constante repetición de algo no sirve para aclarar su significado.

Comprender qué quieren decir con semejante terminología obliga a hacer un trabajo genealógico; es decir, obliga a rastrear los orígenes de este tópico que, por algún motivo todavía poco claro, desvela a los globalistas.

El control de la natalidad como proyecto eugenésico

Para no regresar tan atrás en el tiempo, pongamos nuestro punto de inicio en las primeras décadas del siglo xx. El concepto de «planificación familiar» surgió por entonces, en los círculos eugenésicos vinculados a la feminista norteamericana Margaret Sanger, como un sustituto del término, menos simpático, de «control de la natalidad». Sanger era una entusiasta militante del control natal con fines eugenésicos, es decir, de la teoría y la práctica que persigue el supuesto mejoramiento de la calidad genética de la población humana fomentando la reproducción de las personas con características genéticamente «deseables» y reduciendo la reproducción de quienes poseen características «indeseables». Así, en 1916 Sanger fundó, en Nueva York, la primer clínica de control natal, y un año más tarde la revista *Birth Control Review*, en cuyas páginas se develan con claridad los móviles materiales de su militancia:

> El valor eugenésico y de civilización del control de la natalidad se está volviendo evidente para los iluminados y los inteligentes. [...] La propaganda del control de la natalidad es, por tanto, la cuña de entrada para el educador eugenésico.[93]

Los «iluminados» e «inteligentes» estaban siendo llamados, pues, a controlar la natalidad de los «inferiores». Debían propagar su voluntad a través de diversos medios, y esta revista era uno de ellos. Pero no solo era

---

92. Asamblea General de las Naciones Unidas, Resolución 66/288, Anexo.
93. Margaret Sanger, «The Eugenic Value of Birth Control Propaganda», *Birth Control Review*, octubre de 1921, p. 5, https://babel.hathitrust.org/cgi/pt?id=coo.31924007352325&view=1up &seq=45 (consultado el 6 de junio de 2024).

una cuestión de aptitudes intelectuales, sino también de características raciales. En efecto, la feminista Sanger escribía en su revista lo siguiente: «El conocimiento del control de la natalidad es esencialmente moral. Su práctica general, aunque prudente, debe conducir a una mayor individualidad y, en última instancia, a una raza más limpia».[94] En otro artículo, Sanger decía: «La dolorosa verdad es esta: cómo hacer que el control de la natalidad sea práctico y efectivo para las mujeres que, desde el punto de vista personal y racial, más lo necesitan».[95] Y agregaba: «El control de la natalidad se ocupa de la prevención, que no quita la vida, sino que impide que nazca una vida indigna».[96] De esta forma, en paralelo al discurso de la «emancipación» individual, corría de manera explícita la intención de mejorar la «calidad racial» del pueblo norteamericano, a través de un control de la natalidad que estuviera enfocado especialmente en la población «indeseable» e «indigna».

La «indignidad» de la vida estaba determinada por la raza; los militantes de la eugenesia norteamericana concebían el control de la natalidad como una forma de reducir, sobre todo, la población afroamericana. No obstante, Sanger también tenía en mente a los pobres: la clase social también era un criterio relevante para la eugenesia. Así, Sanger escribía que

el desequilibrio entre la tasa de natalidad de los «no aptos» y los «aptos» [es] la mayor amenaza actual para la civilización […]. En este asunto, el ejemplo de las clases inferiores, la fertilidad de los débiles mentales, los mentalmente defectuosos y las clases empobrecidas, no debe ser emulado por los padres mental y físicamente aptos, aunque menos fértiles, de las clases educadas y acomodadas. Por el contrario, el problema más urgente hoy en día es cómo limitar la excesiva fertilidad de los mental y físicamente defectuosos.[97]

Sanger ejemplifica los «beneficios» que traerían sus ideas apelando a casos de otras naciones que, según ella, han «mejorado» su raza gracias al control de la natalidad. Así, por ejemplo:

---

94. Margaret Sanger, «Morality and Birth Control», *Birth Control Review*, febrero-marzo de 1918, p. 11. También se puede leer en https://sanger.hosting.nyu.edu/documents/speech_morality _and_bc/ (consultado el 6 de junio de 2024).

95. Margaret Sanger, «Editorial», *Birth Control Review*, vol. V, núm. 3, marzo de 1921, p. 3, https:// babel.hathitrust.org/cgi/pt?id=coo.31924007352325&view=1up&seq=45 (consultado el 6 de junio de 2024).

96. Ibíd., p. 5.

97. Margaret Sanger, «The Eugenic Value of Birth Control Propaganda», p. 5.

La evidencia más destacada del éxito de esta práctica se presentó en el Congreso de Eugenesia, cuando se anunció que la estatura del pueblo neerlandés estaba aumentando más rápidamente que la de cualquier otra raza en el mundo. Los neerlandeses han ganado no menos de diez centímetros en cincuenta años.[98]

El tono eugenésico y racista caracteriza todos y cada uno de los artículos que publica la revista de Sanger. En uno de sus artículos, por ejemplo, puede leerse lo siguiente:

Es bien sabido que nuestro conocimiento de la biología nos permite formular ciertos principios fundamentales para la producción de las mejores cepas en la especie humana y para la eliminación de las peores cepas. La cuestión del mejoramiento de la raza es tan vital como cualquier problema industrial, político o económico de hoy en día, y es lamentable que la solución de este problema esté restringida por muchas disposiciones legales anticuadas y perjudiciales. Las medidas correctivas solo serán adoptadas y los resultados deseados solo se lograrán mediante el desarrollo de una conciencia eugenésica. No hay discusión posible sobre el sí o el no eugenésicos. La piedra de toque eugenésica es la prueba final e infalible de toda ética y toda política.[99]

Considérese también lo que dice este otro autor publicado por Sanger en su revista:

Me siento abatido cuando pienso en la masa de la humanidad; la mayor parte tan insulsa; no sirven para sí mismos, ni siquiera como buenos esclavos. Pocos parecen pensar en una raza de personas donde estos desechos puedan ser eliminados; que el eslogan actual de cantidad se invierta por el de calidad; menos gente y mejor gente es mi oración.[100]

---

98. Margaret Sanger, «Editorial», *Birth Control Review*, vol. V, núm. 6, junio de 1921, p. 11, https://babel.hathitrust.org/cgi/pt?id=coo.31924007352325&view=1up&seq=45 (consultado el 6 de junio de 2024).

99. Robert H. Kennedy, «The Eugenic Conscience», *Birth Control Review*, vol. V, núm. 2, febrero de 1921, p. 17, https://babel.hathitrust.org/cgi/pt?id=coo.31924007352325&view=1up&seq=45 (consultado el 6 de junio de 2024).

100. Walter Merchant, «Quality vs. Quantity», *Birth Control Review*, vol. V, núm. 6, febrero de 1921, p. 10, https://babel.hathitrust.org/cgi/pt?id=coo.31924007352325&view=1up&seq=45 (consultado el 6 de junio de 2024).

En 1921, amparada en esta ideología feminista y eugenésica, Sanger fundó la American Birth Control League [Liga Americana de Control Natal]. Hacia 1939, la institución se fusionó con otras y terminó cambiando su nombre por Birth Control Federation of America [Federación Americana de Control Natal]. Pero en el marco de la Segunda Guerra Mundial, la eugenesia y el «control natal» empezaron a vincularse directamente con el nacionalsocialismo. Esto no le hacía ningún favor a la militancia eugenésica de corte anglosajón. Por ello, la institución de Sanger volvió a cambiar su nombre en 1942, y así surgió el concepto de «planificación familiar». Desde entonces, la organización se ha llamado Planned Parenthood Federation of America (PPFA), que se traduce al español como «Federación Americana de Planificación Familiar».

Casi desde los inicios, la causa del control de la natalidad impulsada por Sanger y los eugenistas recibirá el decidido respaldo de la poderosa familia Rockefeller. El primero en comprometerse con esta causa fue John Davison Rockefeller II, luego seguido por John Davison Rockefeller III.[101] En un memorándum interno de la Fundación, fechado a comienzos de la década de 1930, aquel escribirá que «el control de la natalidad cuenta con el apoyo de muchas de las personas más destacadas e inteligentes del mundo», y que, dentro de los movimientos que impulsan esa causa, «el grupo más capaz es el de los eugenistas».[102]

En 1952, a través de los auspicios de los Rockefeller, verá la luz una nueva organización que fijó los mismos objetivos de Margaret Sanger y su PPFA, pero para el ámbito global. Esta tomó el nombre de International Planned Parenthood Federation (IPPF) [Federación Internacional de Planificación Familiar], y la PPFA pasó a ser una suerte de órgano suyo. Su éxito ha sido rotundo. La IPPF es hoy uno de los proveedores de aborto líderes en el mundo. Para hacernos una idea del tamaño de su negocio, su informe de desempeño del año 2016 ha revelado que, ya para entonces, contaba a nivel global con más de 46.000 «puntos de entrega de servicios» y 27.860 «clínicas estáticas» de su propiedad.[103]

---

101. Véase Tiasangla Longkumer, «The Rockefellers, Margaret Sanger and the Eugenic Dimension of Birth Control in Colonial India and Republican China», Harvard-Yenching, Institute Working Papers Series, 2021, https://harvard-yenching.org/wp-content/uploads/2021/09/Tiasangla -Longkumer_The-Rockefellers-Margaret-Sanger-and-the-Eugenic-Dimension-of-Birth-Control -in-Colonial-India-and-Republican-China.pdf (consultado el 10 de junio de 2024).

102. Donald T. Critchlow, «Birth Control, Population Control, and Family Planning: An Overview», *Journal of Policy History*, vol. 7, núm. 1, enero de 1995, p. 2, https://doi.org/10.1017 /S0898030600004127 (consultado el 10 de junio de 2024).

103. Véase International Planned Parenthood Federation, «Annual Performance Report 2016», p. 9, https://www.ippf.org/resource/ippf-annual-performance-report-2016 (consultado el 6 de junio de 2024).

Con las sucesivas legalizaciones del aborto de los últimos años en varios países, cuyas agrupaciones feministas fueron muchas veces financiadas por IPPF, cabe esperar que ese número se haya incrementado bastante en la actualidad. En el reporte del 2022, que es el último en publicarse a la fecha de mi investigación, IPPF revela haber practicado 5 millones de abortos en ese año, «un incremento del 11 % respecto a 2021».[104] Si atendemos al hecho de que, en Estados Unidos, la filial PPFA dice cobrar un promedio de 580 dólares por un aborto con píldoras, 600 dólares por un aborto en sus clínicas dentro del primer trimestre, 715 dólares en el segundo y entre 1.500 y 2.000 dólares en el tercero,[105] el lector puede hacerse una idea de la dimensión del negocio. Negocio que, por cierto, cuenta con el entusiasta respaldo del movimiento Black Lives Matter,[106] a pesar de ser ampliamente conocido que el principal blanco de los abortos de las clínicas de Planned Parenthood ha sido, para regocijo de Sanger, la comunidad afroamericana.[107]

Las relaciones entre la organización global de «planificación familiar» y los órganos de las Naciones Unidas podrían calificarse como «carnales». En efecto, la ONU aparece en todos los reportes financieros de IPPF como un donante destacado, junto a otros actores globalistas como la Ford Foundation, la Bill & Melinda Gates Foundation y la Open Society Foundations, como ya hemos visto. Así, por ejemplo, el Fondo de Población de Naciones Unidas, ONUSIDA, ONU Mujeres, OMS, UNESCO, la Fundación de las Naciones Unidas, entre otras, envían importantes sumas de dinero todos los años a IPPF. De hecho, no existe ni un solo reporte financiero de IPPF en el que no

---

104. Véase International Planned Parenthood Federation, «2022 Annual Performance Report», https://www.ippf.org/resource/2022-annual-performance-report (consultado el 6 de junio de 2024).

105. Véase Planned Parenthood, «How much does it cost to get an abortion?», noviembre de 2022, https://www.plannedparenthood.org/blog/how-much-does-it-cost-to-get-an-abortion (consultado el 6 de junio de 2024).

106. Por ejemplo, Black Lives Matter ha calificado la limitación del aborto como parte de una «agenda patriarcal» y como «supremacismo blanco» (véase Black Lives Matter, «Black Lives Matter Global Network Foundation Statement on Supreme Court Ruling Overturning Roe», 24 de junio de 2022, https://blacklivesmatter.com/black-lives-matter-global-network-foundation -statement-on-supreme-court-ruling-overturning-roe/ [consultado el 10 de junio de 2024]).

107. Los datos del Departamento de Salud de Estados Unidos muestran que, por ejemplo, en el año 2021, el porcentaje de niños afroamericanos abortados fue del 42 %, cuando solo el 13,4 % de la población norteamericana es afro. En contraste, el 30 % de los niños abortados eran blancos, cuando la población blanca es el 60 % en Estados Unidos. En lo que respecta a la población hispana, que representa el 18 % de la población norteamericana, a ella corresponde el 22 % de los abortos. Véase Centers for Disease Control and Prevention, «Abortion Surveillance – United States, 2021», *Surveillance Summaries*, vol. 72, núm. 9, 24 noviembre de 2023, https://www .cdc.gov/mmwr/volumes/72/ss/pdfs/ss7209a1-H.pdf (consultado el 10 de junio de 2024) p. 19

aparezcan órganos de la ONU como donantes.[108] Incluso se reconocen estas relaciones carnales en los documentos de los organismos de la ONU. Por ejemplo, el manual del programa «Capacitación en Salud Sexual y Reproductiva en Situaciones Humanitarias» del Fondo de Población de las Naciones Unidas (UNFPA) admite que IPPF dirige conjuntamente esta iniciativa con Naciones Unidas, es decir, que UNFPA e IPPF son *socios* en la promoción de la «salud sexual y reproductiva».[109]

Pero no nos adelantemos tanto. En 1952, John D. Rockefeller III también fundó el Population Council [Consejo de Población], otra de las más encumbradas organizaciones de control de la natalidad,[110] que hoy dirige programas en más de cincuenta países. Su primer presidente fue el doctor Frederick Osborn, director de la Sociedad Eugenésica Americana,[111] quien escribió en 1937 que las leyes nazis de esterilización eugenésica fueron «el experimento más emocionante que jamás se haya probado».[112] Actualmente, el Population Council adopta de manera explícita la ideología «interseccional» para llevar adelante su misión, que consiste en promover «derechos sexuales y reproductivos» en favor de la «sostenibilidad». Este lenguaje, que es exactamente el mismo que emplea Naciones Unidas, se aclara algo más en el contexto del Population Council, puesto que se anima a definir «derechos sexuales y reproductivos» como «acceso a la anticoncepción», pero también como «aborto seguro» y «educación sexual» basada en la ideología de género.[113] También es significativo, al nivel del análisis del discurso, que en 1969 esta organización haya fundado una revista académica, que todavía existe, llamada *Studies in Family Planning*. La descripción que el Population Council hace de los estudios que publican en su revista de «planificación

108. Véase los reportes en International Planned Parenthood Federation, «Financial», https://www.ippf.org/about-us/financial (consultado el 6 de junio de 2024).

109. Véase Fondo de Población de las Naciones Unidas, «Capacitación en Salud Sexual y Reproductiva en Situaciones Humanitarias», diciembre de 2012, https://lac.unfpa.org/sites/default/files/pub-pdf/1%20Adjunto%20SPRINT%20manual%20-%20pdf.pdf (consultado el 6 de junio de 2024).

110. Véase Jorge Scala, *Federación internacional de Paternidad Planificada y la «cultura de la muerte»* (Córdoba: Athanasius Editor, 2018), p. 10.

111. Véase Wolfgang Saxon, «Frederick Osborn, A General, 91, Dies», *The New York Times*, 7 de enero de 1981, https://www.nytimes.com/1981/01/07/obituaries/frederick-osborn-a-general-91-dies.html (consultado el 6 de junio de 2024).

112. Barry Mehler, «Foundation for Fascism: the New Eugenics Movement in the United States», *Patterns of Prejudice*, vol. 23, núm. 4, 28 de mayo de 2010, pp. 17-25, https://doi.org/10.1080/0031322X.1989.9970026 (consultado el 6 de junio de 2024).

113. Véase Population Council, «Sexual and Reproductive Health, Rights, and Choices», https://popcouncil.org/focus_area/sexual-reproductive-health-rights-choices/ (consultado el 6 de junio de 2024).

familiar» tiene al aborto como uno de los principales temas de interés.[114] Abortar, no cabe duda, es una forma de «planificar la familia».

El control de la natalidad como política económica

Apoyándose en el marco institucional del Population Council, John D. Rockefeller III redactó en 1966 una «Declaración sobre Población» y la hizo rubricar por 30 líderes mundiales. En ella se comunicó la hipótesis de que el mundo estaba sufriendo «sobrepoblación» y que debían emprenderse esfuerzos coordinados para controlar y disminuir la natalidad, sobre todo en los países menos desarrollados. Por entonces, el asunto no se escondía con conceptos confusos: «Nos preocupa el número de seres humanos en la Tierra», dice el texto. Y agrega: «Creemos que el problema de población debe ser reconocido como un elemento principal en el plan nacional a largo plazo si los gobiernos quieren lograr sus metas económicas y cumplir con las aspiraciones de su gente».[115] Por cierto, este documento se presentó públicamente en un evento realizado en las Naciones Unidas el 10 de diciembre de 1966.

El argumento racista y eugenésico de años atrás ha desaparecido. La disminución de la natalidad y el control poblacional ya no se promueven en nombre de una mejor genética. Ya no hay lugar para ese tipo de discursos. Ahora le ha llegado el turno al argumento económico: las metas económicas de las naciones están en juego si no disminuyen su natalidad. Este es el tipo de discurso que pronunciará el presidente norteamericano Lyndon Johnson, en el vigésimo aniversario de Naciones Unidas, en 1965:

> Permitámonos en todos nuestros países, incluyendo este país [Estados Unidos], enfrentar de manera directa los problemas en aumento, de nuestras poblaciones en aumento, y buscar la respuesta a este desafío tan profundo para el futuro de todo el mundo. Actuemos sobre el hecho de que menos de $5 invertidos en control de la población valen $100 invertidos en crecimiento económico.[116]

---

114. Véase Population Council, «Studies in Family Planning Journal», https://popcouncil.org/studies-in-family-planning-journal/ (consultado el 6 de junio de 2024).
115. Population Council, «Declaration on Population: The World Leaders Statement», *Studies in Family Planning*, núm. 26, enero de 1968, p. 2, https://www.jstor.org/stable/1965194?seq=1 (consultado el 6 de junio de 2024).
116. Lyndon B. Johnson, *Public Papers of the Presidents of the United States*, 1965, vol. II, p. 705, https://babel.hathitrust.org/cgi/pt?id=miua.4730960.1965.002 (consultado el 6 de junio de 2024). Este discurso de Johnson escandalizó a Eduardo Galeano en *Las venas abiertas de América Latina*

Esta forma de vender el control de la natalidad no sería muy aconsejable hoy en día, pero hay que conceder que es muy clara. El dinero que hace falta para sacar a los pobres de su miseria es mucho mayor que el necesario para evitar que se reproduzcan. De ahí que el presidente Johnson llame a las naciones desarrolladas, en el marco de las Naciones Unidas, a aunar sus esfuerzos para acabar con la pobreza en el mundo... de una manera un tanto cuestionable, desde luego.

A partir de 1965, el gobierno de Estados Unidos se comprometió decididamente con la cruzada antinatal. Ese año entró en acción la Agencia Internacional para el Desarrollo de Estados Unidos (USAID), cuyo propósito consiste en proporcionar «asistencia económica y humanitaria» en el extranjero. La naturaleza de su objeto le permitía incursionar en el resto del mundo, bajo el ropaje humanitario. Así, puso su foco en diseñar, promover, financiar e implementar programas de control de natalidad en países subdesarrollados.[117] «Estamos listos para ayudar a los países en desarrollo a lidiar con el problema de población»,[118] exclamaba el presidente Johnson a principios de 1966. En julio, el Secretario de Agricultura, Orville Freeman, repetía aquello de que cinco dólares en control natal equivalen a cien de crecimiento económico.[119] En febrero de 1968, Johnson presentó un balance frente al Congreso y reveló que, desde 1963, Estados Unidos había incrementado en un 1.650 % su presupuesto en control poblacional. Vale la pena citarlo *in extenso*:

La alimentación es solo un lado de la ecuación. Si la población continúa creciendo al ritmo actual, solo estamos posponiendo el desastre, no previniéndolo. En 1961 solo dos países en desarrollo tenían programas para reducir las tasas de natalidad. En 1997 había 26. Hasta 1963, este gobierno estaba gastando menos de $2 millones para ayudar los esfuerzos de planificación familiar en el extranjero. En 1968, comprometeremos $35 millones y se comprometerán cantidades adicionales de moneda local. En 1969 esperamos hacer aún más. La planificación familiar es un asunto familiar. [...] Ni nosotros

---

(Ciudad de México: Siglo XXI, 2004) a comienzos de la década de 1970. Los izquierdistas que hoy siguen leyendo a Galeano omiten alevosamente esa parte de su libro (p. 20).

117. Marshall Green, «The Evolution of US International Population Policy, 1965-92: A Chronological Account», *Population and Development Review*, vol. 19, núm. 2, junio de 1993, p. 305, https://www.jstor.org/stable/2938439 (consultado el 6 de junio de 2024).

118. Lyndon B. Johnson, *Public Papers of the Presidents of the United States*, vol. I, 1966, p. 119, https://babel.hathitrust.org/cgi/pt?id=miua.4731549.1966.001 (consultado el 6 de junio de 2024).

119. Véase Green, «The Evolution of US International Population Policy, 1965-92: A Chronological Account», p. 307.

ni nuestros amigos en el mundo en desarrollo pueden ignorar el hecho crudo de que el éxito de los esfuerzos de desarrollo depende del equilibrio entre la población y los alimentos y otros recursos. Ningún gobierno puede escapar de esta verdad. Los Estados Unidos están listos para ayudar a aquellos gobiernos que lo reconozcan y se muevan para abordarlo.[120]

El esfuerzo genealógico que estamos haciendo, siguiendo el surgimiento y desarrollo de los conceptos de «planificación familiar» y «derechos sexuales y reproductivos», permite dar con su verdadero contexto de significación. Así pues, resulta claro que ambos conceptos fueron pensados para suavizar discursivamente las expresiones públicas de una voluntad biopolítica que consiste en reducir el número de personas en el mundo. Esta voluntad ya no se presenta motivada por proyectos eugenésicos, sino más bien económicos: al buen estilo malthusiano, de continuar aumentando la natalidad, se anticipa un mundo sumido en la más extrema pobreza. Los Estados deben actuar, y la más poderosa potencia occidental se dispone a hacerlo y solicita, especialmente a los países subdesarrollados, que se sometan a su ingeniería social en el ámbito demográfico.

El control de la natalidad como «salud» y «derechos»: el ascenso de Rockefeller

En septiembre de ese mismo año, el presidente Johnson, profundamente influenciado por la familia Rockefeller, hablará sobre la «explosión poblacional», y le concederá un papel fundamental a John Davison III: «He pedido a la Comisión encabezada por el Sr. John D. Rockefeller que estudie en profundidad la situación de la población. Le he pedido que me haga un informe».[121] El informe, titulado «Población Mundial: Un desafío para Naciones Unidas y su Sistema de Agencias», llegó en mayo de 1969. En él se reconoció que países como Estados Unidos y Suecia, y algunas ONG como Ford Foundation, Rockefeller Foundation e IPPF, estaban trabajando en temas demográficos, pero que se necesitaba

---

120. Lyndon B. Johnson, *Public Papers of the Presidents of the United States*, vol. I, 1968-69, p. 203, https://babel.hathitrust.org/cgi/pt?id=miua.4731573.1968.001 (consultado el 6 de junio de 2024).

121. Lyndon B. Johnson, *Public Papers of the Presidents of the United States*, vol. II, 1968-69, p. 929, https://babel.hathitrust.org/cgi/pt?id=miua.4731573.1968.002 (consultado el 6 de junio de 2024).

el apoyo de las Naciones Unidas.[122] En diciembre de ese año, no por casualidad, nacía el Fondo de Población de las Naciones Unidas, con el objetivo de supervisar asuntos demográficos a escala planetaria, como la natalidad.

Por entonces, el tiempo de Johnson ya había acabado. El flamante presidente Richard Nixon fue quien tuvo la oportunidad de evaluar el mencionado informe. En un discurso ofrecido al Congreso el 18 de julio de 1969, Nixon dejó ver hasta qué punto las tesis de Rockefeller le habían impactado:

> Creemos que las Naciones Unidas, sus agencias especializadas y otros organismos internacionales deben liderar la respuesta al crecimiento poblacional mundial. Los Estados Unidos cooperarán plenamente con sus programas. Quisiera señalar en este contexto que estoy muy impresionado por el alcance y la orientación del reciente informe del Panel de la Asociación de las Naciones Unidas, presidido por John D. Rockefeller III. El informe subraya la necesidad de una acción ampliada y una mayor coordinación, preocupaciones que deberían ocupar un lugar destacado en la agenda de los Estados Unidos.[123]

En este mismo discurso, Nixon dice que los «expertos» como Rockefeller están de acuerdo en tres cosas: «Que el crecimiento poblacional está entre los problemas más importantes a los que nos enfrentamos»; que el problema «solo puede ser abordado si hay una gran cantidad de planificación previa», y «que el tiempo para dicha planificación se está agotando rápidamente».[124] Por este motivo, Nixon instruye a gran parte de la maquinaria política de los Estados Unidos en el combate contra el crecimiento poblacional:

> He solicitado al Secretario de Estado y al Administrador de la Agencia para el Desarrollo Internacional que otorguen alta prioridad a la población y la planificación familiar en cuanto a atención, personal, investigación y financiamiento entre nuestros diversos programas de ayuda. De manera similar, estoy pidiendo a los Secretarios de

---

122. Véase UNA-USA National Policy Panel on World Population, «World population: a challenge to the United Nations and its system of agencies», United Nations Association of the United States of America, 1969.

123. Richard Nixon, *Public Papers of the Presidents of the United States*, 1969, p. 523, https://babel.hathitrust.org/cgi/pt?id=miua.4731731.1969.001 (consultado el 6 de junio de 2024).

124. Ibíd., p. 522.

Comercio y Salud, Educación y Bienestar, así como a los Directores del Cuerpo de Paz y la Agencia de Información de los Estados Unidos, que presten especial atención a los asuntos de población al planificar sus operaciones en el extranjero. [...] En todos estos esfuerzos internacionales, nuestros programas deberían reconocer aún más los importantes recursos de las organizaciones privadas y los centros de investigación universitarios. A medida que aumentamos nuestros esfuerzos en población y planificación familiar en el extranjero, también instamos a otras naciones a ampliar sus programas en esta área.[125]

Con toda decisión, Estados Unidos se pone al frente de la promoción de la «planificación familiar» —cuyo significado explícito es *reducción poblacional*— no solo en su territorio, sino en *todo el mundo*. Para formalizar esta agenda, Nixon anuncia a continuación la creación de la «Comisión sobre Crecimiento Poblacional y el Futuro de América».[126] Su primer presidente será John D. Rockefeller III, y la integrarán científicos sociales y gente tan destacada como el exdirector del Banco Mundial, George Woods; el director de la Ford Foundation, David Bell; el director del Population Council, Bernard Berelson, e incluso empresarios de los medios de comunicación, como los propietarios de *Los Angeles Times*.[127]

Terminando marzo de 1972, la Comisión elevó un reporte al presidente y al Congreso. Se conoció coloquialmente como el «informe Rockefeller». En él se comunicaba una situación apocalíptica: el crecimiento poblacional se había convertido en uno de los mayores peligros del mundo actual. Estados Unidos debía tomar urgentemente una serie de medidas con el objetivo de reducir la natalidad. Entre ellas, se presentó el aborto como una política de «planificación familiar» indispensable: «Hay pocas dudas de que los abortos legales e ilegales ejercen una influencia a la baja en la tasa de natalidad de Estados Unidos». El informe cita como ejemplo, además de otras naciones, el caso del estado de Nueva York, donde la legislación ya estaba permitiendo abortos: «El apoyo a esta conclusión general se encuentra en los datos preliminares de Nueva York y las experiencias de algunas otras naciones con políticas liberales

---

125. Ibíd., p. 523.
126. Ibíd., p. 526.
127. Véase Charles Westoff, «The Commission on Population Growth and the American Future Its Origins, Operations, and Aftermath», *Population Index*, vol. 39, núm. 4, 4 de octubre de 1973, pp. 491-507, https://doi.org/10.2307/2733834, p. 494 (consultado el 25 de junio de 2024).

de aborto, en particular Japón y los países de Europa del Este». Es decir, los países comunistas, donde el aborto hacía tiempo que era una práctica legal. El informe incluso cuantifica los efectos esperables: «Nuestra mejor estimación del impacto probable si todo el país siguiera la ley de Nueva York sería una disminución de 1,5 por 1.000 en la tasa de natalidad en el primer año después de que se eliminaran las restricciones».[128]

Ahora bien, el informe es consciente de que la opinión pública podría oponerse a estos intentos. El cambio de mentalidad debe ser inducido progresivamente, mediante las políticas educativas del Estado, los medios de comunicación de masas e incluso el activismo de las ONG, como «los centros de Planned Parenthood, y grupos similares».[129] Una de las principales innovaciones de este informe consiste en considerar el aborto no solo como una estrategia económica o demográfica, sino también «como un elemento de un sistema integral de atención a la salud materno-infantil».[130] Más adelante, debido al evidente absurdo, quitarían lo de «infantil». Además, el informe solicita que el aborto se empiece a presentar como un caso de «libertad individual». Terminar con la vida del hijo no deseado que se está gestando debería interpretarse y promoverse como una práctica que cae dentro de lo que llamamos «derechos» y «libertad». Para eso, sin embargo, habrá que modificar los valores de gran parte de la sociedad, que continúa concibiendo la vida humana en todas sus etapas como un derecho fundamental. En contraposición, dice el informe de Rockefeller, hay que «desarrollar un principio ético básico de que solo los niños deseados sean traídos al mundo».[131]

Esto representa un cambio cultural radical. Quiebra la noción de *dignidad humana*, entendida como valor absoluto *inherente* a cada ser humano. Que la dignidad sea inherente significa que nadie la concede, sino que es una característica que surge del mismo ser. La dignidad humana, que para la tradición cristiana significa *Imago Dei*, y que para la secularización moderna significa tratar al ser humano siempre como fin y nunca como medio (Kant), no depende de que nadie me la otorgue, sino que está en mí mismo desde el comienzo: es una realidad *ontológica*. Así, el quiebre que introduce el «informe Rockefeller» es enorme: hay que desarrollar un nuevo principio ético en el que la dignidad del

128. Commission on Population Growth and the American Future, «Population and the American Future: The Report of the Commission», 1972, capítulo 9, https://books.google.com.ar/books/about/Population_and_the_American_Future.html?id=Lo9fACgjz4sC&redir_esc=y (consultado el 6 de junio de 2024).

129. Ibíd., p. 30.

130. Ibíd., p. 69.

131. Ibíd., p. 60.

ser humano, en su origen, sea redefinida como el fruto del deseo de *un tercero*. Si se lo desea, es un ser humano digno; si no se lo desea, es un parásito. Lo que garantiza su dignidad no es la realidad de su ser, sino la decisión de otro. Este razonamiento, que para ese entonces resultaba tan innovador, se ha convertido en nuestros días, por desgracia, en hegemónico.[132]

El cambio que quiere producir el «informe Rockefeller», por medio de un plan de ingeniería social, tiene dimensiones civilizacionales que sus propios autores reconocen. Vale citarlos *in extenso*:

> En el desarrollo de la cultura occidental, la tendencia ha sido hacia una mayor protección de la vida. Al mismo tiempo, existe un profundo compromiso en nuestra tradición moral con la libertad individual y la justicia social. La Comisión cree que las diversas prohibiciones contra el aborto en los Estados Unidos son obstáculos para el ejercicio de la libertad individual: la libertad de las mujeres para tomar decisiones morales difíciles basadas en sus valores personales, la libertad de las mujeres para controlar su propia fertilidad y, finalmente, la libertad de las cargas de tener hijos no deseados. Los estatutos restrictivos también violan la justicia social, ya que cuando se prohíbe el aborto, las mujeres recurren a abortos ilegales para evitar nacimientos no deseados.[133]

Rockefeller y los suyos no niegan que el feto humano sea, en efecto, un ser humano, ni mucho menos que tenga una vida actual y por delante. Pero frente al valor moral de la vida, que se traduce en una protección jurídica —cuya «tendencia» ha sido cada vez mayor, según ellos mismos reconocen—, debe emprenderse un proceso inverso, apoyado en el valor de la «libertad individual» y la «justicia social». Estas demandas relativizarían el valor absoluto de la vida, y servirían para revertir esa «tendencia» de nuestra civilización a proteger la vida en todos los casos. En el fondo, resulta evidente que estos son argumentos *ad hoc*, es decir, argumentos construidos sobre la marcha para defender la liberalización

---

132. Por ejemplo, prácticamente todas las legislaciones agravan el asesinato de una mujer embarazada, entendiendo, de una u otra manera, que hay dos seres humanos que pierden la vida. Las mismas legislaciones, sin embargo, permiten los abortos inducidos e incluso los financian con presupuesto público. La diferencia entre un caso y otro no es la calidad ontológica del ser humano que está siendo gestado, sino la existencia de un deseo o no respecto de la continuidad de su vida por parte de la mujer.

133. Commission on Population Growth and the American Future, «Population and the American Future: The Report of the Commission», capítulo 9.

del aborto y convertirlo en algo aceptable para la opinión pública. No obstante, es claro en todo el informe que el punto central consiste en los efectos demográficos del aborto, en la reducción de la natalidad que este provoca y que ya ha sido confirmada por Nueva York y otros países. De ahí que el informe solicite al gobierno norteamericano no simplemente que *despenalice* el aborto, sino más bien que lo *legalice*. La diferencia está en que la legalización reconoce un *derecho* y, como tal, debe ser *provisto* por la autoridad política; es decir, cuando hay legalización del aborto, este tiene que ser financiado por el Estado. Así, el informe recomienda «que los gobiernos federal, estatal y local pongan a disposición fondos para apoyar los servicios de aborto» y que esta práctica «se incluya específicamente en las prestaciones del seguro integral de salud, tanto público como privado».[134] Esto no se llama ni «justicia social» ni «libertad individual»: se llama biopolítica y control de la natalidad.

Avanzando en nuestra genealogía, advertimos en este informe de 1972 de qué manera se construyó el discurso sanitario y jurídico de la «planificación familiar». La «salud reproductiva» y los «derechos reproductivos» son una estratagema manufacturada explícitamente para rebajar las tasas de natalidad. La inteligencia de Rockefeller y su equipo consiste en ampliar un discurso que, hasta entonces, parecía dominado por argumentaciones meramente económicas. Este giro le permite introducir, con toda fuerza, dos nociones que se apropian de dos conceptos fundamentales para toda sociedad: salud y derechos. La torción del discurso es fenomenal: el aborto inducido, que supone un grado de violencia indecible contra el ser humano en gestación hasta acabar con su vida, se convierte de repente en un «tratamiento de salud»; y si el aborto es «salud», el embarazo, por necesidad lógica, hay empezar a verlo como una enfermedad. Al mismo tiempo, el aborto inducido, cuyo propósito consiste en quitarle la vida al ser humano en gestación, se convierte en un «derecho»; la vida, sin la cual ningún otro derecho tiene sentido, también por necesidad lógica se rebaja y pasa a ser un derecho secundario y relativo.

Aunque Nixon rechazó el aborto como medio de control poblacional, la Corte Suprema de Estados Unidos lo despenalizó a principios de 1973, a menos de un año del «informe Rockefeller», con su histórico fallo «Roe vs. Wade», sobre la base de un caso falso.[135] Al mismo tiempo,

---

134. Ibíd.
135. Norma McCorvey, cuyo seudónimo legal fue «Jane Roe», confesó años después del fallo «Roe vs. Wade» que, en realidad, jamás había sido violada, y que todo había sido un montaje planificado con organizaciones abortistas y feministas.

John Hannah, administrador de USAID, solicitó aumentos sustanciales de fondos para «planificación familiar» en países extranjeros.[136]

Naciones Unidas irrumpe en la batalla: el Plan Mundial de Acción en Población

En agosto de 1974, el flamante Fondo de Población de Naciones Unidas celebró en Bucarest su primera «Conferencia de Población de Naciones Unidas»,[137] donde participaron 134 gobiernos y 14 organismos de la ONU. En este marco se concertó el «Plan Mundial de Acción en Población». En él se diagnosticó una crisis muy severa de superpoblación, que se debía a altas tasas de natalidad en el contexto de una extensión significativa de la vida humana y una disminución de las tasas de mortalidad. Así pues, «desde 1950, aproximadamente, la tasa de crecimiento de la población mundial ha aumentado hasta el 2 % anual. De mantenerse este nivel, la población del mundo se duplicará cada 35 años».[138] Este es el asunto más grave que abordar; la «finalidad primordial» de la conferencia consiste en resolverlo;[139] todo lo demás está en función de este cálculo.

El Plan de la ONU es biopolítico: corresponde a los gobiernos determinar cuáles deben ser sus tasas de natalidad apropiadas, y actuar políticamente en consecuencia.[140] En efecto, «es preciso conciliar el comportamiento individual con respecto a la procreación y las necesidades y aspiraciones de la sociedad». Se ofrece el ejemplo de países asiáticos, en los que «se estima que el deseo de las parejas de tener familias grandes origina tasas excesivas de crecimiento de la población nacional, y los gobiernos tratan expresamente de reducir dichas tasas mediante la aplicación de medidas políticas concretas».[141] Nada indica que Naciones Unidas vea esto como una violación de los derechos humanos, sino todo lo contrario: su Plan está repleto de invocaciones y recordatorios sobre el valor de los

---

136. Véase Green, «The Evolution of US International Population Policy, 1965-92: A Chronological Account», p. 310.

137. Fue la tercera de Naciones Unidas en general, pero la primera organizada por el Fondo de Población.

138. Naciones Unidas, «Informe de la Conferencia Mundial de Población», Bucarest, 19-30 de agosto de 1974, párrafo 3, https://repositorio.cepal.org/server/api/core/bitstreams/1ba3970f -4c7a-4b04-afee-831a30b74cb9/content (consultado el 7 de junio de 2024).

139. «La finalidad primordial de este Plan de Acción es ampliar y profundizar la capacidad de los países para resolver eficazmente sus problemas demográficos nacionales y subnacionales y promover una respuesta internacional apropiada a sus necesidades» (ibíd., párrafo 15).

140. «Se invita a los países que consideren que sus tasas de natalidad son perjudiciales para sus propósitos nacionales a considerar el establecimiento de metas cuantitativas y la implementación de políticas que puedan conducir al logro de tales metas para 1985» (ibíd., párrafo 37).

141. Ibíd., párrafo 7.

«derechos humanos», pero curiosamente se olvidan de pronunciarse al respecto cuando se trata de las «políticas concretas» asiáticas. Muy poco después, China inaugurará su política del hijo único.

La multiplicación de los hombres es una amenaza, y la política debe gestionarla; no solo la del Estado, sino también la que se cocina en las Naciones Unidas.[142] El control biopolítico de la demografía se presenta como una práctica que equivale a «desarrollo»: «Las variables demográficas influyen sobre las variables del desarrollo y a su vez están sujetas a la influencia de éstas».[143] La costumbre de la ONU de presentar sus políticas en nombre del «desarrollo», al parecer, viene de mucho tiempo atrás. En nombre de este «desarrollo», dice el Plan, debe reconocerse que «todas las parejas e individuos tienen el derecho fundamental de decidir libre y responsablemente el número y espaciamiento de sus hijos».[144] Esta innovación se inscribe a pie juntillas en las exigencias del «informe Rockefeller». Es curioso que, en el marco de la Declaración Universal de los Derechos Humanos de 1948, este derecho no haya sido reconocido. Ocurre que por entonces todavía no estaba presente el alarmismo poblacional. Ahora bien, cuando la tesis de la superpoblación ocupa la atención de las Naciones Unidas, aparece de repente un nuevo «derecho» que consiste en «decidir» tanto el «número» como el «espaciamiento» de los hijos. ¿Casualidad o causalidad? Desde luego, la redacción del flamante «derecho» es muy poco clara: ¿cuándo y cómo se puede decidir el número y el espaciamiento? ¿Existe alguna restricción? ¿Hay algún conflicto con otros derechos? Si una pareja ya ha concebido un nuevo ser humano que se está gestando, por ejemplo, ¿todavía resulta aplicable el derecho a «decidir» el número y el espaciamiento, o colisiona con el derecho a vivir que tiene el nuevo ser humano? Más aún: ¿qué ocurre si el niño ya ha nacido? ¿El «derecho» a «elegir» mantiene su vigencia, o ha caducado? Y si ha caducado, ¿en virtud de qué? ¿Y qué ocurre si la pareja es estéril? ¿En qué sentido tienen el derecho a «elegir» el número de sus hijos?, etcétera.

Comoquiera que sea, este flamante «derecho» bien podría representar una manera suavizada de referirse al aborto, aunque el Plan no lo haga explícito. En efecto, hay al menos dos indicios más que podrían apoyar esta hipótesis. En uno de sus puntos, el Plan fija como parte de sus objetivos «la reducción de la esterilidad involuntaria, la subfecundidad,

---

142. Véase ibíd., párrafo 14.
143. Ibíd., párrafo 14, punto C.
144. Ibíd., párrafo 14, punto F.

los nacimientos defectuosos y los abortos ilegales».[145] El problema aquí es que, para reducir los abortos ilegales, o bien se realizan políticas de concientización sobre el valor de la vida humana en todas sus etapas, se mejoran las condiciones de vida de las familias, se mejoran las políticas de adopción y se persigue legalmente a los establecimientos que ofrecen abortos, o bien, sencillamente, se legaliza el aborto. Y el hecho es que el Plan no contempla prácticamente nada de lo primero. Respecto de la legalización, tampoco se dice nada con demasiada claridad, pero existe un segundo indicio que mostraría que allanar el camino hacia dicha legalización ya es parte de la voluntad de las Naciones Unidas. El informe de la Conferencia recoge que el representante de México propuso un proyecto de resolución que decía:

> Establecer que cuestiones tales como la edad límite para contraer matrimonio y la legalización o liberalización del aborto dependen de las condiciones de cada país y competen exclusivamente a su soberanía, respetando, en cuanto al segundo problema, la declaración unánime de las Naciones Unidas del 20 de noviembre de 1959 en cuanto a que: «El niño [...] necesita [...] principalmente una protección jurídica adecuada tanto antes como después de su nacimiento».[146]

Este párrafo fue reformulado por presión de las delegaciones de Naciones Unidas y finalmente quedó así: «Que todas las políticas y programas de población dependan de las condiciones de cada país y competan a su soberanía con absoluto respeto a los derechos humanos y a las declaraciones de las Naciones Unidas al respecto».[147] Es probable que muchos países, empezando por Estados Unidos, no quisieran recordar de manera explícita aquella declaración unánime de las Naciones Unidas que reconocía la necesidad de dar protección jurídica al «niño» incluso «antes» de «su nacimiento». ¿Cómo conciliar este derecho humano con el nuevo principio ético según el cual «solo los niños deseados son traídos al mundo»?

Lo cierto es que esta Conferencia generó muchos desacuerdos significativos entre las partes. Muchos países del «Tercer Mundo» se opusieron a la agenda de control natal, acusándola de ser una forma de *imperialismo*

---

145. Ibíd., párrafo 24, punto b.
146. Ibíd., párrafo 143, punto 3.
147. Ibíd., párrafo 144, punto 4e.

demográfico y racial. La izquierda de esos países hablaba por entonces incluso de «imperialismo contraceptivo». En este marco, las juventudes de esas naciones redactaron un documento titulado «Llamamiento dirigido a la Juventud del Mundo», donde expresaron: «Rechazamos categóricamente las teorías malthusianas y neomalthusianas contemporáneas que hacen del aumento demográfico el mayor obstáculo al progreso de la Humanidad».[148] La República Argentina lideró el grupo de países que se opusieron al Plan de Acción de la ONU, y propuso más de sesenta enmiendas al borrador, que desnaturalizaron los objetivos originales de las superpotencias que manejaban los hilos de la ONU.[149]

El «informe Kissinger» revela la verdad del control natal

La reacción a este fracaso colosal de la «planificación familiar» como biopolítica para la reducción de la natalidad no se hizo esperar. Hacia el final de ese mismo año, el secretario de Estado norteamericano, Henry Kissinger, elevó al secretario de Defensa, al director de la CIA y al administrador de USAID, el «Memorándum de Estudio para la Seguridad Nacional núm. 200 — Implicaciones del crecimiento de la Población Mundial para la Seguridad de los Estados Unidos de Norteamérica y sus intereses ultramarinos (NSSM 200)» (en adelante, Memo 200 o «informe Kissinger», como se lo conoció coloquialmente). Este documento, convertido en política pública al año siguiente por disposición del presidente Gerald Ford, establecería nuevos lineamientos y cursos de acción, pero, sobre todo, revelaría las verdaderas intenciones que había tras las exigencias del control natal.

En rigor, se trató de un documento clasificado. Si hoy conocemos su contenido, es gracias a que fue desclasificado a fines de la década de 1980 como consecuencia de la promulgación de leyes de transparencia pública. Así pues, el documento está compuesto por dos partes: la primera presenta un diagnóstico y una proyección demográfica mundial, en la que se anuncia el peligro de la superpoblación y su impacto sobre los intereses norteamericanos, mientras que la segunda constituye un programa de acción política global. Según las estimaciones del informe,

---

148. Citado en Scala, *Federación internacional de Paternidad Planificada y la «cultura de la muerte»*, p. 31.
149. Véase Susana Novick, «La posición argentina en las tres conferencias mundiales de población», Instituto de Investigaciones Gino Germani, Facultad de Ciencias Sociales, Universidad de Buenos Aires, 1999, https://biblioteca.clacso.edu.ar/Argentina/iigg-uba/20100303020509/dt11 .pdf (consultado el 7 de junio de 2024).

hacia el año 2000 habrá que esperar una población de 7.800, 6.400 o 5.900 millones, según tres modelos diferentes muy cuestionables (consideraban que la tasa de población mundial era creciente, cuando venía cayendo desde el período 1966-1970). Lo grave del caso era que, cuanto mayor fuera la población, mayores problemas alimenticios, defensivos, ambientales, migratorios, energéticos y de provisión de recursos naturales sobrevendrían, que afectarían gravemente los intereses norteamericanos.

Veamos algunos ejemplos del diagnóstico. Pongamos el caso de las fuentes de energía y minerales relevantes para las industrias norteamericanas. Vale la pena citar ampliamente el informe para captar su tono:

> Los Estados Unidos se han vuelto cada vez más dependientes de las importaciones de minerales de los países en desarrollo en las últimas décadas, y es probable que esta tendencia continúe. La ubicación de las reservas conocidas de minerales de alta calidad favorece la creciente dependencia de todas las regiones industrializadas de las importaciones de los países menos desarrollados. Los problemas reales del suministro de minerales no radican en la suficiencia física básica, sino en las cuestiones político-económicas de acceso, términos para la exploración y explotación, y la división de los beneficios entre productores, consumidores y gobiernos del país anfitrión. En los casos extremos en que la presión poblacional lleve a hambrunas endémicas, disturbios por alimentos y desintegración del orden social, esas condiciones difícilmente sean conducentes a la exploración sistemática de depósitos minerales o a las inversiones a largo plazo necesarias para su explotación. [...] Aunque la presión poblacional obviamente no es el único factor involucrado, este tipo de frustraciones son mucho menos probables bajo condiciones de crecimiento poblacional lento o nulo.[150]

En otras palabras, el crecimiento poblacional de los países subdesarrollados representa un problema para Estados Unidos porque de ahí obtiene los recursos necesarios para sus industrias. El diagnóstico se basa en que una alta natalidad podría traer aparejada una crisis política que bloqueara la explotación y la provisión de esos recursos hacia Estados Unidos. De ahí que el informe recomiende que «dondequiera que una

---

150. National Security Council, «National Security Study Memorandum NSSM 200 — Implications of Worldwide Population Growth For U.S. Security and Overseas Interests (THE KISSINGER REPORT)», 10 de diciembre de 1974, desclasificado el 7 de marzo de 1989 por F. Graboske, p. 40, https://pdf.usaid.gov/pdf_docs/PCAAB500.pdf (consultado el 7 de junio de 2024).

disminución de la presión poblacional, a través de la reducción de las tasas de natalidad, pueda aumentar las perspectivas de [la] estabilidad, la política de población se vuelve relevante para el suministro de recursos y para los intereses económicos de los Estados Unidos».[151]

Otro ejemplo es el de la producción de alimentos. Con buena lógica malthusiana, el informe establece que la población de los países subdesarrollados está creciendo a un ritmo mayor que sus capacidades de producción de alimentos. Para empeorar la situación, se estaría viviendo un... ¡cambio climático! Este fenómeno perjudicaría gravemente la producción en el futuro próximo, con lo cual hay que contribuir a reducir la población de esas zonas del planeta. Lo más interesante de todo es que dicho cambio climático no suponía el aumento de la temperatura del planeta, como se nos dice hoy día, sino que, por entonces, la suposición era la inversa: el planeta se estaba ¡enfriando! Así lo expresa Kissinger:

Existe una gran incertidumbre sobre si las condiciones para lograr el equilibrio alimentario en los países en desarrollo pueden realmente lograrse. Los cambios climáticos no se comprenden bien, pero se ha establecido una tendencia persistente de enfriamiento atmosférico desde 1940. Un respetable grupo de opinión científica cree que esto presagia un período de heladas anuales mucho más amplias y posiblemente una disminución a largo plazo de las precipitaciones en las áreas monzónicas de Asia y África.[152]

Por suerte, el «respetable grupo» de científicos estaba muy equivocado, y hoy existe un igualmente «respetable grupo» de otros científicos que anticipan un nuevo apocalipsis climático, pero esta vez basado en el aumento de temperaturas. Comoquiera que sea, ambos encienden las alarmas de la «superpoblación» y los malthusianos se desesperan. La superpoblación empeora el clima, y el cambio del clima empeora la producción de alimentos. La conclusión es obvia: hay que reducir cuanto antes la cantidad de bocas que alimentar, aunque sin afectar el negocio. Así, el informe de Kissinger dice:

Desde el punto de vista de los intereses de EE. UU., tales reducciones en las necesidades alimentarias de los países en desarrollo serían claramente ventajosas. No reducirían los mercados comerciales

---

151. Ibíd., p. 43.
152. Ibíd., p. 36.

estadounidenses de alimentos, ya que la reducción en las necesidades alimentarias de los países en desarrollo que resultaría de la desaceleración del crecimiento poblacional afectaría solo las solicitudes de asistencia alimentaria concesional o por subvención, no las ventas comerciales. Mejorarían las perspectivas de mantener reservas alimentarias mundiales adecuadas para emergencias climáticas.[153]

Otro motivo por el que los intereses de Estados Unidos se ven perjudicados por el incremento de la población en los países subdesarrollados tiene que ver con la estabilidad de su dominio sobre esos países, e incluso con su propia seguridad interna. Las consecuencias del aumento poblacional podrían derivar en violencia organizada, «movimientos separatistas», «movimientos revolucionarios», «golpes de Estado», «guerras de guerrillas» y «terrorismo».[154] Así pues, el informe Kissinger llega a relacionar las guerras entre los Estados, y los conflictos armados en general, con el aumento poblacional. Por ejemplo, vincula la guerra de El Salvador y Honduras con «la migración a gran escala de salvadoreños desde su país de rápido crecimiento y densamente poblado hacia áreas relativamente deshabitadas de Honduras». O bien se enlaza la guerra entre Pakistán, India y Bangladés en 1970 con la hipótesis de que «un factor poblacional en un momento crucial puede haber tenido un efecto causal en desviar los eventos de soluciones pacíficas hacia la violencia».[155] Además, el informe señala que el aumento de la población podría haber tenido relación con la guerra civil en Nigeria, matanzas en Indonesia, masacres comunales en Ruanda y en Burundi, un golpe de Estado en Uganda y una insurrección en Sri Lanka. Va de suyo que estas desestabilizaciones afectan profundamente los intereses internacionales de Estados Unidos.

El informe también menciona el incremento de los flujos migratorios como consecuencia del aumento poblacional. Los intereses de Estados Unidos estriban en reducir la población especialmente de aquellas naciones de las que recibe más inmigrantes. El caso más acuciante es el de México, de cuya población se espera que se duplique en los próximos veinte años: «Estos números crecientes aumentarán la presión de la emigración ilegal hacia los Estados Unidos y convertirán el tema en una fuente aún más seria de fricción en nuestras relaciones políticas con

---

153. Ibíd., p. 37.
154. Ibíd., p. 57
155. Ibíd., p. 59.

México».[156] Que actualmente el Partido Demócrata de Estados Unidos utilice fondos federales para financiar abortos en México no es una casualidad ni un acto de «filantropía».

Ahora bien, gran parte de la estrategia que hasta entonces se había montado para implementar políticas globales de población pasaba por los acuerdos a los que pudiera llegarse en el marco de la Conferencia de Población de Naciones Unidas en Bucarest. Pero esta, en gran parte, resultó ser un fracaso. El informe da cuenta de lo «devastador» que fue para los intereses de Estados Unidos:

> La impresión general después de cinco reuniones regionales consultivas sobre el Plan fue que tenía un apoyo general. Hubo consternación general, por lo tanto, cuando al comienzo de la conferencia el Plan fue objeto de un ataque devastador en cinco frentes liderado por Argelia, con el respaldo de varios países africanos; Argentina, apoyada por Uruguay, Brasil, Perú y, de manera más limitada, algunos otros países latinoamericanos; el grupo de Europa del Este (menos Rumanía); la RPC y la Santa Sede.[157]

El informe afirma que fueron tres demandas las que estropearon una parte importante del Plan de la ONU: primero, las «referencias repetidas a la importancia (o como algunos dijeron, la condición previa) del desarrollo económico y social para la reducción de la alta fertilidad»; segundo, los «esfuerzos para reducir las referencias a los programas de población»; por último, las defensas reiteradas de «la soberanía nacional en el establecimiento de políticas y programas de población».[158] Mientras los países desarrollados, con Estados Unidos a la cabeza, querían concertar un Plan global a través de las Naciones Unidas, con el fin de reducir la población de los países subdesarrollados, estos demandaban planes para mejorar su economía, y respeto a la soberanía nacional. Y una cosa no parecía muy compatible con la otra.

No obstante, el informe celebra algunos logros de dicho Plan. Sobre todo, una serie de innovaciones nada despreciables: «Por primera vez se encuentra la afirmación de que el derecho soberano de cada nación a establecer sus propias políticas de población debe "ejercerse [...] teniendo en cuenta la solidaridad universal para mejorar la calidad de vida de los

---

156. Ibíd., p. 63.
157. Ibíd., p. 66.
158. Ibíd.

pueblos del mundo"».[159] La interpretación que Kissinger hace al respecto es que, en lo que al tamaño de la población concierne, el Estado ha perdido una parte importante de su soberanía en favor de las demandas globales, por mucho que las naciones sigan reivindicándose como «soberanas». Por otro lado,

> se reconoce por primera vez un derecho básico de las parejas y las personas en el párrafo 13(f), en una sola frase declarativa: Todas las parejas y personas tienen el derecho humano básico de decidir libre y responsablemente el número y el espaciamiento de sus hijos y de tener la información, educación y medios para hacerlo.[160]

El principio «ético» que, tan solo dos años atrás, había recomendado Rockefeller en su informe llega de la mano de las Naciones Unidas al mundo entero. Kissinger toma nota y celebra el triunfo. Por último, una innovación más que destaca el secretario de Estado es que «también por primera vez, un documento de la ONU vincula la responsabilidad de los progenitores con la comunidad».[161] Es decir, se instala la idea de que la pareja tiene una responsabilidad social en torno a su natalidad; que en tiempos de «superpoblación», debe abstenerse de reproducirse. Esto habilita la intromisión del Estado, el sistema educativo, los organismos internacionales, las ONG y hasta los medios de comunicación de masas: la reproducción es, a partir de ahora, *un asunto político* reconocido y exigido como tal.

Con todo, el camino que queda por recorrer todavía es muy largo y está lleno de obstáculos. El «informe Kissinger» procederá entonces a ofrecer una estrategia para ayudar a reducir la natalidad en el mundo, a tasas de reemplazo generacional, con su horizonte puesto en el año 2000. Su campo de acción será el planeta entero, pero con especial énfasis en los países subdesarrollados más grandes y con altas tasas de natalidad: «India, Bangladés, Pakistán, Nigeria, México, Indonesia, Brasil, Filipinas, Tailandia, Egipto, Turquía, Etiopía y Colombia».[162] Esto no significa que el resto del mundo no sea objeto del plan, sino que lo será en un grado de menor urgencia. Frente a países en los que «la asistencia de Estados Unidos está limitada» por motivos políticos, Kissinger anota que el recurso «tendría que provenir de otros donantes

---

159. Ibíd., p. 67.
160. Ibíd.
161. Ibíd.
162. Ibíd., p. 75.

y/o de organizaciones privadas e internacionales, muchas de las cuales reciben contribuciones de USAID».[163] Es decir, se debe esconder bien la mano del gobierno norteamericano.

En lo que respecta a los medios, el informe establece que «la asistencia bilateral en población es el "instrumento" más grande e invisible para llevar a cabo la política de Estados Unidos en esta área».[164] Lo que llama «asistencia bilateral» no es otra cosa que intervencionismo, de ahí que remarque que la «invisibilidad» es una virtud del instrumento. A través de la acción de USAID, por ejemplo, las poblaciones no son del todo conscientes de que en sus territorios se están llevando a cabo las políticas de Estados Unidos. El informe incluso plantea una suerte de chantaje económico cuando considera «tener en cuenta el desempeño en planificación familiar [de los países extranjeros] en la evaluación de los requisitos de asistencia por parte de la USAID».[165] Así, si quieren el dinero norteamericano de la «asistencia bilateral», tendrán que mostrar resultados concretos en «planificación familiar», que no es otra cosa que *reducción de la natalidad*: «La experiencia pasada sugiere que los servicios de planificación familiar fácilmente disponibles son un elemento vital y efectivo para reducir las tasas de fertilidad en los países en desarrollo».[166]

Como vemos, la actuación de Estados Unidos debe ser lo más disimulada posible. Todo debe montarse de manera que parezca un fruto de la voluntad de los pueblos. Sin embargo, siempre existe el riesgo, según el informe, de que los países en desarrollo perciban las políticas poblacionales como un ejemplo de «imperialismo». Eso fue, precisamente, lo que ocurrió en Bucarest. Para hacer frente a este desafío y salir airosos de él, el informe recomienda:

> Los Estados Unidos pueden ayudar a minimizar los cargos de una motivación imperialista detrás de su apoyo a actividades de población al afirmar repetidamente que dicho apoyo se deriva de una preocupación por el derecho de la pareja individual a determinar libre y responsablemente su número y espaciamiento de hijos y a tener información, educación y medios para hacerlo.[167]

---

163. Ibíd., p. 76.
164. Ibíd.
165. Ibíd., p. 77.
166. Ibíd., p. 78.
167. Ibíd., p. 81.

A lo largo de todo el informe, Kissinger ha explicado por qué resulta vital para los intereses económicos, políticos, migratorios y ambientales de Estados Unidos controlar la población en otros países, pero a la hora de recomendar cómo diseñar el discurso público, el acento recae sobre la cuestión de los «derechos». No olvidemos que este documento fue clasificado, y su redacción responde a esa característica. Así, nos permite observar en estado puro la función declarada que tiene el discurso de los «derechos»: la de no constituir más que un engaño, una distracción y una manipulación con la que se esconden los propósitos y las motivaciones reales. En este caso, según Kissinger, hay que «afirmar repetidamente» que esta preocupación del gobierno norteamericano estriba en «el derecho de la pareja» a «determinar» el «número» y «espaciamiento» de los hijos. O sea, repetir hasta el hartazgo uno de los mayores logros del Plan de Acción de la ONU: sacar de la galera un nuevo «derecho humano».

Al rol que tendrá que cumplir USAID y la «asistencia bilateral», hay que agregar otros medios. Kissinger los menciona con claridad:

> Otros instrumentos incluyen: el apoyo y la coordinación con los programas de población de organizaciones multilaterales y agencias voluntarias; el estímulo de consorcios multilaterales y grupos consultivos de países para enfatizar la planificación familiar en revisiones del progreso general de los receptores y solicitudes de ayuda; y la presentación formal e informal de puntos de vista en reuniones internacionales, como conferencias sobre alimentos y población.[168]

Este punto resulta de especial interés porque nos muestra el importante rol que tendrán los organismos internacionales y las ONG. Por el momento, estos parecen funcionar como intermediadores de proyectos claramente imperialistas. Sin embargo, como ya hemos visto, irán constituyendo su propia voluntad política apátrida en nombre de la «gobernanza global», sobre todo cuando la soberanía de los Estados nacionales en general comience a deteriorarse significativamente.

El informe subraya también la necesidad de cambiar las percepciones, los valores, las creencias, las costumbres y los comportamientos sociales. Es decir, llama a poner en marcha un monumental proyecto de ingeniería sociocultural para la reducción global de la natalidad. Para eso, el plan debe hacer «un mayor énfasis en los medios de comunicación

---

de masas y otros programas de educación y motivación de la población por parte de la ONU, USIA y USAID».[169] Dado que en muchos casos se reconoce en las personas una «falta de motivación para reducir el número de hijos», se plantea «la necesidad de programas a gran escala de información, educación y persuasión dirigidos a una menor fertilidad».[170] Pero el mundo adulto es, en gran parte, incorregible: su modo de vida ya está sólidamente configurado. En consecuencia, el foco principal ha de estar puesto en las generaciones jóvenes. Por lo tanto, el informe llama a diseñar un «adoctrinamiento de la nueva generación de niños en cuanto a la deseabilidad de tener familias más pequeñas».[171] Esto debe tomar el nombre de «educación sexual», y la UNESCO debería encabezar esta cruzada.

Ahora bien, todas las acciones necesarias, que van desde intervenciones «bilaterales», campañas de propaganda y adoctrinamiento, celebración de reuniones y conferencias en Naciones Unidas hasta investigación y desarrollo de productos de «planificación familiar», significarán importantes desembolsos dinerarios. El informe registra que, desde 1965, USAID viene gastando en control poblacional la suma de 625 millones de dólares en proyectos e intervenciones en 70 países subdesarrollados.[172] Pero esto no es suficiente. Lo ideal es, hacia 1985, disponer de 2.500 millones de dólares *anuales* para ser capaces de proporcionar «programas de planificación familiar a gran escala».[173] De ahí que el plan de Kissinger exija que el Congreso norteamericano habilite más fondos cuanto antes. Asimismo, las ONG como IPPF deberían ser financiadas con dinero público, y urge ampliar las contribuciones a los organismos de la ONU.[174] Al analizar estos desembolsos, aparece en el documento clasificado una información de vital importancia: el Fondo de Población de Naciones Unidas es presentado como una creación del gobierno de Estados Unidos para controlar la natalidad en el globo. Vale la pena citarlo *in extenso*:

El Departamento de Estado y la USAID desempeñaron un papel importante en el establecimiento del Fondo de las Naciones Unidas para Actividades de Población (UNFPA) para liderar el esfuerzo multilateral en población como complemento a las acciones bilaterales de la

---

169. Ibíd., p. 82.
170. Ibíd., pp. 53-54.
171. Ibíd., p. 102.
172. Véase ibíd., p. 85.
173. Ibíd.
174. Véase ibíd., 107.

USAID y otros países donantes. Desde el establecimiento del Fondo, la USAID ha sido el mayor contribuyente individual. Además, con ayuda de la USAID, varias organizaciones privadas de planificación familiar (por ejemplo, Pathfinder Fund, International Planned Parenthood Federation, Population Council) han expandido significativamente sus programas de población en todo el mundo. Dichas organizaciones siguen siendo los principales impulsores de la acción en planificación familiar en muchos países en desarrollo.[175]

Además del Fondo de Población, el informe también apela a UNI-CEF, la OMS y el Banco Mundial.[176] Estas organizaciones tendrían menos riesgos de ser acusadas de «imperialistas», y gozan, en general, de buena prensa.

Si bien en la mayor parte del informe la «planificación familiar» se consigue mediante la contracepción e incluso la esterilización, el tema del aborto no se deja de lado. Hacia el cierre del documento, la cuestión irrumpe con una sentencia que no deja la menor duda al respecto: «Ningún país ha reducido su crecimiento de población sin recurrir al aborto».[177] En otras palabras, el aborto, liberalizado en Estados Unidos desde hace apenas un año por la Corte Suprema, desempeñará un rol ineludible en lo que se ha dado en llamar «planificación familiar» y «derecho a elegir el número y espaciamiento de los hijos».

El 26 de noviembre de 1975, el Presidente Ford, a través del Memorándum de Resolución de Seguridad Nacional (NSDM 314), adoptó el Memorándum 200, es decir, el «informe Kissinger», como política oficial norteamericana, declarando que «el liderazgo de Estados Unidos es esencial para combatir el crecimiento poblacional». En política, los conceptos siempre son relevantes: «Combatir». La guerra contra la población había comenzado.

Dos décadas después de Bucarest: la revancha de las Naciones Unidas en El Cairo

El «informe Kissinger» marcó el rumbo de una verdadera política de Estado que fue conceptualizada como un «combate» por el gobierno de Ford. No obstante, su presidencia fue corta, ya que venía de reemplazar a Nixon tras su estruendosa caída. El sucesor de Ford llegó en un abrir

---

175. Ibíd., p. 85.
176. Véase ibíd., p. 98.
177. Ibíd., p. 114.

y cerrar de ojos: Jimmy Carter se hizo con la presidencia de Estados Unidos en 1976, y la asumió en 1977. Tres años después, encarga un informe que adopta el nombre de «Reporte Global 2000», en el que se continúa insistiendo con el enorme peligro que representa el crecimiento poblacional y la urgencia de combatirlo.

Así, el nuevo informe dice que «una alta prioridad para esta Nación debe ser una evaluación completa de sus políticas relacionadas con la población, los recursos y el medio ambiente».[178] Dado que «la mayor parte del crecimiento poblacional ocurrirá en los países menos desarrollados»,[179] las políticas norteamericanas deben impulsar el control natal en nombre de la «planificación familiar» sobre todo en esas zonas del mundo. Otra vez, estos esfuerzos están presididos por una visión del político como ingeniero de sociedades, capaz de ordenar ya no solo su nación, sino todo el planeta. Sobre este informe, el presidente Carter expresó ante el Congreso que «nunca nuestro gobierno, o cualquier gobierno, había tomado una mirada tan completa y de largo alcance a los problemas interrelacionados de recursos, población y medio ambiente».[180]

Pero en 1981 llegaría a la presidencia de Estados Unidos Ronald Reagan, un conservador que puso freno a esta agenda durante sus dos mandatos. No obstante, en 1989 le llegó el turno al demócrata William Clinton, quien reactivó el combate antinatalista en un contexto muy particular: el de las conferencias internacionales de las Naciones Unidas, tan características de la década de 1990. No es casualidad que prácticamente todas ellas reparen en la gravedad de la «superpoblación» y llamen a implementar biopolíticas demográficas. Por ejemplo, la Conferencia Internacional sobre el Medio Ambiente y el Desarrollo, de 1992, en Río de Janeiro, estableció como uno de sus «principios» que el «desarrollo sostenible» implica «fomentar políticas demográficas apropiadas».[181] Así, dedicó todo un capítulo a «Demografía y sostenibilidad».[182] El «crecimiento de la población mundial», dice el informe, «causa presiones cada

---

178. Gerald Barney, «The Global 2000 Report to the President», 24 de julio de 1980, p. 4, https://www.cartercenter.org/resources/pdfs/pdf-archive/global2000reporttothepresident—enteringthe21stcentury-01011991.pdf (consultado el 7 de junio de 2024).

179. Ibíd., p. 9.

180. Jimmy Carter, *Public Papers of the Presidents of the United States*, vol. III, 1980-81, p. 2.971, https://babel.hathitrust.org/cgi/pt?id=miua.4732203.1980.003 (consultado el 7 de junio de 2024).

181. Naciones Unidas, «Informe de la Conferencia Internacional sobre el Medio Ambiente y el Desarrollo», 3- 14 de junio de 1992, p. 3, principio 8, https://documents.un.org/doc/undoc/gen/n92/836/58/pdf/n9283658.pdf?token=EKmEvE0pRXDX6saMdh&fe=true (consultado el 7 de junio de 2024).

182. Ibíd., capítulo 5.

vez más graves sobre la capacidad de la Tierra para sustentar la vida».[183] Lo mismo veremos, por ejemplo, en la Cuarta Conferencia sobre la Mujer, en 1995, en Beijing, de la que hablaremos más adelante.

Pero la conferencia internacional más importante de esta década, en lo que a demografía se refiere, fue la de Población y Desarrollo de 1994, en El Cairo. La reunión contó con la participación de 182 países y fue presidida por la directora ejecutiva del Fondo de Población de las Naciones Unidas (UNFPA), Nafis Sadik, exdirectiva de IPPF. El Comité Preparatorio estuvo integrado por nombres como Fred Sai (presidente de IPPF), Billie Miller (presidente de la Región Hemisferio Occidental de IPPF) o Halfdan Mahler (exdirector de la OMS que en 1989 pasó a ocupar la secretaría general de IPPF). En total, habrían participado 210 delegados de IPPF en los distintos comités de trabajo.[184] El representante del gobierno de Clinton tuvo un rol especialmente destacado, haciendo *lobby* para que los acuerdos finales incluyeran la legalización del aborto: «Nuestra posición es apoyar el derecho a la opción reproductiva, la cual incluye el acceso al aborto seguro».[185] Los documentos preparatorios de la Conferencia repiten la necesidad de legalizar el aborto, a la par que instan a reducir la natalidad. Otra vez, esto último trajo serias resistencia de distintos países, y obligó a moderar algunas pretensiones originales.

El documento final de esta conferencia internacional tiene una estructura similar a los anteriores que se han mencionado. Empieza anticipando el apocalipsis que se avecina: para el año 2014, se calcula un aumento poblacional que podría hacer trizas el planeta. En concreto, se ofrecen tres hipótesis: habrá 7.100, 7.500 o 7.800 millones de personas en el mundo en los próximos veinte años, dependiendo del compromiso que los Estados asuman para implementar políticas de «planificación familiar». Para el año 2050, se calcula una variante baja de 7.900 millones, una variante media de 9.800 millones, y una variante alta de 11.900 millones de personas.[186] El objetivo de la Conferencia es hacer realidad las hipótesis más bajas, a través de planes globales de reducción de la natalidad: «Para alcanzar la estabilización de la población durante el siglo XXI será preciso que se apliquen todas

---

183. Ibíd., p. 37.

184. Véase Scala, *Federación internacional de Paternidad Planificada y la «cultura de la muerte»*, p. 205.

185. Véase ibíd., p. 206.

186. Véase Naciones Unidas, «Informe de la Conferencia Internacional sobre la Población y el Desarrollo», El Cairo, 5-13 de septiembre de 1994, p. 5, https://www.unfpa.org/sites/default/files/pub-pdf/icpd_spa.pdf (consultado el 7 de junio de 2024).

las políticas y recomendaciones que figuran en el presente Programa de Acción».[187]

En este contexto de alarmismo por el crecimiento poblacional, se invocan los conceptos de «planificación familiar», «salud sexual y reproductiva» y «derechos sexuales y reproductivos», que enmarcarán las políticas definidas por la conferencia:

> El mundo entero ha cambiado de una manera que genera importantes oportunidades de abordar las cuestiones de población y desarrollo. Entre las más significativas cabe mencionar los grandes cambios de actitud de la población del mundo y de sus dirigentes por lo que hace a la salud reproductiva, la planificación de la familia y el crecimiento de la población, que, entre otras cosas, han dado como resultado el nuevo concepto amplio de la salud reproductiva, que incluye la planificación de la familia y la salud sexual, tal como se definen en el presente Programa de Acción. Una tendencia particularmente alentadora ha sido la renovada voluntad política de muchos gobiernos de adoptar programas de planificación de la familia y políticas relacionadas con la población.[188]

Así pues, el concepto de «salud reproductiva» *incluiría* el de «planificación de la familia». A su vez, ambos aluden a una planificación efectuada por los aparatos políticos, más que por los individuos. Estos aparecen, en todo caso, como un sujeto de importancia secundaria, cuyo consentimiento ha de lograrse de distintas formas. Es manifiesto que son los «dirigentes» y los «gobiernos» los que han aceptado adoptar «programas de planificación de la familia y políticas relacionadas con la población». Además, el concepto de «salud sexual», que también es parte del más amplio de «salud reproductiva», se configura también en torno a estas políticas. Otra vez, y sin pretenderlo, dejan ver el verdadero origen y destino biopolítico de la terminología que emplean.

¿Pero qué es, en concreto, la «salud reproductiva»? El informe la define así:

> La salud reproductiva es un estado general de bienestar físico, mental y social, y no de mera ausencia de enfermedades o dolencias, en todos los aspectos relacionados con el sistema reproductivo y sus funciones

---

187. Ibíd., párrafo 6.1, p. 29.
188. Ibíd., párrafo 1.8, p. 7.

y procesos. En consecuencia, la salud reproductiva entraña la capacidad de disfrutar de una vida sexual satisfactoria y sin riesgos y de procrear, y la libertad para decidir hacerlo o no hacerlo, cuándo y con qué frecuencia.[189]

Hay que advertir, en primer lugar, que se trata de una definición exigente en extremo. Si bien es habitual entender la salud como ausencia de enfermedad, aquí la salud se entiende como un «estado general de bienestar físico, mental y social». Así, una persona física y mentalmente sana podría ver herida su «salud reproductiva» si, en términos sociales, ocurriera algún contratiempo como, por ejemplo, romper con su pareja. Esta inflación del concepto «salud» tiene un propósito claramente *medicalizante*. Todos los aspectos de la vida que no caigan dentro de lo que llamamos «bienestar general» han de concebirse como «falta de salud». Esto queda muy claro cuando la definición de la ONU le exige al concepto de «salud reproductiva» que la sexualidad sea «satisfactoria» y que la persona tenga «capacidad de disfrutar» el acto sexual. De esta forma, si una persona no encuentra especialmente satisfactorias sus últimas experiencias sexuales, debería concluir que tiene un problema de «salud reproductiva». Incluso se le exige al concepto la capacidad de «procrear», con lo que si una pareja no puede hacerlo, ya no es por una disfunción orgánica o por razones de edad, sino porque hay ausencia de «salud reproductiva». Lo mismo ocurre con aquellos que sí pueden procrear, pero que no han podido «planificar la familia» de manera efectiva, por el motivo que fuere, y han procreado sin buscarlo: su «salud reproductiva» quedaría disminuida. En este punto en particular, la definición de la ONU aprovecha para incorporar el factor de la «elección»: la «salud reproductiva» consistiría, sobre todo, en «decidir» el número y la frecuencia de los hijos, algo que se presentó en términos de «derechos» en Bucarest.

La índole biopolítica no podría ser más evidente. La política ha de gestionar los procesos de la vida, en todos sus aspectos. El informe explicita que el concepto de «salud reproductiva» y «salud sexual» tienen como «objetivo el desarrollo de la vida y de las relaciones personales y no meramente el asesoramiento y la atención en materia de reproducción y de enfermedades de transmisión sexual».[190] Así, es la vida del ser humano en su totalidad, y sus relaciones personales, las que hay que gestionar desde la política. Si la «salud reproductiva» depende de las políticas estatales,

---

189. Ibíd., párrafo 7.2, p. 37.
190. Ibíd.

«el desarrollo de la vida» y «las relaciones personales» se convierten en asuntos esencialmente políticos. Esta impresionante ampliación de lo político, apalancada en la *medicalización* de la vida de las personas en nombre de su «salud sexual y reproductiva», no ha cesado de producirse desde entonces.

Esta ampliación se logra «afirmando repetidamente», como pedía Kissinger en su informe, que el interés estriba en garantizar «derechos». En este caso, la conferencia que analizamos sostiene incontables veces que la «salud sexual y reproductiva» se ha convertido también en un flamante «derecho humano». Ahora sí, los Estados tienen el deber de garantizar dicho derecho. Así se produce el mencionado efecto de *apropiación del sexo por parte de lo político*. El informe de la conferencia repite lo que ya se había establecido en Bucarest, para regocijo de Kissinger:

> Esos derechos se basan en el reconocimiento del derecho básico de todas las parejas e individuos a decidir libre y responsablemente el número de hijos, el espaciamiento de los nacimientos y el intervalo entre estos y a disponer de la información y de los medios para ello y el derecho a alcanzar el nivel más elevado de salud sexual y reproductiva.[191]

Por otro lado, en esta conferencia de 1994 también hace su ingreso triunfal el concepto de «desarrollo» y, sobre todo, el de «desarrollo sostenible», que había sido una manufactura de la Conferencia de Medio Ambiente de dos años atrás. El propio título de la nueva conferencia poblacional, a diferencia de la de veinte años antes en Bucarest, recoge esta innovación: Conferencia Internacional sobre Población y *Desarrollo*. Así, su informe da cuenta de la centralidad de este concepto en el nuevo intento por convencer a las naciones para que reduzcan su natalidad: el «desarrollo». Este se presenta como un concepto gelatinoso que integra economía, medio ambiente, bienestar, salud, seguridad y paz, y exige la incorporación de políticas demográficas cuanto antes:[192] hay que «lograr que las políticas demográficas concuerden con el logro del desarrollo sostenible».[193] Ambos términos son parte de la misma ecuación. Y, por si no queda claro, el aumento de «los factores demográficos [...] impide

---

191. Ibíd., párrafo 7.3, p. 37.
192. «A nivel internacional, regional, nacional y local, las cuestiones de población deben integrarse en la formulación, aplicación, supervisión y evaluación de todas las políticas y programas relativos al desarrollo sostenible» (ibíd., p. 14).
193. Ibíd.

el desarrollo sostenible».[194] El cambio del discurso es significativo: ahora se nos dice incluso que «el derecho al desarrollo es un derecho universal e inalienable», que debe considerarse un «derecho humano fundamental», y que exige políticas demográficas por parte de los Estados para poder cumplir sus obligaciones internacionales en lo que a «derechos humanos» se refiere.

Hay otra innovación bastante visible en el informe final de esta conferencia. La mujer se ha convertido ahora en el foco de la «planificación familiar», hasta el punto de que se le dedica un capítulo entero (capítulo IV). Mientras que años atrás se hablaba sobre la «planificación familiar» en la «pareja» o el «matrimonio», ahora se llama a «promover la equidad y la igualdad de los sexos y los derechos de la mujer, [...] y asegurarse de que sea ella quien controle su propia fecundidad».[195] Más allá de la retórica «emancipadora» que se utiliza, lo cierto es que este repentino interés por la mujer obedece a que la ciencia venía desarrollando, sobre todo, anticoncepción femenina. Las mujeres son las que deben someterse a píldoras, inyecciones, artefactos intrauterinos y alteraciones hormonales severas para «ser dueñas de su cuerpo». ¡Vaya paradoja!

En esta línea, el informe destaca que las mujeres son «indispensables para lograr el desarrollo sostenible», y esto implica, desde luego, contar con su capacidad de decidir «en todas las esferas de la vida, especialmente en el terreno de la sexualidad y la reproducción. Esto es esencial, a su vez, para el éxito a largo plazo de los programas de población».[196] Naciones Unidas y quienes manejan sus hilos se han dado cuenta, probablemente, de que resulta mucho más conveniente interpelar directamente a la mujer, con la ayuda de la ideología y el movimiento feminista,[197] más que a «la pareja» en abstracto. Un año más tarde, todo esto será reforzado en la Cuarta Conferencia Internacional de la Mujer en Beijing.

Por último, esta conferencia poblacional de 1994 supone todavía una importante novedad más: ya podemos notar en ella el avance de la lógica que alimenta al globalismo, determinada por el creciente poder de agentes políticos no estatales de naturaleza internacional o global. Así, el protagonismo que se otorga a los organismos internacionales y a las ONG ya no es secundario o derivado, sino fundamental. En cualquier requerimiento o disposición del informe, tales como asuntos

---

194. Ibíd., p. 17.
195. Ibíd., principio 4, p. 10.
196. Ibíd., p. 20.
197. El informe dice que «deberían hacerse todos los esfuerzos posibles por alentar la ampliación y el fortalecimiento de los grupos de activistas», refiriéndose con ello a los grupos feministas (ibíd., 22).

de financiamiento, diseño, implementación, monitoreo o evaluación de políticas demográficas, se ve que los organismos internacionales y las ONG gozan de gran protagonismo.[198] Ellos se encuentran, prácticamente en todo, a la par con los Estados, como piezas fundamentales para lograr los objetivos de reducir la natalidad en el planeta.

Naciones Unidas exige legalizar el aborto en el mundo

Entre las medidas más significativas que Naciones Unidas define y llama a tomar en la conferencia poblacional de 1994, encontramos la provisión universal de métodos de «planificación familiar». Así lo expresa el informe:

Todos los países deberían adoptar medidas para satisfacer las necesidades de planificación de la familia de su población lo antes posible, en todo caso para el año 2015, y deberían tratar de proporcionar acceso universal a una gama completa de métodos seguros y fiables de planificación de la familia y a servicios conexos de salud reproductiva que no estén legalmente permitidos. El objetivo sería ayudar a las parejas y a los individuos a alcanzar sus objetivos de procreación y brindarles todas las oportunidades de ejercer su derecho a tener hijos por elección.[199]

Hay muchas cosas en este párrafo que llaman especialmente la atención. Primero, que se exija una «gama completa» de métodos de «planificación de la familia» y también de servicios de «salud reproductiva». Ya veremos qué significa una «gama completa», porque en este párrafo no se especifica. Segundo, que esta «gama completa» incluye también todos aquellos métodos «que no estén legalmente permitidos». En otras palabras, todos los Estados del mundo deberían *legalizar* dicha «gama completa» lo antes posible y, a más tardar, para el año 2015. Esto supone una afrenta flagrante a la soberanía de los pueblos, a la democracia como sistema político y a la estructura republicana del Estado con su división de poderes. Que un documento de Naciones Unidas solicite legalizar

---

198. Por poner un ejemplo, encarga a las «organizaciones no gubernamentales» «invertir» en «todos los aspectos de la salud sexual y reproductiva, incluida la planificación de la familia y la salud sexual, y deberían promover, supervisar y evaluar todos estos aspectos» (ibíd., p. 16). Otro ejemplo: «Los gobiernos, al nivel apropiado y con el apoyo de la comunidad internacional y de las organizaciones regionales y subregionales, deberían formular y aplicar políticas y programas de población» (ibíd., p. 18).
199. Ibíd., párrafo 7.16, p. 41.

tal o cual cosa, en todo el planeta, significa que los pueblos no tienen ningún poder de decisión y que el Poder Legislativo de sus Estados funciona simplemente como una escribanía que certifica la voluntad global de las Naciones Unidas. Tercero, advertimos, por enésima vez, que todo esto estaría inspirado en la necesidad de «garantizar derechos»; concretamente, el de elegir el número y el espaciamiento de los hijos. La estrategia de Kissinger se aplica, otra vez, a pie juntillas.

Pero ¿qué significa eso de «gama completa»? ¿Qué es una «gama completa» de métodos de «planificación familiar» y de «servicios de salud reproductiva»? Encontramos la respuesta en otro párrafo del informe:

> Mediante el sistema de atención primaria de salud, todos los países deben esforzarse por que la salud reproductiva esté al alcance de todas las personas de edad apropiada lo antes posible y a más tardar para el año 2015. La atención de la salud reproductiva en el contexto de la atención primaria de la salud debería abarcar, entre otras cosas: asesoramiento, información, educación, comunicaciones y servicios en materia de planificación de la familia; educación y servicios de atención prenatal, partos sin riesgos, y atención después del parto, en particular para la lactancia materna y la atención de la salud maternoinfantil, prevención y tratamiento adecuado de la infertilidad; interrupción del embarazo de conformidad con lo indicado en el párrafo 8.25…[200]

Así, entre tantos elementos y prácticas contempladas en la «atención de la salud reproductiva», damos por fin con el aborto, denominado «interrupción del embarazo». Esto no es una casualidad: ya hemos visto que, desde hace varios años, se viene tomando consciencia de que hay que incluir el aborto en las políticas de reducción de la natalidad, denominadas «planificación familiar». Lo vimos en el «informe Rockefeller» y en el «informe Kissinger»; y en 1994, tras el fin de la Guerra Fría, la hegemonía de Estados Unidos sobre la comunidad internacional es total.

Ahora bien, el informe de la conferencia dice que el aborto debe estar en «conformidad con lo indicado en el párrafo 8.25». Este párrafo es fruto del esfuerzo de los países que no vacilaron en defender la vida humana en todas sus etapas, y lograron incluir en el informe lo siguiente: «En ningún caso se debe promover el aborto como método de planificación

---

200. Ibíd., párrafo 7.6, p. 38.

de la familia».[201] No obstante, esta declaración genera un cortocircuito conceptual con todo lo demás, y es difícil de sostener. Veamos: se ha definido, en primer lugar, la «salud reproductiva» como un estado de bienestar general, en el que se elige cuántos hijos tener y en qué momento; la «planificación familiar» sería, en este sentido, un componente, entre otros, de la «salud reproductiva». A continuación, se ha dicho que todos los Estados deberían proporcionar una «gama completa» de métodos de «planificación familiar» y de «salud reproductiva». Cuando hubo que definir esa «gama completa» de métodos de «salud reproductiva» se incluyó la «interrupción del embarazo», pero a condición de que no se considerara un «método de planificación de la familia». El problema es que, como vimos, la «planificación de la familia» es parte de un concepto más amplio llamado «salud reproductiva», con lo cual el aborto podría ofrecerse no como un método de planificación familiar, sino como una manera de cumplir con las exigencias, más amplias, de la «salud reproductiva». En esto consiste este monumental engaño y esta afrenta a la soberanía de tantos pueblos que no estarían dispuestos a legalizar el aborto.

El documento de la conferencia también ofrece previsiones financieras que dan cuenta de la enorme cantidad de dinero que hay detrás de las políticas de control de natalidad, la «salud reproductiva» y los negocios de la «planificación familiar». Ninguna de todas las medidas que hay que implementar cuestan poco dinero, sino más bien todo lo contrario. Las estimaciones de las Naciones Unidas calculan que, solo en los países en desarrollo, harán falta las siguientes cantidades: «17.000 millones de dólares en el año 2000, 18.500 millones de dólares en el año 2005, 20.500 millones de dólares en el año 2010 y 21.700 millones de dólares en el año 2015».[202] La planificación demográfica es un proyecto monumental de ingeniería social que precisa de un financiamiento acorde a sus pretensiones.

Cinco años después de la Conferencia de Población y Desarrollo en El Cairo, tuvo lugar una sesión especial de la Asamblea General de la ONU llamada «El Cairo+5». En ella se reiteraron todos los conceptos, e incluso fueron reforzados con nuevos eufemismos e invenciones, como el novedoso término «perspectiva de género»,[203] del que hablaremos en

---

201. Ibíd., párrafo 8.25, p. 56.
202. Ibíd., párrafo 13.15, p. 90.
203. «Debe adoptarse una perspectiva de género en todos los procesos de formulación y aplicación de políticas y en la prestación de servicios, en particular de salud sexual y reproductiva, incluida la planificación de la familia» (Asamblea General de las Naciones Unidas, A/S–21/5, «Medidas

el próximo subcapítulo. También se insistió en que «una rápida estabilización de la población mundial [se refiere a su tamaño] contribuirá considerablemente a la consecución del objetivo primordial del desarrollo sostenible».[204] Todo este neolenguaje nos resulta hoy muy habitual, pero ese fue el marco de su configuración original. Por otra parte, «El Cairo+5» se aprovechó para exigir financiamiento y apoyos de diversa índole, tanto público como privado, para la militancia feminista, que en el documento se menciona con el eufemismo «femenina»: «Los gobiernos, los donantes y el sistema de las Naciones Unidas deben alentar y apoyar la ampliación y el fortalecimiento de los grupos comunitarios, sociales y de promoción femeninos».[205] También se sacó provecho de esta oportunidad para expandir las funciones de las Naciones Unidas, las ONG y darle un protagonismo especial a «los donantes». Asimismo, se solicitó más dinero tanto a los gobiernos como a los donantes, a quienes se pidió que «hagan todo lo posible para movilizar los recursos financieros necesarios».[206] Por último, se dirigió un mensaje muy claro a los legisladores, que en una democracia se supone que representan a sus electores, aunque está claro que para las Naciones Unidas deberían representar su voluntad:

> Se invita a los parlamentarios y a los miembros de las legislaturas nacionales a garantizar las reformas legislativas y el aumento de la sensibilización necesarias para aplicar el Programa de Acción. Se les insta a que promuevan la aplicación del Programa de Acción, incluso mediante la asignación, según proceda, de recursos financieros.[207]

Con todo esto sobre la mesa, ahora sí podemos concluir.

La Agenda 2030 y la reducción de la natalidad

No exagerábamos cuando dijimos que la Agenda 2030 estaba encriptada. La encriptación funciona a partir de dos tácticas complementarias:

---

clave para seguir ejecutando el Programa de Acción de la Conferencia Internacional sobre la Población y el Desarrollo», 1 de julio de 1999, párrafo 46). O también: «Todos los dirigentes a todos los niveles, así como los padres y educadores, deben promover modelos positivos que ayuden a los varones a convertirse a adultos sensibles a la cuestión de género y les permitan apoyar, promover y respetar la salud sexual y reproductiva y los derechos reproductivos de la mujer» (ibíd., párrafo 50).
204. Ibíd., párrafo 7.
205. Ibíd., párrafo 51.
206. Ibíd., párrafo 92.
207. Ibíd., párrafo 87.

por un lado, se recurre sin cesar a eufemismos y neolenguajes deliberadamente gelatinosos e imprecisos; por el otro, se remite a otros documentos, informes, conferencias, resoluciones y compromisos internacionales, que remiten a su vez a otros documentos, informes, conferencias... y así sucesivamente.

Note el lector el enorme trabajo de investigación que supuso aclarar de manera rigurosa apenas un puñado de términos, tales como «planificación familiar», «derechos sexuales y reproductivos» y «salud sexual y reproductiva». Sin una comprensión cabal de esta terminología es imposible entender lo que dice la Agenda 2030 en la resolución de la ONU y en las metas que, sobre temas de población, corresponden a distintos objetivos. Note asimismo el lector el trabajo que supuso llegar a determinar, y desencriptar a su vez, el contenido de las conferencias internacionales a las que la Agenda 2030 remite cuando trata estas cuestiones.

En extremada síntesis, lo que pudimos descubrir es que todos estos conceptos fueron creaciones lingüísticas enmarcadas por la tesis de la «superpoblación», según la cual el planeta va camino a un apocalipsis poblacional. Para evitarlo, habría que reducir significativamente la natalidad, llevando adelante biopolíticas de control demográfico. Con el fin de suavizar el discurso, aparecen los términos mencionados: «Planificación familiar», «derechos sexuales y reproductivos» y «salud sexual y reproductiva». Poco más tarde se conectaron con el término «desarrollo integral». Algunos de estos términos fueron parte, incluso, del lenguaje eugenésico de la primera mitad del siglo XX. Hacia finales del siglo pasado, no quedaría ni rastro de sus pretensiones racistas originales, sino que serían parte integral de un discurso feminista promovido por las Naciones Unidas.

También pudimos constatar la utilización de las Naciones Unidas por parte de Estados Unidos. La terminología en cuestión, y la idea que se tiene de los «derechos humanos», varía de acuerdo con los intereses y prioridades que el gobierno norteamericano va teniendo. Así, si a este gobierno le urge controlar el crecimiento poblacional, se crea un organismo especializado en Naciones Unidas (UNFPA). Si el secretario de Estado dice que hay que repetir incansablemente que esto es una cuestión de «derechos», Naciones Unidas se inventará un nuevo «derecho humano» que dé consistencia a la retórica. Si Estados Unidos no quiere intervenir directamente en la demografía de los demás países, su secretario de Estado puede recomendar al presidente hacerlo a través de los órganos de las Naciones Unidas. Ahora bien, estos órganos empiezan a gozar de poder propio, y su burocracia se va haciendo autónoma con el tiempo. En la década de 1990 empezamos a ver, con mucha claridad, cómo solicita más y más poder, en una variedad de áreas y temas de índole global. Ahí empezamos a notar las pretensiones de un régimen que, más que imperialismo, debemos empezar a llamar «globalismo», porque se emancipa de toda idea de nación.

Ahora sí es posible regresar a las metas que la Agenda 2030 definió sobre el tema que nos ocupa. La Meta 3.7 establece: «De aquí a 2030, garantizar el acceso universal a los servicios de salud sexual y reproductiva, incluidos los de planificación familiar, información y educación, y la integración de la salud reproductiva en las estrategias y los programas nacionales». Ya sabemos, por ejemplo, que el aborto (llamado eufemísticamente «interrupción del embarazo») se considera parte de una «gama completa» de «servicios de salud sexual y reproductiva» en las medidas establecidas por la Conferencia Internacional de Población y Desarrollo de El Cairo. Por lo tanto, sería fácil y legítimo interpretar que la Agenda 2030 está exigiendo, de la manera más disimulada posible, la universalización del aborto en nombre de la «salud reproductiva».

Para reforzar la idea, la Meta 5.6 es todavía más clara al respecto:

> Asegurar el acceso universal a la salud sexual y reproductiva y los derechos reproductivos según lo acordado de conformidad con el Programa de Acción de la Conferencia Internacional sobre la Población y el Desarrollo, la Plataforma de Acción de Beijing y los documentos finales de sus conferencias de examen.

La universalización del aborto se remite expresamente a estos acuerdos. No debe quedarnos duda alguna: el acuerdo de la conferencia de El Cairo es una parte fundamental de la Agenda 2030. Las naciones nada deberían decir al respecto; su soberanía ha sido extinguida. Que su natalidad ha de ser reducida, que sus hijos en gestación han de ser abortados en nombre de los «derechos humanos», es algo que ya ha decidido hace tiempo la burocracia global, y se espera que todos los pueblos cumplan con ello, a más tardar, para el año 2030.

IV. La ideología de género como clave hermenéutica de la Agenda 2030

«La neolengua era el idioma oficial de Oceanía y
se había diseñado para satisfacer las necesidades
ideológicas del Socing, o socialismo inglés. En 1984

todavía no había nadie que utilizara la neolengua como
única forma de comunicación, ni hablada ni escrita.
Los editoriales del Times se escribían en neolengua,
pero era un tour de force que solo podía realizar un
especialista. Se suponía que acabaría desplazando
a la vieja lengua [...] en torno al año 2050».[208]

G. ORWELL

«A medida que la libertad política y económica disminuye,
la libertad sexual tiende, en compensación, a aumentar.
Y el dictador (a menos que necesite carne de cañón o
familias con las cuales colonizar territorios desiertos o
conquistados) hará bien en favorecer esta libertad».[209]

A. HUXLEY

«Nuestra gente podrá casarse cuándo y con quien quiera,
pero tendrá los hijos de acuerdo con un plan genético».[210]

B. F. SKINNER

El «género» transversaliza la Agenda 2030

En permanente relación con sus esfuerzos de reducción de la natalidad y control poblacional, uno de los conceptos más importantes de la Agenda 2030 es el de «género». No existe resolución, informe, discurso ni documento en general asociado a dicha agenda que no invoque el asunto del «género». Incluso uno de los 17 objetivos —el número 5— está dedicado íntegramente a esta cuestión. Y no solo eso, sino que estamos frente a un «principio transversal» a toda la agenda, una «perspectiva» (ideología) que impregna la totalidad de los objetivos, tal como explicó la propia CEPAL, la comisión regional de las Naciones Unidas en América Latina.

Según la CEPAL, si bien existe un objetivo dedicado por completo al «género», este asunto se encuentra presente, se vincula e impacta, de una u otra manera, en las 169 metas. Así, en 49 metas aparece de manera explícita, en 23 de forma implícita, en 76 se

---

208. Orwell, *1984*, p. 379.
209. Huxley, *Un mundo feliz*, p. 16.
210. Skinner, *Walden Dos*, p. 159.

crean «condiciones» para la «igualdad de género» y en 21 existe una vinculación «indirecta» con la materia.[211] En este sentido, el género podría considerarse como una suerte de *clave hermenéutica* de la Agenda 2030 en general.

La obsesión de los globalistas con este asunto es patente. Hemos podido constatarla a lo largo de esta investigación, pero en el caso de la Agenda 2030 llega a un punto de clímax. ¿En qué se funda? ¿A qué obedece? ¿En qué contexto surge? Un primer indicio lo ofrece el contenido mismo del concepto. Género no equivale a sexo; estos no son términos intercambiables ni complementarios. Más bien ocurre lo contrario: el género *desbanca* al sexo. De ahí que la Agenda 2030 no se refiera ni una sola vez al «sexo», sino únicamente al «género». En la antropología globalista, el sexo ya no existe: lo que hay es «género». Y este último, a diferencia de aquel, consiste en una serie de determinaciones socioculturales y políticas, o psicológicas y autoperceptivas, ontológicamente desarraigadas de toda realidad biológica o material. Así, el «género» sería una creación nuestra, un producto de nuestra propia cultura espontánea o bien de nuestra ingeniería social que, así como puede producir hombres y mujeres heterosexuales, también podría producir un sinfín de otras identidades.

A partir de lo que llaman «perspectiva de género», ser hombre o ser mujer ya no puede definirse con arreglo al sexo, es decir, por medio de la realidad biológica de la persona. El sexo, que es un concepto objetivamente determinable, se deshace en la subjetividad del género. Ser hombre o mujer correspondería, pues, a una serie de determinaciones culturales de las que se puede escapar construyendo la propia identidad mediante la «autopercepción», auxiliada por disfraces, hormonas, cirugías y modificaciones en los registros y documentos públicos. La Agenda 2030 no se anima a hacer explícito que este es su concepto de género, sino que simplemente habla de «género» y evita definirlo. Pero ya sabemos que ese es el concepto que utiliza ONU Mujeres, el organismo de Naciones Unidas encargado de diseñar la «perspectiva de género» que atraviesa la agenda, aunque evite en ella su explicitación.

---

211. CEPAL, «Transversalización de género en el seguimiento estadístico de los Objetivos de Desarrollo Sostenible», 27 de enero de 2020, https://oig.cepal.org/es/infografias/transversalizacion -genero-seguimiento-estadistico-objetivos-desarrollo-sostenible (consultado el 6 de junio de 2024).

Así irrumpe el «género» en el lenguaje de Naciones Unidas

Así como en el caso de la «planificación familiar» y la «salud reproductiva» tuvimos que desencriptar documentos, informes y conferencias, en el caso del género debería hacerse lo mismo para comprender qué quieren decir con esta palabra.

Si volvemos a la Conferencia Internacional de Población y Desarrollo celebrada en 1994 en El Cairo, no encontraremos la palabra «género» en ninguna parte. Este es un buen indicio por el que comenzar. La palabra utilizada para dar cuenta de las diferencias entre hombres y mujeres no es «género», sino, en todos los casos, «sexo». Lo mismo ocurre si emprendemos un viaje hacia atrás: todos y cada uno de los documentos que hemos investigado, además de otros tantos que no hemos mencionado explícitamente, pero que también surgen de la ONU, no hablan ni una sola vez de «género», sino de «sexo». Incluso en un tratado internacional tan importante como la Convención sobre la Eliminación de todas las Formas de Discriminación contra la Mujer, puesto en vigor en 1981, el «género» no aparece ni una sola vez.[212]

Al seguir el rastro del desarrollo de los conceptos de «planificación familiar» y «salud reproductiva», encontramos la palabra «género» en 1999, en el documento de lo que se llamó «El Cairo+5». Ahí notamos que, si bien la reunión tenía por objeto revisar los avances de lo establecido en 1994, habían surgido nuevos términos que se repetían sin cesar: «Perspectiva de género», «enfoque de género», «cuestiones de género», «desigualdad de género», «orientación de género», etcétera. Es evidente que el surgimiento del concepto «género», en el marco del discurso y la agenda globalista, hay que buscarlo, por lo tanto, después de 1994, pero antes de 1999.

Una revisión sistemática de la actividad de Naciones Unidas entre estos años nos conduce a la Cuarta Conferencia Internacional sobre la Mujer, celebrada en 1995 en Beijing. En esta oportunidad, además de ratificar todo lo establecido un año antes en El Cairo, y de remarcar el rol «sostenible» de la mujer en cuanto al «control de su fecundidad»,[213] realiza su entrada triunfal el concepto de «género» como un articulador del discurso de toda la reunión.

---

212. Al contrario, según su propio articulado, la discriminación contra la mujer se basa en el «sexo»: «A los efectos de la presente Convención, la expresión "discriminación contra la mujer denotará toda distinción, exclusión o restricción basada en el sexo…"». (Artículo 1).
213. Naciones Unidas, «Informe de la Cuarta Conferencia Internacional sobre la Mujer», A/CONF.177/20, 4-15 de septiembre de 1995, párrafo 17.

En rigor, dicho concepto había sido una innovación reciente de la teoría feminista. Siguiendo el camino abierto por la filósofa Simone de Beauvoir con aquello de «no se nace mujer, llega una a serlo»,[214] las feministas fueron deshaciéndose progresivamente de la noción de «sexo», es decir, de la idea de que la dimensión material y biológica del cuerpo constituye un factor causal (entre otros) de las diferencias entre hombres y mujeres. Esta idea terminará de coagular en el concepto «género» en la década de 1980: si el «sexo» es naturaleza, a partir de ahora el «género» será «construcción cultural». Más que un «sexo», las personas empezarán a tener un «género»; es decir, lo fundamental de sus vidas y sus experiencias no sería su realidad biológica, sino uno cúmulo de arbitrariedades impuestas por un sistema opresivo.

El concepto «género» no funcionó como una suerte de complemento del concepto «sexo» sino más bien como un reemplazo. En efecto, la teoría feminista ampliará cada vez más el alcance de esta «construcción cultural» como factor determinante de lo que significa y lo que implica ser una mujer, en detrimento del peso de la realidad biológica de las personas. Este proceso de absorción de lo natural por lo cultural llegará a su punto máximo precisamente a principios de la década de 1990, en *El género en disputa,* de Judith Butler. Este libro marcó un antes y un después en la teoría feminista, dando vida a una suerte de «posfeminismo», llamado también «teoría *queer*», en la que la realidad del sexo ha desaparecido por completo.

Según Butler, el sexo «siempre fue género, con el resultado de que la distinción entre sexo y género no existe como tal».[215] En otras palabras, lo que creíamos que era «sexo», es decir, lo que creíamos que era una consecuencia de la constitución biológica del ser humano, en realidad siempre ha sido «género». Por lo tanto, no deberíamos seguir hablando de «sexo» y de «género» como dos dimensiones complementarias: todo lo que hay es discurso, cultura, poder, subjetivación, performatividad; todo lo que hay es «género», es imposición y opresión.[216] Ser «hombre» o ser «mujer» resulta una ficción, como cualquier otra, orquestada por medio de lo que llamamos «género». Todas estas diferencias que la palabra

---

214. Véase Simone de Beauvoir, *El segundo sexo* (Buenos Aires: Debolsillo, 2015).

215. Judith Butler, *El género en disputa. El feminismo y la subversión de la identidad* (Barcelona: Paidós, 2015), p. 55.

216. «Si la sexualidad se construye culturalmente dentro de relaciones de poder existentes, entonces la pretensión de una sexualidad normativa que esté "antes", "fuera" o "más allá" del poder es una imposibilidad cultural y un deseo políticamente impracticable, que posterga la tarea concreta y contemporánea de proponer alternativas subversivas de la sexualidad y la identidad dentro de los términos del poder en sí» (ibíd., p. 94).

«género» indica deberían ser subvertidas, hasta subvertir la cultura como tal, y dejar liberados a los sujetos de todo tipo de identidad que no sea la que surge como fruto de su propia «elección» y «autoconstrucción». Ni la biología, ni la cultura ni la sociedad: el «yo» se define a sí mismo a través de su «autopercepción». La «identidad de género» será el concepto resultante de esta ideología, que es la que hoy domina todos los espacios de poder: instituciones políticas, organismos internacionales, universidades, escuelas, medios de comunicación, grandes tecnológicas, poderosas ONG, etcétera.

De esta manera llega el concepto «género» a la Conferencia Internacional sobre la Mujer de 1995. Un lustro atrás, Butler ya había producido su punto de inflexión dentro de la teoría feminista, y nadie que se dedicara a estos temas podía ignorarlo. Los grupos feministas, impulsados explícitamente por Naciones Unidas desde años atrás como ya hemos visto, dominarán la formulación del discurso en esta conferencia e incorporarán el «género» como concepto focal. De repente, no solo emerge este neolenguaje, sino que se reclaman una serie de medidas para garantizar su *imposición coactiva*. En un abrir y cerrar de ojos, todos los Estados del globo han quedado comprometidos con algo llamado «género», de lo que la inmensa mayoría de sus representantes y delegados jamás había escuchado antes.

El «género» en *todo*

Así, según surge de la conferencia en Beijing, la cuestión del «género» deberá ser transversal a todos los ámbitos, todas las instituciones y todas las políticas venideras. Por ejemplo, el informe establecerá, como medida que deben cumplir todos los gobiernos, «incorporar perspectivas de género en todos los aspectos de la formulación de políticas económicas».[217] Para hacer buena política económica, ahora habrá que incluir las propuestas de la «perspectiva de género».

En lo que respecta a las instituciones políticas, dicha «perspectiva de género» obliga a «tener en cuenta los factores relacionados con el género en la planificación de las políticas y los programas».[218] Además, los gobiernos deben «lograr una representación paritaria de los hombres y las mujeres»[219] en sus órganos e instituciones. Las «leyes de paridad de género», por las que el sistema político y electoral se ha venido reformando

---

217. Naciones Unidas, «Informe de la Cuarta Conferencia Internacional sobre la Mujer», A/CONF.177/20, párrafo 67, punto A.
218. Ibíd., párrafo 198.
219. Ibíd., párrafo 190, punto A.

radicalmente en todas partes en virtud del «género», tienen su origen en esta conferencia de la ONU. Pero dado que, *a priori*, el sexo del político no supone nada en términos ideológicos, el informe de Naciones Unidas da un paso más allá y trata de cooptar ideológicamente también a los partidos políticos. A ellos se les exige «incorporar las cuestiones de género a su programa político».[220] Y a los representantes elegidos, mucho más que representar a sus electores, se les pide que «actúen responsablemente en lo que respecta a su compromiso respecto de la problemática del género».[221]

Esto último no significa otra cosa que legislar todo lo que demande la «perspectiva de género». De hecho, uno de los objetivos centrales de esta conferencia de la ONU consiste explícitamente en «integrar perspectivas de género en las legislaciones, políticas, programas y proyectos estatales».[222] Este objetivo implica medidas gubernamentales como «promover la introducción en todas las legislaciones y políticas de una perspectiva de género»,[223] «encomendar a todos los ministerios el mandato de estudiar la política y los programas desde el punto de vista del género»,[224] «conseguir que una perspectiva de género se incorpore normalmente en todos los procesos de formulación de políticas»,[225] «dar capacitación y asesoramiento a los organismos gubernamentales a fin de que tengan en cuenta en sus políticas y programas una perspectiva de género»,[226] además de «promover una perspectiva de género en las reformas jurídicas de las políticas y los programas».[227]

En este contexto, las instituciones gubernamentales dedicadas a los derechos humanos tendrán un rol crucial. Se produce una interesante inflexión en el discurso cuando el informe solicita que, a partir de ahora, la enseñanza de «derechos humanos» incorpore el concepto «género» («elaborar programas de educación en materia de derechos humanos que incorporen la dimensión de género en todos los niveles de la enseñanza»).[228] O también cuando pide «fomentar la incorporación de una perspectiva de género en los programas de acción nacionales y las instituciones nacionales de derechos humanos».[229] Hay que recordar que, antes de esta conferencia, no existe ningún documento ni instrumento

---

220. Ibíd., párrafo 191, punto C.
221. Ibíd., párrafo 194, punto A.
222. Ibíd., Objetivo estratégico H.2., p. 93.
223. Ibíd., párrafo 204, punto D.
224. Ibíd., párrafo 204, punto E.
225. Ibíd., párrafo 205, punto A.
226. Ibíd., párrafo 205, punto F.
227. Ibíd., párrafo 205, punto C.
228. Ibíd., párrafo 83, punto J.
229. Ibíd., párrafo 231, punto I.

de Naciones Unidas que recoja como «derecho humano» algo llamado «género». No obstante, en virtud de esta súbita incorporación inconsulta, «todos los Estados deberán emprender una revisión de todas las leyes, políticas, prácticas y procedimientos nacionales a fin de garantizar que se cumplen las obligaciones internacionales en materia de derechos humanos».[230] Y dado que el «género» se ha convertido de repente en un elemento integral de los «derechos humanos», resulta que esas obligaciones internacionales generan compromisos respecto del «género». En consecuencia, los Estados deberán «incluir los aspectos relacionados con el género en la presentación de informes con arreglo a todas las demás convenciones e instrumentos de derechos humanos»[231]... aunque ninguna de ellas mencione el concepto «género».

Como es fácil de advertir, el Estado queda totalmente colonizado, en todos sus poderes, por algo llamado «perspectiva de género». Pero, curiosamente, en el informe todavía no se ha explicado qué se supone que significa. Ahora bien, esta ideología no solo debe ser adoptada por la economía política y por el Estado, sino por toda la sociedad. En efecto, quedan muchas áreas por colonizar todavía. Por ejemplo, los actores del sector privado. Con respecto a ellos, la conferencia de la ONU solicita que las empresas, los sindicatos y las asociaciones civiles garanticen «un número decisivo de mujeres dirigentes, ejecutivas y administradoras en puestos estratégicos de adopción de decisiones». Qué significa «número decisivo» es algo que no queda claro en absoluto. Sea como sea, para lograr esta meta tan indeterminada, las empresas, por ejemplo, tendrán que «revisar los criterios de contratación y nombramiento para los órganos»[232] decisores. El nivel de arrogancia de los burócratas globales es superlativo.

Considérese también el área de salud. Hospitales, clínicas, sanatorios, médicos, enfermeros e incluso estudiantes de medicina y enfermería deben adoptar la totalizante «perspectiva de género». Así, el informe llama a «reformular los sistemas de información, los servicios y la capacitación en materia de salud destinados a los trabajadores de la salud, de manera que respondan a las necesidades en materia de género».[233] En este sentido, por ejemplo, habrá que «garantizar que los programas de las facultades de medicina [...] tengan en cuenta los aspectos relacionados con el género».[234]

---

230. Ibíd., párrafo 203, punto G.
231. Ibíd., párrafo 230, punto H.
232. Ibíd., párrafo 192, punto C.
233. Ibíd., párrafo 106, punto F.
234. Ibíd., párrafo 107, punto P.

El terreno de la educación, precisamente, será de vital importancia para imponer a toda la sociedad esta ideología. En este sentido, el informe requiere «establecer un sistema docente en que se tengan en cuenta las cuestiones relacionadas con el género».[235] Esto implica «elaborar programas de capacitación y materiales didácticos para docentes y educadores [...] con miras a proporcionarles estrategias eficaces para una enseñanza con orientación de género».[236] En lo que respecta a los niveles superiores de educación, habrá que «apoyar y realizar estudios e investigaciones sobre el género [...] y aplicarlos a la elaboración de programas, incluidos los de estudios universitarios, libros de texto y material didáctico y en la formación de personal docente».[237] Al mismo tiempo, los gobiernos tendrán que «eliminar, en los programas de educación académica [...] las barreras legales y reglamentarias que se oponen a la enseñanza de cuestiones sexuales y de salud reproductiva»[238] con enfoque de género. Es llamativa la liviandad con que, en nombre de las Naciones Unidas, un puñado de personas pueden hacer y deshacer la manera en que los pueblos establecen sus formas y sus contenidos educativos.

Junto a las instituciones educativas, los medios de comunicación también tendrán que ajustarse al novedoso «enfoque». Los gobiernos tendrán que hacer uso de ellos para promover determinadas ideas sobre cómo debieran realmente ser los hombres y las mujeres, y cómo debieran ser y funcionar las familias. Por ejemplo, el informe llama a «elaborar y suministrar programas educacionales mediante campañas innovadoras en los medios de información» para lograr «la exclusión de los estereotipos basados en el género de los papeles que desempeñan las mujeres y los hombres dentro de la familia».[239] En este sentido, el informe requiere «suprimir la proyección constante de imágenes negativas y degradantes de la mujer en los medios de comunicación». Solo una oración después, precisa que «los programas que insisten en presentar a la mujer en sus papeles tradicionales pueden ser [tan] restrictivos»[240] como las imágenes de violencia contra la mujer y la pornografía. Es decir, un programa que muestre a una mujer en un «papel tradicional», como por ejemplo el de amamantar a su hijo, lavar los platos o cocinar, estaría presentando imágenes «negativas y degradantes» —al mismo nivel que la violencia

---

235. Ibíd., párrafo 80, punto D.
236. Ibíd., párrafo 83, punto C.
237. Ibíd., párrafo 83, punto G.
238. Ibíd., párrafo 83, punto K.
239. Ibíd., párrafo 180, punto B.
240. Ibíd., párrafo 236.

y la pornografía— que habría que censurar. Esta especie de caza de brujas deberían monitorizarla «grupos de control que puedan vigilar a los medios de difusión».[241]

También en el marco de esta conferencia se avanzará el término «violencia de género». Al respecto, se dice que «la expresión "violencia contra la mujer" se refiere a todo acto de violencia basado en el género que tiene como resultado posible o real un daño físico, sexual o psicológico».[242] De esta manera, si las mujeres sufren violencia, no se debe tanto a la maldad de determinadas personas, que podrían ser de uno u otro sexo, sino más bien a algo llamado «género». Sobre esta base, tan solo puede darse que los hombres ejerzan violencia contra las mujeres. Paradójicamente, el acto de una mujer que dañe física, sexual o psicológicamente a otra mujer, ya no cabe dentro de este concepto de «violencia contra la mujer», de la misma forma que el acto de una mujer que dañe física, sexual o psicológicamente a un hombre tampoco cabe en el concepto de «violencia de género». Así funciona esta farsa promovida por los cultores de la neolengua en boga.

Desde luego, la solución para combatir esta «violencia contra la mujer», que se redefine como «violencia de género», estriba en «promover la integración activa y visible de una perspectiva basada en el género en todas las políticas y programas en materia de violencia contra la mujer».[243] Precisamente por este medio, el Comité de Derechos Humanos de la ONU, como vimos en un capítulo anterior, terminará diciendo que, en nombre de los «derechos humanos», no se puede penalizar ni a mujeres ni a médicos que practiquen abortos ilegalmente.[244] El argumento esgrimido fue tan pobre como decir que impedir a una mujer abortar equivalía a «violencia de género»; pero lo pobre no le quitó lo efectivo. En lo que respecta al aborto y la conferencia de Beijing de 1995, esta dio un enorme paso respecto de la conferencia de El Cairo de apenas un año antes. En efecto, llamó a «revisar las leyes que prevén medidas punitivas contra las mujeres que han tenido abortos ilegales».[245] Una forma adornada, sin duda, de llamar a su despenalización.

---

241. Ibíd., párrafo 242, punto A.
242. Ibíd., párrafo 113.
243. Ibíd., párrafo 124, punto G.
244. Véase Comité de Derechos Humanos, «Observación general núm. 36 sobre el artículo 6 del Pacto Internacional de Derechos Civiles y Políticos, relativo al derecho a la vida», punto 9, https://www.ohchr.org/sites/default/files/Documents/HRBodies/CCPR/GCArticle6/GCArticle6_SP.pdf (consultado el 24 de abril de 2024).
245. Naciones Unidas, «Informe de la Cuarta Conferencia Internacional sobre la Mujer», A/CONF.177/20, párrafo 106, punto K.

La conferencia de Beijing colocó a las Naciones Unidas en una posición de supremacía política en lo que concierne al «género». En nombre de la mujer y el «género», el régimen globalista avanzó muchos casilleros. «El sistema de las Naciones Unidas debe asignar al nivel más alto posible la responsabilidad de garantizar que en todos los programas y políticas se aplique la Plataforma de Acción y se integre una perspectiva de género».[246] Así, a partir de ahora, la Asamblea General, principal órgano del sistema encargado de formular políticas globales, «debe integrar las cuestiones de género en todos sus trabajos».[247] Por su parte, el Consejo Económico y Social, máximo órgano de coordinación de la ONU, «debe incorporar los asuntos relativos al género en su examen de todas las cuestiones normativas».[248] También la Oficina del Secretario General tendrá que adoptar «una perspectiva de género en todas las actividades del sistema de las Naciones Unidas».[249]

Así pues, no ha quedado un solo ámbito de la sociedad, ni nacional ni internacional, que no resulte atravesado por las exigencias de adoptar una «perspectiva de género» que, en realidad, es una ideología política cuyo efecto mistificador consiste en promover identidades desencarnadas. Esta ideología es *totalitaria*, en el sentido de que reclama para sí un *dominio total* sobre toda la existencia humana, en todos sus ámbitos e instituciones. Pero también es *totalitaria* en el sentido de que borra la frontera que separa lo privado, lo personal e incluso lo íntimo de lo político. La principal reivindicación del concepto «género» es, precisamente, la de «develar» opresiones escondidas tras el viejo concepto «sexo». *Lo personal es político*, dicen los cultores de esta ideología, clausurando cualquier tipo de autonomía del ámbito personal respecto del ámbito de la política. Pero si «lo personal es político», y si «el sexo siempre fue género», entonces lo legítimo es que la dimensión sexual de la vida humana la gestionen las instituciones políticas. A este punto quiere llegar esta ideología que tanto ha entusiasmado a los globalistas y que tanto ha ensanchado su poder.

Algo absolutamente crucial… pero pendiente de definir

Ahora bien, hemos visto que la conferencia de Beijing no ha dejado ni un solo ámbito de la vida que no sea cooptado por la «perspectiva de género». Lo que no puede dejar de resultarnos extremadamente raro

246. Ibíd., párrafo 308.
247. Ibíd., párrafo 312.
248. Ibíd., párrafo 313.
249. Ibíd., párrafo 326.

es que en ninguna parte del informe se dedique siquiera una frase a definir qué quieren decir con «perspectiva de género» o, al menos, con «género» a secas. De esta manera, todo indica que están produciendo un sinfín de compromisos y solicitudes respecto de algo que ni siquiera se sabe qué significa. Y, por la fecha de esta conferencia internacional, ese concepto no formaba parte del uso cotidiano. ¿A qué obedece entonces esta alevosa omisión?

Podemos encontrar un indicio en los anexos del informe de la conferencia. Uno de ellos se titula «Declaración de la presidenta de la conferencia sobre la interpretación más generalizada del término "género"» (Anexo IV). Según leemos aquí, el concepto habría sido decidido en las comisiones de las Naciones Unidas que prepararon la conferencia de Beijing. Sin embargo, en una de ellas planteó una serie de dudas, que llevaron a conformar un «Grupo de Contacto Oficioso» para que «llegara a un acuerdo sobre la interpretación más común del término "género"».[250] La respuesta no tardó en llegar:

> Habiendo examinado detenidamente la cuestión, el grupo de contacto señaló que: 1) el término «género» se había utilizado e interpretado comúnmente en su acepción ordinaria y generalmente aceptada en muchos otros foros y conferencias de las Naciones Unidas; 2) no había indicación alguna de que en la Plataforma de Acción pretendiera asignarse al vocablo otro significado o connotación, distintos de los que tenía hasta entonces. En consecuencia, el grupo de contacto reafirmó que el vocablo «género», tal y como se emplea en la Plataforma de Acción, debe interpretarse y comprenderse igual que en su uso ordinario y generalmente aceptado.[251]

Y eso es, básicamente, todo lo que dice el anexo. De esta manera, Naciones Unidas no ha explicado nada en absoluto. Si el contenido del término «género» fuera tan transparente para todos, tan propio del «uso ordinario» y tan «generalmente aceptado», ¿por qué fue necesario establecer un anexo aclaratorio? El concepto «género», tal como lo usa Naciones Unidas desde mediados de la década de 1990, no es ni cotidiano ni aceptado por la generalidad de la sociedad. Por eso las partes no entendían bien qué querían decir con ese vocablo. Sin ser capaces de ofrecer ninguna definición concreta, o tal vez porque no les convenía

---

250. Ibíd., Anexo IV, párrafo 5.
251. Ibíd., Anexo IV, párrafos 6 y 7.

hacerlo, Naciones Unidas prefirió decir, en un vergonzoso círculo tautológico, que «género» significa lo que todos entendemos por «género». De esta forma, se planteó una definición en la que el vocablo a definir es parte de la misma definición, sin agregar ninguna información relevante y, por tanto, sin definir absolutamente nada.

Ahora bien, podría ser que el redactor de este anexo pretendiera remitirnos, para mayor claridad, al informe escrito por el «Grupo de Contacto Oficioso». Quizás en este documento pudiéramos ganar claridad. Después de todo, de aquí se habrían tomado las indicaciones del significado de «género» para escribir dicho anexo. Veamos entonces qué dice el informe, que apenas consta de dos páginas y cinco párrafos. En la primera página, nos dice que el grupo en cuestión se reunió dos veces en mayo de 1995 en la Sede de las Naciones Unidas para discutir y aclarar el asunto. En la segunda página, nos ofrece el dichoso concepto de género, que queda definido «en su acepción ordinaria y generalmente aceptada»,[252] por lo que la Cuarta Conferencia Internacional sobre la Mujer debe interpretar el vocablo «en su uso ordinario y generalmente aceptado».[253] Punto final. Ninguna información adicional. Parece una broma de mal gusto: se han reunido dos días completos en Naciones Unidas, y todo lo que han podido explicar es que el «género» es lo que comúnmente entendemos por «género». Si fuera tan evidente su significado, ¿qué sentido tenía convocar a un grupo de presuntos «expertos» para que, durante dos días, se dedicaran a aclarar su significado?

Casi tres décadas han pasado desde la Cuarta Conferencia Internacional sobre la Mujer en Beijing. Mirándolo desde la distancia, es posible entender por qué, al tiempo que se convertía el «género» en una ideología totalitaria, obligatoria para todos y para todo, nadie quería decir con claridad qué significaba ese concepto. Hoy ya no quedan dudas sobre su significado: el «género» es una mera «construcción cultural», emancipada de la existencia material del ser humano, desarraigada de toda realidad biológica. De hecho, debemos de liberarnos de toda realidad biológica para poder adquirir una «identidad de género» por medio de nuestra autopercepción. A continuación, el poder político tendrá el deber de reconocer jurídicamente esta ficción, siendo el garante de un conjunto de «identidades» en permanente expansión. Esta ideología está en la base de la militancia y el *lobby* LGBT. Nada de esto hubiera sido mínimamente

252. Naciones Unidas, «Informe del Grupo de Contacto Oficioso sobre cuestiones relativas al género», A/CONF.177/L.2, 7 de julio de 1995.
253. Ibíd., Anexo, párrafo 3.

aceptable en 1995, y por eso se ocultó. Hoy no solo resulta aceptable, sino que la ideología de género se ha vuelto hegemónica e incuestionable. Actualmente, la Agenda 2030 dedica un objetivo completo al «género», y convierte este concepto, según la CEPAL, en la clave interpretativa de las 169 metas. A veces, en política las cosas hay que hacerlas poco a poco, y sin que se note. Este es un caso de antología, ciertamente.

El «género» como política de control demográfico

Pero ¿para qué? Aquí entramos en un terreno especulativo, en el que no pretendo adentrarme más de la cuenta. En todo caso, permítaseme ofrecer una hipótesis: la conferencia de Beijing, al igual que la de El Cairo y tantas otras más, también estuvo impulsada por las intenciones de reducción de la natalidad. El mismo alarmismo demográfico la atraviesa de cabo a rabo. En efecto, la cantidad de veces que se vuelve a la cuestión de la «planificación familiar», los «derechos sexuales y reproductivos» y la «salud reproductiva» es sencillamente incontable. El avance respecto del aborto y su eventual liberalización también es ilustrativo. De la misma manera, se continúa insistiendo en la «sostenibilidad» y su estrecho vínculo con la fecundidad. Pero su núcleo más duro, la médula misma de la conferencia en cuestión, que es el concepto de «género», también puede entrañar una potencia biopolítica de gran magnitud para la reducción natal. Así, para entonces ya era totalmente explícito que ese concepto también podía articularse con lo que hoy llamamos «movimiento LGBT». Más aún, era bien sabido entre los estudiosos de estos asuntos que los sectores lésbicos y *queer* del feminismo habían sido los encargados de desarrollarlo y promoverlo. Si la noción de «género» tanto tenía que ver con ellos, era porque se trataba de un concepto que desafiaba y subvertía toda idea de «orden natural». Si el «género» desbancaba al «sexo», la sexualidad humana podía deshacerse de todo anclaje que no fuera el del deseo o la autopercepción, que eran precisamente las dos fuentes de reivindicaciones sexuales del movimiento LGBT.

Lo que estoy diciendo es que el concepto de «género» sirvió tanto, y despertó tales niveles de apoyo entre las élites globales, porque trajo consigo una revolución sexual que promovió todo tipo de «orientaciones de género» e «identidades de género» muy diversas entre sí, pero con un inexorable común denominador: con la única excepción potencial de la «bisexualidad», ninguna de ellas supone posibilidad alguna de reproducción natural. El incremento LGBT trae aparejado, necesariamente, un descenso de la natalidad en términos relativos. Las técnicas de reproducción artificial presentan costos que muy pocos pueden pagar, de manera que la inmensa mayoría de esta «comunidad», cada vez mayor, pasará por esta tierra sin dejar descendencia. En suma, una revolución sexual LGBT apoyada en el concepto de «género» es una garantía de disminución natal.

Y ya hemos empezado a conocer datos sobre los efectos de esta ideología. En Estados Unidos, el incremento de personas LGBT ha sido inmenso: mientras en el año 2012 el 3,5 % se identificaba con alguna de las orientaciones o identidades LGBT, en el 2020 la cifra creció al 5,6 % y para el 2023 ya estaba en el 7,6 %. Es decir, la población LGBT se ha duplicado en apenas una década. Ahora bien, midiendo el fenómeno por categorías de edad, se encontró que el 22,3 % de la llamada «generación Z» (nacidos entre 1997 y 2012) se identifica como LGBT, en comparación con el 9,8 % de los *millennials* (nacidos entre 1981 y 1996) y el 2,3 % de los «baby boomers» (nacidos entre 1946 y 1964).[254] Esta tendencia revela un crecimiento impresionante, en muy poco tiempo, de un grupo de personas cuyas funciones reproductivas quedan, en la inmensa mayoría de los casos, totalmente anuladas. También revela la progresividad del fenómeno: a medida que nos acercamos a las generaciones más jóvenes, encontramos proporciones cada vez más altas de LGBT.

El caso particular del transgenerismo resulta especialmente ilustrativo. Hasta el año 2016, en Estados Unidos las personas «trans» representaban el 0,01 % de la población.[255] Ahora bien, en el año 2017, un informe del CDC de Estados Unidos registró que el 2 % de los estudiantes de nivel secundario se identificaban como «transgénero».[256] En el 2023, las encuestas de Gallup registraron que el 2,8 % de la población de la «generación Z» ya se declaraba transgénero.[257] En los últimos años, muchas otras investigaciones han dado cuenta del abrupto aumento del transgenerismo en niños y adolescentes de Estados Unidos, y de

254. Véase Jeffrey M. Jones, «LGBTQ+ Identification in U.S. Now at 7.6 %», *Gallup*, 13 de marzo de 2024, https://news.gallup.com/poll/611864/lgbtq-identification.aspx (consultado el 10 de junio de 2024).

255. Véase Kenneth J. Zucker *et al.*, «Gender Dysphoria in Adults», *Annual Review of Clinical Psychology*, 12, núm. 1, marzo de 2016, p. 217, 0.1146/annurev-clinpsy-021815-093034 (consultado el 10 de junio de 2024).

256. Michelle M. Johns *et al.*, «Transgender Identity and Experiences of Violence Victimization, Substance Use, Suicide Risk, and Sexual Risk Behaviors among High School Students – 19 States and Large Urban School Districts, 2017», *Morbidity and Mortality Weekly Report* 68, núm. 3, 25 de enero de 2019, https://www.cdc.gov/mmwr/volumes/68/wr/mm6803a3.htm (consultado el 10 de junio de 2024).

257. Véase Jeffrey M. Jones, «LGBTQ+ Identification in U.S. Now at 7.6 %».

qué manera el clima cultural contemporáneo, basado en la ideología de género, ha influido en este fenómeno.[258]

Ahora bien, lo extraordinario del fenómeno no solo ha sido cuantitativo, sino también cualitativo. En efecto, los datos indican que ahora el transgenerismo afecta sobre todo a las mujeres y no tanto a los hombres, como históricamente ocurría. Así, mientras que en el 2016 el porcentaje de las cirugías de mutilación (eufemísticamente denominadas «de reasignación de género») que se practicaron sobre mujeres fue del 46 %, apenas un año más tarde ese número se elevó a más del 70 %.[259] Asimismo, en las encuestas de Gallup se ha visto que, mientras que en la «generación X» (los nacidos entre 1965 y 1980) un 0,1 % de mujeres y un 0,3 % de hombres se perciben como «transgénero», entre los *millennials* ya se produce una inversión, con el 0,4 % de mujeres y el 0,3 % de hombres percibiéndose de esa forma, para culminar, en la «generación Z», con un 2,1 % de mujeres y 0,9 % de hombres.[260] Así, en muy poco tiempo, la mujer pasó de estar mucho menos afectada que el hombre por el transgenerismo a duplicar los porcentajes de los varones.

Lo mismo se ha registrado en muchos otros países que tienen un común denominador: han impuesto a pie juntillas la ideología de género. Por ejemplo, en Gran Bretaña se conoció en 2018 un aumento del 4.400 % en el número de adolescentes que querían cirugías de mutilación sexual («reasignación de género») respecto de los números de tan solo una década atrás.[261] Lo mismo ha ocurrido en Suecia, donde un grupo de académicos del área de la salud documentaron un abrupto incremento de niñas y adolescentes que dicen querer cambiar de sexo.[262] En el caso de España, donde las leyes de género han estado a la vanguardia, se ha registrado un aumento realmente impresionante en el número de pacientes que solicitan transiciones: en la Comunidad Valenciana, entre 2016 y 2021, el número creció 10.000 %; en Cataluña, el crecimiento fue del 7.000 % entre 2012 y 2021; en Navarra, el aumento entre 2012

258. Una revisión de varias de estas investigaciones puede leerse en Abigail Shrier, *Un daño irreversible. La locura transgénero que seduce a nuestras hijas* (Barcelona: Deusto, 2021).
259. American Society of Plastic Surgeons, «2017 Plastic Surgery Statistics Report», p. 25, https://www.plasticsurgery.org/documents/News/Statistics/2017/plastic-surgery-statistics-full-report-2017.pdf (consultado el 10 de junio de 2024).
260. Véase Jeffrey M. Jones, «LGBTQ+ Identification in U.S. Now at 7.6 %».
261. Gordon Rayner, «Minister Orders Inquiry Into 4,000 Percent Rise in Children Wanting to Change Sex», *The Telegraph*, 16 de septiembre de 2018, https://www.telegraph.co.uk/politics/2018/09/16/minister-orders-inquiry-4000-per-cent-rise-children-wanting/ (consultado el 10 de junio de 2024).
262. L. Frisen, O. Soder y P. A. Rydelius, «Dramatic Increase of Gender Dysphoria in Youth».

y 2021 fue del 3.600 % para mujeres y 250 % para hombres, y creció en todas las regiones del país.[263]

Este crecimiento exponencial —sumado al hecho de que en los últimos años ha venido afectando de una manera desproporcionada a mujeres mientras que en el pasado era característico de hombres—[264] pone de manifiesto que no se trata de un fenómeno «natural» (del que ahora «permitiríamos su visibilización») sino de un fenómeno producido culturalmente. Si esto fuera «natural», si realmente todas estas personas nacieran en «un cuerpo equivocado», no se entiende por qué esto ocurre hoy más que ayer, y por qué la proporción de mujeres está hoy muy por encima de la de los hombres, cuando muy pocos años atrás era exactamente al revés. Es evidente que lo que ha cambiado no es la naturaleza, sino la cultura; y lo ha hecho en torno al concepto de «género» (que supone, justamente, que lo que llamamos «naturaleza» es una mera construcción cultural). La verdad que nadie quiere decir es que *nadie nace en un cuerpo equivocado*, pero sí puede nacer en una cultura que degrada la identidad humana.

Al mismo tiempo que todo esto ocurre, las Naciones Unidas continúan presionando para que todo el mundo termine de implementar la «perspectiva de género», a más tardar, para el año 2030. Esta es una de las grandes promesas, y las grandes demandas, de la Agenda 2030.

V. Implementación y actualidad de la Agenda 2030

Implementación de los ODS

¿Cómo es el procedimiento de implementación de la Agenda 2030 en nuestros países? Tomemos el caso de Iberoamérica.[265] En mayo de 2016,

---

263. Véase Confluencia Movimiento Feminista, «Las leyes trans y el "modelo afirmativo" en España. Análisis descriptivo de su impacto en la salud de personas adultas y menores», 2023, https://movimientofeminista.org/wp-content/uploads/2023/02/leyes-trans-y-modelo-afirmativo-en -espana_cmf2023.pdf (consultado el 10 de junio de 2024).

264. El *Manual diagnóstico y estadístico de los trastornos mentales* (DSM-5), en función de la cifra de quienes una década atrás necesitaron intervención médica, da cuenta de una incidencia esperada de la disforia de género de entre el 0,005 % y el 0,014 % en el caso de los hombres, y de entre 0,002 % y 0,003 % en las mujeres. Véase Asociación Americana de Psiquiatría, *Manual diagnóstico y estadístico de los trastornos mentales, DSM-V* (Madrid: Editorial Médica Panamericana, 2018).

265. En este ejemplo, me oriento por el excelente trabajo de investigación de Carlos Beltramo Álvarez, Alejandro Macarrón Larumbe y Carlos Polo Samaniego, «Desenmascarando la Agenda 2030».

se creó en la CEPAL el Foro de los Países de América Latina y el Caribe sobre el Desarrollo Sostenible,[266] definido como un «mecanismo regional para el seguimiento y examen de la implementación de la Agenda 2030 para el Desarrollo Sostenible».[267] Aunque se llama «Foro de los Países…», no está integrado únicamente por Estados, sino que también se concede amplia participación e intervención a organismos, agencias y fondos de las Naciones Unidas y de la CEPAL, además de incluir a los órganos financieros supranacionales.[268] Los informes de seguimiento que produzca el Foro de los Países deben ser remitidos al Foro Político de Alto Nivel sobre el Desarrollo Sostenible, al Foro del Consejo Económico y Social sobre el Seguimiento de la Financiación para el Desarrollo y al Mecanismo de Coordinación Regional.[269] Todos estos son órganos de las Naciones Unidas.

Una vez creada esta estructura en el marco de la CEPAL, lo siguiente ha sido crear entidades nacionales para cumplir estas funciones de implementación y seguimiento, o bien asignar dichas tareas a alguna institución estatal ya existente. La mayoría de los países han creado una entidad nueva, aprovechando la oportunidad para seguir aumentando el tamaño del Estado y de su burocracia. Por poner un puñado de ejemplos, en México lleva el nombre de Consejo Nacional de la Agenda 2030 para el Desarrollo Sostenible; en Costa Rica, Comisión Nacional Coordinadora de Alto Nivel de los ODS; en Colombia, Comisión Interinstitucional de Alto Nivel para el Alistamiento y la Efectiva Implementación de la Agenda de Desarrollo Post 2015; en Chile, Consejo Nacional para la Implementación de la Agenda 2030 para el Desarrollo Sostenible; en República Dominicana, Comisión Interinstitucional de Alto Nivel para el Desarrollo Sostenible; y así sucesivamente.

A continuación, estos organismos estatales rinden cuentas periódicamente al Foro de los Países, es decir, a las autoridades de las Naciones Unidas. En contrapartida, reciben evaluaciones y recomendaciones para continuar implementando la Agenda 2030 de la manera más efectiva posible. Un ejemplo del tono de estas intervenciones se ha visto en el muy difundido discurso de la chilena Valentina Muñoz Rabanal ante el Foro Político de Alto Nivel:

---

266. CEPAL, Resolución 700, https://www.cepal.org/sites/default/files/document/files/700xxxvi
-foro-esp.pdf (consultado el 11 de junio de 2024).
267. Ibíd., artículo 1.
268. Ibíd., artículo 4.
269. Ibíd., artículo 10.

No podemos parar. No podemos posponer nuestros Objetivos de Desarrollo Sostenible, porque el tiempo corre, y las cosas deben hacerse, no mañana, ni después, ni en ciento treinta y cinco años… esto es un acuerdo global respecto de las acciones que tomaremos; esto ya no es una negociación. Por eso, la Agenda 2030 se llama «agenda» y no «lista de deseos». […] Mis compañeras resisten un violento ataque contra sus derechos reproductivos. Me refiero al derecho constitucional al aborto, un derecho que se sustenta en la Agenda 2030, específicamente bajo el ODS 3. […] Pero esto no se queda ahí, porque como sabemos, las problemáticas son interseccionales y dinámicas, por lo que ningún ODS puede desligarse de los demás sino que interactúan como un organismo completo. El derecho al aborto impacta también en los ODS 1, 4, 5, 8, 13 y 16, directamente. Con todo respeto, pero parece ser que hoy un hombre con una pistola tiene más derechos que una persona con útero.[270]

En este momento de su discurso, es interrumpida con un estruendoso aplauso. Como vemos, nada de lo que he investigado y argumentado en los dos subcapítulos anteriores constituía una exageración ni una mera elucubración. La Agenda 2030 sí funciona como un caballo de Troya para legalizar el aborto a nivel global, por un lado, y, por el otro, sí se sustenta sobre una concepción ideológica del «género», en la que este concepto implica que la identidad se desacople de la realidad biológica (de ahí que la ponente no diga «mujer», sino «persona con útero», porque un hombre también podría tener útero, ya que hombre y mujer son meras autopercepciones).

Además de la actividad en el Foro de Países y en el Foro Político de Alto Nivel, la implementación de la Agenda 2030 requiere de los Estados la creación de «Plataformas Intersectoriales». A través de ellas, se busca articular a las ONG que operan dentro de los Estados, los intereses económicos y productivos y el sector académico. El propósito de estas estructuras consiste en extender los compromisos con la Agenda 2030 a otros actores no gubernamentales, de manera que los ODS se conviertan en una exigencia para los sectores más importantes de la sociedad civil.

Finalmente, la última etapa de implementación consiste en aplicar los «indicadores» diseñados para medir el avance de los objetivos y metas de la Agenda 2030. Los Estados tienen en esta tarea el apoyo de la Conferencia Estadística de las Américas de la CEPAL. El propósito es

---

270. «Discurso de chilena, Ms. Valentina Muñoz Rabanal, en Foro Político de Alto Nivel (HLPF) ONU 2022», YouTube, 12 de junio de 2022, https://www.youtube.com/watch?v=vrYCpz7IERE (consultado el 11 de junio de 2024).

lograr datos fidedignos que permitan orientar ajustes de cara a lograr con mayor eficiencia lo dispuesto por las Naciones Unidas. De aquí resultarán, además, los avances o retrocesos que luego se comunicarán a los Foros mencionados, de donde se recibirán a su vez las recomendaciones pertinentes para continuar avanzando con la ingeniería social de los ODS.

La Agenda 2030 ha muerto: ¡viva la Agenda 2030!

La Resolución 70/1, por la cual se estableció la Agenda 2030, decía en su punto 50 que el mundo estaba ante la última oportunidad para detener el apocalipsis venidero:

> Tal vez seamos la primera generación que consiga poner fin a la pobreza, y quizás seamos también la última que todavía tenga posibilidades de salvar el planeta. Si logramos nuestros objetivos, el mundo será un lugar mejor en 2030.

El reloj corre y, como cabía esperar, la Agenda 2030 no ha dado los frutos prometidos. Todo indica que no habrá ni «primera generación» ni «salvación del planeta». Solo alguien que no entienda en absoluto de qué manera funciona este juego podría sorprenderse. Sus objetivos y sus metas fueron diseñados para no ser cumplidos, para que sus expectativas quedaran sistemáticamente frustradas, para agudizar aún más las retóricas apocalípticas con las que se demanda más y más poder en nombre de un paraíso terrenal que no existe ni puede existir.

En el año 2023, la ONU publicó un informe de «edición especial» sobre los avances de la Agenda 2030. A solo siete años de cumplirse el tiempo establecido, no ha mejorado casi nada y muchas cosas incluso han empeorado. Ya desde el Prólogo leemos que «más de la mitad del mundo está quedando atrás», y que:

> Los avances para más del 50 % de las metas de los ODS son endebles e insuficientes, y el 30 % están estancados o han retrocedido. Estos incluyen metas esenciales sobre la pobreza, el hambre y el clima. Si no actuamos ahora, la Agenda 2030 podría convertirse en el epitafio del mundo que podría haber sido.[271]

---

271. Naciones Unidas, «Informe de los Objetivos de Desarrollo Sostenible 2023. Edición especial», p. 2 https://unstats.un.org/sdgs/report/2023/The-Sustainable-Development-Goals-Report -2023_Spanish.pdf (consultado el 13 de junio de 2024).

Lo que ya se sabía que iba a suceder por fin está sucediendo. El proyecto está al borde del fracaso final, dice la ONU, y no porque haya sido diseñado para fracasar, sino porque los que debían comprometerse con la agenda la han traicionado: la maldad del mundo jamás había estado tan extendida. «Llegó el momento de la verdad y del ajuste de cuentas, pero juntos podemos convertirlo en un momento de esperanza»,[272] reza el informe, con tono de Juicio Final. El ajuste de cuentas se acerca, ¿quién se salvará? ¿quién se condenará?

> La Agenda 2030 continúa siendo el modelo más claro de las aspiraciones más altas de la humanidad. Cuando los historiadores escriban sobre el siglo XXI, juzgarán a los líderes y encargados de la formulación de políticas por el éxito obtenido para transformar este plan en realidad. En septiembre de 2015, cuando los líderes mundiales se reunieron para adoptar los ODS, declararon que «el futuro de la humanidad y de nuestro planeta está en nuestras manos». A mitad del camino, estas palabras son más veraces que nunca. Ahora depende de todos nosotros garantizar que se alcancen los Objetivos de Desarrollo Sostenible, plenamente y a tiempo.[273]

De modo que a esto se referían con «esperanza». El tiempo es esperanzador, porque significa nuevas oportunidades para la acción. Todavía queda tiempo para el Juicio Final de la ONU, y los futuros historiadores que escribirán sobre el siglo XXI todavía no han escrito nada en absoluto. Todo esto resulta muy inspirador, e incluso muy bonito, de no ser porque la agenda fue diseñada para que en el Juicio Final nadie pueda salvarse, con excepción de la élite globalista, que se erigirá en juez de los que no cumplieron con *su agenda*, presentada como la agenda de «la Humanidad».

«Es hora de hacer sonar la alarma. En medio de nuestro camino hacia 2030, los Objetivos de Desarrollo Sostenible están experimentando graves problemas»,[274] exclama el informe. Hacer sonar las alarmas es su pasatiempo favorito. La élite globalista avanza con cada nuevo chirrido de alarma, con cada nueva luz roja que quema los ojos y acelera el corazón. Las alarmas se encendieron en el 2000 cuando se establecieron los Objetivos de Desarrollo del Milenio; se volvieron a encender en el 2012

---

272. Ibíd.
273. Ibíd., p. 3.
274. Ibíd., p. 4.

cuando se pidió trabajar sobre una agenda que superase los fracasados Objetivos de Desarrollo del Milenio; otra vez se prendieron en el 2015, cuando nos presentaron la Agenda 2030 como la «última posibilidad» para «salvar al planeta»; y hoy vuelven a sonar, para anunciar que esa posibilidad se está esfumando, que tenemos un nuevo fracaso a la vuelta de la esquina, pero que de alguna manera se inventarán otra nueva «última posibilidad», y así sucesivamente.

En una pomposa agenda definida como «universal», lo que nos dicen ahora es que «la falta de progresos para lograr los Objetivos de Desarrollo Sostenible es universal».[275] Lo único realmente «universal» será el fracaso y la consecuente condena global. Es realmente desesperante, pero la bipolaridad de los redactores vuelve una vez más sobre la dichosa esperanza, sobre el tiempo que todavía nos queda, sobre esta «última posibilidad» que habrá de ser reemplazada pronto por otra «última posibilidad» que el informe se trae ya entre manos.

Pero no nos adelantemos sin haber contemplado de cerca algunos retratos del fracaso. Veamos algunos datos actuales y pronósticos que el mismo informe de la ONU presenta.

- Respecto de su promesa del «fin de la pobreza» (Objetivo 1), la actual tendencia revela que «575 millones de personas seguirán viviendo en la pobreza extrema» en el 2030.[276]
- En lo que concierne al «hambre cero» (Objetivo 2), la realidad es que «el número de personas que padecen hambre e inseguridad alimentaria no dejó de aumentar desde 2015»,[277] es decir, desde que la Agenda 2030 anunció que terminaría con el hambre. Así, por ejemplo, en 2022 hubo 122 millones de personas más padeciendo hambre crónica que en 2019, y 391 millones más sufriendo hambre moderada o grave.
- En cuanto a la «educación de calidad» (Objetivo 4), resulta que en todos los países estudiados se han producido serios «retrasos en el aprendizaje» en una proporción de cuatro de cada cinco estudiantes.[278] En esto nos habría jugado una mala pasada la pandemia, aunque deberíamos recordar quiénes alentaron nuestro encierro y la suspensión de los servicios educativos presenciales.

275. Ibíd.
276. Ibíd., p. 12.
277. Ibíd., p. 14.
278. Ibíd., p. 20.

- Sobre la «igualdad de género» (Objetivo 5), cerca del 90 % de los indicadores arrojan datos desastrosos. Los nuevos cálculos indican que harían falta «140 años para que las mujeres estén representadas de manera igualitaria en cargos de poder» y «47 años para lograr la igualdad de representación en los parlamentos nacionales».[279] Y si alguien todavía tenía alguna duda sobre lo comprometida que está la Agenda 2030 con el aborto a nivel global, el informe se lamenta porque «los obstáculos para acceder a la atención, información y enseñanza sobre salud sexual y reproductiva persisten debido a la falta de leyes positivas», «en particular en relación con el aborto».[280]
- Sobre las promesas de «agua limpia y saneamiento» (Objetivo 6), la triste realidad es que «miles de millones de personas continúan sin acceso a agua potable segura, saneamiento ni higiene».[281]
- En lo referente a la «energía asequible y no contaminante» (Objetivo 7), los cálculos actuales muestran que para 2030 «alrededor de 660 millones de personas continuarán sin acceso a la energía eléctrica y casi 2.000 millones de personas seguirán dependiendo de combustibles y tecnologías contaminantes para cocinar».[282]
- Respecto del «trabajo decente y crecimiento económico» (Objetivo 8), «se prevé que el crecimiento real del PIB mundial per cápita se desacelere en 2023» y «las difíciles condiciones económicas empujan a más trabajadores al empleo informal».[283]
- En cuanto a las «ciudades y comunidades sostenibles» (Objetivo 11), «1.100 millones de personas viven actualmente en barrios marginales», y «se espera que 2.000 millones de personas más vivan en estas condiciones en los próximos 30 años».[284]
- Sobre la «acción por el clima» (Objetivo 13), el informe anuncia «la inminencia de un cataclismo climático» y ahora dice que «los actuales planes de acción por el clima son totalmente insuficientes para hacer frente al cambio climático con eficacia».[285]
- En lo que respecta a las promesas de «paz y justicia» (Objetivo 16), en el 2022 se produjo «un aumento de más del 50 % de

279. Ibíd., p. 22.
280. Ibíd.
281. Ibíd., p. 24.
282. Ibíd., p. 26.
283. Ibíd., p. 28.
284. Ibíd., p. 34.
285. Ibíd., p. 38.

las muertes de civiles relacionadas con conflictos»[286]. Además, en ese año «108,4 millones de personas fueron desplazadas de manera forzosa en todo el mundo, lo que representa un aumento de 19 millones en comparación con finales de 2021, y dos veces y media la cifra de una década atrás». Como si esto fuera poco, en 2021 «el mundo experimentó el mayor número de homicidios dolosos de las dos últimas décadas».[287]

Esto es solo un botón de muestra; apenas un salpicado de datos que pintan un panorama sombrío. El fracaso parece estruendoso, pero cuanto más estruendo produce, tanto mejor para los que viven para salvar al mundo. ¿Qué sería de ellos sin un mundo en llamas al que redimir? Justamente porque esta es la realidad, la ONU anuncia en este informe una nueva convocatoria, una nueva «última oportunidad» para revertir el horror y el desastre, y cumplir así con la Agenda 2030. Se trata de una nueva reunión internacional convocada por la élite globalista, que tomará el nombre de «Cumbre del Futuro: Soluciones multilaterales para un mañana mejor», a celebrarse el 22 y 23 de septiembre del 2024. Aunque la Agenda 2030 ya se había presentado hasta el cansancio como «integral», la Cumbre promete parir, por fin, el verdadero «plan integral» que salvará a «la Humanidad»:

Necesitamos un plan integral de rescate para las personas y el planeta. No hay excusa que valga para no tener ambición. Nunca hemos tenido tal abundancia de conocimientos, tecnología y recursos para lograr poner fin a la pobreza y salvar el planeta. Nunca hemos tenido una responsabilidad tal de adoptar medidas audaces. En la Cumbre sobre los ODS hemos de asumir compromisos mundiales, nacionales y locales acordes con dicha abundancia y dicha responsabilidad para proporcionar los fondos necesarios, impulsar el liderazgo y restaurar la confianza, factores que, en conjunto, nos encaminarán hacia la consecución de los Objetivos para 2030.[288]

No importa cuántas veces se repitan las palabras *talismán*; no importa cuántas veces se insista con que la Agenda 2030 es «integral»: siempre podrá ser más y más «integral». En efecto, estamos frente a

---

286. Ibíd., p. 44.
287. Ibíd.
288. Ibíd., p. 57.

una forma contemporánea de *plegaria*, a la invocación de los nuevos dioses que responden a nuestros rezos integrales, diversos, sostenibles y equitativos. Los clérigos del globalismo lanzan sus palabras mágicas, insisten en ellas sin cesar, esperando que produzcan efectos sobre la realidad. Pero todo este guion es repetitivo hasta el aburrimiento. No olvidemos que, además de «integral», «sostenible», «diversa» y «equitativa», la Agenda 2030 ya era también la agenda más «ambiciosa» jamás concebida; pues ahora tendremos un nuevo plan más ambicioso aún, porque ya «no hay excusa» valedera para no soñar a lo grande. Asimismo, se suponía que la Agenda 2030 había surgido de «los líderes mundiales» que aprobaron y legitimaron la Resolución 70/1; pues ahora veremos cómo se «impulsa el liderazgo», por enésima vez, y se «restaura la confianza» para que se cumplan los ODS. Y no menos importante, la Agenda 2030 ya había configurado un enorme plan de financiamiento, conferencias e incluso órganos dedicados a conseguir los recursos necesarios para salvar al mundo; pues ahora veremos cómo se reclaman nuevos y más «fondos necesarios» para hacer realidad el paraíso terrenal.

«La Cumbre es un evento de alto nivel que reúne a los líderes mundiales para forjar un nuevo consenso internacional a fin de mejorar el presente y salvaguardar el futuro»,[289] explica Naciones Unidas. De manera que habrá un «nuevo consenso internacional», sobre la base de un nuevo fracaso, para parir un nuevo «plan». El bucle logra pasar desapercibido ante una «Humanidad» brutalmente alienada, que no tiene la más mínima idea de que sus mesías planifican una y otra vez una salvación que nunca se concreta. Y, como nunca se concreta, es posible continuar vendiéndola: en esto consiste su astucia. El bucle, la repetición, la redundancia de las plegarias globalistas cansarían a «la Humanidad», si tan solo ella pudiera contemplar el lamentable espectáculo que montan sus salvadores. Si tan solo pudiéramos caer en la cuenta de que esta película ya la hemos visto, sencillamente no permitiríamos que volvieran a proyectarla con nuestro dinero. Si tan solo nos percatáramos de que, así como en el año 2012 convocaron, sobre la base de los fallidos ODM, una reunión internacional superadora, que llamó a su vez a diseñar los ODS en 2015, podríamos darnos cuenta de que el ciclo acaba de recomenzar una vez más. Ahora son los ODS los que se acercan a su final,

---

289. Naciones Unidas, «Cumbre del Futuro: Soluciones multilaterales para un mañana mejor», https://www.un.org/es/summit-of-the-future (consultado el 12 de junio de 2024).

y hay que empezar a planificar su reemplazo cuanto antes, por el bien de «la Humanidad».

Mientras esperamos el nuevo «plan integral» y «ambicioso» que diseñarán para nosotros las élites en septiembre de 2024, los Estados no pueden quedarse de brazos cruzados contemplando cómo se aproxima el apocalipsis. «Insto a todos los Estados miembros a convertir el año 2023 en el momento en que impulsemos el progreso de los ODS, para poder crear un futuro más pacífico y próspero para todos»,[290] escribe el secretario general de la ONU en el informe de «edición especial». En consecuencia, se enumeran cinco «medidas urgentes» que los Estados deben implementar.

Primero, «los Jefes y las Jefas de Estado y de Gobierno deben comprometerse a tomar medidas aceleradas, sostenidas y transformadoras en los próximos siete años, tanto a nivel nacional como internacional, para cumplir la promesa de los Objetivos de Desarrollo Sostenible».[291] Pero la promesa de los ODS era, en sí misma, «sostenible» y «transformadora», y desde el inicio se suponía que su implementación, que tenía que concretarse en apenas quince años, debía ser «acelerada». Entonces, ¿qué se supone que agrega esta serie de indicaciones?

Segundo, «los Gobiernos deben promover políticas y medidas concretas, integradas y específicas para erradicar la pobreza, reducir la desigualdad y poner fin a la guerra contra la naturaleza, haciendo hincapié en la promoción de los derechos de las mujeres y las niñas».[292] Pero todos estos ya eran objetivos de la Agenda 2030, con lo cual, nuevamente, estamos frente a una pura redundancia; esta medida no dice nada que no sepamos ya.

Tercero, «los Gobiernos deben fortalecer la capacidad, la rendición de cuentas y las instituciones públicas en los ámbitos nacional y subnacional para acelerar el avance hacia los Objetivos de Desarrollo Sostenible».[293] Lo que esta medida pide, en concreto, son datos e informes sobre lo que los Estados han hecho hasta el momento y las mediciones de sus indicadores. Con esta información, Naciones Unidas podrá, en breve, consumar el prometido «ajuste de cuentas» y llamar a construir una nueva agenda.

---

290. Naciones Unidas, «Informe de los Objetivos de Desarrollo Sostenible 2023. Edición especial», p. 2.
291. Ibíd., p. 5.
292. Ibíd.
293. Ibíd.

Cuarto, la comunidad internacional debe «movilizar los recursos y las inversiones necesarios para que los países en desarrollo [...] alcancen los Objetivos de Desarrollo Sostenible».[294] Era de esperar que los países más pobres no pudieran cumplir los ODS. Esto se resolvería con más dinero. Así, en nombre de los pobres, es posible expandir las arcas de la Agenda 2030. Pero ¿en qué medida? El informe requiere que los países y las instituciones financieras «amplíen la financiación para los Objetivos de manera masiva, hasta al menos 500.000 millones de dólares al año».[295]

Quinto, «los Estados miembros deben facilitar que se siga fortaleciendo el sistema de las Naciones Unidas» para «solventar las lagunas y deficiencias de la arquitectura internacional relacionadas con los Objetivos de Desarrollo Sostenible que han quedado patentes desde 2015».[296] Y este es el corazón del asunto: fortalecer las instituciones globalistas, porque la Agenda 2030 está fracasando. La conclusión que hay que sacar no es que habría que diezmar las instituciones globalistas debido a su fracaso sistemático, sino que fracasan porque no son lo suficientemente fuertes. Por lo tanto, hay que «fortalecerlas» para que sean capaces de cumplir sus promesas de salvación.

Vigilancia y control total

Desde hace ya varios años, los reportes e informes de la Agenda 2030 vienen poniendo en evidencia una llamativa obsesión con los datos. Se trata de un caso de *dataísmo*, una forma contemporánea de religión que confía en la redención a través de los datos, y que cree en el paraíso de la transparencia total, la cual se hace posible mediante la hipervigilancia.[297] Si tan solo pudiéramos lograr la omnisciencia, si pudiéramos conocer *todos los datos*, sobre *todas las cosas*, especialmente sobre *todas las personas*, nada se escaparía a nuestro control. O, para ser más precisos: nada se escaparía al control de aquellos que posean tales datos.

Los datos se han convertido en el recurso más preciado, no solo para la economía, sino también, y, sobre todo, para la política. No hay ingeniería social sin datos; ellos mapean el terreno, desinteriorizan al hombre y desentrañan a la sociedad, develan el verdadero estado de cosas sobre las que *construir* una sociedad y un hombre nuevos, y permiten

---

294. Ibíd.
295. Ibíd., p. 55.
296. Ibíd., p. 6.
297. Véase Byung-Chul Han, *Psicopolítica* (Barcelona: Herder, 2019).

evaluar la eficiencia de las técnicas y métodos con los que hacerlo. La articulación entre el saber y el poder, sobre la que tanto trabajó Foucault, nunca fue tan clara: los saberes contemporáneos (BigData, IA, algoritmos, tecnologías de la vigilancia) han destrabado nuevas formas de poder (*psicopoder*) que interactúan, a su vez, con la extracción de más saberes. Estos saberes posibilitan, a su vez, nuevas extensiones y aplicaciones de poder. Este círculo virtuoso del poder (que es círculo vicioso para quienes constituyen su objeto), habilita las fantasías distópicas más deplorables.

Ya en el informe de avances del año 2022, las élites de la Agenda 2030 advierten que la pandemia ha desbloqueado nuevas posibilidades para el saber-poder. El terror llevó a los individuos a conformarse con el régimen de transparencia total, con la vigilancia constante sobre sus vidas. Así, normalizaron la extracción de datos de todo tipo, en todos los contextos. Las tecnologías para lograrlo ya existían; lo novedoso era la complacencia de los espiados que, desesperados por tener «protección», abrían sus vidas a las maquinarias psicopolíticas. En consecuencia, en ese informe Naciones Unidas llama a «utilizar la pandemia para avanzar en datos de alta calidad, oportunos e inclusivos».[298] Hay que instrumentalizar la pandemia, aprovecharla para normalizar la excepción e incrementar las posibilidades del poder.

Un año más tarde, el «Global Partnership for Sustainable Development Data», un órgano de la Agenda 2030, publicó un informe titulado «El poder de los datos. Conocimiento y tecnología para el desarrollo sostenible». Esa estructura está compuesta por 700 organizaciones, y fue creada en el año 2015. Su misión consiste en «garantizar que el poder de los datos y la tecnología se utiliza para lograr los Objetivos de Desarrollo Sostenible».[299]

El informe del Global Partnership diagnostica uno de los principales problemas por los que la Agenda 2030 no se estaría cumpliendo: «Hoy en día, demasiadas personas siguen excluidas de los datos y de los beneficios de las tecnologías de datos».[300] Nótese la forma en que opera la neolengua: esas personas están «excluidas», y el mandato consiste en «incluir» a las personas. Lo dicen de manera explícita: «Haremos de la

---

298. https://unstats.un.org/sdgs/report/2022/The-Sustainable-Development-Goals-Report-2022 _Spanish.pdf (consultado el 13 de junio de 2024).

299. Global Partnership for Sustainable Development Data, «El poder de los datos. Conocimiento y tecnología para el desarrollo sostenible», noviembre de 2023, p. 9, https://www.data4sdgs.org /sites/default/files/2023-11/Espanol%20-%20Global%20Partnership%20Estrategia%202024 -2030.pdf (consultado el 13 de junio de 2024).

300. Ibíd., p. 4.

inclusión la norma», y solicitan en consecuencia que los gobiernos ofrezcan «demostraciones de la institucionalización de prácticas de procesos de datos más inclusivos» y «que los ministerios adopten marcos para impulsar la inclusión en la adopción de nuevas tecnologías de datos».[301] Así, en nombre de la «inclusión», todos deben ser *inclusivamente* vigilados por las autoridades gubernamentales.

Pero no hay de qué preocuparse. Aunque se llama a movilizar todas las tecnologías existentes para producir datos masivos e individualizados, al mismo tiempo, debemos confiar en las buenas intenciones de sus detentadores. En efecto, el informe nos tranquiliza: «El mundo que queremos crear juntos es un mundo en el que las personas, las organizaciones y los países puedan movilizar el poder de la información para elegir y crear el futuro que quieren y necesitan».[302] Los contornos de *Un mundo feliz* de Huxley se dibujan con claridad; la pesadilla orwelliana, con su aterradora hipervigilancia, se presenta como una panacea. Es curioso que siempre nos digan que este mundo lo crearemos «juntos» y que podremos «elegir» el futuro que «queremos y necesitamos», pero que nunca abran las urnas para que los pueblos manifiesten su voluntad. Recordemos que, para empezar, no se consultó a nadie para la Agenda 2030.

Pero, de nuevo, hemos de permanecer confiados y tranquilos, porque los que tendrán nuestros datos son «inclusivos» y apoyan la «diversidad». Así, los datos permitirán luchar contra los machistas, los racistas, los transfóbicos, los nacionalistas y todos los malvados de este mundo. No estoy exagerando, eso es precisamente lo que dicen en el informe:

> Los movimientos populares, que ya no están dispuestos a aceptar las desigualdades estructurales, abogan por el fin del racismo, el sexismo, las desigualdades económicas, los sistemas de castas históricos y la discriminación contra las personas con discapacidad, las comunidades indígenas, las identidades de género diversas y otros grupos, y buscan el cambio y exigen ser vistos y comprendidos. Los datos son fundamentales en esta lucha por una mayor inclusión...[303]

Los datos serían, así, un aliado inestimable en la lucha contra la «desigualdad». De esta forma, son los propios individuos los que deben abrirse a entregar todos sus datos, pues su situación particular depende

---

301. Ibíd., p. 7.
302. Ibíd., p. 5.
303. Ibíd., p. 15.

de que el poder pueda conocerlos a fondo. Quien no lo haga, ¿se convertirá en un enemigo de la «igualdad» y la «inclusión»? El informe dice al respecto que «los datos pueden utilizarse para abordar las desigualdades, si las personas tienen el poder de garantizar que los datos reflejan la vida tal y como la viven y los retos reales a los que se enfrentan».[304] De eso se trata: de reflejar la vida «tal y como se la vive», de captarla íntegramente para que el poder detecte, en cada ámbito de la existencia, nuevas formas de «desigualdad» que combatir. Gracias al poder de los datos, la promesa igualitaria nunca estuvo tan cerca de hacerse realidad. Un mundo plenamente igualitario es posible, y lo único que tenemos que entregar es nuestra privacidad.

Así como la pandemia creó una situación de excepción en la que el saber-poder avanzó sin obstáculos, el fracaso inminente de la Agenda 2030 se usará con propósitos similares. El informe es claro al respecto: «Todos los recursos, incluidos los datos y la tecnología, deben utilizarse para doblar la curva antes de que sea demasiado tarde».[305] En efecto, «las tecnologías de datos son un activo clave que debe desplegarse de forma amplia y segura para acelerar la acción en los ODS».[306] Al parecer, el grueso de nuestra esperanza reside en ello mismo: utilizar todas las tecnologías de la vigilancia para saber quiénes están cumpliendo con los ODS y quiénes no, con el fin de «ajustar cuentas», como se dijera en otro lugar.

Entre los donantes del Global Partnership se destaca especialmente a la Fundación Bill y Melinda Gates, la Fundación Ford, Microsoft, Google, New Venture Fund (financiado por Soros), UNICEF, el Banco Mundial y el Programa de las Naciones Unidas para el Desarrollo, y muchas otras entidades de este tipo.[307]

Ahora bien, un vistazo más de cerca al Global Partnership revela cosas muy interesantes. Por ejemplo, que el Foro Económico Mundial es uno de los principales integrantes de esta estructura. Como vemos, los globalistas multiplican los organismos y las siglas, no dejan de crear instituciones internacionales que llevan pomposos nombres y se autoadjudican salvíficas misiones, pero en la práctica son siempre los mismos. El Global Partnership le reconoce al Foro tres iniciativas con las que colabora con los objetivos de la Agenda 2030: «Acelerar el impacto del desarrollo sostenible en la Cuarta Revolución Industrial»,

---

304. Ibíd., p. 16.
305. Ibíd., p. 13.
306. Ibíd., p. 14.
307. Véase ibíd., p. 64.

impulsar una «asociación con la sociedad civil en la Cuarta Revolución Industrial» y desarrollar una «Plataforma de Inteligencia Estratégica».[308] Dicho en breve, lo que más interesa del Foro de Davos es su área dedicada a lo que Schwab caracterizó como «Cuarta Revolución Industrial», y que implica una revolución tecnológica que, aplicada sobre el ser humano, supone posibilidades infinitas de control y dominio, como ya hemos visto.

En el 2023, el informe de avances que se presentó como «edición especial» también hizo hincapié en la necesidad de acelerar la extracción y procesamiento de datos. Para cumplir con la Agenda 2030, el informe llama a desarrollar e integrar nuevas fuentes de datos. Entre otras fuentes, se menciona el «uso de imágenes satelitales», la «recopilación de datos por la web», el «uso de datos de tarjetas de crédito», el «uso de datos de telefonía móvil», los datos generados en «medios sociales», etcétera.[309] Cada interacción, comercial, comunicativa, o de la índole que fuere, representa una oportunidad para extraer datos que podrían tener gran valor para monitorear el cumplimiento de los ODS.

El futuro del planeta demanda nuestros datos. ¿Acaso seremos tan egoístas como para no dárselos?

Cumbre del Futuro: hacia un nuevo «contrato social»

La noción de «contrato social» es constitutiva de nuestra modernidad política. La idea de que los hombres celebran un contrato o un pacto para darse un gobierno, tal como ya hemos visto, está en los orígenes de nuestros Estados modernos. El nombre que le damos a esos contratos suele ser el de «Constitución», y por medio de ellos fijamos las normas fundamentales de convivencia, los derechos básicos y la organización política de una nación.

La idea de «contrato social» racionalizó las nuevas modalidades del poder político. Tanto un absolutista como Hobbes, como un liberal como Locke o un demócrata colectivista como Rousseau concebían la soberanía como el producto de un contrato. Pero ahora que la soberanía va abandonando paulatinamente al avejentado Estado nacional, y se redistribuye entre estructuras de poder no estatales, el modelo del «contrato social» entra en crisis y necesita una redefinición.

---

308. Global Partnership for Sustainable Development Data, «World Economic Forum», https://www.data4sdgs.org/partner/world-economic-forum (consultado el 13 de junio de 2024).
309. Naciones Unidas, «Informe de los Objetivos de Desarrollo Sostenible 2023. Edición especial», p. 9.

La «Cumbre del Futuro» —el evento global planificado para septiembre del 2024— se está configurando discursivamente en ese sentido. Una vez más, asistiremos a un acontecimiento con pretensiones fundacionales. A través de un informe del secretario general de Naciones Unidas, titulado «Nuestra agenda común», se anunció al mundo la Cumbre como «un punto de inflexión en la historia»,[310] en la que habrá que definir un «nuevo contrato social» para «la Humanidad».

Como siempre, el tono es tremebundo. Este punto de inflexión constituye «la mayor prueba de fuego a la que nos enfrentamos desde la Segunda Guerra Mundial, [y] la humanidad tiene que tomar una decisión difícil y urgente: retroceder o avanzar». Tanto es así que «el mismísimo futuro de la humanidad depende» de que se avance en el cumplimiento de la Agenda 2030. Y la única manera de hacerlo es a través de «un multilateralismo revitalizado y con las Naciones Unidas en el centro de nuestros esfuerzos».[311] Otra vez, ponen en marcha el esquema repetitivo al que nos tienen acostumbrados: el macabro juego del apocalipsis, la salvación y la consecución del paraíso terrenal, con los actores globalistas como garantes del buen desenlace, por un lado, y las naciones indisciplinadas como causantes del fin del mundo, por el otro.

La idea de un «nuevo contrato social» es la nueva excusa con la que los globalistas exigirán, de ahora en adelante, más cuotas de poder en detrimento de las naciones. El concepto de «agenda», que supone la configuración de un marco mental en el que se definen temas prioritarios y medios apropiados, dará un paso más allá: la «gobernanza global» empezará a reclamar, cada vez más, un «nuevo contrato social». De esta manera, si la Agenda 2030 está fracasando, dice el informe, se debe a que «la raíz de todo es el desgaste del contrato social»[312] que estructura la vida de cada una de las naciones. El contrato social que está en la base del Estado moderno estaría acabado, y ya no respondería a las exigencias de un mundo globalizado. El poder político continúa funcionando con contratos sociales de base nacional, pero lo que necesitaría es un contrato social de carácter global, al que se subordinen todos los demás contratos.

---

310. Naciones Unidas, «Nuestra agenda común. Informe del Secretario General», 2021, p. 3, https://www.un.org/es/content/common-agenda-report/assets/pdf/informe-nuestra-agenda-comun.pdf (consultado el 14 de junio de 2024).
311. Ibíd.
312. Ibíd., p. 22.

El informe dice que un «contrato social» que sea «digno del siglo xxi» debe basarse en las exigencias de la Agenda 2030, tener «los derechos humanos como eje» y cumplir tres criterios: «a) la confianza; b) la inclusión, la protección y la participación; c) la medición y la valoración de lo que es importante para las personas y el planeta».[313] Veamos qué quieren decir con todo esto.

En primer lugar, los gobiernos han perdido la *confianza* de la gente, y eso ha propiciado la quiebra del contrato social sobre el que se basan. Uno podría creer que, si la confianza del ciudadano hacia el político es cada vez menor, tal vez deberían ser cada vez menores las funciones que se les encomiendan a estos. Nada de eso: Naciones Unidas no quiere Estados más chicos, sino *más grandes, pero menos soberanos*. Que nadie se atreva a quitarles poder a los políticos: los globalistas los necesitan ahí para aprobar e implementar sus agendas. Lo que hay que hacer, según el informe, es: «Escuchar opiniones», «garantizar la inclusividad», «proveer lo que la gente más necesita», «disminuir la corrupción», «promover derechos», usar los impuestos de la gente para «impulsar la transición sostenible»,[314] etcétera. La cantidad de lugares comunes, eslóganes repetitivos y clichés es abrumadora. Incluso cuando uno cree que están hablando por fin de algo realmente importante, como luchar contra la corrupción, el informe no va más allá de arrojar la idea a modo de simpática e inofensiva consigna, para decir, a renglón seguido, que se deben aumentar los impuestos en nombre del clima, como si la corrupción no bebiera precisamente de los siempre crecientes impuestos con los que se esquilma al ciudadano.

También llama la atención que el diagnóstico de la falta de confianza se centre exclusivamente en la relación entre los gobiernos nacionales y la ciudadanía. Los organismos internacionales no se mencionan en esta ecuación. Ahora bien, ellos son los encargados de indicar cómo debe forjarse un «nuevo contrato social», para restablecer la «confianza» de la gente respecto de sus gobiernos. Esa omisión es indispensable para legitimar este liderazgo global, porque si se descubriera que la gente también desconfía profundamente de la burocracia global, ¿sobre qué base se postularía esta como forjadora del nuevo contrato?

Por otro lado, la aludida «falta de confianza» también podría ser fruto de un entorno digital anárquico, dominado por las fuerzas del mal. Internet, con sus *fake news*, ha destrozado la confianza de la gente,

---

313. Ibíd.
314. Ibíd., pp. 24-26.

pero los organismos internacionales acuden para salvarnos en nombre de la Verdad. También a este respecto, según el informe de Naciones Unidas, estamos presenciando un «riesgo existencial». Vale la pena citarlo *in extenso*:

> Se pone cada vez más en duda la objetividad, o incluso la idea de que se puede aspirar a conocer la mejor verdad disponible. A veces, por dar el mismo peso a puntos de vista encontrados se corre el riesgo de perder imparcialidad e información fáctica, lo que tergiversa el debate público. La capacidad de generar desinformación a gran escala y atentar contra los hechos establecidos científicamente es un riesgo existencial para la humanidad. [...] Debemos hacer todo lo posible por que mentir vuelva a estar mal. Las instituciones pueden cumplir una función verificadora en las sociedades, frenando la desinformación y contrarrestando el discurso de odio y el acoso en línea, incluso contra las mujeres y las niñas. Insto a que se aceleren nuestros esfuerzos por producir y difundir información fiable y verificada.[315]

Nunca un párrafo evidenció con tanta precisión la concepción del mundo y de sí mismos que tienen los globalistas. Por alguna razón, que no exponen, *ellos poseen la verdad*, y reivindican la misión de lograr «que mentir vuelva a estar mal». El bien y la verdad están de su lado, y debemos *confiar* en que eso es así; en nombre de la ciencia, nos piden un *salto de fe* en su favor. En efecto, debemos *creer* en que no hay mejor candidato que ellos mismos para convertirse en los proveedores de «la objetividad» y «la mejor verdad disponible». Domar Internet, acabar con las *fake news*, reestablecer la confianza: necesitamos de ellos y de sus instituciones, impulsadas por un «nuevo contrato social», para que nos digan lo que es verdad y lo que es mentira.

Semejante arrogancia evidencia, también, cuál es su concepto de la comunicación y la libertad. Internet ha abierto una caja de Pandora, pues ha democratizado la comunicación social y les ha dado voz a todos. Como los globócratas detestan la democracia y temen al pueblo, entienden que darle voz a tanta gente configura un «riesgo existencial». En opinión de los globalistas, las cosas eran mucho mejores cuando eran muy pocos los que disponían de los medios para dirigirse al público. De esta forma, la comunicación resultaba más fácil de controlar y los comunicadores

---

315. Ibíd., p. 27.

eran más fáciles de comprar. Paradójicamente, en esas circunstancias podíamos estar «seguros» de que los medios de comunicación de masas nos transmitían la verdad y nada más que la verdad. Pero precisamente porque la gente dejó de creer en los poderes establecidos, Internet se convirtió en el fenómeno que es.

Debemos conceder poder a las instituciones políticas del globalismo para controlar Internet, pero no solo en nombre de la «ciencia» y la «verdad», sino también en nombre del *amor*. En efecto, su cruzada contra la libertad de expresión también es una cruzada contra el «discurso de odio». Es sintomático que jamás definan con precisión qué constituye un «discurso de odio». Básicamente, «discurso de odio» es cualquier expresión que cuestione los dogmas del *wokismo*, la principal ideología impulsada por los globalistas para fragmentar a las naciones. Sin embargo, este combate contra los «odiadores» suele hacer cortocircuito con el otro combate, el que se lucha contra los «mentirosos». Así, por ejemplo, si uno dice una verdad científicamente comprobable, como que la autopercepción no modifica un ápice la realidad sexual de una persona, tal expresión será de inmediato censurada como «discurso de odio». De manera similar, si uno dice que un aborto supone matar al ser humano que una mujer lleva en su vientre, y que ese ser humano es el hijo de esa mujer, y que, por lo tanto, cuando una mujer aborta lo que está haciendo es matar a su hijo en gestación, no importa que las ciencias más modernas ya hayan descubierto que la vida humana comienza en la fecundación, ni importa el rigor del argumento expuesto: también se estará pronunciando un «discurso de odio» que merece ser silenciado. Y qué decir si a uno se le ocurre mostrar un vídeo de cómo se realiza este «procedimiento» tan «amoroso»…

Para impulsar esta suerte de policía global cibernética, el informe llama a que «las Naciones Unidas, los Gobiernos, el sector privado y la sociedad civil» consideren, en el marco de la Cumbre del Futuro, «un Pacto Digital Global». En este deberían generarse los compromisos necesarios para avanzar en el disciplinamiento de Internet con el fin de garantizar «los derechos humanos en el ciberespacio» e impulsar la «rendición de cuentas por la discriminación y los contenidos engañosos».[316] Si esto se concreta, la libertad de expresión recibirá un golpe casi mortal.

En segundo lugar, se nos ha dicho que el criterio del «nuevo contrato social» será «la inclusión, la protección y la participación». Otra vez,

---

316. Ibíd., p. 63.

estamos ante un notable cúmulo de significantes vacíos, que remiten a una serie de lugares comunes y eslóganes prefabricados. Así, cuando ha de explicarnos qué significa este requisito, el informe alecciona que «con un contrato social dinámico se garantizan las condiciones para una vida digna, sin dejar a nadie atrás y permitiendo que todas las personas participen en la sociedad, conforme a la promesa de la Agenda 2030».[317] En otras palabras, de lo que se trata realmente es de incorporar la Agenda 2030 en el dichoso «nuevo contrato social». Además, esto supone una serie de «medidas contra la discriminación», la efectivización de los «derechos humanos» y la creación de nuevos «derechos humanos». Así, por ejemplo, debe impulsarse algo llamado «derecho universal al aprendizaje permanente»,[318] algo llamado «derecho universal a Internet»,[319] entre otras innovaciones en esta materia.

El encargado de proveer los bienes y los servicios que implican todos estos «derechos», en permanente aumento, no es otro que el Estado, bajo su forma de «Estado paternalista». Pero como el Estado solo obtiene sus recursos de las personas que producen y trabajan, quienes realmente financian los «derechos» son estos ciudadanos. Para continuar profundizando en este esquema de explotación social, el informe llama a celebrar una nueva reunión internacional, denominada Cumbre Social Mundial, en el año 2025. El objetivo consistirá en continuar expandiendo el tamaño de los Estados nacionales, al mismo ritmo que se les sustrae su soberanía y se los reduce a Estados *proxy*.

También por medio del criterio de «inclusión» se llama a acelerar las agendas del *wokismo*. El «nuevo contrato social» debe ser radicalmente *woke* y fundamentalmente *feminista*. Así, su base debe ser la Declaración y la Plataforma de Acción de Beijing, en el marco de la cual se inauguró la exigencia internacional de adoptar la ideología de género como religión oficial de los Estados nacionales. Además, el «nuevo contrato social» debe tomar medidas bien concretas, como «promover la paridad de género en todas las esferas y a todos los niveles decisorios, incluso mediante cupos y medidas especiales».[320] Esta exigencia es diametralmente opuesta a la de la igualdad ante la ley. En efecto, es imposible que en todos los ámbitos y esferas se consiga la «paridad de género», a menos que la autoridad política intervenga dando un trato desigual a las personas en función de su «género». Por otro lado, llama

---

317. Ibíd., p. 27.
318. Ibíd.
319. Ibíd., p. 33.
320. Ibíd., p. 30.

la atención que la paridad solo se exija en los puestos «decisorios»: la parte más baja de la pirámide social, la que se compone de los trabajos más pesados, más peligrosos y más antihigiénicos, en los que hay una sobrerrepresentación masculina, no se toca. Allí no hay «paridad de género» que valga. Ninguna feminista quiere paridad en albañilería, minería, recolección masiva de residuos urbanos u operaciones policiales o militares en el terreno.

En tercer lugar, el criterio de «la medición y la valoración de lo que es importante para las personas y el planeta» implica que deje de usarse el PBI como cálculo fundamental para constatar el progreso económico de las naciones. Un «nuevo contrato social» exige que el progreso se mida de acuerdo con el cumplimiento de otras variables de «bienestar»; curiosamente, todas ellas coinciden con los objetivos y las metas de la Agenda 2030. De esta forma, los países deberían empezar a ser medidos no por sus logros estrictamente económicos, sino por su alineamiento con las políticas climáticas, «sostenibles», redistributivas y de género.[321]

Los tres criterios del «nuevo contrato social» llevan títulos pomposos con palabras como «confianza», «inclusión», «personas» y «participación», pero es significativo que no mencionen ni una sola vez la necesidad de su aprobación explícita por parte de esas personas a las que dicen querer incluir, participar y devolver la confianza. La idea del «contrato social», que acompañó el surgimiento del Estado moderno, daba por sentado que los individuos manifestaban expresamente su voluntad y que de ella dependía la existencia de dicho contrato. En contraste, en el «nuevo contrato social» de los globalistas no hay nadie que exprese ninguna voluntad, salvo los mismos globócratas. Ellos son los que definen la urgencia de un «nuevo contrato social» para «nuestra supervivencia en cuanto raza humana»;[322] ellos son los que dicen qué criterios se deben cumplir en su configuración; ellos son los que dicen en qué foros se ha de orquestar y quiénes han de aprobarlo.

Precisamente con este fin han convocado la Cumbre del Futuro para septiembre del 2024, y van anticipando otras cumbres venideras, como la Social y la Digital. Según dicen en su informe, les urge, desde ahora mismo, «anticipar el desarrollo sostenible y la acción climática más allá de 2030».[323] En otras palabras, les urge preparar el nuevo embuste con

---

321. Véase ibíd., p. 34.
322. Ibíd., p. 17.
323. Ibíd., p. 66.

el que continuarán exigiendo más y más cuotas de poder a las naciones una vez que el plazo previsto para los ODS se agote.

Así, la Agenda 2030 pasará al olvido muy pronto. Pero tendremos que prepararnos para una nueva agenda o, peor todavía, para un «nuevo contrato social».

CAPÍTULO 7:

LA HORA DE LOS PATRIOTAS

I. Apuntes para la resistencia

«Señor Montag, está usted frente a un cobarde. Hace muchísimo tiempo vi cómo iban las cosas. No dije nada. Soy uno de los inocentes que podría haber levantado la voz cuando nadie estaba dispuesto a escuchar a los "culpables", pero no hablé y de este modo me convertí, a mi vez, en culpable. Y cuando por fin establecieron el mecanismo para quemar los libros, por medio de los bomberos, rezongué unas cuantas veces y luego me sometí porque ya no había otros que rezongaran o gritaran conmigo».[1]

R. BRADBURY

La hora de los patriotas se acerca, y no al modo de un fatalismo ni como un hecho de cumplimiento inexorable, sino como el efecto de una toma de consciencia que ya está en marcha y que habrá que impulsar sin descanso, y el consiguiente despliegue de una acción política a la altura de estas circunstancias. En otras palabras, la hora de los patriotas ha de ser *producida* más que aguardada; el reloj no avanza por sí solo, sino que

---

1. Ray Bradbury, *Fahrenheit 451* (Buenos Aires: Penguin Random House, 2016), p. 96.

se lo hace avanzar o retroceder con los cursos de acción que se decidan emprender. El tiempo político, a diferencia del natural, no es lineal, ni circular ni previsible, sino que discurre al ritmo de la acción humana. El tiempo político es *signo* de la libertad constitutiva del hombre; es apertura e indeterminación.

Así, la hora de los patriotas es una *responsabilidad* y no un destino; ella no viene a nosotros, sino que nosotros luchamos por llegar a ella, por hacerla irrumpir activamente como realidad histórica. Se trata de la responsabilidad de producir un *acontecimiento político* que acabe con el perverso sistema de poder global —cada vez más agigantado, cada vez más arrogante, cada vez más hiperelitista— con el que pretenden gobernar a los hombres. Pero, para lograrlo, hay que pensar sobre la base de sus fortalezas y sus debilidades. Mejor todavía: hay que pensar de qué manera subvertir sus más destacadas fortalezas y tornarlas en sus más mortales debilidades.

La naturaleza del globalismo se revela ante los ojos de quien realmente quiera ver: esta vez nos toca enfrentar un régimen de poder constituido por entidades apátridas, antidemocráticas y antirrepublicanas que, con sus «expertos» y sus «filántropos» a la cabeza, reclaman para sí los títulos de legitimidad de una nueva forma de gobernanza («gobernanza global») que deja a los pueblos sin cultura, sin identidad, sin soberanía y sin libertad. No estamos presenciando una repetición de la dialéctica del viejo despotismo ni del no tan viejo totalitarismo; el apetito desmedido por la *ingeniería social* y la voluntad de *control total* es, sin lugar a duda, un legado que estas formas aplastantes del poder hacen llegar a los globalistas de hoy. La diferencia es que los globalistas de hoy pretenden instalar un tipo de régimen político ciertamente inédito a través de estrategias jamás vistas antes.

La novedad del régimen globalista se compone de una serie de elementos que le proveen de su fortaleza característica y lo posicionan como una superación tanto del despotismo autoritario como del totalitarismo revolucionario. Son justamente esos elementos los que hay que subvertir.

Aterritorialidad

En primer lugar, su *aterritorialidad*, que es la resultante de hacer del globo un Uno sin fronteras políticas. El territorio es una realidad política únicamente cuando el globo no constituye una unidad, sino un mosaico de naciones delimitadas por las fronteras que separan sus dominios de poder. El lirismo políticamente correcto del «fin de las fronteras» supone, sin embargo, la existencia de un poder Uno capaz de hacer que su teatro de operaciones sea la totalidad del territorio. Ni los despotismos ni los totalitarismos, que nunca llegaron más allá de colonialismos, internacionalismos e imperialismos, soñaron jamás con la posibilidad de un régimen superpuesto a la totalidad del globo; jamás pensaron en un régimen de poder *aterritorial*.

Desde luego, esta es una inestimable fortaleza del globalismo. La *aterritorialidad* le permite la más absoluta movilidad. Dado que solo nos movemos *sobre un territorio específico*, los límites de este son los límites de nuestro movimiento. *Las fronteras limitan jurídica, física y geográficamente el poder.* Un régimen de poder que aniquila el territorio a través de la concentración total del espacio aniquila todo límite a su propia movilidad. El globalismo es *libre de moverse* a lo largo y ancho del globo, puesto que la soberanía que pretende no conoce fronteras.

La movilidad total es otra forma de referirse a la *ubicuidad*. Esta es la capacidad para estar presente en múltiples lugares al mismo tiempo (*ubicue*, del latín, significa «en todas partes»). La ubicuidad es *omnipresencia*. Solo para quien el espacio no existe, o para quien ha logrado subvertirlo y dominarlo por completo, es posible hacerse presente «en todas partes». La historia del desarrollo del poder estatal puede pensarse como la lucha por estar «en todas partes». El desarrollo de sus aparatos de dominio, que acompañó al despliegue de su soberanía, fue impulsado por esta exigencia. Así, el Leviatán hobbesiano, erigido como un «dios mortal», pretendió estar «en todas partes», pero su carácter terrenal hizo subsistir todavía un límite infranqueable que lo diferenciaba del Dios del cielo: ese límite se llama *fronteras*.

Los globalistas demandan un tipo de poder que se parezca mucho más al del Dios del cielo, que goza de omnipresencia en la medida en que el espacio, para Él, nada significa. En esto, superan con creces la arrogancia de los estatistas de todos los pelajes. La debilidad del Estado nacional consiste en estar limitado por su territorio y no poder hacerse cargo de los problemas de «la Humanidad» que, por definición, no ocupa solo su territorio, sino todo el planeta. Para los globalistas, el problema del Estado no es su exceso de poder, sino su insuficiencia. El proyecto globalista consiste en conseguir que el poder quede liberado del espacio, emanciparlo de las fronteras que le dan consistencia política, aniquilar el territorio para lograr la omnipresencia ya no de un Estado sobre un territorio, sino de una hiperélite sobre un planeta. Que esa hiperélite jamás se identifique con un territorio en particular, sino que deambule por el mundo al modo del *turista*, es apenas un síntoma entre tantos de la liberación que ha logrado el «ciudadano global» respecto del espacio político.[2]

La movilidad total, la ubicuidad y la omnipresencia significan, en la práctica, que el poder extiende sus tentáculos sobre la totalidad del globo desde cualquier coordenada territorial. Lo mismo da que sea desde Nueva York, Viena, Ginebra, París, Tokio, Beijing, El Cairo, Sao Paulo, Ciudad de México, Adís Abeba o donde fuere. La indiferencia geográfica es total, porque la geografía pierde su significado político. Las agendas de los globalistas se diseñan en un lugar, se negocian en otro, se acuerdan en otro, se rubrican en otro y se implementan en todos. Este salto permanente de punta a punta, cuyos lugares varían de ocasión en ocasión, de proyecto en proyecto, de agenda en agenda, es la forma que tiene el poder global de vanagloriarse de su ubicuidad. Nada de esto tiene que ver con el imperialismo, cuyas decisiones se concebían, se negociaban, se acordaban y se ordenaban desde una metrópoli y sus efectos se hacían sentir en una zona bien delimitada; tampoco con el colonialismo ni con el internacionalismo, que dividían el territorio en centro y periferias. El globalismo no tiene metrópoli, no tiene centro ni periferias, no recorta el espacio precisamente porque su territorio es el globo entero o, lo que es lo mismo, porque carece de territorio como elemento constitutivo de su régimen político.

Estas capacidades permiten al globalismo esquivar las resistencias que, normalmente, cualquier poder debe enfrentar sobre su propio territorio. Los súbditos globales no son ubicuos ni pretenden la omnipresencia. Así, se encuentran en una desventaja fatal respecto de los globócratas, que son muchos menos, pero que están lo suficientemente organizados y económicamente empoderados como para hacerse presentes aquí o allá en el momento en que las circunstancias lo requieran. La movilidad permanente del poder inhibe la resistencia, porque la despista en cuanto al factor espacio y la fragmenta por completo. Basta con cambiar una sede, basta con movilizar a los «ciudadanos globales» hacia otro punto del planeta para desactivar las resistencias que podrían haberse formado, eventualmente, en una locación anterior.

---

2. A mediados de la década de 1990, Christopher Lasch ya notaba lo siguiente: «Las nuevas élites sólo se sienten en casa cuando están de tránsito, yendo a una conferencia de alto nivel, a la gran inauguración de una nueva franquicia, a un festival internacional de cine o a un lugar de vacaciones no descubierto. Su visión del mundo es esencialmente la de un turista, una perspectiva que difícilmente puede suscitar una devoción apasionada por la democracia» (*La rebelión de las élites y la traición a la democracia* [Barcelona: Paidós, 1996], p. 15).

Para subvertir las fortalezas del globalismo hay que determinar medios capaces de neutralizarlas e incluso de convertirlas en debilidades. ¿De qué manera se puede lidiar con la *aterritorialidad* del poder globalista? No parece que haya muchas más alternativas que la de *forjar una resistencia igualmente ubicua*, es decir, igualmente capaz de movilizar sus energías políticas a lo largo y ancho del planeta. Esto plantea una aparente paradoja: la de *globalizar* la resistencia. La coordinación global de la resistencia es su propia forma de *globalización*, sin la cual no puede enfrentarse con efectividad a los poderes globales. Esta paradoja es solo aparente, porque ya hemos visto que no es lo mismo la globalización que el globalismo. El globalismo es el proyecto político que procura gobernar el globo por encima de las soberanías nacionales. La globalización es la aceleración de los intercambios comerciales y comunicacionales posibilitada por las nuevas tecnologías. Estas tecnologías globalizadoras permiten que los patriotas de las áreas más distantes del mundo se conozcan, intercambien informaciones, coordinen acciones y articulen esfuerzos.

La resistencia de los patriotas *debe globalizarse sin volverse globalista*. Si la locación del poder globalista salta de un lugar a otro con el fin de afianzar sus pretensiones de universalidad, la resistencia debe hacerse presente en esos mismos lugares, pero con el fin de cuestionar dicha universalidad. Esto se logra organizando resistencias patrióticas en cada una de las naciones. La hiperélite globalista, constituida por un número extremadamente reducido de personas, dispone del poder económico y político para movilizarse de un lugar a otro sin dificultades, pero siempre son los mismos. Así lo atestiguan los *jets* privados que aterrizan todos los años en el Foro de Davos, las mismas caras de las mismas ONG de siempre que hacen *lobby* en los organismos internacionales y los políticos de los Estados *proxy* que se venden a las agendas globales. Por el contrario, la resistencia patriótica debe constituirse en cada una de las naciones y debe estar lista para activarse en cada lugar donde sea preciso resistir.

El modelo de esta organización debería ser el de la *red* y no el de la pirámide. Las organizaciones centralizadas y jerarquizadas pueden ser muy poco flexibles para el tipo de acción política que hay que emprender sobre un terreno tan complejo como el global. Lo que se necesita, más bien, es configurar una *red de patriotas* que atraviese todas las naciones, en la que los distintos grupos puedan conocerse, intercambiar información y coordinar esfuerzos y solidaridad internacional. Esta red debería existir tanto en el terreno *online* como en el *offline*. Así, no solo se montaría sobre tecnologías informáticas, sino también sobre eventos periódicos presenciales de lo más variados: mítines, conferencias, cursos,

528 Agustín Laje • Globalismo

manifestaciones públicas, congresos, convites, etcétera. Los intercambios presenciales estrechan los vínculos con mucha mayor efectividad que cualquier otra cosa.

Una *red global de patriotas*: eso es lo que se necesita para combatir al globalismo. Los elementos integrantes deberían ser de diversos tipos. En esa red deberían confluir partidos políticos patriotas, movimientos sociales patriotas, asociaciones civiles patriotas, líderes religiosos patriotas, intelectuales patriotas, periodistas patriotas, familias patriotas, etcétera. Cada grupo, cada referente, cada líder deberá actuar en su propia nación, sabiendo, sin embargo, que el enemigo al que se enfrenta opera tanto desde dentro como desde fuera de sus fronteras. La red global de patriotas estaría pensada para enfrentarse de manera conjunta a los que quieren gobernar a los pueblos desde fuera de sus fronteras.

Arrepresentatividad

Los globalistas tienen a su favor, también, la *arrepresentatividad* inherente al tipo de régimen de poder que impulsan. Ya hemos visto por qué y en qué medida es sencillamente imposible lograr que una institución globalista cumpla con los requisitos más básicos de la representación política. Esta imposibilidad juega a favor del globalismo en la medida en que *lo libera de la necesidad de responder* a los representados y de *competir por su confianza*. Cuando el verdadero representante no actúa de conformidad con el representado, este le quita el poder que le había concedido. La obligación que tiene el representante de responder al representado es la forma en que subordina su acción a las demandas, intereses y valores de este último.

Pero el globalista no subordina su acción política a ningún conjunto significativo de representados. El poder de los globalistas no procede de fuentes democráticas, sino que es un poder repartido por y entre ellos mismos. Sus verdaderas fuentes son el dinero y el *lobby* político. Si a alguien se deben los globalistas, es a sus propios entornos de poder, a sus jefes políticos y económicos. Esto lo facilita todo porque nadie, salvo los propios, puede sacarlos de donde están. El peso de la representatividad no recae sobre ellos; así, no tienen que disputar elecciones, no tienen que competir en las urnas ni probar ante el electorado que, en efecto, son los indicados para estar donde están y hacer lo que hacen.

Esta condición es la que ha llevado a los globalistas a hablar en nombre de «la Humanidad», siendo esta una entidad abstracta, radicalmente *apolítica* e imposible de representar, tal como ya hemos visto también. La desaparición del *demos* es la desaparición de lo político. Los globalistas se sustraen de la conflictividad inherente a lo político a través de la universalización de sus intereses, discursos y agendas: mientras que los políticos nacionales deben (o deberían) probar a cada rato que encarnan intereses nacionales y que están dispuestos a configurar agendas representativas de la voluntad de su ciudadanía, la hiperélite globalista sencillamente postula un incomprobable consenso de «la Humanidad» que ellos mismos encarnarían y que ellos mismos atestiguan.

Esto supone una enorme ventaja para el globalismo porque no se desgasta políticamente, no se fragmenta ni expone ante todos la parcialidad de lo que, a toda costa, procura presentar como universal. Así ocurre, por ejemplo, con el Foro de Davos, con los organismos de Naciones Unidas o con la mismísima Agenda 2030: todo es consenso, todo es unanimidad, todo va de suyo, nada produce ningún roce, ninguna confrontación que haga emerger lo político. Por cierto, es por eso por lo que hablan de «gobernanza», término tomado de las ciencias de la administración de empresas con el que ahora describen su acción las instituciones de la «gobernanza global». La *privatización* de la política jamás fue tan patente.

Si la *arrepresentatividad* es una ventaja evidente en estos sentidos, puede transformarse fácilmente en una inmensa debilidad. Hemos mostrado, a lo largo de todo este libro, que no hay nada que tome más tiempo que la mutación de los sistemas de legitimidad que vuelven válidos los regímenes de poder ante los ojos de sus súbditos. Así como tras el ocaso de la civilización cristiana el Estado absoluto continuaba invocando a Dios para recubrir de legitimidad al monarca, hoy, que vivimos el ocaso de la soberanía nacional, los globalistas continúan invocando los valores de la «democracia» para afianzarse en el poder. Si se pudiera impedir esta injusta apropiación, si se pudiera poner en evidencia toda esta gigantesca farsa, el cortocircuito que se produciría podría deslegitimar ampliamente a los globalistas y develar sus parentescos despóticos y hasta totalitarios.

Los globalistas son antidemocráticos y lo saben. Algunos, como Soros, lo explicitan, como en su momento lo citamos, pero la mayoría hace hasta lo imposible para ocultarlo. Sus filósofos, como también vimos, realizan malabares retóricos para explicarnos que puede haber democracia sin *demos*, y que ese es el proyecto de sus patrones: liberar a la democracia de la sujeción del pueblo. Mientras permitamos que destrocen de esta manera el concepto de democracia, seguirán logrando sus cometidos. Pero si la resistencia patriótica se enfocara en *deslegitimar*

activamente los títulos democráticos que los globalistas se han dado a
sí mismos, se les podría infligir un daño de magnitudes incalculables.
Sería como dejar al monarca absoluto sin la unción divina; sería como
advertir que Dios está actuando decididamente en su contra y que, lejos
de ungirlo, lo condena. ¿En virtud de qué podría sostener su poder, si no
de la mera fuerza? Su hegemonía quedaría hecha añicos, y se evidenciaría
que su poder depende únicamente de la fuerza física. De este modo, no
tardaría en caer.

Mientras el mundo avanza aceleradamente hacia regímenes de poder
antidemocráticos, la legitimidad democrática no ha dejado de ser, todavía,
la más relevante de todas las legitimidades políticas desde 1789. Poco
tiene que hacer frente a ella la legitimidad de los «expertos» y la de los
«filántropos», que son las modalidades de la legitimidad globalista. La
activación de un discurso estrictamente *democrático* contra el globalismo
implica postular al pueblo por encima de los supuestos «expertos» (que
ya no establecen únicamente los «cómo», sino también los «qué») y de los
multimillonarios «filántropos». El dinero de los magnates internacionales
y los organismos financieros no debería definir las agendas políticas y
culturales de los pueblos; la sapiencia de los «expertos» no debería ser
suficiente para coronar su voluntad particular como «voluntad de la
Humanidad». Todo esto es profundamente antidemocrático, ya que
condena a las inmensas mayorías a una situación de pasividad absoluta,
de mera expectación y alienación apolítica.

Los patriotas deben reactivar un tipo de discurso político que postule
al pueblo como el verdadero sujeto de la democracia. Pero ¿qué «pueblo»?[3]
El pueblo *demos*: el titular de la soberanía; el pueblo *éthnos*: la nación,
no solo como un formalismo jurídico, sino como una realidad cultural
que une a los hombres; el pueblo *plebs*: los hombres comunes y corrientes, los marginados, exprimidos y expoliados por el poder político de
los estatistas y los globalistas. En efecto, el mayor terror del globalismo
es precisamente este: *el pueblo*, que es el sujeto político por antonomasia de nuestra modernidad política. Para neutralizar esta amenaza, los

---

3. El concepto «pueblo», que se vuelve tan polémico y, por tanto, tan político hacia fines del siglo
    XVIII, resulta por lo mismo muy complicado. Sin embargo, Alain de Benoist ha logrado una
    caracterización interesante: «El pueblo se define, de hecho y primeramente, por una sociabilidad
    común, de la que Aristóteles hacía el fundamento de la *philia politikè*, la afinidad política. Debe
    distinguirse de lo "societal", que no es más que la sociabilidad producida por la maquinaria
    del Estado-providencia. Pero esta sociabilidad común no se reduce sin más a una "identidad"
    más o menos fantasiosa. Es el resultado de un "hábito-imitación" que es, a la vez, la esencia del
    vínculo social y la base de las tradiciones, y que permite a los ciudadanos sentir y experimentar
    lo que tienen en común» (Alain de Benoist, «El momento populista», en Marco Tarchi *et al.*,
    En el nombre del pueblo. La hora del populismo [Tarragona: Ediciones Fides, 2017], p. 150).

globalistas han puesto a funcionar una etiqueta con la que denigran a todos los que se oponen a sus agendas: «Populistas». Lo característico del «populismo» sería apelar de manera directa a la existencia de algo llamado «pueblo» y procurar activarlo políticamente contra las élites. Pero esto es lo característico, en todo caso, de la democracia. ¿O qué se supone que sea la democracia, si no el *Kratos* (poder) en manos de algo llamado *demos* (pueblo)? ¿Y qué es un *demos* que no sea también un *éthnos*, sino una mera abstracción jurídica? ¿Y qué es un *demos* que no contemple a la *plebs*, sino una oligarquía?

En realidad, y al decir de Guy Hermet, la voz «populismo» se ha convertido en una «palabra ruido», «al estilo de la Neolengua de Orwell, que sirve menos para comunicar un significado que para autentificar la conformidad de la actitud del locutor, así como la de su público».[4] En Europa, el término ha sido utilizado para denostar a los partidos que se opusieron al modelo globalista de la Unión Europea, a la inmigración ilegal y descontrolada y al asedio contra la identidad de las naciones europeas. Alain de Benoist explica, en tres pasos sucesivos, el derrotero del concepto en ese continente:

> Primero, se calificó de «populistas» a los partidos protestatarios que denunciaban entonces como de «extrema derecha», correspondiendo el «populismo» a los «nuevos hábitos» de esta «nueva extrema derecha». Después, la crítica se fue extendiendo progresivamente, de manera académica o seudoacadémica, para deslegitimar cualquier opción política construida sobre una oposición entre el pueblo y las élites, siendo condenada esta construcción, por principio, como propia de una «ilusión engañosa del electorado». [...] En fin, en un tercer tiempo, por una suerte de deslizamiento natural, la estigmatización del populismo se ha convertido en una estigmatización del pueblo.[5]

El caso de América ha sido bastante distinto. En un primer momento, no fue la derecha, sino la izquierda la acusada de populismo. Pero, a diferencia de la derecha «populista» de Europa, que no constituía gobierno en casi ningún lugar, el «socialismo del siglo XXI» se hizo con el gobierno de numerosas naciones americanas (Venezuela, Bolivia,

---

4. Guy Hermet, «El populismo como concepto», en *En el nombre del pueblo. La hora del populismo*, p. 50.
5. Alain de Benoist, «El momento populista», pp. 129-130.

Argentina, Ecuador, Nicaragua, Brasil, etcétera). En consecuencia, la voz «populismo» vino a sustituir, en gran medida, las voces «izquierda» y «socialismo»: Maduro y Chávez, Evo Morales, los Kirchner, Correa, Ortega, Dilma y Lula, ya no eran reconocidos tanto como izquierdistas ni socialistas, sino más bien como «populistas». Quienes así rotularon a estos presidentes y a sus gobiernos les hicieron un enorme favor: sus fracasos no fueron atribuidos a los errores inherentes al socialismo, sino a la maldad de un gelatinoso «populismo». En un segundo momento, y con el ascenso de la Nueva Derecha en Estados Unidos, Brasil, El Salvador y Argentina, la palabra maldita fue reenviada a este otro polo del espectro político. Y, al igual que ocurrió en Europa, el término acabó sirviendo para denostar al pueblo como tal: los «brutos», los que tienen «poca educación», los «retrógrados» y los «xenófobos», ¿quién más sino ellos podría votar por la derecha?[6]

En el caso latinoamericano, y en virtud del primer momento, mucha gente confundió «populismo» con *clientelismo*. El socialismo del siglo xxi, que funcionaba a base de dádivas y subsidios, que procedía destruyendo todos los incentivos económicos al calor de una supuesta «redistribución de la riqueza» y que compraba con sobornos la voluntad de un electorado cada vez más empobrecido, encarnó ciertamente una forma de clientelismo. Sin embargo, esto no significa que «populismo» y «clientelismo» sean lo mismo; todo lo que significa es que el socialismo del siglo xxi implementó políticas clientelares. No obstante, el periodismo político, que habitualmente desconoce por completo el rigor de los conceptos políticos, depositó en el concepto de populismo los contenidos específicos del concepto de clientelismo, promoviendo una lamentable confusión.

Si se quiere insistir en la idea de que «populismo» significa algo específico, en todo caso es el nombre de un tipo de *retórica política*. Esto

---

6. Cuando en junio del 2016 el pueblo británico votó a favor de salir de la Unión Europea (*Brexit*), el *establishment* se dedicó a denostarlo en boca de sus intelectuales. Así, Bernard-Henri Lévy describió el hecho como la «victoria del soberanismo más rancio y del nacionalismo más estúpido», mientras Alain Minc habló de la victoria «de las gentes mal formadas sobre las gentes más educadas». Jacques Attali habló de «la dictadura del populismo», mientras Daniel Cohn-Bendit exclamó: «¡Hay que estar harto del pueblo!». Ante estas afrentas, con las que se insistió en describir al votante como un sujeto sin educación, Alain de Benoist reflexionó: «Mientras que en las décadas de los años 1950 o 1960, nadie reprochaba a los votantes del partido comunista su falta de diplomas, ahora se da a entender que la falta de instrucción es automáticamente más receptiva a las tesis simplistas o nocivas. Los estudios superiores se convierten en la garantía de una propensión a adherirse a las ideas justas —lo que se presta todavía más a la ironía—. Se podría considerar, de hecho, que los menos educados son también los menos condicionados por la ideología dominante, y que los más "cultivados" son, en realidad, los más propicios para repetir los mantras a la moda y a identificarse con el conformismo social» («El momento populista», pp. 128-129).

lo advirtió muy bien Ernesto Laclau, que llegó a la conclusión de que
«el populismo es, simplemente, un modo de construir lo político».[7] Más
aún, el populismo es *una forma del discurso político* que aspira a llenar
de sentido nada menos que la definición del sujeto político que está en
la base del sistema democrático: el «pueblo». El populismo insiste en
nombrar al pueblo, en interpelarlo y traerlo al centro de la escena. Ni
de izquierdas ni de derechas, ni liberal ni socialista por definición: el
pueblo está ideológicamente indeterminado, y la acción de determinar
su identidad política es la acción de convertirlo en un actor político
activo. De ahí que pueda haber populismos de izquierdas, de derechas,
conservadores, progresistas, socialistas y hasta libertarios.

La resistencia de los patriotas logrará muy poca cosa si no reactiva
políticamente el concepto de pueblo y si no logra, a continuación, ganar
representatividad popular. Desde luego, debe rechazar toda política
de soborno que, lejos de ganar al pueblo, simplemente lo *compra* en el
corto plazo (y vaya si es corto) y lo envilece en el largo. Debe rechazar,
asimismo, las políticas estatistas que, lejos de revitalizar al pueblo, lo
adormece en la burocratización de la vida, el dirigismo y la ingeniería
social. Para los patriotas, representar al pueblo nacional debería significar el encarnamiento de sus mejores valores, sus mejores historias, sus
héroes, sus símbolos, sus aspiraciones, sus costumbres, garantizando su
libertad. Los patriotas deben representar al pueblo en este sentido, que
es el del largo plazo, tanto hacia atrás como hacia adelante.

Esto no debería significar que el pueblo sea indefectiblemente virtuoso o, incluso, infalible. Ya hemos visto el peligro de estas concep-
ciones rousseaunianas. Ninguna entidad, ni individual ni colectiva, es
completamente virtuosa, ni mucho menos infalible en esta tierra. Decir
lo contrario sería *demagogia*, algo con lo que también se ha confundido
al populismo sin cesar. Esta palabra, que originalmente significaba
«conducir» o «guiar» (*ágō*) al «pueblo» (*demos*), pronto tomó una con-
notación peyorativa y empezó a indicar la acción de engañar al pueblo a
través de recursos emocionales y adulatorios. Pero el pueblo tiene luces y
sombras; a veces se aferra a la verdad, a veces a la mentira; a veces clama
por libertad, y otras por servidumbre. La demagogia es peligrosa porque
se funda en un error políticamente conveniente, que es el de adular al
pueblo para obtener su consentimiento. Los patriotas deben evitarlo,
concentrándose en destacar y promover entre el pueblo las luces y no las
sombras; las verdades y no las mentiras; la libertad y no la servidumbre.

---

7. Ernesto Laclau, *La razón populista* (Buenos Aires: FCE, 2013), p. 11.

Y al hablar sin ambages sobre el pueblo, que nadie tema a las acusaciones de «populismo». Va de suyo que los patriotas serán denigrados con esta terminología; eso indefectiblemente ocurrirá. Ante semejante afrenta, habrá que responder poniendo los conceptos en su lugar. El sujeto político de la democracia es el *pueblo*; si hablar sobre el pueblo lo convierte a uno en «populista», entonces deberíamos abandonar por completo la pretensión de vivir en una democracia. Al contrario, debemos reivindicar la unión necesaria entre el régimen democrático y el sujeto popular, moderado por los valores republicanos y el reconocimiento de derechos individuales, sin los cuales podría advenir una «tiranía de las mayorías», como temía Alexis de Tocqueville.

Así pues, pretender que el pueblo sea soberano no debiera significar, de ninguna manera, aniquilar o socavar minorías, ni apostar por la más férrea uniformización social. Esto violentaría los principios de la democracia, según los cuales las minorías de hoy podrían ser las mayorías de mañana, y se caería en el totalitarismo. Lo que significa que el pueblo sea soberano es, sencillamente, que la política debe tenerlo por *fuente* de sus decisiones, y que, dado que la unanimidad es casi siempre imposible, dichas decisiones dependen de la voluntad de la mayoría. A su vez, lo que significa el liberalismo clásico que se articuló con las exigencias democráticas es que el ámbito de esas agendas y decisiones públicas debiera mantenerse dentro de *límites* muy estrictos. Soberanía del pueblo y gobierno limitado: que la política jamás pueda darle la espalda al pueblo, pero que se limite su ámbito de intervención de manera que jamás termine dándole la espalda a la libertad.[8] Si estas verdades hoy generan cortocircuitos con las ideologías en boga, es porque estas se han construido sobre presupuestos antidemocráticos y liberticidas. Las agendas nacionales han de ser las agendas de las mayorías nacionales, y no de las minorías; mucho menos de las minorías extranjeras y apátridas que han decidido que «la Humanidad» debe gobernarse conforme a sus agendas en constante expansión, sus principios, intereses e instituciones dispersas a lo largo

---

8. Mejor que Rousseau, Constant. Este reconoció el valor de la soberanía del pueblo, pero explicó la necesidad de limitar el ámbito de la intervención política: «El axioma de la soberanía del pueblo fue considerado como un principio de libertad. Es un principio de garantía. Está destinado a impedir que un individuo se adueñe de la autoridad que sólo pertenece a toda la asociación; pero nada decide acerca de la naturaleza de dicha autoridad misma. En consecuencia, en nada aumenta la suma de libertad de los individuos; y si no se recurre a otros principios para determinar la extensión de esta soberanía, la libertad puede ser perdida, pese al principio de la soberanía del pueblo o incluso por ese principio» (Benjamin Constant, *Principios de política aplicables a todos los gobiernos* [Buenos Aires: Katz Editores, 2010], p. 31).

y ancho del mundo, que constantemente demandan más poder y más ámbitos de intervención.

Los patriotas, en nombre del pueblo, la democracia y la libertad, deben oponerse a este desquicio de terroríficas dimensiones. Hay que perder el temor de hablar en estos términos, siempre que por «pueblo» se pretenda significar lo mejor de una nación: las virtudes de su gente, los valores más queridos, las gestas más sobresalientes, las aspiraciones más altas, las costumbres más representativas, sus creaciones más bellas y geniales. Ante la presión de lo peor, de la falta de responsabilidad, de la degradación cultural permanente y de la constante humillación de lo propio, los patriotas deben levantar con decisión los estandartes de lo mejor de su pueblo. Ante el modelo hegemónico del ciudadano como espectador-consumidor,[9] los patriotas deben levantar los estandartes del modelo republicano, el del ciudadano como participante activo y comprometido con la política. Ante la permanente absorción de decisiones, atribuciones y funciones por parte de los niveles más altos del poder, los patriotas deben reivindicar el valor de autonomía para las bases que el principio de subsidiariedad les proporciona. Que nos llamen «populistas» si quieren; ellos temen al pueblo, desprecian a las naciones, desconfían de la libertad y odian la democracia: no temamos nosotros una etiqueta tan estéril como esa.

Solo así la fortaleza de la *arrepresentatividad* globalista puede convertirse, muy rápidamente, en una enorme debilidad. Allí donde la *arrepresentatividad* se ilumina como tal y se la denuncia como una afrenta contra el sistema democrático, lo que en un comienzo suponía ventajas se transforma en una pérdida de legitimidad política. La resistencia patriota no debe cesar nunca de señalar al globalismo como el proyecto antidemocrático y antipopular que es. Los actores globalistas, tanto internos como externos, han de ser señalados, en todo momento, como una casta arrogante, como una hiperélite parasitaria que nada tiene que ver con los pueblos que pretende dirigir.

En todo espacio y lugar, los patriotas deben poner de manifiesto esta contradicción. En las conversaciones de todos los días, en el hogar, en los círculos de amistad, en las redes sociales, en las entrevistas en los medios de comunicación, en los debates públicos, en las manifestaciones políticas, en los mítines partidarios, en los congresos y las conferencias: el peor terror de los globócratas es que su índole antidemocrática sea

---

9. «No era deseable que los proles tuviesen un intenso sentimiento político» (Orwell, *1984* [Barcelona: Austral, 2022], p. 96).

descubierta y señalada. Quitémosle toda legitimidad al Foro de Davos para dirigir nuestras vidas; arrebatémosles a los burócratas de Naciones Unidas el poder que nadie les ha dado para configurar agendas extrañas a las naciones; desoigamos a los burócratas del Sistema Interamericano de Derechos Humanos, que inventan «derechos humanos» a la medida de sus ideologías; impugnemos sin cesar los poderes que los actores económicos del globalismo reclaman para sí en nombre de su dinero y en detrimento de la vida, la libertad y la propiedad ajena. No dejemos de difundir en todos nuestros espacios de influencia esta verdad: el globalismo es un régimen de poder basado en desposeer a los pueblos de su soberanía, y la soberanía del pueblo es, precisamente, la esencia de la democracia.

Palabras talismán y palabras malditas

Hemos mostrado hasta la náusea cómo el discurso globalista está saturado de lo que llamamos palabras *talismán*. Por ellas debemos entender palabras que tienen el doble efecto político de bendecir cualquier expresión, por un lado, e inhibir cualquier crítica o duda al respecto, por el otro.[10] «Inclusión», «diversidad», «equidad», «sostenibilidad» son solo algunas de las más apreciadas por la globocracia. En efecto, se incorporan en cualquier contexto y enmarcan cualquier tipo de comunicación: un discurso oral, una columna periodística, un artículo académico, una carta de presentación de una ONG, un informe del Foro de Davos, un documento de la OEA o una resolución de Naciones Unidas.

El efecto psicológico que estas palabras producen es el de la más completa y automática sumisión ideológica. Quien cuestiona una expresión que contiene palabras *talismán* está cuestionando la bondad de estas últimas y promoviendo, en consecuencia, exactamente lo contrario de lo que estas suponen. Así, cuestionar cualquier cosa que se diga en nombre de la «inclusión» significa promover la «exclusión»; cuestionar cualquier cosa que se diga en nombre de la «sostenibilidad» significa promover la «insostenibilidad» o la «depredación», y así sucesivamente.

Las palabras talismán se conjugan con lo que podemos llamar palabras *malditas*. Ellas son el exacto reverso de las primeras: su función es la de demonizar automáticamente cualquier posición y, al igual

---

10. «—¿No te das cuenta de que el objetivo último de la neolengua es estrechar la capacidad del pensamiento?» (Orwell, *1984*, p. 71).

que ocurre con las palabras *talismán*, anular todo pensamiento crítico. También hemos visto en qué nauseabunda medida los globalistas abusan de estas palabras. Así, por ejemplo, todas las que patologizan al disidente a través del sufijo «fóbico» («homofóbico», «transfóbico», «LGBTI-fóbico», «gordofóbico», «xenofóbico», etcétera), además de las que colocan al disidente en una postura extremista («extrema derecha», «ultraderecha», etcétera), las que apelan a fantasmas pasados («fascistas», «nazis», etcétera), las que expulsan al destinatario de la historia actual («medievales», «arcaicos», «retrógrados», «oscurantistas», etcétera) y las que descalifican como un delirio todo argumento, afirmación e información que haga peligrar las agendas globalistas («negacionistas», «alarmistas», «conspiracionistas», etcétera).

Constituye una enorme fortaleza para el globalismo disponer de tan potente neolenguaje. Entre las palabras *talismán* y las palabras *malditas* forman una suerte de implacable pinza con la que se atrapa discursivamente al individuo y se lo coloca en la incómoda situación de elegir: o ser bendecido con el lenguaje, o ser maldecido hasta las entrañas. Muchas veces, el futuro social, laboral, mediático, educativo y político de un individuo depende de qué tipo de lenguaje recaiga sobre él. Si ha manifestado su pleitesía para con las expresiones, ideologías y agendas enmarcadas con las palabras *talismán*, todo marchará bien; será tenido por una persona «inclusiva con las minorías», «equitativa», «abierta a la diversidad» y «preocupada por la sostenibilidad». En el caso en que mantenga posturas contestatarias, será tenido por un «fóbico» de lo que fuere, un «fascista» de «extrema derecha», «medieval», «negacionista», «alarmista» y «conspiracionista».

Invocando la «inclusión», a este desdichado opositor se lo excluirá de todos los ámbitos en los que su pensamiento pudiera contagiar a alguien (colegios, universidades, puestos laborales, redes sociales, medios de prensa, funciones públicas, cargos políticos, etcétera). En honor a la «diversidad», de ninguna manera se le permitirá la diversidad del pensamiento político, y deberá contentarse, únicamente, con la diversidad que tiene lugar en la cama, en las hormonas sintéticas y las operaciones de «reasignación de género», o bien con la «diversidad» de los extranjeros que se instalan en sus barrios no para cumplir con las normas del país que los recibe, sino para imponer las propias. Con el fin de garantizar la «tolerancia», el sistema tendrá que mostrarse extremadamente intolerante con el desdichado «extremista» que no se subordine a ella: asiste toda la razón a Nick Land cuando denuncia, al respecto, que «la tolerancia perfecta y la intolerancia absoluta se han vuelto lógicamente indistinguibles».[11] Asimismo, y para lograr el triunfo de la «equidad», las políticas de «discriminación positiva» deben desatar toda su coerción para acabar con los «privilegios» del «opresor» en cuestión. Esta es la manera en que se articulan ambos dispositivos discursivos, envolviendo a los individuos en una marea de contradicciones, de palabras que no se sabe bien lo que significan, pero que determinan premios y castigos por doquier.

Ante ellas, la resistencia de los patriotas debe reaccionar sin ninguna clase de temor. Nada asusta más a quienes tan confiadamente se atrincheran en sus palabras *talismán*, y que con tanta saña escupen sus palabras *malditas*, que percibir que ninguna de estas tiene más poder que el que su víctima le concede. Las palabras *talismán bendicen* en la medida en que el receptor así ha llegado a creerlo; las palabras *malditas demonizan* en la misma medida en que el maldecido por ellas así lo cree. De esta manera, no gozan de ningún poder inherente, sino que se alimentan de nuestra propia cobardía y sumisión.

En esta constatación reside la vía de escape que hemos de emprender. Las palabras *talismán* y las palabras *malditas* perderán su poder en la medida en que las impugnemos y dejemos de *creer* en ellas. Para impugnarlas, primero hay que dejar tanto de venerarlas como de temerlas. A continuación, se abrirán al menos dos vías: la de la ridiculización y la de la argumentación. La primera supone evidenciar los absurdos, la desmesura, el ridículo de toda esta terminología. Incluir excluyendo a quienes no incluyen; tolerar siendo intolerantes con quienes no toleran; equidad a fuerza de «discriminación positiva»; diversidad a fuerza de uniformidad política e ideológica. Todas estas absurdas contradicciones deben ser expuestas de las maneras más creativas, divertidas y fáciles de comprender. La incorrección política y la rebeldía empezarán a *desacralizar* entonces este neolenguaje tan despreciable.

La vía de la argumentación no es menos importante. Se trata de impugnar racionalmente el vacío conceptual del neolenguaje. Por ejemplo, la «diversidad», que se ha convertido en la médula de un sistema moral radicalmente relativista según el cual «lo diverso» es, necesariamente, algo «bueno» y, por lo tanto, incuestionable. Pero lo «diverso» es, sencillamente, lo «diferente». «X es diverso respecto de Y» significa que X posee determinados atributos que no coinciden con los de Y, que son *distintos*. Pero la diferencia, por sí misma, no es deseable o indeseable, ni

---

11. Nick Land, *La ilustración oscura. [Y otros ensayos sobre la Neorreacción]* (España: Materia Oscura, 2022), p. 45.

buena ni mala. Lo deseable o indeseable, lo bueno o lo malo se determina con arreglo a los juicios que podemos hacer respecto de atributos bien definidos y no de su mera «diversidad». Así, por ejemplo, el gusto por la coprofagia (ingerir excremento) es ciertamente «diverso» respecto de aquellos que no tenemos apetito alguno por las heces. Sin embargo, sería absurdo concluir que la coprofagia es «buena» o «deseable» sencillamente porque supone una modalidad de la «diversidad gastronómica». De la misma manera, la pedofilia también podría calificarse como una forma de «diversidad» respecto de las personas que no sienten ningún deseo sexual por los niños.

Si estamos obligados a creer que toda diversidad es buena o deseable por sí misma, la consecuencia está a la vista: la misma diferencia entre lo bueno y lo malo se hace añicos. En esto reside la trampa, porque si todo lo «diverso» es por definición algo «bueno», entonces no puede existir nada «malo», dado que lo «malo» es, a su vez, «diverso» respecto de lo «bueno» y, por lo tanto, «bueno en sí mismo. La ideología de la «diversidad», según la cual «todo lo diverso es bueno», destruye toda consideración ética y desemboca inexorablemente en el más absurdo relativismo moral. En consecuencia, la maldad ha desaparecido, con una única excepción: la de aquellos que no se adhieren a esta ideología.

Lo mismo puede decirse sobre la «inclusión». Se ha impuesto la idea de que toda «inclusión», entendida como la incorporación de un individuo o grupo de individuos a un ámbito que antes les estaba vedado o en el que se encontraban subrepresentados, resulta «deseable» o «buena» por definición. En realidad, toda «inclusión» debe pasar por el filtro de cuatro preguntas muy importantes: ¿quiénes?, ¿cómo?, ¿por qué?, ¿a costa de quién? Sin una respuesta clara a estas cuatro preguntas, la «inclusión» no dice nada por sí misma; es una mera abstracción. Así, por ejemplo, los «baños inclusivos» serían buenos y deseables por definición. No obstante, si aplicamos las cuatro preguntas, tendremos una respuesta bastante más concreta: ¿a quiénes se refieren con este eslogan? A personas que se autoperciben con un sexo que no es el suyo; por ejemplo, hombres que se autoperciben mujeres. ¿Cómo lograrán dicha «inclusión»? Por ejemplo, presionando a las empresas para que coloquen estos baños a través de criterios ESG, a través de coerción mediática o incluso a través de normativas estatales. Es decir, a la fuerza. ¿Por qué? Porque todo el mundo debería creer que la autopercepción es la verdadera fuente de la identidad de las personas. ¿A costa de quién? A costa de las mujeres que tendrán que empezar a ver hombres ingresando en los baños femeninos, con todos los peligros e incomodidades que eso significa.

Otro ejemplo podría pensarse en torno a la inmigración descontrolada. La consigna de que hay que «incluir» al extranjero que ha llegado en masa e ilegalmente es absurda cuando se la pasa por el filtro de las cuatro preguntas. ¿Quiénes? Por ejemplo, personas que provienen de culturas extremadamente distintas a la de los nacionales del país receptor, cuya compatibilidad es totalmente inviable. ¿Cómo? Abriendo a los foráneos las fronteras, subsidiándolos y, con el tiempo, nacionalizándolos. ¿Por qué? Porque todos debemos creer que todas las culturas son insignificantes y, por lo tanto, que siempre pueden convivir en el mismo espacio sin roces ni conflictos significativos. ¿A costa de quién? De los nacionales que pagan sus impuestos que terminan en subsidios para financiar la estadía de los recién llegados; a costa de los que viven en barrios que de un día para otro se convierten en verdaderos infiernos por su repentina inseguridad; a costa, también, de los sistemas laborales, educativos, sanitarios y de seguridad social que se desestabilizan rápidamente.

Por otro lado, sobre la noción de «equidad», que es la nueva forma de invocar la vieja y desgastada «igualdad», podría decirse algo parecido. Estos términos, por sí mismos, significan poca cosa. Necesitan una aclaración fundamental: ¿se trata de hacer a los individuos iguales o de sujetarlos a las mismas reglas para que sean *tratados* como iguales? Existe toda la diferencia del mundo entre una cosa y la otra. Mientras que la segunda funda un sistema respetuoso de las libertades de las personas, la primera implica la omnipresencia de una organización política cada vez más dilatada que coaccione a las personas para igualar todos los aspectos en los que la igualdad no se verifica. Y vaya si esos aspectos son numerosos: al contrario de lo que la ideología igualitarista sostiene, los seres humanos no son iguales entre sí en casi ningún aspecto. Más allá de los rasgos comunes de la especie, la variabilidad es ilimitada: orígenes, aptitudes, actitudes, apetitos, intereses, pasiones, vicios, virtudes, predisposiciones físicas, condiciones psíquicas, condiciones intelectuales, influencias culturales, creencias, tradiciones, experiencias vividas, sistemas de valores, relaciones, contactos, nivel educativo, ingresos y un infinito etcétera. Incluso la mera suerte, el estar en el lugar indicado en el momento indicado, puede diferenciar profundamente la vida de una persona respecto de otra. Jugar al igualitarismo es violentar la realidad de la condición humana; y ese juego exige enormes cuotas de poder para los igualadores, lo que supone, dicho sea de paso, otra forma de desigualdad (la más injusta de todas).

No pretendo elaborar aquí argumentos exhaustivos al respecto, sino simplemente ilustrar lo que he denominado la *vía argumentativa* para enfrentar las palabras *talismán*. Con las palabras *malditas* habrá que proceder de la misma forma: mostrar el absurdo de llamar «fascista» a cualquier persona sin reparar en el contenido específico de esa doctrina política; impugnar la utilización del sufijo «fóbico», cuestionando la clara intención patologizante que lleva consigo este término tan caro al lenguaje psiquiátrico; exigir a quienes acusan a los otros de «medievales» que expliquen en qué sentido resulta propio de la Edad Media la reivindicación de la soberanía nacional (de paso, también habría que pedirles que hagan explícita su filosofía de la historia, en virtud de la cual llaman «retrógrados» a sus opositores); responder a la acusación de «conspiranoia» utilizando siempre documentación oficial y fuentes primarias, poniendo en evidencia que nuestras denuncias son, en rigor, confesiones de parte más que «secretismos» o «especulaciones»; contestar a las acusaciones de «extremismo» mostrando que lo realmente extremo es hablar en nombre de «la Humanidad» y pretender imponer algo llamado «gobernanza global», etcétera.

De esta manera, la resistencia de los patriotas se desenvuelve también en el campo de las palabras. Todo patriota que pretenda sumarse a la resistencia debe reflexionar constantemente sobre la dimensión conceptual y discursiva de la batalla cultural. Esto implica *pensar* detenidamente las palabras que se emplean y las que se rechazan. Así como en una batalla armada se entrena aprendiendo a apuntar con armas, en una batalla cultural se entrena aprendiendo a calibrar las palabras. La hegemonía del globalismo y sus ideologías asociadas es la hegemonía de su lenguaje. La contrahegemonía solo tendrá éxito si es capaz de impugnar ese lenguaje y reemplazarlo por otro.

Nuevas tecnologías

Los globalistas han basado su proyecto político en la idea de que la interconexión total del mundo hace de este una suerte de «aldea global» (McLuhan). La aniquilación del espacio a la que nos referíamos más arriba se ha conseguido, fundamentalmente, gracias a las tecnologías que han conectado todos los puntos del planeta. La primera gran consecuencia de esta novedad técnica fue la globalización económica; a continuación, le siguió el globalismo como ideología y como régimen político embrionario. Las tecnologías de la conexión global unificaron los mercados, pero ahora pretenden unificar la política del mundo.

Estas tecnologías suponen una gran fortaleza para los globalistas, porque, salvo excepciones muy raras, ellos son los que las detentan y las controlan. El primer Internet, el más libre de todos, rápidamente fue coaccionado por la web 2.0. Un puñado de compañías multinacionales (BigTech) pusieron a nuestra disposición una serie de plataformas sociales que revolucionaron la manera de ver y estar en el mundo. Todas nuestras actividades encontraron una forma de existencia *online* en estos novedosos espacios virtuales. En muchos casos, la dimensión *online* se convirtió en más importante que la *offline*. La política no fue la excepción: la discusión y las campañas políticas se desplazaron cada vez más al terreno *online*, del que ya no podemos sustraernos.

Fue entonces cuando los dueños de las compañías que controlan estas tecnologías constataron la magnitud del poder político que tenían en sus manos y decidieron que no permitirían ningún tipo de expresión que pusiera en peligro las agendas de los globalistas. Las «normas comunitarias» con las que estas plataformas se rigen dilataron cada vez más lo que querían decir con su prohibición de «discursos de odio», con el fin de evitar cualquier contrapunto con el progresismo y el *wokismo*. Como hemos mostrado en otra parte de este libro, nada menos que Mark Zuckerberg se vio empujado a confesar ante el Senado de Estados Unidos el favoritismo que tiene su empresa (y las de Silicon Valley en general) para con estas ideologías.

En este contexto, los patriotas enfrentan un desafío muy complicado. La arena pública hoy es, en realidad, una *arena privatizada*. El espacio (ahora virtual) en el que se discute la política está ahora sujeto a reglas que establecen sus dueños, diseñadas para estrangular la libertad de expresión de quienes resisten la ingeniería social y el control total. Si nada menos que el presidente Donald Trump, uno de los mayores temores de los globalistas, fue expulsado al unísono de todas las redes sociales hace algunos años, ¿qué queda para el resto de los mortales?

Pero el caso Trump sirvió, a pesar de todo, para atestiguar la verdad de lo que estaba pasando en la web 2.0. Las hiperélites de las BigTech revelaron tener mucho más poder del que la mayoría de las personas creía; y ese poder estaba siendo utilizado para dejar sin voz, para dejar sin existencia *online* a un presidente estadounidense que había ganado las elecciones, algunos años atrás, gracias a una campaña basada, sobre todo, en redes sociales. A lo largo de toda la historia, sin embargo, la censura ha sido peligrosa no solo para los censurados, sino también para los censores. En general, la censura siempre ha sido un síntoma de pérdida de hegemonía: cuando un poder debe censurar, es porque se encuentra disminuido. El sueño del poder absoluto no es censurar, sino lograr que nadie diga nada que él no desea escuchar. Cuando censura, deja una huella: la del inconformismo, que puede contagiarse.

La censura contra Trump y contra miles de patriotas de todo el mundo llegó a un punto de exacerbación tal que multiplicó el inconformismo. La policía del pensamiento empezó a ser cuestionada y desafiada cada vez más. Las intentonas de crear nuevas redes sociales fracasaron, en la mayoría de los casos, porque los servidores necesarios para soportar a estas enormes plataformas también están en manos de un puñado muy pequeño de BigTech que cerraron sus puertas a estas iniciativas. Fue el caso, por ejemplo, de Gab, a la que Amazon dejó sin sistema al percatarse de que una inmensa cantidad de usuarios estaba migrando hacia ella. La censura se hizo cada vez más evidente; la gente empezó a dudar del relato oficial, que sostenía que los ataques contra la libertad de expresión se trataban de un esfuerzo por «defender la democracia» tras el «ataque del 6 de enero» en Estados Unidos. Y en este contexto llegó, finalmente, Elon Musk, el magnate que compró Twitter y la convirtió en X, la primera red social que apuesta por la libertad de expresión política.

La resistencia patriota dispone de enormes posibilidades en el mundo de las redes sociales. Estas le permiten hacer mucho con muy poco. Tener una cuenta en una de estas plataformas es gratuito y, a menos que los sistemas policíacos (públicos o privados) intervengan para censurarla, puede crecer ilimitadamente de acuerdo con la habilidad y la inteligencia comunicacional del usuario. Mientras que hace algunos años la única manera de llegar a las masas consistía en ser dueño de un canal de televisión, de una estación de radio o de un periódico, ahora cualquier ciudadano común y corriente puede convertirse en un comunicador de masas. Lo que es todavía más importante: puede incluso superar la audiencia de los periodistas del sistema establecido.

De esta manera, las nuevas tecnologías de la comunicación revelan sus dos caras: una despótica y la otra democrática; una autoritaria y la otra horizontal; una que impone lógicas de arriba abajo y la otra que permite procesos de abajo arriba. La resistencia de los patriotas debe exacerbar las posibilidades democráticas abiertas por las redes sociales. Ningún patriota debería ausentarse de ellas. La que mayor comodidad ofrece en estos momentos es X, pero la resistencia debería hacerse presente en todas, incluidas las que con mayor frecuencia nos censuran. Ante esta posibilidad habrá que cuidarse evitando determinada terminología, usando dobles sentidos, empleando eufemismos que se admiten que lo son, transmitiendo verdades en forma de humor, aprovechando las enormes posibilidades que tienen los memes, etcétera.

Todos los patriotas tienen el deber moral y político de hacerse presentes en el espacio *online* y convertirse así en cajas de resonancia de la

resistencia. Cuantos más seamos en esos foros, más difícil será silenciar-
nos. Cuantos más nos dediquemos a producir contenido, más difícil será
quitarnos de la vista. Cuantos más nos dediquemos a difundir y viralizar
los contenidos de los patriotas, más escucharán nuestros mensajes.

II. La familia como escuela de resistencia

> *«El ambiente familiar puede destruir mucho de lo que se*
> *inculca en el colegio. Por eso hemos ido rebajando, año*
> *tras año, la edad para ingresar en el parvulario; ahora*
> *prácticamente arrancamos a los pequeños de la cuna.*
> *[...] ¿La muchacha? Es una bomba de relojería. Por lo*
> *que pude ver en su historial escolar, estoy seguro de que*
> *la familia había estado influyendo en su subconsciente.*
> *Ella no quería saber cómo se hacía algo sino por qué».*[12]
>
> R. Bradbury

> *«—Porque deben ustedes recordar que en aquellos*
> *tiempos de burda reproducción vivípara, los niños*
> *eran criados siempre con sus padres y no en los*
> *Centros de Condicionamiento del Estado».*[13]
>
> A. Huxley

> *«Walden Dos ha suprimido la familia, no sólo*
> *como unidad económica, sino hasta cierto punto*
> *también como unidad social y psicológica. Lo que*
> *sobreviva de ella es una cuestión experimental».*[14]
>
> B. F. Skinner

La familia bajo asedio

La familia es la institución social más asediada de las últimas décadas,
por no decir de los últimos siglos. El sociólogo Christopher Lasch rastreó
este asedio como un proceso planificado desde la política, que comienza,
con toda claridad, a fines del siglo xix y que llega hasta nuestros días

---

12. Bradbury, *Fahrenheit 451*, p. 73.
13. Aldous Huxley, *Un mundo feliz* (Buenos Aires: Penguin Random House, 2016), p. 33.
14. Burrhus Frederic Skinner, *Walden Dos* (Barcelona: Ediciones Orbis, 1986), p. 152.

con una fuerza inusitada. Según la tesis de Lasch, «la familia no evolucionó simplemente en respuesta a influencias sociales y económicas; fue deliberadamente transformada por la intervención de planificadores y políticos».[15]

Lo que llaman «evolución de la institución familiar» no es más que la pérdida de sus funciones más queridas, arrebatadas por otro tipo de instituciones. Todavía en las primeras décadas del siglo XX, los sociólogos reconocían en el seno de la familia toda una serie de funciones sociales de gran relevancia que hoy ya no existen o, en el mejor de los casos, que se encuentran profundamente disminuidas. El caso del sociólogo norteamericano William Fielding Ogburn es elocuente: en 1922 todavía hablaba de funciones económicas, religiosas, educativas, protectoras y recreativas como inherentes al grupo familiar.[16] Pero ya por entonces estaba teniendo lugar algo que los sociólogos denominan «transferencia de funciones», y la familia comenzaba a perderlas a pasos acelerados. En la década de 1950, el sociólogo norteamericano Talcott Parsons dará cuenta, a su vez, de que todas esas funciones ya estaban atravesando una crisis terminal.

El desarrollo del Estado moderno, transfigurado en Estado paternalista a lo largo del siglo XX, es la clave de este proceso. «Desde la cuna hasta la tumba» fue su insignia favorita: el Estado debía actuar como un «Gran Padre» que controla, provee y dirige a sus hijos, los ciudadanos reducidos a retoños del poder político.[17] Así, el mismo Estado que se había desarrollado como Estado liberal sobre la base de la filosofía de la Ilustración, entendida célebremente por Kant como «la salida del hombre de la minoría de edad, de la cual él mismo es culpable»,[18] se convierte en el siglo XX en Estado paternalista y comienza a tratar al hombre como si fuera un menor de edad. Para lograrlo, necesitó arrebatar las funciones que antes recaían sobre la familia en particular, y sobre las comunidades en general.

Economía, protección, educación, religión, recreación: todas las funciones que Ogburn identificaba terminaron en manos del Estado, de una u otra manera. Los organigramas estatales y las estructuras formales de los gobiernos hoy dan cuenta sobrada de ello: ningún ámbito de la vida

---

15. Christopher Lasch, *Refugio en un mundo despiadado. Reflexión sobre la familia contemporánea* (Barcelona, Gedisa: 1996), p. 36.
16. *Cf.* William Ogburn y Meyer Nimkoff, *Sociología* (Madrid: Aguilar, 1979), pp. 755-756.
17. He profundizado en este desarrollo en Agustín Laje, *Generación idiota. Una crítica al adolescentrismo* (Ciudad de México: HarperCollins, 2023).
18. Immanuel Kant, *¿Qué es la Ilustración?* (Buenos Aires: Prometeo, 2010), p. 21.

queda fuera de sus manos; la existencia humana, en todos sus aspectos, se encuentra estatizada. El *principio de subsidiariedad*, según el cual las entidades más pequeñas y más próximas a las personas deberían tomar las decisiones y emprender las acciones siempre que les resulte posible, fue destrozado por el Estado paternalista. Este se montó sobre la lógica inversa: todo lo que el Gran Padre pudiera hacer por las entidades de menor tamaño (individuos, familias, comunidades) debía hacerlo. Así, a diferencia del padre de familia, que tiene el objetivo de estimular la creciente autonomía de sus hijos empleando el principio de subsidiariedad, el Gran Padre retiene a sus ciudadanos en una perpetua inmadurez implementando el principio exactamente opuesto.

La organización de la sociedad, comandada por un Estado cada vez más hipertrofiado, cada vez más interventor y dirigista, tuvo como contrapartida inevitable la paralela disminución de la institución familiar. El primero aumentó en la misma medida en que la segunda disminuyó. Más Estado significó menos familia en términos de las funciones que, durante tanto tiempo, habían estado reservadas, sobre todo, a esta última.

Pero nuestro siglo XXI es testigo de un asedio contra la familia que va más allá de las pretensiones y arrogancias del Estado paternalista. Este Gran Padre está viendo cómo se alza, por encima suyo, un Padre aún mayor que él, al que le debe cada vez más obediencia. Con el principio de subsidiariedad ya destrozado, el Gran Padre no tiene más remedio que someterse ahora al Súper Padre, al ritmo del crecimiento de su poder. Bajo este nuevo régimen, en el que aparecen entidades que pretenden estar por encima del Estado, la familia es asediada no solo por este, sino también por las instituciones globalistas que la han puesto en su mira, y que instrumentalizan a los Estados paternalistas para realizar el trabajo sucio. El desafío es patente: la familia ya no debe defenderse tan solo de políticos nacionales que suelen asediarla de todas las formas posibles, sino también de burócratas globales que se han ensañado especialmente con ella.

Las agendas globalistas se componen de una serie de causas e ideologías profundamente hostiles para con la salud de la institución familiar. Ya hemos visto, por ejemplo, que todos los actores globalistas, sin ninguna excepción, dedican gran parte de sus esfuerzos a promover la ideología del feminismo radicalizado, la ideología de género y las políticas abortistas. Todos estos son dispositivos de asedio contra la familia.

Por medio del feminismo radicalizado, se introduce en la familia un conflicto político basado en el sexo; y dado que la verdadera familia se constituye al calor de la verdadera diversidad sexual (que no es la mismidad que nos venden con alegres colores), los miembros de la familia son presionados para interpretar sus diferencias sexuales en términos de la dialéctica opresor/oprimido. Por medio de la ideología de género, a su vez, se promueven uniones e «identidades» que, por definición, no tienen ninguna posibilidad de reproducir vida y, por lo tanto, no cumplen con una función que siempre fue esencial a la definición sociológica de la institución familiar. Asimismo, también a través de esta ideología, los miembros más jóvenes de la familia se ven especialmente expuestos a una cultura diseñada para conflictuar su identidad, lo que trae aparejado enormes sufrimientos no solo para ellos, sino para todo el grupo familiar; ya hemos visto algunos datos al respecto. Por medio del aborto, finalmente, se normaliza e incluso se alienta en la familia la acción de arrebatarle violentamente la vida a un miembro que ya vive, que ya existe, y que ni el «deseo» ni la «percepción» de su madre tienen la capacidad de modificar lo que realmente es: su hijo. El aborto nunca consistió en «elegir entre ser o no ser madre»; el aborto siempre fue, en todo caso, la posibilidad de elegir entre ser la madre de un hijo vivo o de uno muerto.

Ya hemos visto que las más importantes instituciones globalistas, públicas —como Naciones Unidas y su Agenda 2030, OEA y su SIDH— y privadas —como el Foro de Davos y las ONG— usan su poder político, económico y simbólico para introducir en los Estados y en la sociedad todas estas ideologías. Al mismo tiempo, promueven una antropología *atomizante*. El nivel de uniformización global que existe en torno a estos temas es, en una medida más que considerable, el producto de estas presiones globalistas. De repente, todos los Estados paternalistas se han hecho con el mismo lenguaje, los mismos símbolos, los mismos proyectos de leyes, los mismos discursos y demandas, y hasta las mismas banderas e insignias. Uno incluso podría intercambiar a los políticos de los distintos Estados *proxy* y las agendas serían exactamente las mismas, lo que revela la atroz uniformización política que se esconde tras la farsa de la «diversidad».

Quienes quieran defender la institución familiar, núcleo de una sociedad verdaderamente libre, tendrán que asumir esta realidad: a partir de ahora, deberán defenderla tanto del Estado paternalista como de las instituciones globalistas.

La familia como escuela

La educación fue una de las funciones familiares que el Estado fue demandando para sí cada vez más. Ya hacia el siglo XIX, el Estado necesitó fundamentalmente dos cosas: por un lado, hacerse con una ciudadanía dirigida a la producción económica moderna y, por el otro, garantizar que esa ciudadanía incorporara una serie de lealtades hacia la autoridad política que la regía. La familia no podía cumplir ni una cosa ni la otra en la medida en que la organización política moderna lo demandaba, y por eso debía, esta última, hacerse cargo de esa función.

La arrogancia de los políticos fue casi siempre en aumento. Los currículos escolares expandieron rápidamente sus dominios y sus pretensiones. La educación no se limitó a instruir a los niños en los rudimentos necesarios para comprender las ciencias modernas, ni en las habilidades necesarias para insertarse en la gran sociedad, ni en conocer los fundamentos históricos y culturales de su nación. La educación se convirtió en el más importante dispositivo de *ingeniería social*, en la oportunidad para moldear a los individuos a imagen y semejanza de la *Idea* que habita entre los engranajes del poder. La familia, que siempre puede tener ideas distintas y verdaderamente diversas, se convirtió por ello en una institución a neutralizar y someter.

Lo trágico del asunto es que la familia se constituía en *comunidad* precisamente gracias a su función educativa. La sociología, con Tönnies a la cabeza, distingue entre «comunidad» (*Gemeinschaft*) y «sociedad» (*Gesellschaft*). Mientras que la primera supone un grupo humano unido en torno a valores comunes y una forma común de ver y estar en el mundo, la segunda supone una unión basada en relaciones contractuales e intereses individuales. Así, por ejemplo, las familias y las iglesias son comunidades, mientras que el Estado y las empresas son sociedades. Pero cuando a la familia se le arrebata casi por completo toda función educativa, y el Estado incluso rivaliza con sus valores y principios, la familia pierde la función que le permite *reproducir* su modo de ver y estar en el mundo. Esa función ya no es comunitaria, espontánea ni libre, sino burocrática.[19]

Dicho de otra manera, una familia que no se ocupa de educar a sus miembros es todo menos una comunidad. Y dado que la institución familiar es comunitaria por definición, una familia que no se cohesiona en torno a una forma común de ver y estar en el mundo es todo menos una familia. La destrucción de la función educativa de la familia es la destrucción de la familia en cuanto tal. La resultante no es un *hogar*, sino un *hotel*: los individuos ocupan una misma vivienda, incluso sus

---

19. Escribe Max Weber: «La burocracia es el medio de transformar la "acción comunitaria" en una "acción societal" organizada racionalmente» (*¿Qué es la burocracia?* [Buenos Aires: Leviatán, 1991], p. 79).

cuartos están dispuestos de manera contigua, se conectan a la misma red de *wifi* y de vez en cuando se alimentan sobre la misma mesa, pero no sienten ninguna unidad real en cuanto a los valores y los principios que dan consistencia a su manera de ver y estar en el mundo. La distancia entre los miembros es cada vez mayor, y la alienación cada vez resulta menos fácil de disimular.

La resistencia de los patriotas debe actuar sobre este complicado contexto. Ante un asedio planificado de manera consciente y deliberada, hay que presentar una resistencia igualmente consciente y deliberada. Quien no sea capaz de advertir el actual contexto, terminará siendo arrollado por él.

Pero ¿cómo deberíamos actuar? La idea fundamental es la de recuperar para la familia una función educativa que le permita seguir siendo una familia de verdad. Los esfuerzos deben emprenderse con este objetivo en mente, sabiendo que nadie le devolverá nada a la familia, sino que sus propios miembros tendrán que recuperar lo que les arrebataron. Esto supone un compromiso consciente, trabajoso, constante e inclaudicable.

Para lograrlo, los miembros adultos de la familia deben, en primer lugar, trabajar sobre su propia educación. Nadie puede dar aquello de lo que carece; ningún padre de familia puede educar a sus hijos si antes no se ha educado a sí mismo. Esto podría resultar frustrante para muchos, puesto que pueden creer que el tiempo para eso ya pasó. En efecto, el sistema educativo moderno ha sido diseñado para *limitar temporalmente* el proceso educativo: se nos ha hecho creer la disparatada idea de que existiría apenas «una etapa de la vida» en la que los individuos se educan, puesto que todo lo que sigue debe ser dedicado al trabajo, al consumo y a la distracción. Esto garantizó la producción de ciudadanos pasivos, distraídos, hiperespecializados e intelectualmente disminuidos. Hay que romper con esto cuanto antes. La educación debe volver a concebirse como un proceso que abarca la vida entera, y hoy disponemos de infinitas posibilidades para autogestionar nuestra adquisición de conocimientos.

Los cabezas de familia deben comprometerse con su formación personal y, además, deben mantenerse bien informados sobre lo que ocurre. Esta es la única manera de adquirir las habilidades intelectuales necesarias para elaborar argumentaciones convincentes, refutar a los adversarios y reivindicar la propia forma de ver y estar en el mundo. Un cabeza de familia que no sea capaz de hacer esto no puede pretender que su hijo lo sea. Su hijo adquirirá estas capacidades solo si sus padres se las enseñan; se interesará en esto solo si sus padres verdaderamente se interesan; querrá emprender acciones al respecto solo si sus padres le dan ejemplo. En caso contrario, terminará siendo arrastrado por las corrientes que, cada vez con más fuerza, se llevan todo a su paso.

Que los cabezas de familia se aboquen a su propia formación no solo sirve porque logren hacerse con los insumos intelectuales necesarios para la batalla cultural, sino también porque sus hijos los observan, los respetan y eventualmente los imitarán. El respeto cultural es algo que *se gana*; el principio de autoridad («piensa como yo pienso porque yo soy la autoridad») es muy poco efectivo para estos menesteres. Solo quien ha perdido por completo el respeto cultural debe apelar desesperadamente a la voz de orden para pretender que el otro se adhiera por la fuerza. Pero la cultura no es algo que se ordena, sino algo que se vive y que se siente; la cultura es una «segunda naturaleza» para el hombre: lo atraviesa del derecho y del revés, no como maldición ni como coacción, sino como *identidad*.

Allí donde los hijos no admiran culturalmente a sus padres, admirarán las propuestas culturales ofrecidas por otras instituciones e impuestas por otros dispositivos. No cabe el vacío cultural; la «segunda naturaleza» se hará carne, en uno u otro sentido. Si los padres de familia pretenden que sus hijos conciban como cosas deseables los valores, los principios, las costumbres y las creencias que caracterizan a su cultura, deben entonces inspirar respeto y admiración cultural. Deben compartir con ellos la belleza, la bondad y la verdad de dicha cultura. Este es un proceso tanto pasional como racional; tanto emotivo como argumentativo; tanto vivencial como intelectual. La parte racional y argumentativa del proceso es la que demanda el cultivo de la inteligencia. En la situación actual, nadie podrá defender su cultura si no cultiva en primer lugar su inteligencia.

Que los niños vean a sus padres estudiando; que los vean concurriendo a conferencias, talleres, cursos; que los vean leyendo, engrosando sus bibliotecas, reivindicando el infinito poder cultural de los libros (¿no es evidente que nuestra decadencia cultural es directamente proporcional al declive del libro?); que vean que sus padres saben y pueden enseñarles cosas importantes, y no solo jugar a videojuegos o a la pelota con ellos. Que el hogar tome, nuevamente, la forma de una escuela: una primera escuela, que prepara al niño para ingresar en la escuela formalizada, estatizada, temporalizada, examinada, en la que ciertamente podrá aprender otras cosas, pero de la que también tendrá que aprender a defenderse; una primera escuela que, sin embargo, cuando hace bien lo que debe hacer, marca a la persona para el resto de su vida.

Superar el miedo a la política

Los padres de familia deberían ser capaces de transmitir a sus hijos conocimientos mucho más importantes para la vida que cosas como atarse los cordones de los zapatos, utilizar los cubiertos para comer o hacer la cama después de dormir. Todas estas habilidades son muy importantes, desde luego, pero hay muchas otras cosas tanto o más importantes, que gran parte de las familias han olvidado.

Una de ellas, absolutamente fundamental para nuestro tema, es la política. La suciedad de la política ha logrado que la mayoría de las familias la quieran lejos de su hogar. Hace tiempo ya que hablar de política en la mesa familiar se ha convertido en algo de *mal gusto*. Los padres que hablan de política con sus hijos son vistos como *fanáticos*. Mejor es hablar de automóviles, ropa, farándula, series y deportes: nada como una vida entregada al consumo y la distracción para vivir bajo efectos similares a los que, en *Un mundo feliz*, el régimen inducía a través del *soma*. O, mejor todavía: nada como no hablar de nada en absoluto. Llenar de pantallas el hogar, y que ellas hablen por nosotros, como acabó sucediendo en *Fahrenheit 451*. El resultado es terminar solos, absolutamente solos y atomizados, como en la sociedad de *1984*. ¿Existe alguien más fácil de dominar que aquel que se encuentra totalmente solo?

Si la familia es el grupo social primario que prepara (cognitiva, psicológica y económicamente) al individuo para ingresar en la sociedad general, ¿qué sentido tiene ocultarle la política? La política es la actividad que organiza, con mayor o menor nivel de intromisión, la vida en sociedad. No saber de política, no tener ningún contacto con ella implica quedarse completamente fuera de una actividad que define nada menos que los contornos de la propia vida. Es decir, una actividad que tiene que ver con la propia *libertad*. Las masas pueden concurrir periódicamente a las urnas, pero si no tienen idea de qué están votando, ¿puede decirse que están decidiendo algo? Precisamente porque creen que deciden allí donde no lo hacen es por lo que las denominamos «masas».

¿Qué sentido tiene no saber de política si por obra de ella podemos perder nuestra libertad o, al contrario, recuperarla? Las familias que expulsan la política de su seno invitan a los políticos a arrebatarles su libertad. Nada más conveniente para un liberticida que un súbdito ignorante de la política, porque no hay nadie más fácil de engañar que *el que no sabe* (si se mira bien, todos los súbditos de las distopías políticas son increíblemente ignorantes de la política).[20] Toda esa falsa moralina, toda esa pereza disfrazada de buen gusto, toda esa orgullosa ignorancia que tantas familias adoptaron solo sirvió para tranquilizar su conciencia. Era más fácil decir que la política no debía ser un tema en el hogar porque era «mala» y «sucia», y continuar mirando Netflix y deslizando el dedo por TikTok. La racionalización de la defección política se presentó como un caso de «higiene» familiar, cuando en realidad fue un caso de pereza intelectual y de cínica deserción.

Las familias de los patriotas deben rechazar este modelo, que es el modelo que el poder ha utilizado para embrutecer a las familias y alejarlas de las decisiones públicas. Los patriotas, decíamos, deben hacer de sus hogares verdaderas escuelas; pues bien, en esas escuelas habrá que enseñar, también, política. Que este se convierta en un tema de conversación habitual dentro del hogar; que los hijos aprendan sobre gobiernos, partidos y líderes políticos; que conozcan la historia y que identifiquen sus raíces; que sepan que el poder político puede ser algo muy peligroso si no se lo controla, y que es responsabilidad de los ciudadanos controlarlo.[21] Que sepan que en la sociedad existen distintas ideologías políticas en pugna, y que el conflicto es inherente a lo político, y que lo político es inherente, a su vez, a la vida de los hombres. Nada peor que ocultar la dimensión conflictual de lo social a los hijos, pues eso equivale a ocultarles la realidad de lo político, que es una parte fundamental e inevitable de la condición humana. Todo lo que puede resultar de eso es la apatía, el temor, el cinismo y el desconcierto: la *apolítica* se funda en estas impresiones.

Los globalistas no quieren personas formadas en cuanto a política, porque esto incrementaría los niveles de participación en ese ámbito. La formación política siempre empuja a la acción; se trata, en esencia, de un *conocimiento práctico* (si, otra vez, prestamos atención a nuestras novelas distópicas, nos daremos cuenta de que los súbditos solo son capaces de rebelarse cuando adquieren conocimientos políticos).[22] En sentido con-

---

20. Los personajes de *Fahrenheit 451*, por ejemplo, las pocas veces que son presionadas para hablar de política, lo hacen en términos apolíticos, meramente estéticos, propios de la sociedad del espectáculo: «Voté en las últimas elecciones, como todo el mundo, y lo hice por el presidente Noble. Creo que es uno de los hombres más atractivos que han llegado a la presidencia». (Bradbury, *Fahrenheit 451*, p. 112). En *Un mundo feliz*, la política sencillamente no existe: todo se ha convertido en administración tecnocrática. Lo mismo ocurre en *Walden Dos*, donde la política ha dejado de interesar a casi todos los miembros del experimento. En *1984*, a su vez, los súbditos son engañados de manera sistemática precisamente porque no saben nada de política.

21. En mi libro *Generación idiota* he profundizado sobre un modelo educativo que denominé «educación radical». Remito al lector interesado en el tema a revisar esa obra.

22. En el caso de *1984*, Winston emprende su rebelión a partir de la adquisición de un viejo diario en el que comienza a escribir reflexiones que se van haciendo cada vez más políticas: «La pluma se había deslizado con elegancia sobre el liso papel y había escrito con letra clara y mayúsculas:

trario, el globalismo es reacio a la participación, puesto que sus títulos de legitimidad no son populares, sino tecnocráticos y filantrópicos. Dicho de otra forma, los globócratas no gobiernan por y para el pueblo, sino porque «saben» y «aman» a «la Humanidad».

La hiperélite solo puede gobernar si las inmensas mayorías no participan ni desean participar. Así, el perfecto súbdito global es un sujeto apático y despolitizado que convalida por omisión a los extraños poderes que rigen su vida. Este extrañamiento es el síntoma de su *alienación política*: no debe saber quién lo gobierna, cómo, desde dónde, desde y hasta cuándo ni en qué dirección. Lo peor de todo es que no debe tener ni siquiera interés alguno en nada de esto; en lo único que debe pensar es en su *vida desnuda*, y en entregarse al *soma* de todos los días. El súbdito global ideal es el que está callado, el que no piensa y el que no hace nada más que obedecer órdenes sin importar de dónde provengan ni qué impliquen.

Si las familias pudieran recuperar sus funciones educativas y promover en su seno una educación política de calidad, los globalistas verían con pavor cómo un ejército de patriotas se multiplica por doquier y reclama respeto y libertad. No podemos dejar a los gobernantes (ni nacionales ni globales) la educación política de los pueblos. Nadie estaría más interesado que ellos en abolirla o convertirla en un adoctrinamiento en favor del servilismo político, como hicieron en tantas ocasiones. Solo las familias pueden educar políticamente a sus miembros para la libertad. Y esta vez deberán hacerlo no solo para defenderse del Estado paternalista, sino también del régimen globalista en construcción.

Que esto se logre dependerá de la decisión individual de cada una de las familias. No hay que esperar ningún aviso ni ninguna política; no hay que esperar ninguna autorización, ninguna coordinación en particular ni ninguna ayuda externa. Hay que tomar la decisión ya mismo, aquí mismo, empezando por *nuestra* familia.

ABAJO EL HERMANO MAYOR» (Orwell, *1984*, p. 30). En el caso de *Un mundo feliz*, el salvaje puede rebelarse porque no ha sido condicionado por las técnicas de poder del régimen. Así, a través de libros de Shakespeare o la Biblia, ha desarrollado conceptos políticos como el de libertad, con los que se enfrenta a Mustafá Mond, uno de los controladores mundiales: «—Pues yo no quiero comodidad. Yo quiero a Dios, quiero poesía, peligro real, libertad, bondad, pecado» (Huxley, *Un mundo feliz*, p. 198). En el caso de *Fahrenheit 451*, Montag comienza su rebelión al quedarse con un libro que debía incinerar: «Quizá los libros puedan sacarnos de nuestra ignorancia. Tal vez podrían impedir que cometiéramos los mismos funestos errores. Esos estúpidos tuyos de la sala nunca hablan de ello. Dios, Millie, ¿no te das cuenta? Una hora al día, dos horas con estos libros, y tal vez…» (Bradbury, *Fahrenheit 451*, pp. 87-88). En *Walden Dos*, el único personaje capaz de cuestionar el experimento de ingeniería social es el que tiene formación tomista: nadie más que él puede reivindicar el valor de la libertad humana.

III. El despertar de las iglesias

> *«—Como ya dije antes, había algo*
> *llamado "cristianismo"».*[23]
>
> A. Huxley

> *«—Estas cosas pasan —comenzó vagamente—. He*
> *podido recordar un motivo, un posible motivo. Fue una*
> *indiscreción, indudablemente. Estábamos preparando una*
> *edición definitiva de los poemas de Kipling. Permití que la*
> *palabra "Dios" permaneciera al final del verso. ¡No pude*
> *evitarlo! —Añadió casi indignado mientras levantaba el*
> *rostro para mirar a Winston—. Era imposible cambiar el*
> *verso. Tenía que rimar con "vos". ¿Te das cuenta de las*
> *pocas palabras que realmente riman con "vos"? Me devané*
> *los sesos durante días. No había otra rima posible».*[24]
>
> G. Orwell

Invisibles, asediadas e infiltradas

La otra institución brutalmente asediada, desde el inicio mismo de los tiempos modernos por parte de la organización política, fue la Iglesia. El desarrollo del Estado moderno, como ya hemos visto, se basó en la victoria del césar sobre Dios. Esta victoria, habitualmente concebida como *secularización*, en realidad tuvo la forma de una *transferencia* de los poderes religiosos hacia el dominio intramundano de la política. La trascendencia es inherente a la condición humana, y todo lo que ocurrió fue que los hombres se quedaron sin Dios, pero adoptaron en su lugar una pluralidad de dioses mundanos.

Los límites que entrañaba la fe cristiana para el despliegue del poder político eran enormes. Este jamás estuvo tan fragmentado como cuando el cristianismo dio forma a la sociedad. No es casualidad que el Estado moderno haya empezado a desarrollarse, en su forma de Estado absoluto, con el declive de la sociedad cristiana. Solo cuando la política pudo deshacerse de la ley eterna y de la ley natural, pudo convertirse ella misma en una autoridad *Creadora*: el «dios mortal» de Hobbes.

---

23. Huxley, *Un mundo feliz*, p. 55.
24. Orwell, *1984*, p. 294.

Este proceso supuso un asedio sostenido contra las iglesias y contra la fe de las personas que empezó hace muchos siglos ya, pero que continúa hasta nuestros días. El Estado nunca quiso competir con Dios, y por eso necesitó *apropiárselo* primero, y *privatizarlo* después. Por medio de la apropiación, la idea de que la dimensión terrenal y la supraterrenal deben mantener sus límites de separación («Dar al césar lo que es del césar y a Dios lo que es de Dios») se borran en favor del césar, no de Dios. Por vía de la privatización, solo el césar se hará presente en el espacio público, y Dios deberá esconderse. Dicho de otra forma, si el Estado va a hacerse por completo con lo público, Dios deberá desaparecer de la escena pública.

El resultado de este doble movimiento fue la divinización de las autoridades terrenales. Las ideologías aparecieron como discursos de reemplazo, saturadas de componentes religiosos que, sin embargo, ya no apuntaban hacia el más allá, sino hacia el más acá. El Estado quiso ser omnipotente, omnisciente y omnipresente. Todas las figuras religiosas se incorporaron en el dominio de lo político: el sacerdote, el militante, el pecado original, la redención, la comunión, el apocalipsis, el paraíso. El Estado y la política no acabaron con la dimensión religiosa del hombre, inherente a la condición humana: más bien, se apropiaron de ella.

Pero nuestro siglo XXI es testigo de un abrupto cambio: el Estado va perdiendo sus prerrogativas, y su soberanía se reconduce hacia autoridades políticas de una naturaleza radicalmente distinta, tal como ya hemos visto. Por encima de este «dios moral» aparecen nuevas instituciones y nuevos poderes que reclaman los títulos de la «gobernanza global». El «dios moral» va muriendo; lo que lo *animaba*, según Hobbes, era su «soberanía», que ahora huye de sus fronteras. La soberanía es su *alma*. Las instituciones de la «gobernanza global» van dejando sin soberanía al Estado, lo cual implica dejarlo sin *alma*. Así, se convierte en un Estado *proxy*, que es un Estado *desalmado*, un muerto en vida, un *zombi*, un autómata que cumple las órdenes que le llegan desde arriba, por parte de un dios más poderoso que él.

Si la lealtad a un Dios supraterrenal fue un enorme peligro para los dioses terrenales del Estado moderno, mucho más lo es para los dioses del globalismo contemporáneo. En efecto, el modelo nacional todavía podía cohesionarse en torno a una fe común, o al menos tomar de ella valores, costumbres, tradiciones y principios comunes. Pero el modelo global está irremediablemente imposibilitado para lograr esto, ya que la cantidad de religiones existentes en el mundo es demasiado grande como para producir cohesiones estables. Así, la fe, que todavía podía producir una cultura común para la nación, resulta directamente un estorbo para el modelo del «ciudadano global».

El súbdito global, que no tiene familia ni patria, según ya hemos visto, tampoco tiene Dios. Todo lo que tiene son dioses que lo alarman constantemente con apocalipsis de las más variadas naturalezas, y le ofrecen salvaciones elucubradas por aquellos que «saben» y que «aman» a «la Humanidad». Todo lo que le piden es *fe* y *poder*: fe en lo que le dicen; fe en que realmente ellos disponen de los conocimientos «expertos» que aseguran tener, y fe en que su «filantropía» es tal. Vaya ironía: nunca se nos pidió tanta fe como en el actual mundo «secular». También nos piden poder, a su vez, para hacer y deshacer; poder para gobernar globalmente; poder para ponerse por encima de las naciones, diseñar agendas para el mundo y establecer sus ideologías en nombre de los «derechos humanos». Vaya otra alevosa ironía: nunca nos pidieron tanto poder como en el mundo «liberado» actual.

Las iglesias, que han sido muchas veces un problema para el Estado, ahora lo son también para el régimen globalista en construcción. El poder Uno necesita una cultura Uno y una religión Uno: la religión que demanda una fe absoluta en los que detentan el poder global (¿Quién es Dios, sino aquel que gobierna el mundo? ¿Quiénes son aquellos que pretenden gobernar el mundo, sino hombres que quieren jugar a ser dioses?).[25] Asimismo, las creencias y las tradiciones que están en la base de todas las religiones supraterrenales significativas son históricamente tan profundas que se retuercen ante las ideologías en las que se sustenta el modelo globalista. Nada más hostil a las religiones tradicionales que la religión *woke* contemporánea.

Ante esta realidad, el globalismo procede de tres formas distintas. Por un lado, promueve una antropología en la que la religión supraterrenal desaparece por completo de la condición humana. Ya hemos visto, por ejemplo, que la Agenda 2030 se sustenta en esta visión. Por otro lado, y dado que una parte inmensa de la humanidad a la que quieren gobernar sí cree en un Dios supraterreno, definen a toda esa gente como «enemiga» del nuevo proyecto de «gobernanza global». A menos que privaticen su fe, es decir, a menos que su fe solo exista encerrada entre cuatro paredes, todos ellos serán considerados «fanáticos religiosos»,

---

25. Todo esto entraña tal profundidad político-teológica, que no es una casualidad que el Apocalipsis presente al anticristo al frente de un gobierno político global. A la bestia "se le dio autoridad sobre toda tribu, pueblo, lengua y nación" (Apocalipsis 13:7). Esta autoridad es política, en la medida en que supone poderes como el de "hacer la guerra" (ibíd.) e incluso dirigir la economía (véase Apocalipsis 13:17).

«fundamentalistas», «medievales», «extremistas», etcétera. Ya hemos visto cómo distintos informes del Foro de Davos identifican a este tipo de gente como el *enemigo*, y cómo la CIDH los caracteriza como un verdadero peligro para los «derechos humanos». Finalmente, así como el Estado absoluto trató de instrumentalizar a las iglesias en su favor, los globalistas procurarán infiltrarse en todas las iglesias que sea posible, no para promoverlas, sino para destruirlas por dentro. Por desgracia, muchas iglesias evangélicas ya han sido infiltradas y una parte de la Iglesia católica también. Es significativo que, en la Jornada Mundial de la Juventud del año 2023 (un evento internacional de jóvenes organizado por la Iglesia católica) se haya presentado a la Agenda 2030 como eje de los valores de «sustentabilidad» que debían ser adoptados con el fin de generar una «juventud más sostenible».[26] Recordemos que la Agenda 2030 es universal, integral e indivisible: es decir, postularla como fuente de los valores a reconocer en un evento católico significa adherirse a ella de manera *total e incuestionable*.

Invisibilización, asedio e infiltración: las iglesias han sido puestas en la mira del globalismo. La inacción significa una convalidación implícita del ataque. A menos que las personas de fe despierten, el futuro próximo será muy sombrío para ellas.

El engaño del laicismo

Montado sobre una sociedad cada vez más plural, el Estado moderno terminó asumiéndose como Estado *laico*. Por este había que entender un Estado que toleraba distintos credos en el seno de su sociedad y que no tomaría partido entre ellos. Desde luego, esto fue compatible con la libertad de los hombres en la medida en que los liberó de la obligación de una religión única, habitualmente instrumentalizada por el poder político. La condición era que el Estado respetara la fe de estas personas, que no les prohibiera organizar sus cultos ni promover sus creencias.

En este sentido, el Estado laico se articuló con las demandas de libertad religiosa. Dar al césar lo que es del césar, y dar a Dios lo que es de Dios no tenía por qué significar el ocaso de este en favor de aquel. Pero eso fue precisamente lo que terminó ocurriendo, por obra de la creciente extensión del poder político y la arrogancia de las ideologías que funcionaron como religiones políticas de sustitución. La organización

---

26. JMJ Lisboa 2023, «Compromiso con la Sustentabilidad», https://www.lisboa2023.org/es/compromisos-sustentabilidad (consultado el 1 de julio de 2024).

estatal asumió cada vez más ámbitos de la vida, y esto terminó poniendo en contradicción las normas del Estado con las normas de la religión supraterrenal. El «dios mortal» empezó a extender su dominio sobre áreas que antes las personas habían reservado a las normas del Dios de los cielos. Por medio de esta expansión, el Estado *laico* se pervirtió rápidamente y, más que el respeto por las creencias religiosas de sus ciudadanos, comenzó a suponer la virtual prohibición de una vida pública conforme a tales creencias.

El resultado fue un hombre *escindido*, un hombre radicalmente *fracturado* en su identidad y en su modo de vida. La autoridad política le solicitó que suspendiera sus creencias en un ámbito público en el que dicha autoridad nunca dejó de expandirse. Así, la religión nunca dejó de tener que esconderse, cada vez más. El hombre de fe fue condenado a adorar a un Dios que solo debía existir dentro de un templo o dentro de su propio hogar. La religión fue reconducida al ámbito estrictamente privado, e incluso en este se emprendió también su control y su más rigurosa limitación. En consecuencia, el hombre quedó dividido entre un *yo privado*, en el que podía creer en su Dios, y un *yo público*, en el que debía olvidarlo por completo. Los únicos dioses públicos legítimos pasarían a ser de índole terrenal.

Esto se logró gracias a la ideología *laicista*, que fue la que produjo esa perversión del Estado laico. Porque una cosa era el Estado laico propiamente dicho, que se basaba en el reconocimiento de la libertad de culto y que prometía autolimitarse y tratar con igualdad a los distintos credos, y otra cosa es el *laicismo*, que es la ideología que demanda la extirpación del ámbito público de cualquier rastro de religión supraterrenal. En este caso, el Estado laico se corrompe porque deja de servir para garantizar la libertad religiosa: muy lejos ya de la neutralidad religiosa, se convierte, en la práctica, en un Estado ateo declaradamente enemigo de los hombres de fe.

Esta ideología, que fue la ideología de la concentración del poder y la del avance del Estado, no solo la impulsaron políticos e ingenieros sociales, sino que muy pronto acabó siendo absorbida por los propios hombres de fe. Ellos mismos terminaron haciendo que esta fractura de su identidad fuera una norma aceptable, e incluso deseable. El *hombre de la sociedad* y el *hombre de fe* se convirtieron en sujetos prácticamente incompatibles e incomunicados que, sin embargo, habitaban en la misma persona. Cada uno debía funcionar en planos absolutamente diferenciados, y toda contaminación entre ellos suponía una violencia contra la otra parte de la identidad. Así, el *hombre de la sociedad* gozaba de todos sus derechos políticos, con la condición de que no permitiera que se expresara su voluntad como *hombre de fe*. Podía hablar y votar, siempre que no lo hiciera de una manera que revelara ninguna creencia supraterrenal. El *hombre de fe*, a su vez, podía creer en un Dios, pero a este no le agradaría demasiado que su fiel se interesara en los mundanos asuntos de la política. De alguna manera, ese Dios quería ser adorado dentro de un templo y olvidado a la salida. Aislarse del mundo parecía devenir un nuevo mandamiento para el *hombre de fe*, que en realidad le servía para reducir la tensión que podría haberle generado la fractura de su identidad. Resignar sus creencias más profundas parecía devenir, asimismo, una nueva exigencia cívica para el *hombre de la sociedad*, que en realidad servía al poder terrenal para convertirse en el foco de la fe de los hombres.

Pero no todas las creencias sufrieron esta suerte. Lo más curioso es que, respecto de las creencias intramundanas no se produjo ninguna limitación. Con toda legitimidad, el laicismo permitió e incluso estimuló las creencias en el paraíso terrenal, en la redención terrenal, en los nuevos pecados originales, en los intelectuales que fungieron como sacerdotes laicos, en el apocalipsis y en todos los elementos de índole religiosa con los que se revistieron las ideologías políticas. De esta manera, las ideologías encontraron un asiento muy cómodo en el Estado, y buscaron imponer sus creencias a los demás, mientras que las religiones supramundanas debían ser silenciadas bajo el argumento de «no contaminar» el espacio público con creencias que, tal vez, no todos compartían.

El Estado moderno se sacó de encima una carga importante. Las religiones siempre fueron muy difíciles de controlar por parte del poder político. Todo el medioevo, atravesado por las interminables disputas entre la cruz y la corona, da cuenta sobrada de ello. En cambio, las ideologías políticas que pretenden abarcarlo todo son religiones de Estado. Lejos de limitarlo, lo exacerban; lejos de renegar de él, lo adoran como un verdadero «dios mortal», como lo caracterizaba Hobbes. Depositan en el Estado todas las esperanzas de la salvación terrena y la construcción del paraíso *aquí y ahora*, con lo que tienden a hipertrofiar sus poderes sin límite alguno. Terrible paradoja: buscando el paraíso, solo lograron levantar verdaderos infiernos sobre la tierra. El siglo XX, con sus totalitarismos, fue un testigo privilegiado de todo esto.[27] Si el laicismo reniega de toda manifestación pública de la fe, pero admite y hasta celebra toda

---

27. El totalitarismo es, en gran medida, la consecuencia de este proceso. Véase Eric Voegelin, *Las religiones políticas* (Madrid: Editorial Trotta, 2022).

manifestación pública de las creencias ideológicas, es porque estamos frente a un dispositivo de exacerbación de las dimensiones del Estado. Es decir, estamos frente a religiones de Estado.

Pero nuestro siglo XXI presenta la novedad del globalismo, que es la subordinación del Estado a aparatos supraestatales que absorben su soberanía. Estos ya no deben vérselas con una sociedad relativamente pluralizada en sus creencias, sino con una humanidad tan plural que resulta imposible creer que podrá *ver y estar en el mundo* como un Uno. La reducción al Uno supone, una vez más, la neutralización de todas las diferencias religiosas, reenviándolas al ámbito de la intimidad. Es decir, supone servirse, nuevamente, de las mieles del laicismo, aunque ahora en una escala global.

El globalismo es el proyecto laicista más ambicioso de la historia del hombre, precisamente porque es el proyecto de expansión política más desquiciado jamás visto. Mientras que el Estado aplicó estas recetas sobre sus ciudadanos, los aparatos globalistas pretenden aplicarlas sobre «la Humanidad». Para que este sujeto ficticio exista como un Uno gobernable por un aparato Uno, tendrá que ocultar todas sus diferencias religiosas hasta hacerlas desaparecer en la práctica.

Si los hombres de fe advirtieran las dimensiones de este monumental engaño; si tan solo repararan en la desgracia de su identidad fracturada; si tan solo se dispusieran a decir *basta*.

Las iglesias como escuelas políticas

Dar al césar lo que es del césar y dar a Dios lo que es de Dios. ¿Pero qué pasa cuando el césar, en lugar de limitarse a sus asuntos, se introduce en los de Dios? ¿Cómo puede el hombre de fe continuar dando al césar lo que es suyo, y a Dios lo que le corresponde, si el césar absorbe sin descanso los ámbitos de Dios? ¿Qué pasa cuando sus dominios se expanden de tal forma que ya no queda nada para dar a Dios y todo resulta ser del césar?

En un escenario como este, es evidente que solo existen dos alternativas claras. Por un lado, la de dejar que el proceso culmine por sí mismo, allí donde ya sabemos que culminará: en el ocaso de Dios en favor del césar. Así, ya no tendremos que dar nada significativo a Dios, sino todo al césar, que se habrá convertido en un «dios mortal». Por otro lado, y en un sentido opuesto, los que quieren dar a Dios lo que es suyo pueden alistarse para enfrentarse al césar y detener su expoliación. Por desgracia, la alternativa que se ha escogido por ahora es la primera.

Pero ¿qué significa «alistarse» y «detener» la expoliación del césar? En primer lugar, significa prepararse para hacer valer la voluntad del hombre de fe en el espacio público. En una democracia, esa voluntad se revela en su *participación política*; la más básica de todas se llama «votación». Este es un buen comienzo: *votar*. Pero para que la votación suponga verdaderamente una elección, el ciudadano debe *deliberar* y tomar una decisión informada. Esto significa que debe tener una cierta preparación previa, debe conocer sobre política e informarse sobre las opciones en danza. De otra manera, estaría votando, pero no eligiendo.

En las circunstancias actuales, los hombres de fe deberían, cuando menos, dedicar tiempo y espacio a estos menesteres. Cuando las iglesias son constantemente asediadas por el césar, es absurdo que consideren que «no es su deber» prepararse para defenderse de los ataques. Esta irresponsabilidad, disfrazada muchas veces de buenismo superficial y fingida piedad, suele ser el producto, una vez más, de la pereza intelectual. El costo de alistarse está a la vista: implica tiempo y dedicación. No es fácil dar el salto de los textos sagrados a los textos mundanos de la política; no porque sean más o menos difíciles, sino porque entrañan un lenguaje y una lógica distintos. Pero si la política no se contempla como un ámbito de relevancia para el hombre de fe, entonces este no puede quejarse de que la política perjudica su fe y arruina sus iglesias.

Además de la pereza intelectual, también sobreviene el terror por la pérdida de fieles. La fractura identitaria del laicismo caló hondo en ellos, y por lo general van a la iglesia solo para tener un «momento espiritual» que les regocije personalmente hasta las entrañas, pero no mucho más. Se ha erigido toda una economía religiosa de la *satisfacción personal* al mismo ritmo en que la fe se fue privatizando. Las iglesias funcionaron cada vez más como una vía de escape de lo cotidiano, como un placebo que reconforta en medio de las angustias y los lamentos de todos los días. Así, el hombre de fe *escindido* no quisiera ir a una iglesia en la que se le comunicara el estado real del mundo, saturado precisamente de angustias y lamentos. Tampoco quisiera tener ninguna responsabilidad al respecto. El *escindido* quiere, sobre todo, un momento de distracción y *confort*: quiere suspender su identidad social para hacer emerger su identidad religiosa por una o dos horas por semana, para luego volver a ocultarla, y así sucesivamente. ¿Cuántos fieles no volverían más a las iglesias si estas dejaran de ser cómplices de la fractura de la identidad? ¿Cuántos dejarían de recibir su periódica anestesia, y tendrían que continuar asumiendo la realidad del mundo incluso en la casa de Dios? Esto aterroriza a los líderes religiosos, que en la mayoría de los casos eligen seguir siendo funcionales al laicismo y, por lo tanto, a sus enemigos. Dicen que no quieren «perder» gente, pero su gente ya está perdida. Y está perdida porque su identidad está profundamente quebrada.

Al contrario, urge que las iglesias reconcilien las dos mitades de sus fieles, la mundana y la espiritual. La iglesia no deja de ser, también, una institución mundana: se inserta en el tiempo y en el espacio; aspira a comunicar una forma determinada de ver y estar *en el mundo*. Apunta al cielo, ciertamente; pero lo hace desde la tierra. ¿Por qué no ocuparse entonces también de la tierra, cuando los poderes que habitan en ella se han revuelto contra las iglesias? ¿Por qué no hablar del mundo, cuando sus fieles viven en él? ¿Por qué no hablar de política, cuando la política no deja de hablar de sus propios dioses? Solo quien ha subordinado por completo la religión a la prepotencia de la política puede pretender que la primera carezca de todo derecho de hablar acerca de la segunda; solo quien se ha arrodillado ante la política la contempla desde abajo, en silencio, halagando con su pasividad a quien lo desprecia; solo quien, arrodillado, se concibe tan insignificante frente a aquello ante lo que se postra, se siente incluso indigno de mirar. Dejemos de confundir la piedad con la cobardía y la ignorancia.

Para muchos fue más cómodo olvidar deliberadamente estas palabras: «Vosotros sois la sal de la tierra; pero si la sal se desvaneciere, ¿con qué será salada? No sirve más para nada, sino para ser echada fuera y hollada por los hombres».[28] También se olvidaron estas otras: «Cuando los justos gobiernan, el pueblo se alegra; mas cuando domina el impío, el pueblo gime».[29] ¿Quién dijo que ni la tierra ni la política concernían al hombre de fe? ¿Quién pudo mentir de esa manera? ¿Y quién pudo creerlo, cuando la evidencia del embuste estaba tan a la vista? ¿Acaso se trató de un pacto implícito de mutua conveniencia; una de esas mentiras que sirven tanto a la parte que engaña como a la engañada, en la que ambas saben lo que ocurre pero practican a la perfección el arte del disimulo?

Urge dejar de autoengañarse. Las iglesias y sus líderes deberían prepararse para hablar del mundo, y sus fieles para escuchar, también, sobre estos temas. Qué importante sería que, así como el Estado tiene organismos de asuntos religiosos, las iglesias tuvieran órganos de asuntos políticos; qué importante sería que, así como los políticos buscan durante sus campañas electorales el favor de los hombres de fe, los hombres de fe buscaran, todos los días, el apoyo de los hombres de la política. ¿No

---

28. Mateo 5:13.
29. Proverbios 29:2.

es patético ver cómo los mismos políticos que durante sus campañas se muestran con símbolos religiosos e incluso ingresan en los templos en busca de votos, una vez que ganan las elecciones reivindican las consignas del laicismo y afirman que nadie debería manifestar su fe en asuntos políticos? Más que patético, resulta casi esquizofrénico. Pero no nos escandalicemos con el político: si esto ocurre, es porque los hombres de fe permiten que ocurra.

Los hombres de fe también son ciudadanos, y también tienen derechos políticos. Esto significa que también votan. Pero si no tienen preparación e información política, terminan votando en favor de sus verdugos. Esta es la triste historia de nuestras últimas décadas, en todas partes. Por eso urge que las iglesias, en defensa propia, dediquen algún tiempo y algún espacio a la preparación e información política de sus fieles. Esto no significa decirles a quién votar, sino enseñarles a hacerlo de manera autónoma e inteligente. Al igual que demandamos que las familias se conviertan en escuelas políticas, las iglesias tampoco pueden ponerse al margen de esta responsabilidad. Es probable que, en esto, al igual que ocurre en el caso de las familias, pronto se jueguen su propia existencia.

Una enorme coalición de hombres de fe

Si el hombre de fe conociera la política, advertiría rápidamente que esta no consiste en unir a los idénticos, sino en aproximar a los similares. A diferencia de la lógica religiosa, que implica una férrea adhesión común a creencias muy bien determinadas, la política resulta más flexible. Muchas veces, basta con que los intereses sean lo suficientemente similares como para dar lugar al ejercicio cohesivo de la política.

De esta forma, el hombre de fe no debe buscar en la política la *comunión total* con el otro. El otro no necesita congregarse exactamente en la misma iglesia, ni practicar los mismos ritos y ni siquiera creer en la misma Palabra o en los mismos dogmas para poder edificar y mantener con él una *relación política*. En el contexto actual, basta con que se tenga una visión significativamente similar sobre los principales valores, desafíos y peligros que tienen lugar en la esfera pública. En un sentido político, no tiene una especial relevancia que esos valores, desafíos y peligros se basen en tal o cual lectura de tal o cual texto sagrado; lo que importa es que, en términos de lo que defienden y lo que rechazan en el espacio público, sean similares.

Durante mucho tiempo, las distintas iglesias cristianas se enfrentaron por motivos religiosos. Sus disputas eran teológicas: cuál era la interpretación correcta, cuál era la iglesia verdadera, cuál era la forma de conocer a Dios, cuál era la manera de vivir conforme a su voluntad, cuál la manera de salvarse... eso ya es parte del pasado. Las guerras de religión entre los cristianos acabaron hace mucho tiempo. Las diferencias teológicas subsisten, pero la guerra terminó. El Estado laico fue el resultante y el garante de la paz *entre* las religiones. Pero su deriva laicista ha suscitado un conflicto entre los intereses objetivos de las religiones supraterrenales en general y las pretensiones expansivas del Estado *laicista*. Para agravar más la situación, el globalismo ha irrumpido y acelerado los efectos destructivos de la ideología laicista. Por todo eso, la actual batalla tiene una forma muy distinta de la que alguna vez conocimos: ya no debería enfrentar a los hombres de fe entre ellos, sino a ellos contra el actual modelo político que propina su destrucción, a veces más lenta, a veces más veloz, pero casi segura al fin.

En este contexto, urge acercar *políticamente* a los hombres de fe, aunque no practiquen exactamente la misma fe. En términos políticos y sociales, es muy probable que todos ellos tengan puntos de contacto importantes en virtud de los cuales sería posible configurar una plataforma común. Es muy posible, por ejemplo, que todos ellos defiendan la institución familiar, renieguen de la ideología de género, desconfíen del feminismo, apuesten por la complementariedad de los sexos, reivindiquen la vida, aborrezcan el aborto, deploren el nuevo racismo invertido y las «discriminaciones positivas», apoyen la institución de la propiedad privada frente al robo y la expoliación, etcétera. En otras palabras, es muy probable que *la cultura* del hombre de fe se encuentre en las antípodas de las agendas globalistas y sus ideologías asociadas. Hay que hacer notar activamente esta diferencia irreconciliable, para que cada vez que hablen en nombre de «la Humanidad» quede bien claro que el hombre de fe no la integra en absoluto ni pretende convalidarla. Para que esta ruptura tenga fuerza, y al mismo tiempo sea propositiva, debería hacerse *en coalición*, estableciendo una *agenda común* de los hombres de fe que no se sienten representados por las agendas del globalismo. Esta agenda común debería basarse en los intereses y valores comunes de los hombres de fe, con independencia de sus fuentes teológicas.

Los hombres de fe, que dispersos no tienen casi ningún poder político real, podrían entonces convertirse en un actor de enorme relevancia pública. Su voz sería escuchada y su voto, convenientemente deliberado y coordinado, impactaría de manera significativa en los procesos electorales. Asimismo, haciendo patentes sus articulaciones políticas, mostrarían a la sociedad que no se trata de demoler el Estado laico, sino de enfrentarse en común a los enemigos del hombre de fe que utilizaron el *laicismo* como arma de ingeniería social. En otras palabras, quedaría muy claro que lo que se reclama no es una religión obligatoria (eso iría en contra de la misma naturaleza de la coalición de los hombres de fe), sino la reivindicación del respeto hacia ciertas instituciones y ciertos valores que una gran parte de la sociedad comparte, con independencia incluso de sus fundamentos teológicos.

Nada de esto significa *ecumenismo*, sino *política*. Nada de esto implica que los hombres de fe deban ir a iglesias que no son las suyas, ni que deban adoptar ritos, interpretaciones o dogmas ajenos. Todo lo que significa es que, en lo que se refiere a los problemas del mundo, deben unirse y actuar juntos, o perecer por separado. Por desgracia, no creo que haya más alternativas a la vista.

IV. La Nueva Derecha ante el globalismo

«—¡Dejarte tranquila, dices! Eso está muy bien, pero ¿cómo puedo estar tranquilo yo mismo? No necesitamos que nos dejen tranquilos. De cuando en cuando, nos convendría estar seriamente preocupados. ¿Cuánto tiempo hace que no has tenido una verdadera preocupación? ¿Por algo importante, por algo real?».[30]

R. BRADBURY

Qué es la Nueva Derecha[31]

No entraré aquí a discutir si conviene o no hablar de izquierdas y derechas. El hecho perfectamente constatable de que en pleno siglo XXI la gente en general continúe utilizando esta díada de finales del siglo XVIII me basta para no pretender eludirla. Solo una visión estática y ahistórica de lo que significa e implica esta díada puede considerarla muerta; sus contenidos se han actualizado con el paso del tiempo, y el hombre común de ninguna manera se ha librado de ella.

Lo que ocurre es que las derechas están *apestadas* y, por lo tanto, nadie quiere asumirse como parte de ellas. No es una casualidad que

---

30. Bradbury, *Fahrenheit 451*, p. 65.
31. He tratado de manera extensa este tema en el capítulo 6 de mi libro *La batalla cultural*. Remito ahí a los lectores interesados en profundizar en la cuestión.

quienes mayor problema tienen con que se siga usando la díada izquierda/derecha sean, precisamente, las personas acusadas de ser de derechas. Las personas de izquierdas no tienen, por lo general, ningún problema con reconocerse como tales. No se sienten apestadas porque, a pesar de sus desastres económicos y sus genocidios y masacres —a pesar, incluso, de ser las responsables de las únicas dictaduras que todavía quedan en pie—, el éxito de las batallas culturales que las izquierdas han emprendido mantuvo en alto su nombre.

Como yo no me siento apestado, no me avergonzaré de mi apellido político. Y es que eso es la derecha, y eso es también la izquierda: un «apellido» político que vincula distintos nombres propios que apuntan a doctrinas políticas particulares. Como ocurre en una familia, sus miembros son individuos particulares, pero comparten un apellido por el que se les reconoce socialmente como parte de un grupo específico. De manera similar, las distintas doctrinas políticas particulares se encuentran más a la izquierda o más a la derecha en el abanico de opciones políticas, y por eso se las reconoce como «de izquierdas» o «de derechas».

Durante la Guerra Fría, en la derecha del abanico político sobresalían los liberales económicos, aliados muchas veces con los conservadores culturales. En el otro polo se encontraban los comunistas, apoyados muchas veces por los socialdemócratas y los progresistas culturales. El eje central de esta disputa entre izquierdas y derechas estaba dado por el rol y el tamaño del Estado. La derecha quería un Estado menos interventor, y la izquierda quería un Estado que planificara tanto la economía como la cultura de la sociedad.

Cuando escuchamos que «la izquierda y la derecha ya no existen», lo que en realidad nos deberían decir es que *esa configuración particular* de izquierdas y derechas ya no existe o, al menos, no existe de la misma forma. Los tiempos cambian, y la díada izquierda/derecha no desaparece, sino que actualiza sus contenidos. En términos políticos, el cambio fundamental de los tiempos que corren vino dado por el surgimiento del globalismo, tanto como ideología o como régimen político embrionario. Ante lo inédito de este fenómeno, la derecha que veía como su enemigo únicamente al crecimiento desmedido del Estado como consecuencia de los conflictos de clases, y la izquierda que confiaba en las mieles de la planificación social estatal como producto de la revolución de las clases trabajadoras, ciertamente han quedado desfasadas en el tiempo. En nuestro siglo, el poder político apela a un sinfín de contradicciones y conflictos sociales, se redistribuye fuera de las fronteras de los Estados, y las agendas de ingeniería social se establecen cada vez más en los engranajes de poder no estatales.

La Nueva Derecha es la que ha entendido cabalmente lo que todo esto significa. Si bien se mantiene en guardia contra la expansión del poder político y del Estado, y no debería dejar de hacerlo, incorpora en su diagnóstico la variable de la amenaza globalista y rechaza las intentonas de la «gobernanza global». Los desafíos que esta implica, y la especificidad ideológica del globalismo y sus siervos (el progresismo y el *wokismo*), han constituido por sí mismos una realidad en la que las distintas doctrinas particulares de derechas pueden articularse de una manera *novedosa*: de ahí que la denominemos «Nueva Derecha».

Esas doctrinas particulares son el libertarismo, el conservadurismo y el soberanismo. No pretendo ser exhaustivo con mis definiciones en este punto, pero podríamos, con fines meramente ilustrativos, caracterizarlas idealmente a través de sus *demandas arquetípicas* de la forma que sigue: los *libertarios* demandan más libertad y menos Estado; los *conservadores* demandan más respeto por la cultura heredada y menos ingeniería social; los *soberanistas* demandan que la soberanía permanezca en el cuerpo nacional y menos burocracia internacional. Cuando uno mira de cerca los desafíos que plantea el globalismo, caerá en la cuenta de que estas tres doctrinas se pueden articular en la política y que precisamente denominamos «Nueva Derecha» a esa articulación.

Distanciadas y hasta enemigas en otros contextos históricos, estas tres posiciones «de derechas» se van acercando cada vez más en el contexto actual. Para que esto funcione como una articulación y no como una mera alianza,[32] cada una de estas posiciones debe comprender la importancia histórica y política de las demás. Conservadores y soberanistas deben entender la necesidad de la libertad y de la paralela reducción del Estado paternalista, dilatado al ritmo de la multiplicación de los conflictos *woke*, y utilizado a la postre por los globalistas para impulsar sus agendas; libertarios y soberanistas deben comprender las virtudes de la cultura heredada, de la que dependen las raíces de los individuos, y que constituye el principal bloqueo para la ingeniería cultural globalista y el imperio de sus ideologías asociadas; libertarios y conservadores deben

---

32. La diferencia entre una cosa y otra es que la articulación supone, hasta cierto punto, una fusión de las partes en un todo mayor que ellos. La alianza, por su lado, supone un acercamiento momentáneo, meramente táctico y altamente volátil. En el primer caso, surge una nueva identidad política; en el segundo, cada elemento de la alianza mantiene su propia identidad sin «contaminarse».

entender, a su vez, lo fundamental que resulta mantener la soberanía en manos de la nación, porque ella implica los títulos necesarios para *decidir* sobre los hombres.

Cada posición aporta algo inestimable al conjunto. *Libertad, cultura y soberanía*: esas son las insignias de la Nueva Derecha.

Batalla cultural y batalla electoral

La Nueva Derecha se aferró desde el principio al concepto de «batalla cultural», que funcionó, casi como un mito político, para forjar un estado de la consciencia bien específico: le dio un nombre tanto a las amenazas en curso como a una posible solución. En efecto, las amenazas eran de índole «cultural», con lo que se quería decir que permeaban la forma de ver y estar en el mundo, y la solución pasaba por recuperar el corrompido campo de la cultura, del que se derivaban nefastos efectos políticos. Dado que todos los hombres tienen alguna oportunidad de participar del amplísimo dominio de la cultura, todos los hombres de las derechas fueron llamados a ser parte de la *batalla cultural*. Cada uno interpretó su propio compromiso y su acción, en consecuencia, como parte de ella.

La hegemonía de los globalistas y sus asociados (socialistas, progresistas, *woke*, neoizquierdistas, etcétera) fue entonces radicalmente cuestionada. Lo inconcebible ocurrió: el pensamiento único comenzó a debilitarse, por el simple hecho de que comenzaron a circular pensamientos alternativos. Las redes sirvieron a estos propósitos; algunas iglesias despertaron; muchas familias se comprometieron activamente; importantes porciones de la juventud cayeron en la cuenta de que era necesario dar esta batalla; nuevos intelectuales se levantaron; nuevos liderazgos políticos, sobre todo *outsiders*, surgieron con gran fuerza. De esta manera, una gran cantidad de personas sin experiencia política previa —en muchos casos sin haber imaginado jamás que tendrían alguna vez que empezar a lidiar con lo político— irrumpieron en la escena de muchas naciones: la «batalla cultural» se convirtió en nombre de una estrategia en común.

El concepto de «batalla cultural» sirvió, además, para cohesionar a las derechas. Libertarios, conservadores y soberanistas comenzaron a hablar el mismo lenguaje: el lenguaje de la batalla cultural. Dicho de otra manera, estas tres vertientes asumieron que, para llegar al poder, primero tenían que resistir a la cultura hegemónica de los socialistas, los progresistas, los *woke* y los globalistas, que funcionaban en bloque.

Había que librar la disputa en el terreno de las ideas, de los símbolos, las representaciones, los valores, las historias y el lenguaje. La cultura, compuesta por todos estos elementos y otros más, establece los marcos en los que la gente piensa y vive. Una batalla cultural implica una disputa por la determinación de los elementos que configuran esos marcos, de los que el hombre se sirve para interpretar y actuar en el mundo.

Los resultados de las batallas culturales de la Nueva Derecha se notaron tan rápidamente que muy pronto se hizo necesario dar un salto a lo que podemos llamar «batalla electoral». Esto no implicó, ni debería implicar, el abandono de la batalla cultural, cuyos efectos son la condición necesaria para dar este salto y, a continuación, para poder mantenerlo en el tiempo y seguir dando otros. Lo que ese salto hacia adelante supuso, en todo caso, fue la formalización institucional de esta nueva fuerza en la forma de partidos políticos. A través de batallas culturales, uno impacta sobre la consciencia colectiva; a través de los partidos políticos, uno busca impactar sobre las urnas y hacerse con el poder formal.

Si hablamos de «Nueva Derecha» es porque deseamos enfatizar la novedad *no solo* de la articulación política que supone, ni del contexto histórico y los enemigos que enfrenta, sino también de lo inédito del fenómeno. Esto lo atestigua el hecho de que los partidos políticos de la Nueva Derecha suelen ser *nuevos*. Cada vez son más los países en los que surgen este tipo de partidos: Argentina, El Salvador, Chile, Perú, Puerto Rico, Costa Rica, España, Italia, Alemania, Holanda... incluso en el caso de Estados Unidos, en el que el férreo bipartidismo hace casi imposible fundar un nuevo partido, surgió un nuevo movimiento político llamado MAGA que ganó al Partido Republicano por dentro.

Todas estas experiencias ponen de manifiesto el agotamiento de la vieja centroderecha, que se fue corriendo cada vez más hacia el centro, desbordándose en muchos casos incluso hacia la centroizquierda, y terminó comprando la agenda globalista con mucho gusto. La centroderecha no se ocupó de construir una agenda cultural propia, y fue sobrepasada por el nuevo contexto. No supo qué hacer ni qué decir ante el progresismo y el *wokismo*, y abrazó el globalismo como un signo de la supuestamente inevitable «evolución histórica». Los globalistas, a su vez, usaron a la centroderecha para anclar su hegemonía: si la izquierda, la centroizquierda, el centro y hasta la centroderecha apoyan el esquema de poder globalista, solo los «extremistas» (entiéndase: los derechistas en sentido cabal) quedan fuera de este «gran consenso» que se presenta como *universal*. Y estos desquiciados no le restarían universalidad al «gran consenso», puesto que el «extremo» desborda los márgenes legítimos de la discusión política; los «medievales» se encuentran fuera del tiempo histórico actual; los «fóbicos» no son disidentes políticos, sino desequilibrados mentales; los «fascistas» no son interlocutores democráticos válidos.

La centroderecha, siempre políticamente correcta, tiene terror de ser acusada y señalada con tan horribles etiquetas. Ella prefiere jugar un papel distinto, y permitirle al globalismo, con su mera y obediente existencia, bautizar a la Nueva Derecha de los patriotas como «extrema derecha», «ultraderecha», etcétera. La centroderecha se siente halagada por cumplir este penoso papel; los cobardes siempre se ufanan de no asumir ninguna causa ni ninguna idea con determinación. Como consecuencia, el abanico político, de punta a punta, queda configurado así: izquierda, centroizquierda, centro, centroderecha, extrema derecha. De un plumazo, ha desaparecido tanto la «extrema izquierda» como la «derecha» a secas. La extrema derecha es el lugar que le asigna a la Nueva Derecha este mutilado abanico de posibilidades políticas: ¿podemos hacer algo al respecto, aparte de mofarnos sistemáticamente de él hasta convertir el «horror» inducido en un simple absurdo?

En suma, la creación de nuevos partidos políticos de derechas obedeció a estas circunstancias. La traición de la centroderecha, convertida en ramera del globalismo, provocó una ruptura que resultó en nuevos partidos. También surgieron *outsiders*, que rápidamente aprendieron a ser verdaderos líderes políticos. Sus carismas estaban en las antípodas de lo que se esperaba del político tradicional: nuevos estilos, nuevos discursos, nuevas estéticas, nuevas imágenes. La Nueva Derecha también se mostró novedosa en todas estas materias.

Dependiendo del contexto nacional —su realidad política, económica y social—, la Nueva Derecha adoptó unos rasgos bien particulares e hizo sobresalir, más que otras, alguna de las doctrinas políticas que la componen. Si en un determinado país el principal problema resultaba ser el crimen organizado, la Nueva Derecha se presentó como una opción abocada al orden y la seguridad, y prometió que no le temblaría el pulso a la hora de aplicar mano justa, reivindicando y respaldando a sus fuerzas de seguridad y sus Fuerzas Armadas. Si en otro país uno de los principales dramas lo constituía la inmigración ilegal y descontrolada, la Nueva Derecha focalizaba su discurso en reivindicar al pueblo *éthnos*, al ciudadano nacional que enfrenta una verdadera invasión en sus barrios y comunidades por parte de extraños que no tienen la voluntad de ajustarse a las formas y reglas de vida del país al que llegaron. Si en otro lugar, tras haber vivido décadas de expoliación por parte de políticos estatistas y socialistas, el principal problema era económico, la Nueva Derecha reivindicaba al pueblo *plebs* ante una casta política parasitaria que lo había condenado a vivir la existencia de la servidumbre. Si en otro sitio las agendas progresistas y *woke* colmaban la paciencia y destruían el tejido social y la cultura, la Nueva Derecha reivindicaba la cultura heredada por el pueblo, esa que fue pasando de generación en generación, acumulando conocimiento colectivo y experiencias, transmitiendo la riqueza de la vida social y forjando vínculos de solidaridad histórica y cultural entre las generaciones.

Como vemos, la Nueva Derecha es muy flexible, y toma formas específicas en función de dónde se encuentre. Los nombres de sus partidos son muy distintos en cada lugar: «Nueva Derecha» es apenas *el nombre de la articulación* de ideas que los componen. Las tres vertientes que le dan vida —libertarios, conservadores y soberanistas— activan unos elementos u otros en función de la realidad del contexto. Así, la Nueva Derecha no es una construcción dogmática, ni antepone sus ideas a la realidad. Al contrario, primero observa la realidad concreta, toma nota de los problemas reales de la gente, advierte la índole de las amenazas y ofrece a la postre una respuesta categórica. Este *realismo político* es el responsable de hacer que la Nueva Derecha sea, en ciertos contextos, más libertaria, en otros, más conservadora, y en otros, más soberanista.

Ahora bien, si un partido político de la Nueva Derecha agudizara hasta tal punto una de sus vertientes en detrimento de las otras hasta hacerlas desaparecer, cometería un gran error, porque rompería con la articulación que le dio vida. Así, si un partido de la Nueva Derecha con énfasis en el sector libertario agudiza esta lógica hasta romper con las otras, estará perdiendo de vista la necesidad de frenar al progresismo cultural y al *wokismo*, que agigantan el aparato estatal, y que vienen impulsados tanto por el Estado como por entidades no estatales. Asimismo, perderá también de vista la necesidad de enfrentar la amenaza globalista, cuyas demandas de poder político para planificar a la sociedad no dejan de aumentar. De la misma forma, si en un partido de la Nueva Derecha sobresaliera el sector soberanista hasta hacer desaparecer a los demás, se perdería de vista que el Estado paternalista es una parte fundamental del problema de los pueblos y que es el principal sirviente de las instituciones globalistas. Así, el soberanismo podría convertirse, muy rápido, en *estatismo*, lo que llevaría a la planificación y la ingeniería social, socavaría la libertad de la sociedad civil y su vitalidad. Finalmente, si en un partido de la Nueva Derecha la vertiente conservadora dominara hasta hacer desaparecer a las otras dos, se perderían las energías políticas que apuntan, sobre todo, al futuro. El conservadurismo, que incluso más que una doctrina política es una *actitud* y, en todo caso, una filosofía social, quedaría huérfano de los aportes en materia económica de los libertarios y de la energía política de los soberanistas.[33]

No podemos pretender que todos los partidos de la Nueva Derecha mantengan estos tres componentes en proporciones idénticas. Todo lo que podemos exigir es que no se deshagan de ninguno de ellos, porque cada uno aporta una serie de demandas y de energías culturales y políticas necesarias para enfrentar los desafíos actuales, que no son pocos ni fáciles de vencer. Dicho en breve, necesitamos libertarios que mantengan a raya al Estado paternalista, soberanistas que enfrenten el neodespotismo de la «gobernanza global» y conservadores que luchen contra las ideologías de la descomposición del tejido social y de la riqueza cultural heredada. Si el rol de cada componente se asume como algo verdaderamente importante por parte de los otros componentes, tendremos libertarios cada vez más conservadores y soberanistas; conservadores cada vez más libertarios y soberanistas; y soberanistas cada vez más libertarios y conservadores. En otras palabras, lo que tendremos es un partido de la Nueva Derecha patriótica que ya no tiene «componentes» en sentido estricto, sino que está unificado en una misma identidad política y que ha dado vida a un proyecto de poder estable y a un pensamiento común.

La política llama a nuestra puerta

Lo que llamamos partidos de la «Nueva Derecha» son, en otras palabras, los partidos de los patriotas. Que el lector opte por el nombre que más le guste. Con el fin de no desoír una díada —la de izquierda/derecha— que

---

33. Uno de los más importantes filósofos conservadores de la última mitad de siglo, *Sir* Roger Scruton, entendió bien este punto. De ahí que afirmara que el conservadurismo debería beber del pensamiento económico libertario de la Escuela Austríaca de Economía, y reivindicara con especial énfasis la figura de Hayek: «A él se debe la defensa más importante en el terreno conservador de la justicia consuetudinaria» (Roger Scruton, *Conservadurismo* [Madrid: El buey mudo, 2019], p. 119). Sobre los soberanistas y su defensa férrea de la nación y sus fronteras, Scruton ha escrito que «la democracia necesita fronteras, y las fronteras necesitan un Estado nación». La idea de nación no debería ser hostil a los conservadores, dado que «lo esencial de las naciones es que crecen desde abajo, mediante hábitos de libre asociación entre vecinos» y por medio de «la historia y las costumbres con las que se ha asentado la gente en ese territorio». Scruton concluye: «Quien entienda lo que está en juego en el conflicto global que se desarrolla hoy, estoy convencido, verá que la nación es una de esas cosas que debemos conservar» (Roger Scruton, *Cómo ser conservador* [Madrid: Homo Legens, 2018], pp. 73-78.).

sobrevive desde fines del siglo XVIII hasta nuestros días en boca del común de los hombres, yo he tomado la decisión de asumirla, darle forma consciente y proponerla como el nombre de una articulación bien concreta. Si el lector prefiere otra, no tengo problema con ello.

Más allá de los rótulos, el hecho incontestable es que, si han de enfrentarse al globalismo, los patriotas necesitan *hacer política*. Y, para hacer política, se necesitan partidos políticos. No existe otra alternativa. La política llama a nuestra puerta. La batalla cultural siembra; la batalla electoral recoge la cosecha; la batalla cultural continúa sembrando; la batalla electoral continúa cosechando. Todas las naciones en las que haya gente con la voluntad de resistir al globalismo deberían tener un partido político patriota que les permita competir por el poder formal; de otra manera, la cosecha quedará en manos de otros.

Como ya hemos visto, el globalismo se encuentra, por ahora, en un estado *embrionario*. Esto significa que el proceso de transferencia soberana, que va desde el Estado nacional hacia organismos no estatales de carácter internacional y global, no ha recorrido todavía el camino completo. La transferencia está en marcha, el régimen se está gestando, pero aún no ha sido parido. Las naciones conservan poderes, la legitimidad democrática continúa de su lado, los globalistas todavía necesitan la luz verde de los gobernantes *proxy* para aplicar sus agendas. Los globalistas diseñan las agendas y presionan a los Estados para que las cumplan, pero estos conservan, todavía, el poder de no sucumbir.

Esta condición aún embrionaria del globalismo significa una oportunidad política única para los patriotas: la oportunidad de frenar cuanto antes su desarrollo y, a continuación, revertirlo. Pero, para lograrlo, *no existe ninguna otra forma* más que el acceso al poder de los Estados nacionales. Su condición embrionaria obliga a los globalistas a contar con la luz verde de los Estados, así que estos podrían empezar a dar luces rojas. Luces rojas por doquier: a los órganos de «derechos humanos» de la OEA; a la Agenda 2030, y todas las que vengan tras el enorme fracaso que esta representará muy pronto; al Foro de Davos y sus pretensiones mesiánicas; a las ONG que introducen en las naciones ideologías corrosivas del tejido social; a las increpaciones públicas de los «ciudadanos globales» que se creen dueños de decidir lo que hacen o dejan de hacer las naciones del mundo.

El globalismo puede ser derrotado, pero para eso hay que acceder al poder del Estado. Allí se toman todas las decisiones con las que se da poder a los actores globalistas; allí se pueden tomar, por lo mismo, las decisiones necesarias para quitarles todo el poder que han acumulado hasta el momento. Necesitamos a los libertarios, a los conservadores y a los soberanistas en esto; los necesitamos en una misma fuerza política que se presente en las elecciones, y que vaya ocupando cada vez más lugares de poder. Por lo tanto, desoigamos a los *sectarios* que trabajan para socavar la unidad: nunca fueron capaces de construir nada, y nunca pudieron ver más allá de sus propios ombligos; asimismo, dejemos de prestar atención a los *fatalistas* que nos gritan que la política no es la solución, y que, a continuación, reduciendo el volumen de su voz, confiesan que tampoco se les ocurre ninguna salida alternativa.

Ya hemos visto que todos los órganos globalistas que redactan informes públicos en los que evalúan los «riesgos del mundo» siempre se espantan con el avance político de lo que aquí caracterizamos como «Nueva Derecha» o patriotismo. Lo hemos visto en los informes de riesgos globales del Foro de Davos, en los informes de derechos humanos de la CIDH, en los informes especiales del secretario general de la ONU sobre el estado actual de la Agenda 2030, en los diagnósticos de ONG como Open Society Foundations, etcétera. El verdadero temor del globalismo ha quedado expuesto con claridad: temen las batallas culturales y electorales de los patriotas; temen las posibilidades políticas de Internet; temen el despertar de las iglesias; temen la educación de los padres de familia; temen la voluntad de los pueblos y los resultados de las urnas.

Haciendo explícitas sus peores pesadillas, la hiperélite globalista señala, sin pretenderlo, el camino que nosotros debemos recorrer para vencerlos. Cuantos más frentes de batalla cultural se abran, y cuanto más logren conjugarse con los partidos políticos de la Nueva Derecha, más avanzarán los patriotas. Pero además de avanzar hacia el interior de cada una de sus naciones, deben elevar la vista para advertir lo que ocurre fuera de sus fronteras. En efecto, la amenaza globalista ignora las fronteras y uniformiza todo a su paso. Volvemos así a nuestra aparente paradoja: los patriotas son *nacionalmente diversos*, pero tienen enfrente un enemigo común cuya índole es *global*. Esto plantea el crucial desafío de *articular globalmente* a los patriotas que resisten el avance globalista y, desde luego, a sus partidos políticos.

Una enorme red de partidos políticos patriotas sería, sin duda alguna, la peor pesadilla de la hiperélite globalista. Se utilizaría la misma lógica global con la que ellos tanto han insistido, pero esta vez para defender la autonomía e identidad de las naciones ante la aplanadora universal del globalismo. Mientras escribo estas líneas finales, los partidos patriotas avanzan tanto en Europa como en América. Urge afianzar los lazos de solidaridad entre ellos; urge hacerlo por medio de una red global de partidos patriotas. En una medida muy importante, el avance o el retroceso del globalismo dependerá de que esto se consiga.

BIBLIOGRAFÍA

Abellán, Joaquín. *Estado y soberanía*. Madrid: Alianza, 2019.

_____. *Nación*. Madrid: Alianza, 2024.

Agamben, Giorgio. *La epidemia como política*. Buenos Aires: Adriana Hidalgo editora, 2021.

Althusser, Louis. *La filosofía como arma de la revolución*. Ciudad de México: Siglo XXI, 2011.

Anderson, Benedict. *Comunidades imaginadas. Reflexiones sobre el origen y la difusión del nacionalismo*. Ciudad de México: FCE, 2021.

Applebaum, Anne. *Gulag. Historia de los campos de concentración soviéticos*. Barcelona: Debate, 2022.

Arendt, Hannah. *Eichmann en Jerusalén. Un estudio sobre la banalidad del mal*. Barcelona: Lumen, 1999.

_____. *Los orígenes del totalitarismo*. Madrid: Alianza Editorial, 2022.

Aristóteles. *Metafísica*. Madrid: Gredos, 2014.

_____. *Política*. Madrid: Gredos, 2022.

Aron, Raymond. *El opio de los intelectuales*. Buenos Aires: Ediciones Siglo Veinte, 1967.

_____. *Democracia y totalitarismo*. Barcelona: Página Indómita, 2017.

Asociación Americana de Psiquiatría. *Manual diagnóstico y estadístico de los trastornos mentales, DSM-V*. Madrid: Editorial Médica Panamericana, 2018.

Astiz, Carlos. *Bill Gates Reset! Vacunas, aborto y control social*. Madrid: Libros Libres, 2021.

Aurell, Jaume. *Elogio de la Edad Media*. Madrid: Rialp, 2021.

Austin, John Langshaw. *Cómo hacer cosas con palabras*. Barcelona: Paidós, 1988.

Babeuf, Gracchus. *El tribuno del pueblo*. Barcelona: Ediciones Júcar, 1982.

_____. *El sistema de despoblación. Genocidio y revolución francesa*. Madrid: Ediciones de la Torre, 2008.

_____. *El manifiesto de los plebeyos y otros escritos*. Buenos Aires: Ediciones Godot, 2014.

Baños, Pedro. *La encrucijada mundial*. Barcelona: Ariel, 2023.

Baudin, Louis. *El imperio socialista de los Incas*. Santiago de Chile: Zig-Zag, 1943.

Beltramo Álvarez, Carlos, Macarrón Larumbe, Alejandro y Polo Samaniego, Carlos. *Desenmascarando la Agenda 2030*. Madrid: Fundación Neos, 2024.

Berlin, Isaiah. *Dos conceptos de libertad*. Madrid: Alianza Editorial, 2000.

Bodino, Jean. *Los seis libros de la República*. Madrid: Tecnos, 2010.

Bradbury, Ray. *Fahrenheit 451*. Buenos Aires: Penguin Random House, 2016.

Branev, Vesko. *El hombre vigilado*. Barcelona: Galaxia Gutenberg, 2009.

Braunstein, Jean-François. *La religión woke. Anatomía del movimiento irracional e identitario que está poniendo en jaque a Occidente*. Madrid: La Esfera de los Libros, 2024.

Brown, Wendy. *Estados amurallados, soberanía en declive*. Barcelona: Herder, 2015.

Bull, Hedley. *La sociedad anárquica. Un estudio sobre el orden en la política mundial*. Madrid: Catarata, 2005.

Burke, Edmund. *Reflexiones sobre la Revolución Francesa.* Madrid: Rialp, 2020.

Butler, Judith. *El género en disputa. El feminismo y la subversión de la identidad.* Barcelona: Paidós, 2015.

Buxadé, Jorge. *Globalismo. Las élites contra el pueblo.* Madrid: Homo Legens, 2024.

Canetti, Elías. *Masa y poder.* Barcelona: Debolsillo, 2022.

Carter, Jimmy. *Public Papers of the Presidents of the United States.* Vol III, 1980-81.

Cicerón. *Sobre la República.* Madrid: Gredos, 2016.

Colliot-Thélène, Catherine. *Democracia sin* demos. Barcelona: Herder, 2020.

Comellas, José Luis. *Historia Universal. Vol. X.* Pamplona: Ediciones Universidad de Navarra, 1984.

Condorcet, Marqués de. *Ideas sobre el despotismo, en la compilación Influencia de la revolución de América sobre Europa.* Buenos Aires: Editorial Elevación, 1945.

_____. *Bosquejo de un cuadro histórico de los progresos del espíritu humano.* Madrid: Editora Nacional, 1980.

Constant, Benjamin. *Principios de política aplicables a todos los gobiernos.* Buenos Aires: Katz Editores, 2010.

_____. *La libertad de los modernos.* Madrid: Alianza, 2019.

Courtois, Stéphane, Werth, Nicolas, Panné, Jean-Louis, Paczkowski, Andrzej, Bartosek, Karel y Margolin, Jean-Louis. *El libro negro del comunismo.* Barcelona: Ediciones B, 2010.

Davies, Peter. *La Revolución francesa. Una breve introducción.* Madrid: Alianza Editorial, 2019.

de Beauvoir, Simone. *El segundo sexo.* Buenos Aires: Debolsillo, 2015.

de Benoist, Alain. *Comunismo y nazismo.* Barcelona: Áltera, 2005.

de Castro, Juan Antonio. *No sólo es Soros. La amenaza del globalismo totalitario en tiempos del coronavirus.* Madrid: Homo Legens, 2021.

de Jouvenel, Bertrand. *Soberanía.* Granada. Comares, 2000.

_____. *La ética de la redistribución.* Madrid: Encuentro, 2009.

_____. *Sobre el poder. Historia natural de su crecimiento.* Madrid: Unión Editorial, 2011.

de Lora, Pablo. *Los derechos en broma. La moralización de la política en las democracias liberales.* Barcelona: Deusto, 2023.

de Maistre, Joseph. *Consideraciones sobre Francia.* Buenos Aires: Dictio, 1980.

_____. *Estudio sobre la soberanía.* Buenos Aires: Ediciones Olejnik, 2023.

de Rivarol, Antoine. *Escritos políticos (1789-1800).* Buenos Aires: Dictio, 1980.

de Saint-Just, Louis Antoine. *La libertad pasó como una tormenta. Textos del período de la Revolución Democrática Popular.* Barcelona: El Viejo Topo, 2006.

Durandin, Guy. *La información, la desinformación y la realidad.* Barcelona: Paidós, 1995.

Engels. *Anti Dühring.* La Habana: Editorial Pueblo y Educación, 1973.

Ettore, Elizabeth. *Lesbians, Women and Society.* Londres: Routledge & Kegan Paul, 1980.

Fisher, Mark. *Constructos* flatline. *Materialismo gótico y teoría-ficción cibernética.* Buenos Aires: Caja Negra, 2022.

Forti, Simona. *El totalitarismo: trayectoria de una idea límite.* Barcelona: Herder, 2008.

Foucault, Michel. *Vigilar y castigar.* Ciudad de México: Siglo XXI, 2016.

_____. *Historia de la sexualidad. Tomo 1: La voluntad de saber.* Buenos Aires: Siglo XXI, 2019.

Frankl, Viktor. *El hombre en busca de sentido.* Barcelona: Herder, 1980.

Friedman, Milton y Friedman, Rose. *Libertad de elegir.* Madrid: Gota a Gota, 2008.

Friedrich, Carl J. y Brzezinski, Zbigniew K. *Dictadura totalitaria y autocracia.* Buenos Aires: Libera, 1975.

Furet, François. *Marx y la Revolución Francesa.* México D.F.: Fondo de Cultura Económica, 1992.

Galeano, Eduardo. *Las venas abiertas de América Latina.* Ciudad de México: Siglo XXI, 2004.

Gallo, Max. *La noche de los cuchillos largos.* Barcelona: Bruguera, 1976.

Gambra, José Miguel. *La sociedad tradicional y sus enemigos.* Salamanca: Escolar y Mayo, 2019.

García Vázquez, Borja (ed.). *Citas de Stalin.* Madrid: Akal, 2023.

Gauchet, Marcel, Manent, Pierre y Rosanvallon, Pierre (dir.). *Nación y modernidad.* Buenos Aires: Nueva Visión, 1997.

Gellner, Ernest. *Naciones y nacionalismo.* Buenos Aires: Alianza, 1991.

Guattari, Félix. *La revolución molecular.* Madrid: Errata Naturae, 2017.

Han, Byung-Chul. *Psicopolítica.* Barcelona: Herder, 2019.

_____. *La expulsión de lo distinto.* Buenos Aires: Herder, 2020.

Hayek, Friedrich. *Derecho, legislación y libertad.* Madrid: Unión Editorial, 2006.

_____. *Camino de servidumbre.* Madrid: Alianza, 2007.

_____. *La fatal arrogancia. Los errores del socialismo.* Madrid: Unión Editorial, 2013.

Held, David. *La democracia y el orden global. Del Estado moderno al gobierno cosmopolita.* Barcelona: Paidós, 1997.

Heller, Hermann. *Teoría del Estado.* Ciudad de México: Fondo de Cultura Económica, 2017.

Heller, Michel. *El hombre nuevo soviético.* Barcelona: Sudamericana-Planeta, 1985.

Hitler, Adolf. *Discursos. 1933-1938.* Buenos Aires: Editorial Kamerad, sf.

_____. *Mi lucha.* Barcelona: Ediciones Wotan, 2008.

_____. *Discursos. Tomo 1.* Buenos Aires: Ediciones Sieghels, 2014.

Hobbes, Thomas. *Leviatán. O la materia, forma y poder de una república eclesiástica y civil.* Ciudad de México: FCE, 2017.

Huici, Adrián (coord.). *Los heraldos de acero. La propaganda de guerra y sus medios.* Sevilla: Comunicación Social Ediciones y Publicaciones, 2009.

Huxley, Aldous. *Nueva visita a un mundo feliz.* Buenos Aires: Debolsillo, 2011.

_____. *Un mundo feliz.* Buenos Aires: Penguin Random House, 2016.

_____. *Retorno a un mundo feliz.* Ciudad de México: Porrúa, 2022.

Jellinek, Georg. *Teoría general del Estado*. Ciudad de México: FCE, 2017.

Johnson, Lyndon B. *Public Papers of the Presidents of the United States*. Vol. II, 1965.

_____. *Public Papers of the Presidents of the United States*. Vol. I, 1966.

_____. *Public Papers of the Presidents of the United States*. Vol. I, 1968-69.

_____. *Public Papers of the Presidents of the United States*. Vol. II, 1968-69.

Kant, Immanuel. *¿Qué es la Ilustración?* Buenos Aires: Prometeo, 2010.

_____. *Sobre la paz perpetua*. Madrid: Akal, 2012.

Kaufman, Michael. *Soros: The Life and Times of a Messianic Billionaire*. Nueva York: Random House, 2002.

Kelsen, Hans. *Teoría comunista del derecho y del Estado*. Buenos Aires: Emecé, 1957.

Kirkpatrick, Jeane. *Dictadura y contradicción*. Buenos Aires: Sudamericana, 1983.

Koselleck, Reinhart. *Historia/Historia*. Madrid: Trotta, 2010.

_____. *Historias de conceptos. Estudios sobre semántica y pragmática del lenguaje político y social*. Madrid: Trotta, 2012.

_____. *Sentido y repetición en la historia*. Buenos Aires: Hydra, 2013.

Kropotkin, Piotr. *La Gran Revolución: 1789-1793*. Buenos Aires: Libros de Anarres, 2015.

Laclau, Ernesto. *La razón populista*. Buenos Aires: FCE, 2013.

_____. y Mouffe, Chantal. *Hegemonía y estrategia socialista. Hacia una radicalización de la democracia*. Madrid: Siglo XXI, 2018.

Laje, Agustín. *La batalla cultural*. Ciudad de México: HarperCollins, 2022.

_____. *Generación idiota. Una crítica al adolescentrismo*. Ciudad de México: HarperCollins, 2023.

Land, Nick. *La ilustración oscura. [Y otros ensayos sobre la Neorreacción]*. España: Materia Oscura, 2022.

Lasch, Christopher. *La rebelión de las élites y la traición a la democracia*. Barcelona: Paidós, 1996.

_____. *Refugio en un mundo despiadado. Reflexión sobre la familia contemporánea*. Barcelona: Gedisa, 1996.

Lenin, Vladimir Illich. *Obras completas, Tomo 36*. Moscú: Editorial Progreso, 1986.

_____. *La revolución proletaria y el renegado Kautsky*. Madrid: Fundación Federico Engels, 2007.

_____. *El Estado y la revolución*. Buenos Aires: Editorial Sol 90, 2012.

_____. *¿Qué hacer? Problemas candentes de nuestro movimiento*. Buenos Aires: Daniel Ochoa Editor, 2014.

León, José Luis. *Persuasión de masas*. Buenos Aires: Deusto/Espasa Calpe, 1993.

Lewis, C. S. *Los cuatro amores*, en *Clásicos selectos de C. S. Lewis*. Nashville: Grupo Nelson, 2021.

Linz, Juan José. *Sistemas totalitarios y regímenes autoritarios*. Madrid: Centro de Estudios Políticos y Constitucionales, 2009.

Lippmann, Walter. *Opinión Pública*. Buenos Aires: Fabril Editora, 1949.

Locke, John. *Segundo ensayo sobre el gobierno ci l*. Buenos Aires: Losada, 2002.

López, Daniel. *Historia del globalismo. Una filosofía de la historia del nuevo orden mundial*. Madrid: Sekotia, 2022.

Lyotard, Jean-François. *La posmodernidad (explicada a los niños)*. Barcelona: Gedisa, 1992.

_____. *La condición postmoderna*. Madrid: Cátedra, 2019.

Manent, Pierre. *An Intellectual History of Liberalism*. Princeton University Press, 1995.

Marco Tarchi *et al*. *En el nombre del pueblo. La hora del populismo*. Tarragona: Ediciones Fides, 2017.

Marshall, Thomas. *Ciudadanía y clase social*. Buenos Aires: Losada, 2005.

Martín Jiménez, Cristina. *La verdad de la pandemia. Quién ha sido y por qué*. Barcelona: MR Ediciones, 2020.

Marx, Karl. *La ideología alemana (I) y otros escritos filosóficos*. Buenos Aires: Losada, 2010.

Massot, Vicente Gonzalo. *Esparta. Un ensayo sobre el totalitarismo antiguo*. Buenos Aires: Grupo Editor Latinoamericano, 1990.

McLuhan, Marshall. *Comprender los medios de comunicación. Las extensiones del ser humano.* Barcelona: Paidós, 1996.

Michels, Robert. *Los partidos políticos.* Buenos Aires: Amorrortu, 2017.

Minogue, Kenneth. *El nacionalismo.* Buenos Aires: Paidós, 1975.

_____. *La teoría pura de la ideología.* Buenos Aires: Grupo Editor Latinoamericano, 1988.

_____. *Politics. A Very Short Introduction.* Oxford University Press, 2000.

Montesquieu. *Del espíritu de las leyes.* Buenos Aires: Losada, 2007.

Morin, Edgar. *Qué es el totalitarismo.* Madrid: Anthropos, 1995.

Murray, Douglas. *La masa enfurecida. Cómo las políticas de identidad llevaron al mundo a la locura.* Barcelona: Península, 2022.

Mussolini, Benito. *Scritti e discorsi di Benito Mussolini, VI.* Milán: Ulrico Hoepli, 1934.

Navidi, Sandra. *Superhubs. How the financial elite & their networks rule our world.* London: Nicholas Brealey Publishing, 2018.

Nixon, Richard. *Public Papers of the Presidents of the United States.* 1969.

Nolte, Ernst. *La guerra civil europea, 1917-1945. Nacionalsocialismo y bolchevismo.* Ciudad de México: FCE, 2017.

Ogburn, William y Nimkoff, Meyer. *Sociología.* Madrid: Aguilar, 1979.

Ortega y Gasset, José. *La rebelión de las masas.* Barcelona: Ediciones Orbis, 1983.

Orwell, George. *1984.* Barcelona: Ediciones Destino, 1997.

_____. *1984.* Barcelona: Austral, 2022.

Palacios, Agustina y Romañach, Javier. *El modelo de la diversidad.* Madrid: Diversitas, 2006.

Pipes, Richard. *La revolución rusa.* Barcelona: Debate, 2016.

Poggi, Gianfranco. *El desarrollo del Estado moderno. Una introducción sociológica.* Buenos Aires: Universidad Nacional de Quilmes, 1997.

Price, Roger. *A Concise History of France.* Cambridge: Cambridge University Press, 2014.

Puppinck, Grégor. *Mi deseo es la ley. Los derechos del hombre sin naturaleza.* Madrid: Ediciones Encuentro, 2020.

Redondo, Gonzalo. *Las libertades y las democracias. Tomo XIII, Colección Historia Universal.* Pamplona: Eunsa, 1984.

Revel, Jean-François. *El conocimiento inútil.* Madrid: Austral, 2006.

Roberts, David. *El totalitarismo.* Madrid: Alianza Editorial, 2022.

Roberts, Paul Craig. *Alienation and the Soviet Economy.* Nueva York: Holmes & Meier, 1990.

Robespierre, Maximilien. *Por la felicidad y por la libertad. Discursos.* Barcelona: El Viejo Topo, sf.

Rockefeller, David. *Memorias. Historia de una vida excepcional.* Barcelona: Planeta, 2004.

Röling, B. V. A. *International Law in an Expanded World.* Amsterdam: Djambatan, 1960.

Rousseau, Jean-Jacques. *El contrato social.* Madrid: Espasa Calpe, 1972.

_____. *El contrato social.* Barcelona: Gredos, 2014.

_____. *Emilio.* Barcelona: Gredos, 2015.

Sadin, Éric. *La era del individuo tirano. El fin de un mundo común.* Buenos Aires: Caja Negra, 2022.

Sáenz, Alfredo. *La Revolución Francesa. Cuarta parte: La epopeya de la Vendée.* Buenos Aires: Gladius, 2009.

Sartori, Giovanni. *La democracia después del comunismo.* Madrid: Alianza, 1993.

_____. *Homo videns.* Ciudad de México: Penguin Random House, 2017.

Scala, Jorge. *Federación internacional de Paternidad Planificada y la «cultura de la muerte».* Córdoba: Athanasius Editor, 2018.

Schapiro, Leonard. *El totalitarismo.* México D.F.: FCE, 1981.

Schmitt, Carl. *El concepto de lo político.* Madrid: Alianza, 2006.

_____. *Teología política.* Madrid: Trotta, 2009.

Schumpeter, Joseph. *Capitalismo, socialismo y democracia.* Barcelona: Folio, 1996.

Schwab, Klaus. *Stakeholder Capitalism. A Global Economy that Works for Progress, People and Planet.* New Jersey: Wiley, 2021.

_____. *La cuarta revolución industrial.* Ciudad de México: Debate, 2023.

_____. y Mallert, Thierry. *COVID-19. El gran reinicio.* Suiza: Foro Económico Mundial, 2020.

Scruton, Roger. *Cómo ser conservador.* Madrid: Homo Legens, 2018.

_____. *Conservadurismo.* Madrid: El Buey Mudo, 2019.

Secher, Reynald. *Le génocide franco-français: La Vendée-Vengé.* París: Presses Universitaires de France, 1986.

Shrier, Abigail. *Un daño irreversible. La locura transgénero que seduce a nuestras hijas.* Barcelona: Deusto, 2021.

Sieyès, Emmanuel. *Ensayo sobre los privilegios.* Madrid: Alianza Editorial, 2019.

_____. *¿Qué es el Tercer Estado?* Madrid: Alianza, 2019.

_____. *Escritos de la revolución de 1789.* Madrid: Akal, 2020.

Silva Abbott, Max (Coord.) et al. *Una visión crítica del Sistema Interamericano de Derechos Humanos y algunas propuestas para su mejor funcionamiento.* Valencia: Universidad San Sebastián Ediciones, 2019.

Skinner, Burrhus Frederic. *Walden Dos.* Barcelona: Ediciones Orbis, 1986.

Sokal, Alan. *Imposturas intelectuales.* Barcelona: Paidós, 1999.

Soros, George. *The Alchemy of Finance: Reading the Mind of the Market.* Nueva York: John Wiley & Sons, 1994.

_____. *Soros por Soros. Anticipando el futuro.* Buenos Aires: Distal, 1995.

_____. *The Age of Fallibility. Consequences of the War on Terror.* Nueva York: Public Affairs, 2006.

_____. *The Soros Lectures. At the Central European University.* Nueva York: Public Affairs, 2010.

Sowell, Thomas. *Falacias de la justicia social. El idealismo de la agenda social frente a la realidad de los hechos.* Barcelona: Deusto, 2024.

Stalin. *Obras, Tomo XIV.* Moscú: Edición lenguas extranjeras, 1953.

_____. *Obras escogidas.* Tirana: Editorial Nentori, 1979.

Talmon, Jacob. *Los orígenes de la democracia totalitaria.* Buenos Aires: Ediciones Olejnik, 2023.

Tetens, Tete Harens. *Cristianismo, hitlerismo, bolchevismo.* Buenos Aires: Editorial La Campana, 1937.

Todorov, Tzvetan. *Memoria del mal, tentación del bien. Indagación sobre el siglo XX.* Barcelona: Península, 2002.

_____. *La experiencia totalitaria*. Barcelona: Galaxia Gutenberg, 2010.

Tumarkin, Nina. *Lenin Lives!* Cambridge: Harvard University Press, 1983.

Vallès, Josep M. *Ciencia política. Una introducción*. Barcelona: Ariel, 2007.

Vidal, César. *Un mundo que cambia*. Nashville: TLM Editorial, 2020.

Vitale, Ignacio (dir.). *Historia Universal Ilustrada. Tomo IV.* Buenos Aires: Ediciones Bach, 1980.

Voegelin, Eric. *Las religiones políticas*. Madrid: Editorial Trotta, 2022.

Weber, Max. *¿Qué es la burocracia?* Buenos Aires: Leviatán, 1991.

Weil, Simone. *Echar raíces*. Madrid: Trotta, 2014.

Wittfogel, Karl A. *Despotismo oriental. Estudio comparativo del poder totalitario*. Madrid: Ediciones Guadarrama, 1966.

Zabludovsky Kuper, Gina. *Intelectuales y burocracia*. Barcelona: Anthropos/UNAM, 2009.

Zimmerli, Walther, Richter, Klaus y Holzinger, Markus. *Corporate Ethics and Corporate Governance*. Berlín: Springer, 2007.

Zuboff, Shoshana. *La era del capitalismo de la vigilancia*. Barcelona: Paidós, 2020.

ACERCA DEL AUTOR

Licenciado en Ciencia Política por la Universidad Católica de Córdoba, especializado en contraterrorismo por el Center for Hemispheric Defense Studies de la National Defense University (Washington D. C.), y con un máster en Filosofía por la Universidad de Navarra, el afamado escritor Agustín Laje ha participado como autor y coautor de varios libros, entre ellos el superventas *El libro negro de la nueva izquierda*, así como *La batalla cultural* y *Generación idiota*. Sus análisis políticos son vistos por millones de personas a través de su canal de YouTube, que cuenta con 2.3 millones de suscriptores. Actualmente, Laje es el politólogo e intelectual más reconocido de la Nueva Derecha en el mundo hispanohablante. En un *ranking* confeccionado por Alejandro Chafuén y publicado en la revista *Forbes* en 2024, fue considerado como «la voz independiente más influyente» de las derechas en Hispanoamérica. Mientras recorre el mundo brindando conferencias, Laje realiza su doctorado en Filosofía en la Universidad de Navarra.